हिन्दी आलोचना के नये वैचारिक सरोकार

हिन्दी आलोचना के नये वैचारिक सरोकार

कृष्णदत्त पालीवाल

वाणी प्रकाशन

वाणी प्रकाशन

4695, 21-ए, दरियागंज, नयी दिल्ली 110 002

फ़ोन : +91 11 23273167 फ़ैक्स : +91 11 23275710

शाखाएँ

अशोक राजपथ, पटना 800 004, बिहार

कॉफ़ी हाउस कैम्पस, महात्मा गांधी मार्ग, इलाहाबाद 211 001, उत्तर प्रदेश

महात्मा गांधी अन्तरराष्ट्रीय हिन्दी विश्वविद्यालय, वर्धा 442 001, महाराष्ट्र

सुल्तानिया रोड, मोतिया पार्क, भोपाल 462 001, मध्य प्रदेश

www.vaniprakashan.com
marketing@vaniprakashan.in
sales@vaniprakashan.in

Hindi Aalochana Ke Naye Vaicharik Sarokar
by Krishndutt Paliwal

ISBN : 978-93-5229-593-7
Criticism

प्रथम संस्करण 2002
द्वितीय संस्करण 2007
तृतीय संस्करण 2012
चतुर्थ संस्करण 2021

मूल्य : ₹ 695

एशियन ऑफ़सेट प्रेस, दिल्ली-110 093 में मुद्रित

वाणी प्रकाशन का लोगो मक़बूल फ़िदा हुसेन की कूची से

प्राक्कथन

कैसे कहूँ कि जिन मित्रों ने देशी-विदेशी काव्यशास्त्र से संबंधित किसी भी ग्रंथ या प्रसिद्ध आलोचना का एकाग्रचित्र से अध्ययन-मनन नहीं किया है, वे जहाँ-तहाँ अवसर पतो ही शास्त्र-निंदा में प्रवृत्त हो जाने को ही मौलिक-चिंतन या चिंतन की मौलिकता समझते हैं।

रस, वक्रोक्ति-रीति-अलंकार, ध्वनि-औचित्य जैसे प्रत्ययों का नाम आते ही उनकी तबियत खराब हो जाती है। लेकिन लेखक होने के नाते कल-आज और कल की साहित्य-प्रवृत्तियों पर 'सभ्यता-समीक्षा' पर मेरा ध्यान जाना स्वाभाविक ही है। मुझे अपढ़-औघड़ तथा घामड़-शास्त्र विरोधियों की स्थिति पर दुःख होता है। प्रायः सभी लेखक इस बात पर सहमत दिखाई पढ़ते हैं कि नए प्रतिमानों में 'रस' के लिए कोई जगह नहीं है। इस संदर्भ में आचार्य रामचंद्र शुक्त के 'इंदौर साहित्य सम्मेलन (1934) के भाषण का वह अंश ध्यान में आता है कि ''आजकल इस प्रकार के लटके कि 'रस-अलंकार' तो पुरानी चीजें हैं, उनका जमाना गया' इधर-उधर से नोचकर ही दुहराए जाते हैं। वे कहाँ से आए हैं, उनका पूरा मतलब क्या है, यह सब जानने या समझने की कोई जरूरत नहीं समझी जाती है। इन वाक्यों को बात बात में दुहराने वालों में से अधिकांश तो इतना भी नहीं जानते है कि रस-अलंकार आदि हमारे साहित्य के बहुत काल से व्यवहृत शब्द हैं, अंग्रेजी शब्दों के अनुवाद नहीं। इससे इनका नाम लेना फैशन के खिलाफ है। दिन में सैकड़ों बार 'हृदय की अनुभूति', 'हृदय की अनुभूति' चिल्लाएँगे, पर रस का नाम सुनकर ऐसा मुँह बनाएँगे मानो उसे न जाने कितना पीछे छोड़ आए हैं भलेमानुस इतना भी नहीं जानते कि हृदय की अनुभूति ही साहित्य में 'रस' और 'भाव' कहलतािी है।'' आज 'हृदय की अनुभूति' की जगह-अनुभूति की प्रामाणिकता', 'अनुभूति की ईमानदारी' 'जटिल काव्यानुभूति के सम्प्रेषण की समस्या' पर बहस होती है--अनुभूति और अनुभूति की बनावट के फर्क को समझने का प्रयास किया जाता है। इस स्थिति के रहते अज्ञेय और टी. एस. एलियट, ग. मा. मुक्तिबोध और एफ. आर. लीविस से बिदकने की क्या बात है। क्या इन सभी के शास्त्र-चिंतन में मौजूद सिद्धांत-विमर्शों और थ्योरी को समझने की आवश्यकता नहीं है ? आजकल तो थ्योरी का ही जमाना है।

हिंदी की सिद्धांत-दृष्टियों पर भारतीय-पाश्चात्य काव्यशास्त्र का प्रभाव है—'आतंक' नहीं। पाश्चात्य काव्यशास्त्र या साहित्यशास्त्र या साहित्यालोचन के सिद्धान्तों ने हिंदी समीक्षाशास्त्र के निर्माण परिष्कार में महत्त्वपूर्ण भूमिका अदा की है लेकिन हिंदी-समीक्षाशास्त्र पश्चिमी समीक्षाशास्त्र का 'उपनिवेश' नहीं है, उसका अपना स्वतंत्रचिंतन है, संस्कृति है—'परंपरा' है।

हम भारतीयों की परंपरा रही है किसी भी विचार, विचारधारा, वस्तु, स्थिति, मूल्य, प्रकरण को 'जस का तस' स्वीकार न करना। रस हो या ध्वनि हमने लगातार 'शंका' उठाई है—प्रश्नाकुलता के साथ सदियों तक इन की सार्थकता, प्रासंगिकता, शक्ति एवं सीमा पर वाद-विवाद -संवादकिया है। हमारे चिंतन के केंद्र में रचनाकार नहीं रहा है—कृति या कलाकृति रही है। 'पाठ' केंद्रित बहुलार्थक 'भाष्य' और 'टीका' में हमारी क्षमताओं का आश्चर्यजनक विकास हुआ। अभिनव गुप्त जैसा भाष्यकार-टीकाकार तो पूरे विश्व में दिखाई नहीं देता। लेकिन अपनी 'आत्मधिक्कार' की भावना के कारण कला-कृति-संस्कृति-आलोचना के संदर्भ में भी हम बगलें झाँकते घूम रहे हैं।

उत्तर-आधुनिकतावाद, उत्तर-संरचनावाद के वैश्विक परिप्रेक्ष्य में हमें अपने काव्यशास्त्र की जड़ों की ओर लौटने का सुअवसर मिल रहा है। हम मिशेल फूकों के विमर्श-सिद्धांत तथा देरिदा के 'विरचनावाद' आदि के संदर्भ से उनके साहित्य-चिंतन को टटोल सकते हैं। विश्वभर में हो रही थ्योरी-केंद्रित बहस से कतराने की जरूरत नहीं है। अपने को बार-बार जाँचने-परखने, जानने का समय साहित्य-सिद्धांतों के क्षेत्र में हमें मिला है—उसका उपयोग करना चाहिए।

यह पुस्तक विद्वानों के लिए नहीं है और न अतिरिक्त ज्ञान-दंभ में निमग्न शास्त्र-जड़ता का रोना रोनेवालों के लिए है। हर देश और काल का पाठक शास्त्र की जड़ता का अतिक्रमण करके ही गतिशील जीवन-यथार्थ का साक्षात्कार करता रहा है और अब तो 'पाठकवादी आलोचना' का ज़माना है। रामचंद्रशुक्ल और अज्ञेय, रिचर्ड्स और नार्थ्रोप फ्राई तो पाठकवादी-आलोचना के अग्रदूत कहे जा सकते हैं। फिर हम भारतीयों ने रस-मीमांसा में अर्थ-मीमांसा (भाष्य-विज्ञान) को सदैव आदर से अपनाया है।

अंत में, निवेदन करना चाहता हूँ कि इस पुस्तक का उद्देश्य यही है कि हिंदी पाठकों को चिंतन-मनन की सामग्री उपलब्ध हो। फिर भी न तो कोई 'चिंतन' अंतिम है—न विचार न शास्त्र।

वाणी प्रकाशन के प्रति अपना आभार व्यक्त करना चाहूँगा जिसने साहित्य-सिद्धांत की इस पुस्तक को प्रकाशित किया है।

नई दिल्ली
8 मई 2002

कृष्णदत्त पालीवाल

अनुक्रम

1

मनोविश्लेषणवादी समीक्षा के नये वैचारिक आधार

मनोविश्लेषणशास्त्र और हिन्दी-समीक्षा

मनोविश्लेषणवादी समीक्षा की सैद्धान्तिकता

जीवन के प्रबोध और परिज्ञान में मनोविश्लेषणशास्त्र ने जो हलचल उपस्थित की है, वह आन्तरिक भाव और विचार-जगत के क्षेत्र में सर्वाधिक बड़ी क्रान्ति है। आधुनिक विश्व के दो बड़े क्रान्ति-पुरुष हैं—फ्रायड और मार्क्स। एक का क्षेत्र मनोजगत् और दूसरे का सम्बन्ध सामाजिक जीवन से है। आधुनिक मनोविज्ञान के साथ ही मनोविश्लेषणशास्त्र की चिन्तन-पद्धति का विकास एवं परिष्कार हुआ। इस दृष्टि से यह इतिहास अभी बहुत नवीन है। क्रमबद्ध रूप में मनोविश्लेषशास्त्र का विकास उन्नीसवीं शताब्दी के उत्तरार्द्ध में हुआ। उन्नीसवीं शताब्दी अपनी वैचारिक विशिष्टताओं के कारण विश्व भर में एक खास ढंग से याद की जाती है। इसी शताब्दी में मनोविश्लेषणशास्त्र की प्रविधियों-पद्धतियों, चिन्तन-सरणियों ने मानव के मनोजगत् के रहस्य को उद्घाटित करते हुए ज्ञान के पुराने समाजशास्त्र को बदल डाला है। मनोविश्लेषणशास्त्र की मान्यताओं से मनोविश्लेषणवादी समीक्षा-पद्धति का जन्म हुआ है। इसी में साहित्यालोचन के क्षेत्र से साहित्य के विभिन्न युगों की आन्तरिकता और मानसिकता को समझने की प्रक्रिया का कार्य हुआ है।[1] ज्ञान के इस नवीन अनुशासन में व्यक्ति की अज्ञात, अचेतन, इच्छाओं, भावों, संवेदनाओं, विचारों, प्रेरणाओं, संकल्पों आदि को एक खास ढंग से विश्लेषित

करने की प्रक्रिया ग्रहण की जाती है।

एक विशिष्ट-दर्शन से प्रेरित मनोविश्लेषणशास्त्र व्यक्तियों, दार्शनिकों-कलाकारों की आन्तरिक प्रेरणाओं को समझने-समझाने का शास्त्र है। जीवन के अथाह समुद्र-मन्थन में सक्रिय यह शास्त्र मानव की मूल प्रवृत्तियों और विकृतियों का विश्लेषण-सर्वेक्षण करता है। आरम्भ में, यह विज्ञान 'हिस्टीरिया' आदि अपस्मार व्याधियों के निदान खोजने तक ही सीमित था किन्तु आज इसके विस्तृत क्षेत्र में धर्म, पुराण, इतिहास, कला, साहित्य आदि सभी समाहित हैं। बीसवीं शताब्दी के साहित्यालोचन की यह प्रमुख ध्यान आकृष्ट करनेवाली समीक्षा-पद्धति कही जा सकती है।[2]

मनोविश्लेषणशास्त्र ने पूर्व धारणाओं-प्रत्ययों, परम्परागत विश्वासों, आदि पर तीव्र आघात किया है। एक प्रकार से मानव का पुराना 'मिथक' ही यहाँ आकर टूट जाता है। बन्द खिड़कियों को खोलकर इस चिन्तन-पद्धति ने मानवता के इतिहास को देखने-सोचने की नयी दृष्टि दी है। फ्रायड ने अनेक परीक्षणों से यह सिद्ध किया है कि मानव की अनेक वृत्तियाँ (Instincts) पशुवत् होती हैं। शरीर-रचना में जैसे मानव-पशुओं का विकसित रूप सिद्ध हुआ है, वैसे ही चिन्तन के विषय में भी। फ्रायड से पूर्व ऐसे विचार शापेनहावर तथा वानहर्टमैन जैसे दार्शनिक विचारक भी व्यक्त कर चुके थे। पर इन पूर्ववर्ती विचारकों ने निरोध, मिथुन तथा शक्ति प्रबलता आदि पर धीमे ढंग से विचार किया था। फ्रायड ने सबसे परिचित न होने पर भी अपने ढंग से विचार किया है। फ्रायड के (1) अवचेतन-मानस-सिद्धान्त, (2) दमन-सिद्धान्त, (3) शैशव-मिथुन-प्रवृत्ति सिद्धान्त आदि ने मनुष्य मात्र को झकझोर डाला है।[3] इस चिन्तन-पद्धति का आरम्भ में तो अत्यधिक विरोध हुआ। किन्तु कुछ समयोपरान्त धैर्य से सोचने पर यह मान लिया गया कि यह शक्तिशाली चिन्तन पद्धति है जिसकी महत्ता विरोध से कम नहीं होती है। डार्विन ने विकासवाद में यह सिद्ध किया था कि मानव आदम और हौआ की सन्तान नहीं है। न ही वह ईश्वर की हड्डी से उत्पन्न हुआ है, प्रत्युत उसे अन्य जीवों से विकसित होते-होते मनुष्य योनि प्राप्त हुई है।[4] विकासवादी जैव शास्त्रज्ञ शरीर-विज्ञान का पूरा इतिहास बतलाते हुए प्राचीन योनिगत धारणा का खण्डन करते हैं। इस प्रकार के अध्ययन-मनन ने मनोविश्लेषणशास्त्र के लिए भूमि तैयार की है। मनोविश्लेषणशास्त्र शुरू में 'हिस्टीरिया' नामक मानस व्याधि तक सीमित था। उन्नीसवीं शताब्दी के अन्त तक लोग 'हिस्टीरिया' के रोगियों को मक्कार तथा भूताविष्ट मानते थे।[5] वैद्यों के पास इस रोग का निदान नहीं था। ऐसी स्थिति में इस व्याधि के कारण खोजने में पेरिस के चिकित्सक डॉ. शार्को ने अपने को प्रवृत्त किया। उन्होंने नैतिक पतन

तथा भूताविष्ट से 'हिस्टीरिया' को हटाकर नया विश्लेषण किया। साथ ही इस धारणा का भी खण्डन किया कि यह मात्र स्त्री-रोग है। स्त्री या पुरुष किसी को भी यह रोग हो सकता है। इस रोग का कारण मानसिक क्षति है। पर कभी-कभार शारीरिक क्षति से भी यह रोग उत्पन्न हो सकता है। रोग की उत्पत्ति जन्मगत परिस्थितियों पर आधृत है। वे रोगियों को सम्मोहित (Hupnatise) करते और ऐसा करते ही रोगी पक्षाघात (Paralysis) से पीड़ित हो जाता है।[6] उन्हें ज्ञात हुआ कि रोगी के चित्त में इसकी एक 'ज्ञप्ति' है जो सूचित विषय की जानकारी देने से उसके अनुसार कार्य करती है। शार्को के साथ बर्नहाइम, लीनों ने प्रयोगों के बाद प्रस्वापन-निर्देश (Hupnasis Sugession) की धारणा को प्रकट किया। इस सिद्धान्त को डॉ. जैने ने आगे बढ़ाया और माना कि व्यक्ति में दो प्रकार की चेतना है—(1) अज्ञान (अचेतन), (2) ज्ञात (चेतन)। लेकिन एक चेतना दूसरी चेतना से अनभिज्ञ रहती है। अतः जैने ने व्यक्ति भेद का सिद्धान्त स्थापित किया। जैने के कार्य को डॉ. ब्रायर (Breur) ने पूरा किया। उस कार्य में उन्हें फ्रायड से सहयोग प्राप्त हुआ। ब्रायर के मत इस प्रकार हैं—

(1) कई तन्द्राकल्प अवस्थाएँ ऐसी होती हैं जिनमें व्यक्ति को अपनी क्रियाओं पर अधिकार नहीं होता। उस स्थिति में व्यक्ति की विचार-शक्ति और संकल्प शक्ति शिथिल पड़ जाती है।

(2) सभी तन्द्राकल्प अवस्थाओं में परस्पर सम्बन्ध रहता है। किन्तु व्यक्ति के ज्ञान और चैतन्य में कोई सम्बन्ध नहीं रहता।

(3) व्यक्ति जिन बातों को भूल जाता है, वे अवचेतन में भावावेग के साथ जाग्रत रहती हैं।

(4) व्यक्ति अचेतन मन में स्थित स्थितियों का वर्णन नहीं कर सकता, वे बताने में लज्जास्पद, घृणास्पद और हास्यास्पद होती हैं।

(5) अज्ञातदमन शारीरिक रूप धारण कर व्याधि में बदल जाते हैं। सम्मोहितावस्था से प्रकट है कि तन्द्रा कल्पावस्था में ही जैसी वे हैं, वैसे में ही रोग का निदान हो सकता है। रोग-निवारणार्थ चेतना में मन का परिष्करण (Catharsis) अनिवार्य है। इस पद्धति को 'बातचीत चिकित्सा-पद्धति' (Talking-cure) कहते हैं।[7]

यह सच है कि ब्रायर और फ्रायड के विचार मिलते नहीं हैं। क्योंकि ब्रायर के मत से व्यक्ति गौण है और फ्रायड के मत से प्रमुख। फ्रायड को सम्मोहन-प्रक्रिया में विश्वास न था क्योंकि उन्होंने बर्नहाइम के प्रयोग देखे थे। बर्नहाइम हाथ से रोगी का मस्तिष्क दबाते थे और कहते थे कि स्मरण कीजिए प्रस्वापित अवस्था में क्या-क्या कहा था। और पाते थे कि रोगी को कुछ भी

याद नहीं है। वे फिर मस्तिष्क को जोर से दबाते थे और रोगी सब कुछ कहने लगता था—धाराप्रवाह बोलने लगता था।[8] फ्रायड ने इसी प्रणाली को आगे बढ़ाने का संकल्प लिया। तभी उन्हें ज्ञात हुआ कि अचेतन की पूरी जानकारी सम्मोहन-प्रक्रिया के बिना भी हो सकती है। परीक्षणों के बाद फ्रायड ने पाया कि 'हिस्टीरिया' का कारण इच्छाओं के दमन और प्रतिरूप में है। मानव मन में लगातार संघर्ष चलता है और इच्छाओं के दानव जूझते रहते हैं। किन्तु चित्त-वृत्तियाँ आविर्भूत होकर शमन पाती हैं। यही भाव-परिष्कार का सिद्धान्त है। फ्रायड रोगी से पूरा इतिहास पूछते—उसे प्रोत्साहित करते और रोगी अपना हृदय खोल देता, दमित इच्छाएँ व्यक्त करता तथा दमित भावों-इच्छाओं का विरेचन-सा हो जाता।[9] इसी प्रक्रिया को फ्रायड ने मुक्त-आसंग (Free Association) की संज्ञा दी है। रोगो के भीतरी कारणों की छान-बीन करते हुए उन्हें ज्ञात हुआ कि एक विशिष्ट प्रविधि से ही रोगी अपने अवचेतन में छिपी अज्ञात बातों को, ज्ञात स्तर पर प्रकट करता है। भीतरी गड़बड़ी के मूल में काम-प्रक्रिया ही प्रमुख है। सामाजिक निन्दा के भय से व्यक्ति अपनी तमाम इच्छाओं को व्यक्त नहीं कर पाता। अतृप्तियों के कारण खोजते हुए उन्हें ज्ञात हुआ है कि काम-सम्बन्धी इच्छाओं का निवारण ही रोग-निदान है। इसी विश्वास से फ्रायड ने 'काम सिन्द्धान्त' की स्थापना की है। शुरू में इस स्थापना का बड़ा विरोध हुआ। फ्रायड के मित्र तक यह मानने को तैयार न थे कि 'हिस्टीरिया' आदि व्याधियों का कारण काम-प्रवृत्ति है। फ्रायड ने असंख्य रोगियों के अध्ययन से पाया कि काम-प्रवृत्ति ही रोग के मूल में है। इस सिद्धान्त से फ्रायड ने मानव को एक ऐसे लोक के दर्शन कराए जो उसके अपने भीतर होकर भी उसे अज्ञात था। फ्रायड को विश्वास है कि प्रत्येक व्यक्ति के सचेतन मन के साथ में एक अचेतन मन होता है जिसका स्वयं उसे कोई आभास नहीं होता, पर उसकी सत्यता असंदिग्ध है। इस अचेतन मन में ही भाव-इच्छाएँ प्रसुप्त रहती हैं।

फ्रायड द्वारा प्रयुक्त 'मनोविश्लेषण' शब्द सामान्य रूप से दो अर्थों का बोधक है (1) मनोविश्लेषण की प्रविधि या प्रक्रिया—जिसका फ्रायड ने मनो-मन्थन में उपयोग किया है, (2) सिद्धान्त-संहिता—वे नवीन तथ्य जो प्रयोगों से प्राप्त हुए। फ्रायड का दावा था कि वह प्रथम मनोविश्लेषक है जो आत्मनिष्ठ घटनाओं (मानसिक-वृत्तियों) का तटस्थ अध्ययन कर सकता है।[10] वे मानते थे कि भौतिक घटना के समान ही मानसिक घटना के पीछे भी कार्य-कारण की ठोस भूमि रहती है। मनोविश्लेषण की आधारशिला 'अचेतन मन' की खोज है। फ्रायड मन के तीन रूप मानते हैं—चेतन (कान्शस), पूर्वचेतन (प्रि-कान्शस) और

अचेतन (अनकान्शस)। पूर्व-चेतन अचेतन के लिए एक प्रकार का निकास-द्वार है। चेतन की अपेक्षा अचेतन विस्तार और महत्त्व दोनों दृष्टियों से महत्तर और बलवत्तर है। फ्रायड ने उसके स्पष्टीकरण के लिए अनेक उदाहरण दिए—जैसे एक ऐसे पत्थर का दृष्टान्त दिया जिसका तीन चौथाई भाग जल में मग्न है और एक चौथाई जल से ऊपर। यह तीन-चौथाई अचेतन मन है। और एक-चौथाई चेतन मन। एक दृष्टान्त में वे यह भी मानते हैं कि अचेतन की स्थिति विशाल गोदाम या कबाड़खाने जैसी है जिसमें हर तरह की अनगिनत चीजें जमा हैं और चेतन उन एक-दो चीजों के समान है जिन्हें बाहर निकालकर काम में लाया जाता है।

चेतन मन वह भाग है जो सामाजिक-जीवन में सक्रिय रहता है एवं जिसकी सभी क्रियाओं का मानव को परिज्ञान भी रहता है। किन्तु विस्तृत अचेतन वह मनःभाग है जिसकी क्रियाओं का मानव को ज्ञान नहीं होता, परन्तु जो अनवरत क्रियाशील रहकर जीवन की प्रत्येक क्रिया-विधि को अज्ञातरूप से प्रेरित एवं प्रभावित करता है। यह अचेतन मानव की उन इच्छाओं-आकांक्षाओं और चेष्टाओं का पुंज है जो अनेक सामाजिक कारणों से (सामाजिक-स्वीकृत अथवा मान्यता के अभाव में) चेतन मन से छिपकर अचेतन में उतर जाती हैं और वहीं से अभिव्यक्ति के लिए द्वार खोजती हैं, संघर्ष करती हैं, प्रतीक रचती हैं। यदि इनको बाहर आने का द्वार न मिले तो वेग बढ़ जाने पर अवरुद्ध जल की भाँति ये बाँध तोड़ डालती हैं। ये दमित वासनाएँ अपने नग्न यथार्थ रूप में कम आती हैं, प्रायः स्वप्नों, दैनिक-भूलों, हँसी-मजाक या कला-साहित्य में ऐसा रूप धारण कर आती हैं कि सेंसर की रोकथाम से बच जाएँ। फ्रायड कहते हैं कि स्वप्न, अवचेतन का राजपथ है जिनके रास्ते इच्छाएँ मनमाने ढंग से घूमने निकलती हैं। ये स्वप्न हमारी मनोवृत्तियों के प्रतिरूप होते हैं। स्वप्न-चित्र या कला-साहित्य भी स्वप्न के ही विभिन्न रूप हैं। इस प्रकार फ्रायड का 'स्वप्न-सिद्धान्त' उनके शास्त्रीय विधान का महत्त्वपूर्ण सिद्धान्त है।

मन का विभाजन फ्रायड ने एक दूसरे तरीके से भी किया है—यहाँ भी इसके तीन अंग हैं—इड (Id), इगो (Ego), सुपर इगो (Super Ego) अर्थात् इदं, अहं और अति अहं। ये अचेतन, चेतन और सेंसर से बहुत भिन्न नहीं हैं। 'इड' हमारे रागों का समूह या ढेर है, जिसमें विस्तार और महत्व अचेतन का ही है। अहं हमारा चेतन मन है, जो नीचे से 'इड'—में से इच्छाओं के झोंके झेलता हुआ सामाजिक मूल्यों-परम्पराओं के प्रति सचेष्ट रहता है। अति अहं संचित सामाजिक मान्यताओं का प्रतीक है जिसका काम आलोचना तथा सेंसर करना है। फ्रायड के शब्दों में—'अहं, इदं का वह भाग है, जिसकी निर्मिति ऐन्द्रिय ज्ञानमय चेतन

के द्वारा बाहरी जगत् के सम्पर्क से हुई है। इदं का प्रेरक सिद्धान्त है—आनन्दवाद और अहं का प्रेरक सिद्धान्त है वास्तववाद (Reality Principle) । अहं में ज्ञान की प्रबलता है और इड में वासना की। अहं विवेक और बुद्धि का प्रतीक है और इड रागों का अधिवास है।'[11]

अचेतन की सर्वाधिक बड़ी विशिष्टता है—काम-भावना। यही फ्रायडीय चिन्तन का क्रान्तिकारी सिद्धान्त है। इस सिद्धान्त का सार-संक्षेप यह है कि जीवन की मूल वृत्ति है—काम। फ्रायड के मत से दो वृत्तियाँ प्रधान हैं—(1) काम-संबंधी (Sexual or erotic), (2) आक्रमण (Aggressive) । इसी काम को 'इरोस' तथा नाश-प्रवृत्ति को 'थैनेटास' भी कहते हैं। कामात्मक प्रवृत्तियाँ रचनात्मक-सृजनात्मक और निर्माणपरक होती हैं और आक्रामक प्रवृत्तियाँ ध्वंन्सात्मक, संहारात्मक और विनाशात्मक। लेकिन मानसिक रूप में दोनों ही वृत्तियाँ अविभाज्य रूप में रहती हैं। इसी कारण जिसे हम प्रेम-भाव रखते हैं, उसी में हिंसा-भाव भी विद्यमान रखते हैं। इस काम-वृत्ति को फ्रायड 'लिविडो' (libido) कहते हैं। हमारी सभी क्रियाओं में (व्यष्टि या समष्टिगत दोनों) काम-सूत्र विद्यमान रहते हैं। इन काम-वृत्तियों के (समता-महत्ता) निरूपण में फ्रायड का बड़ा योगदान है। पागलों की चिकित्सा करते हुए उन्होंने पाया कि जो भी व्यक्ति सामाजिक या नैतिक रूप से 'असाधारण' होते हैं वे विकृत-काम होते हैं। यहाँ यह भी ध्यातव्य है कि सभ्यता और समाज जितना दबाव काम-वृत्तियों पर डालते हैं, उतना अन्य वृत्तियों पर नहीं। काम-वृत्तियाँ दबकर या तो विकृत हो जाती हैं, या सृजनात्मक रूप में प्रकट होकर उदात्तीकृत (Sublimation) हो जाती हैं।[12]

फ्रायडीय काम का स्वरूप : सामान्य अर्थों में 'काम' का अर्थ-ग्रहण करनेवाले व्यक्ति उसके मनोविश्लेषणशास्त्र से सम्बन्धित अर्थ से वंचित रहते हैं। काम का साधारण अर्थ है—सन्तानोत्पत्ति। परन्तु यह काम की प्रौढ़ावस्था है, जिसे आरम्भिक अवस्था नहीं कहा जा सकता। मनोविश्लेषणात्मक अर्थ में 'काम' का अर्थ है—आंगिक सुख तथा कोई भी वह व्यवहार जिसका सम्बन्ध लैंगिक प्रक्रिया से हो अथवा वह व्यवहार जिसे प्रेम वृत्ति के अन्तर्गत लाया जा सके। इसी में हस्तमैथुन तथा चुम्बन भी समाहित है। व्यापक अर्थ में साहित्य-प्रेम, आध्यात्मिक-प्रेम, शरीरी-अशरीरी प्रेम, जाति-प्रेम, देश-प्रेम आदि सभी रूप इसी के अन्तर्गत आ जाते हैं।[13] काम के अनेक रूप हैं—शैशव काम-मौखिक काम (oral-erotism)[14], गुदा काम (Amalerotism), पुरुष-लिंग काम (Phallicertis)[15] अपर काम (Alloerotism) आदि। इसी के अन्तर्गत 'आत्मरति' को भी समझना चाहिए।[16] यूनान की एक कहानी में एक युवक जल में अपनी प्रतिच्छाया देखकर उसी पर मोहित हो गया था। लड़कों में

'इडिपस-ग्रन्थि' (edipus complex) की चर्चा की जाती है। इसमें माता के प्रति मधुर-तरंग 'फैण्टेसी' का एकरूप होती है, किन्तु शिशु का यह स्वप्न विषादमय होता है। पिता शिशु को प्रतियोगी (राइवल) प्रतीत होता है। फलतः शिशु पिता के प्रति अनजाना प्रतिशोध रखता है। यूनानी कथा के नायक ने अनजाने में पिता का वध, माँ से विवाह तथा सन्तानोत्पत्ति की थी। लेकिन वास्तविकता पता चलने पर आत्मग्लानि से उसने आत्महत्या कर ली। अंडाकर्षणशय से 'इडिपस ग्रंथि' का विकास होता है। प्रायः माँ, बच्चे को डराती है कि लिंग छेड़ने पर कटवा दिया जायेगा। भयग्रस्त लड़के का काम सुप्तावस्था में आ जाता (लेटेंसी पीरियड) है।[17] लड़कियों में 'इडिपस-ग्रंथि' की जानकारी फ्रायड को ठीक से नहीं मिल सकी। अतः यह विश्लेषण उन्होंने अत्यल्प किया है। काम-व्यापार में माता द्वार रोके जाने पर लड़की उसे अपना सबसे बड़ा शत्रु मानती है। लड़की में शिश्न-ईर्ष्या (Penisenvoy) होती है। वह कामेन्द्रिय के छोटेपन के कारण स्वयं को लड़कों से भाग्यहीन समझती है। तथा सदैव उसके मन में नर होने की ललक रहती है। लड़की में शिश्न-ईर्ष्या के साथ तीन विकल्प आते हैं—काम-वृत्ति निरोध (सेक्स इनहिविशन), (2) नरयुक्त नारीपन, (3) वास्तविक नारीपन का आना। फ्रायड सृजनात्मक वृत्तियों के साथ संहारात्मक वृत्तियों (डेथ इंस्टिंक्ट्स) की चर्चा करते हैं। आरम्भ में वे वृजन वृत्तियों की चर्चा करते हैं किन्तु 1920 के बाद 'बियांड द प्लेज प्रिंसिपल'[18] में 'आक्रमण वृत्तियों' को गहनतर रूप से समझाते रहे हैं। आक्रामक वृत्तियाँ अनेक तथ्यों पर आधृत होती हैं, जैसे (1) क्रूरता और हिंसा की आदिम वृत्ति, (2) स्वपीड़न तथा परपीड़न की प्रवृत्ति। (3) विरुद्धभावशीलता, (4) आत्महत्या की प्रवृत्ति। इस प्रकार मानव में आक्रामक वृत्तियाँ जन्मजाता[19] होती हैं।

जीवन की मूल वृत्तियाँ तीन नियमों से गतिशील होती हैं—(1) सुख-दुख नियम (Pleasure-Pain Principle), यथार्थ का नियम (Reality Principle), पुनर्बाध्यता का नियम (Repitision Principle) मनोविश्लेषण में 'काम' की उपमा जल से दी जाती है, जब तक वह बहता है ठीक रहता है और जब रुक जाता है—गन्दगी या दलदल बन जाता है।

प्रतिकूल गमन : प्रतिकूल स्थितियाँ होने पर भी उनके रूप-विकार ग्रस्त होते हैं या हो सकते हैं। जैसे मानहानि से मन अचानक शैशव की काम-अवस्था में लौट सकता है। इसका सही कारण लक्ष्यबद्ध अवस्था में प्रतिकूल-गमन है। प्रतिकूल-गमन अचेतन-विधि है जिसके अनुसार बढ़ी काम-शक्ति पूर्णावस्थाओं में प्रस्थापित हो जाती है। यह प्रवृत्ति यथार्थता से विमुख हो तरंग-कल्पनों (फैंटेसी) में बदल जाती है। यह तारंगिकता की अवस्था भी प्रतिकूल-गमन की अवस्था

ही है।

दमन-प्रक्रिया : दमन-प्रक्रिया ही मनोविश्लेषण का मूलाधार है। दमन-प्रक्रिया एक ऐसी अचेतन-प्रक्रिया है जिसमें वैयक्तिक या गुप्त जीवन की भावनाएँ चेतन से अचेतन में दबे पाँव उतर जाती हैं और मानसिक कष्ट से बचाने के लिए ही इन प्रवृत्तियों का दमन किया जाता है। इस प्रवृत्ति को शुद्धीकृत करने के लिए भावना को चेतन के स्तर पर लाना पड़ता है और चेतना में आने से पूर्व भावना को भाषाबद्ध होना पड़ता है। भाषा ही भावना को या संवेगों को बद्ध करती है। प्राथमिक दमन शैशवावस्था में होता है। इसका कारण है कि सभ्यता-संस्कृति शैशवावस्था में काम के एकदम प्रतिकूल होती है। सेंसर की निगरानी के कारण दमित-वृत्तियाँ नग्न रूप में चेतना में नहीं आ सकतीं। तब होता यह है कि दमित वृत्तियाँ रूपान्तरित होकर या रूप बदलकर (प्रतीकों-बिम्बों से) चेतना में आती हैं। लड़कियों का माँ के प्रति हिंसा-भाव सीधा नहीं, रूपान्तरित होकर आता है। फ्रायड तो यह भी मानते थे कि जो सामाजिक स्तर पर साम्प्रदायिकता आदि की घोर निन्दा करता है, वह वैयक्तिक स्तर पर घोर साम्प्रदायिक होता है।

उन्नयन-विधि : फ्रायड ने आरोपण या प्रक्षेपण, उन्नयन या विस्थापन-विधि की गम्भीरता से चर्चा की है।[20] उन्नयन वह विधि है जिसमें काम शक्ति अपनी मौलिक स्थिति से हटकर नैतिक, सामाजिक तथा सांस्कृतिक-साहित्यिक गतिविधि में प्रवृत्त हो जाती है। क्योंकि कोई भी जानबूझ कर काम-शक्ति का उन्नयन नहीं करता। यह भी अनजाने की सहज प्रक्रिया है। ऊँची प्रतिभा वाले को उन्नयन से ऊँचे लक्ष्य प्राप्त होते है। अनेक बार ऐसा भी होता है कि काम के प्रत्यावर्तन से स्वपीड़नप्रियता आती है—(1) चित्तराग (न्यूरोसिस), (2) विकृत-काम (परवर्शन)।[21]

मनोव्याधियाँ और मनोविकृतियाँ : जो व्यक्ति यह मानते हैं कि फ्रायडीय सिद्धान्त 'असामान्य व्यक्ति' को ही समझने के सिद्धान्त हैं, उन्हें अपनी धारणा बदलनी चाहिए, क्योंकि प्रायः इसमें सामान्य व्यक्तियों के लिए मनोविश्लेषण विधि का विधान भी है। सामान्य तथा असामान्य में गुण तथा मात्रा का अन्तर होता है—मूल प्रवृत्तियाँ तो दोनों में एक-सी होती हैं। सामान्य की प्रवृत्ति में 'स्वस्थता' या प्रकृतसहजता तथा असामान्य की प्रवृत्ति में 'विकृति' मिलती है। क्योंकि व्याधियाँ दोनों में अवचेतन से संचालित होती हैं।[22] अवचेतन के प्रमाण तथा क्रिया-व्यापार के सन्दर्भ में फ्रायड ने दैनिक मनोविकृतियों को प्रथम चरण माना है। उन्हें कार्य-कारण से समझने पर ही ठीक-ठीक समझा जा सकता है।

फ्रायड ने रोग उपचार के मार्ग भी संकेतित किए हैं। यह तो साफ है कि

मनोव्याधि के मूल में मनोविकृतियाँ हैं। मन की ग्रंथियाँ हैं। इन ग्रंथियों को खोलने का उपाय भी फ्रायड सुझाते हैं। फ्रायड ने व्यावहारिक प्रयोगों द्वारा 'मुक्त संबंध' (फ्री एसोसिएशन) अथवा 'मुक्त संबंध विचार प्रवाह शैली' का आविष्कार किया। जिसके द्वारा वे मन के अतल अंधेरों में पड़े हुए विकारों को निकाल लाने का दावा करते हैं। अवचेतन मन के भाव-विचार को चेतन मन के स्तर पर लाकर (ग्रंथि) को काटा या खोला जा सकता है। मूलतः इसी पद्धति से वे कला के उदात्तीकरण सिद्धान्त (थ्योरी ऑफ सब्लिमेशन) तक पहुँचे हैं। तथा इसी प्रक्रिया ने उन्हें 'कार्य-कारणवाद' की वैज्ञानिक पद्धति तक पहुँचाया है। मूल बात यह है कि कला उन प्रवृत्तियों का उन्नयन कर देती है जो समाज द्वारा वर्जित हैं। कला दमित भावनाओं के रूपान्तरण में ऐसी छवि धारण करती है कि उसे पहचानना कठिन हो जाता है। इस प्रकार कलाकृतियों द्वारा कलाकार अतृप्त-इच्छाओं-आकांक्षाओं की पूर्ति करता है और आनन्द पाता है। कलाकृति के रूप में कलाकार कल्पना से नवीन वास्तविकता का सृजन करता है। इस प्रकार वास्तविकता को कलाकार वर्तुलाकार मार्ग द्वारा प्राप्त करता है एवं स्नायुव्यतिक्रम (न्यूरोसिस) का शिकार होने से बचता है। कला के इस 'निर्वैयक्तिकरण-सिद्धान्त' को फ्रायड इस प्रकार समझाते हैं—'कलाकार दूसरों के अचेतन में दबी पड़ी इच्छाओं की तृप्ति का मार्ग उनकी कल्पना में खोजकर उनकी प्रशंसा अथवा धन्यवाद का पात्र बन जाता है। इस प्रकार वह अपनी कल्पना द्वारा आदर, सत्कार, नारी का प्रेम इत्यादि सब कुछ प्राप्त कर लेता है जिसे पहले वह अपनी कल्पना में ही पा सकता था।'[23] कलाकार का यह आनन्द हमें उच्च स्तर का आनन्द प्रतीत होता है पर हमारी प्रवृत्तियों के आनन्द की तुलना में वह कम तीव्र एवं अपूर्ण होता है। 'कलाकृतियों द्वारा प्राप्त आनन्द उन लोगों के लिए है जो स्वयं रचनात्मक शक्ति नहीं रखते।...कला हमारे ऊपर हलके मादक-पदार्थ की भाँति प्रभाव डालती है।'[24]

इस प्रकार इन सिद्धान्तों की दृष्टि से फ्रायड ने समाज, राजनीति, राष्ट्रीयता, संस्कृति, सभ्यता, धर्म, कला आदि जीवन के प्रमुख तत्त्वों पर प्रकाश डाला है। जीवन का मूल है—काम। इसके उचित परितोष में ही जीवन की सिद्धि छिपी है। यही उनका कलात्मक परितोष का आनन्द-सिद्धान्त है। इसी आनन्द-सिद्धान्त को वे जीवन का मूल सिद्धान्त घोषित करते रहे हैं। पर 'काम' के साथ वे बुद्धि की अवहेलना नहीं कर सके। वे मानते हैं कि काममय जीवन और विवेकमय जीवन में अनवरत संघर्ष चलता है। यही संघर्ष सभ्यता की धुरी है। जीवन की विकृतियाँ और कुण्ठाएँ काम और विवेक असामंजस्य के ही प्रतिफल हैं। यही कारण है कि वे 'अहं के समाजीकरण' का मार्ग संकेतित करते हैं। अहं का

समाजीकरण काम का 'बौद्धिक आनन्द' है। ईश्वर 'पितृभाव' का प्रक्षेपण है और धर्म तथा धार्मिक प्रथाएँ आदि स्वप्न-चित्रों के 'रूढ़ प्रतीक' हैं। वास्तविकता यह है कि कला को फ्रायड ने क्षतिपूरक क्रिया एवं उन्नयन का साधन माना है। फ्रायडीय पद्धति के समालोचक-स्नायु व्यतिक्रम के सभी लक्षण-परपीड़न, आत्मपीड़न, मातृ-रति ग्रंथि आदि को कला-साहित्य में खोजने का यत्न करते रहे हैं।

यहाँ विश्लेषण के आधार पर निम्नलिखित निष्कर्ष सहज ही निकाले जा सकते हैं :

(1) चेतन मन की सभी घटनाओं की उत्पत्ति या व्याख्या अवचेतन मन पर आधृत होती है। अचेतन मन एक विस्तृत एवं महत्त्वपूर्ण भाग है जिसे काम ने चारों ओर से घेर रखा है। दमित इच्छाएँ हमारे स्वप्न जगत् में अभिव्यक्ति का मार्ग खोजती हैं। साहित्य और कला का उद्‌गम भी स्वप्नों या दिवास्वप्नों की भाँति दमित काम-कुंठाएँ हैं।

(2) अवचेतन का न हमें ज्ञान है न उस पर नियन्त्रण। हमारी स्थिति उस यन्त्र की भाँति है जिसे कोई अन्य चलाता है।

(3) कला हमारे अवचेतन में दमित इच्छाओं-आकांक्षाओं का उदात्तीकरण (सब्लिमेशन) है। व्यापक अर्थ में कला अहं का समाजीकरण है।

(4) जीवन का मूल है काम। इसी के उचित परितोष में जीवन की सिद्धि है। इस दृष्टि से आनन्द-सिद्धान्त (प्लेजर-प्रिंसिपल) ही जीवन का मूल सिद्धान्त है।

(5) कलाकार स्नायुव्यतिक्रम के रोगी की भाँति संघर्ष सा पराजित योद्धा है। दोनों ही कल्पनालोक में पलायन करते हैं। रोगी असफल होता है किन्तु कलाकार सफलता से अतृप्ति का मार्ग खोज लेता है एवं निर्वैयक्तिकता की ओर प्रवृत्त हो जाता है।

(6) दमित इच्छाएँ नग्न रूप में न आकर प्रतीकों में आती हैं। कला दमित इच्छाओं का ही रूपान्तरण है। समर्थ कलाकार यह प्रक्रिया साहित्य में सर्वाधिक शक्तिशाली ढंग से अपनाता है।

(7) कलाकार में स्नायु-व्यतिक्रम के सभी लक्षण इडीपस ग्रंथि, सेडिज्म, मेसोमिज्म आदि होते हैं। समालोचक कलाकार के व्यक्तित्व में उन्हें समझकर ही (कृति को) सही परिप्रेक्ष्य में ग्रहण कर सकता है।

(8) फ्रायड के मनोविश्लेषण में नैतिक और आध्यात्मिक पक्षों की उपेक्षा का भाव प्रबल प्रतीत होता है। इसलिए इस सिद्धान्त में पशु और मानव का भेद ही खोता हुआ दृष्टिगत होता है।

(9) इस सिद्धान्त में शरीर की उपेक्षा करते हुए फ्रायड ने अपना ध्यान केवल मानसिक पक्ष पर ही केन्द्रित किया है। इस दृष्टि से यह अपूर्ण सिद्धान्त है।

(10) मूलतः यह अभावात्मक दर्शन है तथा प्रायः स्वस्थ्य व्यक्तियों की मनःस्थितियों पर आधृत नहीं है। विकृतियों के आधार पर खड़ा जीवन-दर्शन स्वस्थ-जीवन-दर्शन का पर्याय कैसे हो सकता है।

(11) यह दर्शन व्यक्ति तक ही सीमित है—समष्टि के लिए इसमें कोई सन्देश नहीं है।

(12) इस सिद्धान्त का सबसे बड़ा दोष यह है कि इसमें काम को जीवन का सर्वस्व माना गया है। वास्तविकता यह है कि काम जीवन का अंग है, सर्वस्व नहीं है। काम को 'सभी कुछ' मानकर फ्रायड ने इसे एकांगी बना दिया है।

ध्यातव्य है कि इन तमाम सीमाओं के होने पर भी हम फ्रायड के सिद्धान्तों की उपेक्षा नहीं कर सकते। 'इसमें सन्देह नहीं कि इस युग के बौद्धिक पर्यावरण को जितनी दूर तक और जितनी गहराई से उसने प्रभावित किया है, वैसा कोई दूसरा विचारक नहीं कर सका है। उसके सिद्धान्तों ने मनुष्य की धर्म, नैतिकता या शिक्षा से सम्बद्ध धारणाओं को ही नहीं, जीवन-पद्धतियाँ तक को परिवर्तित करने को प्रेरित किया है।[25] कहना न होगा कि आधुनिक विचार-जगत को फ्रायड ने अपने ढंग से उद्वेलित एवं आन्दोलित किया है तथा मानव के अन्तर्जगत को समझने-समझाने में काफी दूर तक सहायता की है।

व्यष्टि-मनोविश्लेषणशास्त्र—एडलर

वैयक्तिक मनोविज्ञान के प्रतिष्ठापक-प्रवर्तक-आचार्य अल्फ्रेड एडलर हैं। इन्होंने फ्रायड के साथ सहयोगी रूप में कार्य किया था किन्तु दोनों में धीरे-धीरे सैद्धान्तिक विरोध बढ़ता गया। फलतः 1911 ई. में फ्रायड से अलग होकर इन्होंने अपना अलग सम्प्रदाय बना लिया। वे फ्रायड के द्वारा काम-शक्ति के अत्यधिक आग्रह से सहमत नहीं हो सके। उनका विचार है कि स्नायुविकता में मौलिक बात 'हीनता' की भावना है। जीवन की प्रेरणा—शक्तिकाम—शक्ति न होकर अधिकार-भावना या प्रभुत्व-कामना है। अनेक प्रयोगों-परीक्षणों से वे इस निष्कर्ष पर पहुँचे थे कि वास्तविक न्यूनता या हीनता के कारण, शारीरिक विकृति के कारण या विशेष सामाजिक परिस्थिति के कारण हीनता-ग्रंथि की उत्पत्ति होती है। मानव में प्रभुत्व-कामना प्रबल होती है। वह हीनता सहन नहीं कर सकता। वह 'कमी' को अन्य क्षेत्रों की श्रेष्ठता-प्राप्ति से पूरा करता है या करना चाहता है। एडलर के मत से मानव तीन क्षेत्रों में प्रधान रूप से प्रवृत्त होता है—

(1) समाज, (2) कार्य, (3) प्रेम। इस त्रिविध समायोजन में शैशव के अनुभव साधक या बाधक बनते हैं। प्रत्येक बच्चा असहाय जन्मता है और पग-पग पर वह अपनी असहायावस्था का बोध करता है। यह बोध तीन प्रकार से प्रबल होता है—(1) अनुचित व्यवहार, (2) विषम परिस्थिति, (3) आंगिक हीनता। इस त्रिक् समायोजन में अपने को असमर्थ पाने पर बच्चा हीनता या कुण्ठा का शिकार हो जाता है। एडलर मानते हैं कि मनस्ताप के निदान के लिए बचपन का अन्तरइतिहास जानना बहुत जरूरी है। उसे मूल से जानकर ही रोग का सही कारण पाया जा सकता है।

मानव में असहायावस्था की प्रतिक्रिया तीन रूपों में व्यक्त हो सकती है—(1) सफल क्षतिपूर्ति, (2) पराजय से आत्म-केन्द्रित या कर्म-विमुख होना, (3) समझौता या अतिक्षतिपूर्ति प्रथम प्रतिक्रिया वैयक्तिक एवं सामाजिक दोनों ही बिन्दुओं से लाभकर सिद्ध होती है। एक दिशा में अवरुद्ध शक्ति दूसरी दिशा में प्रवृत्त होकर उत्कर्ष प्राप्त करती है। यही सफल क्षतिपूर्ति है। इस दृष्टि से सूरदास और मिल्टन को लिया जा सकता है। दूसरी कोटि की असहाय निराशा व्यक्तित्व का हनन करती है और व्यक्ति आत्म-केन्द्रित हो जाता है। दूसरी कोटि के लोग शारीरिक सीमाओं के बावजूद अन्य क्षेत्रों में बड़ी शक्ति लगाते हैं जैसे अयोग्य व्यक्ति का हठी होना, कुरूप स्त्री का अतिशय शृंगार में प्रवृत्त रहना आदि।

एडलर ने मानव के विकास-निर्माण में समाज का सर्वाधिकर महत्त्व रेखांकित किया है। समाज-निरपेक्ष मानव का अस्तित्व ही असम्भव है। इस प्रकार जीवन की ऐषणाएँ-प्रेरणाएँ, समस्याएँ आदि समाज-सापेक्ष्य हैं। फलतः व्यक्ति की जीवन पद्धति को समझने के लिए पारिवारिक पद्धति (फेमिली स्टाइल) को जानना अपेक्षित है। मानव के सहज-विकास का अर्थ है—'अहं भावना' और 'समुदाय भावना' का सन्तुलन और सामंजस्य। मनस्तापी व्यक्ति 'अहं भावना' को अतिशय महत्त्व देता है एवं असन्तुलन का शिकार बन जाता है। इस प्रकार एडलर के मत से मनस्तापी वह व्यक्ति है जिसे बचपन में अनुचित-तनावों संघर्षों आदि का सामना करना पड़ा है और जिसके कारण उसकी जीवन-पद्धति रुग्ण हो गई है। वे इसी कारण प्रत्येक व्याधि के मूल में तीन कारण मानते हैं—(1) संरचनात्मक, (2) क्रियात्मक, (3) मानसिक। संरचनात्मक से तात्पर्य शारीरिक-हीनता से है, जैसे अन्धा, लंगड़ा आदि। क्रियात्मक कारण में अंगों की स्वाभाविक बाधा आती है—जैसे दर्द से हाथ-पैर उठाने की कठिनाई। मानसिक कारणों में चिन्ता-आशंका या भय आदि भाव आते हैं। एडलर मानते हैं कि मनस्तापी में एक कारण विशेष की प्रधानता होने पर भी सभी कारण मिले रहते

हैं। इस प्रकार इन्होंने फ्रायड के मात्र मानसिक कारण से आगे बढ़कर संरचनात्मक तथा क्रियात्मक कारणों को भी महत्त्व दिया तथा दृष्टि को व्यापक बनाया है।

एडलर मानव-व्यक्तित्व के निर्माण में अनेक कारणों का योग मानते हैं—शारीरिक संरचना, पारिवारिक संरचना, आर्थिक-सामाजिक-सांस्कृतिक-शैक्षिक-परिस्थितियाँ, लक्ष्य तथा प्राप्ति के साधन। एडलर जन्मजात प्रतिभा अथवा नैसर्गिक वैशिष्ट्य जैसी कोई वस्तु नहीं मानते। वे तो व्यक्तित्व या चरित्र-निर्माण को परिवेश तथा वातावरण का परिणाम मानते हैं। वे यह भी मानते हैं कि मानव की मानसिक क्रियाओं-प्रतिक्रियाओं में उसकी 'विचार-शक्ति' का बड़ा हाथ होता है, चाहे वह अपने लिए हो या अन्य के लिए। दूसरे लोग उसके बारे में क्या सोचते हैं, इसका भी उस पर गहरा प्रभाव पड़ता है।

सामान्य व्यक्ति (नार्मल) की सामाजिक रुचि प्रबुद्ध तथा परिष्कृत होती है। अपनी सामाजिकता से वह अपनी आवश्यकताओं की पूर्ति सहजता से कर लेता है। इसके विपरीत हीनता के कारण मनस्तापी समाज से भागता है। फलतः उसकी सामाजिकता अपूर्ण एवं अविकसित रह जाती है। उसकी आवश्यकताओं की पूर्ति में बाधा पड़ती है। और वह जीवन-संघर्ष में पिछड़ जाता है। इसलिए जीवन की सफलता 'हीनता-ग्रंथि' को दूर करने में ही है। उसे दूर करने का तरीका है—वास्तविक स्थिति का अभिज्ञान तथा अव्यावहारिक जीवन-पद्धति का त्याग। किन्तु हीनता ग्रंथि से मुक्ति के लिए 'सामाजिकता' तथा 'प्रोत्साहन' आदि अनिवार्य हैं।

मनोवैज्ञानिक नियतत्ववाद और अचेतन के सम्बन्ध में फ्रायड तथा एडलर प्रायः सहमत हैं। मतभेद के कुछ ही स्थल हैं जैसे —(1) फ्रायड के मत से मनस्ताप केवल मन की मानसिक विकृति है, किन्तु एडलर के मत से यह पूरे व्यक्तित्व की विकृति है, जिसमें संरचनात्मक, क्रियात्मक तथा मानसिक कारण आते हैं, (2) फ्रायड के लिए जीवन-प्रेरणा 'काम-प्रेरणा' का पर्याय है, पर एडलर के लिए प्रभुत्व-कामना या अधिकार-भावना ही जीवन की मूल प्रेरणा है।

स्पष्ट है कि फ्रायड के सिद्धान्त की तुलना में एडलर का सिद्धान्त ज्यादा ठोस, व्यापक तथा व्यावहारिक है। उन्होंने काम-भावना को अंग रूप में ग्रहण किया, अंगी रूप में नहीं। साथ ही व्यक्तित्व निर्माण में 'परिवेश' तथा 'वातावरण' को महत्त्व देकर सांस्कृतिक तत्त्वों की महत्ता को सहज स्वीकृति दी है। यही प्रधान कारण है कि एडलर का सिद्धान्त अधिक जनग्राह्य हुआ एवं उनके सिद्धान्तों का विश्व भर में स्वागत किया गया। उन्होंने व्यक्ति-व्यक्ति में अनन्यता को मानते हुए भी सृजनात्मक शक्ति (क्रिएटिव पावर) की दृष्टि से भेद निरूपित किया है। अनेकता में एकता की घोषणा करनेवाला (जीव-विज्ञान का) सिद्धान्त

भी इस तथ्य की पुष्टि करता है। एडलर मानते हैं कि रचनात्मक दृष्टि से प्रत्येक व्यक्ति विशिष्ट तथा अद्वितीय होता है। रचनात्मक शक्ति से एडलर गति-नियम (ला ऑफ मूवमेंट) को मानते हैं। सृजनशक्ति का रूप गत्यात्मक होने के साथ दिशा विशिष्ट होता है। आनुवंशिकता के साथ व्यक्ति की सृजन-शक्ति उसके व्यक्तित्व का निर्माणपरक हेतु होती है। इसी से प्रत्येक व्यक्ति सृजन शक्ति की एक अद्वितीय शैली विकसित करता है। रचनात्मक शैली की अद्वितीयता और विशिष्टता का आधार व्यक्ति की अपनी अद्वितीयता तथा विशिष्टता होती है। परिणामतः वे जीवन-शैली (लाइफ-स्टाइल) तथा गति-नियम (ला आफ मूवमेंट) पर बहुत बल देते हैं। ऐसी स्थिति में जीवन-शैली का विकास ही व्यक्ति के व्यक्तित्व का विकासपरक अंग है।[28]

मानव-व्यवहार के प्रेरक तत्वों में वे अभिधावक प्रेरक शक्ति (अग्रेसिव ड्राइव) की महत्त्व-प्रतिष्ठा करते हैं। प्रायः व्यक्ति असफल होने पर अभिधावक ढंग अपना लेता है जो मनस्ताप का ही एक प्रकार है। व्यक्ति के जीवन की तीन प्रमुख समस्याएँ हैं—(1) सामुदायिक जीवन (कम्युनिटी लाइफ),(2) व्यवसाय (अकुपेशन) तथा (3) कामात्मक प्रेम (सेक्सुअल लाइफ)। इसी दृष्टि से वे शैशवकालीन पारिवारिक परिस्थितियों के अध्ययन पर जोर देते हैं। एडलर बार-बार समझाते हैं कि हीनता की भावना ही अतिवादी स्थिति में हीनता ग्रंथि (इनफिरिआरिटी कॉम्पलेक्स) का रूप धारण करती है। अपने को प्रत्येक से श्रेष्ठ समझने की भावना का अतिचार श्रेष्ठता ग्रंथि (सुपीरिआरिटी कॉम्पलेक्स) को जन्म देता है। हीनता-ग्रंथि तथा श्रेष्ठता—ग्रंथि विरोधी दृष्टिगत होने पर भी विरोधी नहीं होती—वे एक दूसरे की पूरक होती हैं। एक ही व्यक्ति में ये दोनों ग्रंथियाँ पाई जाती हैं। हीनता की ग्रंथि को व्यक्ति श्रेष्ठता-भावना में बदलना चाहता है। सुकरात कुरूप, दोमस्तनीज हकले, मिल्टन अन्धे, बायरन लंगड़े, बादलेयर नपुंसक थे। किन्तु अपनी इन कमियों को इन्होंने साहित्य में पूरा करने की भरपूर कोशिश की है।

एडलर ने दिवास्वप्नों की नवीन ढंग से व्याख्या की है। दिवास्वप्नों, कल्पनाओं और योजनाओं में दिवास्वप्नदर्शी स्वयं नायक (हीरो) होता है। फलतः दिवास्वप्न में व्यक्ति अपनी स्वस्थापन (सेल्फ असर्शन) की इच्छा-पूर्ति करता है।

मूल रूप में एडलर ने निम्नलिखित तथ्यों पर बल दिया है—(1) अधिकार भावना, (2) हीन-भावना आरै ग्रंथि, (3) श्रेष्ठता की भावना और ग्रंथि, (4) समाज-सापेक्ष्य व्यक्ति और व्यक्तित्व, (5) जीवन-शैली का सिद्धान्त, (6) अहं-भावना तथा समुदाय भावना के सामंजस्य पर बल, (7) संरचनात्मक

हीनता के साथ क्रियात्मक तथा मानसिक हीनता की चर्चा, (8) व्यक्तित्व निर्माण में परिवेश तथा वातावरण के महत्त्व की प्रतिष्ठा, (9) हीनता-ग्रंथि को हटाने के प्रयत्न में श्रेष्ठता-ग्रथि का जन्म, (10) मानव की सामाजिकता तथा उसके सम्पूर्ण व्यक्तित्व पर बल, (11) दिवास्वप्नों, स्मृतियों तथा रचनाशक्ति की नवीन ढंग से स्थापना।

संक्षेप में, इन्हीं सूत्रों से एडलर का मनोविश्लेषणवादी सिद्धान्त निर्मित होता है। जिनसे दर्शन, धर्म तथा कला के क्षेत्र में भारी क्रांति उपस्थित हो जाती है।

विश्लेषक मनोविज्ञान—कार्ल गुस्ताफ युंग

युंग के विषय में सर्वमान्य बात यह है कि जितने महत्त्वपूर्ण प्रश्न इन्होंने अकेले उठाये हैं, उतने अपने समय के किसी अन्य मनोविश्लेषणशास्त्री ने नहीं। युंग ने उन मनोव्याधियों पर क्रमबद्ध अध्ययन प्रस्तुत किया, जो अन्य मनोविश्लेषकों की पकड़ से दूर थीं। पालरोडन, लेविस, मम्फोर्ड, फिलिप वापले, पाल स्ट्रिज, कार्ल स्पारियों आदि तमाम परवर्ती मनोविश्लेषकों ने अपने चिन्तन पर उनका ऋण स्वीकार किया है। फ्रायड की भाँति युंग की मान्यता रही है कि 'चेतन' की तुलना में 'अवचेतन' का अधिक महत्त्व है, किन्तु 'अवचेतन' के स्वरूप को लेकर दोनों में भेद है। फ्रायड यह मानते हैं कि अचेतन का निर्माण दमित सामग्री से हुआ है। युंग मानते हैं कि अचेतन में वे तत्त्व भी मौजूद रहते हैं, जो व्यक्तिगत अनुभव की सीमा में कभी आते ही नहीं, जो कभी चेतन रहे ही नहीं, बल्कि पुरातन हैं। इसीलिए युंग जातीय स्मृति (रेशियल मेमोरी) को महत्त्व देते हैं। वे मानते हैं कि प्रत्येक व्यक्ति में एक प्रकार का आदिम अचेतन (प्रिमिटिव अनकांशस) रहता है जो सर्वव्यापी, निर्वैयक्तिक, सामूहिक तथा आदिम हुआ करता है। इनके मत से मानव में देव-दानव के सभी आदिम गुण वर्तमान रहते हैं। मानव-व्यक्तित्व विकास के साथ निर्वैयक्तिक अचेतन के तत्त्व चेतन बन जाते हैं और चेतन विस्तार से आदिम अचेतन का अधिकाधिक अंश ऊपर आ जाता है। इस प्रकार युंग की धारणा के निम्नलिखित अंश ध्यान में रखना अनिवार्य हैं[29] :

(1) अचेतन मात्र दमित-वासनाओं का ही मण्डन नहीं है, उसमें मानसिक जीवन के वे पक्ष भी संचित हैं जो विकास-क्रम में उपेक्षित बने रहे हैं।

(2) अचेतन में वे वैयक्तिक अनुभव तथा विचार भी संचित हैं जो काम में न आने से विस्मृत हो गए हैं। ये विस्मृत विचार और अनुभव अचेतन में संचित हो जाते हैं।

(3) अचेतन मन के दो भाग हैं—(1) वैयक्तिक अचेतन मन, (2) सामूहिक

अचेतन मन। वैयक्तिक अचेतन के नीचे जो भाग है, वह सामूहिक अचेतन है। इसी में जाति (रेस) के सामूहिक विश्वास, बिम्ब तथा मिथक संचित रहते हैं। सामूहिक अचेतन का गम्भीरतम तल 'विश्वव्यापी अचेतन' है, वह सम्पूर्ण मानव-जाति में व्याप्त है। इस प्रकार मन के तीन प्रमुख स्तर हैं—(1) चेतन, (2) वैयक्तिक अचेतन, (3) सामूहिक अचेतन।

(4) सामूहिक अचेतन जातीय धरोहर (रेशियल हेरिटेज) का संग्रह है। इस सामूहिक अचेतन की रचना अनेक तहों की रचना है। उसकी प्रथम बुनियादी तह में पशु-जीवन के अवशेष हैं, उसके ऊपर आदिम पूर्वजों के संस्कार की तह है, उसके ऊपर मानव जाति के विज्ञानात्मक (एग्नोलाजिकल) समूहों की तह है, फिर राष्ट्र की, उसके ऊपर कुल की, उसके ऊपर परिवार की तह है। यही हमारी जातीय-स्मृति (रेशियल मेमोरी) है।

(5) सामूहिक अवचेतन में मानव का सम्पूर्ण सहज प्रवृत्यात्मक (इंसटिंक्चुअल) जीवन समाविष्ट है। पूर्वजों की जीवाणु कोशिकाएँ (जर्म सैल्स) उसके वंशजों में पीढ़ी-दर-पीढ़ी आती गई हैं। इन जीवाणु-कोशिकाओं ने अंग-रचना का ही कार्य नहीं किया है। बल्कि ये अपने साथ आदिम पूर्वजों के अनुभव तथा विचार भी लेती आयी हैं। यह सब हमारे सामूहिक मन में संचित और सुरक्षित हैं। इस प्रकार सामूहिक मन सृष्टि के आरम्भ से आज तक के संस्कारों की दीर्घ परम्परा का भण्डार है। नवजात शिशु के अचेतन में कुछ भी वैयक्तिक न रहकर, केवल जाति विकासात्मक (फोनोजेनेटिक) सामग्री का संग्रह होता है। इसी में देव, असुर, प्रेत आदि प्राकृतिक शक्तियों के विवरण, पुराण-जीव-विज्ञान निहित हैं। इन अचेतन विचारों को युंग आद्य-बिम्ब या मूल प्रारूप (आर्किटाइप) कहते हैं।

(6) वैयक्तिक अचेतन चेतन में अभिव्यक्ति पाता है और सामूहिक अचेतन कला-साहित्य, स्वप्न आदि में, किसी प्रकार के सृजन में।

(7) काम (लिबिडो) आदिम, सार्वभौम तथा परिवर्तनशील जीवनी-शक्ति का है। यौनता (सैक्स) की तुलना में काम (लिबिडो) अधिक व्यापक है। युंग ने 'काम' परिवर्तनों की विस्तृत समीक्षा की है। तथा लोक-साहित्य में पाये जाने वाले प्रतीकों द्वारा मानव विज्ञान एवं पुराण विज्ञान में उनकी उपस्थिति दिखाई है।

(8) व्यक्ति में मानसिक संघर्ष स्वतः उत्पन्न होता है। उसके लिए किसी बाहरी दबाव या प्रतिक्रिया की आवश्यकता नहीं है।

(9) स्वप्नों को युंग ने बाल्यकालीन काम-वासना की पूर्ति के रूप में न मानकर

उनको अवचेतन द्वारा वर्तमान समस्या के हल का प्रयत्न माना है।

(10) व्यक्तियों को युंग ने दो वर्गों में विभाजित किया है—(1) बहिर्मुखी (एक्सट्रावर्ट), अन्तर्मुखी (इन्ट्रावर्ट)। इस विभाजन में युंग ने फ्रायड तथा एडलर दोनों को समेट लिया है। बहिर्मुखी वस्तुनिष्ठ, आत्मविश्वासपूर्ण, प्रचारप्रिय, सामाजिक आशावादी, क्रियाशील होता है। अन्तर्मुखी आत्मनिष्ठ, आत्म-केन्द्रित, तटस्थ, चिन्तनप्रिय, एकान्तप्रिय, निराशावादी, संकोची और प्रायः असामाजिक होता है। बड़े कम लोग उभयमुखी होते हैं। युंग ने यह भेद चेतना के स्तर पर ही किया है। किन्तु ध्यान रहे अन्तर्मुखी-बहिर्मुखी एक-दूसरे के प्रतिकूल भी हो सकते हैं।

(11) इन दो भेदों के बाद युंग ने मानसिक व्यापार की प्रधानता के आधार पर चार उपविभागों की कल्पना की है—(1) चिन्तन, (2) भावना, (3) अन्तःप्रज्ञा, (4) संवेदना। यह कम-ज्यादा मात्रा में सभी में होते हैं। चिन्तन प्रधान व्यक्ति तार्किक, विवेकी तथा निस्संग होता है। भावनाप्रध ाान व्यक्ति अनुकूलन, समायोजन तथा मूल्यांकन में भावुक होता है। अन्तःसंज्ञा प्रधान व्यक्ति तेज तथा सतर्क होता है, वह अचेतन अनुमानों का सहारा लेता है। संवेदनशील व्यक्ति हर प्रकार के ऐन्द्रिय संवेदन से प्रभावित होता है। इनमें परस्पर विरोध का पुट भी है—जैसे चिन्तनाशील तथा भावना-प्रधान व्यक्ति में विरोध।

(12) 'लिबिडो' की परिभाषा में युंग ने काम-प्रेरणा के बदले 'जिजीविषा' (लस्ट फार लाइफ) पर अधिक बल दिया है। जिजीविषा के संघर्ष की तुलना में काम-प्रेरणा का संघर्ष बहुत कम है। जिजीविषा तो संघर्ष का ही पर्याय है। इस प्रकार मनस्ताप और मानसिक संघर्ष को लेकर युंग, फ्रायड तथा एडलर से अलग मत स्थापित करते हैं। फ्रायड संघर्ष तथा मनस्ताप का कारण काम-भावना, एडलर प्रभुत्व-कामना तथा युंग जिजीविषा को मानते हैं।

(13) फ्रायड ने सभी प्रतीकों को चाहे वे स्वप्न के हों या मिथक के या कला के उनका मूल काम-भावना में माना है। युंग के मत से प्रतीक सामान्य की ओर से विशेष को लक्षित नहीं करता, बल्कि विशेषीकृत प्रतीक से ही सामान्य विचार लक्षित होते हैं।

(14) फैण्टेसी, पुराकथा—प्रतीक-बिम्ब को युंग ने फैण्टेसी के भाषापरक प्रतीकों तथा मानवीकरण की सामान्य अभिव्यक्तियों के द्वारा महत्त्व-प्रतिष्ठा दी है, साथ ही युंग ने कल्प कथाओं (मिथ्स), लोककथाओं (लीजेंड्स), परीकथाओं (फेरीटेल्स) और मानव जीवन के उन तमाम स्वप्नों को

ऐतिहासिक परिप्रेक्ष्य में रखते हुए ध्यान आकृष्ट किया है। वे मानवीय प्रकृति तथा मानव-सम्बन्धों को मनोविश्लेषणात्मक पद्धति पर पारिभाषित करते हैं। उन्होंने अमेरिकन, जर्मन और नीग्रोज के अवचेतन जीवन को जातीय अवचेतन की विशिष्टताओं से युक्त मानकर प्रस्तुत किया है। उनका विचार है महान् कार्य उन्हीं व्यक्तियों ने हमेशा किए हैं जो कभी भीड़ के हिस्से नहीं थे। इस कथन को लेकर मार्क्सवादी विचारक युंग को पूँजीवादी व्यवस्था का दलाल कहते हैं। किन्तु एक स्थान पर युंग ने स्पष्ट कहा है कि जातीय अवचेतन इतिहास की गति से निर्धारित होता है। आदिम अमरीकन जातियों, ग्रीक कल्पकथाओं, हिन्दू-धर्म, प्राचीन चीनी कला, बौद्ध-धर्म, टापिज्म, मध्ययुगीन कीमियागीरी, ईसाइयों की सैद्धान्तिकता तथा अनेकों प्रतिभा-प्रदत्त व्यक्तियों के व्यक्तित्व की गहराई को युंग ने अपने अध्ययन का आधार बनाया है। वे कहते भी हैं कि 'मेरा कार्य तो विभिन्न दृष्टिकोणों को क्रमबद्धता में रखना रहता है या कोई चाहे तो कह सकता है कि अज्ञात तथ्यों की परिक्रमा करता रहा हूँ'[30] वे मानते हैं कि मनोविश्लेषक का दायित्व कमरे में बन्द डॉक्टर का नहीं है, उसका क्षेत्र तो संसार है। उसे इतिहास की गहराइयों में उतरना चाहिए। वे अपनी शब्दावली में मस्तिष्क तथा मानसिक क्रियाओं को 'साइको' (psycho) तथा साइकिक (Psychic) कहना पसन्द करते हैं। युंग के मत से चेतन मस्तिष्क अवचेतन के मनोविज्ञान पर आधृत है और उसी का परिणाम है। अवचेतन ही सभी क्रियाओं का मूल है और सभी गतिविधियाँ उसी से नियन्त्रित हैं।[31] सामान्य 'साइकिक' ही 'लिबिडो' है। युंग मानते हैं—मैने जो कुछ अनुभव किया है, वही 'साइकिक' है। यहाँ तक कि शारीरिक दर्द भी साइकिक घटना है। क्योंकि वह मेरे अनुभव का विषय है।[32] लिबिडो के अन्तर्गत युंग, लालसा, इच्छा, ऐषणा आदि सभी को समेट कर उसे एक व्यापक अर्थ देते हैं। जैसे विद्युतचक्र के पूरा होने के लिए घनात्मक तथा ऋणात्मक ध्रुवों की आवश्यकता होती है, ऐसे ही 'लिबिडो' दो विरोधी ध्रुवों के मध्य परिचालित होती है। युंग प्रायः इन विरोधी ध्रुवों को 'दो विरोधी' (Two Opposites) कहते हैं। विरोधी युग्मों में जितना अधिक तनाव होगा, उतनी ही अधिक शक्ति उत्पन्न होगी। बिना विरोध के शक्ति की कल्पना ही दुर्लभ है। अन्तर्मुखी, बहिर्मुखी, चेतन-अचेतन में यही विरोध है। विरोधों में भी एक क्रमबद्ध कार्य-प्रक्रिया होती है और जब वे अपनी चरम सीमा पर पहुँच जाते हैं तो 'लिबिडो' इन विरोधों को

नियन्त्रित कर लेती है। युंग के मत से विरोधों की कार्यकारण शृंखला मानव को आदिम उत्तराधिकार में मिली है। 'लिबिडो' की इच्छाएँ प्रतीकों से व्यक्त होती हैं। युंग इसके निश्चित अर्थ में 'प्रतीक' का प्रयोग करते हैं। इसीलिए वे प्रतीक तथा चिह्न का पार्थक्य स्थापित करते हैं। युंग कहते हैं कि 'लिबिडो' का रूपान्तरण प्रतीकों द्वारा ही होता है। चिन्ह किसी वास्तविक चीज के प्रस्तुतिकरण में स्थानापन्न का कार्य करता है। जबकि प्रतीक अपने व्यापक अर्थ में यहाँ साइकिक तत्त्वों की अभिव्यक्ति देता है।[33] प्रतीक कभी भी चेतना से नहीं आता, वह सदैव अवचेतन की सृजन प्रक्रिया का परिणाम होता है। युंग मानते हैं कि सभ्यता के आदिम काल से लिबिडो अपना रूपान्तरण प्रतीकों में करती रही है एवं यही कारण है कि मानव-स्वभाव में इसकी जड़ें बहुत गहरी हैं। इस प्रकार 'लिबिडो' एक जीवन प्रक्रिया है। युंग की यह धारणा शोपेनहावर के 'जीवन-संकल्प-सिद्धान्त' (विल टु लिव) के बहुत नजदीक है।

अतः कला, साहित्य, दर्शन और इतिहास के क्षेत्र में युंग का सिद्धान्त किसी दूसरे की व्याख्या न होकर मनोविश्लेषण के क्षेत्र में नवीन विकास है।

अन्य मनोविश्लेषकों के मत—एक संक्षिप्त सर्वेक्षण

मनोविश्लेषणशास्त्र में नवीन प्रविधियों तथा प्रवृत्तियों का अध्ययन नये विचारों को समझने की दृष्टि से महत्त्वपूर्ण है। स्वयं फ्रायड को अपनी पद्धति के तमाम दोष दृष्टिगत हुए थे। लेकिन वे अपनी मान्यताओं को ठहरा हुआ समझकर कोई सुधार नहीं कर सके। पर फ्रायड के अनुयायी चौंकन्ने होकर उनके सुधार में प्रवृत्त हो गए। फ्रायड के विरुद्ध प्रतिक्रिया ने ऐसे नवीन मनोविश्लेषकों को जन्म दिया है जिनके विचारों से मनोविश्लेषण का महत्त्वपूर्ण रूप प्रच्छन्न या प्रकट रूप में सामने आया है। विचारक आटोरांक ने 'जन्म-त्रास सिद्धान्त' (बर्थ-ट्राउमा) में फ्रायड के सिद्धान्त का खण्डन किया है। राक मानते हैं कि बच्चा जन्म-प्रक्रिया के दुःखद (ट्रेजिक एक्सपीरियंसेस) अनुभवों को अवचेतन में सहज रूप से धारण कर लेता है। जो व्यक्ति जन्मत्रास सम्बन्धी अनुभवों को इच्छा से नियन्त्रित नहीं कर पाते, मनोरोगी (न्यूराटिक) बन जाते हैं। इन व्यक्तियों का जीवन विडम्बनापूर्ण हो जाता है। राक 'इडिपस गाथा' का संकेत भी देते हैं, वे उसे 'ग्रंथि' रूप में न मानकर 'गाथा' रूप में मानते हैं। राक के मत से इस 'गाथा' का अर्थ है जन्म मुक्ति-प्रयास। फ्रायड ने 'मानसिक प्रक्रिया' को स्वीकार किया था और राक ने 'आवेग' को। वे आवेग ही ठीक से व्यक्त न हो पाने पर संवेग बन जाते हैं। राक ने व्यक्तित्त्व की तीन स्थितियाँ स्वीकार की हैं—(1) शिशु पर सामाजिक दबाव और सामंजस्य का प्रयास,

(2) काम-प्रवृत्तियों का उदय, सामाजिक दबाव के बाद आदर्शों में बदलने का यत्न, (3) व्यक्तित्व प्रकार की तीसरी अवस्था सृजनात्मक कलाकार के रूप में उत्पन्न होती है। राक मानते थे कि स्त्री-पुरुष पूरक हैं—समान नहीं हो सकते। वे पुरुष में सृजन की स्त्री में काम की प्रधानता मानते हैं।

सैंडर फैरेज़ी ने यथार्थ को समझने की चार स्थितियाँ घोषित की हैं—(1) आनुपातिक सर्वशक्तिमत्ता—अनकंडीशनल ओमनीपोटेंस, (2) इन्द्रजालिक सर्वशक्तिमत्ता—हेल्लुनेशन मेजिक ओमनीपोटेंस, (3) अंग विक्षेप सर्वशक्तिमत्ता—मेजिक गेस्चर्स ओमनीपोटेंस, (4) विचारों और शब्दों का इन्द्रजाल—मेजिक ऑफ थाट्स विद वर्ड्स। फैरेजी ने तमाम मनोविश्लेषणशास्त्रियों को आन्दोलित किया, किन्तु वे कोई नया सिद्धान्त नहीं दे सके।

विलहेम राइक ऐसे विचारकों में हैं जो सामाजिक-सांस्कृतिक आन्तरिकता को नये सन्दर्भों में प्रस्तुत करते हैं। ये फ्रायड के काम-सिद्धान्त का समर्थन भी करते हैं। वे मानते हैं कि अतृप्त काम-वृत्ति वाले ही मनस्तापी (न्यूराटिक) होते हैं। मानसिक रोग वैयक्तिक नहीं होते, वे सामाजिक-सांस्कृतिक विषयों के पर्यावरण होते हैं। इस प्रकार वे मनोविश्लेषण में सामाजिक-सांस्कृतिक मूल्यों को बड़ा महत्त्व देते रहे हैं। इन्हें मार्क्सवाद का चिन्तन-मनन भी आन्दोलित किए था। फलतः इन्होंने सामाजिक-सांस्कृतिक सन्दर्भों के मूल के लिए आर्थिक दृष्टि से निर्मित सम्बन्धों व्यापारों को समझना चाहा है। इन्हें सामाजिक-सांस्कृतिक मनोविश्लेषणशास्त्री कहा भी जाता है।

करेनहार्नी मनोविश्लेषण के सिद्धान्तकार हैं। वे न्यूरोटिक व्यक्ति के सांस्कृतिक पक्ष के अध्ययन पर बड़ा बल देते हैं। प्रत्येक समाज की एक संस्कृति होती है, व्यक्ति को उससे विच्छिन्न करके हम ठीक से नहीं देख सकते हैं। न्यूरोसिस का कारण वे चिन्ता (एंक्जाइटी) मानते हैं। दुःखदायी शैशव के व्यक्ति 'न्यूरोटिक' हो जाते हैं। अतः माता-पिता को बालक के प्रति काफी सहानुभूति रखनी चाहिए। ऐसा न होने पर व्यक्तित्व का सही विकास नहीं होता, उसमें आत्मविश्वास की कमी हो जाती है। ऐसे बच्चे दूसरों का प्रेम पाने का प्रयत्न करते रहते हैं। ऐसा न होने पर उनमें तमाम व्याधियाँ तथा विकृतियाँ पैदा होती हैं। इस दृष्टि से हार्नी की पुस्तक 'न्यू वेज इन साइको एनालायसिस' में मनस्तापी तथा संस्कृति के भीतरी सम्बन्धों को तार्किकता से समझाया गया है। वे मानते हैं कि आन्तरिक संघर्ष में पड़ा व्यक्ति दूसरों का हर तरह से विरोधी हो जाता है। इसलिए ये 'इड' से ज्यादा 'इगो' को प्रधानता देते हैं।

समाजशास्त्री प्रवृत्ति के विकास में एरिक फ्राम ने मनोविश्लेषण के क्षेत्र में बड़ा कार्य किया है। वे फ्रायड से सहमत नहीं हैं। फ्राम व्यक्ति तथा समाज

का कोई विरोध नहीं मानते। उनके मत से वृत्तियाँ, सांस्कृतिक परम्पराओं पर टिकी होती हैं। उनकी घोषणा है कि मानव को इतिहास तथा प्रकृति के विरुद्ध खड़ा नहीं होना चाहिए। यदि वह ऐसा करेगा तो उसका व्यक्तित्व असन्तुलित हो जाएगा। वे व्यक्तियों की कोटि-निर्धारण करने का विरोध करते हैं, क्योंकि व्यक्ति अनेक प्रकार के होते हैं। वे कहते हैं कि साहित्य और कला के क्षेत्र में भी यही सिद्धान्त लागू होता है। वे मानते हैं कि मानव में 'स्वपीड़ा-रति' होती है, वह दूसरों को पीड़ित करके भी आनन्द पाता है। वे आनुवंशिकता को भी पर्याप्त महत्त्व देते हैं।

समाजशास्त्रीय विचारकों में हेरिस्टेक सेलिबन का नाम भी महत्त्वपूर्ण है। इन्होंने नवीन शब्दावली तथा नये सिद्धान्तों को जन्म दिया है। वे मानसिक रोग का कारण परस्पर सम्बन्धों का अनौचित्य मानते हैं। इस प्रकार वे मनोविश्लेषण से व्यक्तित्व के नये-नये रूप उद्‌घाटित करते हैं।

समग्रतः मनोविश्लेषणशास्त्र के सिद्धान्त धीरे-धीरे लोकप्रिय हो रहे हैं और आधुनिक मानस उनकी ओर आकृष्ट भी हो रहा है। यह आकर्षण कला तथा साहित्य के क्षेत्र में आज कम नहीं है।

मनोविश्लेषण और साहित्यालोचन

विद्वानों ने मनोविश्लेषण तथा साहित्यालोचन के सम्बन्ध को अनेक दृष्टियों से व्याख्यायित-विश्लेषित तथा पारिभाषित किया है। भारी बहसों के बाद तय हो गया है कि मनोविश्लेषण ने कला की प्रेरणा, कलाकार के व्यक्तित्व, कला-सृजन-प्रक्रिया तथा शिल्प पक्ष को समझने की नवीन दृष्टि दी है। इस दृष्टि का प्रभाव साहित्यालोचन पर भी पड़ा है और वे काफी निकट आने लगे हैं। यह सच है कि आज मनोविश्लेषणशास्त्र सम्पूर्ण साहित्य शास्त्र की जानकारी को नये ढंग से प्रस्तुत करने की प्रेरणा दे उठा है। मनोविश्लेषणशास्त्र की जानकारी के पूर्व तमाम बातें अन्तःप्रज्ञा का विषय थीं। मानव-मन की सहज प्रवृत्ति सृजन-वृत्ति को ही स्वीकार कर लिया जाता था एवं कलाकृतियों को मानवीय फल के रूप में मान लिया जाता था। कलाकार को जादूगर या अलौकिक शक्ति-सम्पन्न प्राणी समझा जाता था एवं कृति का रसास्वादन ही पर्याप्त था। कृति के आन्तरिक तत्त्वों की छानबीन, तार्किक विश्लेषण आदि को अनर्गल समझा जाता था। काव्य या साहित्य के वर्ण्य-विषय के मूल रहस्यों में उतरने की जैसी मनाही थी। कहना न होगा कि कलाकृति तथा कलाकार को घोर अवैज्ञानिक ढंग से परखा जाता था।

मनोविज्ञान का विकास होने पर स्वभावतः सभी कलाओं की ओर गहन-चिन्तन मनन से प्रवृत्त हुए। क्योंकि मानव-संवेदना तथा क्रिया का सच्चा

प्रतिनिधित्व कलाएँ ही करती हैं। युंग ने घोषित किया, 'यह बात एकदम स्पष्ट है कि मनोविज्ञान मन की प्रक्रियाओं का अध्ययन है। तो उसे साहित्य के अध्ययन का माध्यम भी बनाया जा सकता है, क्योंकि मानव-मन सभी विज्ञानों और कलाओं का जनक है।'[34] इसी दृष्टि से कलाकार की पद्धतियों का अभिप्रायों का सूक्ष्म-गहन चिन्तन-मनन शुरू हुआ। साहित्य-समीक्षा में गेटे, बाइरन, टर्नर, शेक्सपीयर आदि की विशिष्ट कृतियों की छानबीन शुरू हुई। मानना होगा कि एक प्रकार से मनोविश्लेषणशास्त्री ने कलाकार को घेरकर समझाने का यत्न किया है। कला के मन्दिर का देवता उसे पत्थर से अधिक प्रतीत नहीं हुआ और उसने कला के आभ्यन्तर में झाँकना शुरू कर दिया। नतीजा यह हुआ कि मनोविश्लेषणवादी अध्ययन से बहुत से लोग घबरा उठे एवं इस पद्धति के विरोध में डट गए। लेकिन हर्बर्ड रीड जैसे समालोचक भी सामने आये, जिन्होंने इस नवीन ज्ञान से कृति तथा कलाकार को समझाने का जमकर प्रयत्न किया। हर्बर्ड ने इस पद्धति में नवीनता का मोह मात्र नहीं पाया, ठोस तार्किकता का आधार भी महसूस किया। धीरे-धीरे तमाम पढ़े-लिखे लोग साहित्यिक आलोचना में मनोविश्लेषणवादी सिद्धान्तों के साथ जुट गए। ये लोग यह मानने लगे कि इस नूतन मनोविश्लेषणवादी पद्धति से कृति-कृतिकार तथा शिल्प (प्रतीक, बिम्ब, छन्द, लय आदि) की नवीन व्याख्याएँ मिल सकती हैं। कलाकार के अंधेरे कमरों में मनोविश्लेषण प्रकाश डाल सकता है। नयी खिड़कियाँ खोलकर नये ढंग से झाँक सकता है। ऐसी स्थिति में उन लोगों को फटकार पिलाई गई जो मनोविश्लेषण को साहित्य-क्षेत्र में अनर्गल तथा अप्रासंगिक मानते हैं। युंग ने मनोविश्लेषणशास्त्र की साहित्यालोचन के क्षेत्र में प्रासंगिकता का अनुभव करते हुए लिखा है—'मनोविश्लेषण के शोध से जहाँ यह अपेक्षा की जाती है कि वह कलाकृति के निर्माण की व्याख्या करेगा, वहाँ दूसरी ओर यह अपेक्षा भी बढ़ गई है कि वह उन उपादानों का उद्घाटन भी करेगा, जो किसी व्यक्ति को कलात्मक दृष्टि से रचनाशील बनाते हैं।'[35] यह पद्धति सिद्धान्त से व्यवहार में आई है और इसे लाने में पाश्चात्य जगत् के तमाम समालोचक सक्रिय भी हुए हैं।

आज यह तथ्य स्वीकृति पा गया है कि कलाकार का 'कार्य-कारणवाद' मनो-विश्लेषण-पद्धति से स्पष्ट किया जा सकता है। उन कारणों को सही सन्दर्भ में खोजा जा सकता है। जो किसी व्यक्ति को सृजनशील बनाते हैं। फ्रायड, एडलर तथा युंग के सिद्धान्तों से साहित्यालोचन के नवीन क्षेत्रों का उद्घाटन आज किया भी जा रहा है। फ्रायड मानते थे कि कलाकार ऐसा व्यक्ति है जो सृजन से सम्मान, शक्ति, सम्पत्ति, यश तथा नारी-प्रेम प्राप्त करना चाहता है तभी तो वह अपनी

समस्त काम-चेतना को रम्य कल्पना (फैण्टेसी) में बदलने लगता है। कला अपूर्ण इच्छाओं की पूर्ति का प्रयत्न है—इस दृष्टिकोण से वह स्वप्न, दिवास्वप्न, शिशुक्रीड़ा और फैण्टेसी से सादृश्य रखती है।[36] विद्वान मानते हैं कि शिलर तथा लांग के 'क्रीड़ा-सिद्धान्त' का ग्रहण और विवेचन फ्रायड ने अपने ढंग से किया है। 'दिवास्वप्न और कवि का सम्बन्ध' नामक निबन्ध में वे मानते हैं कि कला-सृजन में कलाकार शिशुवत आचरण करता है। शिशु अपनी क्रीड़ा में नवीन जगत् की वस्तुओं की पुनर्व्यवस्था करता है एवं अपनी इच्छानुसार उन्हें सजाता है। बड़े होने पर जब शिशु क्रीड़ा की रुचि समाप्तप्रायः होती है तब क्रीड़ा का स्थान दिवास्वप्न ले लेते हैं। दिवास्वप्न में व्यक्ति 'फैण्टेसी' या रम्य-कल्पना की सृष्टि करता है। ऐसी स्थिति में प्रत्येक फैण्टेसी के मूल में अपूर्ण वासना क्रियारत रहती है एवं प्रत्येक फैण्टेसी अपूर्ण वासना की पूर्ति का प्रयास है। भौतिक वस्तुओं से थोड़ा परे हट कर जब कोई व्यक्ति कल्पना महल बनाने लगता है तो वह फैण्टेसी की रचना कर रहा होता है। वास्तविक जगत् में हर इच्छा की पूर्ति असम्भव है, इसलिए व्यक्ति एक ऐसे रम्य लोक को निर्मित करता है जिसमें वह पूर्ण स्वतन्त्र है। इस स्वतन्त्रता का वह मनमाने ढंग से प्रयोग कर सकता है। प्रायः काव्य-नायक या कथा-नायक काव्य या उपन्यास में स्वयं उपन्यासकार या कवि की इच्छा पूर्ति का प्रयास होता है। 'कामायनी' के मनु में 'प्रसाद जी' बोलते दृष्टिगत होते हैं। काव्य में इच्छा रूपान्तरित हो जाती है। दिवास्वप्न द्रष्टा भी जानता है कि 'फैण्टेसी' वास्तविकता नहीं है, फिर भी वह उससे इच्छा पूर्ति करता है। वह 'फैण्टेसी' में बाहरी वास्तविकता की जकड़ से मुक्ति पाता है और यही उसके आनन्द का प्रधान हेतु है। कला 'फैण्टेसी' से इस अर्थ में भिन्न है कि कलाकार रम्य-कल्पना से वास्तविकता की ओर पुनः लौटता है क्योंकि कला-सृष्टि के लिए वास्तविकता का संस्पर्श अपेक्षित है। इस प्रकार कला से फैण्टेसी और फैण्टेसी से वास्तविकता की ओर कलाकार यात्रा करता है। मनस्तापी तथा कलाकार का बड़ा अन्तर यही है कि कलाकार अपनी वैयक्तिक इच्छाओं को निर्वैयक्तिकता प्रदान करता है, उन्नयन या उदात्तीकरण कर लेता है। इस दृष्टि से कलाकार उदात्तीकरण की क्षमता से सम्पन्न प्राणी है। फ्रायड मोटे रूप में कलाकार के लिए चार बातें कहते हैं—(1) वह अपने दिवास्वप्नों को विस्तृत करने की कला में पारंगत होता है जिससे उसमें निहित वैयक्तिक दंश समाप्त हो जाता है एवं अपनी विशिष्टता तथा विचित्रता खोकर वह दूसरों के लिए भी आनन्दप्रद बन जाता है। (2) वह दिवास्वप्नों को परिष्कृत संशोधित करने की कला इस चतुरता से जानता है कि निषिद्ध क्षेत्रों में निहित उनके मूल उत्स का पता न चल सके। (3) सामग्री को 'फैण्टेसी' में रूपान्तरित

करने की रहस्यमयी दक्षता से सम्पन्न होता है। (4) कला-सृष्टि-सृजन के जादू से वर्जना और दमन के प्रभाव को कम करके आनन्दानुभूति देने की शक्ति पा जाती है।

अपूर्ण इच्छाओं के अनेक रूप सरल न होकर जटिल होते हैं। यह जटिलता भी शैशव स्मृतियों के गहन-प्रभाव का प्रतिफल होती है। ये स्मृतियाँ जीवन भर कलाकार को सृजन में झकझोरती रहती हैं और कला सृजन में 'फैण्टेसी' जटिल बुनावट में सृजित होती है। इस प्रकार जटिल 'फैण्टेसी' के इच्छापूर्ति के प्रत्येक अंश का विश्लेषण करना शिव की जटाओं को सुलझाने जैसा कार्य है। वे जितनी ज्यादा विश्लेषित की जाती हैं, उतनी ही और ज्यादा उलझती हैं।

यह विशिष्ट बात है कि फ्रायड ने कलाकृतियों की सृजन-प्रक्रिया को भी संकेतित-प्रतीकित किया है। इस सृजन-प्रक्रिया में जाति की युग-युग से संचित स्मृतियों का कलाकार उपयोग कर लेता है। पुराकथा, देवकथा, लोककथा, परीकथा तथा लोक-आख्यान आदि इसी ढंग की 'फैण्टेसी' हैं। इनका सम्बन्ध किसी व्यक्ति से न होकर सम्पूर्ण परम्परा से जुड़ता है। होता यह है कि सृजन-प्रक्रिया में किसी तात्कालिक किन्तु प्रबल अनुभव के प्रभाव-दबाव से चिरसंचित स्मृतियाँ उद्‌बुद्ध होकर कलाकृति में रूपान्तरित हो जाती हैं। फ्रायडीय विवेचन में रूपान्तरित होने की प्रक्रिया का अभाव है। इसी प्रक्रिया को नये ढंग से कार्ल गुस्ताफ युंग ने 'सामूहिक अचेतन' सिद्धान्त के द्वारा विस्तृत रूप से विश्लेषित-विवेचित भी किया है। और 'इच्छा पूर्ति' तथा 'दिवास्वप्न' की मान्यताओं से हट कर नवीन जीवन-सिद्धान्त की स्थापना भी की है।

फ्रायड का सिद्धान्त साहित्य 'समग्र' में विश्वास नहीं करता। इसलिए यह कला का अपूर्ण एवं एकांगी सिद्धान्त माना जाता है। उनका 'काम-केन्द्र' का घेरा भी काफी खतरनाक है जो जीवन को समग्रता में नहीं देखने देता। कलात्मक प्रक्रिया के सन्दर्भ में भी उनकी कोई सन्तोषप्रद व्याख्या उपलब्ध नहीं है। वे 'दिवास्वप्न' की चर्चा तो करते हैं किन्तु इन दिवास्वप्नों को कलाकार विस्तार कैसे देता है, कहाँ तक देता है, आवेगों का निष्कासन कैसे करता है ? आदि तमाम प्रश्न अनुत्तरित रह जाते हैं। वे मात्र इतना कहते हैं कि कलाकार में अपनी विशिष्ट सामग्री को ढालने की रहस्यात्मक क्षमता होती है। किन्तु इस 'रहस्यात्मक क्षमता' के भीतरी रहस्य का उद्‌घाटन वे नहीं करते हैं। अतः फ्रायडीय सिद्धान्त का अधूरापन यह 'रहस्यात्मक ढंग' ही प्रगट कर देता है।

एडलर का यह कहना कि प्रत्येक मनस्ताप को श्रेष्ठता की भावना की प्राप्ति के लिए हीनता-भावना से मुक्ति का प्रयास समझना चाहिए। हीनता की इस भावना का उद्‌गम स्रोत हमारा शैशव और वातावरण है। केवल कलाकार ही

ऐसा प्राणी है जो श्रेष्ठता से ही प्रेरणा ग्रहण नहीं करता है। वह तो अपने कष्ट को संसार की अमूल्य वस्तु मानता है। एडलर कलाकार को मानवता का नेता घोषित करते हैं। इस दृष्टि से वे कलाकार को बड़ा पद देते हैं। एडलर मानते हैं—प्रत्येक कला हमें बहुत कुछ देती है। रंग-रूप और रेखा के उत्कृष्टतर ज्ञान के लिए हम कलाकारों के चिरऋणी हैं। इस प्रकार कलाकार आविष्कारक, विचारक, अनुसन्धाता है। वे ही मानवता के सच्चे नेता हैं, वे ही इतिहास की प्रेरक शक्ति हैं। हम तो केवल वितरक हैं।[37]

फ्रायड के लिए कला उदात्तीकरण है और एडलर के लिए हीनता-मुक्ति का प्रयास। कलाकार की सच्ची मुक्ति कला के भीतर ही है। मनस्तापी होता हुआ भी कलाकार अप्रीतिकर वैयक्तिक घटनाओं को इस प्रकार व्यक्त करता है कि वे वैयक्तिक दंश से मुक्त हो जाती हैं। पर एडलर उस कलात्मक प्रक्रिया की न तो व्याख्या करते हैं, न कोई स्पष्ट संकेत देते हैं। कलात्मक प्रक्रिया की व्याख्या न फ्रायड कर पाते हैं, न एडलर। इसलिए दोनों की मनोविश्लेषणात्मक धारणाएँ अपूर्णता का शिकार हो जाती हैं। दूसरे मनस्तापी कलाकार की आकांक्षाओं या सृजन का 'उन्नयन' भी इतना सरल नहीं है, जिस सरलता से कह दिया गया है। क्योंकि कुण्ठा, रुग्णता आदि की जड़ें छोटी-मोटी नहीं होतीं, वे मानव मन में बहुत-बहुत गहरे तक धँसी होती हैं। कलाकृति में कितना मनस्तापी अंश है, कितना सहज मानवीय यह छानबीन करना भी सरल कार्य नहीं है। साहित्य एक ऐसा विषय है जो ब्रह्माणीय विशालता के कारण अमित है। ज्ञान का साहित्य और रस का साहित्य दोनों ही अपनी ससीमता में असीम होते हैं। इस तथ्य को भुला देने से बड़े खतरनाक भ्रम पैदा होते हैं और 'आनन्द' तथा 'मनोरंजन' को भ्रमवश एक ही समझ लिया जाता है। इसीलिए साहित्य या साहित्य सिद्धान्त मनोविश्लेषण का प्रभाव तक तो ग्रहण करते हैं, पर वे पूरी तरह मनोविश्लेषणशास्त्र नहीं होते, नहीं हो सकते। क्योंकि मनोविश्लेषणशास्त्र का अपना अनुशासन है और साहित्य का अपना अलग अनुशासन। दोनों की प्रविधियाँ-पद्धतियाँ अलग हैं। किन्तु मानव मन की अनेकता और अनेकता में एकता की खोज दोनों को ही इष्ट है। इस दृष्टि से ये दोनों अनुशासन एक-दूसरे के विरोधी न होकर पूरक हैं। इसी तथ्य को समझने-समझाने की दृष्टि से पश्चिम के मनोविश्लेषणशास्त्री आलोचक हर्बर्ट रीड की बड़ी ख्याति है।

यह भी सच है कि कलाकार एक से नहीं होते। देश और काल भी इन्हें भिन्न बनाता है। किसी-किसी कलाकार का व्यक्तित्व भी बड़ा प्रचण्ड होता है। शेक्सपियर, मिल्टन, कालरिज, इलियट, रवीन्द्रनाथ, टाल्सटाय, गोर्की, गेटे, निराला, प्रेमचन्द आदि को आज भी अनेक अनुरोधों तथा आग्रहों से समझा

पाते हैं एवं एक ही कविता के अनेक आलोचकों में अनेक रूप-रंग हो जाते हैं। ऐसा क्यों होता है, इस प्रश्न का उत्तर केवल मनोविश्लेषणशास्त्र ही दे सकता है। इस विषय में सौन्दर्यशास्त्र, जीव-विज्ञान, इतिहास, भूगोल, विज्ञान, नेत्तत्वशास्त्र, आदि हमारी कोई सहायता नहीं कर पाते हैं।

आलोचना तथा मनोविश्लेषण की पारस्परिकता इस कारण भी गहरी है कि साहित्य में आभ्यन्तरीकृत जीवनानुभव प्रकट-प्रच्छन्न रूप में व्यक्त होते हैं। कलाकार यदि बाह्य अनुरोधों तथा आग्रहों से इस जीवनगत आभ्यन्तरीकृत दृष्टि को ढाल नहीं पाता तो नवीनता बुझ जाती है। और कृति या कला शिथिलता का रूप धारण कर लेती है। इसीलिए सच्चा कलाकार अपने व्यक्तित्व का लगातार संशोधन-सम्पादन करता रहता है। इसलिए कला का सम्बन्ध जीवन की अन्तरंगता से है। यह अन्तरंग जीवन्त संवेदनात्मकता की मानसिकता ही जीवन रूप में कला बनती है। इसी अर्थ में कला संवेदनात्मक ज्ञान और ज्ञानात्मक संवेदना दोनों है।

संवेदनात्मक ज्ञान को युंग ने ढंग से समझाया है और उनकी पद्धति आज भी वैज्ञानिक है। कलाकृति कलाकार के आन्तरिक बाह्य आग्रहों-अनुरोधों, व्याकुलताओं को व्यक्त करती है किन्तु केवल अनुरोध-आग्रह कला नहीं है। ये निर्मिति के कारण हैं किन्तु स्वयं निर्मिति नहीं है। प्रत्येक कलाकृति में कलाकार के अपने तनाव और विरोध होते हैं जिनके भीतर सृजनात्मकता में पकना उसका धर्म है। इसीलिए कलाकृति को समझाने के लिए पश्चिम में जार्ज लुकाच और हिन्दी में मुक्तिबोध सामाजिक-सांस्कृतिक मनोविश्लेषण की पद्धतियों का सहारा लेते हैं। यह तथ्य लुकाच की पुस्तक 'हिस्टरी ऑफ क्लास कॉन्शसनैस' तथा मुक्तिबोध की पुस्तक 'कामायनी पुनर्विचार' के निरीक्षण-परीक्षण से स्पष्ट है। दोनों ही आलोचक ऊपर से प्रगतिवादी हैं किन्तु गहरे में मुक्तिबोध 'प्रसाद जी' के 'बनियामन' को पकड़ने में वंशानुगत सिद्धान्त को मानते हैं।[38] इस प्रकार वे कलाकृति की विशिष्टता और अद्वितीयता को समूचे इतिहास-बोध, परम्परा-बोध, सांस्कृतिक बोध से समझते हैं। विशिष्टता तथा अद्वितीयता की कलाकृति में समझ अनिवार्य है तभी हम 'राम की शक्तिपूजा' और 'असाध्य वीणा' की सृजनात्मकता को समझ सकेंगे। प्रायः कृतियाँ सौन्दर्यात्मक मूल्यों के कारण प्रसिद्धि पा जाती हैं। और उन्हीं को लेकर साहित्यालोचन चल पड़ता है। गठन और शैली से भी कृति का अध्ययन किया जाता है।

सृजन-प्रक्रिया तथा कवि-कर्तृत्व को लेकर भी बड़ी-बड़ी बहसें हुई हैं। सृजन में कवि-व्यक्तित्व को लेकर दो परस्पर विरोधी धारणाएँ प्रचलित हैं। रोमाण्टिक मान्यता यह है कि सृजन कवि की आत्माभिव्यक्ति है जिसमें कलाकार का

व्यक्तित्व सक्रिय रहता है। इसकी विरोधी मान्यता है कि सृजन निर्वैयक्तिक प्रक्रिया है जिसमें कवि-व्यक्तित्व माध्यम मात्र होता है। कला-सृजन को लेकर भी विवाद है कि यह सचेत-व्यापार है या अचेतन व्यापार। किन्तु ज्यादातर कलाकार सृजन की अचेतनता की चर्चा करते हैं। काव्य-सृजन प्रक्रिया में कवि की निर्वैयक्तिकता सम्बन्धी मान्यता की महत्त्व प्रतिष्ठा बलपूर्वक टी.एस. इलियट ही करते हैं। कवि-निरपेक्ष-काव्य-सृजन की प्रथम घोषणा सन् 1928 ई. में वे 'सेक्रेड वुड' की भूमिका में करते हैं। इस प्रक्रिया की व्याख्या वे 'आब्जेक्टिव कोरिलेटिव' अथवा 'विभावन व्यापार' के द्वारा करते हैं। विभावन-व्यापार के अनुसार कवि अपने आत्मनिष्ठ संवेगों, अनुभूतियों और विचारों को, बिम्बों, प्रतीकों, स्थितियों आदि के माध्यम से वस्तुनिष्ठ रूप प्रदान करता है। काव्य सृजन सम्बन्धी यह निर्वैयक्तिक तथा वस्तुनिष्ठ सिद्धान्त अमेरिका के 'नव्य आलोचकों' को मान्य रहा है। जान क्रोरेन्सम को इलियट की वस्तुनिष्ठता बहुत कुछ आत्मनिष्ठता प्रतीत हुई। उन्होंने इलियट पर 'मनोवैज्ञानिकता' के दबाव की चर्चा की और अधिक वस्तुनिष्ठ सिद्धान्त के निर्माण की अपेक्षा को रेखांकित किया।[39] यह बात इतनी आगे बढ़ी कि अमेरिका के एक नव्य आलोचनावादी सम्प्रदाय (शिकागो वर्ग के एक) ने 'नव्य अरस्तूवाद' नाम से नितान्त काव्य का वस्तुनिष्ठ सिद्धान्त स्थापित करना चाहा है। इस सम्प्रदाय का नेतृत्व प्रो. आर. एस. क्रेन करते हैं। इसी सिद्धान्त का बड़ा विस्फोट प्रो. डब्ल्यू. के. विमसाट और मुनरो बिपर्डस्ले द्वारा संयुक्त रूप में लिखित निबन्ध 'दि इण्टेन्शनल फैण्टेसी' में हुआ। इस विस्फोट के मूल में वह पद्धति थी, जिसमें किसी कृति की आलोचना करने के लिए कलाकार के अभिप्राय की खोज अपेक्षित मानी जाती थी। इस प्रकार इस विस्फोट ने रोमाण्टिक साहित्यशास्त्र के मूलाधार पर ही धावा बोल दिया।

यह समय का बड़ा संयोग है कि इलियट ने काव्य-समीक्षा में रोमाण्टिक की प्रतिक्रिया में कला का निर्वैयक्तिक सिद्धान्त स्थापित किया। दूसरी ओर मनोविश्लेषणशास्त्र के क्षेत्र में युंग ने फ्रायड के वैयक्तिक 'न्यूरोसिस' की प्रतिक्रिया में 'सामूहिक अवचेतन' (कलैक्टिव अनकान्शसस) सिद्धान्त को प्रस्तुत किया एवं उसी आधार से कला-सृजन की गहराइयों में उतरने का यत्न किया। उन्होंने 'माडर्न मेन इन दि सर्च आफ सोल' नामक अपने ग्रन्थ में कला-सृजन के महत्त्वपूर्ण पक्षों का उद्घाटन किया है। सृजनशील कवि-व्यक्तित्व एक पहेली है, जिसे अनेक प्रकार से समझाया जाता है, और कोई भी उसे समझाने में एकदम सही नहीं कहा जा सकता। क्योंकि सृजनशीलता एक रहस्यमय क्रिया है। कलाकार के रूप में वह न तो आत्मरति का शिकार है, न पर-रति का, न किसी

अन्य प्रकार की रति का। सृजन में वह 'वस्तुनिष्ठ तथा निर्वैयक्तिक है, यहाँ तक कि अमानवीय भी, क्योंकि एक कलाकार के नाते वह स्वयं कृति है, न कि एक मानव,'[40] सृजन में कवि-कलाकार का मन जातीय या सामूहिक मन का प्रतिरूप होता है—महान् कविता जातीय जीवन से अपनी शक्ति प्राप्त करती है और हम इसका अर्थ सन्दर्भ पूरी तरह खो देते हैं। अगर हम इसे व्यक्तिगत जीवन तथ्यों के आधार पर समझना-समझाना चाहते हैं। जब कभी सामूहिक अवचेतन हमारे अनुभव का दुर्निवार अंग बन जाता है और वह इतना समर्थ हो कि युग के चेतनात्मक दृष्टिकोण को भी हमारे सम्मुख प्रस्तुत कर सके तो ऐसा अनुभव क्षण सृजन-व्यापार बन जाता है और उस युग में जितने भी व्यक्ति जीवन्त रूप में जीते हैं, उनके लिए महत्त्व का होता है।[41] काव्य में वैयक्तिक भावना का परिहार होकर कवि का हृदय लोक मानव का बन जाता है। यही बात रिचर्ड्स के अहं विसर्जन सिद्धान्त में है और इलियट के निर्वैयक्तिकतावाद में भी। युंग इसी चर्चा को स्पष्ट रूप से करते हैं एवं मानते हैं कि निस्संगता तथा निर्वैयक्तिकता उसकी कला के अंग होते हैं। सृजनात्मक व्यक्तित्व दो विरोधी प्रवृत्तियों का संश्लेषण होता है। एक ओर वह व्यक्तिगत जीवन जीनेवाला मनुष्य होता है और दूसरी ओर वह अपनी सृजन-प्रक्रिया में निर्वैयक्तिक मानव।[42] वे फ्रायड के इस कथन का खण्डन करते हैं कि कलाकार मनस्तापी होता है।[43] कला निर्वैयक्तिक सृजन-प्रक्रिया है। इसी तथ्य को युंग के शब्दों में 'कला वस्तुतः एक आभ्यन्तर की शक्ति है जो मानव प्राणी को पूरी तरह अपने वश में करके अपना यन्त्र बना लेती है। कलाकार स्वतन्त्र इच्छा-शक्ति से सम्पन्न अपने लक्ष्यों की सिद्धि खोजने वाला व्यक्ति नहीं है, बल्कि ऐसा प्राणी है जो अपने माध्यम से कला को अपने प्रयोजन की पूर्ति करने देता है। एक मानव प्राणी के नाते उसमें संवेग, इच्छाएँ और व्यक्तिगत लक्ष्य हो सकते हैं, किन्तु एक कलाकार के नाते वह एक उच्चतर अर्थ में 'मानव' होता है—वह एक 'सामूहिक मानव' है, जो मानव जाति के मानसिक जीवन के अवचेतन को वहन और रूपायित करता है।'[44] युंग यह भी कहते हैं कि 'यह मानने में बड़ी भारी भूल हो सकती है कि कविता का संसार भौतिक और घिसा-पिटा होता है। प्राग् ऐतिहासिक अनुभव ही सृजनात्मकता की मूल प्रेरणा स्रोत होते हैं।'[45] कलाकार होने के नाते उसका दायित्व बढ़ जाता है। सृजन-प्रक्रिया एक नारी-सुलभ गुण है और कलाकृति अवचेतन की गहराइयों से उत्पन्न होती है।'[46] ऐसी स्थिति में सृजन-शक्ति अवचेतन की गहराइयों से अनुशासित तथा रूपान्तरित होती है। चेतन अहं गहन-प्रवाह में बहकर घटनाओं का मात्र दर्शक रह जाता है—एक असहाय दर्शक। कृति ही कवि की नियति हो जाती है एवं उसके सभी मानसिक

विकास को निर्धारित करती है। गेटे फाउस्ट की रचना नहीं करता, बल्कि फाउस्ट गेटे की रचना करने लगता है।[47] यही अज्ञात वस्तु 'आदिम-बिम्ब' (आर्किटाइल इमेज) कही जाती है। ये आदिम बिम्ब अचेतन मन में प्रसुप्त पड़े रहते हैं एवं वे मानव-संस्कृति के आरम्भ से—आदि से—चले आ रहे हैं। जब तक वर्तमान जीवन इन सुप्त आदिम बिम्बों की आवश्यकता का अनुभव नहीं करता, तब तक वे सुप्त पड़े रहते हैं। कलाकृति स्वप्न की भाँति अपनी व्याख्या नहीं करती, केवल बिम्ब-सृजित करती है। निष्कर्ष रूप में युंग मानते हैं कि कला-सृजन की प्रभाव-क्षमता का रहस्य 'समभागी होने के रहस्य' (पार्टिसियेशन मिस्टीक) की ओर लौटने में निहित है। इसलिए प्रत्येक महान् कृति वस्तुनिष्ठ एवं निर्वैयक्तिक होती है एवं सभी को प्रभावित करती है। आचार्य शुक्ल इसी को अभेदवाद कहते हैं—अभेदवाद की भूमि तैयार करना ही साधारणीकरण है।[48] युंग की तमाम धारणाएँ भारतीय रस तथा साधारणीकरण सिद्धान्त के पर्याप्त निकट हैं।

कलाकृति के तीन चरण होते हैं—(1) सृजन-प्रक्रिया (क्रिएटिव प्रोसेस), (2) सृजन-माध्यम (क्रिएटिव मीडियम), (3) निरीक्षण के लिए उत्पत्ति (क्रिएटिव प्रॉडक्ट)। इस दृष्टि से कलाकृति के विषय वस्तु (कन्टेण्ट) और रूप (फार्म) एक-दूसरे से अलग न होकर अभिन्न होते हैं। अभिव्यंजना कलाकृति में आभ्यन्तर और अभिव्यंग्य का उद्घाटन है। वह हमारी इच्छा की काल्पनिक तुष्टि भी है। इसीलिए कृति जीवन 'मूल्यों' को प्रगट भी करती है और 'संस्कृति' से प्रभावित भी होती है, प्रभावित करती भी है। 'रूप' में कलाकृति की 'आकृति' तथा 'गठन शैली' शामिल है। कलाकृति में इसका प्रतीकत्व, कलाकार का व्यक्तित्व, युग, उसकी परिस्थितियों को खोजा जा सकता है। आत्मगत कला-संकल्प व्यक्तिगत होने पर भी सामाजिक जीवन के प्रक्षेपण हैं। युंग कलाकृति में कलाकार के भाव-चक्र की ऊहापोह इसी दृष्टि से करते हैं। कलाकृति का भोक्ता (सहृदय) भी एक प्रकार का आदर्श टाइप है। कलाकार की रुचियाँ पाठक को बदलती हैं। और पाठक की चेतना भी कलाकार का नियमन करती है। मनोविश्लेषणशास्त्री फ्रायड के अनुसार पाठक की यौन-कामनाओं की तृप्ति ही कला की आशंसा है। कलाकार की भाँति सहृदय भी अचेतन यौन कामनाओं की काल्पनिक तुष्टि-अतिकल्पना तथा दिवास्वप्नों के द्वारा करता है। ऐसा मानते हुए पाठक कवि तथा पाठक की दृष्टि समानता स्थापित करते हैं। यह सही है कि कलाकार तथा पाठक के मस्तिष्क एक से नहीं हो सकते, बहुधा वे एक जैसे जरूर होते हैं। यह बात 'तादात्म्यीकरण सिद्धान्त' से स्पष्ट है। क्योंकि तन्मय भूमि से कला का आनन्द लेने वाला ही सहृदय है। फ्रायड कलाकार को न्यूरेटिक मानते हैं तथा कला सौन्दर्य को काम-सौन्दर्य से संलग्न कर देते हैं। किन्तु फ्रायड

के इस मत से असन्तुष्ट युंग मानते हैं कि कलाकार में आर्केटाइपल मानवीय द्वन्द्व होते हैं। अतः कला में कलाकार ही नायक (हीरो) होता है जो समाज या जाति या समूह के अवचेतन का अधिवक्ता होता है। जीवन-दृष्टि के अनुसार युंग कलाकारों के भेद भी मानते हैं।

प्रतिभा आदि को लेकर मनोविश्लेषकों ने बौद्धिक घटकों की अपेक्षा प्रेरणामूलक विशिष्टताओं पर बल दिया है। मनोविश्लेषकों ने 'प्रतिभा' की व्याख्या में तीन धारणाओं पर प्रयोग किया—(1) उदात्तीकरण, (2) क्षतिपूर्ति, (3) अवचेतन प्रक्रिया। उदात्तीकरण हमारी कुंठित-दमित इच्छाओं का निर्वैयक्तिक रूपान्तरण है। क्षतिपूर्ति व्यक्तित्व की कमियों को दूर करने का कलात्मक साधन है। अवचेतन प्रक्रिया संस्कारों का आन्तरिक मन्थन है जो इच्छा एवं क्रियाशक्ति को उदात्त बनाती है। यहाँ भी सब कुछ निरपेक्ष निर्वैयक्तिकता में बदल जाता है। भारतीय साहित्यशास्त्र में काव्य-हेतु के अन्तर्गत 'प्रतिभा' की चर्चा है किन्तु उसका मनोवैज्ञानिक निरूपण नहीं है। यहाँ तो प्रतिभा एवं शक्ति का अद्वैत स्थापित किया गया है। 'कल्पना' को भी भारतीय आचार्यों ने 'प्रतिभा' में विन्यस्त कर लिया है। फ्रायड 'प्रतिभा' की जगह 'उन्माद' को रखकर 'न्यूरोसिस' शब्द को प्रतिस्थापित कर देते हैं। युंग इस धारणा का खण्डन करते हुए मानते हैं कि सृजन-प्रक्रिया में बौद्धिक से अधिक आन्तरिक अवचेतन का हाथ होता है। एक विशिष्ट स्तर सृजन-प्रक्रिया चेतन तथा अवचेतन का दोनों से अनुस्यूत तथा अन्तर्भुक्त हो जाती है। इस प्रकार 'सृजनात्मक कल्पना' चेतन की जागरूक और एक अवचेतन गहराई के मध्य की दशा है जो 'विलक्षण' की उद्‌भावना में प्रवृत्त रहती है, यह सारा व्यापार प्रतीकों, बिम्बों में चलता है, पुराकथाएँ तथा फैण्टेसी इसी शक्ति से नया अर्थ पाती हैं। अवचेतन का कार्य रूपाकृति के लिए सामग्री देना है तथा चेतन में इसका ढंग से चयन होता है। चेतन-अवचेतन का यह व्यापार-सातत्य चक्र चलता ही रहता है। कलाकार का 'मैं' सृजन केन्द्र में आ जाता है। जातीय वंशानुक्रम से संचित अनुभवों के मिथकीय लोक का यह 'मैं' उपयोग करता है। क्योंकि समस्त सृजनात्मक आवेश इसी सामूहिक अवचेतन से निसृत होते हैं। यह आवेश इतना प्रबल होता है या आन्दोलक होता है कि अन्य सभी इसके वश में होते हैं। इस आवेश को अन्तर्मुखी तथा बहिर्मुखी दोनों प्रकार के कलाकार रूपान्तरण के साथ प्रसारित करते रहते हैं।'[49] अन्तर्मुखी कलाकार पदार्थ को वश में करता है। इसके विपरीत बहिर्मुखी कलाकार पदार्थ के वशीभूत हो जाता है। लेकिन दोनों के पदार्थ या माध्यम में एक आन्तरिक विवशता और बेचैनी रहती है। इसीलिए कलाकृति में वैयक्तिक अवचेतन को खोजना असंगत है। उसमें तो कलाकार के सामूहिक अवचेतन

की छान-बीन करनी चाहिए। क्योंकि यही हमारे सम्पूर्ण अनुभवों, संस्कारों, प्रवृत्तियों, मिथकों आदि का भण्डार है। इसीलिए यही सृजनात्मक फैण्टेसियों का उद्‌गम-स्थल है तथा आदिम बिम्बों (आर्केटाइपल इमेजिज) का स्रोत भी। यही मिथकीय बिम्बों का विधाता है।[50] इसी से कलाकार व्यक्ति न होकर प्रजाति की वाणी हो जाता है। इस प्रकार आदिम-बिम्बों में बोलना सैकड़ों जीभों से एक साथ बोलना है। कलाकृति में कलाकार कौशल से जाने-अनजाने आदिम बिम्बों को ऐसे न्यस्त कर देता है कि वह रूपान्तरण से वर्तमान भाषा के अर्थ का संवाहक बन जाता है। युंग ने इस निरूपण को दान्ते, गेटे तथा मिल्टन के उदाहरणों से पुष्ट किया है। इनमें मूल प्रवृत्तियों के प्रतीक बिम्ब रूप ही 'आदिम बिम्ब' हो गए हैं। कलाकार को नया ज्ञान-विचार, सिद्धान्त आदि ज्ञात होने चाहिए ताकि वह सृजन में नयी 'दमक' पैदा कर सके। वह उसकी सम्पूर्ण मिथकीय और सांस्कृतिक प्रक्रिया को नया अर्थ-अनुषंग दे सके। सृजन-प्रक्रिया में अवचेतन से चेतन की ओर, स्वप्न से जागरण की ओर, आत्मविस्तृति दशा से नर्मिल दशा की ओर, आत्म-विमोह से यथार्थता की ओर, फैण्टेसी से प्रतीक की ओर तथा अवध्यान से अति एकाग्र चित्त की ओर गतिमान होना होता है। सृजन-प्रक्रिया में भावान्तरण 'कौंध' (फ्लाश) के स्तर पर या बिन्दु पर घटता है और छहों धारणाएँ कम-या-ज्यादा मात्रा में घटती हैं। इसी में पूर्व-चेतन अवस्था चार अपेक्षितों की पूर्ति करती है, जिसे 'देहरी अवस्था' भी कहते हैं।[51] दमक पूर्वचेतन अवस्था का विस्फारण है जहाँ सृजन-स्वतन्त्रता का संसार है। इसी स्वतन्त्रता से कला में सृजन का नया आयाम जुड़ता है। क्योंकि चित्तैकाग्रता और उत्तेजक परिस्थितियाँ मिलकर सृजन को जन्म देती हैं। इस स्थिति को रखने के लिए कलाकार को प्रयास करना पड़ता है—जैसे प्रेमचन्द सुँघनी सूँघते थे, प्रसाद जी इत्रों से उपचार करते थे। ये 'उत्तेजक' सुदीर्घ सृजनात्मक चिन्तन को कायम रखने के उपक्रम हैं।

कला में स्वतान्त्र साहचर्य या मुक्ता-आसंग (फ्री-एसोसिएशन) तथा अन्यथाकरण (डिस्टार्शन) सृजनात्मकता को गत्यात्मकता प्रदान करते हैं। मुक्त आसंग के सर्वोत्कृष्ट प्रतिनिधि हैं—दिवास्वप्न (विशेष रूप से शिशुओं के दिवास्वप्न)। इसमें स्वयं प्रकाश्य (इण्ट्यूटिव) बिम्बों का स्वतन्त्र तथा साहचर्यमूलक नैसर्गिक कारण-भाव होता है। मुक्त-साहचर्य की प्रक्रिया में कलाकार का मस्तिष्क बाधाओं से उन्मुक्त हो जाता है। सृजन की यह स्वतन्त्र तथा स्वच्छन्द अवस्था है जिसमें चित्तगत 'समाधि' से सृजन होता है। 'कौंध' के साथ ही सर्जक में मुक्त-आसंग-बिम्बों की धारा फूट जाती है एवं इस स्थिति में अवचेतन-मन चेतन मन को भरपूर सामग्री विविधता के साथ

देता है। इसीलिए 'मुक्त-आसंग पद्धति' में बिम्ब तथा रूपक आते चले जाते हैं। स्वतन्त्रता एक बिन्दु पर फैण्टेसीपरक बिम्बों का अनसुन्धान भी करती है। यदि विषय का स्वभाव अतिप्राकृत या अलौकिक हुआ तो 'अन्यथाकरण' की उद्भावना होती है। 'अन्यथाकरण' विषय का ऐसा रूपान्तरण कर देता है कि मूल बात जटिल प्रक्रिया में बन जाती है जिस जटिल प्रक्रिया को खोलना पाठक या आलोचक के लिए चुनौती का कार्य हो जाता है। इसीलिए सौन्दर्यशास्त्री 'अन्यथाकरण' को कला का सार मानते है।[52] कलाकार में यह प्रवृत्ति कभी तो इतनी बढ़ जाती है कि मूर्तीकरण के बाद अमूर्तीकरण (एब्सट्रेक्शन) करने लगता है। उसी अर्थ में अमूर्तीकरण अन्यथाकरण की चरमावस्था के साथ अभिव्यंजना की चरम धारणात्मक अवस्था भी है। हिन्दी में प्रसाद जी की 'कामायनी' तथा मुक्तिबोध की कविताएँ इसी चरमावस्था का उदाहरण हैं। इनकी सृजनात्मकता अनव्यवस्थात्मक (नान स्कीमेटिक) है। यह अनव्यवस्थात्मकता अव्यवस्था का पर्याय न होकर साहचर्यात्मक स्वतन्त्रता का अर्थ देती है। इसमें 'अवचेतन चेतन सातत्य' मौजूद रहता है। इस प्रक्रिया का महत्तम धर्म अनुकूलनीयता (एडाब्टिबिलिटी) है, यही प्रेषणीयता का निमित्त है। इसी भाँति कला में शब्द और अर्थ, देश और काल का अनन्वय स्थापित हो जाता है।

समग्रतः उत्तेजना तथा अवरोध की अन्तरप्रक्रिया में ही 'सृजन द्वन्द्व' की स्थिति है। इस द्वन्द्व के हेतु से ही उच्चतर स्नायविक क्रियात्मकता में नवीन गुणवत्ता का प्रादुर्भाव होता है जिन्हें 'सृजन-यन्त्रणा' कहा जा सकता है। रचना-प्रक्रिया के संसार में इच्छा, क्रिया, बुद्धि, संवेदना, संवेग आदि ही नहीं होते, वे मूल्यवान अनुभव भी होते हैं, जो कला जगत् का अन्तरइतिहास होते हैं। काव्य सम्बन्धी समस्याएँ एक प्रकार से रचना-प्रक्रिया सम्बन्धी समस्याएँ हैं। जिन्हें समय-समय पर कवि तथा आलोचक उठाते रहे हैं। मनोविश्लेषणशास्त्र जिस गहराई से रचना-प्रक्रिया के प्रश्न को उठाता है, जिस गहराई से काव्य-मूल्यों की चर्चा नहीं करता। यही इस पद्धति की एकांगिकता भी है। यह सही है कि 'मूल्य' अन्तिम नहीं होते, वे युगीन सन्दर्भों के अनुसार बनते-बदलते रहते हैं। साहित्य में सदैव पुराने नियमों को कुचल कर नवीन दृष्टि उत्पन्न होती है—इसी को परम्परा की आधुनिकता कहा जाता है। इस दृष्टि से साहित्य के नवीन मूल्य भी इस पद्धति से थाहे और सराहे जा सकते हैं।

मनोविश्लेषणवादी समीक्षा और हिन्दी-आलोचक

फ्रायड, एडलर और युंग के मनोविश्लेषणवादी सिद्धान्तों का प्रभाव-दबाव पाश्चात्य समीक्षा में थोड़े समय तक बहुत रहा है। आलोचक अर्नेस्ट जेम्स ने इन्हीं सिद्धान्तों के परिप्रेक्ष्य में 'हेमलेट' की 'इडिपस-ग्रन्थि' का विश्लेषण प्रस्तुत

किया। डॉक्टर समरसेट ने अपनी आलोचनात्मक कृति 'मेडनेस इन शेक्सपेरियन ट्रेजेडी' में शेक्सपियर के पात्रों का इसी दृष्टि से अध्ययन किया। हर्बर्ड रीड ने अपनी आलोचना का आधार मनोविश्लेषणवादी प्रतिमानों को ही बनाया और वे काफी दूर तक इनका प्रयोग करने में सफल भी हुए। मनोविश्लेषण-पद्धति से कथा-साहित्य तथा नवीन गद्य-विधाओं की परीक्षा का सिलसिला जोर पकड़ता गया। किन्तु हिन्दी समीक्षाशास्त्र की स्थिति पश्चिम से थोड़ी अलग रही है। फ्रायड, एडलर तथा युंग के मनोविश्लेषणवादी सिद्धान्तों से अनेक आलोचक, कवि-कथाकार, प्रभावित तो हुए लेकिन उनके सिद्धान्तों को हू-ब-हू स्वीकृति नहीं दी गई है। हमारे आलोचकों तथा रचनाकारों पर भारतीय समीक्षा दृष्टि तथा पश्चिम के अन्य वादों का प्रभाव भी छन-छन कर आता रहा है। ऐसी स्थिति में वे एक सीमा तक ही मनोविश्लेषणशास्त्र से प्रभावित हुए हैं। सच बात यह है कि हिन्दी में मनोविश्लेषणवादी समीक्षा पद्धति का पश्चिमी ढंग से विकास नहीं हो सका है। आलोचकों में उसके प्रभाव सूत्र ही यत्र-तत्र दृष्टिगत होते हैं।

मनोविश्लेषणशास्त्र की नूतन स्थापनाएँ काव्य-प्रेरणा, हेतु-प्रयोजन आदि पर प्रकाश डालती हैं। भारतीय आचार्यों ने आरम्भ से ही हेतु तथा प्रयोजन के अन्तर्गत काव्य-प्रेरणा पर अप्रत्यक्ष ढंग से सोचा है। साहित्य-प्रयोजनों में 'यशये', 'अर्थ कृते' आदि प्रत्यक्ष काव्य-प्रेरणाएँ नहीं हैं। इनसे कवि-इच्छा का संकेत भर मिलता है। भारतीय आचार्यों ने 'सद्यः' पर 'निर्वृत्तये' को ही साहित्य-प्रेरणा या प्रयोजन माना है। यही हमारा 'स्वान्तः सुखाय' का सिद्धान्त भी ध्वनित करता है। काव्य-हेतुओं में भी अप्रत्यक्ष रूप से कवि मनःस्थिति का निरूपण हुआ है। राजशेखर की 'समाधि' अवस्था मनोविश्लेषणशास्त्री युंग की 'चित्तैकाग्रता' से दूर नहीं है। यह सही है कि भारतीय आचार्यों ने काव्य-सृजन की मनःस्थिति का अधिक गहराई से विचार नहीं किया। साधारणीकरण का सम्बन्ध केवल पाठक से है या केवल कवि से या दोनों से, यह प्रश्न भारतीय आचार्यों ने प्रायः नहीं उठाया है। भारतीय आचार्य जैसे मानकर चलता रहा है कि साधारणीकरण काव्य-सृजन में कवि-पाठक दोनों का होता है। पश्चिमी आचार्य आरम्भ से ही 'काव्य प्रेरणा' की प्रत्यक्ष चर्चा करते रहे एवं सभी प्रधान आचार्यों ने साहित्य प्रेरणा पर दूर तक विचार किया। इस क्षेत्र में मनोविश्लेषणशास्त्रियों ने सर्वाधिक कार्य किया और उनकी महत्त्वपूर्ण देन भी है। उनके विचारों ने क्रान्ति उपस्थित करते हुए समीक्षा की नवीन पद्धति को ही जन्म दे दिया।

भारतीय आचार्यों ने दार्शनिक दृष्टि से आत्मचिन्तन किया है। वे इस चिन्तन में आत्मा, प्रकृति-पुरुष आदि पर तात्त्विक निरूपण भी करते रहे। जीवन के

उदात्त पक्षों के प्रति लगाव होने के कारण वे विकृतियों पर प्रायः मौन रहे। उनका सम्पूर्ण चिन्तन आदर्शवाद के श्रेय और प्रेय पर टिका है। वे त्रासदी जैसे काव्य-रूप की कल्पना ही न कर सके क्योंकि जीवन के जय-काव्य में इसके लिए स्थान न था। वे जीवन के आत्मानन्द का भाग करने वाले आचार्य हैं। इनकी मूल दृष्टि ही पाश्चात्य जगत् की भौतिक दृष्टि से भिन्न रही है। इस भिन्नता के मूल में देश और काल ही नहीं, सम्पूर्ण सांस्कृतिक बोध का हाथ रहा है। जीवन में अर्थ-काम-धर्म-मोक्ष को आदर देने पर भी वे जीवन को मात्र 'काममय' सीमित अर्थ में नहीं मान सके। उन्हें तो 'काम मंगल से मण्डित श्रेय' का सिद्धान्त ही इष्ट रहा। वे जीवन को संयम-सन्तुलन तथा तप में उतार ले गए। कर्म के साथ ही भोग उन्हें प्रिय रहा, केवल भोग के पीछे पागल होने की बात उन्हें मान्य नहीं हो सकी। इसलिए फ्रायडीय विचारधारा से सम्पूर्ण साहित्य को काम की अतृप्ति और कुण्ठा मानकर विश्लेषित करना, नया ढंग होने पर भी अनौचित्यपूर्ण है। वह भारतीय साहित्य की पवित्र छवि को मलिन करने का प्रयास प्रतीत होने लगता है। कालिदास, माघ, भवभूति, तुलसी और प्रसाद के काव्य की छवि फ्रायड से विकृति ही होती है, हाँ एडलर तथा युंग के सिद्धान्त उनके विश्लेषण में काफी उपयोगी सिद्ध हो सकते हैं और हुए हैं। युंग का 'सामूहिक अवचेतन सिद्धान्त' निरपेक्ष निर्वैयक्तिकता का सिद्धान्त, आदिम बिम्ब का सिद्धान्त निश्चय ही नयी दृष्टि को विकसित करते हैं। हिन्दी-समीक्षा-शास्त्र में इनके प्रयोग की गम्भीर अपेक्षा आज भी बनी हुई है। हिन्दी-समीक्षा का यह दुर्भाग्य रहा है कि जितनी ज्यादा बात और हो-हल्ला फ्रायड, एडलर तथा युंग के नाम पर किया गया है, उतना उनका अध्ययन और समीक्षा-रचना में उपयोग नहीं हुआ। मात्र बाहरी नारे प्रबल स्वर में गूंजते रहे हैं। आचार्य शुक्ल के बाद की समीक्षा में बाबू गुलाबराय, डॉ. सुधांशु, डॉ. राकेश गुप्त, डॉ. नगेन्द्र, पं. इलाचन्द्र जोशी तथा अज्ञेय जी ने ही इस समीक्षा-पद्धति का गहराई से अध्ययन-मनन करने के बाद ठोस उपयोग किया है। इन सुपठित और जागरूक समालोचकों की कृपा से ही इस समीक्षा-पद्धति को एक नवीन परिप्रेक्ष्य में समझा जा सका है। बाकी आलोचक तो मनोविश्लेषणशास्त्रियों का नाम लेकर ही उन पर थप्पड़ चलाते रहे, उन्हें समुचित तटस्थता से ग्रहण ही नहीं कर सके हैं।

मनोविश्लेषणवादी सिद्धान्तों की निन्दा का स्वर सर्वप्रथम आचार्य शुक्ल ने ही बुलन्द किया है। पाश्चात्य मनोविज्ञान को जितनी सहानुभूति से ग्रहण किया, उतनी ही तेज फटकार उन्होंने फ्रायडीय सिद्धान्तों को पिलाई है। मनोविज्ञान के प्रभाव से उन्होंने आध्यात्मिकता को अपने सिद्धान्तों में घुसने नहीं दिया और 'ब्रह्मानन्द सहोदर' परम्परा का खण्डन करते हुए रस की लौकिक

धरातल पर नवीन व्याख्या की है। इस दृष्टि को उन्होंने आई. ए. रिचर्ड्स से भी काफी दूर तक पाया है। फ्रायड का खण्डन करते हुए आचार्य शुक्ल ने लिखा– 'जैसे स्वप्न को वे अन्तस्संज्ञा में निहित अतृप्त वासनाओं की अन्तर्व्यंजना कहते हैं, वैसे ही काव्य को भी।'[53] डॉ. रामलाल सिंह का यह निष्कर्ष सही है कि आचार्य शुक्ल ने जगह-जगह 'फ्रायड के स्वप्न सिद्धान्त' का खण्डन किया है।[54] आचार्य शुक्ल जी की भाँति स्वयं युंग ने फ्रायडीय सिद्धान्तों का खण्डन किया है। युंग के सिद्धान्तों का आचार्य शुक्ल ने प्रत्यक्ष जिक्र कहीं नहीं किया किन्तु यह अजब संयोग है कि उनकी तमाम मान्यताएँ युंगीय सिद्धान्तों के एकदम अनुकूल पड़ती हैं। यह सब देखकर अहसास अवश्य होता है कि संसार भर के बड़े चिन्तकों में एक अनजानी समानता होती है। कविता को समझाते हुए आचार्य शुक्ल ने लिखा है–'खेत, ढुर्री, हल, झोंपड़े, चौपाये, इत्यादि भी कुछ कम पुराने नहीं हैं। ...ऐसे आदिम रूपों और व्यापारों में वंशानुगत वासना की दीर्घ परम्परा के प्रभाव से, भावों के उद्‌बोधन की गहरी शक्ति संचित है। अतः उनके द्वारा जैसा रस-परिपाक सम्भव है, वैसा कल-कारखानों, गोदाम, स्टेशन द्वारा सम्भव नहीं है।'[55] आचार्य शुक्लजी की इस धारणा पर युंग के 'सामूहिक अवचेतन सिद्धान्त' की सीधी ध्वनि है। इसलिए इस प्रकार के स्थलों को लेकर डॉ. प्रसाद ने लिखा है–उन पर युंग आदि मनोवैज्ञानिकों का प्रभाव दीखता है। एक स्थल पर तो शुक्ल के विचार लिप्स, वारिंगर और युंग के विचारों के अनुवाद से दीखते हैं। शुक्लजी के मन्तव्य को अविकल अनुवाद कहना तो अनौचित्यपूर्ण होगा, क्योंकि आचार्य शुक्ल की विशेषता यही है कि वे प्रभावित होकर भी अपनी सूझ-बूझ और मौलिकता नहीं खोते हैं। यह सच है कि मनोविज्ञान की दृष्टि से उनके रसवाद में विस्तार एवं परिष्कार हुआ है।

बाबू श्यामसुन्दरदास ने भी कला की नवीन शैलियों और परिपाटियों को विरोध के स्तर पर ही ग्रहण किया। पाश्चात्य आलोचना-सिद्धान्तों को व्यापकता से जानने पर भी बाबू जी मनोविश्लेषणात्मक पद्धति से तालमेल नहीं बैठा सके। वे लिखते हैं–'फ्रायड महोदय के स्वप्न-सिद्धान्त को कुछ विद्वान कविताओं तथा कलाओं में भी चरितार्थ करते हैं। परन्तु इरा प्रकार के अनोखे सिद्धान्त वास्तव में अर्द्धसत्य ही होते हैं और कलाओं का अनिष्ट करने में सहायक बन जाते हैं। इसलिए स्वप्न-सिद्धान्त स्वीकार कर लिया जाये और काव्य तथा कलाओं में भी उसका अधिकार हो जाय तब तो कलाओं से आचार का बहिष्कार ही समझना चाहिए।'[56] वास्तव में बाबूजी के द्विवेदी-युगीन आलोचनात्मक संस्कार, जिसमें नैतिकतावादी और आदर्शवादी संस्कार प्रमुख थे, इस नवीन सिद्धान्त को ग्रहण करने में आड़े आते थे। अपनी आचारवादी दृष्टि को स्पष्ट करते हुए

उन्होंने लिखा—'संसार के श्रेष्ठ कलाकारों ने अनेक प्रकार की काव्य-सृष्टियाँ की हैं। स्वप्न-सिद्धान्त के आधार पर उनकी छानबीन करना प्रयत्नप्रद नहीं हो सकता। इतना तो अवश्य कहा जा सकता है कि संसार की अब तक की श्रेष्ठ कला-कृतियाँ अधिकांश में विवेकवान और आचारनिष्ठ पुरुषों द्वारा प्रस्तुत की गयी हैं।'[57] इस प्रकार आचारवाद तथा पवित्रतावाद से आक्रान्त बाबू जी श्लील-अश्लील के चक्कर में पड़कर मनोविश्लेषणवादी आलोचना को आचार-विरोधी ही मान बैठे हैं। उन्होंने कृति तथा कृतिकार के आभ्यन्तरिक विश्लेषण की ओर ध्यान न देकर केवल फ्रायडीय आलोचना को खदेड़ने का ही कार्य किया। एडलर और युंग तक बाबू जी की पहुँच नहीं थी। इसलिए भी वे समग्रतः से इस पद्धति को तौल भी नहीं दे सके। अतः जल्दी में उन्होंने अपना निर्णय फ्रायड के आधार पर ही दे दिया। मनोविश्लेषणवादी आलोचना अनेक बार कटु सत्य के भयंकर निष्कर्ष सामने लाती है, इसलिए इस आलोचना पद्धति को डेविस डेयिस स्वयं विद्यार्थियों के लिए घातक मानते रहे हैं।[58]

मनोविश्लेषणवादी आलोचना के उमड़ते हुए प्रवाह को थामने और रोकने में आचार्य नन्ददुलारे वाजपेयी ने भी सहयोग दिया है। सांस्कृतिक दृष्टि से सम्पन्न आचार्य वाजपेयी मार्क्सवादी तथा मनोविश्लेषणवादी पद्धतियों को एकांगी मानते रहे हैं। वे लिखते हैं—'साहित्य समीक्षा की इस एकांगी प्रकृति की प्रक्रिया-स्वरूप समीक्षकों का एक अन्य वर्ग साहित्य के सामाजिक पक्ष की नितान्त अवहेलना कर उसे रचनाकार की अन्तर्वृत्ति और अन्तश्चेतना की स्वप्नाभिव्यक्ति मानने का पक्षपाती हो गया है। स्वप्नवादी समीक्षक साहित्य के लिए एक असाधारण मनोवैज्ञानिक प्रक्रिया का निर्देश करने लगे हैं।'[59] साहित्य में ऐसा करने वाले आलोचकों में वे डॉ. नगेन्द्र और इलाचन्द्र जोशी का घोषित तौर पर नामोल्लेख करते हैं क्योंकि ये आलोचक मानसिक कुण्ठाओं को ही काव्य की मूल प्रेरणा मानते हैं।

मनोविश्लेषणशास्त्र की नवीन उपलब्धियों का प्रयोग करने पर भी डॉ. नगेन्द्र विशुद्ध मनोविश्लेषण पद्धति के आलोचक नहीं हैं। जैसे आचार्य वाजपेयी के कथन का प्रतिवाद करते हुए उन्होंने लिखा है—'साहित्य प्रेरणा (1943 ई.) की रचना शुद्ध अन्तःप्रेरणा के फलस्वरूप हुई थी। उस समय फ्रायड की चर्चा हिन्दी में काफी होने लगी थी और मेरा भी रुझान उधर हो रहा था। प्रस्तुत निबन्ध में व्यक्त इस अभिमत के आधार पर कि ललित साहित्य की सर्जना में कामवृत्ति की प्रेरणा प्रमुख है, मेरे बार-बार इन्कार करने पर भी, लोग मुझे वर्षों तक फ्रायडवादी आलोचक मानते रहे हैं।'[60] इस शताब्दी के तीसरे और चौथे दशक में फ्रायड के सिद्धान्तों की चर्चा हिन्दी-आलोचना में बहुत जोर पकड़ती

रही है। 'फ्रायड के सिद्धान्त ऊपर से जितने सरल प्रतीत होते थे, अपने वास्तविक रूप में वे उतने ही सूक्ष्म और जटिल थे। काव्य में रस-तत्त्व के प्रति आग्रह होने के कारण स्वभावतः मैं उनकी ओर आकृष्ट हुआ और अपने दो-एक लेखों में मैंने काव्य के मूल में काम की प्रेरणा का अनुमोदन किया। बस फिर क्या था, लोग मुझे फ्रायड का अनुयायी मानने लगे और इलाचन्द्र जोशी तथा अज्ञेय के साथ मेरी गणना हिन्दी के मनोविश्लेषणवादी आलोचकों में करने लगे।... मेरे रागात्मक दृष्टिकोण को, जीवन और काव्य में मानवीय एवं रागात्मक मूल्यों को नैतिक मूल्यों की अपेक्षा अधिक प्रभावी मानता था, फ्रायड के दर्शन से अवश्य ही बल मिला था, परन्तु फ्रायड की अतिवादी और एकांगी दृष्टि का मैं कायल नहीं था और उनके जीवन-दर्शन की सीमाएँ बहुत जल्दी ही मेरे मन में स्पष्ट हो गई थीं। हाँ, उनकी विश्लेषण-पद्धति का लाभ मैंने अवश्य लिया, परन्तु वह भी एक सीमा के भीतर ही। फिर भी यार लोग मुझे फ्रायड के साथ बाँधते रहे।'[61] वास्तव में डॉ. नगेन्द्र स्वच्छन्दतावादी समीक्षा-पद्धति से प्रभावित रसवादी आचार्य हैं। नवीन विचारधाराओं और सिद्धान्तों का वे एकदम तिरस्कार नहीं करते, उनकी शक्ति को ग्रहण करते हुए सीमाओं को जानते हैं। वे फ्रायड के प्रभाव के अनेक शुभ-परिणाम भी मानते हैं—(1) एक तो फ्रायड की प्रेरणा से हिन्दी में शृंगार का पुनरुत्थान हुआ। (2) द्विवेदी युग की स्थूल नैतिकता और छायावाद की अतीन्द्रिय सौन्दर्योपासना के कारण शृंगार की जो प्रवृत्तियाँ दब गई थीं, या रूपान्तरित हो गई थीं, वे फ्रायड के प्रभाव से फिर उभर आयीं और हिन्दी में शृंगार साहित्य फिर जोर पकड़ गया। (3) परन्तु इस शृंगारिकता का रूप प्रचलित रूपों से भिन्न है। एक तो इसमें शृंगार स्वयं साध्य नहीं है, वरन् मनोविश्लेषण का माध्यम है। लेखक का उद्देश्य काम-कथाएँ लिखना अथवा रति भाव की अभिव्यक्ति करना इतना नहीं होता, जितना काम-कुण्ठाओं का विश्लेषण करना। (4) काम की छद्‌म चेतना और छद्‌म अभिव्यक्तियों की असलियत खुल गई। प्रकृति पर प्रणय-पात्र का आरोप अथवा परोक्ष के प्रति प्रणय-निवेदन अथवा अतीन्द्रिय प्रेम में आस्था कम हो गई और काम को भौतिक स्तर पर स्वीकृति मिली। मन की छलनाएँ कम हुईं और वास्तविकता को स्वीकार करने का आग्रह बढ़ा। (5) अवचेतन सिद्धान्त के प्रभाव से हिन्दी साहित्यकार के चिन्तन और भावन में गहराई-सूक्ष्मता तथा प्रखरता आयी। मन के सूक्ष्म स्तरों तक पहुँचने का भावों की सूक्ष्मातिसूक्ष्म वीचियों को शब्द-बद्ध करने का आग्रह बढ़ा। छायावाद की सूक्ष्म चेतना को समर्थन प्राप्त हुआ। (6) जिस समय प्रगतिवाद के प्रचारक जीवन की स्थूल आवश्यकताओं के साथ कला का सम्बन्ध जोड़ते हुए उसे बहिर्मुख करने के नारे लगा रहे थे, फ्रायड के प्रभाव

से कला के अन्तर्मुख रूपों को यथेष्ट बल मिला और वह इश्तहारों के स्तर पर आने से बच गई। हिन्दी के लिए फ्रायड का अवचेतन विज्ञान वरदान सिद्ध हुआ। (7) इस प्रकार फ्रायड ने प्रयोग की परम्परा को भी आगे बढ़ाया, साहित्यकार के व्यक्तित्व तथा साहित्य की प्रवृत्तियों के विश्लेषण-आख्यान के लिए एक नवीन मार्ग खुल गया जिससे कर्ता तथा कृति का मूल सम्बन्ध स्पष्ट करने में बड़ी सुविधा हुई और साहित्य के अध्ययन-आलोचन के इतिहास में एक नया अध्याय जुड़ा। (8) काव्य शिल्प पर भी फ्रायड का प्रभाव कम नहीं पड़ा। उनकी 'मुक्त सम्बन्ध शैली' को तो कथाकारों ने सीधा ही अपना लिया।[62] इस प्रकार डॉ. नगेन्द्र ने फ्रायड की नवीन दृष्टि का भरपूर स्वागत किया है। उनके आलोचना-सिद्धान्तों में इस पद्धति का प्रभाव दबाव काफी है।

मनोवैज्ञानिक आलोचना का सर्वाधिक श्रेष्ठ उपयोग रस-सिद्धान्त की मनोवैज्ञानिक व्याख्या में हुआ है। संस्कृत का रस-सिद्धान्त ही आधुनिक साहित्य-समीक्षकों में विशेष चर्चा का केन्द्र रहा है। इन व्याख्याकारों में आचार्य शुक्ल, डॉ. सुधांशु, डॉ. नगेन्द्र, डॉ. राकेश गुप्त, बाबू गुलाबराय, डॉ. राममूर्ति त्रिपाठी तथा डॉ. आनन्द प्रकाश दीक्षित का नाम उल्लेखनीय है।

आचार्य शुक्ल को रस-सिद्धान्त की मनोवैज्ञानिक व्याख्या करने में पश्चिम के प्रख्यात समालोचक आई. ए. रिचर्ड्स से विशेष प्रेरणा मिलती है। यह संयोग ही है कि ये दोनों मेधावी आलोचक आलोचना-जगत् में मनोविज्ञान के आधुनिक स्वरूप से बहुत दूर तक प्रभावित हुए हैं। आचार्य शुक्ल को रस-सिद्धान्त के मनोवैज्ञानिक निरूपण से प्रायः वे ही परिणाम प्राप्त हुए, जो रिचर्ड्स को 'एस्थेटिक' अनुभव के मनोवैज्ञानिक विश्लेषण से प्राप्त हुए हैं।[63] इस प्रकार उन्होंने मनोवैज्ञानिक दृष्टि से रस-सिद्धान्त की आधुनिक हिन्दी-समीक्षा में महत्त्व-प्रतिष्ठा का कार्य किया है।

डॉ. लक्ष्मीनारायण सुधांशु ने 'काव्य में अभिव्यंजनावाद' तथा 'जीवन के तत्त्व और काव्य के सिद्धान्त' नामक सैद्धान्तिक समीक्षा ग्रन्थों में मनोवैज्ञानिक आलोचना को दृढ़ आधार दिया। उन्होंने फ्रायड, एडलर तथा युंग की नवीन दृष्टियों को आत्मसात करते हुए हिन्दी-समीक्षा को काफी समृद्ध बनाया है। रस-सिद्धान्त को इन्होंने नये ढंग से प्रस्तुत किया तथा मौलिक चिन्तन से उसे समीक्षा का नया मानदण्ड ही बना दिया।

डॉ. राकेश गुप्त ने 'साइकोलाजिकल स्टडीज इन रस' में रस-शास्त्र का मनोवैज्ञानिक अध्ययन-विवेचन किया। रस तथा संवेग (इमोशन) पर उनके विचार उल्लेखनीय हैं। वे संवेग की तीन दशाएँ मानते हैं—(1) प्रत्यक्ष कारण, (2) मानसिक दशा, (3) शारीरिक प्रतिक्रिया।[64] उदाहरणार्थ हम किसी भयानक

जन्तु को देखते हैं, हमारे मन में भय की भावना का उद्रेक होता है, हम भाग खड़े होते हैं। यहाँ क्रम से प्रत्यक्षीकरण, मानसिक उत्तेजना और शारीरिक प्रतिक्रिया होती है। यहाँ प्रत्यक्ष कारण (एक्साइटेण्ट काज) उस भयानक जन्तु का प्रत्यक्षीकरण (परसेप्शन) हुआ। मानसिक दशा (मेण्टल अफेक्शन) भय की भावना हुई और शारीरिक चेष्टा (आर्गेनिक चेंज) भाग जाने का कार्य हुआ। डॉ. गुप्त के मत से ये ही तीन अवस्थाएँ हैं—अर्थात् विभाव, भाव, अनुभाव। आलम्बन और उद्दीपन दोनों ही प्रकार के विभाव, भाव और अनुभाव उत्पादक होते हैं। ऐसी स्थिति में वे संवेग (इमोशन) का प्रत्यक्ष कारण (इमीडिएट काज) कहे जा सकते हैं। किन्तु वे अकेले ही संवेग को उत्पन्न नहीं करते, इनके साथ मनःप्रवृत्ति (डिस्पोजीशन) भी अपेक्षित है। अतः अनेक तर्कों से डॉ. गुप्त ने रस के मनोवैज्ञानिक आधार को पुष्ट किया है। आचार्य शुक्ल से प्रभावित होकर डॉ. नगेन्द्र रस-शास्त्र की ओर प्रवृत्त हुए तथा उस क्षेत्र में उन्होंने अपार कार्य किया है। डॉ. नगेन्द्र रस-शास्त्र को मानव स्वभाव की भित्ति पर आधारित काव्य-मूल्य मानते हैं। मनोविज्ञान की कसौटी पर रस-शास्त्र को परखने के बाद उनका कहना है—'विदेश के काव्यशास्त्र, मनोविज्ञान और मनोविश्लेषणशास्त्र के अध्ययन और ग्रहण ने मेरी उस दृष्टि को और भी स्थिर कर दिया। मैं काव्य में रस-सिद्धान्त को ही अन्तिम सिद्धान्त मानता हूँ।'[65] वैसे भी क्रोचे और रिचर्ड्स से भी प्रभावित हैं और रिचर्ड्स की धारणाओं ने आचार्य शुक्ल की भाँति डॉ. नगेन्द्र को भी भीतर से मथा है। रस का मनोवैज्ञानिक अध्ययन 'रीति काव्य की भूमिका' से शुरू हुआ था और 'रस-सिद्धान्त' उसी साधना का उत्तमांश है।

बाबू गुलाबराय ने विविध रसों और पाश्चात्य मनोविज्ञान की मूल प्रवृत्तियों में गहरा साम्य पाया है। 'सिद्धान्त और अध्ययन' नामक पुस्तक में 'रस और मनोविज्ञान', 'काव्य-प्रेरणा' आदि उनके विशिष्ट निबन्ध हैं, जिनमें पाश्चात्य मनोविश्लेषणशास्त्र का गहरा प्रभाव परिलक्षित किया जा सकता है।

समग्रतः कह सकते हैं कि रस-शास्त्र का अध्ययन हिन्दी-समीक्षा में पाश्चात्य मनोविज्ञान तथा मनोविश्लेषणशास्त्र के प्रभाव से काफी गहराई से किया गया है।

काव्य-सृजन के सिद्धान्त, प्रेरणा हेतु-प्रयोजन, काव्य-सृजन-प्रक्रिया आदि को लेकर भी हिन्दी समीक्षा में मनोविश्लेषणवादी पद्धतियों को आधार रूप में ग्रहण किया जा सकता है। शायद ही आज हिन्दी का कोई जागरूक आलोचक होगा जो मनोविश्लेषणवादी सिद्धान्तों की दृष्टि का सृजन-प्रक्रिया, कलाकार के व्यक्तित्व, कवि और कृति, कृति और पाठक आदि के विवेचन-विश्लेषण में उपयोग न करता हो। वह इस दृष्टि का उपयोग किस सीमा तक करता है, यह

अलग विषय है। किन्तु इस पद्धति से वह कुछ न कुछ ग्रहण अवश्य करता है। हिन्दी के मार्क्सवादी आलोचक, फ्रायड से असहमत होते हुए भी मनोविश्लेषणशास्त्री युंग की ओर झुकाव रखते हैं। नयी कविता के प्रवर्तक मुक्तिबोध का झुकाव अपनी आलोचनात्मक कृति 'कामायनी पुनर्विचार' तथा 'एक साहित्यिक की डायरी' में स्पष्ट है। वे 'फैण्टेसी' की पूरी रूपरेखा मनोविश्लेषणशास्त्र की सैद्धान्तिक स्थापनाओं के आधार पर प्रस्तुत करते हैं। यहाँ युंग के 'सामूहिक अवचेतन सिद्धान्त' तथा 'काडवेल' के 'सामूहिक सिद्धान्त' में एक अनजानी समानता है। मुक्तिबोध इन दोनों ही दृष्टियों की सैद्धान्तिकता का अपने ढंग से उपयोग करते हैं। वे न मार्क्सवाद के अन्ध समर्थक हैं, न मनोविश्लेषणशास्त्र के। वे दोनों ही पद्धतियों के श्रेष्ठ तत्त्वों को ग्रहण करते हुए अपनी समीक्षा-दृष्टि का निर्माण करते हैं।

हिन्दी की सैद्धान्तिक समीक्षा के प्रतिमानों में मनोविश्लेषणशास्त्र के प्रतिमानों को ग्रहण करने वाले दो नाम ही मूर्धन्य हैं—पं. इलाचन्द्र जोशी और अज्ञेय। इस दृष्टि से इनके समीक्षा सिद्धान्तों की चर्चा यहाँ अपेक्षित प्रतीत होती है।

(क) पं. इलाचन्द्र जोशी

हिन्दी-समीक्षा को मनोविश्लेषणवादी प्रवृत्तियों और प्रविधियों की ओर प्रवृत्त करने वालों में पं. इलाचन्द्र जोशी का नाम अग्रगण्य है। उनके समीक्षा प्रतिमानों पर फ्रायड और युंग से भी ज्यादा एडलर का सीधा और प्रत्यक्ष प्रभाव परिलक्षित होता है।[66] इस प्रभाव के परिणामस्वरूप उन्होंने अपने कथा-साहित्य में मनोविश्लेषण के दबाव से सृजित मनोव्याधियों से पीड़ित प्रताड़ित तथा अन्तर्जीवन के अन्तःक्रिया चक्र से चालित जिस ढंग की पात्र-कल्पना को सृजित किया है, वह सृजन प्रक्रिया एकदम विशिष्ट है। उनके पात्र मानव की आन्तरिक अन्तःक्रिया को बाहर लाने के प्रयास में अहंवादी, विद्रोही, समझौतापरस्ती से दूर क्रान्तिकारी या फिर कुत्सित कुटिल और पाशविक हो जाते हैं। इस पाशवीकरण और अवमानवीकरण में आत्मनिषेध या आत्म-पलायन न होकर आत्मस्वीकृति, आत्मसम्पादन-संशोधन, आत्मविश्लेषण, आत्मालोचन, आत्माविकृति का पर्यविक्षण, आत्म-परिष्कार से लेकर आत्म-उन्नयन और आत्म-साक्षात्कार तक की प्रक्रिया है। कलाकार के युगबोध और आत्म-संघर्ष से निर्मित सृजन का वे इसी दृष्टि से मनोविश्लेषण करते हैं। इस आलोचना का सौभाग्य है उनकी मनोविश्लेषणवादी आलोचना व्यक्ति और समाज दोनों धुरियों को आत्मसात करती है। उनमें भारतीय संस्कार उभरते हैं और वे मानते हैं—हमारे यहाँ प्राचीन

योग शास्त्री मनोविज्ञान की इस अतल गहराई तक पहुँच गये थे और जिस ऊँचाई तक उसे उठाने में समर्थ हुए थे, उसका क्षीणतम आभास भी अभी तक पाश्चात्य मनोवैज्ञानिक नहीं दे सका है।[67] इसीलिए वे धैर्यपूर्वक सृजन-प्रेरणा के मूल को थाहते हैं और सृजनात्मकता की सामाजिक उपयोगिता पर सम्पूर्ण तार्किकता से सोच-विचार करते हैं। यही कारण है कि वे एकांगी मनोविश्लेषणशास्त्री की भाँति अहंवादी, कुण्ठावादी, समाजवादी, कामवृत्ति का ही विवेचन-विश्लेषण नहीं करते। कृति की सम्पूर्ण अन्तर्मानसिकता को छानते-परखते हैं। उन्हें हर समय सामाजिक-आर्थिक, सांस्कृतिक, राजनीतिक मूल्यों की चिन्ता घेरे रहती है और वे मार्क्सवाद तथा मनोविश्लेषणवाद को मिलाने का कार्य करते रहते हैं। 'प्रेमचन्द की कला का मूल तत्त्व' तथा 'प्रेमचन्द के व्यक्तित्व और साहित्य'[68] नामक निबन्धों में वे अपनी इसी सिद्धान्त दृष्टि के कारण मार्क्सवादी तथा मनोविश्लेषणवादी पद्धतियों में समन्वय सामंजस्य स्थापित करते हैं। वे विश्व की समस्त कार्यरत शक्तियों के दो भाग बनाते हैं—(1) पुरुष शक्ति, (2) नारी शक्ति। इसी दृष्टि से वे प्रेमचन्द की कला पर निर्णय देते हैं, यथा—'प्रेमचन्द की रचनाएँ पुरुष प्रधान हैं। उनकी कला का असाधारण पौरुष अपनी अदम्य तीव्रता से पाठक समाज को चकित कर देता है।'[69] प्रेमचन्द की कला में उन्हें सबसे बड़ी कमी यही प्रतीत होती है कि वह बहिर्मुखी है, अन्तर्मुखी नहीं। उसमें जितना विस्तार है, उतनी गहराई नहीं है। वे जिन्दगी की ऊपरी समस्याओं को लेकर चक्कर खाते रहते हैं। उनका कहना है कि 'विश्व के बाह्य चक्र के मैदान में उनके पुरुष पात्र अनन्त कीर्ति के लिए लड़ते जाते हैं। यह भाव अत्यन्त सुन्दर है, पर उस चक्र के भीतर उनके अन्तर्तम के किसी कोने में जो अत्यन्त सुकुमार भाव दबे पड़े हैं, और बाहर न निकल सकने के कारण रोते-बिलखते हुए सृष्टि की मूल आत्मा को विदीर्ण कर रहे हैं, उन्हें प्रेमचन्द जी ने छुआ तक नहीं।'[70] उस कथन से स्पष्ट है कि प्रेमचन्द की कला में जीवन होते हुए भी आन्तरिक भावों का खुलापन नहीं है। जीवन के सुकुमर भावों को खुलकर कला में खेलने ही नहीं देते, उनके ऊपर कुण्डली मारकर बैठ जाते हैं। इससे उनमें कला की आभ्यन्तरीकरण शक्ति का क्षरण हुआ है। वह वर्णनात्मक कथात्मकता के सपाट तटों पर खड़ी रही है। जल-राशि की गहराई और तल का अनुभव-अनुभाग नहीं पा सकी है। प्रेमचन्द के इसी अभाव को बाद में जैनेन्द्र, अज्ञेय तथा इलाचन्द्र जोशी ने अपने कथा-जगत् में पूरा करना चाहा है। इनमें पात्रों की मनःस्थिति गहराइयों, जटिलताओं, ग्रन्थिलताओं आदि को सूक्ष्म-पकड़ से विश्लेषित किया गया है। पाँचवें और छठे दशक के कथा-साहित्य में पहले के अभावों को काफी सीमा तक दूर करने का प्रयास किया गया है। फिर भी

बाह्य और आन्तरिक यथार्थ के साथ रचनाकार के सम्बन्ध का प्रश्न समस्त जटिलताओं और बहुस्तरीयता के बावजूद, आज भी प्राथमिक और महत्त्वपूर्ण बना हुआ है। अन्ततः साहित्य के सार्थक और सर्जनात्मक मूल्यांकन का प्रश्न रचनाकार और यथार्थ के सम्बन्धों के अन्वेषण से जुड़ा प्रश्न है। इस अन्वेषण को आधार बनानेवाली दृष्टि ही रचना के क्षेत्र में लगातार होने वाले परिवर्तनों को पहचान सकती है। इनमें रस-सिद्धान्त तथा सार्वकालिक-सार्वभौमिक मूल्यों की दुहाई देने से समस्या का समाधान नहीं मिलता है। इसीलिए जोशी जी मानते हैं कि जटिल जीवन से उपजी जटिल कला की जटिल समस्याओं को मनोविश्लेषणात्मक पद्धति के आधारों से ही सुलझाया जा सकता है।

साहित्य की मूल भावना—नारी-भावना

जोशी जी ने साहित्य की मूल प्रेरणा में नारी-भावना को प्रधानता दी है। यही भावना 'शक्ति' का केन्द्र है, यही 'चेतना' और 'चिति' है। यही भावना 'प्रकृति' का आदि रूप है। बृहदारण्य उपनिषद का मत है कि ब्रह्म ने अपने को दो भागों में विभक्त किया तो समस्त आकाश में नारीत्व का भाव व्याप्त हो गया अर्थात् समस्त आकाश में कोमल, स्पन्दनशील, इच्छामयी, काममयी, ज्ञानमयी वृत्तियाँ हैं। इसीलिए बड़े कलाकारों ने नारी-भाव को प्रधानता दी है। फ्रायड उसे ही 'नारी प्रेम' से संकेतित भर कर सके हैं। इस सन्दर्भ में जोशी जी का यह कथन उल्लेखनीय है—'सृष्टि के मूल में यह जो सनातन नारी है, उसके प्रति प्रेमचन्द जी ने अवज्ञा प्रदर्शित की है। समस्त श्रेष्ठ कलाओं ने नारीत्व के इस शाश्वत भाव को अपनाया है। असल बात यह है कि कला मुख्यतः उसी एक भाव के आधार पर प्रतिष्ठित है। इसीलिए प्रत्येक कलाविद् का मुख्य उद्देश्य इसी एक भाव को प्रदर्शित करने का रहा है।'[71] स्वयं जोशी ने 'प्रेत और छाया' नामक अपने उपन्यास की नायिका मंजरी की सृष्टि इसी दृष्टि से की है। जोशी जी ने उदाहरण देकर सिद्ध किया है कि 'रामायण' में सीता, 'महाभारत' में द्रौपदी पर हमारा ध्यान केन्द्रित होता है। 'इसी प्रकार होमर का 'इलियड', सोफोक्लीज, युरिपिडीज और शेक्सपियर की ट्रेजेडियाँ, कालिदास का 'अभिज्ञान शाकुन्तलं', 'कुमारसम्भव' आदि रचनाएँ, टालस्टाय, डास्टाएवस्की, गोर्की, शरत् और रवीन्द्रनाथ के उपन्यास आदि विशिष्ट-साहित्य की प्रायः सभी महामान्य कला कृतियाँ सनातन नारीत्व के प्राधान्य से ओत-प्रोत रही हैं।'[72]

आभ्यन्तरिक अनुभूति का विश्लेषण—कलानुभूति का तत्त्व

जोशी जी किसी भी कवि या कलाकार को व्यावहारिक आलोचना में प्रवृत्त होते समय उसकी आभ्यन्तरिक अनुभूति, अवचेतन की मूल अनुभूति और बनावट

का आख्यान विश्लेषण आवश्यक मानते हैं। कला की आन्तरिक अनुभूति को समझाने में मनोविश्लेषणशास्त्र का अवचेतन सिद्धान्त तथा सामूहिक अवचेतन सिद्धान्त ही हमारी दूर तक सहायता कर सकता है। उनका यह विश्वास मनोविश्लेषणवादी सिद्धान्तों के प्रभाव का सीधा परिणाम है। द्वन्द्वात्मक भौतिकवादी प्रगतिवादी वर्ग के इस तर्क का वे खण्डन करते हैं कि जो रचना अन्तर्जीवन के स्वरूप से सम्बन्ध रखती है किसी प्रकार भी प्रगतिशील नहीं मानी जा सकती। वे मार्क्सवादी रचना की कोई स्वतन्त्र सत्ता नहीं मानते। उसे बाह्य जीवन की प्रतिच्छाया समझते हैं। इस सम्बन्ध में मनोविश्लेषणवादी सिद्धान्तों से प्रभावित उनके कुछ कथन उल्लेखनीय हैं :

1. 'यह अस्वीकार नहीं किया जा सकता कि बाह्य जीवन की परिवर्तनशील परिस्थितियों का प्रभाव अन्तर्जीवन पर भी थोड़े-बहुत अंशों में पड़ता रहता है। पर केवल इतने से कारण से मान लेना कि उसकी अपनी कोई स्वतन्त्र सत्ता नहीं है और एकमात्र आर्थिक व्यवस्था ही बाह्य जीवन की तरह अन्तर्जीवन की भी परिचालिका है, क्या अत्यन्त संकीर्ण एवं एकांगी दृष्टिकोण नहीं है ? मनोविज्ञान तथा जीव विज्ञान (अध्यात्म विज्ञान को मैं सकारण छोड़े देता हूँ) इन दोनों दृष्टियों से यह मत बिल्कुल छिछला और उपहासास्पद सिद्ध होता है।'[73]

2. 'आधुनिक मनोविज्ञान ने अत्यन्त परिपुष्ट प्रमाणों से यह सिद्ध कर दिया है कि मानव-मन की अतल गहराई में एक गहन रहस्यमय अपार अपरिमित जगत् विद्यमान है जिसकी एक निजी स्वतन्त्र सत्ता है। यह जगत् किसी भी बाहरी आर्थिक अथवा सामाजिक अनुशासन से परिचालित नहीं होता।'[74]

3. 'आदिकाल से जब मनुष्य इस पृथ्वी पर पशु की अवस्था में चार पाँवों के बल चला फिरा करता था, तब से, बल्कि उससे भी पहले से—लेकर आज तक के विकास काल में सृष्टि के एक अज्ञात रहस्य नियम के क्रम से जो-जो वृत्तियाँ मानव अथवा पूर्ण मानव के भीतर बनती और बिगड़ती चली गईं उनमें समयानुक्रम से (और सृष्टि के उसी अज्ञात, रहस्यमय नियम के क्रम से) संस्कार-परिशोधन होते चले गए। पर जिन प्रारम्भिक वृत्तियों का संस्कार हुआ, वे नष्ट न होकर उसके अज्ञात चेतनालोक में संचित होती चली गईं। विकास की प्रगति के साथ-साथ वृत्तियों का भी पुनः परिशोधन हुआ।'[75]

4. 'उस अपरिमित दीर्घकाल के भीतर असंख्य मूल पशु-वृत्तियाँ और उनके संस्कार उस अगाध अज्ञात चेतनालोक में दबे और भरे पड़े हैं। आधुनिक मनुष्य ने सभ्यता के ऊपरी संस्कारों के लेप से अपने सचेत मन में अवश्य सफेदपोशी कर ली है।...और उसमें तनिक भी छिद्र पैदा होते ही उसके नीचे दबी पड़ी पशु-प्रवृत्तियाँ परिपूर्ण वेग से विस्फुटित होने लगती हैं। इन मूल पशु-प्रवृत्तियों

को जितने ही जोर से सभ्य मनुष्य नीचे दबाता है, उतने ही प्रवेग से वे रबर की गेंद की तरह ऊपर को उछाल मारने लगती हैं।'[76]

5. 'अन्तर्मन के अतल में दबी पड़ी प्रवृत्तियाँ वैयक्तिक (और फलस्वरूप सामूहिक) मानव के आचरणों तथा पारिवारिक और सामाजिक संगठनों को किस हद तक युगों से परिचालित करती आई हैं और आज भी कर रही हैं, उसका यदि खाना तैयार किया जाए तो आश्चर्य से स्तब्ध रह जाना पड़ेगा। आज का मनोवैज्ञानिक जब गहराई से सोचता है तो उसे यहाँ तक विश्वास करना पड़ता है कि समय-समय पर जिन विभिन्न आर्थिक तथा राजनीतिक व्यवस्थाओं का प्रकोप या प्रताप संसार में छाया है, उसके मूल में अज्ञात चेतना के भीतर अज्ञात रूप से ही कुलबुलाने वाली असंख्य रहस्यमयी प्रवृत्तियाँ अथवा संस्कार हैं।'[77]

6. 'यदि प्रगति को अन्तर्जीवन के प्रकाश में न देखा जाए तो वास्तव में प्रगति का सारा अर्थ ही अर्थहीन हो जाता है। वर्तमान महायुद्ध इस बात का प्रमाण है कि बाह्य जीवन की एकांगीय भौतिक द्वन्द्वात्मक प्रगति मानव के सामूहिक अवचेतन मन की अतिप्राचीन पाशविक प्रवृत्तियों के संघर्ष में आकर घोरतम प्रतिक्रियात्मक और चरम विनाशकारी सामूहिक विस्फोटों के रूप में फूट पड़ती है।'[78]

7. 'सामूहिक मानव की अवर्णनीय, अविश्वसनीय, कालान्तक पाशविकता के जो प्रत्यक्ष प्रमाण आज बीसवीं शताब्दी के प्रगतिशीलतम युग में मिल रहे हैं, संसार के किसी भी विगत प्रतिक्रियात्मक युग में क्या उसकी तुलना खोजी जा सकती है।'[79]

8. 'मानव की अन्तश्चेतना के अगाध अतल में हिटलर की तरह एकच्छत्र शक्ति प्राप्त करने की जो दुर्दान्त और घातक लालसा आदिकाल से डेरा जमाये हुए है, जो लोभ, मोह, मात्सर्य, हिंसा, क्रूरता और घोर स्वार्थ-परायणता आदि की असंख्य पशु-प्रवृत्तियाँ इतने युगों के विवर्तन के बाद भी आज तक सुदृढ़ और सुनिश्चित रूप से स्थिर हैं, उनका इलाज क्या आपके 'डायलेक्टिकल मेटीरियलिज्म' से उद्भूत बाह्य जीवन सम्बन्धी प्रगति कर सकेगी।'[80]

9. 'इसलिए मानवता के लिए सबसे कल्याणकर उपाय यही है कि वह अपनी उस अज्ञात चेतना के गहरे स्तरों में प्रवेश करके उसके भीतर जड़ जमाने वाली आदिकालीन पशु-प्रवृत्तियों की छानबीन और विश्लेषण करे, और उस पातालपुरी की नारकीय अन्धकार में बद्ध उन संस्कारों की यथार्थता स्वीकार करके ऐसी तरकीब निकालने का प्रयत्न करे, जिससे गलत रास्ते से होकर उन बद्ध प्रवृत्तियों का विध्वंसक विस्फोट न हो।'[81]

10. 'आप यह निश्चित रूप से समझ रखें कि 'व्यक्तिगत जीवन की

समस्याएँ' ही संसार के महान् राजनीतिक, आर्थिक और सामाजिक चक्रों के बीज रूप बल्कि मूलगत प्रतीक और आधारभूत सिद्धान्त हैं, जब तक आप इन 'व्यक्तिगत समस्याओं' के भीतर निहित रूपकों में विश्व के विराट बाह्य जीवन चक्र की समस्याओं को देखने की दृष्टि नहीं रखेंगे, तब तक आप न तो यथार्थ प्रगति के रूप से परिचित हो सकते हैं, न साहित्य-कला के मूल प्राणों का विकास आपके आगे भासित हो सकता है।'[82]

11. 'मनुष्य की सामूहिक अज्ञात-चेतना आदिकाल से लेकर आज तक समस्त मानवीय कलाओं का मूल उत्स रही है।...पर आज का कलाकार जानता है कि मानव की सामूहिक अज्ञात चेतना के किन तत्त्वों को लेकर वह विशेष उद्देश्य से अपनी कला का निर्माण कर रहा है।'[83]

12. 'केवल मानता ही नहीं, बल्कि 'अण्डरलाइन' करके यह बात कहना चाहता हूँ। पर अन्तर्जीवन की प्रगति के साथ सामंजस्य स्थापित हुए बिना बाह्य प्रगति शून्य में स्थापित किए गए हवाई किलों की तरह ही असफल सिद्ध होगी, जैसा कि आज तक होती रही है। पुनर्जीवन और अज्ञात से सम्बन्धित रचनाओं की उपेक्षा करने से काम न चलेगा।'[84]

जोशी जी के इन उपरोक्त कथनों से स्पष्ट है कि उन पर मनोविश्लेषणशास्त्र के सिद्धान्तों का बहुत गहरा प्रभाव है। वे युंग के सामूहिक अवचेतन-सिद्धान्त (कलैक्टिव अनकांशसनैस) को कला की आन्तरिक प्रक्रिया का सम्पूर्ण सिद्धान्त मानते हैं। वस्तु और कलाकार की रागात्मक वृत्ति के साथ उसके अज्ञात-चेतन मन का गहरा सहयोग कला में रहता है। भीतरी जगत् के साथ कलाकार व्यक्तित्व का यह सम्पर्क जितना ही तीव्र तथा सीधा होगा, उतनी ही प्राण-शक्ति, मार्मिकता तथा सार्थकता की सृष्टि सृजन में होगी। इसलिए कलाकार व्यक्तित्व और नयी वास्तविकता का नये सिरे से अनुभूत होना भी अत्यावश्यक है। क्योंकि कला में कलाकार अनुभूति के साथ बौद्धिक मान्यताओं को प्रक्षेपित करता चलता है। इसीलिए रूपवादी विश्लेषण और अतियथार्थवादी साहित्य भी सर्जनात्मक निरर्थकता का पार्थक्य नहीं होता। कलाकार और वास्तविकता के अनेक रूप और स्तर हैं जो स्रष्टा की प्रवृत्ति, संस्कार, शिक्षा-दीक्षा, परिवेश और वातावरण के अनुसार अलग-अलग कृतियों अथवा किसी कृतिकार के सम्पूर्ण व्यक्तित्व कृतित्व में प्रकट होते हैं। मनोविश्लेषणशास्त्र के विकास ने मन की अनगिनत परतों के भेद खोल दिये हैं। एडलर ने शैशव, शिक्षा-परिवेश तथा वातावरण को व्यक्तित्व निर्माण में बड़ा स्थान दिया है, उनका प्रभाव कलाकार पर रहता है। युंग ने मन की परतों को समझाने के लिए 'सामूहिक अवचेतन' में 'आनुवंशिकता' की अनेक परतों को खास ढंग से संकेतित किया है। व्यक्ति के मनोभावों, संस्कारों

और आचरण के पीछे व्यक्तिगत तथा सामूहिक अर्द्ध-चेतन अथवा अचेतन प्रवृत्तियों, आवेगों और प्रेरणाओं का सक्रिय हाथ होता है। असंख्य सामूहिक रूढ़ियाँ, क्रियाकाण्ड, संस्कार व्यक्ति के मन को प्रभावित और उद्वेलित करते हैं। आज के लेखक की प्रेरणा के पीछे इन परम्परागत संस्कारमूलक अवचेतन प्रवृत्तियों के सूत्र निहित रहते हैं। अतः जोशी जी मानते हैं कि सतह पर दीखने वाली वास्तविकता मन के अज्ञात, अपरिचित स्तर पर चलने वाली प्रवृत्तियों का संघात है। इसीलिए स्रष्टा कलाकार मानवता के सपनों का आदर्शों का अग्रदूत होता है। वह व्यक्तिगत प्रवृत्तियों के उदात्तीकरण में समर्थ होता है। सन् 1947 के 'साहित्य सन्देश' में 'हिन्दी आलोचना की नयी प्रवृत्तियाँ' शीर्षक निबन्ध में श्री प्रकाशचन्द्र गुप्त ने लिखा था, "हिन्दी के जो साहित्यकार मनोविश्लेषण के सिद्धान्तों से विशेष प्रभावित हुए हैं, उनमें श्री इलाचन्द्र जोशी का उल्लेख आवश्यक है। आप सबसे पहले आस्कर वाइल्ड के प्रभाव से कलावादी बने और 'कला कला के लिए' सिद्धान्त में आपको बड़ी आस्था थी।"[85] परन्तु जोशी जी आस्कर वाइल्ड के कलावाद से चिढ़ते थे और उन्होंने गुप्तजी के आक्षेप का 'आलोचक के अनाचार' नाम से खण्डन भी किया है। इस निबन्ध में वे अपने को मनोविश्लेषणवादी आलोचक ही मानते हैं।[86] जोशी जी ने मैथिलीशरण गुप्त, प्रसाद जी तथा प्रेमचन्द की कला का विश्लेषण एडलर के सिद्धान्तों से ही किया। वे लिखते हैं—"प्रेमचन्द के नारी पात्र कठपुतली बनकर रह गए, इसमें मूल दोष यह है, उन्हें किसी रचना के लिए आभ्यन्तरिक अनुभूतियों से नहीं, बल्कि जीवन के बाह्य चक्रों से प्रेरणा प्राप्त हुई।"[87] मनोविज्ञान आन्तरिक प्रवृत्तियों के विश्लेषण से अन्तर्जीवन की अन्तःक्रियाओं को समझना चाहता है, यह स्थापना उन्होंने 'विश्व साहित्य में मनोविज्ञान' नामक निबन्ध में की भी है।[88]

उनका यह विश्वास भी रहा है कि भारतीय मनीषी आरम्भ से ही उस विज्ञान को आत्मसात किए रहा है। 'उपनिषदकालीन साहित्य में कान्ति द्रष्टा ऋषियों और कवियों ने प्रायः उस विज्ञान को चरम सीमा तक पहुँचा दिया था।'[89] परन्तु आज मनोविश्लेषणात्मक शास्त्र ने वैज्ञानिक दृष्टि से नया सिद्धान्त ही निर्मित कर लिया है एवं उसकी एक अत्यन्त प्रामाणिक पद्धति स्थापित की है। वे मानते हैं कि कालिदास का 'अभिज्ञान शाकुन्तल' प्राचीन मनोविश्लेषण के नियमों से लिखी गई रचना है। इस सन्दर्भ में उनका कथन है, 'कहा जाता है कि मनुष्य के अवचेतन मन के अस्तित्व की सूचना पहले-पहल फ्रायड ने संसार को दी। यह दावा कितना भ्रामक है, भारतीय मनोविज्ञान से परिचित पाठकों से यह छिपा न होगा। हमारे यहाँ मन के जाग्रत, स्वप्न और सुषुप्त अवस्थाओं का उल्लेख प्राचीन ग्रन्थों में मिलता है। कालिदास के 'अभिज्ञान शाकुन्तल' में मनोविश्लेषण

के कुछ ऐसे उदाहरण मिलते हैं जिनसे पता चलता है कि अवचेतन के रहस्यों का पता हमारे कवि को था।'[90]

वैयक्तिक अवचेतन और सामूहिक अवचेतन का कला, संस्कृति और आलोचना पर प्रभाव

जोशी जी ने बार-बार यह ध्यान दिलाया कि बीसवीं शताब्दी में मनोविश्लेषणात्मक दृष्टि का नया अध्याय शुरू हुआ है। "कुछ आस्ट्रियन पण्डितों ने जिनमें फ्रायड, युंग और एडलर नाम विशेष रूप से उल्लेखनीय हैं—मनोविज्ञान से सम्बन्धित कुछ ऐसे तथाकथित नये सिद्धान्तों की खोज की जिन्होंने प्रचलित मनोविज्ञान के क्षेत्र में एक प्रचण्ड क्रान्ति की लहर उत्पन्न कर दी। इन नये सिद्धान्तों में सबसे प्रमुख बात थी, मनुष्य के अवचेतन मन की खोज।...पर यूरोप वालों के लिए यह निश्चय ही नयी खोज थी।"[91] शेक्सपियर और गेटे, फ्रायड और युंग की तरह अवचेतन मन को कोई निश्चित नाम तो न दे सके, किन्तु इस पक्ष का उनमें अभाव नहीं है। शेक्सपियर का 'हेमलेट' और 'ओथेलो' तो इस दृष्टि की अद्भुत कृतियाँ हैं। किन्तु इस स्थापना के बाद इन कृतियों का नये ढंग से विवेचन-विश्लेषण होने लगा एवं मनोविश्लेषणात्मक व्याख्याएँ अत्यन्त लोकप्रिय भी हुईं। इन मनोविश्लेषकों ने दमित मनोवेगों, चेतन-अचेतन मन के द्वन्द्वों, मनोग्रंथियों (ईडिपस ग्रन्थि आदि) आदि का विश्लेषण करते हुए यह स्वीकार किया कि कला में इन ग्रन्थियों का उन्नयन हो जाता है। कला विकृतियों को परिष्कृत करने का ही काम करती है। एक प्रकार से यह अरस्तू के 'विरेचन-सिद्धान्त' की नवीन वैज्ञानिक व्याख्या ही है। युंग ने जिन सामाजिक कारणों और सामूहिक मन का निरूपण किया, वह निश्चय ही नया है। "जिन पुरानी प्रवृत्तियों को सामूहिक मानव, समष्टिगत अवचेतन में दबाता रहा। वे आज के मानव में उसी रूप से संचित हैं।"[92] मानव के अन्तस्तल में तूफान और बवण्डर उठाने वाली प्रवृत्तियों की पहचान भी इस सिद्धान्त में छिपी है। जोशी जी लिखते हैं—"साहित्य में मनोविज्ञान का मैं यही महत्त्व मानता हूँ। व्यष्टिगत अथवा समष्टिगत मानव मन के भीतर के विभिन्न स्तरों से जो आत्मकामी अथवा असामाजिक प्रवृत्तियाँ समय-समय पर उठती रहती हैं, उनका विश्लेषण करके मूल सूत्र से यदि रसग्राही जनता को परिचित कराया जाए तो बहुत-सी मानसिक उलझनों और असन्तुलित मनोविकारों के मुक्त होने में उन्हें सहायता मिल सकती है।"[93] इसीलिए वे पुनः-पुनः कहते हैं कि बाह्य जीवन पर अन्तर्जीवन का बहुत प्रभाव पड़ता है। एक प्रकार से 9।10 प्रभाव भीतरी जीवन का होता है, बाह्य जीवन पर 1।10 प्रभाव होता है। आज की सामाजिक-आर्थिक हलचलों में

विशिष्ट वर्ग की मानसिकता ही कार्यशील होती है। फिर बाह्य जीवन अन्तर्जीवन से अलग नहीं होता, वह बाह्य ही है जो अन्तर्जीवन को अनुप्रेरित करता है। बड़ा लेखक किसी भी युग में इस अन्तर्जीवन की उपेक्षा नहीं कर सका है। वे युंग की भाँति ही लिखते हैं–"अन्तर्जीवन और बाह्य जीवन के बीच एक अदृश्य पुल है जो सभी व्यक्तियों को नहीं दिखलाई देता। पर उच्च कोटि के लेखक और कवि की सूक्ष्म अन्तर्भेदी दृष्टि से यह पुल छिपा नहीं रहता।"[94] द्वितीय तथा तृतीय श्रेणी के लेखक इस पुल के ओर-छोर विश्लेषण में ही सारी शक्ति खर्च कर देते हैं। प्रथम विश्व युद्ध के बाद के लेखक फ्रायडियन सिद्धान्तों को लेकर चल पड़े हैं और उनकी दृष्टि से ही कृति एवं कृतिकार का विश्लेषण करते हैं। पर वे एकांगी होने के साथ जीवन से दूर भी जा पड़े। क्योंकि विश्लेषण के बाद होने वाले संश्लेषण को फ्रायड नहीं देख पाये। किन्तु इसी कमी को बाद में एडलर तथा युंग ने पूरा किया। ऐसे लेखकों में 'यूलिसिस' के लेखक जेम्स ज्वाइस और 'लेडी चटर्लीज लवर' के लेखक डी. एच. लारेंस की गणना की जा सकती है एवं ऐसे ही लेखकों में टालस्टाय तथा गोर्की को रखा जा सकता है। क्योंकि वे अन्तर्जीवन एवं बाह्य जीवन का संश्लेषण करते चलते हैं। "पर लेनिन के काल के रूसी लेखक एक भारी गलतफहमी से परिचालित होकर कला में केवल बाह्य जीवन के पक्षपाती हो गए।"[95] कहना न होगा कि हिन्दी के अधिकांश लेखक लेनिन के चक्कर में बाह्य सतह पर भाग पड़े तथा टालस्टाय और गोर्की का कला मार्ग ही छूट गया क्योंकि "केवल विश्लेषण पर जोर दिया जाना मैं घातक समझता हूँ, जबकि उस विश्लेषण की परिणति संश्लेषण में न की जाय।"[96]

कला में सौन्दर्य दृष्टि

कला में सौन्दर्य का कोई निश्चित गणित नहीं होता। बुद्धि-वृत्ति और युग बोध से सौन्दर्याभिरुचियों में परिवर्तन-परिष्करण होता रहता है। कलाकार जड़ीभूत सौन्दर्याभिरुचि पर प्रहार करते हुए नयी सौन्दर्य वृष्टि विकसित करता है। इस प्रकार कला-सौन्दर्य के अनवरत संशोधन-सम्पादन की क्रिया है। ग्रामीण नौटंकी के गाने पर ही उछल पड़ता है। किन्तु कलावन्त ही जटिल राग समझ पाता है। कुछ लोग रंग को महत्त्व देते हैं, कुछ संरचना को। इसलिए रचना-प्रक्रिया की दृष्टियाँ भी भिन्न-भिन्न हो जाती हैं, हर युग में भिन्न होती हैं। जीवन की हाय-हत्या, पाप-पुण्य, सुख-दुःख, प्रवृत्ति-निवृत्ति आदि अपने योग में सौन्दर्य अर्थात् आनन्द के ही रूप हैं। आनन्द और सौन्दर्य का रूप हमारी मूल रति (लिबिडो) से जुड़ा है। फैण्टेसी इसी सौन्दर्य की आनन्द रूपी वृत्ति है जो कलाकार में सक्रिय रहती है। रति तो आदिम इच्छा है जिसे कला और प्रकृति व्यक्त भी

करती है और भरती भी है। अतः कला में सौन्दर्य का आदर्श मंगल और सत्य का सामंजस्य रूप है।[97] क्योंकि यही अन्तर्निहित सौन्दर्य का स्वच्छ स्रोत है और कला की मूल प्रेरणा है।

प्रेमतत्व का विस्तार

प्रेम एक ऐसी मनोवृत्ति है जिसका साहित्य में अथ से इति तक विस्तारण-प्रसारण होता है। भारतीय काव्य-सृजन प्रेरणा का मूल मिथ यही है कि आदिकवि के हृदय से करुणा का जो स्रोत फट पड़ा था, उसके मूल में प्रेमरत चक्रवात मिथुन में से एक की व्याध द्वारा हत्या हो जाने का कारण ही काम अर्थात् मूल में प्रेरक बीज था—प्रेम। रामायण की मूल व्यथा सीताहरण है और प्रेम पिपासु राम (हृदय या मन) भटकते हैं। ग्रीक साहित्य में होमर के 'इलियड' की कथा में हेलेन के अपहरण से सम्बन्धित कथा चलती है। कालिदास का 'अभिज्ञान शाकुन्तल' प्रेम की इन्हीं सुन्दर सहज मनोवृत्तियों से बना है। एस्किन्स की रचना 'ऐगमेमनन' भी क्याइटेमनेस्ट्रा की प्रेम कथा है। इन समस्त कथाओं से जोशी जी यह निष्कर्ष निकालते हैं—"प्रेम से सम्बन्धित जितनी भी स्वरोधी, विरोधी अथवा अवरोधी भावनाएँ हैं, उन सबकी मन्थन क्रिया युग-युग में इसी अन्तश्चेतना में चला करती है और फलस्वरूप प्रतियुग में साहित्यिक स्वरूपों, शैलियों, विचारों और आदर्शों में नये परिवर्तित रूप देखने में आते रहते हैं।"[98] इस प्रकार प्रत्येक रचना का मूलाधार प्रेम ही होता है चाहे स्थूल नर-नारी दृष्टिगत न हो। अभावग्रस्त कलाकार प्रकृति को ही नारी बनाकर अपनी भूख मिटाता है। छायावादी कवि पन्त जी की कविता इसी सत्य का उदाहरण है। दूसरी ओर महादेवी का नारी-मन कण-कण को प्रियतम रूप में पूज रहा है। भक्त कवियों का लौकिक प्रेम, अलौकिक हो जाता है। अलौकिक न कहिए तो उसे प्रेम का उदात्तीकरण कहा जा सकता है। मार्क्सवादी कृतियाँ भी उदात्त प्रेम से भरी पड़ी हैं। गोर्की का 'माँ' उपन्यास प्रेम का सागर है। इस प्रकार सामन्तवादी-साहित्य हो या पूँजीवादी या मार्क्सवादी—सभी में प्रेम बीज पड़ा होता है। साहित्यशास्त्री इसी सत्य को अनुभूति से व्यक्त करता है और मनोविश्लेषणशास्त्री इसे ही तर्क से समझाना चाहता है।

समस्त कलाओं का मूल उत्स

काव्य-हेतु, प्रयोजन और आदर्श के सम्बन्ध में पिछले युग की तुलना में आज भारी अन्तर मिलता है। पिछले युगों में 'ब्रह्मानन्द सहोदर' अर्थात् लोकोत्तर अनुभूति थी एवं रस उसका प्राण था। किन्तु आज का साहित्यकार ऐसा मानने को तैयार नहीं है कि कला लोकोत्तर या अलौकिक अनुभूति होती है। आज तो

कला का अलौकिक संसार ही नष्ट हो गया है। कलाकार एक भौतिक संसार में जीता है और ऐन्द्रियता प्रमुख है। आज की मनोविश्लेषणवादी खोजों ने—विशेषकर युंग की खोजों ने सिद्ध कर दिया है कि "कला का मूल उत्स मनुष्य की सामूहिक अज्ञात चेतना है जिसके भीतर प्राचीन काल के असंख्य युगों से अनेक प्रकार की विभिन्न वासनाएँ और कामनाएँ संचित होती चली आयी हैं, इस अज्ञात चेतन में—अवचेतन मन में—पुंजीभूत ये आकांक्षाएँ, ये पशु-प्रवृत्तियाँ, प्रतिपल मानव के सचेत मन पर आघात करती रहती हैं। कलाकार के सचेत मन के द्वारों को वे अधिक तीव्रता से खटखटाती हैं, जिससे उनका चित्र कुछ विशेष रूप से आन्दोलित होता है और उस आन्दोलन के फलस्वरूप वह कविता, कहानियाँ आदि की रचना के लिए व्याकुल हो उठता है।"[99] अतः कला का जन्म अज्ञात विवशताजन्य व्याकुलता से होता है। इसी को रोमाण्टिक धारणा में 'आत्माभिव्यक्ति' कहा जाता है। रसगंगाधर ने कहा है कि रस जिस 'रति' या अनुराग की क्रिया है, उसका पूर्व युगों से संचित वासनाओं (प्राग्निविष्ट वासना रूपः) से घनिष्ठ सम्बन्ध है। आश्चर्य यह है कि आज जो मत मनोविश्लेषणशास्त्री दे रहा है, वही मत एक बार रसगंगाधर भी दे चुके हैं। दोनों में अन्तर इतना ही है कि पण्डितराज अज्ञातवासनाओं के स्वतः स्फूर्त विस्फोट को रस-रूप लोकोत्तर आनन्द मानते हैं और फ्रायड आदि दमित वृत्तियों की आनन्दमयी परिणति मानते हैं। इस प्रकार काव्यानुभूति, दमित वृत्तियों का उदात्तीकृत या परिष्कृत रूप है। प्राचीन लोग इस बात को न समझ पाने के कारण कला को अधिचेतना (सुपरकांशस) या ईश्वरी चेतना (डिवाइन कांशस) समझते थे पर यह वास्तव में बन्धनग्रस्त लौकिक (अवचेतन मन) चेतना है, उस बात की खबर उन्हें नहीं थी। अतः कला सामूहिक अवचेतन की व्यक्त छवि का नाम है। जोशी जी ने मनोविश्लेषण की इस धारणा का शब्दानुवाद किया है—"मनुष्य के मन में आदिकाल से विश्व छवियों की जो झलकें संचित होती आयी हैं और असंख्य पशु प्रवृत्तियों का जो जमाव होता गया है, वह निश्चय ही अपार रहस्य से पूर्ण है और कलाकार के अपनी कला के लिए कभी समाप्त न होने वाली सामग्री वहीं से प्राप्त होती है।"[100]

साहित्य का मनोवैज्ञानिक विश्लेषण

जोशी जी ने एडलर तथा युंग की मान्यताओं से साहित्य के तमाम पक्षों का विश्लेषण विवेचन किया है और यह इच्छा भी व्यक्त की है कि साहित्य की अन्तःक्रिया को समझने की दृष्टि से वही एकमात्र वैज्ञानिक पद्धति है। उन्होंने महादेवी वर्मा के काव्य और नवीन कथा-साहित्य में जैनेन्द्र और अज्ञेय जी के उपन्यासों का विस्तार से विवेचन किया है और माना है कि मानव-मन की मूल

प्रवृत्तियों, विकृतियों को थाहने के कारण ही ये हिन्दी के श्रेष्ठ मनोवैज्ञानिक कथाकार हैं। इसलिए वे मनोविश्लेषण के सिद्धान्तों की पद्धति को 'एक्स-किरणों' का नाम देते हैं।[101] अपने निबन्ध 'छायावादी तथा प्रगतिवादी कवियों का मनोवैज्ञानिक विश्लेषण' में उन्होंने यह घोषणा की है कि इन कवियों में युग का प्रमुख विरोधाभासात्मक संघर्ष पाया जाता है। इनमें अन्तश्चेतना में ढकेली हुई वृत्तियाँ अवसर पाकर शेषनाग के फनों की तरह फुफकार छोड़ती हैं एवं चेतन मन को वेग से भय कम्पित कर देती हैं। क्योंकि "कवि अथवा कलाकार की कृतियाँ उसके अन्तस्तल में दबी हुई भावनाओं की ही प्रतीक होती हैं।"[102] एडलर ने वैयक्तिक मनोविज्ञान में यह सिद्ध किया है कि मानव जन्म के साथ ही अपनी असहायावस्था की अनुभूति से पीड़ित होने लगता है। धीरे-धीरे यही असहायावस्था उसमें घर कर जाती है और साझेदारी में आत्मदान की अनुभूति जिसे एडलर ने 'हीनता भावना' कहा है, बन जाती है। वातावरण की चुनौतियों से क्षतिपूर्ति का सिद्धान्त चल पड़ता है और मनुष्य अज्ञात रूप से अपनी असमर्थता के लिए छटपटाता रहता है। क्षतिपूर्ति का यह सिद्धान्त मानता है कि बायरन लँगड़े थे, मिल्टन और सूर अन्धे थे, इन सभी ने अपनी हीनता की पूर्ति कला में विशिष्ट ढंग से की है। तुलसी और केशव अपनी गरीबी की पूर्ति ज्ञान गर्व से करते हैं एवं उसी दृष्टि से कबीर पण्डितों को ललकारते हैं (तूं पण्डित मैं काशी का जुलाहा)। यही बात छायावादी कवियों पर भी लागू होती है, वास्तविक जगत् में अपनी निपट अक्षमता की पूर्ति वे केवल कल्पना-लोक में विशेषता प्राप्त करके ही नहीं करते रहे हैं, बल्कि अपनी कल्पना को क्षुधा, तृष्णा, पीड़ित मर्त्य लोक से दूर और अधिक दूर ले जाने की होड़ आपस में लगाते रहे हैं।[103] प्राणों की वासना का रोना छायावादी कवियों ने ही नहीं रोया, सभी कालों के रोमाण्टिक कवि यही करते रहे हैं। इसी दृष्टि से 'मेघदूत' कालिदास के हृदय का आँसू है और रवीन्द्रनाथ की 'गीतांजलि' प्रकृति के गालों पर ठहरी हुई पीड़ा। रोमाण्टिक वैसे भी अन्तर्मुखी होता है। शैले ने अपने स्वार्थ के लिए अपनी औरत को त्याग कर उसे आत्महत्या के लिए विवश किया। बायरन ने न जाने कितनी महिलाओं को बरबाद किया। वर्ड्स्वर्थ अपनी बहिन से लिपट गया। कीट्स ने घोर आत्मघात का परिचय दिया। जनसामान्य को धोखा देने के चक्कर में रवीन्द्रनाथ आध्यात्मिक हो गये। विद्यापति शिवमय और सूरदास राधाकृष्णमय। सूरदास का रस-सागर वास्तव में रति-सागर ही है। प्रसाद जी अतृप्ति और प्रेम कुण्ठाओं से पीड़ित हैं। महादेवी का अहंवाद उन्हें बौद्धिक स्तर का रहस्यवादी बना देता है। निराला अपने दुःख को जग के दुःख-दैन्य में मिला देते हैं एवं यही उनकी कलात्मक मुक्ति है–निर्वैयक्तिकता है। पन्त

जी की कविता में अपार सौन्दर्य का भ्रम है और भीतर वासना का कीचड़। प्रगतिवादी अपनी हीनताओं से पीड़ित लोग हैं और 'विल टु पावर' के चक्कर में समूह को इकट्ठा करने की नारेबाजी करते हैं। पूँजीवादी समाज के प्रति उनका विद्रोह उनकी हिंसावृत्ति की पूर्ति है। जोशी जी का विचार है कि एडलर के मनोवैज्ञानिक सिद्धान्त से हिन्दी साहित्य के सभी कालों और प्रवृत्तियों पर विचार करना चाहिए।[104] वे मानते हैं कि हीनताओं को छिपाने के लिए ही कवि 'सब्सटीट्यूट' खोजते रहे हैं। अपने समय पर टिप्पणी करते हुए वे कहते हैं—"इस समय हमारा साहित्य समाज मनोविकारों की जटिलताओं से उत्पन्न बहुविध रोगों से ग्रस्त है। इसलिए जब तक कवियों, कलाकारों और साहित्यिक जनता को मनोवैज्ञानिक विश्लेषण द्वारा उनकी अन्तश्चेतना में निहित मूल उद्देश्यों से परिचित नहीं कराया जाएगा, तब तक वास्तविक, स्वास्थ्यकर और कल्याणकारी शक्ति से पूर्ण साहित्य का निर्माण असम्भव है।"[105]

एडलर के इसी दृष्टिकोण को उन्होंने अपने ढंग से विश्व भर के कथा-साहित्य पर लागू किया है। वे तो यहाँ तक कहते हैं—"पूँजीवाद तथा समाजवाद के विस्तार के पीछे भी मनोवैज्ञानिक कारण छिपे हुए हैं। मनुष्य के सामूहिक अवचेतन मन के भीतर दबी हुई कुछ वृत्तियों के सामूहिक उभार उनके विकास का कारण हैं, यह बात बड़ी आसानी से सिद्ध की जा सकती है।"[106] वे प्रथम तथा द्वितीय विश्व युद्ध को भी मानव की आदिम पशु वृत्तियों का सामूहिक विस्फोट मानते हैं। यही बात युद्धपरक साहित्य में बार-बार प्रस्तुत भी होती है। मार्क्सवादी रूप के सामूहिक अवचेतन से यह खतरा अभी टला नहीं है। विश्व मानव जिस पीड़ा और त्रास में जी रहा है, क्या युद्धोत्तर काल का साहित्य उसका प्रमाण नहीं है ? अतः आज के जीवन की कला में सचाई तथा यथार्थ दृष्टि को पकड़ना है तो कला और साहित्य में अन्तर्जीवन और अज्ञात चेतना से सम्बन्धित रचनाओं की उपेक्षा करने से काम न चलेगा।[107]

निष्कर्ष : फ्रायड, युंग तथा एडलर के सिद्धान्तों से जोशी जी विश्व भर के प्राचीन तथा नवीन साहित्य की अनेकों प्रकार से विवेचना करते हैं। उस विवेचन से वे इस निष्कर्ष पर पहुँचते हैं कि कला में साहित्यिक और सामाजिक ईमानदारी को मनोविश्लेषणशास्त्र की दृष्टियों से ही खोजा जा सकता है। मनोविश्लेषण उनके लिए साहित्य को समझने की विधि होने के साथ एक जीवन-मूल्य भी है। इसलिए वे मानते हैं कि व्यक्तिगत तथा सामाजिक जीवन की वास्तविकता को समझने के लिए मार्क्सवाद से ज्यादा आज मनोविश्लेषणशास्त्र की जरूरत है। आज के कोलाहलपूर्ण युग में वे नये लेखकों को सलाह देते हैं कि वर्तमान की विद्रूपता-मूल्यान्धता, असंगति और विडम्बना की आग से ही

वे न खेलें। उस आग के भीतरी कारणों का भी अनुभूति की प्रामाणिकता और कलात्मक यथार्थ से अंकन करें। वे यह मानकर चलें कि 'कला कला के लिए' नहीं है, 'कला जीवन के लिए' है।[108] इसी दृष्टि के कारण जोशी जी को मनोविश्लेषणशास्त्र की वैज्ञानिक पद्धतियों का आलोचक कहना अच्छा लगता है। वे फ्रायड के अतृप्ति सिद्धान्त तथा एडलर के प्रभुत्व कामना के सिद्धान्तों को पूरक रूप में समीक्षा में प्रयुक्त करते हैं। एक ओर वे कला के स्वप्न सिद्धान्त को लाते हैं और दूसरी ओर कला के क्षतिपूर्ति सिद्धान्त का प्रयोग करते हैं। वे मानते हैं—"समीक्षा में मनोविश्लेषणशास्त्र के सिद्धान्तों का उपयोग उद्देश्यविहीन और केवल पाण्डित्य प्रदर्शन की आकांक्षा मात्र नहीं है। ये सिद्धान्त काव्य के वास्तविक स्वरूप के निरूपण तथा उसको स्वस्थ मार्ग का अवलम्बन करने के लिए प्रेरणा देने में सहायक हैं। काव्य में अस्वस्थ मनोवृत्तियों की प्रेरणा का उद्घाटन करके उसे स्वस्थ मार्ग पर ले चलना ही इस समीक्षा की उपयोगिता है।"[109] इसमें सन्देह नहीं है कि इस समीक्षा पद्धति की सार्थकता और प्राणवत्ता जोशी जी ने ही सिद्ध की है। वे उस ससीक्षा का सम्बन्ध लोक मंगल तथा सांस्कृतिक विकास से जोड़कर आचार्य शुक्ल जी की परम्परा को ही नये ढंग से विकसित-परिष्कृत करते रहे हैं।

(ख) अज्ञेय

छायावादोत्तर साहित्य और समीक्षा में अज्ञेय एक विवादास्पद पर महत्त्वपूर्ण नाम है। उस स्थिति में तो यह नाम और महत्त्वपूर्ण बन जाता है, जब समस्त छायावादोत्तर साहित्य और समीक्षा का इतिहास जाने-अनजाने अज्ञेय जी से दुर्निवार जुड़ा प्रतीत हो। छायावादी काल से ही यह कवि समीक्षक परम्परागत चिन्तन में एक गहरी दरार डालता है। वे परम्परागत साहित्य सिद्धान्तों में देश-विदेश से लाकर नये आयाम जोड़ते हैं। सन् 1943 ई. में 'तारसप्तक' के प्रकाशन से साहित्य में बड़ा भारी धमाका होता है। आचार्य पीढ़ी में बड़ी-बड़ी बहसें शुरू हो जाती हैं और इन बहसों में 'अज्ञेय' सर्वाधिक चर्चित नाम हो उठता है। चर्चित ही नहीं काव्य-मान्यताओं के केन्द्र में उन्हीं का नाम आ जाता है एवं यहीं से तमाम विवादों का जन्म होता है। यह स्थिति यहाँ तक पहुँची है कि काव्य से ज्यादा उनकी काव्य-सम्बन्धी मान्यताएँ नये-पुराने आलोचकों, चिन्तकों, कवियों आदि के विवाद का केन्द्र बनी हैं। यह सब इसलिए भी हुआ क्योंकि उनके काव्य-चिन्तन की दृष्टि इतनी नवीन, मौलिक तथा प्रासंगिक थी कि काव्य और शास्त्र की पुरानी दुनिया में तहलका मच गया एवं उन्हें लेकर कभी हल्की कभी गंभीर बहसें शुरू हुईं। अज्ञेय ने प्रगतिवादी काव्य चिन्तन की सैद्धान्तिकता

का खण्डन करते हुए नयी समीक्षा के काव्यशास्त्र को निर्मित, पुराने चिन्तन को परिष्कृत करने का संकल्प व्यक्त किया। यही कारण है कि वे कवि-रूप में संवादात्मक वक्तव्य रचते हैं, आलोचक रूप में देश-विदेश की नवीन मान्यताओं का हवाला देते हुए नये तर्क पैदा करते हैं एवं सम्पादक के रूप में विश्व भर की चिन्तनधाराओं को अभिव्यक्त करने का सार्थक प्रयास। 'तारसप्तक' की भूमिका उनका प्रथम चौंकाने वाला चिन्तन चक्र है, 'त्रिशंकु' उसके आलोचक के विचार और 'प्रतीक' तथा नयी कविता उनके सम्पादक की मान्यताएँ। 'त्रिशंकु' के बाद 'आत्मनेपद'। 'हिन्दी साहित्य : एक परिदृश्य', 'सबरंग और कुछ राग', 'भवन्ती', 'अन्तरा', 'लिखि कागद कोरे', 'अद्यतन', 'जोगलिखी', 'आलवाल' और 'संवत्सर' उनके आत्मालोचन का सार है। इसके अतिरिक्त तीन सप्तकों की भूमिकाएँ और चौथे सप्तक का सम्पादकीय वक्तव्य उनकी काव्य मान्यताओं से भरा पड़ा है। ऐसी स्थिति में नये साहित्य का यह स्रष्टा और द्रष्टा अब 'क्षणवाद', 'व्यक्तिवाद', 'अस्तित्ववाद', 'अतियथार्थवाद', 'मनोविश्लेषणशास्त्र' आदि के साथ टाला नहीं जा सकता। साम्यवादी मूल्यों की चिल्लाहट से हटकर वे कविता के लोकतन्त्रवादी मूल्यों को खुली बहस के रूप में सामने लाते हैं।

अज्ञेय ने पाश्चात्य विचारों, वादों, सिद्धान्तों, मान्यताओं, शैलियों, प्रवृत्तियों, प्रविधियों, पद्धतियों को सर्वाधिक दुहने का कार्य किया है। बड़ी बात यह भी है कि प्राच्य तथा पाश्चात्य विचारधाराओं और साहित्य पर धैर्य और तार्किकता से सोच विचार किया है। वे मनोविश्लेषणशास्त्र की तमाम नवीन मान्यताओं को आरम्भ से ही अपने सृजन और आलोचन में प्रासंगिकता की दृष्टि से स्थान देते रहे हैं। अपने उपन्यासों में चाहे वह 'शेखर एक जीवनी' हो या 'नदी के द्वीप' या 'अपने-अपने अजनबी' वे मनोविश्लेषणशास्त्र तथा अस्तित्ववाद की नवीन मान्यताओं को सृजन में डालते हैं। टी. एस. इलियट के सृजन-सिद्धान्त से 'शेखर : एक जीवनी' की भूमिका प्रभावित है।[110] इलियट की इस दृष्टि का उनके मन में बड़ा आदर है—"भोगने वाले प्राणी और सृजन करने वाले कलाकार में एक अन्तर सदा रहता है, और जितना बड़ा कलाकार होता है, उतना ही भारी यह अन्तर होता है।"[111] कलाकार की सफलता-असफलता का यह मानदण्ड उन्हें मान्य है। ऐसा लगता है कि मार्क्सवादी आलोचकों के आक्रमण से थककर वे मनोविश्लेषणवादी आलोचक भी नहीं रहना चाहते और समन्वयवादी समीक्षकों की कोटि में आ जाना चाहते हैं। आरम्भ के अज्ञेय जी पर मनोविश्लेषणशास्त्र की मान्यताओं में विशेषकर फ्रायड तथा एडलर की मान्यताओं का गहरा प्रभाव लक्षित होता है। इस सन्दर्भ में उनके कुछ कथन उल्लेखनीय हैं :

1. "आधुनिक युग का साधारण व्यक्ति यौन वर्जनाओं का पुंज है। उसके

जीवन का एक पक्ष है उसकी सामाजिक रूढ़ि की लम्बी परम्परा, जो परिस्थितियों के परिवर्तन के साथ-साथ विकसित नहीं हुई, और दूसरा पक्ष है स्थिति परिवर्तन की असाधारण तीव्र गति जिसके साथ रूढ़ि का विकास असम्भव है। इस विपर्यास का परिणाम है कि आज के मानव का मन यौन परिकल्पनाओं से लदा हुआ है। और वे कल्पनाएँ सब दमित और कुंठित हैं। उसकी सौन्दर्य-चेतना भी उससे आक्रान्त है। उसके उपमान सब यौन प्रतीकार्थ रखते हैं। प्रतीक द्वारा कभी-कभी वास्तविक अभिप्राय अनावृत्त हो जाता है...जिससे एक दूसरे प्रकार की वर्जनाओं का पुंज खड़ा होता है और उनके साथ ही उनके प्रति विद्रोह का स्वर जागता है।''[112]

2. ''कवि के लिए इस परिस्थिति में और भी कठिनाइयाँ हैं। एक मार्ग यौन स्वप्न सृष्टि का दिवास्वप्नों का है, उसे वह नहीं अपनाना चाहता। फिर वह क्या करे ? यथार्थ दर्शन केवल कुण्ठा उत्पन्न करता है। वास्तव की बीभत्सता की कसौटी पर चाँदनी खोटी दीखती है। कवि अपनी काव्य-परम्परा का मूल्यांकन करता है और चारणकाल से लेकर छायावाद तक की कविता को तात्कालिक परिस्थिति अथवा जीवन प्रणाली पर घटित करके समझ लेता है, किन्तु फिर भी आज के जीवन के दबाव की अभिव्यंजना का मार्ग उसे नहीं दीखता। क्योंकि आज उसकी अनुभूतियाँ तीव्रतर हैं तो वर्जनाएँ भी कठोरतर हैं।''[113]

3. ''और प्रेम ? एक थका-मांदा पक्षी, जो साँझ घिरती देखकर आशंका से भी भरता है और साहस संचित करके लड़ता भी जा रहा है। निराशा और कुण्ठा से धैर्यपूर्वक लड़ता हुआ...''[114]

अज्ञेय जी के उपरोक्त कथनों पर फ्रायड के काम-सिद्धान्त का सीधा प्रभाव दृष्टिगत होता है।

कला का स्वभाव एवं प्रेरणा

अज्ञेय जी ने प्रायः एडलर के सिद्धान्तों को अपनाया है।[115] 'त्रिशंकु' नामक निबन्ध-संग्रह में वे एडलर के 'प्रभुत्व कामना' तथा क्षतिपूर्ति के सिद्धान्त को अपनाते दृष्टिगत होते हैं। इन्हीं सिद्धान्तों का उपयोग वे व्यावहारिक आलोचना में करते हैं। वे मानते हैं कि व्यक्ति का सृजन यदि समाज द्वारा अस्वीकृति पाता है तो ऐसी स्थिति में विद्रोह जन्म लेता है। यदि व्यक्ति प्रतिभावान है तो ह्रासोन्मुखी परिस्थितियों से जूझकर विजय प्राप्त करता है। कभी-कभार वह अतीत में जाकर स्वीकृति प्राप्त करता है। व्यक्ति परिस्थितियों की अनुकूलता, उनके संस्कार से अपना स्वरूप निर्मित करता है। व्यक्ति, वस्तु और व्यक्तित्व में टकराव होता है। व्यक्तित्व का अंश स्वीकृति के लिए विद्रोह करता है।[116] इसी में 'प्रभुत्व कामना' का बीज निहित रहता है। इस अंश की अस्वीकृति उसकी

हीनता या अनुपयोगिता का कारण है। इसी अंश में उन्नयन (सब्लीमेशन) और क्षतिपूर्ति की प्रेरणा छिपी है। कला के स्वभाव का निरूपण करते हुए अज्ञेय जी ने कहा है—"कला सामाजिक अनुपयोगिता के विरुद्ध अपने को प्रमाणित करने का प्रयत्न अपर्याप्तता के विरुद्ध विद्रोह है।"[117] प्रभुत्व कामना से मानव नवीन उपयोगिता का निर्माण करता है। अनुपयोगिता के विरुद्ध उपयोगिता सिद्ध करने के प्रयास ने ही कला को जन्म दिया है। इसी कला का प्राण सौन्दर्य बोध है—"पहला कलाकार ऐसा ही प्राणी रहा होगा, पहली कला चेष्टा ऐसी ही विद्रोह रही होगी, फिर चाहे वह रेखाओं द्वारा प्रकट हुआ हो, चाहे वाणी द्वारा, चाहे वस्तु द्वारा, चाहे मिट्टी के लोदों द्वारा।"[118] सिद्धान्त रूप से कला के स्वभाव एवं प्रेरणा में इस तथ्य का उल्लेख करते हुए वे मानते हैं—"समाज के साधारण जीवन में अपना स्थान न पाकर तो वह प्रेरित होता है कि वह स्थान बनाये, अतएव पुरानी लीकों पर चलने की असामर्थ्य ही नई लीकें बनाने की सामर्थ्य को प्रोत्साहन देती है। दूसरे, यह भी ध्यान में रखना चाहिए कि लेखकों में—बल्कि साधारणतया कलाकार समुदाय में, जो एक विशेष प्रकार की असहिष्णुता, अहम्मन्यता एक दुर्विनीत श्रेष्ठता की भावना दीखा करती है, वह भी एक आत्मरक्षा का कवच है—किसी मौलिक अपूर्णता या अपर्याप्तता के ज्ञान को अपने अहं के आगे से हटा देने की चेष्टा है। जो पाठक या लेखक आधुनिक मनोविज्ञान की स्थापनाओं से परिचित हैं, वे जानेंगे कि इस प्रकार की क्षतिपूरक क्रियाएँ मानव जीवन में कितना महत्त्व रखती हैं।"[119] कलाकार में 'अपर्याप्तता' का आधुनिक अर्थ यही है कि यदि कोई व्यक्ति धन की, पद की, या किसी अन्य सत्ता के कारण अपने को अपने अहं के सामने प्रामाणित कर देता है, तो अपर्याप्तता की भावना उसमें नहीं होगी, न उसके विरुद्ध विद्रोह करने की ललकार ही उसे मिलेगी। "अंततः कन्दरावासी कलाकार और आधुनिक कलाकार में कोई विशेष भेद नहीं रहता, दोनों में ही एक अपर्याप्तता चीत्कार करती है। यह अनिवार्य नहीं है कि उसके ज्ञान से सदा कला वस्तु ही उत्पन्न हो, वह परास्त भी कर सकती है, परन्तु उससे हमारी यह स्थापना झूठी नहीं होती कि प्रत्येक कला चेष्टा की जड़ में एक अपर्याप्तता की भावना काम कर रही होती है।"[120] इसी अर्थ में कला सामाजिक अनुपयोगिता की अनुभूति के विरुद्ध अपने को प्रमाणित करने का प्रयत्न या अपर्याप्तता के विरुद्ध विद्रोह है।[121] इस प्रकार यह अपर्याप्तता की भावना ही कला की प्रेरणा है। इस प्रश्न पर पहुँच जाने पर कि 'कला कैसे उत्पन्न होती है' एक प्रश्न और शेष रह जाता है—'कला किस के लिए है ?'—व्यक्ति के लिए या समाज के लिए या दोनों के लिए। इस प्रश्न का उत्तर भी अज्ञेय जी एडलर की सिद्धान्त दृष्टि से देकर

ही सन्तुष्टि पाते हैं। चूँकि कला उनकी दृष्टि में अपर्याप्तता की भावना के प्रति व्यक्ति का विद्रोह है तो इसका सीधा अभिप्राय तो यही हुआ—"कला सम्पूर्णता की ओर जाने का प्रयास है, व्यक्ति की अपने को प्रमाणित करने की चेष्टा है।"[122] इस दृष्टि से कला एक प्रकार का आत्मदान है जिसके द्वारा व्यक्ति अपने अहं को अक्षुण्ण रखने का यत्न करता है एवं भौतिक उपादेयता की दृष्टि से श्रेष्ठ उपादेयता का अनुभव करता है। सजग कलाकार कलावस्तु में इसी दृष्टि से नैतिक मूल्यांकन करता रहता है। इसीलिए सच्ची कला कभी भी अनैतिक नहीं होती एवं शुद्ध कला चेष्टा में अनिवार्यता नैतिक-चेष्टा (एथिकल वैल्यू) रहती है। यह श्रेष्ठ कला नीति धर्म (एथिक ड्यूटी) है, नैतिकता (मोरेलिटी) का पर्याय नहीं है। इस दृष्टि से अज्ञेय 'कला कला के लिए' सिद्धान्त का विरोध करते हैं। वे मानते हैं—"कला उद्देश्यहीन सौन्दर्योपासना' निरा उच्छ्वास भी नहीं है, एक नैतिक उद्देश्य से अन्तःसलिल है।"[123] कला एक आत्मदान है, यह आत्मदान अहं को पुष्ट करने के लिए है क्योंकि अहं को छोटा करके व्यक्ति सम्पूर्ण नहीं रह सकता। यह आत्मदान मात्र नैतिक मान्यता के लिए नहीं सच्चे अर्थों में 'स्वान्तः सुखाय' भी होता है। स्वयं तुलसीदास इस अर्थ में काव्य का उद्देश्य 'स्वान्तः सुखाय' मानते हैं, पर यह 'स्वान्तः सुखाय' सामाजिकता का निषेध नहीं है। वे लिखते हैं—"यदि 'कला कला के लिए' का अर्थ है—सौन्दर्य की खोज—किन्हीं विशेष सिद्धान्तों के द्वारा एक रासायनिक सौन्दर्य की उपलब्ध ा, तब वह कला और कलाकार को कोई सुख नहीं दे सकती—न आत्मदान का, न आत्मबोध का, वह कलाबन्ध्या है।"[124] इसलिए कला में कलाकार का दायित्व दोहरा होता है—(1) कला में समाज तथा उसकी विशालता का धारण, (2) समाज के अन्तर्गत समस्त जगत् के कल्याण की चिन्ता। अज्ञेय जी मानते हैं कि सच्ची कला और सच्चे कलाकार की सिद्धि उसी में है।

अज्ञेय जी का कला को आत्मदान मानना टी. एस. इलियट से समानता रखता है। कवि-व्यक्तित्व की निर्वैयक्तिक होने की प्रक्रिया पर प्रकाश डालते हुए इलियट ने लिखा है "कलाकार के बाहर कुछ ऐसा होता है जिसके प्रति उसका दायित्व होता है, और भक्ति भाव से जिसके सम्मुख उसे आत्मसमर्पण करना चाहिए। इस आत्म-बलिदान के द्वारा वह अपने लिए एक अद्वितीय स्थान अर्जित करता है। कलाकारों को जाने-अनजाने एक सामान्य दायित्व और सामान्य उत्तराधिकार, एक सूत्र में बाँधता है।"[125] टी. एस. इलियट उसी बात पर एक स्थान पर पुनः जोर देकर कहते हैं—"जो घटित होता है—वह कलाकार का निरन्तर आत्म-समर्पण है, क्योंकि उस क्षण उसका लक्ष्य अपेक्षाकृत कुछ अधिक मूल्यवान होता है। निरन्तर आत्म-बलिदान और व्यक्तित्व के निरन्तर विलय

में ही कलाकार की प्रगति निहित है।"[126] इस प्रकार कला-सृजन-प्रक्रिया में निरूपित इलियट का निर्वैयक्तिकता-सिद्धान्त कलानुभूति या काव्यानुभूति के निरूपण में विशेष महत्त्व रखता है जिसका प्रभाव अज्ञेय जी पर है। कला का गहरी सामाजिकता तथा लोक-मंगल से सम्बन्ध रखने की बात में आस्था रखने की इच्छा प्रकट करना उन्हें आचार्य शुक्ल वाली भारतीय परम्परा की ओर ले जाता है। स्वयं मनोविश्लेषणशास्त्र भी कला की सामाजिक उपयोगिता की स्वीकृति देता है एवं एडलर उस दृष्टि का लगातार समर्थन करते रहे हैं। अज्ञेय जी ने मनोविश्लेषणशास्त्र के इस प्रभाव से ही माना है कि साहित्य या कला की प्रेरणा देने वाली शक्ति कलाकार की आन्तरिक विवशता है। वे लिखते हैं—"साहित्यकार यद्यपि किसी एक दिशा में जाता है अवश्य, तथापि वह दशा बाह्य आदेशों द्वारा निश्चित नहीं होती। कवि की व्यक्तिगत परिस्थिति उसकी आन्तरिक और बाह्य परिस्थिति से उत्पन्न व्यक्तिगत विवशता उसे निश्चित करती है।"[127] इसी दृष्टि से अज्ञेय कला में व्यक्तिगत चेतना को आदर देते हैं किन्तु यह वैयक्तिक चेतना सामाजिकता की विरोधी न होकर पूरक है। यही इस चिन्तन की विशिष्टता है।

अज्ञेय जी के मन में कला-सृजन का यह फ्रायडीय सिद्धान्त भी कौंधता है कि कला एक प्रकार की इच्छा पूर्ति है—"आज का हिन्दी साहित्य अधिकांश अतृप्ति या कह लीजिए लालसा के इच्छित विश्वास (विशफुल थिंकिंग) का साहित्य है।... अपनी स्त्री का आदर्शीकरण स्त्री के नाम से कहानियाँ छपाकर, लेखिका स्त्री पाने की इच्छा पूर्ति ये सब प्रवृत्तियाँ इसी प्रकार समझी जा सकती हैं, लेकिन ये सब हमारे साहित्य में व्यक्त होने वाली कुण्ठा का ही एक पहलू है।"[128]

अज्ञेय जी के मन में युंग का 'सामूहिक अवचेतन-सिद्धान्त' भी धाक जमाए हुए है—"काव्य वास्तविक जीवन की अनुभूतियों के रेचन का मार्गभर नहीं है। रेचन (केथार्सिस) की बात अप्रासंगिक हो जाती है : कला आनन्द देती है तो अनुभूतियों से छुटकारा दिला कर नहीं, बल्कि उसके मूल स्रोत की पहचान करा कर।...हर किसी में अर्थात् हर सहृदय में यह सहज क्षमता अथवा योग्यता है कि वह काव्यानुभूति में प्रवेश पा सके, भले ही उसने उस अनुभूति के यथार्थ जीवन के पर्याय का अनुभव या 'भाग' किया हो या नहीं। इस सहजात योग्यता के द्वारा व्यक्ति सामूहिक अथवा संचित अनुभवों के उस भण्डार तक पहुँच जाता है जिससे होता हुआ वह उन काव्यानुभूतियों में प्रवेश पा सकता है जो अब तक उसके अनुभव की परिधि में नहीं आयी थीं।... युंग की सामूहिक अवचेतन की परिकल्पना भी उसे समझने में सहायक हो सकती है।"[129] इस दृष्टि से कला

जो अजनबियों का आलाप न होकर एक समान निधि के भोक्ताओं का संलाप होती है। इसीलिए काव्य अथवा कला वस्तु में या कृति में नहीं होती, वह वस्तु अथवा कृति और ग्राहक के बीच, या कवि-कलाकार और समाज के बीच घटित होती है। अतः कला एक सांस्कृतिक प्रक्रिया है। इस तथ्य का समर्थन एक ओर इलियट करते हैं और दूसरी ओर युंग। इसी दृष्टि में अज्ञेय जी की आस्था है। मनोविश्लेषणवादी की भाँति सीधे नहीं, पर घूम-फिरकर वे दो प्रकार के मानव मानते हैं–(1) कुकुर मानव, (2) विलार मानव। इनमें कुकुर मानव बहिर्मुखी और प्रगल्भ, संवेदनशील और संवेदनाओं को प्रदर्शन करने वाला प्राणी होता है। विलारवादी अन्तर्मुखी होते हैं और चिन्ताशील होने के साथ-साथ अपने विचारों की चर्चा कम करते हैं।[130] युंग के इस अन्तर्मुखी तथा बहिर्मुखी विभाजन को मानने के साथ अज्ञेय जी उन्हीं की भाँति संस्कार तथा वंश-परम्परा को महत्त्व देते हैं। इसलिए उनका चिन्तन हर्बर्ट स्पेंसर, डार्विन से होता हुआ फ्रायड, एडलर, युंग तक जाता है। वे लिखते हैं–"यह तो बुर्जुआ विज्ञान का मताग्रह था कि एक जीवन में पाये हुए संस्कार वंश परंपरा में नहीं आ जाते–लायसेन्को ने वह सब बदल दिया है।"[131] ऐसी स्थिति में काव्य की मान्यताओं को समझने के लिए आधुनिक मनोविश्लेषणशास्त्र की गहराइयों को समझना अनिवार्य है।

सृजन-प्रेरणा के कर्म से ईमानदारी भी सम्बद्ध है। इसे ही अनुभूति की प्रामाणिकता या प्रामाणिकता की अनुभूति कहा जाता है। इस अर्थ में आत्मालोचन, आत्मान्वेषण और आत्माभिव्यक्ति भी सृजन-प्रेरणा है। किन्तु बाह्य से ज्यादा यह प्रेरणा आभ्यन्तर की स्थिति है। सृजन-देवता से निवेदन करते हुए वे कहते हैं–"मेरी शक्ति उस तनाव में है। वास्तव में मेरी दुनिया ही उस तनाव में है। क्योंकि उसी में से मैं सृष्टि करता हूँ। हो सकता है कि तुम्हारी सृष्टि से पहले तुम्हारी स्थिति भी तुलनीय रही हो–जब असत् और सत् में, केआस और कास्मास में, तनाव रहा हो, पर उसके बाद से शायद नहीं।"[132] क्योंकि "इन दो उत्तरों के बीच जो तनाव रहता है, वही मुझे लिखने की प्रेरणा देता है। शायद कला मात्र में जो शक्ति सृजन-प्रेरणा बनती है–वह यही तनाव है, जाने हुए उत्तर और दिए जा सकने वाले उत्तर के बीच का तनाव। लेखन इस तनाव का हल या उसे हल करने का प्रयत्न है।"[133] कला-शब्दों का ही अर्थ-गर्भ उपयोग नहीं, वह अर्थ-गर्भ मौन का भी उपयोग है। इसी अर्थ में वह प्रचेतन जीवनी शक्ति (इंस्टिंक्ट आफ सेल्फ प्रिजर्वेशन) है। कला 'अपर्याप्तता' की चीत्कार है, तो वही नयी राहों, नये अन्वेषणों, प्रयोगों, परम्पराओं, बोधों, स्रोतों की नवीन सृजन सम्भावनाओं का उजागर रूप भी है। "चेतन और अवचेतन के बीच जो अवरोध और विपर्यास इस समय दीखता है, और जो आधुनिक मनोविज्ञान के

सहारे क्रमशः स्पष्ट होता गया है, वह शायद उसी के सहारे दूर भी हो जाएँगे। तब इस अन्तर्विरोध की हालत में स्थायित्व लाने के गुरुतर कार्य में हुई हमारी शक्तियाँ, चेतन और अवचेतन के संघर्ष का दमन करने में लगी होने वाली आत्मिक शक्ति का अजस्र भण्डार इस कार्य से युक्त होकर पुनः रचनात्मक कार्य के लिए उपलब्ध होगा।''[134] इस दृष्टि से सृजन-प्रेरणा रहस्य नहीं है, जैसा प्राचीन मानते थे। सृजन-प्रेरणा मूलतः मनोविश्लेषणशास्त्र के सिद्धान्तों से तार्किकता के साथ स्पष्ट की जा सकती है, अज्ञेय इसी दृष्टि के विश्वासी कवि-आलोचक हैं।

काव्य का स्वरूप और नया चिन्तन

काव्य-चिन्तक के रूप में अज्ञेय की अधिकांश धारणाएँ टी. एस. इलियट से प्रभावित हैं। यह भी सच है कि उनकी काव्य-मान्यताओं में निरन्तर विकास एवं परिष्कार हुआ है। इस दृष्टि से यह चिन्तन समस्त नयी कविता का मूल्यवान चिन्तन है। जिस प्रकार विशिष्ट ढंग का काव्य चिन्तन छायावाद के कवि-आलोचकों ने ही किया था और प्राचीन सैद्धान्तिकता में क्रान्ति उत्पन्न की थी, उसी प्रकार नयी कविता का सर्वाधिक क्रान्तिकारी चिन्तन भी नये कविता के कवियों ने ही प्रस्तुत किया है। अज्ञेय और मुक्तिबोध इस चिन्तन के अग्रगणनीय नाम हैं।

अज्ञेय जी काव्य के विषय में मानते हैं—''वास्तव में, काव्य में कवि का व्यक्तित्व नहीं, वह माध्यम प्रकाशित होता है, जिसमें विभिन्न अनुभूतियाँ और भावनाएँ चमत्कारिक योग में युक्त होती हैं। काव्य एक व्यक्तित्व की नहीं, एक माध्यम की अभिव्यक्ति है।''[135] काव्य की इस निर्वैयक्तिक परिभाषा में टी. एस. इलियट की ध्वनि फूट रही है—''कविता भावों का उन्मोचन नहीं है, बल्कि भावों से मुक्ति है, वह व्यक्तित्व की अभिव्यंजना नहीं, बल्कि व्यक्तित्व से मोक्ष है।''[136] इस कथन से स्पष्ट है कि 'नूतनता' कला का प्राण है। ''कवि का कार्य नये अनुभवों की, नये भावों की खोज नहीं है, प्रत्युत पुराने और परिचित भावों के उपकरण से ही ऐसी नूतन अनुभूतियों की सृष्टि करना जो उन भावों से पहले प्राप्त नहीं की जा चुकी है। वह नयी धातुओं का शोधक नहीं है, हमारी जानी हुई धातुओं से ही नया योग ढालने में और उससे नया चमत्कार उत्पन्न करने में उसकी सफलता और महानता है।[137] विश्व का महान् साहित्य इस तथ्य का प्रमाण है कि नवीन योगों में हमारे परिचित भाव ही मिलेंगे। हम यह भी पाएँगे कि महान् रचना का वैशिष्ट्य उसकी व्यक्तिगत अनुभूतियों की 'नूतनता' में नहीं, उसके परस्पर अनुपात और योग के प्रकार की भिन्नता में सृजन-क्रिया की तीव्रता में निहित है। इस सृजन क्रिया में विभिन्न परिचित उपकरणों से नूतन

चमत्कारिक वस्तु का निर्माण चेष्टित नहीं है, वह स्वयं चमत्कारिक है। इसीलिए वे इलियट की भाँति ही कहते हैं कि काव्य में कवि व्यक्तित्व नहीं, वह माध्यम प्रकाशित होता है... ।[138]

अज्ञेय जी मानते हैं कि इसका तात्पर्य यह नहीं है कि कलावस्तु के निर्माण में चेष्टित या आयाससिद्ध कुछ नहीं है। निस्सन्देह कवि-कर्म का बहुत बड़ा अंश चेष्टित है, आयासपूर्वक सिद्ध होने वाला है, किन्तु वह अंश उपर्युक्त क्रिया की तीव्रता से सम्बन्ध नहीं रखता। बल्कि छोटे कवि में दोष यही होता है कि जहाँ परिश्रम आवश्यक है, वहाँ वह प्रतिभा पर निर्भर करता है और जहाँ प्रतिभा का क्षेत्र है, वहाँ वह आयासपूर्वक तीव्रता लाता है।[139] वास्तव में, "अज्ञेय जी का यह कथन भी इलियट का अनुवाद है।"[140] 'परिश्रम' तथा 'प्रतिभा' का सायासक्रम रचना को वैयक्तिक बनाता है और यह निर्वैयक्तिक काव्य के लिए बहुत घातक बात है। इसलिए घूम-फिरकर अज्ञेय जी इलियट की उसी बात की पुष्टि करते हैं कि कविता निजी अनुभूति की मुक्त-अभिव्यक्ति नहीं, वह अनुभूति से मुक्ति है, व्यक्तित्व का प्रकाशन नहीं, व्यक्तित्व से छुटकारा है। किन्तु इस छुटकारे का अर्थ वही ग्रहण करता है जिसके पास अनुभूतियाँ और व्यक्तित्व है। किन्तु काव्य के लिए महत्त्व रखने वाले भावों का अस्तित्व कवि के जीवन या व्यक्तित्व में नहीं, स्वयं काव्य में होता है। सच्ची बात यह है कि "कला के भाव व्यक्तित्व से परे होते हैं, निर्वैयक्तिक होते हैं। और कवि इन निर्वैयक्तिक भावों का ग्रहण और आयासहीन अभिव्यंजना तभी कर सकता है जब वह व्यक्तित्व की परिधि से बाहर निकलकर एक महानतर अस्तित्व के प्रति अपने को समर्पित कर सके।...जब उसकी अभिव्यक्ति केवल उसकी अभिव्यक्ति न हो, जो जी रहा है, बल्कि उसकी भी जो पहले से जीवित है। कवि का जीवन आज में बद्ध नहीं, वह त्रिकालजीवी है।"[141] अज्ञेय जी की यह धारणा भी इलियट की धारणा का सीधा अनुवाद है।[142]

यह अजीब संयोग है कि एक ओर तो अज्ञेय जी इलियट की तमाम मान्यताओं से प्रभावित हैं, दूसरी ओर वे भारतीय काव्य-चिन्तन-परम्परा की भी उपेक्षा नहीं करते हैं। भारतीय आचार्यों ने 'वागर्थ प्रतिपत्ति' को सदैव आदर दिया है। रघुवीर सहाय के संकलन 'सीढ़ियों पर धूप में' की भूमिका में अज्ञेय जी ने लिखा है—"काव्य के जो भी गुण बताए जाते या बताए जा सकते हैं, अन्ततोगत्वा भाषा के ही गुण हैं।"[143] इसी बात को उन्होंने 'तारसप्तक' के हिं. सं. के कवि-वक्तव्य 'पुनश्च' में इस प्रकार कहा है—"काव्य सबसे पहले शब्द है। और सबसे अन्त में भी यही बात बच जाती है कि काव्य शब्द है। सारे कवि-धर्म इसी परिभाषा से निःसृत होते हैं। शब्द का ज्ञान, शब्द की अर्थवत्ता

की सही पकड़ ही कृतिकार को कृती बनाती है। ध्वनि, लय, छन्द आदि सभी प्रश्न इसी में से निकलते हैं और इसी में विलय होते हैं। इतना ही नहीं, सारे सामाजिक सन्दर्भ भी यहीं से निकलते हैं... ।''[144] शब्द की इसी महत्ता को समझते हुए आचार्य शुक्ल ने भारतीय काव्य लक्षणों का निचोड़ प्रस्तुत करते हुए कहा था—''हृदय की इसी मुक्ति की साधना के लिए मनुष्य की वाणी जो शब्द विधान करती आई है, उसे कविता कहते हैं।''[145] शब्द की इस साधना को वे भावयोग कहते हैं। वे काव्य में 'चमत्कार' को महत्त्व देने पर भी कोरे चमत्कारवाद का खण्डन करते हैं। भारतीय आचार्यों ने रस को लोकोत्तर चमत्कार प्राण माना है। अर्थात् रस की परिणति चमत्कार-प्राणता में होती है। उस चमत्कृति में ही काव्य की लोक-भिन्नता का भाव है। संस्कृत आचार्यों ने रस को लोकोत्तर-चमत्कार-प्राण कहते हुए, लोकोत्तर का प्रयोग चमत्कार के विशेषण रूप में दिया एवं चमत्कार का प्रयोग 'सौन्दर्यानुभूति' के अर्थ में किया। अतः चमत्कार ही रस-चर्वणा है।[146] पण्डितराज तक आते-आते लोकोत्तर का प्रयोग चमत्कार के पर्याय रूप में होने लगा था।[147] अद्भुत होने के लिए लोक-विलक्षणता अनिवार्य है। अर्थात् सौन्दर्य का चमत्कारित्व के साथ अभिन्न सम्बन्ध है। इस अर्थ में सुन्दर वही है जो चमत्कृत करे। काव्यास्वाद के लिए 'चमत्कार' शब्द शायद दर्शन से आया है। प्रो. सुरेन्द्रनाथ दासगुप्त के अनुसार—'चमत्कार' तो 'सेल्फ फ्लेशिंग आव थाट' का पर्याय है।[148] इस दृष्टि से संस्कृत आचार्यों ने काव्य के साथ 'चमत्कार' शब्द का प्रयोग 'सौन्दर्यास्वाद' के पर्याय रूप में किया है।

अज्ञेय जी इस भारतीय काव्य-चमत्कार-दृष्टि को ठीक से ग्रहण करते हैं। वे शब्द और अर्थ के सम्बन्ध पर सोचते ही संकेत देते हैं कि शब्द में अर्थ कहाँ से आता है, क्यों और कैसे बदलता है, अधिक या कम व्याप्ति पाता है। वे 'गुलाबी' शब्द के उदाहरण से कहते हैं कि कभी इसमें 'चमत्कार' रहा होगा, किन्तु निरन्तर प्रयुक्त होने से वह चमत्कार मर गया है। काव्य-भाषा में इसी प्रक्रिया से 'चमत्कार' मरता रहता है और चमत्कारिक अर्थ अभिधेय बनता रहता है। यों कहें कि कविता की भाषा निरन्तर गद्य की भाषा होती रहती है। इस प्रकार कवि के सामने हमेशा चमत्कार की सृष्टि की समस्या बनी रहती है—वह शब्दों को निरन्तर नया संस्कार देता चलता है और वे संस्कार क्रमशः सार्वजनिक मानस में पैठकर फिर ऐसे हो जाते हैं कि उस रूप में कवि के काम के नहीं रहते। ''वासन अधिक घिसने से मुलम्मा छूट जाता है।''[149] उसी बात को कालिदास ने 'वाक् और अर्थ' की प्रतिपत्ति की प्रार्थना से समझा है। अभिधेय की प्रार्थना वह नहीं करता। ''जब चमत्कारिक अर्थ भर जाता है और अभिधेय बन जाता है तब उस शब्द की रागोत्तेजक शक्ति भी क्षीण हो जाती

है। उस अर्थ से रागात्मक सम्बन्ध नहीं स्थापित होता। कवि तब उस अर्थ की प्रतिपत्ति करता है जिससे पुनः राग का संचार हो, पुनः रागात्मक सम्बन्ध स्थापित हो।"[150] इस कठिन कवि-कर्म में नया कवि दायित्व-बोध से प्रवृत्त होता है। वह प्रयास करता है कि "कवि नये तथ्यों को उनके साथ नये रागात्मक सम्बन्ध जोड़कर नये सत्यों का रूप दे, उन नये सत्यों को प्रेष्य बनाकर उनका साधारणीकरण करे, यही नयी रचना है। इसे नयी कविता का कवि नहीं भूलता।"[151] वह ऊपर से बहुत कुछ जोड़कर कविता को ही कवि का परम वक्तव्य मानते हैं। ऐसी स्थिति में कविता के स्पष्टीकरण में कवि को कुछ गद्य में कहना पड़े तो यह उसके कवि-कर्म की पराजय है। क्योंकि "कवि का काव्य ही उसकी आत्मा का सत्य है। और यह सत्य 'व्यक्ति सत्य' न होकर 'व्यापक सत्य' है। जितना ही वह इस 'व्यापक सत्य' को विशाल बनाता है, कवि बड़ा बनता है। इसी अर्थ में 'अपारे काव्य संसारे कविरेव प्रजापति' की चर्चा होती है। इसी बात को 'कविर्मनीषी परिभूः स्वयभू' के सम्बन्ध से कहा गया है तथा शब्द को ब्रह्म तथा वाक्-शक्ति को संसार की उत्पत्ति का कारण। रस-निष्पत्ति, रस और ध्वनि सिद्धान्त की परम्परा से गहराई से परिचित अज्ञेय जी कहते हैं—"बड़ा कवि वाक्-सिद्ध होता था और भी बड़ा कवि रस-सिद्ध होता था।"[152] इस कथन से स्पष्ट है कि रसवादी आलोचकों से आगे बढ़कर अज्ञेय जी काव्य पर नये ढंग से सोचते हैं। यथा—

(1) सुनो कवि! भावनाएँ नहीं हैं सोता
भावनाएँ खाद हैं केवल
जरा उनको दबा रखो।

× × ×

अँधेरी तहों की पुट में पिघलने और फटने दो
रिसने और रचने दो
कि उनका सार बनकर चेतना की धरा को कुछ उर्वर कर दें
भावनाएँ तभी फलती हैं कि उनसे लोक के
कल्याण का अंकुर कहीं फूटे।[153]

(2) मैं कवि
द्रष्टा, उन्मेष्टा
सन्धाता
अर्थवाह

मैं कृतव्यय।
मैं सच लिखता हूँ
लिख लिखकर सब
झूठा करता जाता हूँ।[154]

(3) तू काव्य
सदा वेष्टित यथार्थ
चिर तनित
भारहीन, गुरु
अव्यय
तू छलता है
पर हर छल में
तू और विशद, अभ्रान्त
अनूठा होता जाता है।[155]

एक समय था, जब काव्य छोटे समाज की वस्तु थी, आज वह बहुत बड़े क्षेत्र में फैल गया है। लगातार जटिल होते हुए जीवन का प्रभाव कवि-कर्म पर भी पड़ा है। जीवन की जटिलता ने काव्य-संवेदनाओं की जटिलता उत्पन्न की है। जीवन की बढ़ती हुई 'जटिलता' के दबाव से काव्य की 'व्यापकता' का घेरा संकुचित होना चाहता है। आज के काव्य-पाठक की जीवन-परिपाटियाँ, विचार-संयोजनाओं में घोर वैषम्य पाया जाता है। यह आज के कवि की सर्वाधिक बड़ी समस्या है। अन्य समस्याएँ भी हैं—काव्य विषय, सामाजिक उत्तरदायित्व, संवेदना के पुनः संस्कार आदि। यह तो कवि-कर्म की ही मौलिक समस्या है, 'साधारणीकरण और निवेदन (कम्युनिकेशन) की समस्या है।'[156] पश्चिम में इस समस्या को लेकर आई. ए. रिचर्ड्स, ह्यूम, टी. एस. इलियट, एज़रा पाउण्ड तथा एफ. आर. लीविस बड़े चिन्तित रहे हैं। रिचर्ड्स ने 'सम्प्रेषण समस्या' पर 'प्रिंसिपुल्स' के चतुर्थ अध्याय में विस्तृत विचार किया है। वे सम्प्रेषण के इस गुण को कला में अवचेतन व्यापार की प्रक्रिया से जोड़ते हैं। क्योंकि अवचेतन क्रियाओं का महत्त्व कला सृजन प्रक्रिया में कम महत्त्वपूर्ण नहीं है। कलाकार निर्वैयक्तिकता के लिए लगातार संघर्ष करता है और वैयक्तिक अभिरुचियों का नया संस्कार। इसीलिए सम्प्रेषण का वास्तविक अर्थ अनुभूतियों का वास्तविक स्थानान्तरण या संक्रमण है।[157] हमारे यहाँ रस-निष्पत्ति एवं साधारणीकरण में जैसे एकात्मवाद को आधार बनाया गया है, वैसे ही सम्प्रेषण सम्बन्धी मान्यताओं में रिचर्ड्स भी मन के धरातल पर ऐकात्म्य को स्वीकृति देते हैं।

सम्प्रेषण ही काव्य में प्रयोगशीलता को प्रेरित करने वाली शक्ति है। कवि

अनुभव करता है कि भाषा का पुराना व्यापकत्व उसमें नहीं है—शब्दों के साधारण अर्थ से बड़ा अर्थ वह भरना चाहता है एवं उस बड़े अर्थ को पाठक में उतारने का वह साधन अपर्याप्त पाता है। 'प्रयोग' सभी कालों में हुए हैं, आज का कवि 'प्रयोग' से आगे 'अन्वेषण' करना चाहता है। "जो व्यक्ति का अनुभूत है, उसे समष्टि तक कैसे उसकी पूर्णता में पहुँचाया जाये—यही पहली समस्या है, जो प्रयोगशीलता को ललकारती है।"[158] जीवन की जटिलता को व्यक्त करनेवाली कवि की भाषा का गूढ़ अलौकिक अथक दीक्षा द्वारा गम्य (इरोटिक) हो जाना अनिवार्य है। किन्तु यह कवि की शक्ति नहीं, विवशता है।[159]

काव्य और चेतना का संस्कार

सृष्टि में मानव अकेला बुद्धि-प्रधान जीव है। सभ्यता के विकास के साथ-साथ मानव ने वशीकृत जड़ पदार्थ की शक्ति को पाया है। आज के सत्ता-युग में मानव के पास सत्ता पैसे की है, धातु की है, यन्त्र की है, आर्थिक संगठन की है। दो विचार परिपाटियों में बड़ा संघर्ष है : जनतन्त्रवाद और अधिनायकवाद का भीषण संघर्ष। गहराई से देखने पर यह दो शक्तियों का संघर्ष नहीं, एक ही शक्ति के अनिवार्य अन्तर्विरोध का संघर्ष एवं विस्फोट है। इस विषम युग में बुद्धि अकेली पड़ती गई तथा अपर्याप्त लगने लगी। मानव ने यान्त्रिक आविष्कारों की सहायता से शारीरिक शक्ति का विराट् विस्तार किया है। गणक-यन्त्र आज मानव के मस्तिष्क हैं। सत्ता से हमारी शक्ति रचना और विनाश दोनों क्षेत्रों में जुड़ी है। किन्तु दुःखद यह रहा कि शक्ति वृद्धि के साथ विवेक वृद्धि नहीं हुई। यही विसंगति आज की सभ्यता का मौलिक लक्षण है। भौतिक विकास के साथ ही आध्यात्मिक ह्रास होता गया है। भौतिकता पर पकड़ जितनी गहरी होती गई, आत्मा की पकड़ उतनी ही दुर्बल होती गई। धर्म का महत्त्व ही घट गया, नैतिकता की चेतना क्षीण हो गई। एक प्रकार का भोगवाद मानव मन पर छाता गया है।[160] तात्कालिक कर्म, तात्कालिक सिद्धि, तात्कालिक सफलता ही प्रत्येक कार्य की कसौटी बन गई है। इसी लक्ष्य से आधुनिक हिन्दी काव्य में बड़े वेग के साथ जो भोगवादी लहर आई और उतने ही वेग के साथ स्खलित और खण्डिता होकर एक विक्षोभ और अपर्याप्तता में परिणत हो गई। इस स्थिति की विषमता के कारण ही विचारक वेल्स ने कहा है कि आधुनिक सभ्यता का बड़ा दोष यही है कि उसने युवक-युवतियों को प्रतिभा-विस्तार के क्षेत्र नहीं दिए हैं। "आधुनिक मनस्तत्त्ववेत्ताओं ने बार-बार सभ्यता की इस अक्षमता और अपर्याप्तता का उल्लेख किया है।"[161]

जीवनगत वैषम्य ने विफलता और असन्तोष को जन्म दिया है। अज्ञेय जी मानते हैं कि इनके भीतर-बाहर से दो प्रवृत्तियाँ प्रगट होती हैं और जिनकी

रचनात्मक सम्भावनाओं को नकारा नहीं जा सकता।[162] प्रथम तो ज्ञान और विवेक की विषमता का अनुभव दूसरी शिक्षित संस्कृत व्यक्तियों को सन्तुष्ट करने वाली धार्मिक रूढ़ि की कमी एवं इसी शून्य से उत्पन्न असन्तोष तथा आन्तरिक आक्रोश। इन प्रवृत्तियों की चुनौती ही प्रेरित करती है कि वह नये जीवन उद्देश्यों की खोज करें। जीवन की विसंगति यही है कि उसने नये साधनों के विकास में साध्य को भुला दिया। "अभी तक मानव के कार्यों की भौतिक प्रेरणाएँ स्वार्थ तथा अहंकार से अनुप्राणित रही हैं। इसीलिए अभी तक मानवीय चेतना के लिए सत्ता का सम्पत्ति और सुख का आकर्षण सब से तीव्र रहा है।"[163] इस स्थिति में सुधार तभी सम्भव है, जब कर्म नये प्रकार की प्रेरणा द्वारा अनुप्राणित हों। आगे बढ़ने के लिए मानवीय चेतना को परिष्कृत करना, उसे नया संस्कार देना अनिवार्य है।

अभी तक का जीवन विकास दो युगों में विभक्त किया जा सकता है– (1) शारीरिक विकास का युग, (2) नवीन आविष्कारों का युग। यह दूसरा युग भी ह्रास के लक्षण लिए है, विज्ञान विशेषीकरण की ओर बढ़ रहा है, समन्वय सामंजस्य को नकार रहा है। ये सभी संकेत युग-परिवर्तन की सूचना देते हैं। विकास क्रमागत होता है, यह सूचना विचारक डार्विन दे चुके हैं। विकास की गति में क्रमागत के साथ अनियमित परिवर्तन भी होता है, जिसे दिशा-परिवर्तन (न्यूटेशन) कहा जा सकता है। ऐसी स्थिति में मानव को नवीन शक्ति, नवीन संवेदना प्राप्त करनी होगी। यह समस्या जितनी स्पष्ट है, उतना निराकरण सहज नहीं है। किन्तु चेतना के संस्कार का लाभ यह होगा–"हमारे चेतन और अवचेतन मतों के अवरोध मिट जाएँगे। चेतन और अवचेतन के बीच जो विरोध और विपर्यास इस समय दीखता है और आधुनिक मनोविज्ञान के सहारे क्रमशः स्पष्टतर हो गया है, वह शायद उसी के सहारे दूर भी हो जाएगा।"[164] दमन कर्म से मुक्त होकर चेतना पुनः रचनात्मक कार्य में प्रवृत्त हो जाएगी। "हम काम-वासना के चंगुल से निकल जाएँगे।" और वेदना की अनुभूति से ऊपर उठकर मानवीय सम्बन्धों के लिए अहिंसात्मक आधार खोज सकेंगे। चेतना का पुनःसंस्कार हो सकेगा। क्योंकि अब तक चेतना द्वारा जो ज्ञात हुआ है, संस्कृति उसी का तत्व भाग है। ऐसी स्थिति में चेतना का विकास संस्कृति का विकास है जो 'नवीन सृजनात्मक सम्भावना' में व्यक्त होता है। समग्रतः अज्ञेय जी के इन विचारों में विकासवाद, नव्य रहस्यवाद तथा मनोविश्लेषणशास्त्र का गहरा सम्पर्क है।

काव्य में संस्कृति और परिस्थिति

अज्ञेय जी साहित्य के प्रश्न को मात्र साहित्य या साहित्यालोचन के घेरे में रखना

संगत नहीं मानते। वे साहित्य को एक 'सांस्कृतिक विभूति' मानते हैं तथा उसी रूप में उसे प्रतिष्ठित करना चाहते हैं। साहित्य, साहित्य की शिक्षा—अन्ततोगत्वा एक स्थानापन्न महत्त्व रखती है। प्राचीन सामाजिक संगठन के छिन्न-भिन्न होने से उसकी सजीव सांस्कृतिक परम्परा दम तोड़ रही है। जीवन से लोक-नृत्य, लोकगीत, फूस के छप्पर आदि निकले जा रहे हैं। आज जीवन केवल देहाती से शहरी ही नहीं हुआ, "जीवन का ढंग ही नहीं बदला, जीवन ही बदला है। अब समाज न देहाती रहा है न शहरी, अब उसका संगठन ही नष्ट हो गया है।"[165] यन्त्रयुग की निर्ममता जीवन की प्राचीन परिपाटी को ही पलटे दे रही है। डी. एच. लारेन्स के चिन्तन से प्रभावित होकर अज्ञेय जी ने भी सोचा है—"The industrial England Blots out the Agriculture England one meaning blots our another. The New England blots out the old England. And the continuity is not organic but mechanical."

अज्ञेय जी भी मानते हैं कि प्राचीन व्यवस्था के टूटने का कारण मशीन है। मशीनी श्रम का अर्थ है—निरर्थक यान्त्रिक क्रिया की बुद्धिहीन आवृत्ति, जिसे श्रमजीवी परिवार-पोषण के लिए जीवन भर करता है। आज का श्रम-जीवन अकेली अर्थहीन यान्त्रिक क्रिया तथा सीमित है। अतः यन्त्रयुग को अज्ञेय जी का सुझाव है कि मार्क्सवाद की भाँति केवल आर्थिक क्रिया के रूप में ही न देखे, क्योंकि प्रश्न आर्थिक से बढ़कर सांस्कृतिक है। मशीन से मानव का रोजगार ही नहीं मारा जाता, उससे मानव का एक रूप मर जाता है। उसकी संस्कृति पिसती है। यन्त्रयुग की समस्या 'प्राब्लम्ज आफ लेजर' कही जाती है। यह नहीं कि पुराने जमाने में अवकाश नहीं था किन्तु सुस्ताना भी जीवन का उपांग (बाई प्राडक्ट) था। वह जीवन का ध्येय नहीं था। आज का जीवन दो क्रियाओं में विभक्त हो गया है—(1) श्रम—जो यांत्रिक तथा तोष शून्य है। (2) अवकाश—जो श्रम की अवस्था की क्षति पूर्ति है। ऐसी स्थिति में साहित्य को कोई स्थान मिला है तो दूसरी अपेक्षा ही शेष है। आधुनिकता का पुजारी मनोविश्लेषक कहता है—"जीवन में अपने परिश्रम में सफलता का सन्तोष न पाकर, हताश लोग गल्प साहित्य में सांत्वना खोजते हैं, उपन्यास की नायक-नायिका की स्थिति में अपने को डालकर वे एक अल्पकालिक तथा भ्रामक तृप्ति पाते हैं।" अर्थात् जीवन की कमी उसकी छाया से पूरी करते हैं। यही बात एडलर ने क्षतिपूरक सिद्धान्त में कही है। एडलर यह भी मानते हैं कि जिन लोगों को जीवन में अनुभूति की गहराई—विशालता, सूक्ष्मता के लिए स्थान नहीं है, उनका यह छाया जीवन भी छिछला तथा कच्चा हो सकता है। जब काम जीवन को पुष्ट नहीं करता, तो व्यक्ति छाया जीवन में ही तृप्ति खोजता है। यह क्षतिपूर्ति धीरे-धीरे नशे का रूप ले लेती है। दुर्भाग्य यह है कि आज केवल शब्द ही सस्ता नहीं हुआ,

उसके प्रयोगी का मानसिक जीवन भी सस्ता हुआ है। जीवन विज्ञापन की नींव पर खड़ा ही नहीं है। विज्ञापन बन गया है। यह विज्ञापनबाजी साहित्य को भी सस्ता-घटिया बनाती है। "संस्कृति का मूल आधार भाषा है, और भाषा का चरम उत्कर्ष साहित्य में प्रगट होता है। अतः साहित्य का पतन संस्कृति का और अन्ततः जीवन का पतन है। मशीनी युग हमारे जीवन को सस्ता, घटिया और अर्थहीन बना रहा है।"[166] साहित्य का काम मात्र प्रतिभा की क्रान्ति से नहीं चलता, उसका एक खास स्तर बनाये रखने के लिए साहित्य-सेवी तथा विदग्ध पाठक भी अपेक्षित होते हैं। इसलिए हमारा उद्धार मशीन से नहीं, संस्कृति की रक्षा से होगा। काव्य के लय और सौन्दर्य में डूबने के लिए मानसिक शिक्षण अनिवार्य हैं। क्योंकि स्वस्थ संस्कृति से ही हम स्वस्थ साहित्य की आशा कर सकते हैं। अज्ञेय जी के उपरोक्त विचारों पर डेनिस टामस तथा एफ. आर. लीविस का गहरा प्रभाव है।[167]

रूढ़ि और मौलिकता

'परम्परा तथा मौलिकता' सम्बन्धी अज्ञेय जी के विचारों पर टी. एस. इलियट के निबन्ध 'ट्रेडीशन एण्ड इण्डिविजुअल टेलेण्ट'[168] का गहरा प्रभाव है। अज्ञेय जी ने प्रायः सम्पूर्ण सैद्धान्तिक दृष्टि वहीं से ग्रहण की है। अज्ञेय जी मानते हैं कि आधुनिक आलोचना तथा साहित्य में यह प्रवृत्ति बल पकड़ रही है कि 'रूढ़ि' का तिरस्कार किया जाय। 'प्रगति' की चर्चा में रूढ़ियाँ 'खलनायक' का स्थान लेती हैं। रूढ़ियों के तिरस्कार का भाव इतना बढ़ गया है कि हम किसी भी आधुनिक लेखक की समकालीनता अथवा 'आधुनिकता' का मूल्यांकन इस कसौटी पर करने लगे हैं कि वह किस हद तक रूढ़ियों को मानता या तोड़ता है। स्वयं अज्ञेय जी रूढ़ि-विरोधी तथा 'मर्यादित विद्रोही' माने जाते हैं। हिन्दी साहित्य की असाध्य-वीणा को बजाने वाले वे ही प्रियंवद हैं। वे ही बड़े 'राहों के अन्वेषी' हैं।

आजकल विश्व भर की साहित्य-समीक्षा में लेखक अथवा कवि की कृतियों को 'मौलिक' 'व्यक्तिगत' या विशेष गुणों पर जोर देने की परिपाटी चल पड़ी है। वस्तुतः इस परिपाटी को रोमाण्टिक सिद्धान्तों ने बल दिया है। इसी रोमाण्टिक धारणा के विपरीत टी. एस. इलियट ने अपना दृष्टिकोण प्रस्तुत किया था। इलियट रचना का गौरव 'व्यक्तिगत' से निर्वैयक्तिक (इम्प्रेशनल) हो जाने में ही मानते हैं। उनका यह चिन्तन भारतीय रस निष्पत्ति और साधारणीकरण सिद्धान्त के भी पर्याप्त समीप पड़ता है। इलियट ने ह्यूम के प्रभाव से पश्चिम में 'परम्परा' को नया अर्थ दिया है। उसी दृष्टि से प्रभावित अज्ञेय जी लिखते हैं—"कभी-कभी साहित्यकार का गौरव, उसकी रचना का महत्त्व, उस बात में

भी हो सकता है कि उसमें साहित्यकार के पूर्ववृत्तियों की लम्बी परम्परा, उसके साहित्य की रूढ़ि, पुनः जी रही और मुखर हो रही है।''[169] वे इस बात को बड़े दायित्व से उठाते हैं कि ''क्या परम्परा को निबाहना, गई हुई पीढ़ियों की रीतियों और असफलताओं के अन्धानुकरण का ही नाम है ? रूढ़ि क्या है ? परम्परा का साहित्य में क्या स्थान है और साहित्यकार के लिए क्या मोल ?''[170] इस सन्दर्भ में अज्ञेय जी का निवेदन (जैसा इलियट ने भी किया है) है कि रूढ़ि की रूढ़िग्रस्त परिभाषा छोड़नी होगी तथा उसका नया और व्यापक अर्थ ग्रहण करना होगा। ''सबसे पहले तो यह समझना होगा कि रूढ़ि अथवा परम्परा कोई बनी-बनाई चीज़ नहीं है जिसे साहित्यकार ज्यों का त्यों पा या छोड़ सकता है, मिट्टी के लोंदे की तरह अपना या फेंक सकता है। हमें यह किंचित् विस्मयकारी तथ्य स्वीकार करना होगा कि परम्परा स्वयं लेखक पर हावी नहीं होती, बल्कि लेखक चाहे तो उसे परिश्रम से प्राप्त कर सकता है, लेखक की साधना से ही रूढ़ि बनती है और मिलती है।''[171] इस दृष्टि में इलियट के कथनों की सीधी झंकार है।[172]

रूढ़ि और परम्परा, परम्परा के प्रति जागरूकता कैसे प्राप्त हो सकती है और किस प्रकार साहित्यकार के मानस को, उसके कार्य के मूल्य को, प्रभावित करती है ? वे इसका उत्तर देते हैं—''इस जागरूकता का मुख्य उपकरण है—एक ऐतिहासिक चेतना—अर्थात् जो कालानुक्रम में बीत गया है,...उसके बीतेपन की नहीं, उसकी वर्तमानता की भी तीखी और चिरजाग्रत अनुभूति। साहित्यकार के लिए आवश्यक है साहित्य में और जीवन में 'असीत्' का और 'अस्ति' क़ा, जो 'अचिर' हो गया है उसका और जो 'चिर' है, उसका और इन दोनों की परस्परता, अन्योन्याश्रयता का ज्ञान उसमें बना रहे।''[173] अज्ञेय जी जैसे हिन्दी लेखक के लिए परम्परा की 'ऐतिहासिक चेतना' की बात करते हैं, वैसे ही बात इलियट भी करते रहे हैं।[174] साहित्यकार यह अनुभव करता है कि अतीत उसी का नाम है जो पहले से वर्तमान है, जबकि आज जो है वह वर्तमान होना आरम्भ हुआ है। अतीत और वर्तमान के इस दुहरे अस्तित्व की, उनकी पृथक् वर्तमानता और उसकी एकसूत्रता की, निरन्तर अनुभूति ही ऐतिहासिक चेतना है, और इस चेतना का अनवरत स्पन्दनशील विकास ही परम्परा का ज्ञान। ज्ञान प्रवहमानता के ऐसे ज्ञान के बिना साहित्यकार इस प्रवाह में अपना स्थान नहीं मान सकता। आज हम निराला या प्रसाद जी का मूल्यांकन परम्परा की ऐतिहासिक चेतना से कटकर नहीं कर सकते। फलतः अज्ञेय जी, परम्परा का यह अन्वेषण ऐतिहासिक विवेचन के लिए ही नहीं, कलात्मक विवेचन के लिए भी अपेक्षित मानते हैं। कोई भी कलावस्तु चाहे कितनी ही नयी क्यों न हो, अपने आप 'घटित

हो गई' नहीं होती। वह अपने पूर्ववर्ती तमाम कलावस्तुओं की परम्परा के साथ घटित हुई है। जितनी ही वह नयी है उतनी ही महत्त्वपूर्ण घटना कलावस्तु की परम्परा में हुई है। यह मानना पड़ता है कि प्रत्येक नवीन रचना के आते ही, पूर्ववर्ती परम्परा के साथ उसके सम्बन्ध, उसके परस्पर अनुपात और सापेक्ष्य मूल्य अथवा महत्त्व का फिर से अंकन हो जाता है। इस दृष्टि से 'प्राचीन' और 'नवीन', 'रूढ़' और 'मौलिक', 'परम्परा' और 'प्रतिभा' में एक नया तारतम्य स्थापित हो जाता है। नया साहित्यकार अतीत द्वारा, रूढ़ि द्वारा उतना ही नियमित होता है जितना वह स्वयं उसे परिवर्तित परिष्कृत करता है।[175]

परम्परा का यह ज्ञान साहित्यकार के दायित्व को भी बढ़ा देता है। नये लेखक की आलोचना पूर्ववर्तियों से अच्छा या बुरा कहकर नहीं की जा सकती। न ही आधुनिक साहित्य का मूल्यांकन पूर्ववर्ती मानदण्डों से किया जा सकता है। अतीत का अन्धानुकरण साहित्य में काम्य नहीं है। अतीत द्वारा सीखे जाने का इतना ही अर्थ है कि रचना उसके साथ एक तारतम्य स्थापित कर सके। एक सूत्र हो सके। उसमें परम्परा की प्रवहमानता स्पन्दित हो। जब तक ऐसा नहीं होता, नयी रचना के साथ कला की परम्परा का सम्बन्ध भी नहीं बनता। वह रचना अलग, खण्डित असम्बद्ध इकाई के रूप में रहती है।[176] बिना एक जीवित परम्परा के जीवित रूढ़ि के कला का अस्तित्व टिक नहीं सकता। अतः कोई भी कलाकार न तो परम्परा को पोटली की तरह बाँधकर चल सकता है, न सत्तू की तरह उसे निगल सकता है। कलाकार को साहित्य की प्रमुख प्रवृत्ति तथा साहित्यिक परम्परा की निरन्तर विकासशील प्रवहमानता से परिचित होना ही पड़ता है।[177] इसी अर्थ में वह प्रसाद जी के लिए कालिदास या तुलसीदास को छोड़ नहीं सकता। कलाकार को समझना होगा कि कला की सामग्री युग-परिवर्तन से बदलती है, कला नहीं बदलती है। वर्तमान में रहने वाले साहित्यकार के लिए परम्परा का महत्त्व किसी भी स्थिति में कम नहीं है। क्योंकि ऐतिहासिक जागरूकता ही सांस्कृतिक बोध को विकसित करती है जिसके बिना कोई कलाकार, कलाकार कहलाने का अधिकारी नहीं हो सकता। कलाकार में सांस्कृतिक चेतना सायास से भी ज्यादा आयास रूप से आनी चाहिए। वही ऐतिहासिक चेतना की सहज स्फुरण-शक्ति होती है। अज्ञेय जी मानते हैं कि स्वयं प्रसाद जी में यह सांस्कृतिक चेतना गहन-अध्ययन से जाग्रत हुई थी। कलाकार पण्डित हो यह आग्रह अज्ञेय जी का नहीं है। आग्रह इतना ही है कि कलाकार में अतीत की चेतना होनी चाहिए और आजीवन उसे विकसित और पुष्ट करने का प्रयत्न करना चाहिए। ऐतिहासिक चेतना के सहारे ही उसे जानना चाहिए कि व्यक्तित्व का उत्सर्ग उसका विनाश नहीं है, क्योंकि उसके द्वारा वह

उस परम्परा को विकसित कर रहा है जिस पर वह न्यौछावर है। समग्रतः ये 'रूढ़ि और मौलिकता' सम्बन्धी अज्ञेय की मान्यताएँ टी.एस. इलियट का भावानुवादभर हैं।

पुराण और संस्कृति

प्राचीन साहित्य और पुराणों के प्रति अध्ययन की सजगता का सूत्रपात विदेशी संस्कृति के गहन सम्पर्क का परिणाम है। संसार के अन्य देशों की भाँति हमारे देश के परम्परागत सांस्कृतिक वातावरण में भी किसी बाहरी शक्ति के प्रवेश के कारण हलचल उत्पन्न हुई है। इस हलचल ने नवीन सांस्कृतिक जागृति को जन्म दिया है। पश्चिम के सम्पर्क का प्रभाव यह हुआ कि हमने सांस्कृतिक रक्षा का भाव विकसित किया है। आधुनिक नवजागरण के काल में प्राच्य ने ही पाश्चात्य से लिया हो, ऐसी बात नहीं है। प्राच्य ने भी पाश्चात्य को बहुत कुछ दिया है। जिस समय पाश्चात्य सभ्यता एवं संस्कृति से हमारा सम्पर्क हुआ, उस समय प्राच्य भी उससे कम संस्कृत नहीं था। हम अंग्रेज और फ्रांसीसी दोनों सभ्यता-संस्कृति का उत्कर्ष देख चुके थे। ऐसे भी भारतीय हैं और रहे होंगे, जिन्होंने पाश्चात्य संस्कृति को सतही ढंग से मात्र एक स्नावरी के लिए अपनाया है।

किसी भी देश के सांस्कृतिक जीवन में देवगाथाओं अथवा पुराण गाथाओं का क्या महत्त्व है ? यह जानकारी हमें पश्चिम से मिली है। पिछली सदी के धार्मिक सुधारवादी आन्दोलन के भारतीय, पुराणों को गर्हित वस्तु समझते थे और ऐसे अनेक हिन्दू भी थे जो पुराणों की छाया तक से बच्चों को बचाने का प्रयास करते थे। आश्चर्यजनक तथ्य यही है कि जिन घरों में रामायण-महाभारत का आदर नहीं था, वहाँ ग्रीक तथा रोमन पुराण गाथाएँ वर्जित नहीं मानी गईं। किन्तु जब मैक्समूलर ने कहा कि होमर का काव्य जिन अविकसित और जर्जरित पुराण-गाथाओं पर आश्रित है, उन्हीं का शुद्ध मूल रूप वैदिक गाथाओं में मिलता है। वैदिक कार्यों के इस शुद्ध जीवन का रूप पुराणों में संचित है। अज्ञेय जी सांस्कृतिक दृष्टि से पुराणों को बहुत महत्त्व देते हैं—"...शिक्षित व्यक्तियों में प्रायः पुराणों के सम्बन्ध में एक अश्रद्धा और जुगुप्सा का भाव आ गया है। मानो वे उस पृष्ठभूमि के लिए लज्जित है, जिस पर उनका जीवन पनपा और विकसित हुआ है। यह दृष्टिकोण मेरी समझ में न केवल अवांछनीय है, बल्कि अहितकर भी है।"[178] ग्रीक दार्शनिकों ने ग्रीक पुराणों का नया मूल्यांकन किया, वे धार्मिक रूढ़ियों की भौतिक एवं ऐतिहासिक व्याख्या करते रहे हैं। उन्होंने पाया कि पुराणों के चरित्र प्रायः प्राकृतिक क्रियाओं के काव्यमय मानवीकृत

प्रतिचित्र थे। इसीलिए ग्रीक पुराण की देन को यूरोप का प्रत्येक साहित्यिक कृतज्ञता के साथ आज भी स्वीकार करता है। अज्ञेय जी की धारणा है कि आज के भारतीयों को यूरोप के इस दृष्टिकोण को औचित्य के साथ स्वीकार करना चाहिए। इसके माध्यम से हम "पुरातत्त्व, नृतत्त्व, समाजशास्त्र और मनोविश्लेषण के नये आविष्कारों से भी लाभ उठा सकते हैं।"[179] आधुनिक मनोविश्लेषणशास्त्री युंग ने 'सामूहिक अवचेतन सिद्धान्त' तथा काव्य-सृजन में पुराणों, देवकथाओं या मिथकों को विशिष्ट रूप से महत्त्व दिया है तथा इन्हें 'आद्य बिम्ब' से जोड़ा है।[180] युंग के विचारों से प्रभावित अज्ञेय जी लिखते हैं—"... किसी भी देश के जीवन के गहनतम रहस्य तक पहुँचने के लिए उसका पुराण साहित्य ही सबसे अच्छी कुंजी है, कि उसी में समष्टिगत आदर्शों और जातिगत आकांक्षाओं में वे स्वप्नचित्र मिल सकते हैं जिनका कि विभिन्न व्यक्ति अपनी-अपनी रुचि, दीक्षा-योग्यता और संस्कारों के आधार पर परिष्कार करते हैं। पुराण ही वह सांस्कृतिक इकाई है, जिसमें जीवन की बहुरूपता प्रस्फुटित हुई है।"[181] 'मिथ' के महत्त्व को दुहराते हुए रेने वेलेक ने लिखा है कि 'मिथ' जो आधुनिक आलोचकों का प्रिय शब्द है अर्थ के एक महत्त्वपूर्ण क्षेत्र की ओर संकेत करता है जिसके अन्तर्गत धर्म, लोक साहित्य, मानव-विज्ञान, समाज-विज्ञान, मनोविश्लेषण तथा ललित कलाएँ सब आ जाते हैं। इस प्रकार मिथ पाश्चात्य जगत् में काव्य-सिद्धान्त का एक अनिवार्य अंग रहा है। इसी दृष्टि के ग्रहण ने अज्ञेय जी को इधर प्रवृत्त भी किया है।[182]

साधारणीकरण और निर्वैयक्तिकता का सिद्धान्त

कवि, पाठक के समक्ष जिस अनुभूति का प्रस्तुतीकरण करता है, वह कलानुभव होता हुआ भी जीवनानुभव से थोड़ा भिन्न है। "कवि साधारणीकरण द्वारा जिस अनुभूति का प्रेषण करता है, वह काव्यानुभूति जीवन की अनुभूति से अलग होती है।"[183] क्योंकि कलाकार वही है जो जीवनानुभव को कलानुभव में परिणत कर देता है। कलाकार की शक्ति उस कलानुभव के लोकगम्य रूप में ही प्रगट होती है। भारतीय दृष्टि से यही कला का 'साधारणीकरण' सिद्धान्त है, पश्चिम में इसे ही निर्वैयक्तिक अभिव्यक्ति का सिद्धान्त माना गया है।

अज्ञेय जी सौन्दर्यानुभूति को बुद्धि की क्रिया और काव्यास्वाद को बुद्धि का व्यापार मानते हैं।..."मैं मानता हूँ कि सुन्दरता के तत्त्व बुद्धि पर आधारित हैं और सुन्दर का आस्वादन बुद्धि का व्यापार है।"[184] उसी मान्यता को 'साहित्य बोध तथा शिवत्व बोध' शीर्षक लेख में पुनः इसी कारण रखते हैं : 'सौन्दर्य बोध मूलतः बुद्धि का व्यापार है।'[185] बुद्धिगत अनुभवों में व्यक्तिगत, समाजगत, जातिगत, युग-युगान्त संचित सभी अनुभव आ जाते हैं किन्तु कला-मूल्य में

अनुभव अपने आप में प्रतिमान नहीं। अनुभव की भित्ति पर बुद्धि द्वारा प्रतिष्ठित तत्त्व ही प्रतिमान कहा जा सकता है। इसी दृष्टि से वे 'नयी कविता' नामक निबन्ध में कहते हैं–"आज भी बुद्धि से ही कविता ग्राध होती है..."[186] अज्ञेय के इसी बौद्धिक आस्वाद को व्यंग्यात्मक ढंग से 'बुद्धि रस' कहा गया है।[187] ...

काव्यास्वाद-प्रक्रिया के अन्तर्गत अज्ञेय जी ने भारतीय काव्य-शास्त्र के अमर सिद्धान्त 'साधारणीकरण' को नये युग-बोध के सन्दर्भ में नवीन विश्लेषण के साथ प्रस्तुत किया है। आचार्य वाजपेयी जी ने 'आधुनिक साहित्य' नामक पुस्तक के 'प्रयोगवाद' निबन्ध में यह आक्षेप लगाया था कि प्रयोगवाद के कवि साधारणीकरण के महत्त्व को नहीं मानते हैं।[188] इस आक्षेप का उत्तर अज्ञेय ने जगह-जगह अपनी काव्य मान्यताओं में दिया है। इस सन्दर्भ में अज्ञेय का यह उल्लेखनीय कथन देखिए–"तारसप्तक के कवियों पर यह आक्षेप किया गया है कि वे साधारणीकरण का सिद्धान्त नहीं मानते। यह दोहरा अन्याय है। क्योंकि वे न केवल इस सिद्धान्त को मानते हैं बल्कि इसी से प्रयोगों की आवश्यकता भी सिद्ध करते हैं।"[189] बड़े आग्रह के साथ अज्ञेय जी ने साधारणीकरण तथा सम्प्रेषण की विवेचना सर्वत्र की है, यथा–

1. "यह मानना होगा कि सभ्यता के विकास के साथ-साथ हमारी अनुभूतियों का क्षेत्र भी विकसित होता गया और अनुभूतियों को व्यक्त करने के उपकरण भी विकसित होते गए हैं। यह कहा जा सकता है कि हमारे मूल राग-विराग नहीं बदले–प्रेम अब भी प्रेम है, घृणा अब भी घृणा, यह साधारणतया स्वीकार किया जा सकता है। पर यह भी ध्यान में रखना होगा कि राग वही रहने पर भी रागात्मक सम्बन्धों की प्रणालियाँ बदल गई हैं, और कवि का क्षेत्र रागात्मक सम्बन्धों का क्षेत्र होने के कारण इस परिवर्तन का कवि-कर्म पर बहुत गहरा असर पड़ा है।"[190]

2. "लेकिन जैसे-जैसे बाह्य वास्तविकता बदलती है–वैसे-वैसे हमारे इससे रागात्मक सम्बन्ध जोड़ने की प्रणालियाँ भी बदलती हैं और अगर नहीं बदलतीं तो इस बाह्य वास्तविकता से हमारा सम्बन्ध टूट जाता है। कहना होगा जो आलोचक इस परिवर्तन को नहीं समझ पा रहे, वे इस वास्तविकता से टूट गए हैं जो आज की वास्तविकता है। इससे रागात्मक सम्बन्ध जोड़ने में असमर्थ वे उसे केवल बाह्य वास्तविकता मानते हैं, जबकि हम उससे वैसा सम्बन्ध स्थापित करके उसे आन्तरिक सत्य बना लेते हैं और उस विपर्यास से साधारणीकरण की नयी समस्याएँ आरम्भ होती हैं।"[191]

3. "जब चमत्कारिक अर्थ मर जाता है और अभिधेय बन जाता है तब

इस शब्द की रागोत्तेजक शक्ति भी क्षीण हो जाती है। इस अर्थ से रागात्मक सम्बन्ध नहीं स्थापित होता। कवि तब इस अर्थ की प्रतिपत्ति करता है जिससे पुनः राग का संचार हो, पुनः रागात्मक सम्बन्ध स्थापित हो। साधारणीकरण का यही अर्थ है।''[192]

4. ''कवि नये तथ्यों को उनके साथ नये रागात्मक सम्बन्ध जोड़कर नये सत्यों को प्रेष्य बनाकर उनका साधारणीकरण करे, यही नयी रचना है। इसे नयी कविता का कवि नहीं भूलता। साधारणीकरण का आग्रह भी उसका कम नहीं है। बल्कि यह देखकर कि आज साधारणीकरण अधिक कठिन है, वह अपने कर्तव्य के प्रति अधिक सजग है।''[193]

5. ''आधुनिक ज्ञान-विज्ञान की समूची प्रगति और प्रवृत्ति विशेषीकरण की है, इस बात को पूरी तरह समझ कर ही यह अनुभव किया जा सकता है कि साधारणीकरण का काम कितना कठिनतर हो गया है।''[194]

6. ''साधारणीकरण को उसने छोड़ नहीं दिया, पर वह जितनों तक पहुँच सके, उस तक पहुँचता रहकर और आगे जाना चाहता है, उनको छोड़कर नहीं।''[195]

7. ''साधारण का साधारण वर्णन कविता नहीं है, कविता तभी होती है, जब साधारण पहले निजी होता है और फिर व्यक्ति में से छनकर साधारण होता है।''[196]

8 ''जो कवि किसी एक क्षेत्र का सीमित (तथ्य नहीं, सत्य, अर्थात् उस सीमित क्षेत्र में जिस तथ्य से रागात्मक सम्बन्ध है वह) इसी क्षेत्र में नहीं, इससे बाहर अभिव्यक्त करना चाहता है, उसके सामने बड़ी समस्या है। या तो वह प्रयत्न ही छोड़ दे, सीमित सत्य को सीमित क्षेत्र में सीमित मुहावरे के माध्यम से अभिव्यक्त करे—यानी साधारणीकरण तो करे पर साधारण का क्षेत्र संकुचित कर दे—अर्थात् एक अन्तर्विरोध का आश्रय ले; या फिर वह वृहत्तर क्षेत्र तक पहुँचने का आग्रह न छोड़े और इसलिए एक क्षेत्र के मुहावरे से बँधा न रहकर उसके बाहर जाकर राह खोजने का जोखिम उठाये। इस प्रकार वह साधारणीकरण के लिए एक संकुचित क्षेत्र का साधारण मुहावरा छोड़ने को बाध्य होगा।''[197]

9. ''साधारणीकरण और कम्युनिकेशन (सम्प्रेषण) की समस्या है...सभी प्रकार के इतर साधनों से कवि उद्योग करने लगा कि अपनी उलझी हुई संवेदना की सृष्टि को पाठकों तक अक्षुण्ण पहुँचा सके। भाषा की क्रमशः संकुचित होती हुई सार्थकता की केंचुल फाड़कर उसमें नया, अधिक व्यापक, अधिक सारगर्भित अर्थ भरना चाहता है...इसलिए कि वह 'व्यक्ति सत्य' के 'व्यापक रूप' बनाने का सनातन उत्तरदायित्व अब भी निबाहना चाहता है, पर देखता है कि

साधारणीकरण की पुरानी प्रणालियाँ, जीवन के ज्वालामुखी से बढ़कर आते हुए लावा से ही भरकर और जमकर रुद्ध हो गई हैं, प्राण संचार का भाग उनमें नहीं है।"[198]

उपरोक्त कथनों से स्पष्ट है कि साधारणीकरण का अर्थ काव्य-सम्प्रेषण की प्रक्रिया से जुड़ा है। कला एक प्रकार का आत्मदान है। "कलाकार निरन्तर अपने व्यक्तिगत मन को, अपने तात्कालिक, अधिक क्षणिक अस्तित्व को एक महानतर मन में और एक विशालतर अस्तित्व के ऊपर निछावर करता रहता है। अपने निजी व्यक्तित्व को एक वृहत्तर व्यक्तित्व के निर्माण के लिए मिटाता रहता है।"[199] इस प्रकार व्यक्तित्व का उत्सर्ग ही कला की मुक्ति है। मन की परख या व्यक्तित्व की परख व्यक्तिगत इतिहास की जाँच से भिन्न है। विषय तो साहित्य है, साहित्यकार नहीं, कविता है कवि नहीं।[200] क्योंकि अनुभव करने वाला मन और रचना करने वाला मन अलग है या होना चाहिए। अंग्रेजी के आलोचक टी.एस. इलियट ने इस क्रिया की तुलना एक रसायनिक क्रिया से की है—सल्फर डायआक्साइड और आक्सीजन से भरे हुए पात्र में यदि प्लाटिनम का चूर्ण प्रविष्ट किया जाए तो वे दोनों जैसे मिलकर सल्फ्यूरिक ऐसिड में परिवर्तित हो जाती हैं। यह क्रिया प्लाटिनम की उपस्थिति के बिना नहीं होती, तथापि बनने वाले अंश में प्लाटिनम का कोई अंश नहीं होता, न प्लाटिनम में किसी प्रकार का कोई परिवर्तन ही दीखता है, वह ज्यों का त्यों पड़ा रहता है। कवि मानस भी किन्हीं विभिन्न अनुभूतियों पर असर डालकर उसके मिश्रण और संगम का माध्यम बनता है, उस संगम से एक कला वस्तु निर्मित होती है जो विभिन्न तत्त्वों का जोड़ न होकर उससे कुछ अधिक है। पर जो बिना कवि मानस के माध्यम के अस्तित्व नहीं प्राप्त कर सकती।

इलियट ने अज्ञेय की भाँति ही कला की निर्वैयक्तिकता पर बल दिया है। वे कवि पर ध्यान न देकर कविता पर ध्यान देते हैं तथा कविता को जैव इकाई (आरगेनिक) मानते हैं। इलियट मानते हैं कि कला का संवेग निर्वैयक्तिक होता है और कवि उस निर्वैयक्तिकता तक तब तक नहीं पहुँच पाता, जब तक वह उसके प्रति अपने को पूर्ण समर्पित न कर दे। कला इसी अर्थ में आत्म बलिदान है। अज्ञेय जी मानते हैं—"वास्तव में काव्य में कवि का व्यक्तित्व नहीं, वह माध्यम प्रकाशित होता है जिसमें विभिन्न अनुभूतियाँ और भावनाएँ चमत्कारिक योग में युक्त होती हैं। काव्य एक व्यक्तित्व की नहीं, माध्यम की अभिव्यक्ति है।"[201] काव्य के लिए महत्त्व रखने वाले भावों का अस्तित्व कवि व्यक्तित्व में नहीं, स्वयं काव्य में होता है। 'कला के भाव व्यक्तित्व से परे होते हैं—निर्वैयक्तिक होते हैं।'[202] अज्ञेय जी की इस धारणा में टी.एस. इलियट का व्यक्तित्व से पलायन

वाला निर्वैयक्तिकता सिद्धान्त बोल रहा है। स्वयं इलियट में यह सिद्धान्त व्यक्तिवाद की प्रतिक्रिया से उत्पन्न हुआ था। रोमाण्टिक कविता की दुर्बलता उसकी घटिया भावुकता प्रधान वृत्ति थी। यही रोमाण्टिक कवि का चरम व्यक्तिवाद कहा जाता है। इलियट ने इसी व्यक्तिवाद पर धावा बोला है तथा काव्य में व्यक्तित्व से पलायन का सिद्धान्त स्थापित किया है। इलियट जैसे समर्थ सर्जक ने काव्य-सृजन-प्रक्रिया के स्तर पर निर्वैयक्तिकता सिद्धान्त की महत्त्व प्रतिष्ठा की है। वे मानते हैं कि "निरन्तर आत्मबलिदान और व्यक्तित्व के निरन्तर विलय में ही कलाकार की प्रगति निहित है।"[203] इस मत का विरोध होने पर भी विद्वानों ने इलियट के आत्मसमर्पण में निहित निर्वैयक्तिकता को मुक्त कण्ठ से सराहा है।[204] निर्वैयक्तिकता सिद्धान्त का ही दूसरा चरण काव्य-स्वरूप के अन्तर्गत व्यवस्था (आर्डर) का सिद्धान्त है। कविता संवेगों का मुक्त होना नहीं है। बल्कि संवेगों से मुक्ति पाना है। काव्य व्यक्तित्व की अभिव्यंजना नहीं, व्यक्तित्व से छुटकारा पाना है। इस निर्वैयक्तिक-कला-दृष्टि में इलियट पर बिम्बवाद का प्रभाव भी झाँक उठा है। क्योंकि काव्य के धरातल पर इलियट की निर्वैयक्तिकता सच्चे अर्थों में व्यवस्था (आर्डर) का ही दूसरा नाम है। इस व्याख्या में कलाकार के व्यक्तित्व का निषेध न होकर, व्यक्तित्व की वैयक्तिकता मात्र का ही निषेध है।

रिचर्ड्स के मत से निर्वैयक्तिकता का कारण आत्मगत अनुभूति को प्रायः किसी प्रकार की विजातीय अनुभूति से बचाना है। इतना ही नहीं हम अपनी वैयक्तिक विचित्रताओं को भी उसमें हस्तक्षेप करने से रोकते हैं।[205] इसलिए काव्यकृति की निर्वैयक्तिकता के साथ उसकी अनुभूति की भी निर्वैयक्तिकता सिद्ध हो जाती है। वस्तुतः निर्वैयक्तिकता 'संवेग-सन्तुलन' सिद्धान्त की तार्किक परिणति है। क्योंकि काव्यानुभूति के क्षणों में घटित सन्तुलन और सामंजस्य हमारी अनुभूति को निस्संग और निर्वैयक्तिक इसलिए बना देता है कि हमारी रुचियाँ किसी एक ही दिशा की ओर प्रवृत्त नहीं होती हैं।

स्वयं एफ.आर. लीविस ने इलियट के 'निर्वैयक्तिकता' की सूक्ष्म व्याख्या की है। लीविस अपने मनपसन्द लेखक डी. एच. लारेंस की व्याख्या के सन्दर्भ में मानते हैं कि इस अराजकतापूर्ण विश्व में व्यक्ति को अपने आन्तरिक विकास के लिए एक प्रकार की निर्वैयक्तिकता आवश्यक है।[206] वास्तव में साधारणीकरण या निर्वैयक्तिकता का प्रश्न मानवीय संवेगों के सामूहिक आधार से सम्बद्ध है। एक दूसरे से भिन्न होने पर सी. जी. युंग, क्रिस्टोफर काडवेल, आई. ए. रिचर्ड्स तथा एफ. आर. लीविस आदि सभी बड़े कला-चिन्तक मानते रहे हैं कि कलाकार और पाठक के मध्य विद्यमान इस सामान्य संवेग-भूमि का आधार सामाजिक,

सामूहिक और निर्वैयक्तिक चेतना होती है। युंग कहते हैं—"कला सृजन और आस्वाद में हम वहाँ पहुँचते हैं—अनुभव के उस स्तर पर पहुँचते हैं जहाँ व्यक्ति नहीं, केवल मानव होता है, जहाँ महत्त्वपूर्ण अकेले व्यक्ति के सुख-दुख नहीं होते, मानव अस्तित्व मात्र होता है। इसीलिए प्रत्येक कलाकृति वस्तुगत और निर्वैयक्तिक होते हुए भी हममें से प्रत्येक को और सबको गहरे स्तर पर विचलित कर ही देती है।"[207]

समग्रतः अज्ञेय की साधारणीकरण और सम्प्रेषण दृष्टि में एक ओर इलियट तथा रिचर्ड्स समाहित हैं और दूसरी ओर एडलर तथा युंग।

काव्य-हेतु

काव्य-हेतु का प्रश्न काव्य-प्रेरणा से जुड़ा हुआ प्रश्न है। अज्ञेय ने कहा है कि मेरे पाठक हमेशा यह पूछते हैं—"आपको इंसिपरेशन कहाँ से मिलता है ? अथवा इंसिपरेशन क्या होता है ?"[208] इस प्रश्न को अज्ञेय अनुत्तरित नहीं रहने देते। क्योंकि सृजन-कर्म से जुड़े अग्नि गर्भा कवि के लिए यह प्रश्न अत्यधिक महत्त्व का है। इस सन्दर्भ में अज्ञेय जी का मत है—"फिर इस प्रश्न की चुनौती को ऐसे व्यक्ति कैसे टाल सकते हैं जो कविता करते आये हैं और इसलिए जो प्रत्यक्ष या परोक्ष रूप से यह दावा करते आए हैं कि प्रतिभा उनमें है और इंसिपरेशन भी उन्हें प्राप्त होता ही रहता है।"[209] प्रतिभावान कवि में काव्य-प्रेरणा सहजात होती है और प्रतिभा ही कवित्व का बीज है। सृजन-कर्म को अज्ञेय जी भारतीय परम्परा से जोड़कर उत्तर देते हैं। "विवेकशील मानव को विशेषकर उस विवेकशील मानव की—जिसमें सृजनात्मक शक्ति या प्रतिभा भी है—ग्राहकता दोनों को पहचानती है। बुद्धि और जिस पर बुद्धि आधारित है, वह अनुभव निरन्तर संस्कारशील और विकासशील है। निरन्तर सूक्ष्मतर होती हुई संवेदना एकांगी भी हो सकती है, पर जहाँ सृजनात्मक शक्ति है, वहाँ एकांगिकता की सम्भावना कम है।"[210]

भारतीय आचार्यों की भाँति वे प्रतिभा, व्युत्पत्ति, अभ्यास तथा समाधि—चारों की चर्चा करते हैं। रचना-प्रक्रिया में वे प्रतिभा के साथ 'उसकी शिक्षा-दीक्षा'[211] (बहुज्ञता) को अनिवार्य अंग मानते हैं। साधना के बल पर वह ऐसी शक्ति कमाता है कि 'रचनात्मक प्रतिभा' का उन्मेष हो। बदलती हुई परिस्थितियों ने सृजन पर नये दबाव डाले हैं—"वैज्ञानिक खोजों पर आधारित मानवतावाद ने मनुष्य के आत्मविश्वास को इतना बढ़ा दिया कि वह प्रतिभा में भी पसीने का अनुपात नापने लगा जब परिस्थिति जटिल हो गई।"[212] अतः आज प्रतिभा मात्र ईश्वर प्रदत्त शक्ति नहीं है—चेतना का सतत संस्कार है। इस सन्दर्भ में मानस-प्रक्रिया

को समझने के मनोविज्ञान तथा मनोविश्लेषणशास्त्र ने नये सिद्धान्त दिए हैं। उनके कारण कलाकार की रचनात्मक शक्ति को भी[213] एक नए रूप में देखा जाने लगा। रचना-प्रक्रिया की समस्या आधुनिक दृष्टि से 'विस्फारित अहं' की समस्या है। इससे भी आगे "दूसरी कठिनाई यह है कि वास्तव में कृतिकार अपने मानस के उस अंश को देख भी नहीं सकता, जिसमें रचना का कार्य सम्पन्न होता है।"[214] यह भीतरी स्थल कलाकार का अवचेतन (सामूहिक अवचेतन) ही है—क्योंकि "रचना की प्रेरणा जिन आभ्यन्तर तनावों, दबावों, दमन-उन्नयन की क्रियाओं से मिलती है, वे जिन गुत्थियों के साथ अभिन्न रूप से संगृहीत होती है, उन्हें कृतिकार नहीं देख सकता।"[215] रचनाकार के लिए मानस-संस्कार ही महत्त्व के होते हैं। "संस्कार का महत्त्व मानना न यांत्रिक तर्क को स्वीकार करना है और न प्रतिभा से इनकार करना"[216] अर्थात् प्रतिभा-व्युत्पत्ति एवं अभ्यास (संस्कार) सृजन के तीनों ही अनिवार्य हेतु हैं, जिनमें से अज्ञेय जी किसी की भी उपेक्षा को स्वीकार नहीं करते। वे स्वयं प्रश्न पूछते हैं—"प्रतिभा क्या है ? वह एक आन्तरिक तनाव की स्थिति है। यह तनाव सब में नहीं होता, या एक-सा नहीं होता। इसीलिए कुछ कला-प्रेमी होते हैं और कुछ कलाकार स्वभाव के होते हैं पर कलाकार नहीं होते, कुछ कलाकार होते हैं। इसलिए प्रतिभा विषय का सम्प्रेषण नहीं करती, उसका अर्थ सम्प्रेषित करती है और वह अर्थ साधारण (यूनिवर्सल) होना चाहिए। प्रतिभा वस्तु को सम्प्रेष्य नहीं बनाती, अनुभव को सम्प्रेषित करती है और वह अनुभव अद्वितीय (यूनीक) होना चाहिए। अनुभव की अद्वितीयता और अर्थ की साधारणता—प्रतिभा के ये दो इष्ट हैं।"[217]

प्रतिभा-व्युत्पत्ति-अभ्यास को 'समाधि' भी चाहिए। वे मानते हैं : "और एक सहज समाधि भी तो होती है। शायद कृतिकार के प्राणोन्मेष के सन्दर्भों में इस सहज समाधि का उल्लेख ही सबसे अधिक संगत है।"[218] राजशेखर ने शास्त्र-कवियों के अतिरिक्त काव्य-कवियों के आठ भेद किए हैं—रचना-कवि, शब्द-कवि, अर्थ-कवि, अलंकार-कवि, उक्ति-कवि, रस-कवि, मार्ग-कवि और शास्त्रार्थ-कवि। कवियों की रचना में वे 'समाधिगुण' को विशेष आदर देते हैं क्योंकि बड़े कवि इसका आश्रय सदैव लेते हैं।[219] ऐसे कवि वाक्सिद्ध न होकर रस-सिद्ध होते हैं अज्ञेय जी मानते हैं —"बड़ा कवि वाक्सिद्ध होता है और भी बड़ा कवि रस-सिद्ध होता था।"[220] रससिद्ध कवि के लिए 'परम्परा' का बड़ा महत्त्व होता है। यहाँ 'परम्परा' भी 'व्युत्पत्ति' और अभ्यास का ही पर्याय है।

अज्ञेय जी मनोविश्लेषणशास्त्र की दृष्टि से भी काव्य हेतुओं पर चिन्तन करते हैं। इस चिन्तन से उनकी धारणा बनती है कि चेतन अवचेतन मन की ऊर्जा और तनाव ही 'प्रतिभा' का पर्याय हैं। "हम संकल्पपूर्वक जितने प्रयत्न करते

हैं, सब हमारे चेतन मानस में होते हैं, लेकिन उनमें जो ऊर्जा खर्च होती है, वह सब अवचेतन स्रोतों से आती हैं।''[221] सृजन-प्रक्रिया के सन्दर्भ में वे कहते हैं—''और मेरे लिए आदर्श स्थिति यह रही है कि चेतन और अवचेतन में जो सन्तुलन हो उसका आधार तनावों का योगफल नहीं, बल्कि मन के दोनों खण्डों की मैत्री हो।''[222] मन के इन दो खण्डों की मैत्री को ही राजशेखर 'समाधि' कहते हैं परन्तु ''जैसे प्रतिभा का उन्मेष मेरे वश में नहीं, उसी तरह यह अवचेतन भी मेरे वश में नहीं है।... वह एक सामूहिक सत्ता है। हमारा स्वास्थ्य इसमें है कि हमारे और उसके बीच विनिमय के रास्ते सदैव खुले रहें।''[223] ऐसा होने पर सृजन-क्षण में मन त्रिकालदर्शी हो जाता है। ''कलाकार का मन एक भण्डार है जिसमें अनेक प्रकार की अनुभूतियाँ, शब्द, विचार, चित्र इकट्ठे होते रहते हैं, उस क्षण की प्रतीक्षा में जबकि कवि प्रतिभा के ताप से एक नया रसायन, एक चमत्कारिक योग नहीं उत्पन्न हो जाता है।''[224] इस कथन पर मनोविश्लेषक युंग का सीधा प्रभाव है।[225]

काव्य-प्रयोजन

अज्ञेय जी की काव्य-प्रयोजन सम्बन्धी मान्यताओं पर एक ओर तो भारतीय आचार्यों की दृष्टि का दृढ़ संस्कार है—जिसमें आनन्द ही कविता का चरम साध्य है तथा इस आनन्द में सत्य, सौन्दर्य और शिव—तीनों की अखण्ड सत्ता है, यथा—

1. मैं आस्था हूँ
   तो मैं निरन्तर उठते रहने की शक्ति हूँ,
   मैं व्यथा हूँ
   तो मैं मुक्ति का श्वास हूँ।
   (मैं कहाँ हूँ—इन्द्रधनु रौंदे हुए ये)
2. और मैंने फिर नीरव संकल्प किया :
   लो : यह हरी-भरी धरती—यह सबत्सा कामधेनु—मैंने तुम्हें दी :
   (भीतर दाता जागा—आँगन के पार द्वार)
3. बन्धु, हमें काव्य दो,
   सुन्दर दो, शिव दो, सार-सत्य दो।
   (हमने पौधे से कहा—इन्द्रधनु रौंदे हुए ये)

अज्ञेय जी पर उन पाश्चात्य साहित्य चिन्तकों और मनोविश्लेषकों का प्रभाव है जो कला को आनन्द और उन्नयन का रूप मानते हैं एवं जिस कला का साध्य है—भाव-परिष्कार, उदात्तीकरण। ''इसीलिए कला हमें आनन्द भी देती

है हमारा उन्नयन भी करती है। आज का आलोचक इस बात को नाना वादों के आवरण में छिपा चाहे सकता है, इसे अमान्य नहीं कर सकता।''[226] इसीलिए कला में अन्ततोगत्वा मूल्यों पर विचार करना ही पड़ता है। कृति का मूल्यांकन वह न भी करे तो भी स्वयं उसकी रसास्वादन की प्रक्रिया में उसके स्वीकृति मूल्यों या प्रतिमानों का महत्त्व होता है—कला का वैयक्तिक मूल्य है—रसास्वादन या आनन्द और उसका सामाजिक मूल्य है—समष्टि की हित साधना तथा उन्नयन। एक मानववादी की भाँति वे सौन्दर्यपरक मूल्यों तथा नैतिक मूल्यों को समान महत्व देते हैं।[227] इसी दृष्टि में कला के कल्याणकारी मूल्य निहित हैं। आज के वादों में मनोविश्लेषणशास्त्र—कला में आनन्द (तृप्ति) और उन्नयन (सब्लीमेशन) की खुलकर घोषणा करता है। उन्हें एक सीमा के बाद मार्क्सवादी दृष्टि की सामाजिकता भी मान्य है—कला को आनन्द मानने का तात्पर्य यह नहीं है कि ''कला एक निरुद्देश्य उद्‌गार है, कलाकार की अन्तस् से उठा हुआ एक बुलबुला मात्र। साहित्य भी समाज को प्रेरणा दे सकता है। आगे बढ़ने को मजबूर कर सकता है।''[228] एक प्रकार की सामाजिक जागरूकता उत्पन्न करना ही कला का उद्देश्य है। कला का मूल प्रयोजन वह आनन्द लाभ है जो उच्चतर मानसिक सृजन से जुड़ा है। वे इस बात को इस प्रकार कहते हैं—''यह मुझे सर्वथा स्वीकार्य है कि प्राचीन कवियों की महत्ता का असल रहस्य यही है कि वे अहं को विलीन करके लिखते थे। उनके लिए कविता स्वास्थ्य लाभ का साधन नहीं, बल्कि स्वस्थ व्यक्ति की आनन्द साधना थी। ठीक आदर्श वही है, यह मैं मानता हूँ।''[229] और यह स्वस्थ आनन्दलाभ ही हमारी समस्त काव्य-परम्परा के मूल में है। भारतीय रस-सिद्धान्त का चरम लक्ष्य भी यही है। 'व्यक्ति सत्य' को 'समष्टि सत्य' बनाना ही कवि-कर्म का दायित्व बोध रहा है। अज्ञेय के लिए भी यही समस्या चुनौती रूप में है—''जो व्यक्ति का अनुभूत है, उसे समष्टि तक कैसे उसकी सम्पूर्णता में पहुँचाया जाए—यही पहली समस्या है जो प्रयोगशीलता को ललकारती है।''[230]

प्रयोग—क्या और क्यों

स्वचेतनता से सम्पन्न कवि के लिए परम्परा का संस्कार और उसमें नये प्रयोगों की आवश्यकता ही नवीनता और मौलिकता की जननी है। टी. एस. इलियट की 'परम्परा और प्रयोग' दृष्टि को अज्ञेय जी ने नये सन्दर्भों में व्याख्यायित-विश्लेषित तथा पारिभाषित किया है। 'तारसप्तक' में उन्होंने 'सात अन्वेषी', 'राहों के अन्वेषी' कवियों के लिए प्रयोग की महत्ता को रेखांकित किया है। इस सन्दर्भ में उनके कुछ कथन उल्लेखनीय हैं :

1. ''दूसरा मूल सिद्धान्त यह था कि संगृहीत कवि सभी ऐसे होंगे जो कविता

को प्रयोग का विषय मानते हैं—जो यह दावा नहीं करते कि काव्य का सत्य उन्होंने पा लिया है, केवल अन्वेषी ही अपने को मानते हैं।''[231]

2. ''काव्य के प्रति एक अन्वेषी का दृष्टिकोण उन्हें समानता के सूत्र में बाँधता है। इसका अभिप्राय यह नहीं है... सब रचनाएँ प्रयोगशीलता के नमूने हैं या कि इन कवियों की रचनाएँ रूढ़ि से अछूती हैं, या केवल यही प्रयोगशील हैं और बाकी सब घास छीलने वाले, वैसा दावा कदापि नहीं; दावा केवल इतना ही है कि ये सातों अन्वेषी हैं।''[232]

3. ''प्रयोग का कोई वाद नहीं है। हम वादी नहीं रहे, नहीं हैं। न प्रयोग अपने आप में इष्ट या साध्य है। ठीक इसी तरह कविता का भी कोई वाद नहीं है,...अतः हमें 'प्रयोगवादी' कहना उतना ही सार्थक या निरर्थक है जितना हमें कवितावादी कहना।''[233]

4. ''जो लोग प्रयोग की निन्दा करने के लिए परम्परा की दुहाई देते हैं, वे यह भूल जाते हैं कि परम्परा कम से कम कवि के लिए कोई ऐसी पोटली बाँध कर रखी हुई चीज नहीं है, जिसे वह उठाकर सिर पर लाद ले और चल निकले।''[234]

5. ''तो प्रयोग अपने-आप में इष्ट नहीं है, वह साधन है। और दुहरा साधन है। क्योंकि एक तो वह उस सत्य को जानने का साधन है जिसे कवि प्रेषित करता है। दूसरे वह उस प्रेषण की क्रिया को और उसके साधनों को जानने का भी साधन है।...वस्तु और शिल्प दोनों के क्षेत्र में प्रयोग फलप्रद होता है।''[235]

6. ''प्रयोग निरन्तर होते आए हैं, और प्रयोगों के द्वारा ही कविता या कोई भी कला, कोई भी रचनात्मक कार्य, आगे बढ़ सकता है।''[236]

7. ''केवल प्रयोगशीलता ही किसी रचना को काव्य नहीं बना देती। हमारे प्रयोग का पाठक या सहृदय के लिए कोई महत्त्व नहीं है, महत्त्व उस सत्य का है जो प्रयोग द्वारा हमें प्राप्त हो।''[237]

8. 'तारसप्तक' के कवियों पर यह आक्षेप किया गया कि वे साधारणीकरण का सिद्धान्त नहीं मानते यह दोहरा अन्याय है। क्योंकि वे न केवल इस सिद्धान्त को मानते हैं बल्कि उसी से प्रयोगों की आवश्यकता भी सिद्ध करते हैं।''[238]

अज्ञेय के इन कथनों पर ध्यान देते ही स्पष्ट हो जाता है कि इन कवियों ने राहों का 'प्रयोग परम्परा' में अन्वेषण किया है। अंग्रेजी और अमरीकी कविता का पाठक जानता है कि वहाँ सन् 1912 से 'प्रयोगों' की हलचल रही है। जी. एच. ओरियंस का मत है कि प्रयोगवाद का आरम्भ 1912 में एज़रा पाउण्ड के 'रिपोस्ट्स' से हुआ और टी.एस. इलियट भी इसके नेता रहे।[239] प्रयोगवादियों में लावेल तथा बिम्बवादियों का विशिष्ट स्थान था। 1900 के बाद अमरीकी

कविता के इतिहास लेखक लुई अंटर मेयर के अनुसार सन् 1916 से अमेरिका की कविता में धनवाद, भविष्यवाद, बिम्बवाद, प्रभाववाद आदि प्रवृत्तियों आन्दोलनों तथा घोषणा पत्रों की धूम थी एवं ये सब काव्य की नवीनता के बढ़ते चरण थे।[240] सन् 1917 में प्रयोगवादी काव्य की पत्रिका 'स्पैक्ट्रा' का प्रकाशन भी होने लगा था। लेकिन आलोचक एकिन मानते हैं कि 1915 में ही एज़रा पाउण्ड, इलियट आदि कवि बिम्बवाद आदि के आन्दोलन द्वारा काव्य विकास में प्रवृत्त थे।[241] वास्तव में, अमेरिकी प्रयोगकर्ताओं का प्रेरक स्रोत फ्रांसीसी साहित्य था। स्वयं पाउण्ड 1910 से ही उस फ्रांसीसी साहित्य के गहन सम्पर्क में थे।[242] सन् 1926 में बिम्बवाद को मृत घोषित कर दिया गया और 'प्रयोगों' की बात ही खतरे में पड़ गई। डॉ. जगदीश कुमार का यह कहना सही है कि "अज्ञेय ने सम्भवतः उस छीछालेदर से बचने के लिए ही 'नयी कविता' नाम सुझाया[243] और इस नाम को अज्ञेय जी ने 'समसामयिक भारतीय साहित्य' में घोषित किया।"[244] यह भी ध्यान देने की बात है कि अंग्रेजी में मुनरो तथा हैडरसन की पुस्तक 'न्यू पोयट्री' (नयी कविता) शीर्षक से बीसवीं शताब्दी के द्वितीय दशक में छपी थी। सन् 1940 में भास्कर विलियम्स 'नयी कविता' के वार्षिक संकलन निकालने लगे थे।[245]

प्रयोगों की निन्दा से बचाने के लिए अज्ञेय ने इलियट की भाँति 'परम्परा' का सहारा लिया है और नयी मान्यताएँ स्थापित कीं। "परम्परा कम से कम कवि के लिए, कोई ऐसी पोटली बाँधकर रखी हुई चीज नहीं है..."[246]

कलाकार और पाठक

अज्ञेय जी यह लगातार मानते रहे हैं कि सर्जक कलाकार एक विशिष्ट तथा अद्वितीय द्रष्टा और स्रष्टा होता है। उनकी यही मान्यता भारतीय आचार्यों की 'कवि' से संबंधित मान्यता से काफी नजदीक है। 'कु' धातु में अलू प्रत्यय (इ) जोड़कर 'कवि' शब्द की व्युत्पत्ति बताई गई है और 'कु' का अर्थ है—'व्याप्ति', 'आकाश' अर्थात् सर्वज्ञता। श्रुति कहती है—'कविर्मनीषी परिभूः स्वयम्भूः' 'परिभूः' जो सब कुछ दृष्टि में समेट ले और 'स्वयम्भूः' जो अपनी अनुभूति के लिए किसी का ऋणी न हो। वैदिक साहित्य में कवि, द्रष्टा और ऋषि समानार्थक हैं। ब्रह्मा को आदि कवि कहा गया है। इसी दृष्टि से 'अपारे काव्य संसारे कवि, प्रजापतिः' भी कहा गया है। कवि के लिए 'नवनवोन्मेष शालिनी प्रतिभा' और 'वर्णन निपुणता' अनिवार्य धर्म है परन्तु यह वर्णन निपुणता असाधारण होनी चाहिए—'काव्यं लोकोत्तर वर्णनानिपुणं कवि-कर्म' है।[247] इसी परम्परा का संस्कार करते हुए अज्ञेय जी लिखते हैं—"वह स्रष्टा, द्रष्टा और दाता होता है। वह अपने

को भट्ठी में गलाता और चमकाता है, अपने को मिट्टी सा गलाकर, वह उसमें से अंकुर पनपाता है। जल गलकर और मिट्टी होकर वह पुष्य, शस्य, प्रसाद, कंचन, पुण्य आदि के समान अनिर्वच आह्लाद को लुटाता है।"[248] अज्ञेय जी मानते रहे हैं कि कलाकार पनडुब्बा होता है जो गहरे में गोता लगाकर मोती निकाल लाता है और फिर भोक्ता मन तथा स्रष्टा मन अलग-अलग हो जाता है—"कलाकार जितना ही बड़ा होगा, उतना ही व्यक्ति जीवन और रचनाशील मन का अलगाव भी आत्यन्तिक होगा।"[249] कलाकार के लिए वे टी.एस. इलियट के विचारों के समर्थक हैं।[250] जितना बड़ा कलाकार होता है, उतना ही ज्यादा वह परम्परा में प्रवेश करके मोती निकालता है। कृतिकार के पास सधी जीवन-दृष्टि होती है, "कृतिकार के पास निगाह नहीं होती, यह तो नहीं कहूँगा। पर यह असंदिग्ध है कि वह निगाह एक नहीं होती। एक निगाह से देखना कलाकार की निगाह से देखना नहीं है। स्थिर परिवर्तनहीन दृष्टि सिद्धान्तवादी की हो सकती है—पर वैसी दृष्टि रचनाशील प्रतिभा की दृष्टि नहीं है।"[251] अर्थात् कलाकार अत्यन्त संवेदनशील जागरूक 'क्षण-क्षण परिवर्तित प्रकृति वेश' को 'उससे भर भर आँख देखा' प्राणी होता है। जितना वह देखता है, उससे आगे भी देखना चाहता है। "उससे कलाकार की निगाह, अगर वह निगाह है और कलाकार की है, तो सर्वदा सब कुछ की ओर लगी रहती है। अपने पर टिकने का अवकाश उसे नहीं रहता।"[252] ऐसे भी कलाकार हैं जो अपने ही बारे में लिखते हैं—यह भी एक व्यापक रोग रहा है। आज का कलाकार युग-बोध और दबाव से न्यूनाधिक मात्रा में व्यवसायी भी हो गया है—"यों आजकल सभी कलाकार न्यूनाधिक मात्रा में व्यवसायी हैं, आत्म चर्चा आत्म-पोषण का साधन है, इसलिए आत्म रक्षा का एक रूप है। कुछ ऐसे भी हैं जो कलाकार तो हैं, लेकिन वास्तव में आत्ममुग्ध हैं, नार्सिससगोत्रीय कलाकार।"[253] अपने बारे में लिखने वाले कलाकारों का एक ऐसा वर्ग भी होता है—"कलाकार की जागरूकता का ही एक पक्ष यह है कि वह निरन्तर अपने देखने को ही देखता चलता है, अनवरत अपने संवेदन के खरेपन की कसौटी करता चलता है। जिस भाव यन्त्र के सहारे वह दुनिया पर और दुनिया उस पर घटित होती रहती है, उस यन्त्र की ग्रहणशीलता का वह बराबर परीक्षण करता रहता है।"[254] इसलिए इलियट की भाँति वे कलाकार के आत्मदान में आस्था रखते हैं—वह एक प्रकार का आत्मसमर्पण है। उस आत्म बलिदान से ही वह अद्वितीय स्थान अर्जित करता है। इसलिए निरन्तर आत्मबलिदान और व्यक्तित्व के निरन्तर विलय में ही कलाकार की प्रगति निहित है। अज्ञेय जी ने कलाकार को युंग के मनोविश्लेषणशास्त्र की शास्त्र से एक 'सामूहिक मानव' भी माना है जिसमें

युग-संचित रहते हैं। जो समाज या जाति के अवचेतन का प्रवक्ता होता है।[255] वे एडलर के क्षति पूर्ति सिद्धान्त की पुष्टि भी कलाकार में करते हैं, उसी दृष्टि से वे मानते हैं–"कला सामाजिक अनुपयोगिता की अनुभूति के विरुद्ध अपने को प्रमाणित करने का अपर्याप्तता के विरुद्ध विद्रोह है।"[256]

आधुनिक कवि आलोचकों में अज्ञेय ने कलाकार कृति के साथ 'पाठक' या 'सामाजिक' की चर्चा को अत्यधिक महत्त्व दिया है। कलाकार पाठक को बदलता है और प्रबुद्ध पाठक कलाकार को बदलने के लिए विवश करता है। इसलिए 'कृति' के साथ 'ग्राहक' लगातार जुड़ा होता है। आधुनिक ज्ञान-विज्ञान के विस्तार ने कवि-कलाकार को ही नहीं, पाठक को भी बदल दिया है, वह मात्र 'रसिक', 'सुमनस' न रहकर 'प्रबुद्ध पाठक' हो गया है। क्योंकि जहाँ कवि की संवेदनाएँ अधिक उलझी हुई हैं, वहाँ ग्राहक या सहृदय में भी उन्हीं परिस्थितियों के कारण वैसा ही परिवर्तन हुआ है और इसलिए कवि को प्रेषण की कुछ सुविधा भी मिलती है।[257] वे मानते हैं 'नयी कविता' को 'पाठक' ने तो स्वीकार किया, किन्तु आचार्यत्व की मुद्राओं वाले प्रोफेसर नहीं पहचान सके हैं।[258] कारण उनका समसामयिक साहित्य से इतना सम्पर्क टूट चुका है कि वे बेहद पिछड़ गए हैं।

अज्ञेय जी मानते हैं कि रचना-कर्म के बाद रचना का भोक्ता सहृदय कवि भी होता है, इस स्थिति से वह लगातार अपने को माँजता है। भारतीय परम्परा में रसवादी आचार्य 'सहृदय' को काव्य का बाहरी व्यक्ति न मानकर काव्य का अभिन्न और अपरिहार्य व्यक्ति मानते रहे हैं। 'काव्यार्थ' तो वस्तुतः 'सहृदय श्लाघ' ही होता है।[259] 'सहृदय' को काव्य का अधिकारी मानने का कारण भी यही है कि उसमें काव्यार्थ को ग्रहण करने की 'मानसी साक्षात्कारात्मिका शक्ति' होती है। इस शक्ति से वह काव्य का मानस साक्षात्कार करता है। विभावादि के ग्रहण में यह सहृदय तभी सफल होता है जब उसकी प्रतिभा 'विमल' तथा 'विशद' हो।[260] स्वयं पाश्चात्य काव्यशास्त्र तथा सौन्दर्यशास्त्र में काव्यानुभूति, सौन्दर्यानुभूति के साथ 'आदर्श ग्राहक' तथा 'आदर्श पाठक' की परिकल्पना है। सौन्दर्यानुभूति के मात्रागत भेद से कला के ग्राहकों में भी अनिवार्य भेद है। संवेदन क्षमता तथा बोध शक्ति के आधार पर पाठकों की भी श्रेणियाँ होती हैं। ज्याँ पाल सार्त्र मानते हैं कि "मस्तिष्क के सम्पूर्ण सृजन में उस पाठक का चित्र वर्तमान रहता है। जिसके लिए सृजन कर्म होता है।"[261] इस दृष्टि से कलाकृति सर्जक तथा पाठक के सहयोगी प्रयास का प्रतिफलन है। इसीलिए सार्त्र ग्रहण-क्षमता को सृजनशीलता का द्वन्द्वात्मक सह-सम्बन्धी (डायलेक्टिकल कोरिलेटिव) कहते हैं।[262] सर्जक की स्वतन्त्रता के साथ वे पाठक की स्वतन्त्रता का समर्थन इस

दृष्टि से करते हैं कि 'स्वतन्त्र पाठक' ही कलाकृति को ढंग से समझ सकता है। पाठक की सक्रियता ही रचनाकार की शक्ति बन जाती है। सार्त्र मानते रहे हैं कि 'लेखक' सार्वभौम पाठक के लिए लिखता है। उसे ही पाश्चात्य जगत् में 'आदर्श पाठक' या 'विशिष्ट पाठक' या 'कुशल पाठक' या 'आशंसक' या 'पूर्ण पाठक' आदि कहा गया है। एक प्रकार से यह डॉ. जानसन का 'सामान्य पाठक' भी है जो साहचर्य में आनन्द प्राप्त करता है।

सौन्दर्यशास्त्र में तो 'आदर्श पाठक' एक सैद्धान्तिक प्रत्यय है जिसके आधार पर ही कलानुभूति को स्पष्ट किया है। सूजन लेंगर के अनुसार, "आदर्श प्रेक्षक कलावस्तु और कलाकृति की वस्तुनष्ठिता का मापक है।"[263] उसे ही लिवियम के. विमसाट 'नाटकीय पाठक' की संज्ञा से अभिहित करते हैं। इसे ही कविता का सम्पूर्ण स्वर सम्बोधित होता है।[264] डॉ. एफ. आर. लीविस ने रेनेवेलेक को उत्तर देते हुए, 'साहित्य समालोचना और दर्शन' निबन्ध में कहा है, "आदर्श आलोचक आदर्श पाठक होता है।"[265] टी. एस. इलियट ने सामान्य पाठक तथा विशिष्ट पाठक में पार्थक्य माना है। वे रचना तथा पाठक का एकात्म ही आदर्श पाठक की स्थिति मानते हैं जहाँ सामान्य नहीं विशिष्ट पाठक पहुँचता है।[266] अज्ञेय जी की काव्य-पाठक दृष्टि एक ओर तो आनन्दवर्धन तथा अभिनवगुप्त के विमल बुद्धिप्रमाता से मेल खाती है, दूसरी ओर वे एफ. आर. लीविस तथा टी. एस. इलियट के विशिष्ट पाठक से जुड़ती है। उन्हें अभिनवगुप्त की 'कवि हिं सामाजिक तुल्य एव' दृष्टि में ही गहरी आस्था है। इस दृष्टि से काव्य का पाठक काव्य-चक्र का अभिन्न और अपरिहार्य अंग है, जिसे अज्ञेय जी का पूर्ण समर्थन प्राप्त है।

अभिव्यंजना-शिल्प

अज्ञेय जी ने प्रयोगवादी तथा नयी कविता के काव्य-शिल्प का अत्यधिक व्यवस्थित विवेचन प्रस्तुत किया है। नये साहित्य के वे इस दृष्टि से सर्वाधिक जागरूक रचनाकार हैं। 'प्रयोग और सम्प्रेषण' की चिन्ता से वे गहन चिन्तन-मनन करते रहे हैं। नवीन प्रयोगों के प्रति वे सर्वाधिक आस्थावान हैं और काव्य-भाषा, बिम्ब, प्रतीक, उपमान, लय और छन्द पर मौलिकता से सोचने के अच्छे अभ्यासी कलाकार। वे काव्यशिल्प के प्रति छायावादी कवियों की भाँति ही जागरूक हैं। निराला जी की भाँति प्रयोगवादी तथा नयी कविता में उनका व्यक्तित्व कितना ही आतंककारी रहा हो। किन्तु यह सत्य है कि वे कविता का आतंक मिटा देना चाहते हैं। 'वस्तु' को जो रूप देते हैं उसमें निराला जी की भाँति उनके रवैये में एक ताजगी एवं नवीनता है। 'काव्य-भाषा' की सृजनशीलता पर अज्ञेय जी

ने इतना बुनियादी चिन्तन किया है कि वे प्रथम हिन्दी के कलाकार हैं जो 'काव्य-भाषा' को काव्य-मूल्य या प्रतिमान के रूप में महत्त्व-प्रतिष्ठा करते हैं। उन्हीं से प्रेरित होकर समस्त नये कवियों तथा नये आलोचकों ने काव्य को परखने का एक ही प्रामाणिक प्रतिमान घोषित किया है, काव्य-भाषा; जिसके आधार पर समस्त काव्यानुभवों की सच्चाई से परीक्षा की जा सकती है। शब्द का ऐसा पारखी और पनडुब्बा नये साहित्य में कोई दूसरा नहीं है। यह चिन्तन भारतीय और पाश्चात्य चिन्तन के समन्वय और सामंजस्य से अज्ञेय जी में विकसित हुआ है। लेकिन उनकी मौलिक प्रवृत्ति ने उसे हिन्दी का अपना चिन्तक बना दिया है।

काव्य-भाषा और साधारणीकरण

काव्य-भाषा के साथ काव्य-सम्प्रेषण के प्रश्न को अज्ञेय जी कलाकार के अतिरिक्त भोक्ता से जुड़ा मानते हैं, "अपनी अभिव्यक्ति, किन्तु किस पर अभिव्यक्ति ? इसलिए अभिव्यक्ति में एक ग्राहक या पाठक या श्रोता में अनिवार्य मानता हूँ, और उसके परिणामस्वरूप जो दायित्व लेखक या कवि या कलाकार पर आता है, उससे मुझे कोई निस्तार नहीं दीखता।"[267] इस दृष्टि से कला की प्रधान समस्या है, सम्प्रेषण की समस्या। 'रचना केवल अभिव्यक्ति नहीं है, वह सम्प्रेषण है।'[268] इससे ध्वनित है कि काव्यात्मक भाषा में साधारणीकरण का प्रश्न प्रधान है। "जब चमत्कारिक अर्थ मर जाता है और अभिधेय बन जाता है, तब उस शब्द की रागोत्तेजक शक्ति भी क्षीण हो जाती है, उस अर्थ से रागात्मक सम्बन्ध स्थापित नहीं हो पाता। कवि तब इस अर्थ की प्रतिपत्ति करता है जिससे राग का पुनः संचार हो, पुनः रागात्मक सम्बन्ध स्थापित हो। साधारणीकरण का यही अर्थ है।...कवि नये तथ्यों को उनके साथ नये रागात्मक सम्बन्ध जोड़कर नये सत्यों का रूप दे, इन नये सत्यों को प्रेष्य बनाकर उनका साधारणीकरण करे, यही नयी रचना है। इसे नयी कविता का कवि भूलता नहीं है।"[269] अज्ञेय जी द्वारा उठाई गई यह समस्या नवीन नहीं है। भारतीय आचार्यों ने काव्यात्मक भाषा के साधारणीकरण में इस प्रश्न को गम्भीरता से उठाया है। काव्य-सम्प्रेषण के लिए वे विभावादि में साधारण्य की क्षमता का होना ही पर्याप्त न मानकर विभावादि का काव्यात्मक भाषा में अभिव्यक्त होना भी अपेक्षित मानते हैं। सम्प्रेषणार्थ काव्य-भाषा का यह महत्त्व देश-विदेश की काव्यशास्त्रीय परम्पराओं में स्वीकृत है। आचार्य भट्टनायक स्वयं भाषा की 'काव्यात्मकता' का प्रश्न उठाते हैं। काव्यानुभूति के लिए उन्होंने अन्य शब्दों से विलक्षण (चमत्कारयुक्त) 'काव्यात्मक शब्द'[270] को अनिवार्य माना है। यह 'काव्यात्मक शब्द' भावकत्व-

व्यापार को विभावादि के साधारणत्व का सम्पादक है।[271] अभिनवगुप्त, भट्टनायक के भावकत्व-व्यापार को आनन्दवर्धन द्वारा स्थापित ध्वनि अथवा व्यंजना व्यापार के अन्तर्गत समाविष्ट करते हैं। अभिनवगुप्त के मत से 'व्यंजना', विभावादि को साधारणीकृत रूप देने के लिए काव्यात्मक भाषा का उपयोग अनिवार्य है। अभिनवगुप्त ने 'अभिज्ञानशाकुन्तल' के 'ग्रीवाभंगाभिरामं' छन्द से स्पष्ट कहा है कि समृद्ध काव्य-भाषा (व्यंजना रक्षित काव्यभाषा) के द्वारा यहाँ भयभीत मृग का मानसी-साक्षात्कार होता है।[272] यह काव्य-भाषा की शक्ति ही है जो भयाक्रान्त मृग के बिम्ब को मूर्तित करती है और सम्पूर्ण स्थिति के सम्मूर्तन विधान में कोई बाधा नहीं पड़ती है।

पाश्चात्य जगत् में 'त्रासदी' चर्चा में भाषा की काव्यात्मकता को महत्त्व दिया गया। किन्तु इस विषय के प्रौढ़ चिन्तन का विस्फोट प्रथम बार डॉ. एफ. आर. लीविस ने 'त्रासदी और माध्यम' निबन्ध में किया। त्रासदी से प्राप्त होने वाली 'गहन सूक्ष्म निर्वैयक्तिकता' का विश्लेषण विवेचन करते हुए उन्होंने उसकी केन्द्रीयता का रूप 'भाषा के काव्यात्मक उपयोग' में घोषित किया। वे यह भी कहते हैं कि 'काव्यात्मक' से तात्पर्य 'नाटकीय' से है। काव्यात्मक अथवा नाटकीय भाषा वह है जो सपाट वक्तव्य से सर्वथा भिन्न होती है और जहाँ 'पूर्वनिर्मित विचारों' को अभिव्यक्त करने के लिए मात्र माध्यम के रूप में भाषा का उपयोग नहीं होता, अपितु अन्वेषणात्मक सृजन के लिए किया जाता है। यह वह काव्य भाषा है जिसमें कविता जिसे सम्प्रेष्य करती है उसका सर्जन करती है और इस रूप में सामने लाती है कि वह अपने लिए स्वयं वाचाल हो जाता है। और फिर यहाँ तक कि वहाँ बोलने की आवश्यकता ही नहीं रहती, बल्कि होने और करने की स्थिति होती है।[273] डॉ. लीविस के ये विचार आनन्दवर्धन तथा अभिनवगुप्त से दूर नहीं हैं। डॉ. लीविस प्रथम चिन्तक हैं जिन्होंने काव्यानुभूति की निर्वैयक्तिकता के साथ भाषा की निर्वैयक्तिकता को सम्बद्ध करते हुए विचार किया है। बड़ी बात यह है कि वे काव्यानुभूति की निर्वैयक्तिकता का मूल स्रोत काव्य-भाषा में पाते हैं। पाश्चात्य तथा भारतीय काव्यशास्त्र के इन विचारों का अज्ञेय जी के काव्य-भाषा चिन्तन पर व्यापक असर मिलता है।

परम्परागत भाषा की अपर्याप्तता का बोध और नवीन काव्य-भाषा का सृजन

नवीन संवेदनों तथा रागात्मक सम्बन्धों को व्यक्त करने में अज्ञेय जी ने परम्परागत भाषा को अपर्याप्त पाया है। बदले हुए युग सम्बन्ध को नया कवि नये समय में नये ढंग से ही बाँध सकता था। कृतित्व की भीतरी आधुनिकता की माँग

भी यही थी। अज्ञेय जानते थे कि जैसे शिल्पाश्रयी काव्य पर रीति हावी हो जाती है, वैसे ही मताग्रही काव्य पर भी रीति हावी हो सकती है। इसलिए वे काव्य-भाषा के विवेचन में सामान्य भाषा के मानदण्ड को अधिक आन्तरिक और उद्देश्यपरक बनाने का प्रयास करते हैं। काव्य-भाषा तथा सामान्य भाषा में अन्तर स्वरूप का नहीं, उद्देश्य का होता है। सामान्य भाषा का उद्देश्य शब्दों में निहित सन्देश को पहुँचाना है जो उसका बहिर्मुखी व्यापार है। काव्य-भाषा का उद्देश्य काव्यात्मक कथन की अन्तर्मुखता है, वह कलाकार के निजी अनुभव के प्रति अन्तर्मुख धर्म है। सामान्य भाषा संकेत और संकेतित के बीच स्थिर सम्बन्धों को विचलित नहीं करती, ठीक इसके विपरीत काव्य-भाषा में शब्द और बाह्य अर्थ के सम्बन्ध को अंशतः विघटित करके उसके स्थिरा सम्बन्ध को कुछ मोड़ देकर भाषागत संकेत को एक नया महत्त्व, एक नयी अर्थगर्भिता प्रदान करनी पड़ती है।[274] उससे शब्द और अर्थ सम्बन्धी नियमों को स्वचालित रूप में नहीं, सर्जनात्मक रूप में परिवर्तित करना पड़ता है।[275] भारतीय काव्यशास्त्र के शब्द शक्ति विवेचन में इस तथ्य पर अत्यधिक बल दिया गया है कि काव्य का प्राणभूत व्यंग्यार्थ शब्द-व्यापार के द्वारा ही उद्‌बुद्ध होता है और व्यंजना शब्द में निहित वाच्येतर अर्थ की खोज है। काव्यार्थ का रहस्य शब्द से ही उन्मीलित होता है।[276] इस उन्मीलन का साधन है—प्रतिभा। आनन्दवर्धन के शब्दों में "वाच्यार्थ से विलक्षण एक प्रतीयमान वस्तु में महाकवि की प्रतिभा उन्मीलित होती है।"[277] पर वह प्रतीयमान अर्थ केवल शब्दार्थ के नियमों के ज्ञान मात्र से नहीं जाना जाता, बल्कि वह तो काव्यार्थ के तत्त्वज्ञ जनों द्वारा ही जाना जाता है।[278] अर्थ व्यंग्य है उसकी अभिव्यक्ति में समर्थ शब्द 'व्यंजक' कहा जाता है। वह शब्द-मात्र न होकर 'शब्द विशेष' है। यह काव्य-विशेष शब्द ही 'ध्वनि' है। शब्द तथा अर्थ में व्यंग्य-व्यंजक सम्बन्ध है—जिस शब्द-व्यापार से इस सम्बन्ध का ज्ञान होता है वह है—व्यंजना व्यापार। वृत्ति-भेद से एक ही शब्द वाचक, लाक्षणिक अथवा व्यंजक हो सकता है। व्यंजना-व्यापार का विशिष्टत्व यह है कि वह केवल काव्य में होता है—'शास्त्रे व्यंजकः शब्दो न प्रसिद्ध इत्यत उक्तमत्रेति'।[279] व्यंजना मात्र शब्द-वृत्ति न होकर अर्थ-वृत्ति भी है। अर्थ-व्यंजकता अनेक प्रकार की प्रतीति होती है—वक्ता या श्रोता का वैशिष्ट्य, विशिष्ट स्वर में किया गया वाक्य का उच्चारण, प्रकरण, देश-काल आदि का वैशिष्ट्य आदि अनेक कारणों से भिन्न अर्थ प्रतिभायुक्त रसिक को प्रतीत होता है।[280]

भारतीय आचार्यों की इस शब्द-शक्ति परम्परा को हृदयंगम करते हुए अज्ञेय जी ने लिखा है, "काव्य के जो भी गुण बताये जाते या बताये जा सकते हैं, अन्ततोगत्वा भाषा के ही गुण हैं।"[281] इसी बात को अन्यत्र 'तारसप्तक' के कवि

ने वक्तव्य-पुनश्च में कहा, "काव्य के सभी कर्म इसी परिभाषा से निःसृत होते हैं। शब्द का ज्ञान, शब्द की अर्थवत्ता की सही पकड़ ही कृतिकार को कृती बनाती है। ध्वनि, लय, छन्द आदि के सभी प्रश्न इसी में से निकलते हैं। इसी में युग-सम्पृक्ति का और कृतिकार के सामाजिक दायित्व का हल मिलता है या मिल सकता है।" यही कालिदास की "वागर्थ प्रतिपत्ति' आकांक्षा है जो उन्हीं की भाँति अज्ञेय में सक्रिय है। आधुनिक काल से पूर्व यह परम्परा टूट गई थी और काव्य-भाषा को भाव-विवेचन के पीछे जोड़ दिया गया था। नयी कविता के उदय के साथ ही पुनः काव्य-सर्जना में 'वागर्थ प्रतिपत्ति' की स्थापना हुई। ऐसी स्थिति में काव्य-समीक्षा में भी पूर्ववर्ती मूल का संशोधन किया गया। नये कवि अज्ञेय ने काव्य-भाषा को मूल्यांकन के आधार रूप में प्रतिष्ठित किया। अज्ञेय के इस संकेत से ही अज्ञेय के आलोचक डॉ. रामस्वरूप चतुर्वेदी ने 'काव्य भाषा' को प्रतिमान के रूप में ग्रहण करने का आग्रह किया। "आज की कविता को जाँचने के लिए जो अब सचमुच 'प्रास के रजत पाश' से मुक्त हो चुकी है, अलंकारों की उपयोगिता अस्वीकार कर चुकी है और छन्दों की पायलें उतार चुकी है, काव्य-भाषा का प्रतिमान शेष रह गया है क्योंकि कविता के संघटन में भाषा-प्रयोग की मूल और केन्द्रीय स्थिति है।"[282]

नयी प्रयोगशील कवि-दृष्टि में भाषा प्रयोग का साधन है और प्रयोग भी अपने-आप में इष्ट नहीं है, वह साधन है। क्योंकि एक तो वह उस सत्य को जानने का साधन है जिसे कवि प्रेषित करता है, दूसरे वह उस प्रेषण की क्रिया को और उसके साधनों को जानने का भी साधन है।"[283] अर्थात् कविता भाषा का प्रयोग है। प्राचीन कवि में भाषा का एक मुहावरा था। लेकिन आज ज्ञान-विज्ञान के प्रसार-दबाव से इस युग में भाषा एक रहते हुए भी उसके मुहावरे अनेक हो गए हैं। जटिल जीवन की संवेदना को व्यक्त करने में पुरानी भाषा अपर्याप्त है। भाषा की इस 'अपर्याप्तता' का संकेत अज्ञेय जी ने 'तारसप्तक' में दिया है।[284] क्योंकि निरन्तर प्रयोग से शब्द का चमत्कार मरता रहता है और वह अभिधेय बनता रहता है, "चमत्कार मरता रहता है और चमत्कारिक अर्थ अभिधेय बनता रहता है। यों कहें कि कविता की भाषा निरन्तर गद्य की भाषा होती जाती है। इस प्रकार कवि के सामने हमेशा चमत्कार की सृष्टि की समस्या बनी रहती है—वह शब्दों को निरन्तर नया संस्कार देता चलता है और वे संस्कार क्रमशः सार्वजनिक मानस में पैठकर फिर ऐसे हो जाते हैं कि उस रूप में—कवि के काम के नहीं रहते। वासन अधिक घिसने से मुलम्मा छूट जाता है।"[285] नये कवि के लिए अभिधेयार्थ युक्त शब्द कवि के लिए कच्चा माल है—ऐसा माल या रचना जिसमें वह नया अर्थ भर सके, नया जीवन डाल सके। यही अर्थ की

प्रतिपत्ति है। नया कवि पाता है कि परिवेश का बोध भाषागत क्षमता पर आधृत है क्योंकि भाषा-संसार ही कवि का अनुभव संसार है। अनुभव-विस्तार भाषा-विस्तार चाहता है और कवि को शब्द की रागोत्तेजक शक्ति बढ़ानी पड़ती है। भारतीय कवि के लिए भाषा विषयक यह ज्ञान अत्यन्त प्राचीन है किन्तु इस बार इन कवियों का परिचय पश्चिमी काव्यजगत् से हुआ। इस ज्ञान को वहाँ के मानवविज्ञान, समाजशास्त्र, मनोविश्लेषणशास्त्र, काव्यशास्त्र तथा दर्शन ने नवीन खोजों ने और बढ़ा दिया। आई. ए. रिचर्ड्स ने काव्य-भाषा को 'संवेगात्मक भाषा' कहा है। वे मानते हैं कि काव्य में संवेगात्मक भाषा का प्रयोग होता है। उन्होंने विचारक आंग्डेन के साथ लिखी पुस्तक 'अर्थ का अर्थ' में भी इसी विचार का संकेत दिया।[286] प्रतीकात्मक प्रयोग विज्ञान या शास्त्र में होता है, जबकि संवेगात्मक प्रयोग (इमोटिव यूज आफ लैंग्वेज़) मुख्यतः काव्य में होता है।[287] आई. ए. रिचर्ड्स के मत से समस्त भाषागत प्रयोगों पर चार दृष्टियों से विचार हो सकता है—(1) वाच्यार्थ (सेंस), (2) अनुभूति (फीलिंग), (3) स्वर-भंगिमा (टोन), (4) अभिप्राय (इण्टेंशन)।[288] रिचर्ड्स यह भी मानते हैं कि काव्य की भाषा आदिम स्थिति की ओर प्रत्यावर्तन करती है।[289] विलियम एम्पसन ने 'एम्बिग्विटी' का सिद्धान्त काव्य-भाषा में प्रतिपादित किया जो संस्कृत में रस-ध्वनि तथा अज्ञेय के काव्य-भाषा सोच के पर्याप्त निकट है। एम्पसन ने यह स्वीकार किया है कि भाषा की जिस अनेकार्थकता तथा अर्थ-जटिलता की ओर वे संकेत करना चाहते हैं, उसके लिए 'एम्बिग्विटी' शब्द पर्याप्त नहीं है। क्योंकि प्राचीन काव्य में 'एम्बिग्विटी' या अस्पष्टता को दोष माना जाता था। 'एम्बिग्विटी' को आपत्ति के घेरे में घेरने वाले 'सेविन टाइप्स आफ एम्बिग्विटी' में उसके सात प्रकारों पर आपत्ति करते हैं। स्वयं एम्पसन मानते हैं कि जैसे वे अनेकार्थकता के लिए 'एम्बिग्विटी' शब्द को चुनने को विवश हैं, वैसे ही 'एम्बिग्विटी' के सात या उससे कम ज्यादा प्रकार भी हो सकते हैं। दृष्टि के इस लचीलेपन को ध्यान में रखकर विमसाट ब्रुक्स ने कहा है, 'एम्पसन की एम्बिग्विटी' केवल अनेकार्थकता नहीं है, उसके मूल में मनोवैज्ञानिक संस्कार भी अन्तर्निहित हैं।[290] एम्पसन ने 'सेविन टाइप्स आफ एम्बिग्विटी' नामक अपनी पुस्तक के द्वितीय संस्करण की भूमिका में काव्य की व्यापक अनेकार्थकता को प्रतिपादित करते हुए कहा, "जैसा कि मैं समझ सका हूँ, महान् काव्य के एक निश्चित रूप में प्रस्तुत स्थिति से सामान्यीकरण की अनुभूति प्राप्त होती है, उसमें सदैव मानव अनुभव की पृष्ठभूमि की ओर संकेत होता है, जिसको नाम देना चाहे कठिन हो पर जो सतत विद्यमान रहती है।"[291] इसी बात से प्रभावित अज्ञेय जी का मत है कि "केवल सही शब्द मिल जाये तो लेखक के नाते, और उससे

भी अधिक कवि के नाते मैं अनुभव करता हूँ कि यही समस्या की जड़ है। मेरी खोज भाषा की खोज नहीं है, केवल शब्दों की खोज है। भाषा का उपयोग मैं करता हूँ, निस्सन्देह, लेकिन कवि के नाते जो मैं कहता हूँ, वह भाषा के द्वारा नहीं, केवल शब्दों के द्वारा। मेरे लिए यह भेद गहरा महत्त्व रखता है।''[292] इसी दृष्टि के कारण वे शब्द की सबसे अच्छी पकड़ के नये कवि हैं। ''मैं कला-सृजन के माध्यमों में सबसे अधिक बेध माध्यम का उपयोग करता हूँ—ऐसे माध्यम को जिसे निरन्तर दूषित तथा संस्कार-च्युत किया जाता रहता है। अथच इसका उपयोग मैं ऐसे ढंग से करना चाहता हूँ कि वह नये प्राणों से दीप्त हो उठे। ऐसा मैं कैसे करता हूँ या कर सकता हूँ ? अपना ध्यान शब्द पर—हमेशा शब्द पर—केन्द्रित करके ही।''[293] वे भाषा के अभिजात्य को लगातार तोड़ते हैं। ''कवि का उद्देश्य केवल शब्द की निहित सत्ता का पूरा उपयोग करना नहीं बल्कि उसकी जानी हुई सम्भावनाओं के परे तक उसका विस्तार करना है...दूसरी ओर जिस किसी ने अच्छा काव्य पढ़ा है, उसने लक्ष्य किया होगा कि कवि शब्दों का न केवल भरपूर सार्थक प्रयोग करता है, बल्कि कभी-कभी शब्दों या वर्णों का उपयोग न करके ही अर्थ की वृद्धि करता है—यानी शब्दों का ही अर्थ-गर्भ उपयोग नहीं, अर्थ-गर्भ मौन का भी उपयोग करता है। मुझे हमेशा लगा है यही भाषा का श्रेष्ठ कलात्मक उपयोग है।''[294] वे अन्तराल के मौन द्वारा भी शब्द का पूरा अर्थ प्रेषित करना चाहते हैं। अन्त में वे व्यंजनाधर्मी भारतीय परम्परा के संस्कार में रंगकर लिखते हैं, ''पूर्व की एक परम्परा के उत्तराधिकारी होने के नाते मैं यह कह सकता हूँ कि कविता भाषा में नहीं होती, वह शब्दों में भी नहीं होती, कविता शब्दों के बीच की नीरवताओं में होती है।...क्योंकि वह जानता है कि मौन के द्वारा भी सम्प्रेषण हो सकता है।''[295] कहना न होगा कि ध्वनिवादी आचार्य शब्द-शक्ति-विवेचन में—आर्थी-व्यंजना के विवेचन में इस बात पर बार-बार बल देते रहे हैं। लेखक का परिवेश ज्ञान-विज्ञान के साथ जितना बड़ा है, उतना ही अस्मिता का संकट (आइडेण्टिटी आफ क्राइसिस) बढ़ा है। संकटग्रस्त अस्मिता का यह बोध सभी आधुनिकों को है। भग, सन्त्रास, अजनबीपन, एलिनिएशन, आदि एकाएक बहुत से शब्द अस्तित्ववादी प्रभाव से हमारी भाषा में आ गए हैं। क्योंकि पश्चिम की अस्मिता अलग थी और हमारी अस्मिता अलग है। ''हमारी अस्मिता हमारे संकट के कारण अलग है। इसलिए शब्दों के पर्यायत्व का कोई खास मतलब नहीं है। फिर भी अगर हमने एक तरफ कोश में दिए हर भाषा में पर्याय भी लिए और उनमें मनमाना अर्थ भी भरा तो यह कोई अनहोनी बात नहीं है। हर भाषा में शब्दों के अर्थ-विकास या अर्थान्तर की प्रक्रिया चलती रहती है।''[296]

अज्ञेय जी काव्य-भाषा में 'सांस्कृतिक अस्मिता' और 'ऐतिहासिक दृष्टि'

को महत्त्व देते हैं। "उस साहित्य की कोई विशेष प्रतिष्ठा नहीं हो सकती जिसमें कोई सांस्कृतिक अस्मिता नहीं बोलती। जिस भारतीय साहित्य में भारत नहीं बोलेगा, उस साहित्य की संसार में कोई प्रतिष्ठा नहीं होगी।"[297] भाषा को हम बनाते नहीं हैं, भाषा ही हमें बनाती है। भारतीय चिन्तकों की वाणी का सार अज्ञेय जी अपने शब्दों में देते हैं—"भाषा कल्पवृक्ष है जो उससे आस्थापूर्वक माँगा जाता है, भाषा वह देती है। उससे कुछ माँगा ही न जाये, क्योंकि वह पेट से लटका हुआ नहीं दीख रहा, तो कल्पवृक्ष भी कुछ नहीं देता।"[298] कवि भाषा का उपयोग जितना व्यापक और गहरा करेगा, भाषा उतनी ही समृद्धतर होती है और अपने व्यवहर्ता को समृद्धतर बनाती भी है। अनुभव और लगाव (कमिटमेण्ट) की भाषा ही संस्कृति का और अस्मिता का उपकरण होती है। इसलिए अपनी भाषा के संस्कार की लेखक में अज्ञेय जी बात उठाते हैं, "निराला और पन्त से हमें जो भाषा मिली, वह हमारी आवश्यकता के लिए अपर्याप्त जान पड़ने लगी थी। हम भाषा से नयी माँग कर रहे थे, पन्त और निराला ने भाषा से जो चाहा था, उससे हमारी माँगें गुणात्मक दृष्टि से भिन्न थीं। लेकिन एक मार्मिक बिन्दु पर उनकी और हमारी चिन्ता एक ही थी। हिन्दी पर झुँझलाकर भी हम ऐसा नहीं समझते थे कि कोई दूसरी भाषा अधिक पर्याप्त है या हो सकती है।...हमारी लड़ाई हमारी भाषा से थी, खींचकर और पकड़कर हम कभी उसकी धज्जियाँ भी उड़ाते थे और उसे रौंदते भी थे, लेकिन फिर भी वह सदैव हमारी ही भाषा रहती थी। अभिव्यक्ति या सम्प्रेषण की कोई आशा हमें थी तो उसे पूरा करने की सम्भावना उसी भाषा से हो सकती थी। और इसलिए उस भाषा ने उस आशा को पूर्ण भी किया। स्वयं इस लेखक को अपनी भाषा के प्रति अधीर होते पचास एक वर्ष हो चले हैं।..."[299] सैद्धान्तिक दृष्टि से नये कवि के पास समृद्ध शब्द भण्डार है। व्यवहारतः वह विदेशी शब्दों की ओर लौटता है उसे गढ़ी भाषा मिलती है। वह ठीक अर्थ वहन नहीं कर पाती। खोटी धातु से धोखा खाकर नया लेखक मानो हारकर अपनी भाषा के प्रति अजनबी हो जाता है। जो मूल्य या अर्थ उसे अभीष्ट है, वह परायी भाषा से ही उसे मिलता जान पड़ता है—ऐसी स्थिति में वह भाषागत सृजन से कटकर जीवन भर अनुवाद जीवी बना रहता है। चूँकि "भाषा के इस पथ की साहित्य-समीक्षा में बहुत उपेक्षा होती रही है, जिसका दुष्परिणाम साहित्य और समीक्षा दोनों भोग रहे हैं।"[300] यह कभी नहीं भूलना चाहिए कि काव्य-भाषा ही कविता का प्रतिमान है। मानवीय संस्कृति की सर्वाधिक मूल्यवान उपलब्धि भाषा है, भाषा ही समाज जीवन का सबसे मूल्यवान उपकरण है। भाषा के आविष्कार से मानवीय अस्मिता का आविष्कार होता है, उसकी सृष्टि होती है। वे इस तथ्य को 'रचनात्मक भाषा

और सम्प्रेषण की समस्याएँ' नामक निबन्ध में विस्तार से उठाते रहे हैं।[301] काव्य-भाषा की काव्यात्मकता को अज्ञेय ने निखारते हुए कहा :

किसी की कली थी
मैंने अनदेखे में बीन ली,
किसी की बात थी
मैंने मुँह से छीन ली।
यों मैं कवि हूँ, आधुनिक हूँ नया हूँ
काव्य-तत्त्व की खोज में कहाँ नहीं गया हूँ ?
चाहता हूँ आप मुझे
एक-एक शब्द पर सराहते हुए पढ़ें।
पर प्रतिमा—अरे वह तो
जैसी आपको रुचे आप स्वयं गढ़ें।[302]

अज्ञेय ने काव्य-भाषा के अन्तर्गत बिम्ब या प्रतिमा, उपमान और प्रतीक पर भी विधिवत चिन्तन किया है। इस चिन्तन पर 'इमेजिस्ट मेनेफेस्टो' तथा 'सिम्बालिज्म मेनेफेस्टो' का भी दूर तक प्रभाव है, लेकिन सोचने का ढंग भारतीय मनीषा के संस्कारों से जगमग है। वैसे बिम्ब भी भारतीय चिन्तन के लिए अज्ञात वस्तु नहीं है—अनेक रूपों और अनेक प्रकार से बिम्ब चिन्तन यहाँ मिलता है। किन्तु जिस ढंग से पश्चिमी साहित्य में यह चिन्तन हुआ है—विशेषकर बिम्बवाद के अन्तर्गत वैसा यहाँ नहीं हुआ है। वैसे कुन्तक का कवि-व्यापार बिम्ब-विधान का समृद्ध चिन्तन है। मानसिक बिम्ब-विधान का विषय पश्चिम के मनोविश्लेषणशास्त्र से आया है। मनोविज्ञान में बिम्ब के अनेकों प्रकार—अनुबिम्ब, प्रत्यक्ष-बिम्ब, स्मृति-बिम्ब, कल्पना-बिम्ब, स्वप्न-बिम्ब, तन्द्रा-बिम्ब, मिथ्या-प्रत्यक्ष बिम्ब आदि की चर्चा है। युंग ने सामूहिक अवचेतन के सिद्धान्त में 'आद्य बिम्ब' का सिद्धान्त प्रस्तुत किया है।[303]

बिम्ब-विधान में नूतनता और मौलिकता का प्रश्न भी कवि के लिए बड़े महत्त्व का है—अज्ञेय जी ने कहा है :

बल्कि केवल यही
ये उपमान मैले हो गए हैं।
देवता इन प्रतीकों के कर गए हैं कूच
कभी वासन अधिक घिसने से मुलम्मा छूट जाता है।

जिस प्रकार प्राचीन या परम्परागत उपमान निरन्तर प्रयोग से घिस जाता है, उसी प्रकार परम्परागत बिम्ब भी निष्प्राण हो जाते हैं। अतः रूढ़ उपमानों और उन

पर आश्रित बिम्बों को त्याग कर नया कवि नवीन सौन्दर्य चेतना के अनुरूप नवीन उपमानों की शोध तथा उनके द्वारा नूतन बिम्बों के निर्माण में 'अन्वेषी' हो जाता है। पश्चिम में आज से दो हजार वर्ष पूर्व लांजाइनस ने उपमानों तथा अलंकारों की जड़ता पर प्रहार किया था।[304] नवजागरणकाल में शेक्सपियर ने काव्य-शिल्प की जड़ता को पुनः तोड़ा। वर्ड्स्वर्थ ने नव्यशास्त्रवाद की रूढ़ियों का विरोध करते हुए जीवन्त ग्राम भाषा का समर्थन किया। बीसवीं शताब्दी के आरम्भ में तो नव प्रयोगों के पक्ष में पाश्चात्य जगत् में बिम्बवाद का आन्दोलन ही चला। भारतीय वाङ्मय के इतिहास में कालिदास ने भी अलंकार और रीति की जकड़ के खिलाफ आवाज उठाते हुए कहा, 'पुराणमित्येवहि न साधु सर्वम्' अर्थात् सब पुराना ग्रहणीय नहीं है। हिन्दी के रीतिमुक्त कवि ठाकुर ने भी रूढ़ उपमानों की निन्दा में 'सीखि लीन्हों मीन मृग खंजन कमल नैन' वाला पद लिखा है। किन्तु यह सच है कि नयी कविता के कवि ने यूरोपीय आन्दोलनों की प्रेरणा से ही नये ढंग—नये उपमान, बिम्ब आदि को अपनाने का प्रस्ताव रखा है। सामाजिक मूल्यों से ज्यादा आन्तरिक मूल्यों पर बल देने के कारण अज्ञेय के काव्य-चिन्तन का विकास फ्रायड तथा युंग के मनोविश्लेषणवाद की ओर अधिक रहा।[305] अज्ञेय जी ने लिखा, "आधुनिक युग का साधारण व्यक्ति यौन वर्जनाओं का पुंज है।...आज के मानव का मन यौन परिकल्पनाओं से लदा हुआ है। और वे कल्पनाएँ सब दमित और कुण्ठित हैं। उसकी सौन्दर्य चेतना भी इससे आक्रान्त है। उसके उपमान सब यौन प्रतीकार्थ रखते हैं।"[306]

मानव तथा पशु में अज्ञेय जी भेद यही मानते हैं कि मानव प्रतीक स्रष्टा है। मानवीय विवेक की प्रतिभा भी प्रतीक-सृष्टि की प्रतिभा का सहारा लेकर ही प्रतिफलित होती या हो सकती है। 'मानव : प्रतीक स्रष्टा' नामक निबन्ध में अज्ञेय जी ने कहा है, "विद्या वह है जो मुक्ति का निमित्त हो—और विद्या का आरम्भ प्रतीक सृष्टि से होता है।"[307] यह प्रतीक स्रष्टा की शक्ति ही उसकी अनन्त सम्भावनाओं का संकेत है। इन्हीं से वह सृजन तनाव से मुक्ति पाता है। मानव सृजित कुछ प्रतीक शाश्वत, स्थायी तथा दीर्घकालिक हैं, कुछ तात्कालिक हैं, आंचलिक तथा प्रादेशिक हैं। "संस्कृतियों के उदय-विलय का इतिहास बहुत कुछ उनके पूजित प्रतीकों के विकास-ह्रास का इतिहास होता है।"[308] काव्य को सांस्कृतिक प्रक्रिया तथा सांस्कृतिक अस्मिता की अभिव्यक्ति मानने वाले अज्ञेय जी काव्य में प्रतीकों के सृजन को कवि की बड़ी प्रतिभा शक्ति मानते हैं। वे स्वयं प्रतीकों के सृजनधर्मी कला के माहिर कवि हैं और उनकी लम्बी कविता 'असाध्य वीणा' तो प्रतीक कला का अनुपम निदर्शन ही कही जा सकती है। अज्ञेय जी प्रतीक को 'काल का डमरू नाद' कहते हैं। प्रतीकार्थ

अनेकार्थ सूचक होते हैं, "मिथक की भाँति प्रतीकों में भी सायुज्य, सारूप्य और सादृश्य की एक स्वायत्त, स्वयंसिद्ध स्वयं प्रकाश व्यवस्था होनी चाहिए—प्रतीक अपने आप में एक स्वतः प्रमाण दुनिया होता है।"[309] जैसे काल-प्रतीक के साथ रूप में डमरू की कटि वर्तमान है—वर्तमान का क्षण, क्योंकि इससे अधिक कुछ हो ही नहीं सकता, दोनों ओर के त्रिकोण अथवा शंकु अतीत और भविष्यत हैं। कालजीवी हम सदैव वर्तमान के बिन्दु पर जीवित रहते हैं। इसी बिन्दु पर गीता और उपनिषद समकालीन परिवेश के अंग हैं। क्योंकि भारतीय आख्यान—साहित्य मूलतः आवर्ती रहा है। आवर्ती कथा ही विश्व के आख्यान साहित्य को भारती की विशिष्ट देन है। उनके विपरीत पश्चिम की काल-कल्पना ऋजु रेखानुसारी है। अज्ञेय का यह नवीन चिन्तन 'संवत्सर', के निबन्धों में 'काल मृगया' नाम से किया गया है। काल का अनुभव, अवधारणा, प्रतीति को—'सम्प्रेषण का काल' भाषा का क्रम कहा है।[310] अज्ञेय जी शब्द और अर्थ के तनाव को सृजन में सामंजस्य और समाहिति के बिन्दु पर पाना चाहते हैं। 'अच्छी कुंठा रहित इकाई' के बल पर वे पुराने प्रतीकों का नया संस्कार करते हैं।

इस प्रकार से अज्ञेय जी का काव्य-भाषा चिंतन मूलतः भारतीय संस्कार की ध्वनि लिए है। एम्पसन, रिचर्ड्स तथा विमसाट आदि से भी ज्यादा वे आनन्दवर्धन, मम्मट, अभिनवगुप्त तथा पण्डितराज के चिन्तन के समीप हैं।

लय और छन्द

अज्ञेय जी कविता के रूपवाद पर ही नहीं टिकते, उस लय का आधार भी पकड़ते हैं जिससे अनुभूति सम्पृक्त है। तीव्र भाव के मूर्तन में लय योग देती है। इसलिए वे काव्य में वाक्-लय और अर्थ-लय पर बल देते हैं। अज्ञेय जी ने भाषा में देशज रंग और लय को महत्त्व दिया है। ध्यान देने की बात यह है कि अमेरिका की नयी कविता का आरम्भ ही जनता की बोली के स्वीकार से हुआ था। टी.एस. इलियट ने 'समसामयिक भाषा' (कण्टेम्परेरी स्पीच) की लय की खोज में अपने को प्रवृत्त किया।[311] अमेरिका के कवि—नयी कविता के कवि—व्हिटमैन ने साधारण की प्रतिष्ठा की थी।[312] अमेरिकी कवियों ने भी बोलचाल की लय, रीति तथा भंगिमा को पकड़ने का विशेष प्रयास किया था।[313] नवीन लय तथा नवीन अनुभवों को प्राप्त करने की घोषणा रिम्बो, पिकासो आदि कलाकारों ने भी की।[314] स्वयं एज़रा पाउण्ड काव्य में 'लय' को लेकर बहुत चिन्तित रहे हैं।[315] पश्चिम के इस नवीन चिन्तन ने अज्ञेय जी को भीतर से आन्दोलित किया है।

काव्य-भाषा के अध्ययन में छन्द का ज्ञान प्राचीन समय से महत्त्वपूर्ण रहा

है। छन्द का अर्थ ही है—छिपाकर रखी वस्तु। इसलिए प्रत्येक कवि की गोपनीयता छन्द ही है। छन्द के द्वारा ही हम जीवन की गति को काव्य में, बोलचाल की गद्य की लय में नियमित करते हैं। छन्द के सन्दर्भ में अज्ञेय जी के कुछ कथन मननीय हैं :

1. "स्वरों की रंगत भावना की रंगत है, अतः छन्द के द्वारा स्वर, अर्थ की वृद्धि करते हैं। छन्दमय उक्ति हमें शब्दार्थ भर नहीं देती, रंजना विशिष्ट भावार्थ देती है।"[316]

2. "छन्द शब्दों को मूर्त करता है, मुखर करता है, उनके ध्वन्यर्थ को आलोकित करता है।"[317]

3. "छन्द काव्य भाषा की आँख है। भाषा अपने को केवल सुनकर भी काम चलाती रहती है, काव्य भाषा अपने को देख भी लेती है।"[318]

मनोविश्लेषणशास्त्री छन्द और लय को रतिक्रिया व्यापार से जोड़ते हैं। छन्द का उतार-चढ़ाव, मन्दता-तेजी आदि एक प्रकार की रति-गति है जो स्थिति के अनुकूल स्वभाव धारण करती रहती है। काव्य इसलिए बदलता है कि कवि की अग्नि-धर्मिता बदलती है, संवेदना, बिम्ब, उपमान, प्रतीक, रूपक, मिथक आदि सभी बदल जाते हैं। इस अर्थ में नया सृजन पुराने को अनवरत पछाड़ता रहता है और इसी क्रम में भाषा लगातार घिस जाती है। यह सत्य है कि प्राचीन काव्य को वाचिक से पठित रूप तक आने में बदलाव की भीतरी प्रक्रिया के दौर से गुजरना पड़ा है। इसका अर्थ केवल इतना ही नहीं है कि छन्द शास्त्र बदल गया। इसका सीधा तात्पर्य तो यही है कि ज्ञानात्मक संवेदना ने कथ्य को बदल दिया और कथ्य ने भाषा को, भाषा ने काव्य-रूप को और छन्द को। इस अर्थ में छन्द कविता के साथ ही आता है या कविता का स्वभाव ही छन्द में लय पाता है। "उससे अधिक महत्त्व की बात यह है कि नये छन्द ने उस वस्तु को ही प्रभावित किया, जो उस छन्द में निबद्ध थी : वस्तु और रूप का पूरा आश्रय यही है कि दोनों पक्ष दोनों को बदलते और अपने अनुकूल ढालते हैं।"[319] लय काल का प्रत्यय है। सूक्ष्म अर्थ में नवीन लय बोध से तात्पर्य है—नवीन काल बोध। इसीलिए नये छन्द लय के नवीन तनाव पर टिके होते हैं। छन्दगत योजना के कारण ही काव्यगत भावानुभूति और जीवनगत भावानुभूति में अन्तर होता है। प्रकृत-वस्तु को कलावस्तु में ढालने की क्रिया लय के धागे से ही शुरू होती है। कलावस्तु की लय भी प्राचीन तथा नवीन का निर्धारक तत्त्व है। पारम्परिक छन्द के ढाँचे में आधुनिक कालबोध की अभिव्यक्ति सम्भावना प्रायः नहीं होती। क्योंकि हर नया भाव नयी लय लाता है। नयी लय नया छन्द लाती है। इस प्रकार पुरानापन छँटता रहता है और नवीनता आती रहती है। लय में मनःस्थिति

के साथ परिवेश और वातावरण भी समाहित रहता है। कवि जिस भाव, विचार या आइडिया में जीता है, उस अन्तर्मानसिकता को छन्द पकड़ता है। इसलिए छन्द और लय काव्य की प्रासगिकता के प्रश्न से जुड़े हैं। कविता का ही अनुवाद नहीं हो पाता, क्योंकि अनूदित होते ही उसके कान, आँख बदल जाते हैं। आधुनिक नयी कविता में छन्द तथा प्रत्येक पंक्ति की लय में निश्चित सम्बन्ध नहीं होता, बल्कि सम्पूर्ण कविता को अलग-अलग लय-संरचनाओं से सम्प्रयोजन क्रमित विन्यास के रूप में रूपान्तरित किया जाता है। काव्यार्थ के सीमान्त पर ही नियमित तथा अनियमित पंक्तियों के विभाजन-बिन्दुओं का कारण खोजा जा सकता है। अज्ञेय ने जापान के 'हाइकू' छन्द से लेकर ब्राउनिंग की स्वर-सम्भार कला के साथ नये ढंग से मुक्त छन्द का प्रयोग किया है।

भारतीय दृष्टि से छन्द मूलतः लय पर आधृत एक नाद-योजना है। प्रत्येक छन्द की अपनी एक लय होती है जिसके अनुरूप वर्णों तथा मात्राओं की योजना में एक विशेष नाद की सृष्टि की जाती है जिससे कविता का जीवन बढ़ जाता है। रूप-बिम्ब चाक्षुष होते हैं और लय बिम्ब श्रौत। श्रौत बिम्ब-विधान ही छन्द है। यही शब्द की प्रवाहपरक योजना है। छन्द और काव्य भाषा का वास्तविक निर्धारण करते हुए अज्ञेय उसे (छन्द को) काव्य-भाषा की आँख कहते हैं। अज्ञेय जी भाषा और काव्य भाषा का अन्तर भी छन्द से ही करते हैं। वे मानते हैं कि सामान्य भाषा में सुनने का गुण होता है और काव्य भाषा अपने को देख भी लेती है। अर्थात् सम्मूर्तन विधान की भी उसमें शक्ति होती है। छन्द से ही कल्पना को आकार तथा लय को कम्पन प्राप्त होता है।[320] इसी अर्थ में छन्द काव्य शिल्प का अनिवार्य तत्त्व है। अज्ञेय जी की बात आई. ए. रिचर्ड्स के इस कथन का ही समर्थन है—कि छन्द कवि और पाठक, दोनों को सम्भावित लयों के अनिश्चित एवं विस्तृत सुदृढ़ आधार तथा अभिविन्यास का एक निश्चित बिन्दु देता है।[321]

वाद-विवेचन

अज्ञेय जी द्वारा व्याख्यायित-विश्लेषित 'प्रयोगवादी' तथा 'नयी कविता' के स्रोत और सिद्धान्तों पर भी पश्चिम का व्यापक प्रभाव है। प्रगतिवाद सामाजिक मूल्यों पर बल देकर मार्क्सवाद की ओर प्रवृत्त हो गया था। प्रयोगवादी कविता आन्तरिक मूल्यों के अन्वेषण के कारण फ्रायड तथा युंग के मनोविश्लेषणशास्त्र की ओर झुकी रही है। आधुनिक ज्ञान-विज्ञान की विचारधाराओं से परिचित युवक अनास्था, सन्देह तथा यन्त्रणा से गुजर उठा था। काव्य-सिद्धान्त के रूप में सन् 1943 में यही धमाका 'तारसप्तक' है। ये सभी कवि अभिव्यक्ति और सम्प्रेषण

से जूझ रहे थे, इसी बिन्दु ने इन्हें तमाम विषयों पर मतैक्य न होने पर भी जोड़ दिया था। इसलिए प्रयोगवाद का जन्म तत्कालीन साहित्यिक समस्याओं से हुआ था। यह एक प्रकार का बड़ा कलागत संघर्ष था जिसकी उत्पत्ति परम्परागत मूल्यों के चुक जाने के अहसास से हुई थी। भाषा को अपर्याप्त पाकर कवि जिस नवीन राह का अन्वेषण कर रहा था, जिसमें परम्परागत प्रदाय के लिए बड़ा असन्तोष और आक्रोश था और रचना-प्रक्रिया के सम्पूर्ण भावयन्त्र को बदली हुई मानसिकता से बदलाव देने की स्थिति में था। प्रयोगवादी कविता हिन्दी कविता की इन रूढ़ियों, गलित मानसिक स्थितियों, झूठे आदर्शों, नैतिकतावादी कुचक्रों से संघर्ष कर रही थी जिसमें 'जटिल' और 'उलझी संवेदना' की अभिव्यक्ति कठिन थी।

अज्ञेय जी मानते हैं कि प्रयोग हर युग की कविता का बुनियादी धर्म है। किन्तु यह सच है कि 'प्रयोगवाद' के 'प्रयोग' को पश्चिम की पृष्ठभूमि में रखकर देखना ही उचित होगा। पश्चिम के अनुभववादी युंग का केन्द्र प्रयोग है। किन्तु यह आश्चर्य में डालने वाला सत्य है कि साहित्य के क्षेत्र में प्रयोग (एक्सपेरिमेण्ट) शब्द विज्ञान से न आकर चित्रकला की देन है। 'प्रयोग' के साथ अज्ञेय जी 'अन्वेषण' शब्द का प्रयोग भी करते हैं। वास्तव में ये दोनों ही शब्द पाश्चात्य जगत् की चित्रकला में उन्नीसवीं शताब्दी के उत्तरार्द्ध से ही बहु-प्रचलन में थे। मनोविश्लेषणवादी आलोचक सर हर्बर्ट रीड का विचार है कि चित्रकला में 'एक्सपेरिमेण्ट' का आधुनिक अर्थ में विशिष्टतामूलक प्रयोग सर्वप्रथम अंग्रेज कलाकार कांस्टेबल ने जून 18 36 में किया था।[322] इसी प्रकार रिसर्च या अन्वेषण शब्द का प्रथम ऐतिहासिक प्रयोग कला के महान् प्रवर्तक कलाकार सेजां ने किया।[323] सेजां ने कलागत मजबूरी, विशेषकर सम्प्रेषणीयता की मजबूरी में 'अन्वेषण' का अनुभव किया था जो बाद में कविता के प्रयोगवादियों पर छा गया। साहित्य में प्रयोगों का अन्वेषण अमूर्त से मूर्त और सम्प्रेषण को लेकर चला था, जिसके मूल में बिम्बवाद भी था। प्रथम महायुद्ध के बाद पाश्चात्य जगत् में एक भयंकर सांस्कृतिक संकट का जन्म हुआ। मानव से मानव का संवेदनासेतु वहाँ छिन्न-भिन्न हो गया। ऐसी स्थिति में वहाँ के नये कवियों ने अपने से पूर्ववर्ती रोमेण्टिक काव्य के आस्था तथा सौन्दर्य को अपने से अलग तथा कटा हुआ महसूस किया। स्थिति की भयावहता से जूझते हुए उन्होंने वस्तुनिष्ठ होकर युग की जटिल संवेदना को अभिव्यक्ति देने के लिए सम्प्रेषण के नये माध्यमों की खोज की। यह खोज उनकी आन्तरिक विवशता थी, ऊपर का खोल नहीं था। अंग्रेजी के आधुनिक काव्य में जिस प्रयोग-परम्परा का आरम्भ हुआ, उसका सर्वोत्तम रूप सृजन में 'वेस्टलैण्ड' नामक टी. एस. इलियट की लम्बी

कविता थी जिसने कविता के पुराने काव्यशास्त्र को ललकारा था। परिणामतः इस धारा का सर्वोत्तम रूप इलियट, एज़रा पाउण्ड तथा जेम्स ज्वायस में अवतरित हुआ। बिम्बवादियों, अतियथार्थवादियों के साथ इन तीन महान् व्यक्तित्वों ने प्रयोगवादी कविता को झकझोर दिया तथा फ्रायड, एडलर, युंग के चिन्तन ने उसे अन्तर्मन में उतारने की पहल की। पश्चिम का यही प्रभाव हिन्दी के प्रयोगवाद पर प्रत्यक्ष-अप्रत्यक्ष रूप से पड़ा है। अज्ञेय ही नहीं प्रयोगवादी सभी कवियों का सैद्धान्तिक व्यावहारिक चिन्तन इसी पश्चिमी चिन्तन से प्रभावित है। क्योंकि दोनों देशों की सामाजिक-मनोवैज्ञानिक स्थितियाँ भी काफी समान थीं। अज्ञेय के 'तारसप्तक' के वक्तव्यों में हुल्मे, पाउण्ड तथा इलियट के स्वर गूँज रहे हैं। किन्तु यह संयोग है कि हमारे यहाँ स्वयं छायावादी काव्य की अशरीरी कल्पना से ऊब थी, प्रगतिवादी सपाट होकर नारे में फँसे थे। धीरे-धीरे सभी मूल्य—चाहे बौद्धिक हों या नैतिक, साहित्यिक हों या किसी अन्य प्रकार के संदिग्ध हो गए थे। फलतः बिम्बवादी परिस्थितियों में ही हमारा प्रयोगवाद पनपा है।

सन् 1950 तक 'प्रयोग' के प्रति मोह कम हो गया। सभी कवि साहित्य के साथ साहित्येतर समस्याओं को भी समेटने लगे। कविता का आयाम विस्तृत होने लगा। प्रयोगवाद की सैद्धान्तिक अतिवादिता छटकर परिष्कार में ढलने लगी और नये विकास का मार्ग खुल गया। सर्वप्रथम अज्ञेय ने ही इस परिवर्तन को पहचानते हुए इस नयी काव्य-प्रवृत्ति को 'नयी कविता' नाम देने का प्रस्ताव किया।[324] और रामस्वरूप चतुर्वेदी तथा जगदीश गुप्त द्वारा प्रकाशित 'नयी कविता' से यह नाम व्यापक स्तर पर स्वीकृत हो गया। प्रयोग भूमि का क्षेत्र इतना विस्तृत हो गया कि राजनीति, धर्म, दर्शन आदि सभी साहित्येतर क्षेत्र उसमें अनुप्रवेश पा गए। यन्त्रयुग का अमानवीकरण (डी-ह्यूमेनाइजेशन) पश्चिम की भाँति यहाँ भी सक्रिय हो गया। द्वितीय विश्व युद्ध के बाद की प्रवृत्तियों में अपने को मिलाते हुए अज्ञेय ने इस तथ्य को स्वीकार भी किया है।[325] पर प्रयोगवाद तथा नयी कविता की इस पृष्ठभूमि को समझने के लिए पाश्चात्य जगत् के 'न्यू राइटिंग' को भी समझना चाहिए। महायुद्धों ने वहाँ संस्कारहीनता फैलाने के साथ अध्यात्म को नष्ट कर दिया। ऐसी स्थिति में साम्यवाद तथा मानववाद ही मानव को सामाजिक आर्थिक क्षेत्र में रक्षक प्रतीत हुए। लेकिन 1940 ई. के आसपास साम्यवाद से लोगों का मोह भंग हो गया। चिन्तकों ने इसे 'गाड दैट फेल्ड' का नाम दिया। इस संकलन के छः लेखक—स्टीफेन स्पेंडर, आर्थर कोस्लर, रिचार्ड राइट, आन्द्रेजीद, लुई फिशर तथा इग्नेजियों सिलौने थे। जिन्हें नयी पीढ़ी की बौद्धिक मानसिकता का अगुवा कहा जा सकता था। जान लेमेन ने 'न्यू राइटिंग इन यूरोप' नामक पुस्तक में सन् 1930 के आस-पास की युवा

विद्रोही पीढ़ी का विस्तार से विवरण दिया है। वे मानते थे कि बीज रूप से जेम्स ज्वायस, वर्जीनिया बुल्फ, डी. एच. लारेंस, टी. एस. इलियट तथा एज़रा पाउण्ड के बहुत से बीज ही बाद में बढ़ते रहे। ये स्वयं अपने ढंग के विद्रोही थे। सन् 1932 में 'न्यू सिग्नेचर्स' का प्रकाशन हुआ जिसमें—डब्ल्यू. एच. आडेन, जूलियन बेल, सेसिल डे लुइस, रिचर्ड् ए बरहर्ट, विलियम एम्पसन, जान लेमेन, विलियम पोमर, स्टीफेन स्पेंडर, तथा ए. एस. जे. टेसीमोन्ड—प्रमुख कवि थे। संकलन का भूमिका लेखन माइकेल राबर्ट्स ने किया था। आज यह भूमिका अज्ञेय के 'तार सप्तक' 1943 से तुलनीय है। 'न्यू सिग्नेचर्स' के बाद 'न्यू कण्ट्री' नाम से फिर एक संकलन प्रकाशित हुआ। यद्यपि यह गद्य संकलन था। किन्तु उसने अनेक विवादों को एक साथ जन्म दिया।

अमेरिका में स्वतन्त्र ढंग से नये साहित्य का सृजन हुआ। उनकी संस्कृति अपेक्षाकृत नवीन थी और उनमें जबदी मनोवृत्तियों से मुक्ति का भाव था। ई. ई. कमिंग्ज, विलियम सरोयान, जान स्टीनबैक, जैनेसी विलियम्स तथा आर्थर, मिलर के नाम नये लेखकों में उल्लेखनीय हैं। आधुनिक विचारधाराओं में अस्तित्ववाद, अतियथार्थवाद, वैज्ञानिक मानववाद, व्यक्तित्ववाद, आदि प्रमुख हैं। जिनका प्रभाव अज्ञेय के लेखन और सिद्धान्त दृष्टि दोनों पर पड़ा है। अज्ञेय में मुक्त साहचर्य पद्धति, अमूर्तन, दिक् काल के आयामों से ऊपर उठने वाले यन्त्र आदि किसी हद तक अतियथार्थवाद की ही देन हैं। नवीन मानववाद ने अज्ञेय को भीतर से मथा है।[326] पता नहीं क्यों अज्ञेय अपने ऊपर प्रभाव बताये हुए एडलर, युंग तथा टी. एस. इलियट आदि के नाम छोड़ देते हैं, जबकि इनका उन पर गहरा प्रभाव है। नयी कविता को लेकर वे मानते हैं—"आज भी बुद्धि से ही कविता ग्राह्य होती है।" कविता का माध्यम आज कान नहीं, आँख हो गई है—इस माध्यम से बदलाव का कविता पर बड़ा असर पड़ा है। नयी कविता—विचारश्रयी कविता है जो पढ़कर ही समझी जाती है। प्रगतिवाद-प्रयोगवाद दोनों से ज्यादा व्यापक नयी कविता ही है—"नयी कविता का नयापन दोनों से अधिक व्यापक और उसकी प्रवृत्तियाँ केवल राजनीति से कहीं अधिक दिशाएँ रखती हैं।"[327] इसीलिए "नयी कविता सबसे पहले एक नयी मनःस्थिति का प्रतिबिम्ब है, एक नये मूड का, एक नये राग-सम्बन्ध का।"[328] इसी निबन्ध में नयी कविता पर पाश्चात्य प्रभाव की भी स्वीकृति है।

समाहार एवं निष्कर्ष

अज्ञेय जी के इस काव्य-चिन्तन का विवेचन-विश्लेषण करने से स्पष्ट है कि उन्होंने पूर्व और पश्चिम के सिद्धान्तों, विचारधाराओं, प्रवृत्तियों, आन्दोलनों, वादों आदि का गहन गम्भीर अध्ययन किया है। ऐसी स्थिति में उन पर पाश्चात्य प्रभाव

की गहरी छाप है। वे मानते हैं, "आज का भारतीय लेखक विदेशी साहित्यों के प्रति अत्यन्त सजग है, केवल अंग्रेजी साहित्य ही नहीं, सामान्यतया यूरोपीय साहित्यों के प्रति, और भारतीय लेखक अपनी रचनाओं को केवल अपनी परम्परा के सन्दर्भ में नहीं, दूसरी साहित्य परम्पराओं के सन्दर्भ में रखकर भी देखना चाहता है। परिणामतः आलोचना के स्वभाव में भी परिवर्तन लक्षित होता है।"[329] सन् 1930 के बाद का हिन्दी साहित्य मात्र अंग्रेजी से ही नहीं, समस्त यूरोपीय साहित्य से प्रभावित है। "सन् तीस के दशक से प्रयोग भी विशेष रूप से हुए। इनमें से कुछ का आधार अवश्य ही पश्चिम के साहित्य का—केवल अंग्रेजी नहीं, यूरोपीय काव्य साहित्य का—हमारा बढ़ता हुआ ज्ञान था।"[330] स्वयं अज्ञेय जी ने हिन्दी साहित्यालोचन में 'यथार्थ प्रामाणिक अनुभूति', 'रचनाकार की ईमानदारी', 'लेखकीय त्रास', 'स्वतन्त्रता स्वायत्तता', 'आधुनिकता बोध', 'अस्मिता का संकट', 'परम्परा प्रयोग', 'मूल्य और परिवेश' आदि शब्दों को पश्चिमी प्रभाव से नवीन धार दी है। फिर भी अज्ञेय जी का साहित्यालोचन किसी संकीर्ण मतवाद का प्रचार नहीं है। उनके लिए लेखक की विचारधारा का अर्थ है—जीवन दृष्टि, मूल्य-पद्धति, संस्कार की वरीयता आदि। वे मानते हैं कि कविता के मूल्यांकन का आधार कविता में ही है, उसके बाहर नहीं। "कविता तो सम्प्रेषण है और सम्प्रेषण में हमेशा दूसरा पथ मौजूद है, उसे कविता के बाहर कैसे माना जा सकता है।"[331] वे कहते हैं, " 'नयी कविता के प्रतिमान' और 'कविता के नये प्रतिमान' मैं दोनों से सहमत नहीं हूँ।"[332] क्योंकि कविता के मानदण्ड शाश्वत या आत्यन्तिक नहीं हो सकते। नयी कविता को नये समय में पहचानने के लिए नये मानदण्ड जरूरी हैं। यह मानदण्ड समय विशेष की कविता में ही खोजे जा सकते हैं क्योंकि कविता अपना वक्तव्य स्वयं होती है।

परम्परावादी कविता से हटना क्यों आवश्यक होता है ? अज्ञेय का समस्त काव्य-चिन्तन इसी का उत्तर और विश्लेषण है, जिस पर इलियट का सीधा प्रभाव है। इलियट से प्रभावित होने पर भी अज्ञेय जी ने 'प्रयोग परम्परा' पर बहुत नये ढंग से सोचा है। काव्यानुभूति का स्वरूप, काव्यानुभूति की प्रक्रिया, काव्य हेतु-प्रेरणा-प्रयोजन, आत्मा, कला-प्रकृति, कलाकार, काव्य का अधिकारी, काव्य की स्थिति, कृति की स्वनिष्ठता, काव्य के घटक तत्त्व, काव्य का माध्यम, सृजन सम्बन्धी मुख्य सिद्धान्त, सृजन प्रक्रिया और कवि-कर्तृत्व आदि पर अज्ञेय जी ने भारतीय संस्कारों से सूक्ष्म गहन चिन्तन किया है।[333]

अज्ञेय जी ने प्रयोगशीलता में प्रतीकवादी विचारधारा को भी फ्रेंच प्रतीकवादियों की भाँति ग्रहण किया है। किन्तु प्रतीकवादियों में मलार्मे, वोदलेयर, रेम्बू आदि की सभी मान्यताओं से वे सहमत नहीं हैं। साथ ही नवीन प्रतीक-योजना

की वकालत करना भी, प्रतीकवाद का अनुकर्ता हो जाना नहीं है। क्योंकि जब कभी कोई साहित्य नवीन प्रतीक की सृष्टि बन्द कर देता है, तो जड़ हो जाता है। जनसाहित्य तो सदा से ही प्रतीकों, अन्योक्तियों, मिथकों आदि में अपने को व्यक्त करता रहा है। नये प्रतीकों की सृष्टि का कार्य अज्ञेय जी ने भी कम नहीं किया। फिर भी उनकी काव्य-यात्रा एवं चिन्तन एक ऐसे अग्निगर्भी कवि मनीषी की काव्य यात्रा है जिसने अनेक प्रभावों से अपने को ताजा किया है और सृजन में नया परिष्करण निष्पन्न किया है। वे हिन्दी के प्रथम कवि हैं जिन्होंने अपनी संवेदना को विज्ञान की अधुनातन शोधों एवं दर्शन की पूर्वी और पश्चिमी परम्पराओं से निरन्तर संस्कारित किया है।[334] टेनीसन, ब्राउनिंग तथा रवीन्द्रनाथ ने उन्हें आरम्भ में ही काव्य-संस्कार दिए हैं। वे इस प्रभाव को स्वीकार भी करते हैं।[335] रवि बाबू ने रागात्मकता के साथ मानववादी दृष्टि को भी कवि में विकसित किया। भारतीय राष्ट्रीय-सांस्कृतिक आन्दोलन की पृष्ठभूमि का गहरा प्रभाव भी अज्ञेय के जीवन-दर्शन पर पड़ा है। छायावादी अमूर्त मानववाद से हटकर वे मानवेन्द्र राय के बुनियादी मानववाद (रेडिकल ह्यूमेनिज्म) को ग्रहण करते हैं।

अज्ञेय जी मार्क्सवाद का कभी खुला समर्थन नहीं कर सके। फिर भी यह सच है कि मार्क्सवाद का परोक्ष चिन्तन उनमें भारतीय मनीषी की भाँति स्वयं अनुप्रवेश करता है। वे क्षणवाद से ज्यादा सामाजिकता तथा समष्टि के पक्ष-धर हैं। व्यक्तिवादी प्रवृत्तियों में डी. एच. लारेंस, रोम्यां रोला आदि की छाप अधिक है। उनका व्यक्तिवाद वैयक्तिकतामूलक मानव के निकट है, जिसे भारतीय विचारधारा के 'साधन' और 'समाधि' पक्ष ने संस्कारित किया है। ऐसी स्थिति में उन्हें अहंवादी तथा कुंठावादी कहना भी अनुचित ही कहा जायेगा। पश्चिमी दर्शन की अनास्थापरक अस्तित्ववादी दृष्टि से वे कभी भी सहमत नहीं हुए, उनका काव्य आस्था और सौन्दर्य का भण्डार है। वे अपनी शर्तों पर आस्थावादी अस्तित्ववाद को ही ग्रहण कर सके हैं। गेब्रील, मार्सल, कीर्केगार्द, बूबर तथा कार्ल यास्पर्स का उनके चिन्तन पर हल्का प्रभाव है। ईसाई जीवन-दर्शन में आस्था रखने वाले अज्ञेय जी का ईसाई अस्तित्ववादियों से प्रभावित होना सहज था। 'दुःख सब को भाँजता है' की दृष्टि यहीं से पनपती है। कीर्केगार्द का विषयीगत सत्य और अज्ञेय का राग-तत्व तत्वतः एक ही है। वैसे अज्ञेय को भारतीय वेदान्त की सत्य उपलब्धि की दृष्टि, जैन बौद्धवाद (जापानी ध्यान सम्प्रदाय) भी विचारधारा के स्तर पर बहुत मथता है। उनके चिन्तन में उपनिषदों का तत्त्ववाद आत्मवाद, बौद्धों का शून्यवाद, वैष्णव परम्परा का मानवतावादी आदि एक साथ सक्रिय रहते हैं। श्री विजयदेव नारायण साही ने सांस्कृतिक बोध की प्रबलता को ध्यान में रखकर 'लघु मानव के बहाने हिन्दी कविता पर

एक बहस' में प्रसाद और अज्ञेय में समानता का अधार खोजते हुए ठीक लिखा है, "इस प्रकार कामायनी में जो अनुभूति दर्शन में परिवर्तित हो जाती है, उसे अज्ञेय फिर दर्शन से अनुभूति में परिवर्तित करते हैं।"[336] सूक्ष्मता से थाहने पर यह स्पष्ट होता है कि वे टी.एस. इलियट की तमाम मान्यताओं से दूर तक सहमत हैं। फिर भी यह मानना अन्याय होगा कि अज्ञेय की काव्य-साधना में नयी, समन्वित, जीवन-दृष्टि को पाने का सचेत प्रयत्न नहीं है।[337]

अज्ञेय जी के काव्य-चिन्तन की मूल दृष्टि पर मनोविश्लेषणशास्त्र की अवधारणाओं का घेरा है। यद्यपि अज्ञेय जी अपने को मनोविश्लेषणवादी आलोचक या चिन्तक कहने का विरोध करते हैं, किन्तु यह सच है कि उनके तमाम चिन्तन को मनोविश्लेषणशास्त्र ने अधिक प्रमाण-पुष्ट और धारदार बनाया है, उनके सभी काव्य-सिद्धान्त इसी दृष्टि को केन्द्र में रखते हैं। जोशी जी तथा अज्ञेय में अन्तर इतना ही है कि जोशी जी सिद्धान्तों से व्यवहार पर आते हैं, इसके विपरीत अज्ञेय जी व्यवहार से सिद्धान्तों की सत्यता सिद्ध करते हैं। अज्ञेय जी मनोविश्लेषण से समकालीन मानस को समझते-समझाते हैं जो रचना तथा रचनाकार की आन्तरिक यन्त्रणाओं, विवशताओं, बोधों तथा दायित्वों को रेखांकित करता चलता है। इस दृष्टि से उनकी मनोविश्लेषणवादी दृष्टि हिन्दी आलोचना की सर्वाधिक मूल्यवान दृष्टि है।

मनोविश्लेषणवादी समीक्षा की शक्ति एवं सीमा

पं. इलाचन्द्र जोशी और कवि-समीक्षक अज्ञेय के समीक्षा-सिद्धान्तों को बृहत्तर परिप्रेक्ष्य में विश्लेषित-व्याख्यायित करने के बाद यह निष्कर्ष सहज ही निकलता है कि मनोविश्लेषणवादी समीक्षा की शक्ति को हिन्दी समीक्षा में इन दो आलोचकों ने सिद्ध किया है। इस प्रकार से इन्हीं दो की समीक्षा दृष्टि में हिन्दी की मनोविश्लेषणवादी समीक्षा का समुचित विकास-क्रम पाया जा सकता है। दोनों ने फ्रायड, एडलर तथा युंग की सैद्धान्तिक मान्यताओं का उल्लेख या संकेत भर नहीं किया है बल्कि हिन्दी साहित्य का मनोविश्लेषण शास्त्र की प्रविधि और प्रक्रिया से आन्तरिक आलोचन, विश्लेषण तथा मूल्यांकन भी किया है। यह कहना अनुचित न होगा कि मनोविश्लेषणवादी कला-दृष्टि को इन दोनों ने हिन्दी-समीक्षा में इस ढंग से रचा-पचा दिया है कि वह उधार की या ऊपर से आरोपित प्रतीत नहीं होती। वास्तव में, मनोविश्लेषणशास्त्र मानसिक क्रिया-कलाप पर ध्यान केन्द्रित करता है और उन्हीं आधारों पर कृति के साहित्यिक एवं कलात्मक सौन्दर्य की परीक्षा करता है। धीरे-धीरे इस पद्धति ने मूल्य-दृष्टि भी युंग के विचारों से ग्रहण की है और काफी कुछ अपनी एकांगिकता का परिहार भी किया। फिर भी इस पद्धति की बड़ी सीमा यही रही है कि यह अभी कृति के मूल्य-निर्धारण

के प्रतिमान मार्क्सवादी समीक्षा की भाँति निर्धारित नहीं कर सकी है। जीवन की आन्तरिकता में धँसने के साथ ही यह समीक्षा बाहरी सामाजिक साँचे-ढाँचे को सही न्याय नहीं दे पाती है।

मनोविश्लेषणशास्त्र कलाकृतियों का विश्लेषण इसलिए करता है कि वह सृजनप्रक्रिया के मूल को थाह सके। कृतियों में निहित प्रतीकों-बिम्बों, मिथकों तथा भाषागत अर्थ-अनुषंगों से मनोविश्लेषण उनके ठोस सत्य को खोजने का उपक्रम है। एडलर मानते हैं कि कलाकृति संश्लिष्ट होती है और यह संश्लिष्ट कृति ही हमारे लिए आकर्षण का कारण है। विज्ञान विश्लेषण करता है और संश्लिष्टता को विनष्ट। पर सही ढंग अपनाने पर इस मनोविश्लेषणवादी पद्धति से कला की विशिष्टता को समाज-संस्कृति तथा इतिहास के सन्दर्भ में समझा जा सकता है। मनोविश्लेषणवादी समालोचकों ने साहित्य सर्जना की जिन सृजन-प्रेरणाओं को अवचेतन सिद्धान्त से सम्बद्ध करते हुए प्रस्तुत किया है, उन्हें प्रायः देश-विदेश में स्वीकृति मिली है। यह सिद्ध हो गया है कि कोई भी समर्थ कलाकार अपने सृजन को जो रूपाकार प्रदान करता है उसमें परम्परा संस्कृति, दर्शन, अन्तर्मन तथा व्यक्तित्व का काफी अंश रहता है। फलतः आज साहित्य की प्रेरणा प्रयोजन दृष्टि का पर्याय कलाकार का 'सामूहिक अवचेतन मन' बन गया है। इस सिद्धान्त से साहित्य तथा संस्कृति की अनवरतता तथा जातीय स्मृतियों के गठन को विवेचित-विश्लेषित किया जा सकता है।

समग्रतः कहा जा सकता है कि मनोविश्लेषणवादी सैद्धान्तिक समीक्षा का रूप हिन्दी में पर्याप्त पुष्ट और समर्थ है। नये आलोचकों में भी यह समीक्षा-दृष्टि विकसित हो रही है। यह देखकर सन्तोष होता है कि यह समीक्षा पद्धति आज समाप्ति पर नहीं, गति के पथ पर अनुधावित है।

सन्दर्भ

1. F.L. Lucas : Literature and Psychology, p. 12-15
2. David Daiches : Critical Approaches to Literature, p. 340
3. Freud thus developed the conception of a dynamic unconscious, one previously imagined by philosophers like schopenhaur and Vanhartmann, but never before actually explored—Ernest Jones : What is Psycho-analysis, p. 18
4. सं. धीरेन्द्र वर्मा—हिन्दी साहित्य-कोश, भाग-1—विकासवाद—हि. आत्माराम शाह, पृ. 710
5. During the last few decades a hysterical women would have been almost as certain to be treated as a malangerer as in earlier centuries. She would have been certain to be judged and condemmed as a with or as possesd of devil.—S. Freud : Report on

my studies in peris and Berlin (1886), International journal of Psycho-analysis, 1956, p. 27

6. S. Freud : Collected Papers, Vol. I, p. 22
7. Breur and freud sought and found the effective realease of subconscious secrets by including their patients to assume a passive attitude and take about themselves freely and intimately, this was the 'Talking-cure' or 'Chimni-Sweeping'.—Joseph Jastrow-Freud—His Dreem and sex-theories, p. 21
8. S. Freud : Collected papers, Vol. I., p. 23
9. S. Freud : A General Introduction to Psycho-analysis, p.3
10. क. अहमद—मनोविश्लेषण और साहित्यालोचन, पृ. (घ) पुरोवाक्—आ. देवेन्द्रनाथ शर्मा, प्र. सं. 1969
11. It is easy to say that the ego is that part of the in which has been modified by the direct influence of external world acting through the perception... Moreover, the ego has the task to bringing the enfluence of the external world to bear upon the id and its tendencies and endeavours to substitute the Reality principle for the pleasure principle which regins supreme in the id. In the ego perception plays the part which in the ud devolves upon instinct. The ego represents what we call reason and sanity in contrast to the id which contains the passions.—S. Freud : Introductiory Lectures, p. 323
12. (a) S. Freud : Collected Papers, Vol. I, p. 293

    (b) S. Freud : Three contributions to the Theory of sex, p. 14
13. (i) 'In Psycho analysis the term 'Sexuality' comprises for more; it goes lower and also higher than the popular sense of the word. This extention is justified genelically we reckon as belonging to 'sexual', All expressions of tender feelings, which spring from the source of primitive sexual feelings, ...' S. Freud : Collected Papers, Vol. II, p. 299

    (ii) S. Freud : Autobiographical studies, p. 67

    (iii) S. Freud : Group psychology and the Analysis of the ego, p. 37
14. S. Freud : Three contributions to the theory of sex, p. 44
15. S. Freud : Collected Papers, Vol. II, p. 272
16. (i) S. Freud : Collected Papers, Vol. IX, p. 47

    (ii) Psycho-analysis Reader, p. 208-230
17. S. Freud : Collected Papers, Vol II on the sexual Theories of Children, p. 272
18. S. Freud : Civilization and its discontents, p. 95
19. S. Freud : Beyond the pleasure principle, p. 69
20. S. Freud : Introductory Lectures of Psycho-analysis, p. 290
21. S. Freud : Collected Papers Vol. III, 'Perversion is a negative of Neurosis.', p. 106
22. (i) S. Freud : Collected Papers, Vol. III, p. 286

    (ii) E. Jones : Papers on Psycho-analysis, p. 118

    (iii) Lonard : Psycho-analysis today, p. 296
23. He (The Artist) opens to other is theway bern to the comfort and consolation of their own unconscious sources of pleasure and so raps their gratitude and admiration, then he has won through his phantacy—what before he would only win in the phantasy—honour, power and the love of women.—S. Freud—Introductory Lectures on Pshycho-analy-

sis, p. 315

24. S. Freud : Civilization and its Discontents, p. 35
25. क. अहमद : मनोविश्लेषण और साहित्यालोचन, पुरोवाक् : आ. देवेन्द्रनाथ शर्मा, पृ. 'घ'
26. क. अहमद : मनोविश्लेषण और साहित्यालोचन, पुरोवाक् : आ. देवेन्द्रनाथ शर्मा
27. Walman : Contemporary Theories in Psychology, p. 290
28. Walman : Contemporary Theories in Pschology, p. 296
29. Foreward : Psychology of C.G. jung, p. 10
30. An Introduction to Jung's Psychology, Chapter I, p. 13
31. The Introduction of Personality, p. 13
32. C.G. jung : Modern man in Search of Soul, p. 219
33. C.G. Jung : Contribution to Analytic-Psychology, p. 47
34. C.G. jung : Modern man in search of soul, p.11
35. C.G. Jung : The idea of the soul, p. 32
36. Freud : The Relation of the poet today dreaming : Collected Papers, Vol. V
37. Alfred Adler : Social Interest, p. 48
38. कामायनी–पुनर्विचार, पृ. 54
39. New Criticism, p. 103
40. 'He is objective and impersonal — even inhuman — for as an artist he is his work, and not a human being.'—Modern man in the search of Soul : Psychology and Literature, p. 190
41. 'Great poetry draws it's strength from the life of mankind we completely missed its meaning if try to derive it from personal cacters, when over the collective unconscious becomes a living experience and it is brought to wear upon the conscious outlook of an age this eventics a creative act which is of importance of everyone living in that age.'—Modern man in the search of soul : Psychology and Literature, p. 191
42. 'Every creative person is a duality or synthesis of contradictory aptitudes, on the one side he is a human being with a personal life, while on the other side he is an impersonal, creative process.' Ibid., p. 194
43. There may be some validity in the idea held by the freudian school the Artist without exception are mercessistic by which it meant that they are undeveloped persons with infantile, in entorotic traits the statement is only valid how the man as an artist. In his capacity of artist he is neither Autocratic, nor erotic in any sense.' Ibid., p. 194
44. Art is a kind of inmate drive that seizer a human being and makes him its instrument, the artist is not a person endowed with free will who seeeks his own ends, but one who allows art to realise its purposes through him. As a human being he may have moods and a will and personal aims, but as an artist he is 'man' in a higher sense — he is 'Collective man' — one who carries and shapes the unconscious, psychic life of mankind. Modern man in the search of soul : Psychology and Literature, p. 196
45. 'The premordial experience is the source of creativeness.' Ibid., p. 189
46. 'His opinion of the mother does not change the fact that his own outgrows his as a child its mother, the creative process has feminine quality, and the creative work arises from unconscious depths — we might say, from the real of the mothers.' Ibid.,

p. 196-197

47. 'Whenever the creative force predominates, human life is ruled and moulded by the unconscious as against on a subternangan current, being nothing more than a helplessness of server of events, the work in precess becomes the poets fate and determines his psychic developments. It is not goethe who creates faust, but faust which creates goethe.'

—Modern man in the search of soul : Psychology and Literature, p. 190

48. रस-मीमांसा, पृ. 272
49. Auto Raike : Art and Artist, p. 51-52, Newyork 1932
50. Herold Rough : Imagination, p. 294
51. David Daiches : Critical Approaches to Literature, p. 356
52. डॉ. रमेश कुन्तल मेघ : अथातो सौन्दर्य-जिज्ञासा, पृ. 214, प्र. सं. 1977
53. रस-मीमांसा, पृ. 239
54. डॉ. रामलाल सिंह : आचार्य शुक्ल के समीक्षा सिद्धान्त, पृ. 95
55. रस-मीमांसा, पृ. 7
56. डॉ. रामचन्द्र प्रसाद : हिन्दी आलोचना पर पाश्चात्य प्रभाव, पृ. 187
57. साहित्यालोचन : कला का विवेचन, पृ. 9
58. साहित्यालोचन, पृ. 10
59. David Daiches : Critical Approaches to Literature, p. 340
60. आधुनिक साहित्य, पृ. 297
61. आस्था के चरण, पृ. 10
62. वही, पृ. 18
63. आस्था के चरण : फ्रायड और हिन्दी साहित्य, पृ. 515
64. डॉ. रवीन्द्र सहाय वर्मा—पाश्चात्य साहित्यालोचन और हिन्दी पर उसका प्रभाव, पृ. 99
65. डॉ. राकेश गुप्त : 'साइकोलाजिकल स्टडीज इन रस' (अलीगढ़, 1950), पृ. 118-20
66. पद्मसिंह शर्मा 'कमलेश', मैं इनसे मिला : डॉ. नगेन्द्र (आत्माराम एण्ड सन्स, 1952), पृ. 150
67. आलोचना—अंक 36, विशेषांक, भाग 4, पृ. 157
68. देखा-परखा, पृ. 46
69. इलाचन्द्र जोशी : विश्लेषण, पृ. 48
70. वही, पृ. 48
71. वही, पृ. 50
72. विश्लेषण, पृ. 50
73. वही
74. विवेचना, पृ. 164
75. वही, पृ. 164
76. वही, पृ. 165
77. वही, पृ. 165
78. वही, पृ. 165
79. वही, पृ. 168
80. वही, पृ. 168

81. वही, पृ. 169
82. वही, पृ. 169-70
83. वही, पृ. 170-71
84. वही, पृ. 171
85. वही, पृ. 171-172
86. साहित्य-सन्देश : हिन्दी आलोचना में नयी प्रवृत्तियाँ, प्रकाशचन्द्र गुप्त, पृ. 101
87. विवेचना : आलोचना में अनाचार, पृ. 150
88. विश्लेषण, पृ. 51
89. वही, पृ. 100
90. वही, पृ. 100
91. वही, पृ. 103
92. वही, पृ. 106
93. वही, पृ. 108
94. वही, पृ. 109
95. वही, पृ. 111
96. वही, पृ. 112
97. वही, पृ. 111
98. वही, पृ. 138
99. वही, पृ. 123
100. वही, पृ. 127
101. विवेचना, पृ. 54
102. वही, पृ. 55
103. वही, पृ. 57-58
104. वही, पृ. 71
105. वही, पृ. 72
106. प्रेत और छाया की भूमिका, पृ. 3
107. विवेचना, पृ. 164
108. विवेचना, पृ. 229
109. वही, पृ. 55
110. शेखर एक जीवनी : भाग-1 (भूमिका), पृ. 5, 1944
111. There is always a seperation between the man who suffers and the artist who creates, and the greater the artist the greater the seperation.—T.S. Eliot : Selected Prose, P. 27
112. तार सप्तक, पृ. 278
113. वही, पृ. 278
114. वही, पृ. 279
115. डॉ. रामचन्द्र प्रसाद इस धारणा से सहमत नहीं हैं। वे लिखते हैं, "कला-विषयक उपर्युक्त स्थापना न एडलर की है न अज्ञेय की। यह तो लुइस की है। (सी. डे.) लुइस की पुस्तक 'ए होप फार पोयट्री' के अन्तर्गत एक निबन्ध है–'पोस्टक्रिप्ट–1936'। इस निबन्ध में उनकी

स्थापना है, "दि हिस्ट्री आव द पोयट हैज बीन द हिस्ट्री आव द मिसफिट ट्राइंग टु जस्टिफाई हिमसेल्फ टु सोसायटी' (ए होप फार पोयट्री, पृ. 88-89) आधुनिक हिन्दी आलोचना पर पाश्चात्य प्रभाव, पृ. 491

116. त्रिशंकु : परिस्थिति और साहित्यकार, पृ. 51
117. त्रिशंकु : कला का स्वभाव और उद्‌देश्य, पृ. 23
118. वही, पृ. 26
119. वही, पृ. 27
120. त्रिशंकु : कला का स्वभाव और उद्‌देश्य, पृ. 27
121. श्री शिवनाथ ने लिखा है, "एडलर और अज्ञेय की बात में अन्तर केवल इतना है कि 'हीनता' के स्थान पर 'अनुपयोगिता' और 'अपर्याप्तता' का प्रयोग करते हैं", दृष्टिकोण, जून 1952, पृ. 14, केसरीकुमार लिखित–'अज्ञेय, एडलर और लिविस' निबन्ध से।
122. त्रिशंकु : कला का स्वभाव और उद्‌देश्य, पृ. 28
123. वही
124. वही, पृ. 29
125. सेलेक्टेड एसेज, पृ. 24
126. दि सेक्रेड वुड, पृ. 53
127. त्रिशंकु, पृ. 28-29
128. आधुनिक हिन्दी साहित्य, पृ. 20-21
129. आधुनिक साहित्य : एक परिदृश्य, पृ. 119
130. सच्चिदानन्द वात्स्यायन : सब रंग और कुछ राग, पृ. 73
131. वही, पृ. 69
132. अन्तरण, पृ. 11
133. आलवाल, पृ. 10
134. त्रिशंकु, पृ. 87-88
135. त्रिशंकु, पृ. 39
136. poetry is not a turning loose of emotion but an escape from amotion, it is not the expression of personality, but an escape from personality.—T.S. Eliot : Selected prose, p. 30
137. त्रिशंकु, पृ. 39
138. For my meaning is, that the poet has, not a 'personality' to apprise, but a particular medium, which in only a medium and not a personality, in which impressions and experiences combine in peculiare and unexpected ways.—T.S. Eliot : Selected Prose, p. 30
139. त्रिशंकु, पृ. 39
140. There is a great deal, in the writing of poetry, which must be conscious and deliberate, in fact, the bad poet is usually uncoscious where he ought to be conscious and conscious where he ought to be unconscious.—T.S. Eliot : Selected Prose, p.30
141. त्रिशंकु, पृ. 40
142. 'The emotion of art is impersonal. And the poet cannot reach this impersonality without surrendening himself wholly to the work to be done. And he is not likely to

know what is to be done unless he lives in what is nor merely the present, but done present moment of the part, unless he is conscious, not of what is dead, but of what is already living.'

T.S. Eliot : Selected Prose, P. 30

143. दे. सीढ़ियों पर धूप में–अज्ञेय (भूमिका)
144. तार सप्तक (दूसरा–सं. पुनश्च–भाग) अज्ञेय
145. रस-मीमांसा, पृ. 5
146. 'The term 'Camatkara' means Aesthetic experience, the state of fruition of the pasa, Camatkara is aesthetic experience of tasting.' R. Gnoli : The Aesthetic experience According to Abhinavagupta, p. 72
147. चमत्कारात्वापरपर्यायः...। रसगंगाधर, पृ. 10
148. History of Indian Philosophy, Vol. II, p. 236 (Prof. S.N. Dasgupta)
149. तार सप्तक, भूमिका, पृ. 11
150. वही, पृ. 12
151. वही, पृ. 12
152. तीसरा सप्तक, भूमिका, पृ. 17
153. अज्ञेय : पूर्वा, पृ. 229-30
154. अज्ञेय : आँगन के पार द्वार, पृ. 53
155. वही, पृ. 53
156. त्रिशंकु, पृ. 115
157. श्री शम्भुदत्त झा : रिचर्ड्स के आलोचना-सिद्धान्त, पृ. 84-85
158. त्रिशंकु, पृ. 115
159. वही, पृ. 116
160. वही, पृ. 84
161. वही, पृ. 85
162. वही
163. वही
164. त्रिशंकु, पृ. 87
165. वही, पृ. 14
166. त्रिशंकु, पृ. 20
167. 'संस्कृति तथा परिस्थिति' में जिन विचारों की अभिव्यक्ति है, उन पर लारेंस का प्रभाव तो है ही, साथ ही निबन्ध का शीर्षक एफ. आर. लीविस तथा डेनिस टामसन की पुस्तक 'कल्चर एण्ड एन्वायरनमेण्ट' की ओर संकेत करता है। इसके कतिपय विचार श्रीमती लीविस की पुस्तक 'फिक्शन एण्ड द रीडिंग पब्लिक' 1932 से उद्धृत जान पड़ते हैं। निबन्ध लेखक ट्रविलियन, हार्डी, रिचर्ड जे फ्रीज, एडवर्ड टामस प्रभृति अंगरेजी साहित्यकारों की रचनाओं और विचारों से भी प्रभावित हो सकता है।–डॉ. रामचन्द्र प्रसाद–आधुनिक हिन्दी आलोचना पर पाश्चात्य प्रभाव, पृ. 485
168. Selected Prose, p. 20-30
169. त्रिशंकु, पृ. 30

170. वही, पृ. 31

171. वही, पृ. 31

172. 'Tradition should positively be discouraged. We have seen many such simple coments soon lost in the sand, and novelty is better than repetition. Tradition is a matter of much wider significance. It cannot be inherited, and if you want it you must obtain it by great labout.'—Selected Prose, p. 23

173. त्रिशंकु, पृ. 31

174. 'It involves, in the first place, the historical sense, which we may call nearly indispensable to anyone who would continue to be a poet beyond his twenty fifth year, and the historical sense involves a perception, not only of the pastness of the past, but of its presence, the historical sense compels a man to write not merely with his own generation in his bones ...'—Selected Prose, p. 23

175. त्रिशंकु, पृ. 32

176. 'No Poet, no artist of any art, has his complete meaning alone. His significance, his appreciation is the of his relation to the dead pets and artist. You cannot value him alone, you must set him, for contrast and comparison among the dead. I mean this is a principle of Aesthetic not merely historical criticism.'—Selected Prose, p. 23

177. 'The existing manuments from an ideal order among themselves, which is modified by the introduction of the new (the really new) work of art among them. The existing order is complete before the new workd arrives, for order to persist other. The supervention of novelty, the whole existing order must be, if ever so slightly altered, and so the relations, proportions, values of each work toward the whole are readjusted, and this is conformity between the old and new.'— Ibid, p. 23-24

178. त्रिशंकु, पृ. 45

179. वही, पृ. 45

180. वही, पृ. 46

181. त्रिशंकु, पृ. 45

182. रेनेवेलेक आस्टिवारेन : साहित्य सिद्धान्त, पृ. 248 (अनु. पालीवाल)

183. अज्ञेय : आत्मनेपद, पृ. 69

184. अज्ञेय : आलोचना (पत्रिका, अंक 9, 1953) समालोचना और नैतिक मान, पृ. 130

185. अज्ञेय : हिन्दी साहित्य : एक आधुनिक परिदृश्य, पृ. 10

186. वही, पृ. 138

187. 'तथाकथित नयी कविता में इसी बुद्धि रस का बाहुल्य है।'–आ. नन्ददुलारे वाजपेयी–आलोचना, अंक 20, 1956, पृ. 3

188. आधुनिक साहित्य, पृ. 24

189. अज्ञेय : आधुनिक साहित्य एक आधुनिक परिदृश्य : 'प्रयोग : क्या और क्यों ?,' पृ. 200

190. दूसरा सप्तक, पृ. 9

191. वही, पृ. 9-10

192. दूसरा सप्तक, पृ. 12

193. वही
194. वही
195. वही, पृ. 13
196. अज्ञेय : आत्मनेपद, पृ. 42
197. हिन्दी साहित्य : एक आधुनिक परिदृश्य, पृ. 201
198. तार सप्तक : हिं. सं. अज्ञेय का 'वक्तव्य', पृ. 275
199. त्रिशंकु, पृ. 36
200. वही, पृ. 37
201. त्रिशंकु, पृ. 39
202. वही, पृ. 40
203. द सेक्रेट वुड, पृ. 53
204. 'The emation of art is impersonal. And the poet cannot reach this impersonality without surrendering himself wholly to the work to be done.'—Selected Essays : Tradition and the individual talent, p. 30
205. Principles of Criticism, p.76
206. Vincent Bu Keleg : Poetry and Morelity, p. 188
207. Modern man in the search of Soul, p. 198-99
208. अज्ञेय : जोग लिखी, पृ. 58
209. वही, पृ. 59
210. हिन्दी साहित्य : एक आधुनिक परिदृश्य, पृ. 16
211. वही, पृ. 133
212. वही, पृ. 133
213. हिन्दी साहित्य : एक आधुनिक परिदृश्य, पृ. 134
214. वही, पृ. 135
215. वही, पृ. 135
216. वही, पृ. 136
217. वही, पृ. 136
218. अज्ञेय : जोग लिखी, पृ. 60
219. डॉ. वेंकट शर्मा : काव्य-सर्जना और काव्यास्वाद, पृ. 196-197
220. तीसरा सप्तक, पृ. 17 (भूमिका)
221. जोगलिखी, पृ. 65
222. वही, पृ. 65
223. वही, पृ. 67
224. त्रिशंकु, पृ. 38
225. क. अहमद : मनोविश्लेषण और साहित्यालोचन, पृ. घ (भूमिका)
226. अज्ञेय : हिन्दी साहित्य : एक आधुनिक परिदृश्य, पृ. 16
227. अज्ञेय : सौन्दर्य-बोध और शिवत्व-बोध, पृ. 9
228. त्रिशंकु, पृ. 69-70
229. आत्मनेपद, पृ. 34

230. वही, पृ. 37
231. तारसप्तक, प्र. सं. (भूमिका), पृ. 11
232. वही, पृ. 13
233. दूसरा सप्तक, पृ. 6
234. वही, पृ. 6-7
235. वही, पृ. 7
236. वही, पृ. 8
237. दूसरा सप्तक, पृ. 8
238. वही, पृ. 9
239. Short History of American Literature, p. 290
240. American Poetry After 1900, p. 187
241. Poets and Poetry, p. I
242. Poetry After Azera Pound, p. 308-309
243. नयी कविता : विलायती सन्दर्भ, पृ. 12
244. Contemporary Indian Literature, p. 87
245. A History of American Poetry, p. 498
246. दूसरा सप्तक, पृ. 7
247. काव्य-प्रकाश, प्रथमोल्लास, पृ. 12
248. अज्ञेय : इन्द्रधनु रौंदे हुए ये, 'क्योंकि तुम हो' कविता की भूमिका
249. त्रिशंकु, पृ. 38
250. 'The mind of the poet is the shared of Platinum. It may partly or exclusively operate upon the experience of the man himself, but the prose perfect the artist, the mare completely seperate in him will be the man who suffers and the mind which creates, the more perfectly will the mind digest and transmute the passions which are its materials.'—Selected Essays, p. 27
251. अज्ञेय : लिखि कागद कोरे, पृ. 21
252. वही, पृ. 22
253. वही, पृ. 22
254. 'The emotion of art is impersonal. And the poet cannot reach the impersonality withoput surrending himself wholly to the work to be done.'—Selected Essays, p. 10
255. त्रिशंकु, पृ. 24
256. वही, पृ. 23
257. हिन्दी साहित्य : एक आधुनिक परिदृश्य, पृ. 203
258. 'मेरे समझ में तो पाठक के अलावा सभी इसे फैलाते हैं–चाहे जान-बूझकर, चाहे अनजाने।'–वही, पृ. 139 (नयी कविता–निबन्ध)
259. 'योऽर्थ सहृदयश्लाघः काव्यात्मेति व्यवस्थितः।' –ध्वन्यालोक, 1/2
260. अधिकारी चात्र विमल प्रतिमान शालि हृदयः। –अभिनवभारती, भाग 1, पृ. 279
261. What is Literature, p. 52
262. What is literature, p. 29
263. Feeling and form, p. 393

264. The Verbal Icon : Introduction, p. 15
265. The Common Persuit, p. 212
266. The use of Poetry and use of Criticism, p. 18
267. आत्मनेपद, पृ. 37
268. वही, पृ. 59
269. दूसरा सप्तक, भूमिका, पृ. 12
270. किं त्वन्यशब्दवैलक्षण्यं काव्यात्मनः शब्दस्य...।–ध्वन्यालोकलोचन, पृ. 193
271. वही, पृ. 193
272. तस्य च 'ग्रीवाभंगाभिराम' ...इत्यादिवाक्येभ्यो वाक्यार्थ प्रतिपत्तेरनन्तरं मानसी साक्षत्कारात्मिका ...प्रतीतिरूप जायेते।–अभिनवभारती, भाग 1, पृ. 279
273. The Common Pursuit, p. 130
274. डॉ. विद्यानिवास मिश्र : काव्य भाषा और काव्येतर भाषा, रीति विज्ञान, पृ. 38
275. एल. डालोजेल : प्राग स्टडीज़ इन मैथमैटिकल लिंग्विस्टिक्स, पृ. 98
276. अभिनवगुप्त : तन्त्रालोक, खण्ड 11, पृ. 60
277. ध्वन्यालोक 1।4
278. वही, 1।7
279. मम्मट : काव्य प्रकाश, 2।1
280. मम्मट : काव्य प्रकाश, 3।1-2
281. सीढ़ियों पर धूप में (भूमिका–अज्ञेय का कथन)
282. डॉ. रामस्वरूप चतुर्वेदी : भाषा और संवेदना
283. दूसरा सप्तक, पृ. 7
284. तारसप्तक (भूमिका)
285. दूसरा सप्तक (भूमिका)
286. The meaning of meaning, p. 149
287. Ibid., p. 150
288. Practical Criticism, p. 181
289. Practical Cristicism, p. 209
290. Literary Criticism, p. 368
291. 'As I understand it, there is always in great poetry a feeling of generalization from a case which has been presented definitely; there is always an appeal to a background of human experience which is all the more present when it cannot be named . . . '—Seven Types of Ambiguity : Preface to Second edition, p. 17
292. आलवाल, पृ. 10
293. वही, पृ. 11
294. वही, पृ. 11-12
295. वही, पृ. 12
296. वही, पृ. 23
297. सच्चिदानन्द वात्स्यायन, अद्यतन, पृ. 13
298. वही, पृ. 14
299. सच्चिदानन्द वात्स्यायन : भाषा और अस्मिता, पृ. 22-23

300. वही, पृ. 28
301. अद्यतन, पृ. 57
302. अरी ओ करुणा प्रभामय : नया कवि, आत्म-स्वीकार, पृ. 57
303. दि आर्कीटाइप्स एण्ड दि कलैक्टिव अनकान्शस (अनुवाद–हल), पृ. 42-43
304. काव्य में उदात्त तत्त्व (डॉ. नगेन्द्र), पृ. 23
305. डॉ. केदारनाथ सिंह : आधुनिक हिन्दी कविता में बिम्ब विधान, पृ. 296
306. तारसप्तक, पृ. 278 (अज्ञेय का वक्तव्य)
307. आलवाल, मानव : प्रतीक स्रष्टा, पृ. 93
308. वही, पृ. 96
309. आलवाल, मानव : प्रतीक स्रष्टा, पृ. 97
310. अज्ञेय : संवत्सर, पृ. 128
311. The achievement of T.S. Eliot, p. 208
312. Leaves of Grass, p. 5
313. Mid-century American Poets (preface)
314. From Vodlier to Sur-realism, p. 253
315. Ezra Pound literacy Essays
316. अज्ञेय : भवन्ती, पृ. 23
317. वही
318. वही
319. अज्ञेय : भवन्ती, पृ. 63
320. I.A. Richards : Practical Criticism, p. 231 (London 1964)
321. "मैं आज भी मानता हूँ कि छन्द कविता का अभिन्न अंग है। जहाँ भी संयमन है, वहाँ छन्द है। और जहाँ संयमन नहीं है, वहाँ रूप-सृष्टि नहीं है, कविता नहीं है।"–अज्ञेय : जोगलिखी, पृ. 121
322. 'Why, then may not Landscape be considered as a branch of natural Philosophy, of which pictures are but experiments.'—The Philosophy of Modern Art, p. 17
323. 'The only thing that is really difficult is to prove what one believes, so I am going on with my researches.'—Ibid., p. 17
324. अज्ञेय, आज का भारतीय साहित्य, पृ. 403
325. 'A special feature of this periods was the increasing amphibian propensity of its writers.' Wide Contemporary Indian Literature (Sahitya Akademi : 1957), p. 84
326. 'Ajneya : (1911) is sometimes Bracked with Joshi as an exponent of the Freudian Novel — wrongly. Because though he has often applied the psycho-analytical method in a limited way in his novel — Selhara Ekajivani — and in his short stories, his reasoned optimism, his love of life and his faith in man and in the individual definitely seperate him. His literary affinities, are in fact, Browning and D.H. Lawrence, he is also perhaps more influenced by the Bickle and christian thought than any other Hindi Writer, apart from this his mental outlook is that of scientific humanism.'—Hindi Contemporary Indian Literature (1957), p. 84
327. हिन्दी साहित्य : एक आधुनिक परिदृश्य, नयी कविता, पृ. 139

328. वही, पृ. 141
329. अज्ञेय : लिखि कागद कोरे, पृ. 113
330. वही, पृ. 114-115
331. जोग लिखी, पृ. 198
332. वही, पृ. 200
333. आत्मनेपद, पृ. 41
334. नन्दकिशोर आचार्य : अज्ञेय की काव्य-तितीर्षा, पृ. 39, प्र. सं. सूर्यप्रकाश मन्दिर, बीकानेर
335. आत्मनेपद, पृ. 25
336. नयी कविता, अंक 5-6, पृ. 120
337. डॉ. देवराज : प्रतिक्रियाएँ, पृ. 161

2

मूल्यवादी समीक्षा और हिन्दी समीक्षा

मूल्यवादी समीक्षा का सैद्धान्तिक आधार

पाश्चात्य जगत् में बहुप्रचलित मूल्यवादी या मार्क्सवादी समीक्षा-पद्धति ने हिन्दी आलोचना को अत्यधिक प्रभावित किया है। मार्क्स की विचारधारा का रूप ठोस यथार्थ की भूमि पर आधृत है। एक प्रकार से यह व्यावहारिक दर्शन है। मार्क्स के सिद्धान्त को वैज्ञानिक भौतिकवाद (डायलेक्टिकल मैटीरियलिज्म) नाम दिया गया है। वैज्ञानिक भौतिकवाद को द्वन्द्वात्मक भौतिकवाद नाम से भी जाना जाता रहा है। मार्क्स ने वैज्ञानिक कम्युनिज्म, द्वन्द्वात्मक दर्शन, ऐतिहासिक भौतिकवाद, भौतिकवाद, 'द्वन्द्वात्मक भौतिकवाद' या 'वैज्ञानिक भौतिकवाद'[1] की व्यापक अध्ययन मनन के बाद स्थापना की है। साहित्य को अर्थशास्त्र का अनुकर्ता मानकर उन्होंने अपनी दृष्टि को स्पष्ट किया है कि अर्थ के द्वारा ही साहित्य की गतिविधि का भी निर्धारण होता है। मार्क्स के अर्थशास्त्रीय सिद्धान्तों को आधार बनाकर आलोचना करने वालों को मार्क्सवादी आलोचक कहा जाता है। (हिन्दी में इन्हें ही प्रगतिवादी आलोचक कहा जाता है) मार्क्स का विचार था कि दार्शनिक अनेक प्रकार से सोचते-समझते रहे हैं, किन्तु समाज के आर्थिक सम्बन्धों को समझकर उन्हें 'बदलने' की बड़ी अपेक्षा है।[2] वर्ग-संघर्ष ही मार्क्स के सिद्धान्तों का मूल है। वर्गों में अनवरत चलने वाले संघर्ष में कलाकार को 'जन मन' का साथ देना चाहिए। 'कला कला के लिए' न होकर वह क्रान्ति की भावनाओं का पोषण करे तथा ऐसे साहित्य को जन्म दे जो परिवर्तन में क्रान्ति में सहायक हो। साहित्य में कला का धर्म व्यापक मानवता की सेवा करना,

चेतना देना तथा जुल्मों के खिलाफ आवाज बुलन्द करना है। सामन्तवाद, पूँजीवाद का विरोध करते हुए सर्वहारा वर्ग (प्रोलेटेरियत) को बढ़ावा देना मार्क्स का क्रान्ति दर्शन है।

साहित्य तथा समाज का सम्बन्ध जोड़ते हुए मार्क्स ने व्यक्तिवाद का खण्डन किया तथा समष्टिवाद को तत्परता से गले लगाया है। कला स्वप्नलोक की वस्तु न होकर उसके चिन्तन में कठोर यथार्थ तथा जीवन-संघर्ष की अनुगामिनी है। मार्क्स तथा एंगेल्स ने सामाजिक प्रगति से आर्थिक प्रभावों को विशदता से जोड़कर कला, संस्कृति पर गम्भीरता से विचार किया। आदर्शवादी जर्मनी में सर्वप्रथम मार्क्स ने अपने सिद्धान्तों का निर्माण किया तथा लन्दन जाकर उनका प्रकाशन कराया। जर्मनी में प्रचलित विचारधाराएँ आध्यात्मिकता में गर्क थीं। आदर्शवाद के जाल में डूबे दार्शनिक विश्व को परमात्मा से सृजित-प्रेरित मानते थे।[3] उनका विचार था कि राष्ट्र तथा समाज भी परमात्मा द्वारा ही निर्मित है। वही सभी को व्यवस्थित तथा नियन्त्रित करता है। मार्क्स के मन में सबसे बड़ा विरोध इन आदर्शवादी सिद्धान्तों के प्रति ही उत्पन्न हुआ। फलतः मार्क्स ने आध्यात्मिक आदर्शवाद का खण्डन करते हुए वैज्ञानिक भौतिकवाद की प्रतिष्ठा की। मार्क्स का मत है कि समाज की ऐतिहासिक प्रगति में आध्यात्मिक तत्त्वों का महत्त्व न होकर भौतिक 'पार्थिव शक्तियों' का अत्यधिक योग रहता है। इन 'पार्थिव शक्तियों' को 'आर्थिक ढाँचा' ही निर्मित करता है, उन्हें गहराई से समझना चाहिए। मार्क्स ने अपने सिद्धान्तों में 'अर्थ तन्त्र' को महत्त्व अधिक दिया लेकिन अन्य साधनों को नजरअन्दाज नहीं किया। वास्तव में, उन्होंने अर्थशास्त्र तक अपने को सीमित नहीं किया। लेनिन ने तो अर्थशास्त्रीय सिद्धान्तों से जीवन की गति को समझने का प्रयास न करते हुए 'राजनीति', 'धर्म' आदि के बृहत्तर तथा बलवत्तर परिप्रेक्ष्य में भी विश्व को समझने-समझाने की कोशिश की है।

हमारा समाज अनवरत गति से परिवर्तनशील है जिसके कारण हमारे सामाजिक सम्बन्धों में भी परिवर्तन आता रहता है। जो 'सामाजिक सम्बन्ध' समय विशेष में हम पाते हैं, वे समय पाकर दूसरे सम्बन्धों के निर्माण में 'कारण-स्वरूप' बन जाते हैं और एक प्रकार की 'कारण-कार्य शृंखला' के रूप में आते रहते हैं। इस गतिपूर्ण सामाजिक चक्र की छाप साहित्य-कला में देखी जा सकती है। कला तथा साहित्य की 'दृष्टि तथा दृश्य' पर आर्थिक सम्बन्धों की छाप रह भी सकती है तथा नहीं भी। पर 'कारण कार्य-शृंखला' के प्रत्यक्ष तथा प्रच्छन्न रूप को भी समझना होगा। साहित्य कैसा भी हो, वह 'आनन्द' को भी उपेक्षित न करे। बिना इन गुण के साहित्यिक कलात्मकता प्रस्थान-बिन्दु बन जाएगी। मार्क्स की जीवनी साक्षी है कि वे स्वयं साहित्य द्वारा

'मानसिक आनन्द' प्राप्त करते थे। वे अपने साहित्य-सिद्धान्तों के निर्माण में सामाजिक तथा राजनीतिक पक्षपात तथा दुराग्रह से मुक्त थे।[4] उन्हें रोमाण्टिक कलाकारों की सर्जना प्रिय थी लेकिन वे 'कला कला के लिए' के विरोधी थे। यूरोपीय भाषाओं के जोरदार कवियों की हजारों रचनाएँ उन्हें कण्ठस्थ थीं। यह तथ्य इस बात का पर्याप्त प्रमाण है कि साहित्य में उनकी गहरी रुचि थी। एचकिलस की कृतियों को मार्क्स ने मूल ग्रीक में पढ़ा था। होमर, दान्ते तथा बर्न्स उसके प्रिय कवि थे। बान में ए. डब्ल्यू. श्लेगेल से उन्होंने होमर को विधिवत पढ़ा था तथा शेक्सपियर जैसे रोमाण्टिक नाटककार में वे मस्त हो जाते थे। 'वाल्टर स्काट' के 'ओल्ड मारेलिटी' उपन्यास को वे बड़ा ऊँचा पद देते थे तथा फ्रांस के लेखकों में वाल्जाक, रूस के लेखकों में पुश्किन तथा गोगोल अच्छे लगते थे। लेसिंग का 'लाओकून' भी उन्हें भा गया था। पेरिस यात्रा के दौरान मार्क्स की भेंट फ्रेडरिक एंगेल्स (1820) से हुई। क्रान्तिकारी विचारों के कारण मार्क्स पर मुकदमा चला तथा जर्मनी से उन्हें निष्कासित कर दिया गया। लन्दन में बसने पर मार्क्स ने 'दास केपिटल' (प्रथम भाग 1867, द्वितीय भाग 1885, तृतीय भाग 1894) पूरे किये तथा विश्व-चिन्तना में एक क्रान्ति मचा दी। विचारों की दुनिया में यह सबसे बड़ा विस्फोट था और है।

मार्क्स तथा एंगेल्स दोनों ही पेशेवर समीक्षक नहीं थे। उनके सभी विचार भौतिकवाद पर ही आधृत न होकर 'यंग जर्मनी' ग्रुप (हाइवे, कार्ल मुत्जको, लूडोल्फ वाइनमार्ग, हाइनरिच लौबे और थियोडोर मुण्ड) तथा हीगेल के वामपन्थी अनुयायी आर्नोल्ड रूज से प्रभावित लगते हैं। जर्मन सरकार ने इन लेखकों की रचनाओं पर प्रतिबन्ध लगा दिया था। ये लेखक उदारवाद (लिबरिज्म) को लेकर सामाजिक परिवर्तन का नारा बुलन्द करते थे। मुण्ड ने साहित्य को 'मानस की वास्तविक गहराई का ठोस हिस्सा' घोषित किया था तथा गेटे तथा शिलर के व्यक्तिवाद का जोरदार विरोध भी।[5] आनोल्ड रूज ने 'अपने युग का पुत्र' कविता को मानते हुए कहा कि साहित्य में समाज की दशा-दिशा प्रतिबिम्बित होती है। उन्होंने कविता को 'संग्राम की कविता' कहते हुए स्वच्छन्दतावाद की निन्दा की है। स्वच्छन्दतावादी एक सीमा के बाद पलायनवादी, आत्मकेन्द्रित, स्वप्निल, आवेशित मन का तरंगायित पुतला तथा अनुत्तरदायित्व पूर्ण हो जाता है जिसकी टाँगें ऊपर हो जाती हैं तथा वह शीर्षासन करता रहता है।[6] इस दृष्टि का भी मार्क्स तथा एंगेल्स पर प्रभाव पड़ा तथा वे भी स्वच्छन्दतावाद से दूर होते चले गए।

मार्क्स ने अपने भौतिकवादी दर्शन में 'भौतिक पदार्थ' को प्रमुखता दी। उसके मत से हमारे विचारों के बाहर भी एक संसार है जिसका स्वतन्त्र अस्तित्व है। दुनिया के सारे पदार्थों का एक इतिहास है जिससे उसमें सदा एक परिवर्तन

होता रहता है इसलिए कोई भी वस्तु नित्य नहीं है। जीवन की सामाजिक-राजनीतिक-बौद्धिक प्रक्रियाओं का विकास भौतिक जीवन की उत्पादन-पद्धति के आधार से होता है।[7] द्रव्य को यहाँ 'दैवी शक्ति' माना गया है जो मानव जीवन, प्रकृति को अपने पाश में रखती है।[8]

मार्क्स के अनुसार उत्पादन के कारणों से समस्त समाज दो वर्गों में बँटा हुआ है—एक वर्ग श्रम करके धन का उपार्जन करता है तथा दूसरा उसका भोग करता है; एक शोषित वर्ग है, दूसरा शोषक वर्ग।[9] जैसे-जैसे इन दोनों वर्गों में संघर्ष की तीव्रता होती है, वैसे-वैसे हम उत्पादन की उच्च अवस्था को प्राप्त करते हैं। अन्त में शोषित वर्ग की क्रान्ति सफल होने पर वर्ग हीन समाज की स्थापना होती है जिसमें श्रम-विभाजन नष्ट होने से समाजवादी समाज का जन्म होता है।[10]

मार्क्स ने तर्क की द्वन्द्वात्मक प्रणाली से जगत् के सत्य को खोजना ही अपने दर्शन का अभिप्राय माना है। इस दर्शन के अनुसार जगत् की कोई भी वस्तु निरपेक्ष नहीं है। निरपेक्षतावाद तथा सापेक्षतावाद के सतत सामंजस्य से ही विकास की प्रक्रिया चलती रहती है। सारा का सारा वस्तु जगत् चिर परिवर्तनशील एवं गतिशील है। जगत् की प्रत्येक वस्तु में विरोधी तत्त्व उपस्थित रहते हैं तथा उनका अनवरत संघर्ष चलता है। वस्तु में ही विनाश तथा सृजन के तत्त्व निहित रहते हैं। वस्तु के दो पक्ष विनाशक (निगेटिव) तथा सर्जक (पाजिटिव) ही महत्त्व के हैं। द्वन्द्वात्मक भौतिकवाद दर्शन की दो विभिन्न धाराओं से प्रभावित है, जहाँ तक प्रणाली का सम्बन्ध है, यह हीगेल के 'द्वन्द्वात्मक आदर्शवाद' (डायलेक्टिकल आइडियलिज्म) से प्रभावित है तथा जहाँ तक दार्शनिक दृष्टिकोण का प्रश्न है, द्वन्द्वात्मक भौतिकवाद अन्य पूर्ववर्ती भौतिकवादियों के अतिरिक्त जर्मन दार्शनिक फायर बाख के 'यान्त्रिक भौतिकवाद' (मैकेनिकल मैटीरियलिज्म) से प्रभावित है। 'द्वन्द्व सिद्धान्त' मूलतः ग्रीक शब्द 'डायलेगो' से निकला है जिसका मूलार्थ है—तर्क-वितर्क।[11] प्राचीन ग्रीक में वाद-विवाद से विद्वान् एक-दूसरे की बातों में 'तार्किक असंगतियों तथा अन्तर्विरोधों' का संकेत करते हुए तथ्यानुसंधान तथा सत्यानुसंधान करते थे। विचारक मानते थे कि सत्य की उत्पत्ति दो विरोधी बातों के संघर्ष में स्थित है। प्लेटो स्वयं इस पद्धति को 'सत्यान्वेषण' का माध्यम मानते हैं। हीगेल ने ग्रीक से द्वन्द्व सिद्धान्त को इसी रूप में ग्रहण किया। वाद-विवाद में दो विरोधी मतों का संघर्ष होता है और उसी संघर्ष से नये मत की सृष्टि होती है। इस प्रणाली में संघर्ष अनिवार्य है। तभी सत्य का जन्म होगा। हीगेल ने इसी तथ्य को ग्रहण करते हुए कहा है कि मानव का समग्र इतिहास विरोधी तत्त्वों के आपसी संघर्षों से निर्मित हुआ है। हीगेल अध्यात्मवादी विचारक

थे अतः वे चिन्तन में अमूर्त ही रहे। वे 'मेटर' को प्रधान नहीं मानते 'प्रत्यय' (परमात्मा) को प्रधान मानते हैं। मार्क्स ने हीगेल से ठीक विपरीत किया है—वे प्रत्यय को प्रधान न मानकर 'मेटर' को प्रधान मानते हैं। इस प्रकार वे मानव के समस्त इतिहास को बाह्य प्रकृति तथा समाज में देखते हैं। हीगेल तथा मार्क्स की समता इस बात में नहीं है कि दोनों के दार्शनिक दृष्टिकोण एक हैं। दोनों की समता तो इस बात में है कि दोनों के मत से 'परिवर्तन की प्रणाली' द्वन्द्वात्मक है एवं यह द्वन्द्वात्मक प्रणाली ही प्रत्येक विकास का लक्षण है। द्वन्द्व-सिद्धान्त विराटता में जाता है, वह किसी एक अंग के विकास की चर्चा न करके 'समग्र विकास की अवधारणा' को उद्घाटित करता है। द्वन्द्व सिद्धान्त यह भी मानता है कि समूचा 'अस्तित्व' गत्यात्मक है। गत्यात्मक होने के नाते इसकी विभिन्न अवस्थाएँ हैं। यह गत्यात्मकता ही विकास है। एक अवस्था को दूसरी अवस्था में बदलने के लिए एक निश्चित प्रणाली अपनानी पड़ती है। इसी को पारिभाषिक दृष्टि से 'विकासत्रयी' (डेवलपमेण्ट ट्रापो) कहा जाता है। विकासत्रयी के अनुसार जो अवस्था स्थिर है और जिसका हम अध्ययन करते हैं उसको 'वाद' अर्थात् 'थीसिस' कहा जाता है। जब उस अवस्था के विरोधी उपकरण प्रकट रूप से 'वाद' का विरोध करने लगते हैं, तो उस अवस्था को 'प्रतिवाद' (एण्टी थीसिस) कहते हैं। इन दोनों व्यवस्थाओं से एक तीसरी व्यवस्था का जन्म होता है। जिसे 'संवाद' (सिन-थीसिस) कहते हैं। तीसरी अवस्था में पिछली दोनों स्थितियों के अंश विद्यमान रहते हैं और उनका समवाय सम्बन्ध नयी स्थिति में धीरे-धीरे स्थापित होता है। यह विकास 'मात्रात्मक परिवर्तन' से 'गुणात्मक परिवर्तन' की ओर चलता है। सत्य के गत्यात्मक रूप से पीछे ही हीगेल तथा मार्क्स हैं, एक 'प्रत्यय' में टिका है दूसरा 'मेटर' में। कार्ल मार्क्स यहीं पर जर्मन दार्शनिक फायरबाख से प्रभावित माने जाते हैं। फायरबाख न तो आदर्शवादी हैं, न पूर्ण भौतिकवादी। लेकिन झुकाव भौतिकवाद की ओर ही अधिक है। फायर बाख के दर्शन के केन्द्र में हैं—'मनुष्य' (ऐशेन्सियल मैन)। मार्क्स इसी 'मनुष्य' को लेकर फायरबाख से आगे बढ़ते हैं तभी तो उनका दर्शन उससे भिन्न है। द्वन्द्वात्मक भौतिकवाद मनुष्य को उसकी ठोस 'दृष्टि तथा दृश्य' की सापेक्षता में देखता है। इस प्रकार इस दर्शन का मार्ग ही मानव-क्रान्ति का है।

मार्क्सवादी स्थापनाओं को समझते ही लगता है कि आर्थिक 'आधार' के ऊपर ही 'परिसंगठन' निर्मित होता है।[12] किसी समाज के विकास की विशेष अवस्था में उसकी आर्थिक व्यवस्था को 'आधार' कहते हैं। इसमें किसी ऐतिहासिक युग में विशिष्ट उत्पादन सम्बन्धों का कुल जोड़ होता है। ये सम्बन्ध भौतिक वैभव पैदा करते समय जनता द्वारा कायम किए जाते हैं। तथा

ये ही सामाजिक चेतना के निर्णायक होते हैं। जैसे ही सम्बन्ध बदलते हैं, आधार भी बदल जाते हैं। यहाँ आधार तथा उत्पादन या उत्पादन-विधि के बीच के फर्क को समझ लेना चाहिए। उत्पादन विधि समाज एवं प्रकृति के बीच की अन्तःक्रिया है। आधार किसी विशेष ऐतिहासिक युग में जनता के आपसी उत्पादन सम्बन्ध हैं। परिसंगठन के अन्तर्गत सामाजिक वर्गों की रचना के साथ-साथ अब सौन्दर्यात्मक + कलात्मक + राजनीतिक + दार्शनिक + कानूनी + नैतिक आदि विचारधाराएँ तथा संस्थाएँ दोनों ही शामिल हैं। अतएव कला और साहित्य परिसंगठन के अन्तरंग हैं।[13] किसी युग-विशेष में जैसा 'आधार' होगा, वैसा ही 'परिसंगठन' पाया जाएगा। 'आधार' बदलने पर 'परिसंगठन' में भी बदलाव अपेक्षित है। किन्तु 'परिसंगठन' आधार के बदलाव की प्रतीक्षा नहीं करता, वह स्वयं ही क्रियारत रहता है। कभी वह परम्परा के प्रवाह को लेकर जीता है तो कभी क्रान्तिकारी भूमिका अदा करता है। 'अग्रगामी विचार' नयी दिशा देते हैं। यह मत 'रिनेसां' के अध्ययन से स्पष्ट है कि पन्द्रहवीं शताब्दी में जागरण से मध्ययुगीनता की जड़ता नष्ट हो गयी। 'परिसंगठन' की इस प्रक्रिया को समझने पर ही हम कला तथा साहित्य की जटिल अन्तःक्रिया को समझ सकते हैं। इसे न समझना मार्क्सवादी सौन्दर्यशास्त्र के आधारों का ही निषेध करना होगा।[14] सामाजिक चेतना के विकास में तथा समाज के आर्थिक ढाँचे में विश्लेषित करने के लिए नीति, धर्म, प्रकृति, राजनीति, कानून, व्यवस्था, समाजशास्त्र, इतिहास आदि सभी को थाहना होगा। तभी तो सौन्दर्यात्मक, राजनीतिक, धार्मिक, नैतिक विचार मिलकर एक 'परिसंगठन' गढ़ते हैं। इसलिए कला विशुद्ध कला हो ही नहीं सकती। क्योंकि वह एक ओर तो 'आधार' रूप में समाज के ऐतिहासिक चरित्र को खोलती है तथा अनेक विचारधाराओं का अन्तर्ग्रन्थन से उसकी आभ्यन्तरीकरण यात्रा पूरी होती है।

मार्क्सवादी मानते हैं कि कला का क्षेत्र पलायन, आवेश, आत्मकेन्द्रित व्यक्तित्व, भावाकुलता का नहीं है। विचारों की दुनिया कठोरता के संघर्ष को पर्त-दर-पर्त खोलती है, तभी तो कला वैयक्तिक न होकर निर्वैयक्तिक प्रक्रिया है। कला की मुक्ति समाजीकरण में ही है, व्यक्तिवादिता में नहीं। प्रत्येक युग के 'आधार' में जन-जीवन के सम्बन्ध होते हैं जो वर्गीय होते हैं। अतः वर्गीय समाज में कला की प्रकृति भी वर्गीय ही होती है। सामाजिक-आर्थिक सम्बन्धों के बदलाव भी कला में रेखांकित होते रहते हैं। अतः चार महासूत्र ध्यातव्य हैं—(1) कला अपने चरित्र में वर्गीय होती है। (2) इस वर्गीय चरित्र के कारण ही एक युग की कला दूसरे युग की कला से भिन्नता या पृथक्ता रखती है। (3) कला में समय विशेष, समाज विशेष, सामाजिक-आर्थिक

व्यवस्था को बिम्बायित पाया जा सकता है। (4) कला में ऐतिहासिक बोध के आधार से परम्परा तथा आधुनिकता को समझाना भी इष्ट होता है।

मार्क्सवादी ऐतिहासिक धारावाहिकता (हिस्टोरिकल काण्टीन्यूटी) को पकड़ कर ही विश्लेषण में प्रवृत्त होते हैं। कला, दर्शन, सभी में ऐतिहासिक धारावाहिकता पायी जाती है। यहीं पर ऐतिहासिक धारावाहिकता में 'वंशानुगत-बन्ध' (हेरीडेटेरी वोण्ड) तथा राष्ट्रीय-सांस्कृतिक प्रवृत्तियों को भी आत्मसात किया जाता है।

मार्क्सवादी विचारधारा साहित्य की सामाजिकता की सर्वाधिक चिन्ता करती है। सृजन में मौलिकता की उन्हें कम परवाह रहती है, पर 'सामूहिकता' को वे विस्मरण नहीं कर पाते। यह सामूहिकता एक व्यक्ति के कृतित्व से भी प्रकट हो सकती है तथा युग विशेष के सम्पूर्ण सृजनात्मक विस्तार की क्षमता से भी। मार्क्सवादी विचारधारा यह खोजती है कि पिछड़ा आधार (आर्थिक) होने पर भी कला-क्षेत्र में शेक्सपियर जैसे महान् कलाकार कैसे जन्म लेते हैं। 'आधार' घोर प्रतिक्रियावादी तथा कलाकार घोर प्रगतिशील। इसका समाधान भी द्वन्द्वात्मक भौतिकवाद में निहित है।[15] सामन्तीय तथा पूँजीवादी समाजों में द्वन्द्व सिद्धान्त से वर्ग-संघर्ष तीव्र रहता है। दोनों व्यवस्थाओं में विरोधी वर्गों का द्वन्द्व एक नया संवाद (सिन-थीसिस) बन जाता है। संघर्ष नया रूप धारण करते हुए गत्यात्मक रहता है। एक विचारधारा 'आधार' की रक्षा में जड़ जाती है तथा दूसरी उसे बदलने में। महान् कलाकार ऊपर उठकर क्रान्तिकारी भावना की पक्षधरता ग्रहण कर लेता है। कला का यह सत्य हमें अनेक महान कलाकारों में एक साथ मिलता है। पूँजीवादी 'आधार' का विरोध करने वाला साहित्य ही महान नहीं होता, अपने समाज की असंगतियों, अन्तर्विरोधों को द्वन्द्व सिद्धान्त में दिखाने वाला भी महान होता है। तभी तो मार्क्सवादी शेक्सपियर, पुश्किन तथा बाल्जाक की एक साथ सही मीमांसा कर सकता है। मार्क्सवादी विचार-धारा ने ही घोषणा की है कि बाल्जाक अपने युग के अन्तर्विरोधों का दर्पण है।

उत्पादन के साधनों, मनुष्य तथा वस्तु के रिश्तों को भी मार्क्सवादी विचार-धारा अपने ढंग से समझाती है। भौतिक सम्बन्धों, उत्पादन के साधनों पर व्यक्तिगत स्वामित्व का होना पूँजीवादी उत्पादन की विशेषता है। पूँजीवादी इस व्यक्तिगत स्वामित्व की सत्ता तथा व्यवस्था केन्द्रीकरण अपने हाथ कर लेता है तथा मजदूर वर्ग उसकी मुट्ठी में आ जाता है। मुनाफे के लिए वह उद्योग तथा विज्ञान का विकास तो करता है किन्तु उचित हिस्सा नहीं देता। मजदूर मालिक में आर्थिक खाई बढ़ती जाती है। मजदूर चूसा जाता है। पूँजीवाद पनपता

है। पूँजीवादी समाज में पैसा परमेश्वर बन जाता है तथा कला विलासिता। इस व्यवस्था को बदलने के लिए 'दुनिया के मजदूरो एक हो' का नारा दिया जाता है, एक होने पर परिवर्तन होता है। यह नारा पेरिस क्रान्ति के ठीक पहले का है, जब सर्वहारा वर्ग अपनी खुद की माँगों को लेकर सामने आया था। आरम्भ में थोड़े लोग नारे के साथ हुए किन्तु बाद में पश्चिमी देशों के अधिकांश मजदूरों ने मिलकर अन्तर्राष्ट्रीय मजदूर संघ की स्थापना की।[16] मजदूर मानते थे कि राजनीतिक क्रान्ति पर्याप्त नहीं है। जो समाज के आमूल पुनर्निर्माण की माँग करता था, वह उस समय अपने को 'कम्युनिस्ट' कहता था।[17] 'कम्युनिस्ट पार्टी का घोषणा पत्र' स्पष्टतः कहता है कि "आज यूरोप को एक भूत आतंकित कर रहा है—कम्युनिज्म का भूत। उस भूत को भगाने के लिए पोप और जार, मेटर्निख और गीजो, फ्रांसीसी उग्रवादी और जर्मन खुफिया पुलिस—बूढ़े यूरोप के सहारे सत्ताधारी एक हो गए हैं। कौन-सी ऐसी विरोधी पार्टी है जिसे उसके सत्तारूढ़ विरोधियों ने कम्युनिस्ट कहकर बदनाम न किया हो।" इसलिए तमाम दुनिया के सामने विचारों तथा उद्देश्यों को प्रकाशित करने के लिए दुनिया भर के कम्युनिस्टों ने लन्दन में एकत्र होकर एक घोषणा पत्र दिया जिसका शीर्षक था, 'पूँजीपति और सर्वहारा।' उसमें लिखा है, "अभी तक आविर्भूत समस्त समाज का इतिहास वर्ग संघर्षों का इतिहास रहा है।"[18] आधुनिक पूँजीवादी समाज ने, जो सामन्ती समाज के ध्वंस से पैदा हुआ है, वर्ग-विरोधों को खत्म नहीं किया। उसने केवल पुराने के स्थान पर नये वर्ग-उत्पीड़न की पुरानी अवस्थाओं के स्थान पर नयी अवस्थाएँ, और संघर्ष के पुराने रूपों की जगह नये रूप खड़े कर दिए हैं। पूँजीवादी युग ने समाज को दो विशाल शत्रु शिविरों में पूँजीपति और सर्वहारा वर्गों में विभक्त कर दिया है। विज्ञान तथा उद्योग के नये साधनों ने पूँजीपति को उन्नति का अभूतपूर्व अवसर दिया है, पर मजदूर मुँह ताक उठा है। बाजार तथा मुनाफा बढ़ा तथा उसने राजनीतिक उन्नति भी की है। अपनी इस क्रान्तिकारी भूमिका में पूँजीपति का जहाँ पलड़ा भारी हुआ है, उसने सभी सामन्ती, 'पितृसत्तात्मक' और 'काव्यात्मक' सम्बन्धों का अन्त कर दिया है। केवल उसने 'पैसे' का हृदयहीन सम्बन्ध कायम किया है। मानव के उत्साह तथा वैयक्तिक मूल्य को उसने विनिमय-मूल्य बना दिया है तथा एक विवेकरहित स्वातन्त्र्य की स्थापना की है। एक शब्द में, धार्मिक और राजनीतिक धोखे की टट्टी के पीछे छिपे शोषण के स्थान पर उसने नग्न, निर्लज्ज, प्रत्यक्ष और पाशविक शोषण की स्थापना की है।[19] वकील, डॉक्टर, कवि, पुरोहित तथा वैज्ञानिक को उसने वेतन-भोगी मजदूर बना लिया है। पारिवारिक भावुकता को समाप्त कर केवल द्रव्य के सम्बन्ध में बदल दिया है। उद्योगों का विस्तार करता हुआ पूँजीवाद

समस्त विश्व पर छा गया है। सम्पत्ति का केन्द्रीकरण तथा कुछेक हाथों में उत्पादन का सीमित हो जाना बहुत दर्दनाक है। उत्पादन, विनिमय तथा विनिमय के संबंधों को ऐतिहासिक धारावाहिकता में यहाँ समझाया गया है। 'सर्वहारा और कम्युनिस्ट' में कहा गया है कि सभी संकीर्णतावादी सिद्धान्तों का खण्डन करता हुआ समाज उदित होना चाहिए। "समग्र रूप से सर्वहारा वर्ग के हितों के अलावा और उनसे पृथक् उनका कोई हित नहीं है।"[20] वे सभी सम्पत्ति सम्बन्ध ऐतिहासिक अवस्थाओं में परिवर्तन होने पर ऐतिहासिक परिवर्तन के निरन्तर अधीन रहे हैं। संक्षेप में, कम्युनिस्ट सर्वत्र मौजूदा सामाजिक और राजनीतिक व्यवस्था के खिलाफ हर क्रान्तिकारी आन्दोलन का समर्थन करते हैं यह भी कहा गया है कि "कम्युनिस्ट क्रान्ति के भय से शासक वर्ग काँपते हैं तो काँपें। सर्वहाराओं के पास अपनी बेड़ियों के सिवा खोने के लिए कुछ नहीं है। जीतने के लिए उनके सामने सारी दुनिया है।"[21]

कार्ल मार्क्स ने 'मजदूरी और पूँजी' पर बहुत विस्तार से विचार करते हुए तमाम सम्बन्धों को खोलकर रख दिया है। उन्होंने विश्व इतिहास से उदाहरण देकर शोषित तथा शोषक के सम्बन्धों को विश्लेषित व्याख्यायित किया है। 'राजनीतिक अर्थशास्त्र' की समीक्षा करते हुए 'मजूरी, दाम और मुनाफा', 'उत्पादन और मजूरी', 'उत्पादन, मजूरी, मुनाफा', 'मजूरी और मुद्रा', 'पूर्ति और माँग', 'मजूरी और दाम', 'मूल्य और श्रन', 'श्रम शक्ति', 'अतिरिक्त मूल्य का उत्पादन', 'श्रम का मूल्य', 'माल को उसके मूल्य पर बेचकर मुनाफा कमाया जाता है।' आदि को विस्तार से प्रस्तुत किया है।[22]

फ्रेडरिक एंगेल्स ने संस्कृति के विकास की प्रागैतिहासिक अवस्थाएँ—जंगल युग, बर्बर युग, परिवार, इरोववाई गोत्र, यूनानी गोत्र, एथेनी राज्य का उदय, रोम में गोत्र और राज्य सत्ता, केल्ट तथा जर्मन लोगों में गोत्र, जर्मनी में राज्य का गठन, बर्बर युग और सभ्यता का गठन पर विचार डाला है तथा 'समाजवाद काल्पनिक तथा वैज्ञानिक' शीर्षक से उसकी पूरी तस्वीर भी प्रस्तुत की है।[23] लेनिन ने कार्ल मार्क्स तथा फ्रेडरिक एंगेल्स की विचारधारा पर बृहत्तर परिप्रेक्ष्य में विचार किया है। मार्क्सवाद के तीन स्रोत तथा तीन संघटन अंग, फायरबाख के निबन्ध, कार्ल मार्क्स तथा एंगेल्स द्वारा प्रस्तुत 'कम्युनिस्ट पार्टी के घोषणा पत्र' पर 'पूँजीपति और सर्वहारा', 'सर्वहारा और कम्युनिस्ट', 'समाजवादी और कम्युनिस्ट साहित्य', 'प्रतिक्रियावादी समाजवाद', 'दकियानूसी' या 'पूँजीवादी समाजवाद', आलोचनात्मक कल्पनावादी समाजवाद और कम्युनिज्म, आदि पर बहुत गहराई से विचार किया है।[24] इन्होंने मार्क्स की भाँति 'भारत में ब्रिटिश राज्य'[25] के परिणामों पर भी प्रकाश डाला है। इस प्रकार मार्क्सवादी दृष्टि को

समझने के लिए मार्क्सवादी दर्शन, राजनीतिक अर्थशास्त्र, वैज्ञानिक कम्युनिज्म का सिद्धान्त, सर्वहारा वर्ग-संघर्ष की रणनीति और कार्यनीति को समझना भी आवश्यक है।

यहाँ यह जानना भी अपेक्षित है कि मार्क्स तथा एंगेल्स ने सामाजिक जीवन में जिस द्वन्द्वात्मक भौतिकवाद को प्रतिष्ठित किया है, वह मान्यता नहीं एक गतिशील विचारधारा है, जिसे पूर्ववर्ती ऐतिहासिक बोध से प्राप्त किया गया है। इसमें हीगेल तथा फायरबाख की द्वन्द्वात्मक विचारधारा का भी हाथ है। 'प्रत्यय' को महत्त्व न देकर 'पदार्थ' को महत्त्व देने वाली मार्क्सीय विचारधारा ने माना है कि गतिशीलता पदार्थ का आन्तरिक गुण है जो भौतिक जगत् की प्रत्येक क्रिया में सहज ही उपस्थित पाया जाता है। वास्तव में 'गति' पर ही 'पदार्थ' का 'अस्तित्व' आधृत होता है।[26] द्वन्द्वात्मक भौतिकवाद में 'पदार्थ' की 'गति' की परस्पर सापेक्षता का ही नहीं, पदार्थ की गत्यात्मकता, परिवर्तन, विकास, ह्रास की प्रक्रिया का भी वैज्ञानिक विश्लेषण किया जाता है। बिना इस अध्ययन की बारीकी के प्रकृति तथा समाज के अन्तःसम्बन्धों का उद्घाटन सम्भव ही नहीं। किसी भी वस्तु अथवा साहित्य का इसी प्रकाश से किए गए अध्ययन में हम उसका पूरा दृष्टिकोण पा सकते हैं। द्वन्द्वात्मक भौतिकवाद के अनुसार प्रकृति तथा समाज की विकास-प्रक्रिया (प्रोसेस आफ डेवलपमैण्ट) सामान्य रूप में न होकर क्रमिक गति से गुणात्मक परिवर्तन के द्वारा नवीन स्थिति प्राप्त कर लेता है। परिमाण तथा गुणों में आपसी पृथकूता होते हुए भी प्रकृति और समाज में यह गुणात्मक परिवर्तन सहसा ही प्रकट होने लगता है। एंगेल्स ने इसी प्रक्रिया को लीप (Leap) नाम दिया है। मार्क्स के मत से 'लीप वस्तु' के क्रमिक अनुपातमूलक प्रत्यावर्तन का एक विश्राम बिन्दु है। यह एक क्रान्तिकारी प्रत्यावर्तन के माध्यम से विकास-प्रक्रिया के क्रम में प्राचीन गुणात्मक स्थिति के स्थान पर एक नवीन गुणात्मक स्थिति को जन्म देती है।[27]

इतिहास की भौतिकवादी व्याख्या करते हुए मार्क्स ने समाज की सम्पूर्ण सत्ता व्यवस्था को भौतिक सम्बन्धों पर आधृत माना है। एंगेल्स के मत से इतिहास का निर्णायक तत्त्व उत्पादन तथा प्रत्युत्पादन है। केवल आर्थिक तत्त्व ही एकमात्र निर्णायक नहीं। आर्थिक स्थिति 'आधार' है, पर 'परिसंगठन' के तत्व भी ऐतिहासिक संघर्ष के स्वरूप को निर्धारित करते हैं।[28] तभी तो मार्क्स मानवीय चेतना को 'दृश्य तथा दृष्टि' से समाज-सापेक्ष मानते हैं। यही चेतना कला, साहित्य तथा दर्शन का उत्स है। सम्पूर्ण विकास और समाज रूप परिवर्तन का मूलाधार अर्थ ही रहा; तभी तो साहित्य का 'आधार' भी आर्थिक ही माना गया है।[29] लेनिन ने इसी 'समाज सत्य' को समझकर कहा था कि हर साहित्य अपने

समय का प्रतिबिम्ब होता है। प्रत्येक नयी पीढ़ी अपने साधनों को अपने अनुकूल ढालती तथा 'रूढ़ि' को तोड़ती तथा 'विकास प्रक्रिया' के नये सन्दर्भ कायम करती है। लेनिन वास्तविक साहित्य उसे मानते हैं जो करोड़ों भूखों तथा श्रमिकों का सहायक होता है। वे समस्त साहित्य की सांस्कृतिक प्रक्रिया को वर्गीय दृष्टि से परखने पर बल देते हैं।[30] कला तथा साहित्य की मूल सामग्री है—अनुभव। अनुभव के दो प्रकार—वैयक्तिक और सामूहिक। इनकी द्वन्द्वात्मक प्रक्रिया गतिशील रहती है। नई अर्थ-छवियों की खोज में 'लोक-मानस' भी थाहा जाता है। तभी तो सच्ची कला लोक-कला ही होती है। लोककला के प्रतीक, बिम्ब, कथा, नायक सभी इसे प्रेरित करते हैं। यह कला 'लोक सौन्दर्यानुभूति' को सामने लाती है। क्लासिक तथा महान् कृतियों में परिष्कृत तथा लोक सौन्दर्यानुभूति का मिलन होता है। सच्चा कलाकार जड़ीभूत सौन्दर्याभिरुचि को बदलने में सदैव कमर कसे रहता है। जैसे गोर्की। इस प्रकार मार्क्सवादी विचारधारा चार प्रकार से समझी जा सकती है :

(1) द्वन्द्वात्मक भौतिकवाद
(2) अतिरिक्त मूल्य का सिद्धान्त
(3) इतिहास की आर्थिक व्याख्या
(4) वर्ग-संघर्ष

मार्क्सवादी विचारधारा 'धर्म' में विश्वास नहीं रखती है। धर्म ही मानव को कायर, अन्धविश्वासी तथा अन्याय सहने वाला बनाता है तथा धनी का मित्र बनकर गरीब का खून चूसता है। धर्म, मनुष्य के लिए 'अफीम' की भाँति है। जिसे खाकर वास्तविकता से दूर मानव सुध-बुध खो देता है।

मार्क्स तो सम्पूर्ण क्रान्ति में विश्वास करते हैं। 1848 के घोषणा-पत्र में हिंसात्मक क्रान्ति का जयनाद है। लेकिन क्रान्ति से यह तात्पर्य नहीं है कि यह मात्र हिंसावादी दर्शन है। मार्क्स परिस्थिति के अनुसार शक्ति में भी विश्वास रखते हैं। इस तथ्य के बाद वे लगातार भविष्यवाणियाँ करते रहे हैं कि किस प्रकार से पूँजीवाद का पतन हो जायेगा। जब तक पूँजीवाद रहेगा युद्ध का अन्त नहीं होगा। ये युद्ध तो पूँजीवाद के आन्तरिक विरोधों (कण्ट्राडिक्शंस) के ही सूचक हैं। धीरे-धीरे पूँजीपति सम्पत्ति का केन्द्रीकरण कर लेगा तब सर्वहारा वर्ग उनके खिलाफ क्रान्ति करेगा तथा वर्गहीन व्यवस्था की स्थापना होगी। इसे वे सर्वसाधारण कृषक-मजूदर जनता के एकाधिपत्य (डिक्टेटरशिप आफ द प्रोलेटेरियट) का नाम देते हैं। जनता का यह अधिनायकतन्त्र पूँजीवाद के सब तन्त्रों को उखाड़ कर फेंक देगा। इस प्रकार से स्वत्व मजदूरों-श्रमिकों का होगा, पूँजीपतियों का नहीं।

पाश्चात्य जगत् में मार्क्स की विचारधारा को कड़ी आलोचना सहनी पड़ी है। यह भी कहा जाता है कि पूँजीवाद के विरुद्ध क्रान्ति होने के सम्बन्ध में मार्क्स ने जो विचार प्रकट किए थे, वे पूर्ण रूप से सत्य नहीं उतरे हैं। पूँजीवादी व्यवस्था का सर्वाधिक विकास लन्दन में हुआ और फिर पश्चिमी यूरोप में। मार्क्स के अनुसार सर्वप्रथम क्रान्ति इन्हीं देशों में होनी चाहिए पर नहीं हुई। यह क्रान्ति तो रूस तथा चीन में हुई। यह माना जाता है कि मार्क्स की विचारधारा में सत्य का अंश है, लेकिन पूर्ण-दर्शन नहीं है। यहाँ तो जितना शारीरिक श्रम का महत्त्व हो जाता है, बौद्धिक श्रम का उतना नहीं। फिर भी विश्व-चिन्तना को इस विचार-धारा ने गहराई से प्रभावित किया है, इसमें सन्देह नहीं। मार्क्स नई व्यवस्था को साकार देखना चाहते थे और यह दर्शन इसी दृष्टि का वैज्ञानिक विकास है। मार्क्स-एंगेल्स को साहित्य के समाजशास्त्रीय प्रतिमानों के साथ-साथ कलात्मक सौन्दर्यशास्त्रीय प्रतिमान भी मान्य हैं, जो कम महत्त्वपूर्ण नहीं हैं। इन सौन्दर्यशास्त्रीय प्रतिमानों को माने बिना मार्क्स की बाल्जाक से 'प्रतिक्रियावादियों' में गाढ़ी अभिरुचि, लेनिन द्वारा पुश्किन गेटे की प्रशंसा आदि सम्भव नहीं है। ट्राटस्की ने सर्वहारा के सौन्दर्यशास्त्रीय दृष्टिकोण के प्रशिक्षण पर बड़ा जोर दिया है।[31] काव्य तथा कला के क्षेत्र में इस दर्शन की मान्यताओं को मार्क्स, एंगेल्स तथा लेनिन ने स्थापित किया है जिनकी चर्चा ऊपर की जा चुकी है।

लेनिन के बाद रूसी चिन्तकों में काव्य तथा कला पर मार्क्सवादी विचार-धारा से विचार करने वालों में प्लेखनोव का नाम सर्वाधिक महत्त्वपूर्ण है। उनके मत से कला का प्रसार भावात्मक ही नहीं, विचारात्मक भी होता है। चाहे वह अपनी अभिव्यक्ति को प्रतीकों अथवा मूर्त रूपों से ही प्रकंट करे।[32] कला के क्षेत्र में उन्होंने उपयोगितावाद का समर्थन किया तथा कहा है कि "मानव के सामाजिक अनुबन्ध ही उसके अन्तर्मन को आच्छादित किए रहते हैं, जिनके उत्स में भौतिक तथा आर्थिक जीवन की सक्रियता क्रियारत रहती है। इतिहास की भौतिकवादी धारणा को ही उन्होंने कला तथा काव्य का मूलाधार स्वीकृत किया है।"[33] किसी भी मानव की कला का निर्धारण उसकी मानसिक स्थिति से होता है, उसकी मानसिक स्थिति उसके परिवेश का प्रदेय है, अन्तिम स्थिति में उसका विश्लेषण तथा निर्धारण, उत्पादन साधनों तथा उत्पादन सम्बन्ध के आधार पर होता है।[34] उसने स्वच्छन्दतावादी साहित्यशास्त्र का तीव्र विरोध किया, क्योंकि वे कला के निरपेक्ष महत्त्व को रेखांकित करते हुए भ्रम पैदा करते हैं। कलाकृति में विचार तथा विचार से उत्पन्न सामाजिक दृष्टि ही प्रमुख होती है। जो लोग इस तथ्य को झुठलाते हैं, वे कला को ठीक से समझ ही नहीं पाते। 'सही समझ' के लिए कला के प्रेरणा स्रोतों को 'लोक सौन्दर्यानुभूति' में खोजना

चाहिए। अच्छी कला सदैव ही 'लोक मंगल' को ग्रहण करती हुई जन-मन में नवीन प्राणवत्ता एवं जीवन्तता को जन्म देती है।

रूसी क्रान्ति के परवर्ती काल में मार्क्सवादी विचारधारा को लेकर कला तथा साहित्य के क्षेत्र में मैक्सिम गोर्की बहुत बड़ा नाम है। उन्होंने 'समाजवादी यथार्थ' की आवश्यकता को रेखांकित करते हुए, प्राचीन लेखकों की दुर्बलताओं की ओर भी संकेत किया है। साहित्य-निर्माण की बड़ी कमजोरी पर उँगली रखते हुए उन्होंने कहा कि रूसी लेखक कृषक की निष्क्रिय विनम्रता को दिखाकर भला नहीं कर रहे हैं, स्वयं टालस्टाय इसी दुर्बलता के शिकार हैं। उन्होंने ऐतिहासिक बोध को ध्यान में रखते हुए कहा है कि "रूसी जनता का यथार्थवादी रूप पौराणिक रूढ़ियों, अन्धविश्वासों से ग्रस्त, मार खाते किसान का नहीं है। उसका वास्तविक रूप है तमाम अन्धविश्वासों को ढहाते हुए नये युग का पुनर्निर्माण करते हुए किसान का।"[35] उन्होंने कहा है कि फ्लावेयर, जोला, बाल्जाक आदि लेखक इतिहास की द्वन्द्वात्मक भूमिका को ठीक से नहीं समझ पाये हैं जिसके अन्तर्गत सतत संघर्ष प्रक्रिया मान्य रही है। अन्त में प्रतिगामी शक्तियाँ हारती हैं तथा प्रगतिशील ताकतों की भारी विजय होती है।

गोर्की के अनुसार सौन्दर्य-कल्पना, जो सौन्दर्य का स्रोत है, न प्रकृति है, न ईश्वर, न कोई बाह्य जगत्, किन्तु वह मानव और उसका सृजनात्मक क्रिया-व्यापार है, जिसने 'सौन्दर्य के नियम' के अनुसार दुनिया को बदल दिया है।[36] गोर्की ने यह भी कहा कि "समाजवादी यथार्थवाद का पक्षधर लेखक मानव को किसी चित्रकार की भाँति निष्क्रिय रूप में चित्रित नहीं करता। वह उसे अनवरत रूप से गतिशील, क्रियाशील तथा आपस में अन्तहीन संघर्ष, वर्ग-संघर्ष, दलगत-संघर्ष और व्यक्तिगत संघर्ष में जुटा हुआ चित्रित करता है।"[37] गोर्की के सम्पूर्ण सर्वेक्षण करने से पता चलता है कि उनकी विशिष्ट सिद्धान्तों पर आश्रित सैद्धान्तिकता पर्याप्त विवाद का विषय रही है, लेकिन इन समीक्षा-सिद्धान्तों में उनका राष्ट्रीय दृष्टिकोण तो सुरक्षित है ही।[38] क्रिस्टोफर काडवेल मार्क्सवादी समीक्षा के सिद्धान्तों की स्थापना करने वाले प्रथम शक्तिशाली समीक्षक हैं। समस्त साहित्य की उन्होंने सर्वप्रथम द्वन्द्वात्मक भौतिकवाद की पृष्ठभूमि में व्याख्या की है जिसमें विकास की ऐतिहासिक प्रक्रिया को व्यावहारिक रूप मिला है। उनका विश्वास है कि जैसे मोती सीपी की कोख से जन्मता है, वैसे ही काव्य समाज की कोख से जन्मता है। "उत्पादन-प्रणाली में जिस अनुपात में परिवर्तन होता रहता है, उसी अनुपात में समाज तथा काव्य के सम्बन्धों में भी परिवर्तन होता रहता है।"[39] स्पष्टता से उनकी दृष्टि में आर्थिक सम्बन्ध जितने महत्त्वपूर्ण हैं उतने जातीय नहीं।[40] कला तथा साहित्य के विश्लेषण में

समाजशास्त्रीय पद्धति पर उनका पूरा बल है, कारण उनकी दृष्टि में द्वन्द्वात्मक भौतिकवादी दृष्टि ही समाजशास्त्रीय दृष्टि है। इसी तथ्य को ध्यान में रखकर उन्होंने आदिम मानव तथा उसकी कला-चेतना को व्याख्यायित-विश्लेषित तथा मूल्यांकित किया है। सामूहिक गीत तथा संगीत मानव की इसी आदिम अनुकरणात्मक कला की उपज हैं। मानवीय रागात्मक वृत्ति में संकोच नहीं विस्तार का भाव है। यह सब चिन्तन करते हुए ही उन्होंने कहा है कि कविता के विश्लेषण से एक तथ्य साफ तौर पर उभरता है कि उसमें सामूहिकता की प्रधानता है।[41] जैसे-जैसे मानव समाज विकसित होता गया, उसकी लालसाएँ भी पनपती गयीं तथा इस लालसा ने ही वर्ग विभाजन को जन्म दिया। राज-सत्ता के युग ने दास तथा स्वामी के दो वर्ग ही बना दिए। इसी समय काव्य का स्वायत्त, स्वतन्त्र व्यक्तित्व भी निर्मित हुआ। कठिनाइयाँ कम होने से मानव आलस्य में जीता रहा। इसी परिवेश में सामूहिक गीत महाकाव्य के साथ जन्मे हैं। ऐसा भी समय आया कि कवि एकान्तिक हो गया तथा भावाभिव्यक्ति का रूप ही बदल गया।

काव्य-सत्य का एक ही रूप है, समाज सत्य या जनजीवन का सत्य। आरम्भ में भी मानव ने कठिन श्रम-साधना में सामूहिकता के साथ काव्य को जन्म दिया। प्रकृति की शक्तियों से संघर्ष करते समय, फसल बोने एवं काटने के समय काव्य का प्रयोग होता था। उत्सवों, मेलों तथा पर्वों में भी काव्य का प्रयोग होता था तथा यह प्रयोग भी आर्थिक आधार पर ही केन्द्रित था। आदिम समाजवाद (प्रिमिटिव कम्युनिज्म) की अवस्था में 'आधार' तथा 'परिसंगठन' को समझने पर स्पष्ट होता है कि कला मानव को क्रियाशील बनाती हुई प्राकृतिक शक्तियों के ऊपर विजय करने का साधन बनती है। किन्तु इस स्थिति में शीघ्र ही परिवर्तन आया। परिवर्तन की द्वन्द्वात्मक प्रक्रिया ही विकास का स्रोत है। जाति या कबीलों पर आधृत व्यवस्था के ध्वस्त होते ही कला जन-जीवन की वस्तु न रहकर शासकों के हाथ में चली गई। धीरे-धीरे कला के ऊपर शासक वर्ग का स्वामित्व हो गया तथा उसका व्यक्तित्व दब गया। यह अवस्था भी बहुत देर तक न रह सकी। आज तो सामन्ती व्यवस्था का स्थान पूँजीवादी व्यवस्था ने हथिया लिया है। यह नवीन व्यवस्था ऐतिहासिक धारावाहिकता (हिस्टारिकल काण्टीन्यूटि) में एकदम क्रान्तिकारी है। दो वर्गों में विभाजित समाज में कला फिर पूँजीपति के हाथों का खिलौना बन जाती है। कवि एकाकीपन में डूबकर आत्माभिव्यक्ति करने लगता है तथा 'कला कला के लिए' जीवित रहने वाली रोमाण्टिक कविता को बढ़ावा मिलता है। आत्मकेन्द्रित कवि एवं वायवीय, रंगीन एवं स्वप्निल संसार बनाता है। यह पूँजीवादी काव्य अनुत्तरदायित्व स्थिति का भी प्रतीक है जिसमें व्यक्तिवाद तथा थोथे आदर्शवाद को प्रश्रय मिल जाता है। धन का केन्द्रीकरण

हो जाता है तथा कला, विलास की वस्तु बन जाती है। अस्तु, पूँजीवादी आधुनिक साहित्य की मूल प्रवृत्तियाँ असामाजिक हैं जो व्यक्तिवाद को पालती हैं। लगातार संश्लिष्ट होती जटिल काव्यात्मकता में सौन्दर्यात्मक कलात्मकता की जगमगाहट है। रम्य तथा अद्भुत की साधना ने कला को पलायनवादी भी बना दिया है।

काडवेल की मान्यता है कि सच्चा काव्य जन-जीवन की हिमायत करता है। वह ऐसा अस्त्र है जिसे पूँजीवाद के हाथों में न देकर जनता के हाथों में थमाना चाहिए। समाज में साहित्य की गत्यात्मकता का महत्त्व कम नहीं है। काव्य सामूहिक चेतना तथा विशाल समुदाय से जुड़कर मानसिक स्थितियों में सार्थक परिवर्तन करता है। कला की उन नवीन प्रवृत्तियों से काडवेल को चिढ़ है जो पूँजीवादी संस्कृति के उत्थान से उत्पन्न हुई हैं। इनमें बिम्बवाद (इमेजिज्म), सौन्दर्यवाद (एस्थेटिसिज्म), अतियथार्थवाद (सुररेलिज्म) आदि प्रमुख हैं। काडवेल सर्वाधिक खण्डन सौन्दर्यवाद का करते हैं। सौन्दर्यशास्त्र को 'कला समीक्षा दर्शन' कहा भी जाता रहा है। जर्मन सौन्दर्यशास्त्र को काण्ट के बाद हीगेल ने बड़ा दृढ़ आधार दिया। उनका 'सौन्दर्यशास्त्र सम्बन्धी भाषण' (1835) जिसे अंग्रेजी में 'ललित कला दर्शन' (फिलासफी आफ फाइन आर्ट) नाम से जाना जाता है, यह एक प्रकार से रोमाण्टिक कला का ही संशोधित रूप है। ऐतिहासिक दृष्टि से कला के युगों को विभक्त करते हुए हीगेल ने तीन अवस्थाएँ मानी हैं– (1) प्रतीकात्मक कला, (2) क्लासिक कला, (3) रोमाण्टिक कला। हीगेल ने रोमाण्टिक कला का समर्थन किया। काडवेल की मार्क्सवादी विचारधारा इसी हीगेलीय दृष्टि के ठीक विपरीत खड़ी होती है। इस प्रकार से काडवेल, क्रोचे, रोजरफ्राई, क्लाइव वेल, ए.सी. ब्रेडले, आस्कर वाइल्ड, वाल्टर पेटर, स्विनबर्न आदि की कलावादी परम्परा का तीव्र विरोध करते हैं।

काडवेल का कहना है कि विशिष्टता (डिफरेंसिएशन) और वैयक्तिकता (इण्डीविजुएशन) एक नहीं है। व्यक्ति, जैविक (बायोलाजिकल) दृष्टि से परस्पर भिन्न होते हैं, लेकिन सामाजिक भिन्नता अलग वस्तु है। यह भिन्नता भिन्न पेशों की प्रकृति के कारण है। भिन्न-भिन्न कार्यों से व्यक्तित्व में भिन्नता आ जाती है तथा व्यक्ति, व्यक्ति न रहकर 'टाइप' बन जाता है। सभ्यता का जैसे-जैसे विकास होता जाता है, वैसे-वैसे व्यक्तित्व में जटिलता आती जाती है। उसके अपने संस्कार दबकर 'अवचेतन' के अंग बन जाते हैं। फ्रायड से भिन्न अपना मत देते हुए भी काडवेल ने फ्रायड की तरह स्वप्नों तथा कविताओं को 'काम प्रेरणा' से उत्पन्न माना है। ''जीवन की महान् स्वप्न और कविताएँ, जो मानव की मुक्ति के साधन हैं, इसके अपवाद हैं। स्वप्न एवं कविता में अन्तर है। स्वप्न

में मनुष्य मनोविकारों का दास होता है। किन्तु कविता में वह मनोविकारों का स्वामी होता है। स्वप्न में मनोविकारों का मुक्त प्रवाह होता है जिसे अतियथार्थवादी कवियों ने अपनी विचित्र, अर्थहीन तथा घोर व्यक्तिवादी कविताओं का आधार बनाया है। कविता का स्वप्न समाज द्वारा निर्दिष्ट और प्रभावित व्यक्ति का स्वप्न है, जो अपनी व्यक्तिगत चेतना के द्वारा एक समस्त वर्ग की रचनात्मक चेतना को प्रतिफलित करता है।''[42]

रेल्फ फाक्स 'नावेल एण्ड द पीपुल' पुस्तक में साहित्य की पूँजीवादी प्रवृत्तियों को समझाते हुए इनका विरोध करते हैं।[43] जीवन के प्रति आदर्शवादी दृष्टि का निषेध करते हुए उपयोगितावाद की ओर झुककर वे 'समाज सत्य' को ही काव्य-सत्य मानते हैं। कला को वास्तविकता का पर्याय मानते हुए उन्होंने एक ही सत्य के दो पहलू माने हैं। कला वास्तविकता को ग्रहण करने का साधन है तथा साध्य भी। कलाकार अपनी चेतना की भट्ठी में गलाकर, वस्तु को अपने अनुरूप मोड़ता-ढालता है। उन्नीसवीं शताब्दी के तमाम कलाकार उन मूल्यों एवं मान्यताओं को स्वीकृति देते हैं जो इन्हें मान्य नहीं है। ''कुछेक कलाकार तो अपने अहं की हाथी दाँत की मीनार बनाकर और उस पर कलाकार के लिए रेशमी पताका उड़ाया करते हैं।''[44]

रेल्फ फाक्स ने मार्क्सवाद से सम्बन्धित निराधार बुराई का खण्डन करते हुए मार्क्स के दृष्टिकोण को ठीक से उपस्थित करना चाहा है। ''मार्क्स कलाकृतियों को मात्र भौतिक तथा आर्थिक स्थितियों का प्रतिबिम्ब मानते थे, इस धारणा का उन्होंने खण्डन किया है। मार्क्स मानते थे कि जीवन के भौतिक स्वरूप का बौद्धिक स्वरूप विधान करता है।...इसलिए पूँजीवादी कला सामन्तवादी कला से अधिक उच्चस्तरीय होनी ही चाहिए।'' फाक्स ने कला को लोक-जीवन के सन्दर्भ में भी स्थापित किया। उनका विचार है कि वह न केवल बाह्य परिवेश से प्रभावित रहती है अपितु मानव के अन्तर्जीवन, भावजगत् की आभ्यन्तरीकरण प्रक्रिया को कला का व्यापक आधार प्राप्त है। मानव जीवन में उसकी जड़ें बहुत गहराई तक जाती हैं।[45] बाह्य तथा आन्तरिक के सही सामंजस्य से ही सच्ची यथार्थवादी कला का विकास होता है तथा इसी सन्दर्भ में 'सामाजिक यथार्थवाद' को ग्रहण करना चाहिए। रेल्फ फाक्स ने अपनी आलोचना को उपन्यास के क्षेत्र में विस्तृत करते हुए उपन्यासकारों के गुण-दोषों का विवेचन इसी आधार से किया है। यहाँ गोर्की तथा टालस्टाय उनके आदर्श रहे हैं। मानव जीवन के यथार्थ का उद्घाटन ही वे उपन्यास का उद्देश्य मानते हैं। अतः वे 'सामाजिक यथार्थवाद' के प्रबल समर्थकों में अग्रगण्य हैं।

जोसेफ स्टालिन राजनीतिक ही नहीं, सफल चिन्तक हैं जिन पर मार्क्सवादी

विचारधारा की गहरी छाप है। उन्होंने जीवन के सृजन तथा ध्वंस पक्ष को सही परिप्रेक्ष्य से समझने की माँग की है। उनका मत था कि सर्वहारा बढ़ रहा है, वह चाहे निर्बल हो पर उसकी विजय होगी क्योंकि वह शक्ति-संचय के साथ आगे बढ़ रहा है।[46] 'प्रगति' के सातत्य में विश्वासी स्टालिन मानते हैं कि जीवन के परिवर्तन का कला पर प्रभाव पड़ता है तभी तो जीवनगत परिवर्तन के साथ कला तथा साहित्य के मानक भी परिवर्तित होते रहते हैं। विज्ञान का परिवर्तन पुराना पड़ रहा है तथा कला नवीन राह का अन्वेषण कर रही है। कला सदैव ही जगत्-जीवन का प्रतिबिम्ब रही है। कला जीवित मानव को केन्द्र में रखकर चलती है तथा वह सत्य, शिव तथा सुन्दर को युग-सीमा में अवतरित करती हुई युग का दिशा-निर्देश करती है।[47]

निकिता सर्गेयेविच ख्रुश्चेव ने जब-तब कला पर गहराई से सोचा है तथा उनके विचारों का भी साहित्यकारों पर विशिष्ट प्रभाव पड़ा है। वे कहते रहे हैं कि कला को सामाजिक परिवर्तनों का, युग की माँगों तथा मान्यताओं का साक्षी होना चाहिए। कलाकार को ऐसी ही हिस्सेदारी करनी चाहिए जैसी एक सैनिक में होती है। जन-जीवन के अतल में प्रविष्ट हुए बिना सच्चा कलाकार पनप नहीं सकता है। जनता के जीवन-चरित्र को मूल से समझकर ही काव्य, नाटक आदि में उसका चित्रण हो सकता है।[48] साम्यवादी कला को वैचारिक एवं कलात्मक पूर्णता ग्रहण करते हुए देखना चाहता है। जनता ऐसी कृतियाँ चाहती हैं जो श्रममय जीवन के संघर्ष को यथार्थ रूप में चित्रित कर सकें। इस प्रक्रिया के लिए 'सामाजिक यथार्थवाद' का व्यापक समर्थन किया है।

समाजवादी चिन्तकों में चीनी-चिन्तक माओ-त्से-तुंग का नाम उल्लेखनीय है। मार्क्स की मान्यताओं पर गहराई से सोचते हुए समाज तथा कला साहित्य के अन्तःसंबंधों को भी उन्होंने विश्लेषित किया है। इस चिन्तक ने मई 1942 में येनान विचार गोष्ठी (येनान फोरम) में साहित्य तथा कला के संबंध में दो दृष्टियों से विचार व्यक्त किए हैं–(1) साहित्य का उद्देश्य, (2) उद्देश्य पूर्ति के साधन। प्रथम प्रश्न के उत्तर में उनका विचार है कि "पार्टी, सरकार तथा सेना में कार्य करने वाले अतिरिक्त हमारे क्षेत्र में मेहनतकश, कृषक तथा सैनिक हैं जो हमारी क्रान्तिकारी, परिवर्तनशील कला और साहित्य को पढ़ना-समझना चाहते हैं, इनके जिस कला एवं साहित्य की अपेक्षा हैं, उसके लिए इन सभी की सम्पूर्ण जानकारी अनिवार्य है।" इस तरह वे कहते हैं कि इन सभी के हितों की रक्षा साहित्य तथा कला में नजरअन्दाज नहीं की जा सकती है। साहित्य तथा कला को चाहिए कि इन सभी का कल्याणकारी रूप वह प्रस्तुत करे।[49] दूसरे प्रश्न का उत्तर यह दिया है कि कला तथा साहित्य को जन-मन की सम्पूर्णता

से सेवा करनी है। पार्टी तथा साहित्य की समस्या को वे 'संयुक्त मोर्चे की समस्या' कहते हैं। क्योंकि आज की सभी संस्कृतियाँ तथा विचारधाराएँ साहित्य-कला किसी विशेष राजनीतिक विचारधारा का प्रतिफलन हैं।[50] 'कला कला के लिए' जैसी कोई चीज नहीं है और न ऐसा कोई साहित्य या कला होती है जो वर्ग-भेद से ऊपर हो। सर्वहारा वर्ग का साहित्य और कला सर्वहारा के क्रान्तिकारी कार्यक्रम का अंग हो जाता है। साहित्य तथा कला को राजनीति तो प्रभावित करती है, किन्तु राजनीति भी उससे कम प्रभावित नहीं होती। राजनीति कैसी भी हो, वह दो वर्गों का प्रतिनिधित्व तो करती ही है और कला तथा साहित्य भी। उन्होंने रेल्फ फाक्स की तरह कहा है कि लोक जीवन में ही साहित्य तथा कला का 'कच्चा माल विद्यमान रहता है।'[51]

वे प्राचीन क्लासिक साहित्य को मार्क्स की भाँति बहुत आदर देते हैं। क्योंकि वही तो 'ऐतिहासिक धारावाहिकता' को प्रकट करता है। प्रवाह के उपयोगी अंश को ग्रहण करते हुए परम्परा तथा आधुनिकता लाना चाहिए। लोकजीवन में प्रविष्ट साहित्य लोक-हृदय में प्रवेश कर सकता है और वही साहित्य खरा तथा उत्तम होता है वे इसी आधार पर साहित्यिक समीक्षा के दो मानदण्ड मानते हैं— (1) राजनीतिक मानदण्ड, (2) कलात्मक मानदण्ड। यदि साहित्य एकता की भावना का जनहित की दृष्टि से पोषण करता है तो वह राजनीतिक मानदण्ड से वरेण्य है। कृति वही निन्दनीय है जो प्रतिभा की शक्तियों को बढ़ावा देती है, उसका कलात्मक मूल्य भी हेय है। इस प्रकार वे अपने को शुद्ध द्वन्द्वात्मक भौतिकवादी कहते हैं तथा 'जन-संघर्ष' पर उनका बहुत बल है।

अमेरिकन उपन्यासकार हरबर्ड फास्ट ने 'परिवर्तनशील यथार्थ की साहित्यिक प्रक्रिया' को समझने का मानदण्ड दिया है।[52] प्रकृतिपादी प्रणाली को उन्होंने पलायनवादी (ए रिट्रीट फ्राम रियलिज्म) कहकर उसका खण्डन किया है।[53] यथार्थवादी प्रक्रिया का जीवन में इतना व्यापक प्रसार है कि वह बिम्ब, रूप, लय तथा जीवन-दृष्टि तक साहित्य में देती है।[54] "कला एक संश्लेषण क्रिया है, वह यांत्रिक नहीं है।...कला वैयक्तिक वस्तु नहीं है। कला को भरपूर जीवित रहने के लिए लेख की कृति को उसके तथा उसके पाठकों के मध्य प्रेषणीयता का सेतु निर्मित करना चाहिए और उस सेतु की श्रेष्ठता ही सही अर्थों में कला का प्रतिमान है।"[55] फास्ट के इन्हीं विचारों का समर्थन इलिया एहरेन बुर्ग ने अपनी पुस्तक 'दि राइट्स एण्ड हिस क्राफ्ट'[56] में किया है। जेम्स टी. फेरेल ने 'ए नोट आन लिटरेरी क्रिटिसिज्म' में इस कलात्मक प्रक्रिया का जोरदार विरोध किया है जो सामाजिकता से कन्नी काटती है। 'कला कला के लिए' सिद्धान्त सौन्दर्यवाद, भोगवाद का सिद्धान्त है जो कला को घेर कर सामाजिक

उद्देश्य से अलग कर देता है।[57] फेरेल मानते हैं कि कला एक उयोगितावादी मूल्य है जिसमें वह सामाजिक अस्त्र बन जाती है। जो मार्क्सवादी साहित्य को मात्र प्रचारवादी कहकर उस पर सन्देह करते थे उन्हें फेरेल ने बड़ा माकूल उत्तर दिया है कि कला को प्रचार का रूप देना उसकी आत्मा को नष्ट करना है। किन्तु साहित्य से जनता का जीवन अंश निकाल दिया जाएगा तो स्वामी-वर्ग का अनुभव ही साहित्य में रह जाएगा। अतः कलाकार को पूँजीवादी शक्तियों को पछाड़ते हुए जनता का अस्त्र बनना चाहिए, वह जनता का मनोबल ऊँचा करे। सच्चा साहित्य तो जीवन की सच्ची अनुभूति-अभिव्यक्ति है, यदि कलाकार किसी दुराग्रह के साथ विचारधारा या सिद्धान्त का प्रचार करना चाहता है तो शुष्कता के चक्कर में सूख जाता है।[58] स्टीफेन स्पेंडर का भी यही मत है कि कलाकार की ईमानदारी बहुत बड़ी बात है। यदि कलाकार जैसा सोचता है, वैसा ही लिखता है तो वह समाज का शत्रु नहीं है।[59]

सामाजिक पृष्ठभूमि को ध्यान में रखकर जार्ज लुकाच[60] तथा प्रो. लेस्ली स्टिफिन्स ने बड़ा महत्त्वपूर्ण कार्य किया है। ऐतिहासिक तथा द्वन्द्वात्मक भौतिकवाद के मेल से उनकी विचारधारा बढ़ी है। उदाहरणार्थ लेस्ली ने 18वीं शताब्दी के अंग्रेजी साहित्य की पीठिका को विषय बनाकर कई भाषण दिए, जो आज पुस्तकाकार प्रकाशित हैं। वर्तमान शताब्दी में सामाजिक पृष्ठभूमि के अध्ययन की परम्परा चल पड़ी है। शेक्सपियर, डॉ. जानसन, डिकेन्स आदि की सामयिक सामाजिक एवं आर्थिक अवस्था का गम्भीर विवेचन किया गया है। इसी प्रकार विभिन्न शताब्दियों की सामाजिक पृष्ठभूमि को विषय बनाकर विद्वत्तापूर्ण सामग्री तथा ग्रन्थ प्रकाश में आये हैं। मार्क्सवादी शैली इतनी व्यापक एवं लोकप्रिय हुई है कि तमाम वैयक्तिक आधार के आन्दोलन, उसके झटके से चकनाचूर हो गए हैं। मार्क्सवादी व्याख्या का चमत्कार युक्त रूप वह है जिसमें काव्य के स्वरूप को सामाजिक शक्तियों के आघात और आग्रह से निर्धारित करते हैं। बेडसन, क्लिन्थ ब्रुक्स, डैन्वी आदि विद्वानों ने कविता के आकार और शैली को सामाजिक शक्तियों द्वारा नियोजित सिद्ध करने के लिए अनेक काव्य-रचनाओं का व्यापक स्तर पर विश्लेषण-मूल्यांकन किया है। मार्क्सवादी आलोचकों ने लेखकों की रचनाओं को जनजीवन तथा लोक-रुचि की तुला पर तोलते हुए यह दिखाने का प्रयास किया है कि साहित्य अपने हेतु तथा उद्देश्य में ही नहीं, रूप तथा संघटन में भी बहुत कुछ सामाजिक संघटन के अनुरूप होता है।

मार्क्सवादी आलोचना कृति का सामाजिक अध्ययन तो बहुत मूल्यवान ढंग से करती है तथा साहित्य को समझने का यह एक सशक्त माध्यम भी है।

काव्यकृति किन सामाजिक प्रभावों से उत्पन्न हुई है, किन प्रभावों ने उसकी आत्मा को विशिष्ट बनाया है, वह किस वर्ग की हिमायत करती है, यह सब समझने के साथ ही कृति का रूप विधान भी समाजवादी व्याख्या से समझ सकते हैं किन्तु साहित्यिक अध्ययन का अन्तिम ध्येय निर्णय या मूल्यांकन है। कलात्मक स्तर पर कृति का मूल्यांकन यह दृष्टि बहुत एकांगी ढंग से कर पाती है, तभी देश-विदेश में इस पद्धति का बहुत विरोध भी हुआ है। विद्वान् मानते हैं कि मार्क्सवादी पद्धति 'साधनों' तक ठीक प्रकार से ले जाती है किन्तु 'चरम लक्ष्य' तक ले जाने में, यह साथ नहीं दे पाती है। यह सत्य है कि मार्क्सवादी 'सामाजिक यथार्थवाद' तथा 'सामाजिक रोमांसवाद' का समन्वय करता है। इतना होने पर भी यह पद्धति सर्वांग पूर्ण स्वीकार नहीं गयी है तथा काडवेल के 'सामूहिक कला सिद्धान्त' को एकांगी कहकर खण्डित किया जाता रहा है।

यह सत्य है कि हिन्दी-साहित्य के साहित्यिक मानदण्ड आज मार्क्सवादी सैद्धान्तिकता को आत्मसात कर चुके हैं। इस विचारधारा ने हमारे साहित्यिक मानदण्डों को सर्वाधिक प्रभावित किया है। हिन्दी में यह प्रभाव दो प्रकार का है—(1) नकारात्मक प्रभाव, (2) स्वीकारात्मक प्रभाव।

नकारात्मक प्रभाव छायावादी आलोचकों में विशेषकर डॉ. नगेन्द्र में देखा जा सकता है। स्वीकारात्मक प्रभाव डॉ. रामविलास शर्मा, शिवदानसिंह चौहान, रांगेय राघव, प्रकाशचन्द्र गुप्त, चन्द्रबली पाण्डेय, अमृतराय, डॉ. नामवर सिंह, मुक्तिबोध आदि में सक्रियता से पाते हैं, जिनके मानदण्डों पर इस विचारधारा का गहरा प्रभाव है। किन्तु इस प्रभाव विश्लेषण से पूर्व इस साहित्यिक आन्दोलन की पृष्ठभूमि, भारत में प्रवेश तथा हिन्दी में प्रवेश की स्थिति को भी समझने की अपेक्षा है।

साहित्यिक प्रगतिवाद : उद्‍भव और विकास

प्रगतिवाद का जन्म पाश्चात्य जगत् में मानवतावाद के क्रोड़ से होता है। पाश्चात्य जगत् में 16वीं शताब्दी से 'अन्धकार युग' समाप्त होते ही मध्यकाल का अन्त हो जाता है। किन्तु वहाँ सृजन के साथ तमाम सैद्धान्तिक समीक्षा में प्लेटो, अरस्तू, लांजाइनस, होरेस आदि की मान्यताएँ ही दुहराई जाती रही हैं। पुराने सिद्धान्त की चर्चा-परिचर्चा ने तमाम युग को घेरे रखा है। उन सब से थककर तथा चर्च के बन्धनों से विद्रोह करते हुए पाश्चात्य जगत् में नया चिन्तन जन्म लेता है किन्तु प्राचीन मान्यताओं के प्रति उनकी श्रद्धा ने 18वीं शताब्दी तक नयापन आने नहीं दिया। अठारहवीं शताब्दी का अन्त तथा उन्नीसवीं शताब्दी के शुरुआत में नवीनता, मौलिकता तथा आधुनिकता का शंखनाद बज उठा। स्वच्छन्दतावादी

विचारधारा तमाम रूढ़ियों के प्रति प्रबल-विद्रोह से जन्मी थी जिसने प्राचीन शास्त्रीय बन्धनों से कला को मुक्त कर दिया। एक अति ने 'कला कला के लिए' जीवन-दृष्टि को अपना लिया। इसी 'स्वच्छन्दतावाद' के विरोध में 'मानवतावाद' का जन्म हुआ, जिसे प्रगतिवाद की पृष्ठभूमि में समझना चाहिए।

मानवतावादियों ने धर्म तथा रूढ़ियों को त्यागते हुए सम्पूर्ण मानव को ही अपना केन्द्र घोषित किया है। अमानवीय यान्त्रिकता तथा अलौकिक सत्ता का निषेध करते हुए उन्होंने नवीन दृष्टि को जन्म दिया। इन्होंने पाशविकता तथा दिव्यता के मध्य मानवता को स्थापित किया है। मानव न पशु है न दिव्य, वह दोनों के मध्य का फल है। मानवतावाद का विकास टाल्स्टाय में हुआ किन्तु उनसे पूर्व भी वर्ड्सवर्थ तथा कालरिज में इस विचारधारा के बीज विद्यमान थे। जिनकी चर्चा यहाँ वांछनीय नहीं है। टाल्स्टाय धर्म, दर्शन, कला, साहित्य, समाज आदि के प्रति एक विशेष दृष्टि रखते हैं—मानवतावादी।

कार्ल मार्क्स भिन्न प्रकार के चिन्तक हैं किन्तु उनके ऊपर भी मानवतावादी विचारधारा का प्रभाव है। मार्क्सवादी चिन्तन में नयी पद्धति सामाजिक यथार्थवाद के रूप में जन्म लेती है। यहाँ पर 'यथार्थवाद' को समझना चाहिए क्योंकि वह चिन्तन-सरणि या पद्धति है जिसमें कलाकार अपनी कृति में जीवन का यथार्थ-चित्र प्रस्तुत करता है। अतः मानव जीवन का व्यापकता से यथार्थ-चित्रण यथार्थवाद कहलाता है। यथार्थवाद को 'नग्नतावाद' का पर्याय मानने वाले रहे हैं तथा इसी दृष्टि से प्रेरित होकर तमाम कुत्सित-कुरुचि-साहित्य का सृजन भी किया गया। बाद में इनका विरोध करते हुए स्पष्ट किया गया कि जीवन के कुरूप तथा स्वरूप दोनों को चित्रित करने वाला साहित्य ही यथार्थवादी है। यह भी मान लिया गया कि यथार्थवादी साहित्य ही क्रान्ति तथा परिवर्तन का जन्मदाता है एवं मानव मात्र का कल्याणकर्ता है।

यथार्थवाद यूरोपीय देशों तथा उसके प्रभाव से भारतीय साहित्य में अनेक रूपों तथा विविध आयामों में विकसित हुआ जैसे (1) विशुद्ध यथार्थवाद, (2) समाजवादी यथार्थवाद, (3) आदर्शोन्मुख यथार्थवाद, (4) प्रगतिशील यथार्थवाद, (5) अश्लील यथार्थवाद, (6) अतियथार्थवाद। इन सभी रूपों में से 'सामाजिक यथार्थवाद' में ही सही यथार्थवाद का विकास माना जाता है। 'प्रगतिवाद' का 'यथार्थवाद' इसी का पर्याय तथा विकास है। 'आदर्शवाद' तथा 'यथार्थवाद' एक-दूसरे के विरोधी होकर भी पूरक हैं। यथार्थवाद के दो रूप बहुत चर्चित रहे हैं—(1) प्रकृतिवाद, (2) सामाजिक यथार्थवाद। प्रकृतिवाद मानव को सहज वृत्तियों, वासनाओं से नियंत्रित मानता है। इसके विपरीत सामाजिक यथार्थवाद में व्यक्ति को नहीं समाज को आदर मिलता है। पाश्चात्य जगत् में

जोला, मोंपास, जेम्स ज्वायस, लारेन्स को प्रकृतिवाद में तथा टाल्स्टाय एवं गोर्की को 'सामाजिक यथार्थवाद' में रखा जाता है। मार्क्स तथा फ्रायड ने यथार्थवाद को नया प्रकाश दिया है। दो विरोधी दृष्टियाँ हैं जिनके पूरक बनाने की चर्चा भी चलायी जाती है, किन्तु वे मिल नहीं सकी हैं। हिन्दी में सैद्धान्तिक आध ार मार्क्स का ही लिया गया है तथा उन्हीं का चिन्तन काडवेल आदि से होकर प्रगतिवादी सैद्धान्तिकता को जन्म देता है। सामाजिक यथार्थवाद ने मात्र यथार्थवाद को अधूरा घोषित किया तथा 'जन-जीवन' ही चित्रण की शैली में वैज्ञानिकता के साथ 'सामाजिक यथार्थवाद' में परिणत हो गया। मार्क्स के प्रभाव ने पाश्चात्य जगत् में तथा प्राच्य संसार में नवीन चिन्तना से सबको झकझोर दिया।

मार्क्सवादी विचारधारा ने सैद्धान्तिकता के स्तर पर कलावाद या स्वच्छन्दतावाद का विरोध किया। कलावाद, बिम्बवाद, प्रतीकवाद, सौन्दर्यशास्त्र आदि का मिश्रित परिणाम था। वैयक्तिकता, रम्यता, कौतूहल तथा अद्भुत तत्त्व की उसमें प्रधानता थी। अतः उस साहित्य तथा विचारधारा की प्रगतिशीलता को समझकर प्रगतिशील शक्तियों ने विरोध किया। स्वयं हिन्दी में छायावाद के विरुद्ध प्रगतिवाद को वे ही शिकायतें हैं जो पाश्चात्य जगत् में स्वच्छन्दतावाद से रही हैं।

रूस की राज्य-क्रान्ति ने समस्त विश्व की भाँति भारत को भी प्रभावित किया। वैज्ञानिक भौतिकवाद का प्रकाश भी आया। परिणामस्वरूप दलितों तथा शोषितों पर साहित्यकार ने गहराई से सोचा है। इस समय अन्य आन्दोलनों में सर्वाधिक तेज आन्दोलन 'भविष्यवाद' था। इटली के कवि मारनेति ने छन्द, व्याकरण, भाषा आदि के क्षेत्र में बड़ी भारी क्रान्ति का रूप प्रस्तुत किया। रूस में मायकोवस्की ने 'भविष्यवाद' का समर्थन किया। सन् 1912 में उन्होंने भविष्यवाद का घोषणा-पत्र निकाला जो रूढ़ि तथा प्राचीनता का विरोधी था। यहीं पर माश्नेति के भविष्यवाद के दो रूप हो गए (1) क्यूबो फ्यूचरिज्म, (2) इगो फ्यूचरिज्म। 'क्यूबो फ्यूचरिज्म' में भविष्य कल्पना प्रधान थी तथा इगो फ्यूचरिज्म में मानव की महत्ता को प्रतिष्ठापित किया गया। इसी 'इगो फ्यूचरिज्म' की विचारधारा ने 'प्लेस्टिसिज्म' (वर्तमानवाद) का रूप धारण किया तथा यही प्रगतिवाद में बदल गया।

रूसी क्रान्ति के पश्चात् 1920 में 'प्रोलेतकल्ट' की स्थापना हुई जिसका उद्देश्य वर्ग-संघर्ष में आस्था रखने वाली संस्कृति का प्रचार-प्रसार था। किन्तु, लेनिन ने संकीर्णता को पास नहीं फटकने दिया। जो कम्युनिस्ट नहीं थे, लेकिन शोषितों के साथ थे, उन्हें सहयात्री (पोपुलितचिकी) कहा जाने लगा। इनके दो

खेमे थे—(1) **सेरेपियन ब्रादर्स, (2) ओव्याज ब्रादर्स**। लेनिन के बाद स्टालिन की शक्ति बढ़ गयी तथा सन् 1929 में आर. ए. पी. पी. प्रोलेतेरियत लेखकों का रूसी संघ बन गया जिसके अध्यक्ष आवरबाख थे। वर्ग-संघर्ष ही एकमात्र साहित्य का लक्ष्य स्वीकार किया तब इस संकीर्णता से थककर मायकोवस्की ने (1930) में आत्महत्या कर ली। यांत्रिक व्यवस्था के बढ़ते हुए विरोध को देखकर मैक्सिम गोर्की ने 'रूसी संघ' भंग करते हुए 'सोवियत लेखक संघ' की स्थापना की। इसी ने व्यापक जीवन-दर्शन को अपनाते हुए मार्क्सवादी विचारधारा के महावाक्यों को बीन कर 'सामाजिक यथार्थवाद' (सोशल रियलिज्म) को अपनाया है।

प्रथम विश्वयुद्ध के पश्चात् जीवन-मूल्य बदलने लगे तथा नवीन चेतना ने नयापन उत्पन्न किया। सन् 1930 के लगभग अंग्रेजी साहित्य में मार्क्सवादी विचारधारा का प्रभाव प्रतिफलित हुआ। गात्सवर्दी, बर्नार्डशा, डब्लू. एच. आडेन, सीसिलडे लेबिस, स्टीफन स्पेंडर आदि लेखकों में पूँजीवाद के विरुद्ध विद्रोही भावनाओं का जन्म हुआ तथा श्रमिकों की जागृति पर चर्चा होने लगी।

भारत में प्रगतिवाद का आगमन तथा प्रभाव

सन् 1918 की रूसी क्रान्ति ने सम्पूर्ण विश्व को झकझोर दिया। झटका इतना तीव्र था कि इससे भारत भी बच नहीं सका। सम्पूर्ण भारतवर्ष पर क्रान्ति-प्रभाव के चिह्न दृष्टिगत होने लगे। अंग्रेजी साम्राज्यवाद के भार से दबी जनता कराह रही थी तथा पूँजीपति वर्ग भी भयंकर शोषण में मग्न था। जनता की स्थिति से साहित्यकार का गहरा परिचय था, क्रान्तिगान गाने के लिए मन मचल रहा था। सोच-समझकर 1925 में कुछ तरुण तथा प्रबुद्ध भारतीयों ने साम्यवादी दल की स्थापना करते हुए मार्क्सवादी विचारधारा का योजनाबद्ध प्रचार किया। हिन्दी-काव्य में इस समय छायावाद की अखण्ड सत्ता थी जिसमें आत्मकेन्द्रित भावना, भावावेश, कल्पना, रम्याद्भुत तत्त्व, अलौकिक रहस्य भावना के साथ व्यक्तिवादी प्रवृत्तियाँ प्रधानता में थीं। मार्क्सवादी विचारधारा की सीधी टक्कर छायावाद से हुई तथा पतनशील व्यवस्था के कगार पर खड़ा छायावाद ध्वस्त होने लगा। निराला तथा पन्तजी साम्यवाद की ओर बढ़ने लगे। इस परिवर्तन ने नयी दिशा का उद्घाटन कर दिया।

सन् 31 दिसम्बर 1929 में 'स्वतंत्रता' का नय-प्रण लाहौर काँग्रेस में दुहराया गया। 1930 तथा 1932 में देश-व्यापी आन्दोलन हुए तथा समस्त देश की निर्धन जनता ने इसमें सक्रिय भाग लिया। मन्दी तथा गरीबी में पिसती जनता के आधार थे गाँधी। इस नवीन चेतना को साहित्यकार भी पहचान रहे थे। इन्हीं दिनों डॉ. मुलकराज आनन्द, सज्जाद जहीर, भवानी भट्टाचार्य, जे. सी.

घोष, एम. सिन्हा आदि नवोदित साहित्यकारों ने जो लन्दन में थे, एक बड़ा प्रयास किया तथा सन् 1935 में 'भारतीय प्रगतिशील लेखक संघ' नामक संस्था की स्थापना की। साथ ही इस संस्था के विषय में घोषित किया गया कि "भारतीय समाज में नित नये परिवर्तन होते जा रहे हैं। प्राचीन रूढ़िवादी विचारों और विश्वासों की जड़ें हिलती जा रही हैं और इस प्रकार एक नये समाज का जन्म होने जा रहा है। अतः यह नितान्त आवश्यक है कि भारतीय साहित्यकार वहाँ के जन-जीवन में होने वाले इस क्रान्तिकारी परिवर्तन को शब्द और रूप दें और इस प्रकार राष्ट्र की प्रगति में सहायक हों। हमें भारतीय सभ्यता की परम्परा की रक्षा करते हुए अपने देश की पतनोन्मुख प्रवृत्तियों की कड़ी आलोचना करनी है तथा अपनी आलोचनात्मक एवं रचनात्मक कृतियों के द्वारा वे साधन जुटाने हैं जो हमें अपने लक्ष्य की पूर्ति में सहायक हो सकते हैं।"[61] घोषणा-पत्र को 'हंस' में प्रकाशित करने के साथ ही 1936 के प्रथम अधिवेशन की अध्यक्षता भी प्रेमचन्द ने की। उन्होंने कहा कि "हमारी कसौटी पर वही साहित्य खरा उतरेगा, जिसमें उच्च चिन्तन हो, स्वाधीनता का भाव हो, सौन्दर्य का सार हो, सृजन की आत्मा हो, जीवन की सच्चाइयों का प्रकाश हो जो हममें गति, संघर्ष और बेचैनी पैदा करे, सुलाये नहीं, क्योंकि अब और ज्यादा सोना मृत्यु का लक्षण है।"[62] प्रेमचन्द जी ने संगठन के सम्बन्ध में कहा कि "मेरे विचार में 'प्रगतिशील लेखक संघ' यह नाम ही गलत है, साहित्यकार या कलाकार स्वभावतः प्रगतिशील होता है। अगर उसका यह स्वभाव न होता, तो शायद वह साहित्यकार भी न होता।"[63]

भारतीय प्रगतिशील लेखक संघ का द्वितीय अधिवेशन सन् 1938 में कलकत्ता में श्री रवीन्द्रनाथ टैगोर की अध्यक्षता में हुआ। अस्वस्थ टैगोर उपस्थित न हो सके। किन्तु घोषणा-पत्र में तमाम परिवेश की 'दृष्टि तथा दृश्य' पर प्रकाश डाला गया। कहा गया कि "उन्हें साहित्यिक समीक्षा की ऐसी दृष्टि का विकास करना चाहिए, जो परिवार, धर्म, काम, युद्ध और समाज के ज्वलन्त प्रश्नों पर सामान्यतः प्रतिक्रियाशील तथा रूढ़िवादी प्रवृत्तियों का विरोध करे। उन्हें उन साहित्यिक प्रवृत्तियों का भी विरोध करना चाहिए, जो साम्प्रदायिक भावना, जाति-द्वेष तथा मानव द्वारा मानव के शोषण की भावना को पुष्ट करती है।"[64] इस अधिवेशन ने अनेक लेखकों को एक मंच पर ला खड़ा किया।

सन् 1939 के विश्व-युद्ध के साथ ही विश्व-भर में फासिज्म का प्रेत घूमने लगा। इस प्रेत से बचने के लिए प्रगतिवादी कलाकारों ने जी-तोड़ संघर्ष किया तथा अदम्य जिजीविषा से युक्त सृजन को प्रस्तुतीकरण दिया है। 'फासिज्म' विरोधी तमाम बुद्धिजीवी, जागरूक पत्रकार, कलाकार खड़े दिखाई दिए। इन

सभी ने 'फासिज्म विरोधी' अभियान बड़ी मुस्तैदी से चलाया भी। देश के चुने हुए लेखकों ने, बुद्धिजीवियों ने हस्ताक्षर के साथ यूरोप में 'फासिज्म विरोधी सम्मेलन' में अपना पत्र भेजा तथा सहयोग का आश्वासन दिया। घोषणा-पत्र में कहा गया, "फासिज्म की विजय ने समस्त प्रगतिशील आन्दोलनों और विचारों को ठेस पहुँचाई है, सांस्कृतिक आत्माभिव्यक्ति के मूल स्रोत को बन्द कर दिया है, जनता के उत्तराधिकार का नृशंसता से विनाश किया है।"[65]

'प्रगतिशील लेखक संघ' का चतुर्थ अधिवेशन सन् 1943 में श्रीपाद अमृत डांगे की अध्यक्षता में बम्बई में हुआ। फिर पाँचवाँ अधिवेशन सन् 1950 में श्रमिक कवि श्री अण्ण भाऊ साठे की अध्यक्षता में हुआ। कार्यवाही संचालन व्यवस्था का सम्पूर्ण भार डॉ. रामविलास शर्मा पर रहा। छठा अधिवेशन 1953 में दिल्ली में हुआ जिसमें 'लेखकीय दायित्व' को चर्चा का विषय बनाया गया। संघ का अधिवेशन 1968 में दिल्ली में डा. निहार रंजन रे की अध्यक्षता में हुआ। परिस्थितिवश यहाँ बड़ा ही संकट उपस्थित हुआ। तथा प्रगतिशील शिविर में दरार पड़ गई। इस समय तक तमाम प्रगतिशील शक्तियाँ सृजन-क्षेत्र में सभी साहित्यिक प्रयोगों के माध्यम से पनप उठी थीं, उनका मनोबल ऊँचा था, अतः ठेस नहीं महसूस हुई। अनेक मूल्यवान कृतियों के साथ मूल्यवान आलोचनात्मक दृष्टिकोण भी प्रस्तुत हुआ।

'अखिल भारतीय प्रगतिशील लेखक संघ' से प्रेरणा पाकर हिन्दी जगत् में भी 'अखिल भारतीय हिन्दी प्रगतिशील लेखक संघ' को स्थापित किया गया। प्रथम अधिवेशन सन् 1947 में राहुल सांकृत्यायन की अध्यक्षता में हुआ। राहुल जी ने कहा, "प्रगतिवाद कोई 'कल्ट' या संकीर्ण समुदाय नहीं है। प्रगतिवाद का काम है प्रगति के रास्ते को खोलना, उसके पंथ को प्रशस्त करना। प्रगतिवाद कलाकार की स्वतन्त्रता का नहीं परतन्त्रता का शत्रु है। ...वह रूढ़िवाद और कूप-मण्डूकता का विरोधी है।"[66] इसी समय प्रदेश तथा जिलों में भी 'प्रगतिशील लेखक संघ' बनाये गए जैसे 'काशी प्रगतिशील संघ' तथा 'उत्तर प्रदेश प्रगतिशील संघ' आदि। 'काशी प्रगतिशील संघ' में अम्बिका प्रसाद वाजपेयी, आचार्य नन्ददुलारे वाजपेयी ने हिस्सा लिया एवं कहा, "जो कुछ हो, पर इस नवीन आन्दोलन में प्राण हैं, इसी से नवीन कला का जन्म होगा।"[67] यह भी ध्यातव्य है कि 'अखिल भारतीय प्रगतिशील लेखक संघ' के साथ ही 'बंग प्रगतिशील लेखक संघ' का निर्माण भी नरेन्द्र नाथ सेनगुप्त, भूपेन्द्रनाथ दत्त, विभूति भूषण आदि ने किया। हीरेन्द्र मुखोपाध्याय ने वहाँ 'प्रगति' नाम की पत्रिका निकाली। हिन्दी में प्रेमचन्द ने 'हंस' का सम्पादन किया। बाद में श्री शिवदान सिंह चौहान ने। इस प्रकार 'हंस' के माध्यम से हिन्दी का प्रगतिशील आन्दोलन विस्तृत तथा

समृद्ध हुआ। आचार्य नरेन्द्र देव, प्रेमचन्द तथ सम्पूर्णानन्द के संयुक्त सम्पादन में प्रकाशित 'जागरण' से भी प्रगतिशील आन्दोलन का प्रसार हुआ। अनेक नये लेखक यहीं अवतरित हुए जिनमें डा. रामविलास शर्मा, प्रकाशचन्द्र गुप्त, रांगेय राघव, केदारनाथ अग्रवाल, शिवदान सिंह चौहान, अमृतराय आदि उल्लेखनीय हैं। हंसराज रहबर ने 'प्रगतिवाद : पुनर्मूल्यांकन' में कहा है कि "साहित्य की यह नयी विचारधारा हमारी राजनीति में वामपक्ष और दक्षिणपक्ष के संघर्ष से उत्पन्न हुई थी और यह दक्षिणपंथ के मुकाबले में वामपक्ष की प्रतिनिधि थी।"[68] इस प्रकार प्रगतिवाद पर करारी बहसें लगातार होती रही हैं तथा हिन्दी-समीक्षा के एक अंग ने इसको स्वीकार करते हुए, नयी समीक्षा पद्धति को जन्म दिया।

उपरोक्त विवेचन के आधार पर मार्क्सवादी मान्यताओं को कला तथा साहित्य के सन्दर्भ में इस प्रकार से रखा जा सकता है :

(1) द्वन्द्वात्मक भौतिकवाद ही मार्क्सवादी चिन्तकों, आलोचकों की कला और साहित्य सम्बन्धी मान्यताओं का मूल केन्द्र है। इतिहास की दृष्टि भी वे इसी परिप्रेक्ष्य में आत्मसात करते हैं।

(2) 'कला कला के लिए' दृष्टि का विरोध करते हुए, जन-कल्याण अथवा लोक-मंगल ही इनकी दृष्टि से काव्य का अभिप्रेत प्रयोजन है।

(3) समाज का यथार्थवादी चित्रण ही इनके विचार से कला तथा साहित्य का इष्ट है तथा इसमें शोषितों का चित्रण ही प्रधानता से होना चाहिए।

(4) 'द्वन्द्व सिद्धान्त' को मानते हुए उन्होंने परिवर्तन-प्रक्रिया को मान्यता दी है।

(5) कला तथा साहित्य के क्षेत्र में वर्ग-संघर्ष में वर्ग-संघर्ष को तीव्र करने का आह्वान करते हुए वे उसकी सामाजिकता को रेखांकित करते हैं।

(6) सामाजिक वैषम्य की समाप्ति तथा वर्ग-विहीन समाज की स्थापना ही इनका लक्ष्य है।

(7) लोक-रुचि, लोक-स्वभाव, लोक-जीवन के महत्त्व को स्थापित करते हुए 'जनवादी काव्य परम्परा' को अपनाने का आग्रह हैं।

(8) मार्क्सवादी विचारधारा के आदर्श ही एकमात्र आदर्श-मूल्य हैं जिनके प्रचार-प्रसार से ही बदलाव सम्भव है।

(9) इन चिन्तकों में काडवेल, फाक्स, फेरेल तथा जार्ज लुकाच की दृष्टि बड़ी व्यापक है तथा इन्होंने अत्यन्त वैज्ञानिकता से सामाजिक यथार्थवाद का सम्पूर्ण परम्परा से विवेचऩ करते हुए अपनी सैद्धान्तिक मान्यताओं को दृढ़ प्रतिष्ठा दी है।

(10) मार्क्सवादी सामाजिक यथार्थ अपने साथ यथार्थवादी रोमांसवाद को भी अपनाता है तथा कला के सामाजिक-आर्थिक सम्बन्धों के साथ उसके रूप विधान (फार्म) पर भी इनकी निगाह रहती है।

(11) क्लासिक-काव्य परम्परा को आदर देते हुए उन्होंने अपनी दृष्टि का विस्तार किया है।

(12) यह मात्र प्रचारात्मक ही नहीं है, इनमें सामाजिक क्रान्ति, रूढ़ियों से विद्रोह, परम्परा में परिष्कार तथा श्रेष्ठ साहित्य के प्रति आदर की भावना भी सन्निहित है।

(13) जीवन के प्रति यह कला सर्वथा वैज्ञानिक दृष्टि रखती है। अतः इनकी सैद्धान्तिक मान्यताएँ गहरी आस्था को जन्म देती हैं।

(14) 'द्रव्य ही सभी विषमताओं का आधार है' इस सूत्र से वे कृति के स्रोतों, प्रभावों आदि का गहन विश्लेषण करते हैं।

(15) कला में इनकी दृष्टि से बाह्य का ही नहीं, अन्तर्मन का भी चित्रण होना चाहिए।

(16) पूर्णतः भौतिकवाद पर आधारित होने के कारण इनका धर्म, ईश्वर, आत्म तथा दर्शन में विश्वास नहीं है।

(17) इनके चिन्तन के केन्द्र में है मानव; उसी की मुक्ति का उपाय इनमें मिलेगा।

(18) पूँजीवाद, साम्राज्यवाद, आदर्शवाद, अभिव्यंजनावाद, सौन्दर्यवाद, व्यक्तिवाद, बिम्बवाद आदि प्रतिक्रियावादी तत्वों का अन्त करते हुए वैज्ञानिक समाजवाद की स्थापना ही इनका लक्ष्य रहा है।

(19) प्रतिक्रियावाद तत्त्वों से वेष्ठित सभी प्रकार की राजनीतिक, धार्मिक, नैतिक, सामाजिक तथा साहित्यिक मान्यताओं का विरोध करते हैं।

(20) कला तथा साहित्य अभिव्यक्ति का एक साधन मात्र है जिसे सर्वहारा का अस्त्र बनना चाहिए तथा रूप की दृष्टि से बोधगम्यता भी उसे आत्मसात करनी चाहिए।

(21) मानव-विकास के सम्पूर्ण इतिहास को युगों तथा वर्गों के आधार पर समझ कर उनकी 'सही समझ' पैदा करना ही इन्हें अपना कर्तव्य लगता रहा है।

(22) अतः जो सिद्धान्त कला तथा साहित्य के क्षेत्र में प्रतिक्रियावादी शक्तियों, प्रवृत्तियों और व्यवस्था का विरोधी है, वही प्रगतिवादी साहित्य है।

(23) समानाधिकार, स्वतन्त्रता, स्वायत्तता, मानवीय गरिमा जिस साहित्य

से उत्पन्न हो सकते हैं, वही क्रान्ति एवं विद्रोह का जीवन-दर्शन इन्हें मान्य है।

(24) जन-जीवन में होने वाले परिवर्तन को कला तथा साहित्य शब्द तथा रूप देने के साथ-साथ एक गति, संघर्ष पैदा करें तथा उसे समाज का नेतृत्व भी करना चाहिए।

(25) साहित्य, साहित्यकार की वैयक्तिक चेतना न होकर समाज की सामूहिक चेतना है।

(26) द्वन्द्वात्मक भौतिकवाद, ऐतिहासिक भौतिकवाद तथा अतिरिक्त मूल्य का सिद्धान्त तीनों मिलकर एक खास दृष्टि देते हैं।

यहाँ पर उन पाश्चात्य आलोचकों के मतों का सार देना ही अपेक्षित है, जिन्होंने इस समीक्षा की तमाम खामियों की ओर या तो इंगित किया है या फिर इस समीक्षा-पद्धति के मूल मानदण्डों पर प्रबल प्रहार किए हैं। विरोधियों के तर्क इस प्रकार हैं :

(1) मार्क्सवादी आदर्शों को ही एकमात्र आदर्श मानने के कारण इनके सोचने-समझने का दायरा बहुत संकीर्ण है। मार्क्सवादी मान्यताओं पर निर्मित साहित्य को ही श्रेष्ठ मानने के कारण इनमें एक प्रकार की यांत्रिकता है।

(2) यह प्रचारवादी साहित्य है जिसकी मूल दृष्टि ही राजनीतिक दाँव-पेंच की है। साहित्यिक नहीं।

(3) कृति की सामाजिक परीक्षा तो यह गहराई से करते हैं किन्तु कलात्मक-सौन्दर्य को नकारने के कारण यह समीक्षा-दृष्टि अन्ततः एकांगी है।

(4) मानव-सम्बन्ध अर्थ पर नहीं केन्द्रित होते, अन्य आधार भी महत्त्वपूर्ण हैं, जैसे, धर्म, ईश्वर आदि, जिनकी यहाँ गहरी भर्त्सना की गयी है।

(5) वर्ग-संघर्ष की चर्चा में भी गहरा 'अतिवाद' रहता है।

(6) यह सिद्धान्त सफल नहीं हो सका, केवल हिंसा भाव को भड़काता रहा है, इस प्रकार सामाजिक साहित्य लिखते हुए वे असामाजिक हो जाते हैं।

(7) एक वर्ग की हिमायत तथा दूसरे वर्ग के विरोध के कारण यह सिद्धान्त मानव-मानव में सौहार्द न स्थापित कर भेदभाव को बढ़ाता है।

(8) सौन्दर्य तथा शालीनता का जीवन में बड़ा स्थान है। राग की भाव-प्रक्रिया आन्तरिक माँग है जिसे यह ठुकराता है, अतः 'कला कला के लिए' सिद्धान्त का पूर्ण खण्डन उचित नहीं है। सौन्दर्यशास्त्र

पर इतना गहरा आघात भी अमान्य है।

(9) दर्शन तथा ईश्वर को नकारने के कारणों में भी इस सिद्धान्त की एकांगी-दृष्टि ही रही है।

(10) बौद्धिक आग्रह ने तन्मयता को पूरी तरह से समाप्त-सा कर दिया है।

(11) मनोविश्लेषणवादी फ्रायड का विरोध करने से भी इनके चिन्तन में अधूरापन आया है।

(12) डार्विन के विकासवाद को पूँजीवादी सिद्धान्त मानने का परिणाम यह हुआ है कि तमाम तथ्य इस दर्शन से किनारा करते रहे हैं।

हिन्दी-समीक्षा—मूल्यवादी समीक्षा के हिन्दी-समीक्षक

हिन्दी-साहित्य का प्रगतिशील दृष्टिकोण भारतेन्दु युग के नवजागरण में आधुनिकता-बोध के रूप में झाँक चुका था। आधुनिकीकरण की प्रक्रिया तथा प्रविधि को आत्मसात करते हुए सृजनशील कलाकारों तथा आलोचकों ने नवीन सैद्धान्तिकता तथा जीवन-दर्शन की तलाश की है। यहाँ यथार्थवाद की शुरुआत भी है तथा साम्राज्यवाद का विरोध भी। क्रान्ति का आह्वान भी है तथा जागरण का शंखनाद भी है। द्विवेदीयुगीन नवजागरण भी भरतीय जन-आन्दोलन की भूमिका प्रस्तुत करता है। कांग्रेस आन्दोलन तथा समाज-सुधारकों ने द्विवेदी-युगीन समीक्षा-दृष्टि को बड़ा प्रभावित किया है। यह दृष्टि भी नवीनताप्रिय एवं प्रगतिशील रही है। सही अर्थों में पं. रामचन्द्र शुक्ल ही हिन्दी के प्रथम महत्त्वपूर्ण समीक्षक हैं। वे प्राचीन साहित्य के अध्येता एवं आलोचक हैं। शुक्ल जी ने साहित्य की 'सामाजिक सार्थकता' को गौरव दिया। वे उसी काव्य को महत्त्वपूर्ण मानते हैं जिसमें जीवन के चित्र गहन सामाजिक सन्दर्भों के साथ दृष्टिगत होते हैं। "यह विचित्र बात है कि शुक्ल जी का आदर करते हुए भी समकालीन लेखकों ने उनके आदर्शों को स्वीकार नहीं किया।"[69] शिवदान सिंह चौहान ने अपने एक निबन्ध में उनकी कड़ी आलोचना करते हुए कहा है कि "शुक्लजी ने अपनी तर्क-शून्यता और दुराग्रह को ढँकने के लिए अनपेक्षित पाण्डित्य प्रदर्शन का रूपक रचा है।"[70] शिवदान सिंह चौहान को उनका साहित्य रूपक इसलिए भी प्रतीत हुआ कि शुक्लजी काव्य-मूल्यों के अनुशासन को मानते हैं तथा चौहान साहब काव्येतर मूल्यों को। वे काव्येतर मूल्यों को ही समीक्षा पर लागू करते रहे हैं। चौहान साहब का यह कहना है कि शुक्लजी ने भारतीय सिद्धान्तों तथा लक्षण-ग्रन्थों का पिष्टपेषण किया है।[71] अपनी समझ का ही हवाला देते हैं। शुक्लजी पर इतने अनुदार निर्णय वे ही दे सकते हैं जो उन्हें

ठीक से पढ़ते नहीं या पढ़ते हैं तो समझते नहीं। शुक्लजी की समीक्षा में सामाजिक दर्शन तथा 'सामाजिक आदर्शों' का बड़ा मान है। "वस्तुस्थिति यह है कि काव्य-साहित्य के प्रगतिवादी दृष्टिकोण और शुक्लजी के दृष्टिकोण में गहरी समानताएँ हैं। दोनों इस बात पर जोर देते हैं कि साहित्य की विषयवस्तु सामाजिक होनी चाहिए, उसका कर्म-जगत् से सम्बन्ध होना चाहिए, और यह कि साहित्यकार को लोकमंगल की साधना करनी चाहिए। अवश्य ही लोकमंगल के स्वरूप और साधनों के सम्बन्ध में उक्त दृष्टियों में आकाश-पाताल का अन्तर है। शुक्ल जी प्राचीन वर्ण-व्यवस्था के कायल हैं; प्रगतिवादी मार्क्सीय साम्यवाद के। किन्तु आलोचना की दृष्टि से यह अन्तर बाहरी ही कहा जा सकता है।"[72] वास्तविकता यह है कि प्रगतिवादी जन हित और सामाजिकता के विषय में भी कुछ कट्टर मान्यताएँ रखता है, तभी दूसरों के विचारों तथा चिन्तन को घोर सन्देह की दृष्टि से देखता है। किन्तु डॉ. रामविलास शर्मा ने शुक्ल जी को सही सन्दर्भों में समझाने का प्रयास किया है।[73] इस दृष्टि से वे हिन्दी के सबसे निष्पक्ष प्रगतिवादी समीक्षक हैं। "आलोचना के सिद्धान्तों के बारे में हमारी जानकारी बढ़े उनसे साहित्य को परखने और नया साहित्य रचने में सहायता मिले, यह भी वांछनीय है। लेकिन ये दोनों काम शुक्लजी की विरासत के आधार पर ही हो सकते हैं।" अतः उन्होंने प्रगतिवादियों का विरोध किया है जो उन्हें 'एकांगी समाजशास्त्रीय दृष्टिकोण' या 'शुद्ध ब्राह्मण दृष्टिकोण' का आलोचक मानते रहे हैं। वस्तुतः शुक्लजी ने जनवादी शक्तियों को प्रश्रय दिया तथा सामन्तवाद का विरोध किया है।

छायावादी काल में मार्क्सवादी चिन्तन का दबाव बढ़ रहा था। इस विचारधारा का आचार्य नन्ददुलारे वाजपेयी तथा आचार्य हजारी प्रसाद द्विवेदी ने तो स्वागत किया, किन्तु डॉ. नगेन्द्र ने डटकर विरोध किया। हिन्दी में दो तरह से मार्क्सवादी विचारधारा प्रवेश कर रही थी—(1) गम्भीर चिन्तकों को नवीन दिशा तथा दृष्टि के रूप में, (2) फैशन तथा नारे के प्रचारात्मक रूप में। आगे चलकर प्रथम रूप का ही विस्तार हुआ तथा द्वितीय रूप धीरे-धीरे समाप्त हो गया। देश के प्रबुद्ध चिन्तकों ने इस विचार-आन्दोलन का स्वागत किया। आचार्य हजारी प्रसाद द्विवेदी जी तो इसे मध्यकालीन मुक्ति-आन्दोलन की भाँति निराशा में आशा का संचार करने वाला व्यापक आन्दोलन मानते हैं। 'मनुष्य ही साहित्य का लक्ष्य है' नामक निबन्ध में कहा है कि "निरन्न, निर्वसन जनता के बीच खड़े होकर आप परियों के सौन्दर्य लोक की कल्पना नहीं कर सकते।"[74] पण्डितजी का यही कथन आगे के प्रगतिवाद का मूल मन्त्र रहा है। साहित्य के उद्देश्य की चर्चा करते हुए कहा है, "शताब्दियों से गौरव से हीन इन मनुष्यों को हमें आत्म-गरिमा का संचार करना है। अकारण अपमानित इन मूक

नर-कंकालों को हमें वाणी देनी है। रोग, शोक, भूख, प्यास, परमुखापेक्षी और मूकता से इनका उद्धार करना है। साहित्य का यही काम है।''[75] यहाँ सामंजसापेक्ष्य मानवतावादी आलोचक की 'दृष्टि' में मार्क्सवादी विचारधारा का परिवर्तन-चक्र झाँक रहा है। दलगत राजनीति से दूर तक इस आलोचक ने मानव-मात्र के कल्याण-पक्ष की ही आलोचना में पुष्टि की है।

डॉ. नगेन्द्र ने उमड़ते हुए पाश्चात्य चिन्तन में विशेषकर मार्क्सवादी चिन्तन के दबाव को महसूस किया तथा प्रतिक्रियास्वरूप ही वे इसके विरुद्ध अस्त्र ग्रहण करते हैं। डॉ. नगेन्द्र जैसे मेधावी तथा बड़े आलोचक द्वारा प्रगतिवाद के विरुद्ध अस्त्र ग्रहण किए जाने से ही प्रमाणित है कि उस समय इस चिन्तन-धारा का कितना बड़ा रूप रहा होगा। 'प्रगतिवाद' को विश्लेषित करते हुए उन्होंने लिखा है कि ''प्रगतिवाद साम्यवाद की ही साहित्यिक अभिव्यक्ति है।''[76] उसमें रीतिकाल की पालिश और छायावाद की अमूर्त मधु चर्या नहीं है। अतएव प्रगतिवाद की अभिव्यक्ति खरी, खड़ी और तीखी होती है—क्योंकि वह मुख्यतः भावात्मक न होकर आलोचनात्मक है।[77] प्रगतिवाद का तटस्थ विश्लेषण करने के पश्चात् उसके दोषों की ओर भी इंगित किया है :

(1) ''प्रगतिवादी जीवन-दर्शन संकुचित है : जीवन की केवल आर्थिक व्याख्या समान नहीं।''

(2) ''मार्क्सवादियों ने मानव-इतिहास की जो आर्थिक व्याख्या की है, वह अधूरी और अनेक स्थानों पर असंगत एवं अविश्वसनीय है। उदाहरण रूप में काडवेल की 'इल्यूजन एण्ड रियलिटी' पुस्तक के उस सुन्दर एवं महत्त्वपूर्ण परिच्छेद की ओर संकेत किया जा सकता है, जिसमें वे अंग्रेजी साहित्य के इतिहास का विवेचन करते हुए केवल उन्हीं मोटी-मोटी बातों को ले सके हैं, जो उनका प्रयोजन सिद्ध करती है। अंग्रेजी-साहित्य की अनेक सूक्ष्म और उलझी हुई प्रवृत्तियों को उन्होंने बिलकुल छोड़ दिया है।''

(3) साहित्य अपने मूल रूप में सामाजिक या सामूहिक चेतना नहीं है, वह तो वैयक्तिक चेतना ही हो सकता है।

(4) ''...परन्तु जब अपनी उस मार्क्सवादी कसौटी पर ये लोग अमर साहित्य को कसते हैं तो उनके परिणाम सर्वथा भ्रामक और अन्यायपूर्ण होते हैं।...परन्तु उसकी उपादेयता व्याख्या तक ही सीमित है, उसके द्वारा किया गया मूल्यांकन एकांगी होता है।''

(5) ''इनका दृष्टिकोण मूलतः वैज्ञानिक होने के कारण बौद्धिक एवं आलोचनात्मक है। अतएव स्वभाव से ही उसमें वह तन्मयता और आत्मविसर्जन नहीं है जो काव्य के लिए आवश्यक है।''[78]

ध्यातव्य है कि डॉ. नगेन्द्र ने ये मान्यताएँ उस समय व्यक्त की थीं, जबकि प्रगतिवादी साहित्य (उन्हीं के कथन के अनुसार) का इतिहास आठ-दस वर्षों में ही सिमटा हुआ था। अपनी स्वच्छन्दतावादी तथा फ्रायडवादी मान्यताओं के पोषक इस रसाचार्य ने इस प्रकार के मूल्यांकन से बवण्डर खड़ा कर दिया था। आज भी प्रगतिवादी आलोचकों की तमाम शक्ति डॉ. नगेन्द्र से निपटने में व्यय हो रही है। छायावादोत्तर समीक्षा का इतिहास इसी आलोचक के चिन्तन की टकराहट का इतिहास बनता जा रहा है और प्रगतिवादी आलोचक तो उन्हें पछाड़ने में लगातार सक्रिय रहे हैं और हैं। डॉ. नगेन्द्र ने 'प्रगतिवाद' पर एकांगी प्रहार किए या नहीं, यह अलग बात है। लेकिन इतना साफ है कि इस विचारधारा का एक नकारात्मक प्रभाव उन पर भी देखा जा सकता है। क्योंकि वे इस विचारधारा में फ्रायड तथा डार्विन का आंशिक योगदान भी मानते रहे हैं तथा काडवेल को फ्रायड के तर्कों से ही पराजित भी करते हैं।

मूल्यवादी समीक्षा या प्रगतिवादी समीक्षा

हिन्दी के मूल्यवादी प्रगतिशील आलोचकों में डॉ. रामविलास शर्मा, शिवदानसिंह चौहान, रांगेय राघव, चन्द्रबली सिंह, अमृतराय, प्रकाशचन्द्र गुप्त, अंचल, डॉ. नामवरसिंह तथा मुक्तिबोध का नाम उल्लेखनीय है। इन आलोचकों ने इस धारा की सम्पूर्ण शक्ति को अपने चिन्तन से प्रस्तुत किया है। प्रगतिशील चिन्तन की एक समृद्ध परम्परा भारतीय चिन्तन में सतत विद्यमान रही है। मार्क्सवादी विचारधारा ने इसी 'दृष्टि एवं दृश्य' को एक खास बिन्दु से विस्तार दिया है। हिन्दी के प्रगतिवादी आलोचक मार्क्सवादी विचारधारा से पर्याप्त रूप से प्रभावित होकर भी अपनी भूमि को छोड़ते नहीं हैं, यह बहुत बड़ी बात है। कार्ल मार्क्स, एंगेल्स, लेनिन, गोर्की, प्लावनोक, काडवेल, रेल्फ फाक्स, हावर्ड फास्ट, जार्ज लूकाच तथा प्रो. लेस्ली स्टिफिन्स आदि के चिन्तन से दिशा तो ग्रहण की है, लेकिन इनका अन्धानुकरण नहीं किया। इस प्रवृत्ति के कारण इन आलोचकों की मौलिक चिन्तना का तेज लुप्त नहीं हुआ है। साहित्यिक तथा साहित्येतर मूल्यों एवं प्रभावों को आत्मसात करने पर भी इनका राष्ट्रीय-सांस्कृतिक रूप विकृत नहीं हुआ है, इसी दृष्टि से अगले पृष्ठों में इन आलोचकों का अध्ययन प्रस्तुत किया जा रहा है। तमाम प्रगतिवादी आलोचकों में से यहाँ पर सैद्धान्तिक चिन्तन की दृष्टि से महत्त्वपूर्ण तीन आलोचकों की चर्चा विस्तार से करना चाहूँगा—(1) डॉ. रामविलास शर्मा, (2) गजानन माधव मुक्तिबोध। अन्य प्रगतिवादी समीक्षकों पर संक्षेप में चर्चा करूँगा। इस प्रकार इस समीक्षा-पद्धति पर समग्रतः से विचार किया जा सकेगा।

ध्यातव्य है कि हिन्दी-आलोचना के क्षेत्र में प्रगतिवादी-आलोचना का जन्म

छायावादी दृष्टि की प्रतिक्रिया स्वरूप हुआ। छायावादी काव्य के आत्मकेन्द्रित, भाववादी, आदर्शोन्मुख, व्यक्तिवाद के विरुद्ध प्रगतिवाद ने सामाजिक क्रान्तिधारा का उद्घोष किया।

स्वच्छन्दतावादी प्रवृत्तियों पर प्रहार करते हुए इस नवीन विचार-प्रणाली ने पूरी की पूरी सैद्धान्तिकता का स्वरूप रोमाण्टिक साहित्यशास्त्र के दोषों का दर्शन कराते हुए निर्मित किया है। जीवन तथा साहित्य के गत्यात्मक, विकासात्मक सम्बन्धों की व्याख्या की दृष्टि से 'प्रोग्रेसिव लिटरेचर' के पर्याय रूप में 'प्रगतिवाद' नाम इसके प्रतिष्ठापकों ने ही चुना है। इस नाम का पर्याप्त विरोध भी किया गया तथा तर्क दिया गया कि साहित्यकार तो स्वयं ही प्रगतिकामी होता है, फिर इसे अलग से रेखांकित करने का क्या अर्थ है ? इस प्रश्न का उत्तर प्रगतिवादियों ने बड़े ही वैज्ञानिक ढंग से दिया है कि शोषणमुक्त समाज को कायम करनेवाला साहित्यकार तथा आलोचक ही प्रगतिशील है। ढर्रेदार दृष्टिकोण में इन्होंने मार्क्सवादी विचारधारा की क्रान्तिकारी, वैज्ञानिकता को भी स्पष्ट रूप से ग्रहण किया तथा घोषणा भी की है कि मार्क्सवाद ही एकमात्र वैज्ञानिक व्यावहारिक दर्शन है। समाज को बदलने का इससे बड़ा अस्त्र कोई दूसरा नहीं है। इन्होंने उन विरोधियों को ललकार कर चुप भी कर दिया जो इसमें 'वाद ग्रस्तता' के खतरे देखकर 'रूढ़िग्रस्तता' की शिकायत कर रहे थे।

यह कहना कि प्रगतिवाद, छायावाद की प्रतिक्रियास्वरूप ही जन्मा था, सही तथ्यों को झुठलाना होगा। हिन्दी में प्रगतिवाद का जन्म ऐतिहासिक-सामाजिक-सांस्कृतिक दृष्टियों का सम्मिलित परिणाम है। परिवेश के बदलने से मान्यताएँ बदलती हैं तथा मान्यताओं के बदलते ही नवीन विचारधारा के स्रोत उद्दाम गति से फूट पड़ते हैं। प्रगतिवाद के साथ भी ऐसा ही हुआ। तमाम विश्व-चिन्तना के परिचय के साथ हमें जागरण का पहला रूप गुलाम देश में मार्क्स की विचारधारा ने दिया। मार्क्स ने स्वयं ब्रिटेन के आधिपत्य को भारतीय सन्दर्भ में विश्लेषित किया था।[79] धीरे-धीरे पूरा देश पूँजीवाद, साम्राज्यवाद के शोषण से कराहने लगा था, गाँधीवाद ने शोषण के विरुद्ध आवाज देकर जगा दिया तथा मार्क्स ने इन जनवादी चेतना पर शरण धर दी है। गाँधीवाद तथा मार्क्सवाद एक-दूसरे के विरोधी होकर भी जनवादी हितों की दृष्टि से एक से हैं। 'जन' को शोषण से मुक्ति के लिए मार्क्सवाद ही उस समय सर्वोत्तम दर्शन था जिसे इस देश के जागरूक चिन्तकों ने ग्रहण किया। इस विचारधारा के प्रभाव ने हमारे साहित्य की क्रान्तिकारी धारा को नवीन दिशा दी है, यह कैसे भुलाया जा सकता है। 'प्रगतिवाद' नाम उन्हें भ्रामक लगता रहा है जो इस सामाजिक क्रान्ति के वैज्ञानिक दर्शन को ठीक से समझ

नहीं सके हैं या जिनके अपने 'कमिटमेण्ट' इसे ठीक से समझने नहीं देते। 'सही समझ' के अभाव में यह दृष्टि मात्र प्रचारात्मक दिखाई देती है बहुत कुछ स्थूल भी।

भारतीय शास्त्रीय परम्परा के संस्कार से भिन्न सामाजिक चिन्तन के पक्षों को विशिष्ट सैद्धान्तिकता में ढालकर प्रस्तुत करनेवाली समीक्षा का नाम है–प्रगतिवादी समीक्षा। प्रगति में आस्था, सच्चे जनवादी मूल्यों की तलाश, प्रगतिशील तत्त्वों की गहरी पकड़, शोषण से मुक्त वैज्ञानिकता का दर्शन ही यह आलोचना अपनाती है। सन् 1930 के आसपास नवीन दृष्टि से रचनात्मक और सैद्धान्तिकता का पैंतरा ही बदल गया। पूर्व तथा पश्चिम की एक होती दृष्टियों ने आदर्श मानववाद, कर्मवाद–गाँधीवाद, आदर्शवाद आदि अनेक परम्पराओं के केन्द्र में मार्क्सवादी चिन्तन को प्रतिष्ठित किया। पाश्चात्य चिन्तना के इस व्यवस्थित दृष्टिकोण ने सामाजिकतावादी मूल्यों को समग्रता से भारत में बोना शुरू कर दिया। पश्चिम के वैयक्तिकतावादी सिद्धान्तों, मनोविश्लेषण अन्तर्मुखी काव्य-प्रक्रिया के लालित्य बोधीय सौन्दर्य शास्त्र, दार्शनिक रसवाद, अरविन्द के ऊर्ध्व चेतना सिद्धान्त को इस क्रान्तिकारी दृष्टि ने कुचलकर खदेड़ दिया। मार्क्सवाद ने 'मानव' की समग्र अवधारणा को नये मूल्यों से व्याख्यायित करना चाहा है। मार्क्सवाद की बुनियादों को गलत ढंग से पेश करने वाले सज्जनों को डॉ. रामविलास शर्मा ने झटका देकर ठीक भी किया है। इन आलोचकों ने भाववादी-आदर्शवादी रोमाण्टिक और सौन्दर्यशास्त्रीय दृष्टि में कलात्मक परिष्कृति से उत्पन्न संवेदना पूर्ण भावों की चाँदनी की व्याख्या के स्थान पर जनवादी मूल्यों और विशेषकर मार्क्सवादी यथार्थवादी दृष्टि को केन्द्र में रखा है। सैद्धान्तिक दृष्टि से इनकी साहित्यिक दृष्टि लोकमंगलवादी–उपयोगितावादी है तथा पूँजीवादी पतनशील प्रवृत्तियों, संस्कारों, आभिजात कलारुचियों के विपरीत वर्गहीन समाज तथा जन की गरिमा को पुनः स्थापित करना है। शिवदानसिंह चौहान की सैद्धान्तिक दृष्टि में दोषों का दिग्दर्शन[80] कराते हुए डॉ. रामविलास शर्मा ने इस आलोचना-पद्धति को एकदम पाश्चात्य नकल के ढंग पर विकसित न करते हुए आचार्य रामचन्द्र शुक्ल जी की परम्परा को पुष्ट किया है।

यह भी ध्यान देने की बात है कि हिन्दी साहित्यशास्त्र के शुक्लोत्तर युग तक के आलोचकों ने रसवाद का पुनराख्यान किया या उसमें निष्ठा व्यक्त की है। हिन्दी साहित्यशास्त्र में प्रथम बार प्रगतिवादी आलोचकों तथा नयी समीक्षा-नयी कविता के आलोचकों ने रस सिद्धान्त के प्रति शंका व्यक्त करते हुए इसका विरोध किया। प्रगतिवादी साहित्यशास्त्र ने प्राचीन भारतीय

काव्यशास्त्र में प्रतिवादित रस की अलौकिकता, सत्त्वोद्रेकता, ब्रह्मानन्द सहोदरता और अखण्ड आनन्दात्मकता को नितान्त वैयक्तिक कलावादी, व्यक्तिवाद-पूँजीवाद पर आधृत, झूठी आध्यात्मिकता का झण्डा उठानेवाला, सामन्तवादी तथा प्रतिक्रियावादी घोषित किया है। इस सभी ने सामूहिक जनवाद एवं आर्थिक-सामाजिक सम्बन्धों पर टिके सर्वहारा वर्ग के समाजवादी मूल्यों की प्रतिष्ठा करनी चाही है। सभी ने परम्परा को रूढ़ अर्थ में ग्रहण न करते हुए उसे ऐतिहासिक अवधारणा के रूप में ग्रहण किया एवं आर्थिक दृष्टि पर आधृत आधुनिकता को कला-समीक्षा में पुष्ट किया है।

(क) डॉ. रामविलास शर्मा

मार्क्सवादी आलोचकों में डॉ. रामविलास शर्मा सर्वाधिक महत्त्वपूर्ण नाम है। अंग्रेजी के अध्येता एवं शिक्षक होते हुए भी उन्होंने हिन्दी भाषा और साहित्य को नयी दृष्टि के नये मान दिए हैं। आलोचकों में रामचन्द्र शुक्ल, कथाकारों में प्रेमचन्द और कवियों में निरालाजी उन्हें अतिशय प्रिय हैं—निस्सन्देह यह तीनों ही साहित्यकार उनके आलोचनात्मक प्रतिमानों के आधार हैं। अन्य मार्क्सवादी आलोचकों की भाँति डॉ. शर्मा मार्क्सवाद के कोरे सैद्धान्तिक रूप का ही प्रतिपादन नहीं करते, बल्कि वे मार्क्सवादी प्रतिमानों से सम्पूर्ण हिन्दी साहित्य की आलोचना करते हैं। वे वाल्मीकि, कालिदास और भवभूति के साहित्य का भी विश्लेषण करते हैं—शेक्सपियर का भी। इस प्रकार वे समस्त भारतीय साहित्य के साथ-साथ विश्व साहित्य के महान् साहित्यकारों से निकट का सम्पर्क स्थापित कर सके हैं। वे मानते हैं, ‘‘साहित्य शुद्ध विचारधारा का रूप नहीं है। उसका भावों और इन्द्रियबोध से घनिष्ठ सम्बन्ध है। इससे स्पष्ट है कि ललित कलाओं को विचारधारा के रूप में गिनना सही नहीं है।’’[81] ‘प्रेमचन्द की परम्परा और आंचलिकता’ तथा ‘साहित्य के स्थायी मूल्यों की समस्या : कालिदास’ में वे सैद्धान्तिक समीक्षा के नवीन मानों का संकेत देते हैं।

छायावाद के आलोचक आचार्य शुक्ल का खण्डन करने में प्रवृत्त थे, प्रगतिशील आलोचक भी आ. शुक्ल को प्रतिगामी कहकर टालने लगे थे कि डॉ. शर्मा ने आचार्य शुक्ल के सिद्धान्तों-प्रतिमानों की ‘आचार्य रामचन्द्र शुक्ल और हिन्दी आलोचना’ नामक अपनी पुस्तक में पुनर्व्याख्या की तथा लिखा, ‘‘हिन्दी साहित्य में शुक्लजी का वही महत्त्व है जो उपन्यास में प्रेमचन्द तथा कवि निराला का। उन्होंने आलोचना के माध्यम से उसी सामन्ती-संस्कृति का विरोध किया जिसका उपन्यास तथा कविता के माध्यम से प्रेमचन्द और निराला ने। शुक्लजी ने न तो भरत के रूढ़िवाद को स्वीकार किया और न पश्चिम के

व्यक्तिवाद को। उन्होंने बाह्य जगत् और मानव जीवन की वास्तविकता के आधार पर नये साहित्य-सिद्धान्तों की स्थापना की।"[82] उन्होंने यह भी कहा है कि यशपाल 'मार्क्सवाद' पर जो पुस्तक लिखते हैं, उसे अपनी गलत धारणाओं के कारण आचार्य शुक्ल से सुधार सकते हैं। प्रो. प्रकाशचन्द्र गुप्त के लिए भी डॉ. शर्मा का सुझाव है कि 'खास तौर से पन्त का सौन्दर्यवादी रूप पहचानना शुक्लजी से सीखना चाहिए।"[83] गुप्तजी मानते थे कि "चौहान और नामवरसिंह शुक्लजी की ही परम्परा का विकास कर रहे हैं।" इसका उत्तर डॉ. शर्मा ने दिया, "शिवदानसिंह चौहान और नामवरसिंह शुक्लजी पर एकांगी समाजशास्त्री होने का आरोप लगा चुके हैं। यदि इसी परम्परा का वे विकास कर रहे हों तो मैं नहीं जानता लेकिन शुक्लजी का एकांगी समाजशास्त्र से कोई सम्बन्ध नहीं है।"[84] उन्हें विवश होकर आचार्य शुक्ल पर पुस्तक लिखनी पड़ी है, "किसी परम्परा का दावा करने के पहले उसे समझ लेना भी जरूरी है—इसी दृष्टि से वे आचार्य शुक्ल तथा मार्क्सवादी विचारधारा का पार्थक्य घोषित करते हैं। यह सही है कि छायावादी-प्रगतिवादी प्रयोगवादी आलोचकों का आचार्य शुक्ल विरोधी मोर्चा डॉ. शर्मा के प्रयत्न से ही समाप्त होता है। निरालाजी पर डॉ. शर्मा ने 'निराला की साहित्य-साधना' नामक पुस्तक तीन भागों में प्रकाशित की है। हिन्दी में ही नहीं, विश्व में कहीं भी किसी एक कवि पर इतना बड़ा काम नहीं हुआ, जितना बड़ा कार्य डॉ. शर्मा ने किया है। वे कहते हैं कि "निराला के पारिवारिक, सामाजिक परिवेश से, उस युग की सांस्कृतिक परिस्थितियों से, उनके जीवन के बाह्य रूपों के साथ उनके अन्तर्जगत् से पाठकों को परिचित कराना है।" इस दृष्टि से यह कवि-व्यक्तित्व एवं कवि-रचना-प्रक्रिया का अद्भुत अध्ययन है।

आचार्य शुक्ल की परम्परा में डॉ. शर्मा 'भारतेन्दु-युग' तथा 'हिन्दी नवजागरण तथा महावीर प्रसाद द्विवेदी', 'नयी कविता और अस्तित्ववाद', 'प्रेमचन्द तथा उनका युग', 'निराला' आदि पर पुनर्मूल्यांकन प्रस्तुत करते हैं। वे अपने समसामयिक साहित्यकारों में वृन्दावनलाल वर्मा, अमृतलाल नागर, केदारनाथ अग्रवाल तथा नागार्जुन आदि प्रिय लेखकों की गम्भीर समीक्षा करते हैं। नये लेखकों में वे मुक्तिबोध तथा शमशेर को पसन्द करते हैं और अज्ञेयजी को दूसरी धारा में रख कर लताड़ते हैं। डॉ. शर्मा की विध्वंसक आलोचना-शैली भी बड़ा नाम पा चुकी है किन्तु वे विध्वंसात्मक आलोचक नहीं हैं। गम्भीर तथा दायित्वपूर्ण आलोचक की भाँति उन्हें खरी बात कहने पर विवश होना पड़ता है। शास्त्रीय दुरूहता से मुक्त वे जनवादी मूल्यों के समीक्षक हैं। अपनी मार्क्सवादी दृष्टि का आधार उन्होंने आचार्य शुक्ल की आलोचना पर लिखी पुस्तक के द्वि.

सं. वक्तव्य में इस प्रकार व्यक्त किया है, "मार्क्सवाद प्रकृति और समाज में प्रगति की शनैः-शनैः होनेवाली ही नहीं, क्रान्ति और विस्फोटों द्वारा —कार्य-कारण शृंखला तोड़कर, छलाँगें मारते हुए—बहुत-सा फासला एक साथ तय करनेवाली प्रगति के रूप में—भी देखता है। मार्क्सवाद के लिए इतिहास में वर्ग-संघर्ष की नियामक भूमिका, वर्गों का निर्माण और उनके पारस्परिक सम्बन्ध उत्पादन और वितरण की पद्धति से कायम होते हैं। मार्क्सवाद की स्थापना है कि आधुनिक समाज का सबसे क्रान्तिकारी वर्ग, मजदूर वर्ग, किसानों तथा अन्य जनों के साथ मिलकर सत्ता पर अधिकार करेगा और समाजवाद का निर्माण करेगा।"[85] आचार्य शुक्ल की सबसे बड़ी देन यही है कि उन्होंने हिन्दी की सैद्धान्तिक आलोचना को एक ठोस दार्शनिक आधार दिया और डॉ. शर्मा की भी सबसे बड़ी देन यही है कि वे हिन्दी की सैद्धान्तिक आलोचना को सामाजिक-सांस्कृतिक आधार की ठोस भूमि प्रदान करते हैं। मार्क्सवाद के साथ उनके चिन्तन पर आचार्य शुक्ल के चिन्तन की गहरी धमक है। उन्हें भारतेन्दु, महावीरप्रसाद द्विवेदी, प्रेमचन्द तथा निराला की प्रगतिशील परम्परा के व्याख्याकार रूप में याद किया जाता है। रसवादी आलोचक डॉ. नगेन्द्र ने प्रेमचन्द को द्वितीय श्रेणी का लेखक माना है और डॉ. शर्मा ने प्रथम श्रेणी का। यह अन्तर दो समीक्षकों की समीक्षा-सिद्धान्तों की दृष्टि का है—जो लगातार बढ़ता गया है। इस दृष्टि को समझने के लिए डॉ. शर्मा के समीक्षा-सिद्धान्तों पर संक्षिप्त प्रकाश डालना भी अपेक्षित है।

काव्य-स्वरूप

डॉ. शर्मा ने 'कविता' को परिभाषाबद्ध करने का प्रयास न करते हुए सामाजिकता के सन्दर्भ में उसकी नवीन व्याख्या की है। काव्य एक ऐसी सामाजिक वस्तु है जिसका आधार व्यक्तिगत न होकर सामाजिक-सांस्कृतिक भूमियों पर आधृत होता है। इन्होंने काव्य या साहित्य की व्याख्या करते हुए कहा है, "साहित्य की अमर सरिता भी आर्थिक और राजनीतिक उत्पीड़न के महापर्वत को काट कर प्रवाहित की जाती है। अपनी कुदाल फेंक कर इस पर्वत की एक चट्टान के नीचे बैठा हुआ साहित्यकार कल्पना की आकाशगंगा से धरती के हृदय को सरस नहीं बना सकता।"[86] इसलिए कलाकार प्रगतिशील वही है जो समाज को आगे बढ़ाता है। वह प्रगतिशील भी तभी हो सकता है जब वह साहित्य भी हो।[87] इस अर्थ में गम्भीर साहित्य दो कार्य करता है—(1) रस-सृष्टि, (2) सामाजिक विकास की प्रेरणा। इसलिए व्यापक साहित्य संकुचित सीमाओं को तोड़ कर विश्व मानव की ओर बढ़ता है—चाहे वह रवीन्द्रनाथ का साहित्य हो या शेक्सपीयर का या निराला का।[88] इसी अर्थ में साहित्य का मुखर रूप मनुष्य का विकास

है। "कला का स्रोत जनता है। उपन्यास के हीरो मिलते हैं तो जनता से। गीत में तल्लीनता आती है, उदात्त भावना पैदा होती है तो देश-प्रेम से।"[89] इसी अर्थ में "साहित्य जनता की वाणी है। उसके जातीय चरित्र का दर्पण है। प्रगति-पथ में बढ़ने के लिए उसका मनोबल है। उसकी सौन्दर्य की चाह पूरी करनेवाला साधन है।"[90]

कवि या साहित्यकार अपने समय और समाज की बदलती हुई परिस्थितियों को ठीक से पहचाने बिना स्थायी मूल्य के साहित्य का सृजन नहीं कर सकता है।[91] कविता में कवि की वैयक्तिक भावनाओं की प्रधानता न होकर, उसकी भावधारा का केन्द्र जनता होती है। इसीलिए साहित्य एवं राजनीति का निकट सम्बन्ध है। युग-परिवेश को आत्मसात् करके वाणी प्रदान करनेवाला लेखक ही जनता में जागरण लाता है। साहित्य लगातार विकसित परिष्कृत होता रहता है। उसमें सार्वभौमिक-सार्वकालिक मूल्यों की बात करना गलत है—क्योंकि जो विकासशील-परिवर्तनशील है, वह शाश्वत कैसे हो सकता है।[92] साहित्य की विषय-वस्तु में भाव ही नहीं, वे कर्ममय विचार भी होते हैं, जो बन्धनों को तोड़ने की ताकत देते हैं। दर्शन या विज्ञान से मानव विचार को समझता है, साहित्य से विचार को देखता है। क्योंकि विषय-वस्तु में भावना तथा विचारों की रागात्मक प्रतिक्रिया भी रहती है। साहित्य—इन्द्रिय, हृदय तथा मस्तिष्क का समन्वय करता है। रूप, भावना और विचार की एकता से कला-सृष्टि सम्भव है। अर्थात् कविता या साहित्य में रूप-भावना एवं विचार का एकीकरण होता है। यह एकीकरण व्यष्टि से समष्टि की ओर बढ़ता है। इसलिए साहित्य जीवन का अनुकरण या प्रतिबिम्ब नहीं है।[93] वे अरस्तू के अनुकरणवाद का खण्डन करते हुए कहते हैं, "प्रजापति कवि गम्भीर यथार्थवादी होता है, ऐसा यथार्थवादी जिसके पाँव वर्तमान की धरती पर हैं और आँखें भविष्य के क्षितिज पर लगी हुई हैं।"[94] इसलिए साहित्य भाग्यवाद, अकर्मण्यवाद, रूढ़िवाद तथा कठमुल्लावाद का स्वभाव से विरोधी होता है। वे 'कला कला के लिए' विकृत काम-वासनाएँ, अहंवाद-व्यक्तिवाद, निराशावाद, अस्तित्ववाद आदि थकन के सिद्धान्तों का घोर विरोध करते हैं।[95]

काव्य में परम्परा का महत्त्व नगण्य नहीं है क्योंकि साहित्य का पौधा वर्तमान में उगता है और उसकी जड़ें अतीत के गर्भ में फैली होती हैं। यही अंकुर भविष्य में विस्तार पाता है। साहित्य तीनों कालों में फैलता है। इसी अर्थ में साहित्य जातीय-चरित्र का दर्पण है।

कला और साहित्य की यथार्थवादी व्याख्या प्रस्तुत करने वालों में पश्चिमी मार्क्सवादी चिन्तक काडवेल प्रमुख हैं। उन्होंने कविता तथा कला की व्याख्या सामाजिक वस्तु मानकर ही प्रस्तुत की है। वे मानते हैं कि कला उसी प्रकार

समाज की उत्पत्ति है—जिस प्रकार मोती सीप से पैदा होता है।[96] काडवेल मानते हैं कि कलाओं में कविता सर्वाधिक आदिम है। साहित्यिक विकास की गति सामाजिक विकास के समानान्तर होती है तथा कविता व्यक्ति के आभ्यन्तरिक गुणों के साथ सामाजिक-सांस्कृतिक विशिष्टताओं को व्यक्त करती है।[97] डॉ. शर्मा काव्य के आर्थिक पक्ष को महत्त्व देने पर भी उतना महत्त्व उसे नहीं देते हैं, जितना बल काडवेल ने दिया है। वे काडवेल की भाँति काव्य को समाज की उत्पत्ति मानते हैं।[98] जार्ज थामसन भी कविता को सामाजिक क्रिया मानते हैं। रचना की कलात्मक उपलब्धियों को स्वीकार करते हुए भी वे उसे सामाजिकता की सृष्टि मानते हैं।[99] हर्बर्ड फास्ट के लिए रचना में वैयक्तिक यथार्थ न होकर सामाजिक यथार्थ ही होता है।[100] इस प्रकार सभी पश्चिम के मार्क्सवादी चिन्तकों ने काव्य को सामाजिक वस्तु माना है। इस अर्थ में डॉ. शर्मा तथा पाश्चात्य चिन्तकों में काफी समानता है। दोनों ही मानते हैं कि कविता सामाजिक-सांस्कृतिक स्थिति की उपज है। भौतिक सामाजिक-परिवेश के प्रभाव-दबाव के बावजूद कविता एक संश्लिष्टतामूलक जटिल प्रक्रिया है। काव्यानुभूति वैयक्तिक अनुभूति न होकर सामाजिक तथा सामूहिक अनुभूति होती है। काडवेल इसे ही सामूहिकता का सिद्धान्त या सामूहिक भाव-बोध का सिद्धान्त नाम देते हैं। इसीलिए व्यक्तिवादी समाज में भी साहित्य मानव-समाज की सांस्कृतिक स्वाधीनता का प्रवर्तक होता है।

काव्य की आत्मा—सामाजिकता का भाव-बोध

डॉ. शर्मा रस को काव्य की आत्मा मानने का प्रबल विरोध करते हैं 'रस-सिद्धान्त और आधुनिक साहित्य' शीर्षक लेख में उन्होंने लिखा है, "साहित्यकार सामाजिक उत्तरदायित्व को भूल कर अगर आत्मा की अखण्डता और रस के स्वयं प्रकाश अलौकिक ब्रह्मानन्द सहोदर होने की बातें दोहराता रहेगा, तो वह समाज के विकास में कभी सहायक न हो सकेगा।[101] शर्माजी के मत से 'सामाजिक यथार्थ' ही काव्य का प्राण-तत्त्व है। वे संस्कृत आचार्यों की ब्रह्मानन्द सहोदर परम्परा से असन्तोष व्यक्त करते हैं, "यह रस अलौकिक किस प्रकार हो जाता है—इसकी व्याख्या भट्टनायक ने की है। दुष्यन्त और शकुन्तला के प्रेम-व्यापार को भावना एक साधारण व्यापार बना देती है। अर्थात् वह उनका व्यक्तिगत प्रेम न रहकर साधारण दाम्पत्य प्रेम हो जाता है। भावना के बाद भोग की क्रिया आरम्भ होती है। किसी विचित्र प्रकार से सत्त्व-गुण का उद्रेक होता है और इस प्रकार प्रकाश रूप आनन्द का अनुभव होता है—सत्वेद्रिक प्रकाशानन्द संविहितभन्ति। इसी भोग से वह आनन्द प्राप्त होता है जो अलौकिक होता है। यह समग्र तर्क एक

मिथ्या धारणा पर निर्भर है।"[102] वे मानते हैं कि साधारणीकरण की क्रिया पाठक में घटित होने पर भी रसानुभव अलग-अलग तरह का होता है। रसों का सम्बन्ध अलौकिकता से न मानकर वे इस भौतिक-जगत् से मानते हैं। "साहित्य में भविष्य-चिन्तन से विषयासक्ति उत्पन्न होगी। इस बात को वितंडावाद से छिपाया नहीं जा सकता। साहित्यशास्त्र की प्रधान समस्या यह है कि किस प्रकार का साहित्य हमारे चित्त पर किस प्रकार के संस्कार बनाता है।"[103]

जीवन और साहित्य की सम्पूर्ण पद्धति को जनवादी सर्वहारा वर्ग और सामन्ती बुर्जुआ वर्ग में विभक्त करके मार्क्सवादी समीक्षा-प्रणाली का प्रभाव डॉ. शर्मा पर सर्वाधिक है। वे संस्कृत काव्यशास्त्र की परम्परा के आचार्यों को दरबारी कवियों की श्रेणी में रखते हैं, ..."कवि से एक दरबारी कवि का ही बोध होता है। रस अलंकार आदि का विवेचन करते समय इस बात को ध्यान में रखना आवश्यक है। अधिकांश आचार्यों का सम्बन्ध राजाओं से था, इसीलिए उनके सिद्धान्तों पर दरबारी संस्कृति की छाप है।"[104] रस-सिद्धान्त का प्रतिवाद करते हुए उन्होंने लिखा, "रसवाद के साथ विभावानुभाव आदि की एक सेना है जो रस परिपाक में सहायक होती है।"[105] इस प्रकार वे डॉ. सुधांशु, आचार्य वाजपेयी, आचार्य हजारी प्रसाद द्विवेदी तथा डॉ. नगेन्द्र द्वारा आधुनिक मनोविज्ञान एवं मनोविश्लेषणशास्त्र के प्रकाश से समर्थित रस-प्रकल्पना की समग्र अवधारणा को मिथ्या तर्क पर आधारित मानते हैं। वे साधारणीकरण पर भी व्यंग्यपूर्वक आक्षेप करते हैं, "साधारणीकरण एक ऐसा मन्त्र है, जिसमें शोषक और शोषित किसी की भी पूजा करने से मनुष्य विश्व-प्रेम तक पहुँच जाता है।"[106] इस प्रकार डॉ. शर्मा मार्क्सवाद के सिद्धान्त वाक्यों से पूर्व स्थापित 37 सिद्धान्तों का खण्डन करते हैं। वे रस-सिद्धान्त के नैतिक-आध्यात्मिक, सौन्दर्यमूलक तथा आनन्दमूलक पक्षों का भी प्रबल प्रतिरोध करते हैं। वे काव्यास्वाद को आचार्य शुक्ल की भाँति ही आनन्द मानने के पक्ष में नहीं हैं। "सौन्दर्य यानी सुन्दर वस्तु से प्रेरणा (स्टिमुलस), नारी नामक प्रेरणा-केन्द्र-पुरुष को चिरकाल से बाधित करता है। नारी हुई 'कण्डीशण्ड स्टिमुलस', पुरुष की रसानुभूति हुई 'कण्डीशण्ड रिफ्लैक्स'। रस और सौन्दर्य का यही मौलिक सम्बन्ध है।"[107] वे काव्यानुभूति को वस्तुगत एवं समाज-सापेक्ष्य अनुभूति मानते हैं, "फूल के रूप-रंग के लिए जिस तरह धरती की आवश्यकता होती है, उसी तरह किसी भी कृति के कलात्मक सौन्दर्य का निखार उसकी विषयवस्तु की सामाजिकता से जुड़ा है।"[108] और "इन्द्रियों से जिस सौन्दर्य की अनुभूति होती है, बाह्य जगत् में उसकी वस्तुगत सत्ता है।"[109] इस प्रकार डॉ. शर्मा समाज-सापेक्ष्य-अनुभूति के आस्वादपरक सौन्दर्य को काव्य का प्राण मानते हैं। तभी तो "सौन्दर्य बोध आर्थिक जीवन

से प्रभावित होता है।"[110] अतः उनका मत है—(1) कला समाज-सापेक्ष्य, (2) कलाकार का सौन्दर्य बोध भौतिक सामाजिक सम्बन्धों से प्रेरित 'आर्थिक सौन्दर्य' का रूप होता है।

काव्य के तत्त्व

डॉ. शर्मा भाव-तत्त्व तथा वैज्ञानिक-चिन्तन को काव्य के मूल तत्त्व मानते हैं। कल्पना-तत्त्व तथा शैली-तत्त्व को वे काव्य-तत्त्वों में गौण स्थान देते हैं। "साहित्य, आर्थिक परिस्थितियों से नियमित होता है, लेकिन उनका सीधा प्रतिबिम्ब नहीं है। उसकी अपनी सापेक्ष्य स्वाधीनता है। साहित्य के सभी तत्त्व समान रूप से परिवर्तनशील नहीं हैं, इन्द्रियबोध की अपेक्षा भाव और भावों की अपेक्षा विचार अधिक परिवर्तनशील हैं। युग बदलने पर जहाँ विचारों में अधिक परिवर्तन होता है, वहाँ इन्द्रियबोध और भाव जगत् में अपेक्षाकृत स्थायित्व रहता है। यही कारण है कि युग बदल जाने पर भी उसका साहित्य हमें अच्छा लगता है।"[111] सबसे ज्यादा प्राचीन साहित्य में विचारों को लेकर विवाद होता है—बाद में भावों को लेकर और उससे भी कम इन्द्रियबोध को लेकर।[112] प्रगतिवादी चिन्तन जिस काव्यानुभूति की चर्चा करता है, वह स्वच्छन्दतावादी चिन्तन से सर्वथा पृथक् है। इस भिन्नता के मूल में प्रगतिवादी चिन्तन का वस्तुनिष्ठ दृष्टिकोण है। व्यक्तिवादी पतनशील भावों को यह चिन्तन स्थान नहीं देता। साहित्य का सौन्दर्यबोध इन्द्रियबोध तथा भौतिकता से परे की वस्तु नहीं होता। "रूप और शब्द के बिना न तो संसार की सत्ता सम्भव है, न साहित्य की। ...मनुष्य और प्रकृति की यह रूपात्मक एकता साहित्य का मूलाधार है। इन्द्रियबोध का परिष्कार, इन्द्रियबोध के सहारे कला की सृष्टि—यह अटल नियम मनुष्य के सामाजिक विकास के आदि से चला आ रहा है।"[113] मार्क्सवाद ने मानव-संस्कृति तथा समाज-व्यवस्था के पारस्परिक सम्बन्धों की व्याख्या करते हुए इस बात पर बहुत जोर दिया है कि संस्कृति सापेक्ष्य रूप से स्वाधीन है। यह सापेक्ष्य स्वाधीनता सिद्धान्त—मानव के इन्द्रियबोध तथा सौन्दर्यबोध की व्याख्या करता है। भाव-विचारों के बदल जाने पर भी इन्द्रियबोध अपेक्षाकृत स्थायी रहता है। इन्द्रियबोध से सम्बन्धित होने के कारण ही साहित्य का प्रभाव दर्शन तथा विज्ञान से ज्यादा होता है। उसका माध्यम है—रूपमय कल्पना के सहारे वह तरह-तरह के रूप जगाता है, साहित्य की कलात्मक विशेषता जीवन के चित्र प्रस्तुत करने में है। कविता के लिए विचार काफी नहीं है—उसके लिए चित्रमय कल्पना भी चाहिए। एंगेल्स ने कवि प्लाटेन के बारे में कहा था, "प्लाटेन की गलती यह थी कि वह अपनी बुद्धि की उपज को कविता समझता था।"[114] मानव का

इन्द्रियबोध उसके समूचे विकास का परिणाम है—स्वयं मार्क्स यह मानते थे। अतः मार्क्सवाद पर यह आरोप गलत है कि उसे उपयोगितावाद के अतिरिक्त सौन्दर्य का ध्यान नहीं है। क्योंकि महान् साहित्य उच्च विचारों, गम्भीर भावों और सूक्ष्म इन्द्रियबोध का समन्वय होता है। "साहित्य के रूप और उसकी विषयवस्तु का बहुत गहरा सम्बन्ध है। ये एक-दूसरे से एकान्त भिन्न न होकर परस्पर सम्बद्ध, एक-दूसरे को प्रभावित करते हैं। कविता की भाषा उसकी चित्रात्मकता, छन्द योजना आदि विषय वस्तु से तटस्थ न रहकर उसे प्रभावशाली बनाते हैं।" लेकिन साहित्यशास्त्र में कल्पनावाद का डॉ. शर्मा खण्डन करते हैं—यही तो व्यक्तिवाद की पलायनवादी प्रवृत्ति है। 'विषयवस्तु' की अवहेलना करते हुए 'रूप' पर बल देना ह्रासकालीन पूँजीवादी साहित्यकारों की विशेषता है। इसीलिए रूपवादियों की भाँति वे शैली-तत्त्व को अतिरिक्त महत्त्व देने के पक्ष में नहीं हैं। इस प्रकार डॉ. शर्मा ने मार्क्सवादियों की काव्य-तत्त्व सम्बन्धी वस्तुवादी (मैटीरियलिस्टिक) व्याख्या को स्वीकार किया है, जिस पर एक साथ मार्क्स, एंगेल्स, काडवेल, जार्ज लूकाच तथा आचार्य शुक्ल की दृष्टि का प्रभाव है। पश्चिमी मार्क्सवादियों की भाँति ही डॉ. शर्मा 'रूप-वस्तु' से ज्यादा विषय-वस्तु को महत्त्व देते हैं।

काव्यहेतु-प्रेरणा

कवि के पास सूक्ष्म-गहन अनुभूतियों को सृजन में ढालने की 'शक्ति' का डॉ. शर्मा ने समर्थन किया है। कलाकार की प्रतिभागत विशिष्टता को वे स्वीकार करते हैं, "एक ही समाज और एक ही वर्ग में व्यक्तियों की मेधा, सहृदयता और जीवन-दर्शन की क्षमता में भेद होता है। यह भेद बहुत कुछ साहित्यिक उत्कर्ष निश्चित करता है।"[115] एक ही समाज परिवेश तथा युग के लोगों की कला-चेतना तथा सौन्दर्य-चेतना में अन्तर होता है। यह तथ्य भी ध्यान देने योग्य है कि बिना जीवन-साधना के कला-साधना ठीक से हो ही नहीं सकती। निराला कवि, कथाकार तथा आलोचक तीनों हैं। "तीनों ही क्षेत्रों में उनकी प्रतिभा ने चमत्कार दिखाया है।"[116] प्रतिभा के साथ मानव-सम्बन्धों को व्यक्त करने की इच्छा ही कला की प्रेरणा है। इस सम्बन्ध में डॉ. शर्मा लिखते हैं, "यदि समाज में मानव-सम्बन्ध वही होते जो कवि चाहता है, तो शायद उसे प्रजापति बनने की जरूरत न पड़ती। उसके असन्तोष की जड़ ये मानव सम्बन्ध ही हैं। मानव-सम्बन्धों से परे साहित्य नहीं है।"[117] इस मानव-सम्बन्ध की दीवाल से हेमलेट की कवि-सुलभ सहानुभूति टकराती है और शेक्सपियर एक महान् ट्रेजेडी की सृष्टि करता है। बेचैन समाज में कवि का प्रजापति रूप यही हो सकता है

कि वह कष्ट को वाणी दे। जो कलाकार पराभव तथा पराधीनता से आँखें मूँद कर अहंवादी विकृतियों का पाठ पढ़ाते हैं—वे प्रतिभाशाली कलाकार ही निन्दनीय हैं। वन्दनीय वे कलाकार ही हैं "जिन्हें इस देश की धरती से प्यार है—इस धरती पर बसने वालों से स्नेह है, जो साहित्य की युगान्तरकारी भूमिका समझते हैं—वे आगे बढ़ रहे हैं।"[118]

इस प्रकार प्रतिभा तथा व्युत्पत्ति को आदर देने पर भी वे संस्कृत आचार्यों की भाँति परम्परागत ढंग से काव्य-हेतु-प्रेरणा पर विचार नहीं करते हैं। काव्य की सर्वाधिक बड़ी प्रेरणा भौतिक-सामाजिक संघर्षों-तनावों-अभावों, असन्तोषों तथा अन्तर्विरोधों को वाणी देते हुए जनता के मनोबल को ऊँचा उठाना है। पस्ती तथा पराजय फैलानेवाली अस्तित्ववादी दृष्टि से डॉ. शर्मा का सीधा विरोध है। इसलिए असाधारण-प्रतिभा जो अभिनवगुप्त तथा स्वच्छन्दतावादियों की काव्य-प्रेरणा रही है—वह दृष्टि और वह सिद्धान्त डॉ. शर्मा को एकदम अमान्य है। इसीलिए वे मनोविज्ञान तथा मनोविश्लेषणवादियों के काम-प्रेरणा, सामूहिक अवचेतन-सिद्धान्त तथा प्रभुत्व-भावना आदि सिद्धान्तों का रुग्ण व्यक्तिवादिता के कारण विरोध करते हैं। यहाँ भी उनकी दृष्टि पर मार्क्सवादी सिद्धान्त-दृष्टि का सीधा प्रभाव है। काडवेल ने यह माना है कि कविता प्राकृतिक आवश्यकताओं तथा मानवीय इच्छाओं के अन्तर्विरोधों से युक्त होती है। अनुभवों और संवेदनाओं को अन्तर्विरोधों को व्यक्त करने के लिए कविता का प्रस्फुटन होता है।[119] स्वयं हर्बर्ड फास्ट यह मानते हैं कि कोई भी रचनाकार भौतिक परिवेशगत सीमाओं का अतिक्रमण नहीं कर सकता। परिवेश की आवश्यकताएँ ही रचना की प्रेरणा होती हैं।[120] डॉ. शर्मा काव्य में समाज, परिवेश, युग सभी को सम्मिलित करते हैं और रचना की सामाजिक-सांस्कृतिक भूमिका को महत्त्व देते हैं। उनका यह विचार हंगेरियन कला-समीक्षक जार्ज लुकाच से काफी मिलता है। लुकाच के मत से "किसी को कलाकार का व्यक्तित्व चाहे जैसा प्रतीत हो, वह समयातीत या निरपेक्ष नहीं होता। प्रतिभा तथा चरित्र नैसर्गिक हो सकते हैं किन्तु जिस प्रकार ये विकसित होते हैं या अविकसित रह जाते हैं, उसका सम्बन्ध परिवेश के प्रति लेखकीय प्रतिक्रिया से होता है, अन्य मनुष्यों के साथ उसके सम्पर्क से होता है।"[121] इस प्रकार लुकाच ने प्रतिभा को नैसर्गिक मानते हुए भी परिवेश से सम्बद्ध माना है। उनका यह विचार ही डॉ. शर्मा में स्वीकृति पाता है और वे प्रतिभा तथा परिवेश का काव्य-सृजन में सापेक्ष्य-सम्बन्ध मानते हैं।

काव्य-प्रयोजन

प्रगतिवाद कविता में शोषितों की व्यथा को आधार बनाकर जीवन के प्रत्येक

क्षेत्र से वर्ण्य-विषय चुनता है। डॉ. शर्मा ने इस कविता के भीतरी-बाहरी प्रयोजनों की विस्तार से चर्चा की है। मूलतः यह कविता क्रान्तिधारा को तीव्र करने के साथ जागरणवादी समाज-मूल्यों को स्थापना देती है। आनन्दवादी मूल्यों से भी ज्यादा इसमें कल्याणवादी मूल्यों की महत्त्व-प्रतिष्ठा है। इस प्रकार कविता वर्ग-संघर्ष तथा सामाजिक-निर्माण की प्रक्रिया है। साहित्य जीवन-मूल्यों में आस्थावादी मूल्यों की वाणी है, "इसीलिए मनुष्य साहित्य में अपने सुख-दुःख की बात ही नहीं सुनता, वह उसमें आशा का स्वर भी आगे सुनता है। साहित्य थके हुए मनुष्य के लिए विश्रान्ति ही नहीं है, वह उसे आगे बढ़ाने के लिए उत्साहित भी करता है।"[122] अर्थात् साहित्य में वैयक्तिक मूल्यों के लिए स्थान न होकर सामाजिक मूल्यों की स्वीकृति रहती है। उन्हीं सामाजिक मूल्यों की स्वीकृति जो मनुष्य के कद को ऊँचा बढ़ाते हैं, समाज में सुधार-परिष्कार करते हैं। मानवतावाद तथा लोक-मंगल का शंख फूँकते हैं। "साहित्यकार जिस भाव-समुद्र में डूबकर अनूठे मोती निकालता है, समालोचक 'कला कला के लिए' कहकर उस समुद्र से तटस्थ नहीं रह सकता। ...इसलिए यह आवश्यक है कि हम साहित्य का मूल्यांकन सामाजिक संघर्ष की पृष्ठभूमि में भी करें। यह आक्षेप कि इस तरह हम साहित्य की साहित्यिकता कम कर देंगे और उस पर राजनीति आदि इतर-विषय लाद देते हैं—भ्रामक है।"[123] इस प्रकार साहित्य की कसौटी राजनीति की कसौटी न होने पर भी साहित्यकार सामाजिक-राजनीतिक दायित्व से मुक्त नहीं हो सकता है। "साहित्य-रचना एक सामाजिक क्रिया है जो मनुष्य के मन पर अपना प्रभाव छोड़ती है और उन संस्कारों द्वारा उसके कार्यों को बाँध देती है।"[124] इस प्रकार डॉ. शर्मा साहित्य का उद्देश्य सामाजिक उत्थान तथा मानव का उत्कर्ष मानते हैं। यह उत्थान क्रान्ति चेतना के माध्यम से होता है। कविता जिन बहुमुखी उद्देश्यों का विधान करती है, उनमें से एक उद्देश्य सर्वहारा वर्ग की चेतना को उद्बुद्ध करना और उनके कल्याण का मार्ग प्रशस्त करना भी है।[125] इस स्थूल उद्देश्य के साथ ही कविता मानव में व्यापक सहानुभूति से भाव-परिष्कार का कार्य भी करती है।

इस प्रकार सामाजिक संघर्ष की प्रक्रिया को तेज करने में काव्य एक औजार का कार्य करता है। डॉ. शर्मा प्रगतिशील सिद्धान्तकारों की भाँति ही वर्ग-हीन समाज की स्थापना को ही साहित्य-रचना का प्रधान ध्येय मानते हैं। मानव-मुक्ति से तात्पर्य है—शोषण से मुक्ति—अर्थात् आर्थिक स्वतन्त्रता। भौतिक तथा आर्थिक सामंजस्य के बिना जीवन-सौन्दर्य सम्भव ही नहीं है। प्रगतिवादी काव्य-मूल्यों पर वस्तुनिष्ठता मात्र का आक्षेप करनेवाले लोगों को डॉ. शर्मा का उत्तर इस प्रकार है, "कला से समाज की उन्नति होती है, यह मानने से इस

बात का खण्डन नहीं होता कि उससे हमें आनन्द भी मिलता है। सामन्ती तथा पूँजीवादी समाज में सम्भव है कि गिने-चुने सहृदय और रसिक जन कला का आनन्द उन्हीं बातों में पाएँ, जो बहुजन हितों के विरोधी हों, परन्तु यह अनिवार्य नहीं है।''[126] इस प्रकार कला में सामाजिक दायित्व का प्रश्न ही कलाकार के लिए प्रधान प्रश्न होता है। ''श्रेष्ठ साहित्य मनुष्य के हृदय में रस-सृष्टि के साथ-साथ उसके व्यक्तित्व के विकास की प्रेरणा देता है।''[127] इस प्रकार 'आस्था और सौन्दर्य' दोनों ही काव्य-प्रयोजन हैं। स्वयं पश्चिमी चिन्तक डॉ. शर्मा की ही भाँति कला में बौद्धिक-विकास तथा भाव-परिष्कार की शक्ति को प्रधान मानते रहे हैं।[128] ज्वायस केल्टी का मत है कि काव्यकला—व्यक्ति को सक्रिय एवं कर्मोन्मुख बनाती है। उसमें आगे बढ़ने के संकल्प का बीज बोती है।[129] स्वयं काडवेल कहते हैं, ''कविता मानवीय सहानुभूति, समझ और सौहार्द का विस्तार करती है।''[130] इस प्रकार भौतिक आधारशिला का समाजशास्त्र ही मार्क्सवाद के सिद्धान्तों में रहा है। अन्ततः मार्क्सवाद इतिहास की एक विशेष व्याख्या है जिसकी सर्वोपरिता का दावा केवल सैद्धान्तिक कट्टरता के आधार पर न होकर महानता की व्याख्या पर केन्द्रित है। पूँजीवादी समाज को (आनन्दवादी मूल्यों की कविता को) मार्क्सवादी प्रतिगामी कहता है क्योंकि वह हमें जगाती नहीं है, सुलाती है। मार्क्सवादी विचारधारा जिस सिद्धान्त तथा व्यवहार की चर्चा करती है, उसी दृष्टि को ध्यान में रखने के कारण डॉ. शर्मा ने प्रेमचन्द और निराला को प्रथम श्रेणी का साहित्यकार कहा है। वे परम्परागत रसवादी मूल्यों पर टिके होते, तो पन्त और अज्ञेय को सराहते।

काव्य का अधिकारी

कला का आन्तरिक उद्देश्य चेतना का संस्कार तथा मनोवेगों का विकास होता है। इस प्रकार रचना और सहृदय का सम्बन्ध अटूट है। इस अटूट सम्बन्ध को डॉ. शर्मा ने बार-बार संकेतित किया है। किन्तु यह अभिन्न सम्बन्ध रसवादी सहृदय-चिन्तन परम्परा से थोड़ा भिन्न है। इस चिन्तन पर स्वच्छन्दतावादी काव्य-पाठक की छाप भी नहीं है। यहाँ 'सामाजिक' एक 'समझदार बुद्धिजीवी' का पर्याय है। साहित्य रचना एक सामाजिक क्रिया है जिसका ग्रहीता है—सामाजिक या प्रबुद्ध सहृदय।[131] डॉ. शर्मा यह प्रश्न उठाते हैं और उसका उत्तर भी देते हैं कि समाज में बुद्धिजीवी वर्ग का क्या तात्पर्य है ? वे लिखते हैं, ''क्या समाज में 'बुद्धिजीवी वर्ग' नाम का कोई अलग वर्ग होता है जिसके आर्थिक सम्बन्ध सर्वहारा, मध्यम वर्ग या पूँजीवादी वर्ग से अलग होते हैं ? नहीं, इस तरह का अलग बुद्धिजीवी वर्ग नहीं होता। बुद्धिजीवी मध्यम वर्ग के होते

हैं या पूँजीवादी वर्ग के या सर्वहारा वर्ग के।''[132] मध्यवर्ग, पूँजीपतिवर्ग तथा सर्वहारा वर्ग में सभी प्रकारों के 'सामाजिक' आ जाते हैं। यदि रचनाकार समाजवाद की जहनियत को अपनाता है तो वह नवीन पाठकीय संवेदना का निर्माण करता है। सर्वहारा बुद्धिजीवी ही क्रान्तिकारी बुद्धिजीवी है—मध्यम वर्ग का बुद्धिजीवी प्रायः पेटी-बुर्जुआ बनकर दोगली नीति अपनाता है—अवसरवाद तथा संशोधनवाद में जीता है। मार्क्सवादी कला का लक्ष्य ही है कि वह पीड़ित मानव की मुक्ति के लिए संघर्ष करे। यह संघर्ष पाठक ही बढ़ाता है। इस अर्थ में मार्क्सवाद क्रान्तिकारी कवि के साथ क्रान्ति के पक्षधर सहृदय की कल्पना करता है। क्योंकि ''मनुष्य की विचारधारा का मूल स्रोत शुद्ध विचार न होकर समाज की आर्थिक व्यवस्था होती है।''[133] स्वयं मार्क्स ने 'क्रिटिक आफ पोलिटिकल इकोनोमी' की भूमिका में कहा है कि, ''इन उत्पादन सम्बन्धों का बटोर समाज का आर्थिक ढाँचा कहलाता है। ...इसी आधार के अनुकूल सामाजिक चेतना के विभिन्न रूप होते हैं।'' पूँजीवादी वर्ग ने डॉक्टर, वकील, पुरोहित, कवि, वैज्ञानिक को पगार कमानेवाला मजदूर बना दिया है और हर वर्ग की इज्जत उतार ली है। इस गुलामी के खिलाफ सच्चा कलाकार जी तोड़ संघर्ष करता है—इसलिए 'सामाजिक' से अलग काव्य-सृजन की प्रगतिशील कलाकार कल्पना ही नहीं करता है। कृति-कलाकार और पाठक का त्रिक् यहाँ भी रहता है। कला में कलाकार सामूहिक भावों की अभिव्यक्ति करता है—अतः पाठक का साधारणीकरण या काव्य-सम्प्रेषण व्यापार तन्मयता से घटता है।[134] कवि की रचना का कलात्मक प्रभाव (एस्थेटिक अफेक्ट्स) पाठक ग्रहण करता है। डॉ. एफ. आर. लीविस ने रेनेवेलेक को उत्तर देते हुए 'साहित्य समालोचना और दर्शन' शीर्षक निबन्ध में लिखा है, ''काव्य के आलोचक से मेरा तात्पर्य पूर्ण पाठक से है, आदर्श आलोचक आदर्श पाठक होता है।''[135] इस 'आदर्श पाठक' के गुण डॉ. शर्मा 'निराला की साहित्य-साधना' के तीन भागों से सिद्ध कर चुके हैं। डॉ. शर्मा भी काव्यानुभूति के समग्र विवेचन का प्रतिमान आदर्श पाठक को ही मानते हैं। भारतीय काव्यशास्त्र में काव्य या पाठक काव्य-चक्र का अभिन्न अंग ही नहीं, बल्कि कवि-तुल्य माना गया है। अभिनवगुप्त ने 'कविही सामाजिक तुल्य एवं से यही बात कही है।[136] रिचर्ड्स, टी. एस. इलियट तथा एफ. आर. लीविस ने काव्य-अधिकारी को विशिष्ट वर्ग (इलाईट) का प्रतिनिधि माना है। इस धारणा का डॉ. शर्मा ने बार-बार खण्डन किया है। अभिनवगुप्त ने जाति, कुल, वर्ण अथवा किसी प्रकार की सामाजिक प्रतिष्ठा से अलग जिस 'सहृदय' की 'संस्कार-विशेष' से चर्चा की है, वह धारणा डा. शर्मा को दूर तक प्रभावित करती है।[137] इस प्रकार डॉ. शर्मा में मार्क्सवादी चिन्तन

के साथ भारतीय काव्य-सहृदय की धारणा का सामंजस्य स्थापित होता है जो उनकी चिन्तनगत मौलिकता है।

कला तथा साहित्य

डॉ. शर्मा ने मार्क्सवाद से प्रभावित होकर अन्य प्रगतिवादियों की भाँति बार-बार घोषित किया है कि कविता एक सामाजिक वस्तु है। यह व्यक्तिवादी आत्मिक प्रयास न होकर सामाजिक-सांस्कृतिक-प्रक्रिया का अंग है जिसमें सामाजिक-सांस्कृतिक मूल्यों को ही शीर्ष स्थान प्राप्त है। इसलिए व्यक्ति की सामाजिकता की शर्त को प्रगतिवादी चिन्तन जीवन तथा इतिहास की अखण्डता में स्वीकार करता है।[138] साहित्यकार को 'साड़ी-जम्पर साहित्य की परम्परा' से बचना चाहिए जिसमें अश्क, भारती और अज्ञेय आकण्ठ निमग्न रहे हैं। शुद्ध कलावाद प्रगतिशीलता का सबसे बड़ा शत्रु है—साहित्य में यह अमरीकी-साम्राज्यवाद-पूँजीवाद की पतनशील प्रवृत्तियों को बढ़ावा देता है। साहित्यकार की सबसे बड़ी जिम्मेदारी जनता के प्रति है—उसे जनता की अदालत में ही जवाब देना होगा। जनवादी क्रान्ति की मशाल को इसीलिए हिन्दी साहित्य में प्रेमचन्द के सभापतित्व के साथ जलाया जाता है। "प्रगतिशील लेखक संघ की नींव डालना इसलिए जरूरी था कि संगत रूप से साम्राज्य विरोधी, सामन्तविरोधी साहित्य की रचना की जा सके। इसलिए जरूरी था कि हम अपने साहित्य को ऐसी विचारधाराओं के असर से बचाएँ जो साम्राज्यवाद और सामन्तवाद से समझौता करना सिखाती है।"[139] इसी भावना से प्रेरित होकर डॉ. शर्मा ने लगातार व्यक्तिवादी अस्तित्ववादी विचारधाराओं का खण्डन किया है। प्रयोगवादी तथा नयी कविता के तमाम कवियों का विरोध उन्होंने केवल इसलिए किया है, "समाजवादी शक्तियों का विरोध करना साम्राज्यवाद—मुख्यतः अमरीकी साम्राज्यवाद का काम है। इन प्रतिक्रियावादी शक्तियों का साथ देनेवाले कवि विषयवस्तु में कुण्ठा और कुढ़न और रूप में अनगढ़ प्रतीक-योजना के सिवा और कुछ नहीं दे सकते।"[140] इसलिए पूँजीवाद तथा समाजवाद का सही फर्क इन कवियों को धूमाकुलित किए हैं। इनमें से केवल मुक्तिबोध तथा प्रभाकर माचवे का झुकाव मार्क्सवाद की ओर ज्यादा रहा है।

अमरीकी साम्राज्यवाद और विश्वासघातवाद को पर्याय मानते हुए वे लिखते हैं, "पाठकों को स्मरण होगा कि मुंबई में स्वनामधन्य सच्चिदानन्द हीरानन्द वात्स्यायन के नेतृत्व में जो 'कांग्रेस फार कल्चरल फ्रीडम' हुई थी, वह भी इसी अन्तर्राष्ट्रीय अभियान का एक अंग थी। उस अभियान का अगला कदम है दिल्ली की 'आलोचना' का सम्पादकीय स्तम्भ। इस स्तम्भ की आधारशिला है—धर्मवीर

भारती।''[141] केस्टलर तथा बर्नहम अमरीकी प्रचारकों की भाँति भारती ने कहा कि वर्तमान परिस्थितियों ने 'भाषा को सबसे अधिक क्षत-विक्षत किया है।'[142] इस लेख में भारती ने भाषा के द्वारा समाजवाद का विरोध करके सांस्कृतिक स्वाधीनता की रक्षा का प्रयास ही किया। बाद में वे बुनियादी साहित्य प्रतिमानों के नाम पर, 'साहित्यकार का वैयक्तिक स्वातन्त्र्य और सामाजिक दायित्व' को लेकर चिन्तित हो गए।''[143] मार्क्सवाद से डरे भारती ने नियतिवाद, भाग्यवाद से समझौता कर लिया—यह अमेरिकी धर्मगुरुओं का ही प्रताप है।[144] आस्था-आशा से हीन पुछे पश्चिम के पतनशील बुद्धिजीवियों का यह चिन्तन टी. एस. इलियट के प्रताप से आया है। इलियट ही कहते हैं कि हमारा चिन्तन हम से दूर जा पड़ा और हमारा दिमाग प्याज के छिलके की तरह उतर गया। क्योंकि हम एक अज्ञात भय से व्याकुल हैं जिससे हम आँख नहीं मिला सकते।

शोषण का विरोध करनेवाले प्रगतिशील लेखकों के विरोध का भारती ने बीड़ा उठाया है, वे मानते हैं, ''मार्क्सवाद साम्प्रदायिक हो गया है।'' तो मार्क्स का दर्शन तथा अर्थशास्त्र भारती जी के लिए खोटा है। ''सारांश यह है कि भारती की सांस्कृतिक स्वाधीनता का नारा वही है जो अमरीकी 'कांग्रेस फार कल्चरल फ्रीडम' का है। ...वास्तव में सांस्कृतिक स्वाधीनता का यह विराट आयोजन अमरीकी साम्राज्यवाद की हितों की सुरक्षा का ही एक अंग है। लेकिन जन बल और नैतिक साधनों की प्रचुरता के बावजूद इस संस्कृति-विरोधी दल के लोग दर्द से छटपटा रहे हैं। उनका मुख्य स्वर निराशा और पराजयवाद का है।''[145] लेकिन इस पराजयवाद एवं मूल्यान्धता में डॉ. शर्मा को आस्था नहीं है—वे तो प्रेमचन्द तथा निराला की धारा में आस्था रखते हैं, ''जहाँ तक हिन्दी-साहित्य का सम्बन्ध है, वह प्रेमचन्द के बनाये हुए राजमार्ग पर आगे बढ़ेगा और भारत की जनता शान्ति और स्वाधीनता की रक्षा करेगी। कोई भी अमरीकी प्रचार इस प्रगति में बाधा नहीं डाल सकता।''[146]

प्रगतिवादी कवि या आलोचकों ने जब-जब साहित्य को परखने के लिए रूपवादी आलोचना-पद्धति से समझौता किया है—डॉ. शर्मा ने उनका बड़ा विरोध किया। 'कविता के नये प्रतिमान' में प्रगतिवादी आलोचक डॉ. नामवर सिंह ने रूपवादी आलोचना के प्रतिमानों को पश्चिम से जमकर ग्रहण किया तो डॉ. शर्मा ने लिखा है, ''आधुनिकता बोध के बदलने के साथ कविता के प्रतिमान बदलते हैं। नामवर सिंह ने इलियट और सार्त्र ही नहीं, विमसाट बियर्ड्स्ले, जोन क्रोरेन्सम, क्लीन्थ, ब्रुक्स, डोनाल्ड डेवी, फ्रेंक कर्मोड, विलियम एम्पसन, गिलबर्ट राइल, रिचर्ड एल्डिंगटन, रिचर्ड ब्लैकमूर, डब्ल्यू. डब्ल्यू. राब्सन, ईरिस मर्डोक आदि से यथाशक्ति आधुनिकता निचोड़ कर अपनी पुस्तक में भर दी है। इस निचोड़

में रामचन्द्र शुक्ल, अज्ञेय और विजयदेव नारायण साही के विचार वैसे ही घुल गए हैं जैसे नयी कविता में दर्शन घुलकर अनुभूति बन जाता है।''[147] इसीलिए वे 'कविता के नये प्रतिमान' पुस्तक को अज्ञेय की 'बाजरे की कलंगी' हिन्दी आलोचना में कहते हैं। वे मानते हैं, कविता के उपमान मैले हो जाने से कविता के प्रतिमान मैले नहीं हो जाते। जिन्हें मैले मालूम पड़ते हैं, उन्हें ही ''नयी कविता के लिए नये प्रतिमान चाहिए।'[148] साही का यह कथन ''समूची नयी कविता को ठीक-ठीक देखने के लिए नयी कविता के प्रतिमान की जरूरत नहीं है, बल्कि कविता के नये प्रतिमान की जरूरत है।'' यह कथन दुर्भाग्यपूर्ण इस अर्थ में बना है कि, ''परखना नयी कविता को ही है। लेकिन काव्यशास्त्री नये हों चाहे पुराने, अपनी समझ से वे ऐसा शास्त्र रचते हैं जिसके सहारे किसी भी युग के काव्य को परखा जा सके।''[149] नये काव्य बोध से नये कविता की सर्जनात्मकता उजागर करेंगे और युग के पुराने कवियों और सिद्धान्तकारों की सीमाएँ स्पष्ट करेंगे। साही का यह सुझाव दायित्व के रूप में डॉ. नामवर सिंह ने ग्रहण किया। यदि लक्ष्मीकान्त वर्मा ने 'नयी कविता के प्रतिमान' में अपना दायित्व निभाया होता तो नामवर सिंह को यह परिश्रम न करना पड़ता।

डॉ. शर्मा का कहना है कि काव्य-प्रतिमान निर्धारित करते समय, ''नये प्रतिमान स्थापित करने के लिए सबसे पहले यह देखना जरूरी है कि नयी कविता और पुरानी कविता में फर्क क्या है। मुकाबला बाल्मीकि और कालिदास से तो है नहीं, मुकाबला है छायावादियों से, खास कर जयशंकर प्रसाद से। फर्क नयी कविता और इसी छायावादी कविता में देखना है।''[150] डॉ. नामवर सिंह 'कविता के नये प्रतिमान' बनाने में भटक इसलिए गए हैं कि वे एक दर्शन का शिकार हो गए, ''वह दर्शन नामवर सिंह को अज्ञेय से, अज्ञेय को सार्त्र से, सार्त्र को किर्केगार्द से, किर्केगार्द को यूरोप के अनेक भाववादी दार्शनिकों से प्राप्त हुआ है। इस चिन्तन की विशेषता यह है कि वे मनुष्य की चेतना से स्वतन्त्र किसी भी वस्तु की सत्ता स्वीकार नहीं करते।''[151] दर्शन का अन्ध-चक्र ही नामवर सिंह को पीसता है। डॉ. नामवर सिंह ने छायावाद तथा नयी कविता में अनुभूतियों के स्रोत का अन्तर माना है, ''नये कवि अनुभूति से अधिक अनुभूतियों के परिवर्तित सन्दर्भ पर बल देते हैं—स्पष्टतः उनका बल रागात्मकता से अधिक रागात्मक सम्बन्धों पर है।''[152] नामवर सिंह यहाँ अज्ञेय का समर्थन करते हैं। अज्ञेय ने यह रागात्मकता का सिद्धान्त आचार्य शुक्ल से ग्रहण किया है। अज्ञेय जी तो तथ्य-सत्य पर अटल रहे पर डॉ. नामवर सिंह ने प्रगतिवादी तथा अन्य धारा को—वस्तुसत्य तथा आत्मसत्य के साथ जोड़ दिया—सन्तुलन बैठाने के चक्कर में घपला हो गया। अज्ञेय को प्रमाण मानकर नामवर जी बाहर से भीतर

आ गए—यहीं पर 'बौद्धिकता का स्थान रागात्मकता ने ले लिया'। डॉ. नगेन्द्र के भाव तथा अज्ञेय के राग ने नामवर सिंह को लपेट लिया। प्रतिमानों के चक्कर में नगेन्द्र तथा नामवर सिंह एक हो गए।[153] 'अनुभूति की जटिलता और तनाव', 'ईमानदारी और प्रामाणिक अनुभूति' में नामवर स्वयं गर्क हो जाते हैं।[154] क्योंकि वे 'अनुभूति' बनाम 'रस-सिद्धान्त' स्वीकार कर लेते हैं। 'रस के प्रतिमान की प्रसंगानुकूलता' में वे रस को सन्दिग्ध प्रतिमानों में देखते हैं—यही अनतर्विरोध है। बस, रस की नगेन्द्री परिभाषा से रस की नामवरीय परिभाषा को—अर्थ मीमांसा ही अलग करती है।[155] यहीं पर आचार्य शुक्ल का स्मरण आता है, "आचार्य शुक्ल इस बात को भली-भाँति जानते थे कि काव्य में अर्थ-मीमांसा द्वारा ही रस का निरूपण किया जा सकता है।"[156] रस-मीमांसा से नामवर सिंह जी विरोधों का सामंजस्यवाला सिद्धान्त भी पसन्द करते हैं एवं इसका उपयोग वे मुक्तिबोध की कविता 'अन्धेरे में' के विश्लेषण में करते हैं। इस स्थिति पर डॉ. शर्मा लिखते हैं, "मुक्तिबोध का महत्त्व विज्ञापित करने के लिए नये प्रतिमानों की अपेक्षा शुक्ल जी के पुराने प्रतिमान ही ज्यादा काम आते हैं। मैंने पहले ही कहा था कि हिन्दी के औसत पाठकों पर जितना प्रभाव रामचन्द्र शुक्ल का है, उतना प्रभाव हजारी प्रसाद द्विवेदी का नहीं है। चाहे रस और अनुभूति को लेकर सिद्धान्त चर्चा हो, चाहे मुक्तिबोध को लेकर व्यावहारिक समीक्षा हो।"[157] डॉ. शर्मा नये साहित्य पर बिम्बवाद-रूपवाद के प्रभाव को लेकर भी चिन्तित हैं।

डॉ. शर्मा सामाजिक विषय-वस्तु को कला-निर्माण की प्रमुख सामग्री मानते हैं, "...दोनों की एकता साहित्य के लिए जरूरी है। लेकिन कला और विषय-वस्तु दोनों ही समान रूप से साहित्य रचना के लिए निर्णायक महत्त्व की नहीं है। निर्णायक भूमिका हमेशा विषय-वस्तु की ही होती है जिसके पास उच्च कोटि के विचार नहीं हैं, भावावेश नहीं है, यथार्थ का गहरा ज्ञान नहीं है, वह सिर्फ कला को निखारने की कोशिश करके उत्कृष्ट साहित्य नहीं रच सकता।"[158] जिसके पास ये हैं, उसके पास मूल वस्तु है, जिसे वह प्रयत्न से कलात्मक रूप देगा। "इसलिए प्रगतिशील आलोचना में भी व्यंजना की अपेक्षा विचारों को ही अधिक महत्त्वपूर्ण समझा है और साहित्यकारों को मुख्यतः उन्हीं के अनुसार परखा है।"[159]

डॉ. शर्मा रचना में आर्थिक शक्तियों, उत्पादन के साधन तथा सामाजिक दृष्टि के साथ ऐतिहासिक बोध का बड़ा महत्त्व मानते हैं। सामाजिक स्थितियों के साथ-साथ नये विकास और नये अभिरुचि के रूप पनपते हैं। यह नवीन रुचियाँ नये सृजन को प्रेरित आन्दोलित करती हैं। इसलिए सामाजिक पृष्ठभूमि का मतलब है—सामाजिक-सांस्कृतिक यथार्थ को समझना। क्योंकि साहित्य

अनुकृति न होकर नवीन निर्मिति है। इस प्रकार साहित्य एवं समाज के अन्तरावलम्बन को अन्य कलाओं की सापेक्षता में डॉ. शर्मा समझाते हैं। स्वयं पश्चिमी मार्क्सवादी चिन्तकों ने रचना के प्रेरणा तथा प्रभाव में साहित्य के सामाजिक आधार का विश्लेषण किया है। लुनाचस्र्की तो घोषणा के तौर पर कहते हैं कि काव्य-सृजन अपने युग के सामाजिक जीवन से सम्पृक्त होकर ही महान् सृजन बनता है। इस प्रकार सामाजिक वस्तु तथा संघर्षगत प्रतिभा को लेकर डॉ. शर्मा के विचारों का पाश्चात्य मार्क्सवादी चिन्तकों से गहरा साम्य है।

रस—वस्तुवादी व्याख्या

रस भारतीय दर्शन एवं काव्यशास्त्र की चिन्तनपरक उपलब्धि है। एक प्रकार से यह काव्य के आनन्दवादी तथा कल्याणवादी मूल्यों की सम्मिलित व्याख्या है। भरत मुनि से लेकर डॉ. रामविलास शर्मा तक यह रस परम्परा फैली हुई है। समय-समय पर विद्वान विवादों से जूझ कर इस सिद्धान्त का नया आख्यान प्रस्तुत करते रहे हैं। "रस-मीमांसा में आचार्य शुक्ल ने रस की शास्त्रकारों से हटकर व्याख्या की।" रसानुभूति प्रत्यक्ष या वास्तविक अनुभूति से सर्वथा पृथक् कोई अन्तर्वृत्ति नहीं है—बल्कि उसी का एक उदात्त और अवदात्त रूप है।"[160] इस प्रकार काव्यानुभूति से जीवनानुभूति की निरपेक्षता को आचार्य शुक्ल ने स्वीकृति नहीं दी। डॉ. नगेन्द्र ने रस का मनोविज्ञान की दृष्टि से अध्ययन किया तथा नयी दृष्टियाँ दीं। वे भी समाज-निरपेक्ष दृष्टि पर नहीं गए। डॉ. शर्मा ने रस-सिद्धान्त में लिपटी आध्यात्मिकता का विरोध किया, "इसी प्रकार लक्षण-ग्रन्थों को भी साहित्यिक कलाबाजी के नाम पर इकबारगी टाला नहीं जा सकता। निस्सन्देह इन ग्रन्थों में साहित्य को उसके भेदों-उपभेदों में जकड़ दिया गया है, फिर भी उस विश्लेषण के आधार पर अथवा उससे प्रेरणा लेकर हम साहित्य के मूल्यांकन के नये मानदण्ड स्थापित कर सकते हैं। उदाहरण के लिए रस-सिद्धान्त एक बहुत ही भरा-पूरा और विस्तार पाया हुआ सिद्धान्त है। उसके आध्यात्मिक रूपक को हटाने के बाद उसमें बहुत-सा सार-तत्त्व बचा रहता है जो आधुनिक आलोचना के लिए महत्त्वपूर्ण होगा।"[161] किन्तुं वे रस को नायिका-भेद तथा मनोविज्ञान में ले जाने का विरोध करते हैं क्योंकि मनोविज्ञान की वैज्ञानिकता सन्देहास्पद है।

रस-सिद्धान्त को भाव-विनिमय व्यापार या साधारणीकरण के कारण भी डॉ. शर्मा महत्त्व देते हैं। आरम्भ में रस का जन्म जनमानस के लिए ही हुआ था। किन्तु अमृतराय या शिवदान सिंह चौहान या रांगेय राघव रस की

मनोवैज्ञानिक भूमिका का आग्रह रखते हैं तो डॉ. शर्मा इनकी मार्क्सवादी दृष्टि पर सन्देह उठाते हैं।

रस को वे नौ रसों तक सीमित नहीं मानते। उन्होंने कहा है कि "साहित्य की विषय-वस्तु नौ रसों के साँचे में ढलने से इनकार करती है।"[162] साथ ही वे काव्यानन्द को काव्य का अन्तिम साध्य मानने को तैयार नहीं हैं, "साहित्य से आनन्द मिलता है, यह अनुभव सिद्ध बात है। लेकिन साहित्य-शास्त्र यहाँ समाप्त नहीं होता। बल्कि यहीं से इसका श्रीगणेश होता है। ...इससे आपके कर्ममय जीवन पर किस तरह का प्रभाव पड़ता है, किस तरह के संस्कार आपके मन में बनते-बिगड़ते हैं, ये तमाम समस्याएँ साहित्यशास्त्र की समस्याएँ हैं।"[163] फिर भी डॉ. शर्मा रस को सौन्दर्य-सापेक्ष्य मानते हुए उसे कला-कृति का उत्कर्ष मानते हैं। अर्थात् सौन्दर्य की वस्तुगत सत्ता की आनन्दमूलक परिणति ही रस है।"[164] क्योंकि 'ललित कलाओं के आनन्ददायक गुण का नाम सौन्दर्य' वे मानते हैं।[165] सौन्दर्य के व्यक्तिगत आधार का खण्डन करते हुए वे उसके वस्तुगत आधार को स्वीकृति देते हैं और इन्द्रियबोध से उसे सम्बद्ध करते हैं क्योंकि इन्द्रियबोध-भाव तथा विचार की तुलना में जल्दी परिवर्तित न होनेवाला आधार है। "इन्द्रिय सौन्दर्य की परख का साधन है उसका कारण नहीं।"[166] मानव का भाव-बोध समाज-बोध के साथ ही विकसित तथा परिवर्तित होता है। इस प्रकार डॉ. शर्मा ने प्रगतिवादी चिन्तन में सौन्दर्य-बोध, भाव-बोध, इन्द्रिय-बोध के पारस्परिक सम्बन्ध को दिखाते हुए रस-सिद्धान्त का नया रूप प्रस्तुत किया है। एक प्रकार से यह रस-सिद्धान्त की प्रगतिशील व्याख्या है।

साहित्य में परम्परा एवं प्रयोग

डॉ. शर्मा ने 'साहित्य की परम्परा' नामक निबन्ध में लिखा है, "प्रगतिशील साहित्य जनता की तरफदारी करने वाला साहित्य है, इसलिए वह उसकी जातीय विरासत, उसकी साहित्यिक परम्पराओं की रक्षा करने के लिए भी लड़ता है।"[167] साम्राज्यवादी शक्तियाँ जनता की स्वाधीनता का ही आचरण नहीं करतीं, उसके जातीय राष्ट्रीय अभिमान, संस्कृति, अर्जित ज्ञान को भी कुचलने के साथ गुमराह करती हैं। इसलिए जनता तथा जातीय संस्कृति की रक्षा के लिए संघर्ष उसकी स्वाधीनता तथा जनवादी अधिकारों के लिए संघर्ष का दुर्निवार अंग है। भारतीय जनता के पास साहित्य की एक समृद्ध परम्परा है। यह सांस्कृतिक निधि धन्ना सेठों तथा महन्तों की न होकर जनता की अपनी कमाई है और इसमें उसी के कमाये मूल्यों का भण्डार है। इसलिए युग-बोध के साथ सम्पूर्ण परम्परा को नये ढंग से खोजने-थाहने-पाने की आवश्यकता पर डॉ. शर्मा बल देते हैं। वे राहुल

जी के इस मत का विरोध करते हैं कि कालिदास चन्द्रगुप्त विक्रमादित्य के प्रशस्तिकार थे। ऐसे ही राहुल जी बाल्मीकि को 'सुपर्ण यौधेय' में शुंग वंश का कवि सिद्ध करते हैं। राहुल जी की इस समझ से नाराज डॉ. शर्मा लिखते हैं, "राहुल जी की कल्पना में यह बात नहीं आती कि जिस राम को जनता ने अपना 'हीरो' बना लिया, उसके गुण जनता के गुण भी हो सकते हैं। रामायण तथा महाभारत जैसे महाकाव्यों में जिन वीर नायकों के चरित्र वर्णित हैं, उनकी लोकप्रियता, उनके सामन्ती ऐश्वर्य के कारण नहीं हैं। ये महाकाव्य आज भी हमारी जनता को लोकप्रिय हैं... ।[168] इस प्रकार प्रगतिवादी समीक्षा पर यह आरोप कि वह परम्परा का विरोध करती है, निराधार सिद्ध हो जाता है। डॉ. शर्मा का विचार है कि सामाजिक विकास में कोई भी नवीन व्यवस्था पुरानी सामाजिक व्यवस्था से एकदम अलग नहीं हो सकती, वैसे ही साहित्य में विकास-क्रम को भंग करके शून्य में एक नयी प्रगति नहीं आरम्भ हो सकती।[169] परम्परा के उसी अंश को नया साहित्यकार ग्रहण करता है जो उसके लिए प्रासंगिक है।[170] विवेक से वह निरर्थक और अप्रासंगिक को किनारे करते हुए चलता है। इस दृष्टि से डॉ. शर्मा इतिहास-बोध तथा संस्कृति-बोध को प्रगतिवादी समीक्षा में अनिवार्यता ग्रहण करते हैं। ट्राटस्की ने प्रगति-प्रयोग परम्परा को सांस्कृतिक धारा की दुर्निवार कड़ी माना है।[171] स्वयं रेल्फ फाक्स अतीत तथा वर्तमान को एक-दूसरे से अटूट रूप में संयुक्त मानते हैं।[172] इस संयुक्तता को सी. डे. लेविस ने नींव तथा महल के उदाहरण से स्पष्ट किया है।[173] लुकाच का कहना है कि जो कलाकार अतीत की सांस्कृतिक धरोहर से जितना गहरा सरोकार रखता है, उसकी कला उतनी ही मौलिक होती है।[174] इस प्रकार डॉ. शर्मा के विचार इन सभी पश्चिमी मार्क्सवादी समीक्षकों से मिलते हैं।

सामाजिक प्रतिबद्धता

प्रगतिवादी चिन्तन में रचनात्मक जीवन-दृष्टि तथा आस्थावान जीवन-मूल्यों के प्रति प्रतिबद्धता का प्रश्न सैद्धान्तिक दृष्टि से बहुत महत्त्व का रहा है। आस्था-अनास्था की दृष्टि से लेखक के सृजन-कर्म का आयाम तथा प्रासंगिकता जुड़ी है। व्यक्ति तथा समाज आदि की पारस्परिकता, जनता के प्रति दायित्व, सामूहिक दायित्व की भावना आदि की पहचान 'दृष्टि' से ही होती है। आस्था ही प्रगतिवादी चिन्तन में वह आधार है—जो कठोर से कठोर स्थितियों में भी पराजय तथा पस्ती को भटकने नहीं देती है। इसीलिए प्रगतिवादी चिन्तन सभी व्यक्तिवादी-अनास्थावादी दर्शनों तथा जीवन-मूल्यों, विचार-धाराओं, प्रवृत्तियों-आन्दोलनों, वादों आदि का विरोध करता है। स्वयं नयी कविता में अनास्थावादी मूल्य—अस्तित्ववादी मूल्यों का डॉ. शर्मा ने 'नयी कविता और

अस्तित्ववाद' में अनेक उदाहरणों के साथ खण्डन किया है। नयी कविता को प्रभावित करने वाले अस्तित्ववाद की मुख्य टक्कर मार्क्सवाद की थी। नयी कविता लिखने वालों में शमशेर बहादुर सिंह और मुक्तिबोध दो ऐसे कवि हैं जो मार्क्सवाद से प्रभावित हैं।[175] शेष सभी पर अस्तित्ववाद का भूत सवार है। मुक्तिबोध भी जब अस्तित्ववाद की ओर भागते हैं तो डॉ. शर्मा उनके इस अन्तर्विरोध को क्षमा नहीं कर पाते हैं। पीड़ा, टूटन, घुटन, अनास्था, त्रास, मोहभंग आदि नकारात्मक दृष्टि को प्रगतिवादी चिन्तन महत्त्व नहीं देता है। डॉ. शर्मा ने कुण्ठा-अनास्था को क्षणिक मानते हुए भारतीय संस्कृति एवं साहित्य के विपरीत माना है। यह भावना विदेशी थकान से आयी है और हमारी धरती पर अधिक दिनों तक टिक नहीं सकती है।[176] डॉ. शर्मा के इस कथन का हिन्दी के सभी प्रगतिवादी समीक्षक समर्थन करते हैं। डॉ. नामवर सिंह का कहना है कि आज के बुद्धिजीवी की अनास्था उसके ढुलमुल सामाजिक जीवन का परिणाम है, यह स्थायी प्रवृत्ति नहीं है।[177] अतः आस्था ही जीवन का चरम मूल्य है।

आधुनिकता—मूल्य या प्रक्रिया

आधुनिक सैद्धान्तिक चिन्तन में आधुनिकता पर बहुत बहसें हुई हैं। स्वच्छन्दतावादी तथा प्रयोगवादी चिन्तक 'आधुनिकता' पर विचार किए बिना चैन नहीं पाते रहे हैं। डॉ. नगेन्द्र आधुनिकता को मूल्य न मानकर प्रक्रिया मानते हैं, किन्तु उस चिन्तन में व्यक्तिवादी चिन्तन की केन्द्रीयता का आग्रह प्रबल है।[178] वे लक्ष्मीकान्त वर्मा की इस धारणा से सहमत नहीं हैं कि मानव की व्यवस्थामूलक मुक्ति का लक्षण आधुनिकता है।[179] 'नयी कविता के प्रतिमान' में श्री वर्मा द्वारा 'आधुनिकता' की दृष्टि को विस्तार से विवेचित किया गया है। इस दृष्टि का डॉ. शर्मा सीधा विरोध करते हैं—उन्हें यह अमरीकी साम्राज्यवाद का सीधा षड्यन्त्र प्रतीत होता है। वे आधुनिकता को भारतीयता एवं परम्परा के सन्दर्भ में ही ग्रहण करने का आग्रह रखते हैं।[180] वे पश्चिम की प्रत्येक आयातित विचारधारा को लेकर नये-नये ढंग से कूदना—आधुनिकता नहीं कहते हैं। अतः आधुनिकता के लिए पश्चिमी देशों की ओर टकटकी लगाना निन्दनीय कार्य है। अमृतराय ने ठीक कहा है, "आधुनिकता बाह्यचार में नहीं, संस्कार में होती है।"[181] इसलिए आधुनिकता की दृष्टि शिल्प-चिन्तन मात्र तक सीमित न होकर समग्र चिन्तन-अनुचिन्तन में होती है। हिन्दी की प्रगतिशील समीक्षा के समान ही पश्चिमी पत्र-पत्रिकाओं, परिसंवादों आदि में भी आधुनिकता की चर्चा जोरों पर रही है। स्वयं लुकाच ने अपनी पुस्तक 'दि मीनिंग आफ कन्टेम्परेरी रियलिज्म' में 'दि आइडियोलाजी आव माडर्निज्म' नामक अध्याय में इस सन्दर्भ में उठनेवाले

विवादों, आक्षेपों आदि पर विस्तार से विचार किया है। लुकाच की दृष्टि आधुनिकतावादी धारणा के उस पक्ष पर भी जाती है—जिसमें समय के नवीन प्रत्यय की स्वीकृति है और जिसके विचारक, व्याख्याता दार्शनिक वर्गसां हैं। अतिशय व्यक्ति-केन्द्रित वर्गसां की इस धारणा से लुकाच सहमत नहीं हैं। यह धारणा व्यक्ति को यथार्थ से काटती है।[182] इस बात का समर्थन डॉ. रमेश कुन्तल मेघ ने अपनी प्रख्यात पुस्तक 'आधुनिकता बोध तथा आधुनिकीकरण' में बहुत विस्तार से किया है। डॉ. मेघ ने आधुनिकता को भारतीयता के सन्दर्भ में ग्रहण करते हुए सूक्ष्म-गहन विचारों से प्रस्तुत किया है।[183] यह कृति हिन्दी की प्रगतिवादी समीक्षा का विशिष्ट दस्तावेज है।

व्यक्ति-स्वातन्त्र्य बनाम सामाजिकता

पश्चिमी मार्क्सवादी चिन्तन में व्यक्ति की स्वतन्त्रता और सामाजिक प्रतिबद्धता का प्रश्न बहुत रूपों में बार-बार उठाया गया है क्योंकि यह बहुत महत्त्वपूर्ण प्रश्न है। इसी ढंग से हिन्दी के सभी प्रगतिवादी चिन्तकों ने इस प्रश्न को महत्त्वपूर्ण माना है। पश्चिमी चिन्तकों की भाँति वे बार-बार सैद्धान्तिक धरातल पर प्रश्न उठाते रहे हैं कि यदि रचनाकार स्वतन्त्र है तो उसकी स्वतन्त्रता की क्या परिभाषा है ? उसकी कोई सीमा है या लेखकीय स्वतन्त्रता निरपेक्ष है ? क्या रचनाकार का समाज के प्रति कोई दायित्व नहीं है ? वह अपनी रचना में किसी के प्रति प्रतिबद्ध है या प्रतिबद्धता से मुक्त है ? इस प्रकार बृहत्तर सन्दर्भ में यह प्रश्न 'कला कला के लिए' तथा 'कला जीवन के लिए' से जुड़ जाता है। और आगे बढ़ने पर यही प्रश्न पूँजीवादी तथा गैर-पूँजीवादी साहित्य से सम्बद्ध हो जाता है। एक प्रकार से इस प्रश्न की केन्द्रीयता में ही पूँजीवादी-समाजवादी सिद्धान्तों की दृष्टियों का संघर्ष निहित है। लेनिन ने कहा था, "पूर्ण निरपेक्ष स्वतन्त्रता पूँजीवादी या अराजकतावादी शब्दाडम्बर है। किसी समाज में रहना और उसके दायित्वों से मुक्त होने की कल्पना असम्भव है।"[184] स्वयं डॉ. शर्मा ने लेनिन के इन विचारों से सहमत होते हुए लिखा है, "मनुष्य के व्यक्तित्व का विकास उसके सामाजिक जीवन से ही सम्भव हुआ है, इसलिए व्यक्ति और समाज की स्वाधीनता परस्पर विरोधी न होकर एक-दूसरे के आश्रित हैं।"[185] डॉ. शर्मा प्रश्न उठाते हैं कि आखिर क्या बात है कि स्वाधीनता के पूँजीवादी हिमायती हर जन आन्दोलन में स्वाधीनता का नाश देखते हैं। उनकी स्वाधीनता ऐसी नाजुक है कि वह अन्याय और अत्याचार के खिलाफ संघर्ष सहन नहीं कर सकती।"[186] अतः पूँजीवादी-साम्राज्यवादी तानाशाही शक्तियों के खिलाफ संघर्ष कला की प्रथम अनिवार्य प्रतिबद्धता है। "समाज़-व्यवस्था के बदलने क़े साथ, पैदावार

का तरीका और मनुष्य के आर्थिक सम्बन्ध बदलने के साथ, उसके विचार भी बदलते हैं, लेकिन नयी विचारधाराओं का विकास हवा में नहीं होता, वे पहले की विचारधाराओं से अपने लिए बहुत से तत्त्व समेटकर अपना विकास करती हैं। ...परम्परा और प्रगति का यह सम्बन्ध ध्यान में रखना आवश्यक है। हम पुराने साहित्यकारों से रचना-कौशल, भाव-सौन्दर्य, इन्द्रिय-बोध का परिष्कार ही नहीं सीख सकते, उनसे विचारधारा के क्षेत्र में भी बहत कुछ सीख सकते हैं।''[187] लेखकीय समस्या सामाजिक दायित्व-बोध की समस्या है, ''मूल समस्या यह है कि हम अपने साहित्य की जातीय विशेषताओं की रक्षा करते हुए किस तरह उन्हें विकसित करें कि हमारी जनता की चेतना निखरे और वह आज के दुःखों और अभावों की दुनिया से निकलकर सुख और स्वाधीनता के प्रकाश में साँस ले सके।''[188] इसलिए यह कहना कि प्रगतिवाद, ''सनातन, परम्परागत एवं शाश्वत सत्यों की उपेक्षा करता है, मार्क्सवाद पर आधारित होने के कारण भारतीय आध्यात्मिक भावना के प्रतिकूल है, कामवासना का नग्न रूप उपस्थित करता है, हिंसा का आश्रय लेकर चलता है, इसलिए निंद्य है, श्रद्धा की उपेक्षा करता है, केवल आर्थिक कसौटी पर हर चीज परखता है, किसानों और मजदूरों तक ही सीमित है, इसलिए इसका क्षेत्र संकुचित है।''[189] इस प्रकार स्वच्छन्दतावादी आलोचकों के तमाम आक्षेपों को डॉ. शर्मा निराधार सिद्ध कर देते हैं। विचारधारात्मक संघर्ष को महत्त्व देने के कारण प्रगतिवादी विचारवान प्राणी होता है—वह व्यक्ति से हटकर समष्टि के लिए सोचता है। इसलिए सामाजिक उत्कर्ष पर आधारित उसके विचारों की साहित्य में भूमिका नगण्य नहीं है। प्रेमचन्द तथा शिवदान सिंह चौहान के इस विचार को नयी दृष्टि से परखना चाहिए कि 'कलाकार स्वभावतः प्रगतिशील होता है।' डॉ. शर्मा का कहना है कि ''अगर कलाकार स्वभावतः प्रगतिशील होता है, तो साहित्य में प्रगतिशील तथा प्रतिक्रियावादी का भेद करना निरर्थक है। ...सामाजिक जीवन में कुछ तत्त्व प्रगतिशील होते हैं, कुछ प्रतिक्रियावादी। इन दोनों के विरोध से समाज को गति मिलती है। कोई भी साहित्यकार समाज में रहकर उसके विकास की इस प्रक्रिया से तटस्थ नहीं रह सकता।''[190] इसलिए निरपेक्ष अर्थ में प्रगतिशील शब्द का व्यवहार अनुचित है। ''कलाकार का सामाजिक अनुनय निरपेक्ष नहीं है, उसकी सौन्दर्यमूलक प्रवृत्ति भी सामाजिक विकास और सामाजिक सम्बन्धों से परे नहीं है। किसी भी समाज विशेष के मनुष्य की सौन्दर्यमूलक प्रवृत्ति उसके समूचे ऐतिहासिक विकास का परिणाम होती है।'' अतः कला का चरम-मूल्य सौन्दर्य न होकर मानव-मूल्य है। कलाकार की स्वतन्त्रता की कल्पना दायित्व-बोध से पृथक् करके करना अनुचित है। कला इसी अर्थ में निर्माण-प्रक्रिया है कि वह

सामाजिक संघर्ष को तीव्र करती है। कला चिन्तन की प्रगतिवादी-वस्तुवादी धारणा साहित्य को केवल आनन्द-मूल्यों का ही विधायक नहीं मानती है। वह काडवेल के 'सामूहिक भाव-बोध' को महत्त्व देती है। निष्कर्ष यह है कि कला आनन्द मूल्यों के साथ चेतना के उत्कर्ष विधायक सामाजिक-सांस्कृतिक मूल्यों का विकास-परिष्कार करती है।

कला वस्तु और रूप

सभी प्रगतिवादी चिन्तक साहित्य तथा कला के भीतर विषय-वस्तु को ही नियामक सत्ता मानते हैं। सर्जक जिस क्षण अपनी मूल वस्तु से हटकर केवल चमत्कारवाद या रूप-सज्जा की पच्चीकारी में व्यस्त हो जाता है—उसकी कलागत शक्ति दुर्बल पड़ जाती है। रूपवाद कला के वस्तुवाद को निगलने लगता है। इसलिए विषय-वस्तु तथा रूपविधान का अभिन्न सम्बन्ध होने पर भी विषय-वस्तु ही प्रधान तत्त्व है। डॉ. शर्मा लिखते हैं, "साहित्य के रूप और उसकी विषय-वस्तु का बहुत गहरा सम्बन्ध है। वे एक-दूसरे से एकान्त भिन्न न होकर परस्पर सम्बद्ध, एक-दूसरे को प्रभावित करते हैं। कविता की भाषा, उसकी चित्रमयता, छन्द-योजना आदि विषय-वस्तु से तटस्थ न रहकर उसे प्रभावशाली बनाते हैं। साहित्य का शिल्प, उसके विभिन्न रूप, सामाजिक विकास से ही सम्भव हुए हैं, उस पर बहुत कुछ निर्भर है।"[191] वे कहते हैं कि इंग्लैण्ड में भौतिकवाद के आरम्भिक चरण में साहित्यशास्त्र में कल्पना (इमेजिनेशन) की चर्चा प्रधान हो गयी। कला की विशेषता उसकी चित्रमयता मानी जाने लगी। इससे कुछ लोगों ने यह परिणाम निकाला कि साहित्य में चित्र-सौन्दर्य ही सब कुछ है। "रूप और विश्वास के परस्पर सम्बन्ध की अवहेलना करके केवल रूप पर जोर देना ह्रासकालीन पूँजीवादी साहित्यकारों की विशेषता है। लेकिन रूप पर इतना जोर देकर भी वे सुरूप साहित्य न रच सके।[192] सामाजिक परिवर्तन के साथ वर्गों की 'रूप' सम्बन्धी रुचि-भेद का पार्थक्य भी देखा जा सकता है। रीतिकालीन, सन्त कवियों तथा छायावादी कवियों के शिल्प की तुलना से यह बात समझी जा सकती है कि एक में चमत्कार है—दूसरे में सहज सौन्दर्य। हालत यह है कि पश्चिम के पूँजीवादी लेखक रूप-सौन्दर्य की दृष्टि से भी श्रेष्ठ रचनाएँ देने में असफल रहे। उनकी विचार शृंखला टूटी है, चित्र भावशून्य, कथानक चरित्र सामंजस्य विहीन, भाषा अस्वाभाविक और दुर्बोध—उनके शिल्प की विशेषताएँ हैं। "इसके विपरीत वे सभी लेखक जो अपनी जनता और साहित्य की जातीय परम्परा को प्यार करते हैं, अपनी लोकमंगलकारी वस्तु के अनुरूप सुन्दर शिल्प का निर्माण भी करते हैं।"[193] इस दृष्टि से विषय-वस्तु में सामाजिकता और

लोकमंगल का आग्रह डॉ. शर्मा ने स्पष्ट रूप से रखा है। कलावस्तु अपने सामाजिक महत्त्व की सीमा को अतिक्रान्त कर कलात्मक उत्कर्ष को प्राप्त नहीं कर सकती।[194] इस प्रकार रूपवादी समीक्षा के आग्रहों का डॉ. शर्मा ने सीधा विरोध किया है। स्वयं पश्चिम के सभी मार्क्सवादी समीक्षक साहित्य या कला में वस्तु-तत्त्व के प्रति आग्रही रहे हैं। रूपवाद (फार्मेलिज्म) कभी भी वस्तुवाद का विकल्प नहीं बन सकता।[195] फिर भी मार्क्सवादी रूप तथा वस्तु की आवयविक एकता (आर्गेनिक यूनिटी) को स्वच्छन्दतावादियों की भाँति मानते हैं। प्राणि-विज्ञान के इस स्रोत का मार्क्सवादी-स्वच्छन्दतावादी दोनों ही उपयोग करते हैं।

सौन्दर्य का वस्तुवादी आधार

मार्क्सवादी चिन्तकों की सौन्दर्यानुभव से सम्बन्धित दृष्टि स्वच्छन्दतावादियों से अलग है। मार्क्सवादी मानते हैं कि सौन्दर्यानुभव वास्तविक जीवनानुभव के गुणात्मक रीति से बदले हुए स्वरूप का नाम है। इसलिए वे चिन्तक कला-सौन्दर्य को जीवन-सौन्दर्य से पृथक् देखने का विरोध करते हैं। ये सभी भाववादी दार्शनिकों की सौन्दर्य-सम्बन्धी अवधारणाओं का खण्डन करते हैं। कला-सौन्दर्य के क्षेत्र का व्यक्तिवाद घातक होता है। डॉ. शर्मा ने लिखा है, ''यूरोप अमेरिका का चरम व्यक्तिवाद अनेक कलाकारों को उस सीमा तक खींच ले गया है, जहाँ कला अपनी सारी विशेषताएँ खो बैठती है।''[196] इसके विपरीत भौतिकवादी चिन्तक कला-दर्शन को समाज-दर्शन से सम्पृक्त मानते हैं। हिन्दी-साहित्य में मार्क्सवादी सौन्दर्यशास्त्र के सच्चे प्रणेता डॉ. शर्मा ही हैं। इन्होंने 'प्रगति और परम्परा', 'आस्था और सौन्दर्य', 'प्रगतिशील साहित्य की समस्याएँ' नामक पुस्तकों में इसके सैद्धान्तिक पथ का विस्तृत विवेचन किया है। सौन्दर्य का प्रभावपरक स्वरूप आनन्दात्मक होता है—चाहे वह प्रकृति, मानव जीवन या ललित कलाओं से प्राप्त हो। काव्य में विचारों का सौन्दर्य होता है, ''साहित्य में मनुष्य के विचारों की महत्त्वपूर्ण भूमिका है और इसीलिए स्थापत्य, शिल्प, चित्रकला और संगीत से उसका स्थान ऊँचा है।''[197] साहित्य में महान् विचारों, गम्भीर भावों और सूक्ष्म इन्द्रियबोध का समन्वय-सामंजस्य कलात्मक सौन्दर्य की सृष्टि करता है—इनका असन्तुलन हानि। कलात्मक-चित्रण में डॉ. शर्मा कुरूप तथा बीभत्स के प्रश्न पर भी विचार करते हैं। उनके मत से जो स्थिति रागों में विवादी स्वरों की है, वही कला में विरूप तथा बीभत्स की है। बीभत्स को देखकर ही सुन्दर-असुन्दर की समझ मानव में पैदा होती है। सामान्य जीवन में जो कुरूप है, उसकी कलात्मक अभिव्यक्ति सौन्दर्य हो जाती है। इसी अर्थ में दुखान्त नाटकों का आनन्द मानव करुणा का विस्तार-परिष्कार करता है।[198]इस

प्रकार सौन्दर्य की वस्तुगत सत्ता—यथार्थवाद—से वे मानते हैं। भौतिक जीवन से परे की किसी भी सत्ता में उनका विश्वास नहीं है। इसलिए सौन्दर्यानुभूति वैयक्तिक भूमिका न होकर सामान्य भूमिका है जो इन्द्रिय-बोध पर आधृत है। ललित कलाओं की सर्वप्रियता का कारण इन्द्रिय-बोध ही है। इन्द्रिय-बोध के भेद से ही एक ही वस्तु या व्यक्ति में अलग-अलग व्यक्तियों में पृथक्-पृथक् तरह का सौन्दर्य-बोध उत्पन्न होता है। इसलिए इसकी व्याप्ति भावों-विचारों तक ही है। इस प्रकार सौन्दर्य-बोध भी सामाजिकता से सम्बद्ध है और उसी के साथ-साथ विकसित-परिष्कृत होता रहता है। इसमें नये-भाव विचार-इन्द्रिय-बोध बाद में जुड़ते हैं।[199] व्यक्ति, सौन्दर्य की अनुभूति समाज-संस्कृति तथा व्यक्तिगत दोनों स्तरों पर करता है। डॉ. शर्मा के इस चिन्तन में काडवेल से समानता है—क्योंकि काडवेल ने सौन्दर्य-विवेचन में कल्पना को गौण तथा इन्द्रिय-बोध को प्रधान स्थान दिया है।[200]

कला के माध्यम

डॉ. शर्मा ने विषय-वस्तु को रूप से अधिक महत्त्व देते हुए दोनों के अन्तः सम्बन्ध को सदैव ध्यान में रखा है। क्योंकि "साहित्य के रूप और उसकी विषय-वस्तु का बहुत गहरा सम्बन्ध है। वे एक-दूसरे से एकान्त भिन्न न होकर परस्पर सम्बन्ध, एक-दूसरे को प्रभावित करते हैं।"[201] हर कला का अपना अलग माध्यम है, पृथक् उपयोगिता है। केवल इनमें अलग-अलग कला-नियमों का महत्त्व है। डॉ. शर्मा कलाओं के श्रेणी निर्धारण के स्थान पर कलाओं के सामंजस्यपरक सौन्दर्य की चर्चा करते हैं। माध्यम भिन्नता के कारण सभी ललित कलाओं का प्रभाव-प्रयोग भिन्न-भिन्न होता है। न संगीतकला—वास्तुकला की भूमिका पूरा कर सकती है, न वास्तुकला संगीतकला की। इसी प्रकार सामाजिक चित्रण का जितना विस्तृत माध्यम महाकाव्य या उपन्यास बन सकता है, कहानी या प्रगीत उतना नहीं।"[202] इसलिए कला-समीक्षक के लिए कला-माध्यम के वैशिष्ट्य को ध्यान में रखना नितान्त अनिवार्य है।

कविता में काव्य भाषा—अन्य रूपों की भाँति सामाजिक वस्तु (सोशल प्रोडक्ट) है।[203] इसी अर्थ में कविता आन्तरिक यथार्थ का संश्लिष्ट रूप है। इसी कोण से भाषा एक सांस्कृतिक उपकरण है—उसे बनाने-बढ़ाने-विकसित-परिष्कृत करने में युगीन विचारधारा-भावबोध आदि का गहरा हाथ होता है।[204] प्रतिभाशाली कवि की शक्ति काव्य में सही शब्दों के चुनाव में उजागर होने लगती है। इस सन्दर्भ में डॉ. शर्मा के कुछ कथन ध्यान देने योग्य हैं :

(1) कवि की शिक्षा-दीक्षा के अनुसार उसका शब्द-भण्डार संकुचित अथवा विस्तृत होता है। उसी में से चुन-चुनकर वह अपने भावों के लिए

शब्द-संकेतों को इकट्ठा करता है। बहुधा उसकी भावाभिव्यक्ति के लिए उसके सामने अनेक शब्द आते हैं, परन्तु उनसे उसे सन्तोष नहीं होता।[205]

(2) अपनी प्रतिभा के अनुसार वह ऐसे शब्दों को खोज निकालता है जो उसके भावों को उसकी अनुभूति के अनुकूल पाठक के हृदय में उतारते हैं। शब्द-संकेतों के बिना दूसरा कवि के भावों को नहीं समझ सकता। अतः कवि की कला का एक प्रधान अंग शब्दों का चुनाव है।[206]

(3) वह सुन्दर भावुक अथवा विचारक होकर भी तब तक सफल कवि नहीं हो सकता, जब तक अपने भावों और विचारों को भाषा में मूर्त करने के लिए उचित से उचित शब्दों को न चुन सके।[207]

(4) बड़े कवि वे होते हैं, जिनके भावों और विचारों के साथ उनकी भाषा में शिथिलता नहीं आने पाती। उनका शब्दों पर ऐसा अधिकार होता है कि वे उनकी रुचि पर निर्भर उनकी आज्ञा का पालन करते हैं। उनमें ऐसा जीवन रहता है कि वे कवि के अर्थ को पुकारते चलते हैं।[208]

(5) निम्न श्रेणी के कवियों में ऐसा सामंजस्य कम मिलता है। यदि उनका शब्दों पर अधिकार है, तो भावों और विचारों की कमी है, यदि भाव और विचार हैं तो सुधार शब्द-चयन नहीं है। जहाँ उनका सम-सामंजस्य हो जाता है, वहाँ सुन्दर कविता की सृष्टि होती है।[209]

(6) शब्द चुनते समय कवि का ध्यान सबसे पहले उनके अर्थ की ओर जाता है। एक ही अर्थ के द्योतक बहुधा अनेक पर्यायवाची शब्द होते हैं, परन्तु वह उनमें से किसी एक को लेकर अपना काम नहीं चला सकता।[210]

(7) जन-प्रयोग से शब्दों के बहुधा कुछ से कुछ अर्थ हो जाते हैं—जैसे पुंगव से पोंगा।[211]

(8) प्रतिभाशाली कवि शब्दों के बिगड़े प्रचलित अर्थ को छोड़ कर उनके ठेठ व्याकरणिक सिद्ध अर्थ को ही अपनी कृतियों में मान्य रखते हैं। ...हिन्दी में अक्सर ऐसे श्लिष्ट शब्दों का प्रयोग किया जाता है, जिनका एक अर्थ प्रचलित होता है, दूसरा धातु-प्रत्यय के अनुसार। निराला जी ने 'भारत', 'नम' आदि शब्दों का इसी भाँति प्रयोग किया है।

(9) शब्द के अर्थ के पश्चात् कवि उसकी ध्वनि, उसमें व्याप्त संगीत पर विचार करता है।

(10) अपनी कला का ज्ञाता कवि शब्दों का इस प्रकार प्रयोग करता है

कि उच्चारण शब्द और उसके अर्थ को बढ़ा देता है। वह स्वर और व्यंजनों की शक्ति को पहचानता है, अपना भाव स्पष्ट करने के लिए ध्वनि का उतना ही आश्रय लेता है, जितना अर्थ का।[212]

(11) शब्द-संगीत तथा शब्दार्थ में मैत्री वांछनीय जान पड़ती है।

(12) शब्दों की उच्चारण-ध्वनि में कवि उनके अर्थ का रूप, रंग, आकार आदि भी देख सकता है। 'पल्लव' में पन्तजी का प्रयास इसी ओर संकेत करता है। ऐसा करना कवि की सूक्ष्म अन्तर्वृत्तियों पर निर्भर है। फ्रांसीसी कवि बादले पर के मत से उपयुक्त शब्दों का चयन कर भिन्न रंगोंवाले चित्र खींचे जा सकते हैं। मूर्त अर्थ द्वारा कहकर नहीं, ध्वनि से इंगित कर।[213]

(13) निरालाजी को मैंने अक्सर कहते सुना है कि उन्हें किन्हीं विशेष कवियों की कविता विशेष रंगों में रँगी जान पड़ती है। भवभूति की जैसे काले रंग में, कालिदास की नीले रंग में। कुछ भी हो, शब्दों में चित्र तथा संगीत कला के भी तत्त्व निहित हैं और सूक्ष्म मनोवृत्तियोंवाला कवि उनका प्रयोग करता है।[214]

(14) कवि के लिए उन शब्दों का प्रयोग सरल होता है जिनका एक बार कवित्वपूर्ण ढंग से प्रयोग हो चुका है, जैसे वसन्त, चन्द्रमा आदि।

(15) कवि साधारण बोलचाल के जीवित शब्दों को ग्रहण करता है।

(16) कुछ शब्द ऐसे होते हैं जिन्हें कवि मृत पुरानी भाषा से ले लेता है—अंग्रेजी ने लैटिन से ऐसे तमाम शब्द लिए हैं। हिन्दी कवियों ने संस्कृत के अनेक शब्द लिए हैं।

(17) तत्सम शब्दों के प्रयोग में यह ध्यान देने की बात है कि अपनी भाषा में लाते समय भी कवि उनकी जातीयता नष्ट न होने दे। स्वयं मिल्टन तथा निराला जी की भाषा को डॉ. शर्मा इस दोष से दूषित मानते हैं।

(18) कभी-कभार अन्य भाषा के पास न जाकर अपनी भाषा के पुराने भूले हुए शब्दों को पुरुज्जीवित करता है। ऐसे शब्दों का नया प्रयोग कला को चमका देता है। उन्नीसवीं शती के कवियों ने पुराने गीतों में पुराने 'आर्चिक' शब्दों का बड़ा कलापूर्ण प्रयोग किया है।

(19) कवि ग्राम्य शब्दों को भी भाषा में स्थान देता है। वर्ड्सवर्थ ने ऐसा कहा भी था लेकिन उसने स्वयं ऐसा नहीं किया। निस्सन्देह कुछ ग्राम्य-प्रयोग ऐसे होते हैं जिनके समानार्थवाची शुद्ध भाषा में नहीं मिलते।

(20) कवि की भाषा सरल हो या कठिन, चुनाव में उसे कठिनता रहती है। सरल भाषा सरलतापूर्वक सदा नहीं लिखी जाती।

(21) कवि का विषय ऊँचा नहीं है तो शब्द की गर्जन-तर्जन फीकी पड़ जाती है। अतः कवि को अनुभूतियों के सम्प्रेषण में प्रवृत्त होना चाहिए।

निराला जी की 'कला' का विवेचन करते हुए डॉ. शर्मा ने देश-विदेश की चौबीस मान्यताओं का प्रयोग किया है—वक्तृत्व कला, स्वगत, संवाद, कविता का नक्शा, स्थापत्य, स्वप्न दृष्टि, रूप, रस-गन्ध, प्रतीक-योजना, संश्लिष्ट बिम्ब, अनुप्रास प्रेम, ध्वनि प्रवाह, सघोष आत्मप्राण, स्वर-साधना, तत्सम-तद्भव, कवित्वपूर्ण पदावली, मौलिक शब्द-योजना, नियमभंग, अभिनवप्रयोग, अलंकरण, अर्थ-चमत्कार, मुक्त-छन्द, मात्रिक छन्द, गीत और लोकसंगीत, छायावाद-यथार्थवाद।[215] कवि के समग्र काव्य-विवेचन में उन्होंने विचारधारा, भाव-बोध, कला, परम्परा को आधार बनाया है। सिसरो तथा लान्जाइनस के मत से सहमत होकर वे भाषण कला को काव्य-कला का समकक्ष मानकर उसे काव्य में स्थान देते हैं। हिन्दी में केवल निराला जी इस कला का प्रयोग करते हैं।[216] वे लम्बी कविताओं में नहीं, गीतों में भी इस कला का प्रयोग करते हैं। 'स्वगत-कथन' से कवि विरोधी विचारों के संघर्ष को चित्रित करता है। नाटकीय संवाद-शैली कला की गति बढ़ाती है। सूरदास की भाँति निराला जी भी इस कला में दक्ष हैं। रचना-प्रक्रिया की तार्किकता ही कविता का नक्शा है। "कवि की रचना सामग्री है भाषा। ...माध्यम है भाषा। भाषा के साथ अर्थ, मूर्त विधान, ध्वनि प्रवाह, यह सब कुछ है।"[217] मूर्त विधान में कवि का सारा इतिहास छिपा होता है। "रूप, रस, गन्ध-स्पर्श, शब्द के संसार को ग्रहण करने की विधि, इस संसार के प्रति उसके भाव-बोध की प्रक्रिया। कविता की विषय-वस्तु एवं कला यहाँ मिल जाती है।"[218] कला में ध्वनि प्रवाह, मूर्त विधान, गठन तथा संरचना का आदर डॉ. शर्मा को स्वीकार है। उसी दृष्टि से वे निराला के काव्य का सूक्ष्म गहन-अध्ययन विश्लेषण प्रस्तुत करते हैं। इस प्रकार डॉ. शर्मा के लिए कला में भाषा, शब्द, छन्द, प्रतीक, बिम्ब, ध्वनि प्रवाह, संरचना, गठन, तार्किक अन्विति आदि का महत्त्वपूर्ण स्थान है। डॉ. शर्मा की इस दृष्टि पर न तो पाश्चात्य प्रभाव है न भारतीय—इन दोनों के संस्कार-सामंजस्य से एक मौलिक दृष्टि विकसित हुई है। दृष्टि की यह मौलिकता हिन्दी में मार्क्सवादी दृष्टि की सैद्धान्तिकता की नवीन उपलब्धि कही जा सकती है। काडवेल का यह मत डॉ. शर्मा को लगातार ध्यान रहता है कि भाषा मूलतः सामाजिक-वस्तु है। पश्चिम के सभी मार्क्सवादी आलोचक भाषा को सामाजिक-वस्तु मानकर सम्प्रेषण का

माध्यम मानते रहे हैं। अर्नेस्ट फिशर ने शब्द तथा अर्थ के अन्तःसम्बन्धों पर विस्तार से डॉ. शर्मा की ही भाँति विचार किया है।[219] स्वयं लुकाच शैली-परिवर्तन के पीछे सामाजिक परिवर्तन का संकेत मानते हैं।[220] इस प्रकार काव्य-माध्यम को लेकर देश-विदेश के मार्क्सवादी चिन्तकों में अत्यधिक समानता है।

निष्कर्ष

डॉ. शर्मा ने मार्क्सवादी समीक्षाशास्त्र को हिन्दी के समालोचनाशास्त्र में चिन्तन की तार्किकता से प्रतिष्ठित किया है। काव्य-सिद्धान्तों की यह भौतिकवादी व्याख्या सिद्ध करती है कि उसके पीछे मार्क्सवादी चिन्तन का (वस्तुवादी कला-दृष्टि) सक्रिय योगदान है। उन्होंने काव्य-सिद्धान्तों को हिन्दी-साहित्यशास्त्र की परम्पराओं के साथ विकसित-परिष्कृत करना चाहा है। वे सच्चे अर्थों में आचार्य रामचन्द्र शुक्ल की समीक्षा-धारा को नये सन्दर्भों और आयामों में विकसित करने वाले चिन्तक हैं। सामाजिक-सांस्कृतिक-मूल्यों को महत्त्व देने वाली उनकी समीक्षा-दृष्टि ने मार्क्स का अन्धानुकरण नहीं किया। उन्होंने मार्क्सवादी दृष्टि के तेज से नवीन तार्किकता पैदा की है जो पाश्चात्य जगत् में काडवेल, जार्ज लुकाच आदि में देखने को मिलती है। उनका मार्क्सवाद कहीं भी फ्रायडवाद से समन्वय नहीं कर सका; क्योंकि वे फ्रायडीय दृष्टि को अवैज्ञानिक मानते हैं।

(ख) गजानन माधव मुक्तिबोध

प्रगतिवाद के प्रखर और गम्भीर कवि-आलोचकों में मुक्तिबोध का नाम सर्वाधिक महत्त्वपूर्ण है। आलोचना-सिद्धान्तों का इतिहास साक्षी है कि संसार भर में रचनाकार आलोचक आगे रहे हैं। ये रचनाकार नयी प्रवृत्तियों—विचारधाराओं, आन्दोलनों आदि के लिए और कभी-कभार आत्मरक्षा के लिए समीक्षा का मार्ग चुनते हैं। पिछड़ते हुए आलोचक को रचनाकार-आलोचक रचना की सही दृष्टि एवं दृश्य से परिचित कराने के लिए नयी समीक्षा दृष्टि देता है। आस्थावादी रचनाकार मुक्तिबोध को छायावादी तथा प्रगतिवादी आलोचकों से शिकायत रही है कि वे नयी कविता को सही परिप्रेक्ष्य में समझने में असमर्थ रहे हैं। प्रयोगवाद तथा नयी कविता का सही मूल्यांकन न हो पाने के लिए वे प्रगतिवादी आलोचकों से ज्यादा नाराज हैं क्योंकि उन्हीं से उम्मीद भी थी। वे जानते थे कि सच्चा मार्क्सवादी ही सही सामाजिक-सांस्कृतिक सन्दर्भों की गहराई में जाकर इन नयी प्रवृत्तियों का वैज्ञानिक विवेचन-विश्लेषण कर सकता है। यह देखकर उन्हें अपार कष्ट है कि अपनी खींचातानी, सिद्धान्त की थानेदारी, नासमझी के कारण प्रगतिवादियों ने नयी कविता का पूरा क्षेत्र अपने प्रतिपक्षियों

को सौंप दिया है। आस्था से मार्क्सवादी मुक्तिबोध व्यक्तिवाद-कलावाद आदि पूँजीवादी पतनशील वृत्तियों के सिद्धान्तकारों से पूरी तरह खिलाफ थे। नयी कविता में 'लघु मानव' वाला सिद्धान्त उन्हें चैन नहीं लेने देता था।[221] "किसी जमाने में प्रयोगवादी कविता प्रगतिवाद के निकट थी।" किन्तु प्रगतिवादियों की गलती की ओर स्पष्ट संकेत करते हुए लिखा, "...इसका कारण यह है कि प्रगतिवादी प्रवक्ताओं ने अपनी वही पुरानी छर्रे वाली बन्दूक और वही पुराने तमंचे निकाले जिनकी आज कोई कीमत नहीं। संक्षेप में, उनके पास, प्रगतिवादी प्रवक्ताओं के पास मध्यवर्गीय अन्धसिद्धान्तवादी अहंकार तो था, किन्तु कला की सृजनशील प्रक्रिया में, कला सम्बन्धी समस्याओं में वह सूक्ष्म गति नहीं थी जो एक जीवन-मर्मज्ञ तथा कला-मर्मज्ञ के लिए आवश्यक होती है, यही नहीं, लेखकों से, विशेषकर नये ढंग के लेखकों से वे तन कर रहते थे। सिद्धान्तों के आयवरी टावर में रहकर (अपनी ठाठदार रोजी-रोटी का सवाल वे पहले ही हल कर चुके थे) वहाँ के बुर्जों से वे लेखकों के नयेपन पर और नये लेखकों के यूथ पर अपने तीर कमान का प्रयोग करते थे—खूँखार होकर।"[222] ऐसी भयानक स्थिति से प्रगतिवादी समीक्षा को उबारने और पनपाने के लिए मुक्तिबोध को कला-सम्बन्धी समस्याओं से सीधे जूझना पड़ा। उनका समस्त चिन्तन इन्हीं समस्याओं को हल करने के लिए उनके आलोचना-साहित्य में प्रतिफलित है। नयी कविता से पूरी तरह सम्बद्ध मुक्तिबोध ने अपना सैद्धान्तिक चिन्तन 'नयी कविता का आत्मसंघर्ष तथा अन्य निबन्ध', 'एक साहित्यिक की डायरी', 'नये साहित्य के सौन्दर्यशास्त्र', तार सप्तक के कवि-वक्तव्य में व्यक्त किया है। गहन-चिन्तन-मनन के बाद व्यावहारिक समीक्षा की कृति 'कामायनीः पुनर्विचार' भी लिखी गई है—जिसमें 'कामायनी' की गर्व-दर्शन पर आधृत विस्तृत व्याख्या है। इस व्यावहारिक समीक्षा में उन्होंने मार्क्सवादी कला-दर्शन की दृष्टि का खरा प्रमाण दिया है।

मुक्तिबोध की दृष्टि के संघर्ष का बड़ा हिस्सा नयी कविता के व्यक्तिवादी-कलावादी अन्तर्मुखी साहित्य-सिद्धान्तों से था। वे जड़ीभूत सौन्दर्याभिरुचि के सिद्धान्तों पर प्रहार करना चाहते थे। नयी कविता में पनपनेवाले दो वर्ग—दो धाराएँ—अलग-अलग सिद्धान्तों से परिचालित थीं। समीक्षक के टूटते जीवन-सम्बन्ध का इशारा देते हुए कहा, "गरीब जनता और खादीधारी नेता के बीच, क्लर्क और अफसर के बीच दूरियाँ और खाइयाँ मुँह फाड़े खड़ी हैं—किसान-मजदूर और पूँजीपति-जमींदार के बीच की दूरियों का तो क्या कहना। मानव-सम्बन्ध टूट-फूट गए हैं, उलझ गए हैं। समाज में शोषितों, उत्पीड़कों और उनके साथियों का जोर बढ़ गया है। नयी कविता के क्षेत्र में

भी दो दल तैयार हो रहे हैं—एक दल वह है जो उच्च मध्यवर्ग का अंग है, दूसरे वे हैं जो निचले गरीब मध्यवर्ग से सम्बन्धित हैं। उनकी वर्गीय प्रवृत्तियाँ न केवल उनके काव्य में वरन् साहित्य-सम्बन्धी उनके सिद्धान्तों में परिलक्षित होती हैं।''[223] इन दो धाराओं में—प्रथम के प्रतिनिधि अज्ञेय हैं, दूसरी धारा के प्रतिनिधि—मुक्तिबोध। मुक्तिबोध ने एक ईमानदार रचनाकार और आलोचक के रूप में अपनी सम्पूर्ण शक्ति को मार्क्सवादी सौन्दर्यशास्त्र तथा साहित्यशास्त्र के गढ़ने में अर्पित किया है—नयी दृष्टि के मूल में—

(1) ''जीवन और जगत् के द्वन्द्व—जीवन के आन्तरिक द्वन्द्व—इस सबको सुलझाने की, और एक अनुभव-सिद्ध व्यवस्थित तत्त्व-प्रणाली अथवा जीवन-दर्शन आत्मसात कर लेने की दुर्दम प्यास मन में हमेशा रही।''[224]

(2) ''क्रमशः मेरा झुकाव मार्क्सवाद की ओर हुआ। अधिक वैज्ञानिक, अधिक मूर्त और अधिक तेजस्वी दृष्टिकोण मुझे प्राप्त हुआ।''[225]

(3) ''मैं कलाकार की 'स्थानान्तरगामी प्रवृत्ति' (माइग्रेशन इंस्टिक्ट) पर बहुत जोर देता हूँ। आज के वैविध्यमय, उलझनभरे, रंग-बिरंगे जीवन को यदि देखना है तो अपने वैयक्तिक क्षेत्र से एक बार तो उड़कर बाहर जाना ही होगा। बिना उसके इस विशाल जीवन की परिसीमा, उसके तट-प्रदेशों के भूखण्ड, आँखों से ओट ही रह जायेंगे।''[226] सम्पूर्ण जीवन को भीतर-बाहर से देखने-समझने की इस बलवती स्पृही ने ही मुक्तिबोध के कवि और आलोचक का निर्माण किया है। दृष्टि के इसी केन्द्र को दिशा-व्यापी करने की आवश्यकता महसूस करते हुए उनके काव्य-सिद्धान्तों की संक्षिप्त चर्चा करूँगा।

काव्य-स्वरूप

मुक्तिबोध के काव्य-चिन्तन में कविता की व्याख्या उदात्त और विकासमान सामाजिक वस्तु मानकर की गई है। काव्य आत्मिक प्रयास होने पर भी मूलतः सामाजिक-सांस्कृतिक भूमि पर आधृत होता है। मुक्तिबोध 'काव्य : एक सांस्कृतिक प्रक्रिया' नामक निबन्ध में स्थापित करते हैं कि काव्य में सांस्कृतिक परम्परा का समाहार होता है और उसके मूल्य वैयवितक न होकर सामाजिक होते हैं। वे इसी अर्थ में प्रयोगवाद तथा नयी कविता को भी सांस्कृतिक परम्परा का अंग मानते हैं। नयी कविता के आत्म-संघर्ष में कवि मुक्तिबोध का आत्म-संघर्ष भी दुर्निवार रूप से जुड़ा रहा है। नयी कविता की प्रवृत्ति—पण्डितों, आचार्यों, आलोचक वरेण्यों को समझ में नहीं आ रही थी और वे बहस में प्रवृत्त थे—क्योंकि ''जब कभी कोई नयी काव्य-प्रवृत्ति अथवा साहित्य प्रवृत्ति अवतरित होती है, कला के मूल तत्त्वों के सम्बन्ध में, सिद्धान्तों के बारे में बहस

शुरू हो जाती है।"[227] बहस को गलत दिशा में जाते देखकर मुक्तिबोध को स्वयं नयी कविता के सिद्धान्तों तथा दृष्टियों का स्पष्टीकरण करना पड़ा। कारण "चिन्ता की बात यह है कि नयी काव्य प्रवृत्ति के क्षेत्र के भीतर से ऐसी कोई आलोचना अभी उठी नहीं है जो उस प्रवृत्ति की सीमाएँ बनाएँ और उसकी विस्तृत समीक्षा करे।"[228] नयी कविता में कला के वस्तु और रूप के प्रश्न संवेदनशील कवि हृदय को उसकी आसपास की वास्तविकता के मार्मिक पक्ष गहन चुनौती देते हैं। ये दो प्रकार की हैं—(1) तत्त्व-सम्बन्धी, (2) रूप-सम्बन्धी। नये कवि के हृदय में जो तनाव-घिराव है—वह कविता में फैलना चाहता है—इस प्रकार कविता कवि हृदय का आत्म-विस्तार है। आत्म-विस्तार की मूल मनोवृत्ति ही कवि को मानव वास्तविकता के मूल मार्मिक पक्षों की ओर प्रवृत्त करती है। ऐसी स्थिति में मुक्तिबोध मानते हैं कि कविता वैयक्तिक प्रयास न होकर सामाजिक-सांस्कृतिक प्रतिभा से जुड़ा प्रयास है। तभी तो "कविता संवेदनात्मक ज्ञान और ज्ञानात्मक संवेदनों के तीव्र मानसिक प्रतिक्रिया घातों को प्रकट करना चाहती है।"[229] ऐसा करने के लिए उसे न केवल अनुभूति पक्ष वरन् वस्तु पक्ष के उससे सम्बन्धित परिज्ञान पक्ष के विकास की अपेक्षा है। मुक्तिबोध जानते हैं कि ज्ञान पक्ष संवेदना से हटकर काव्योपयोगी नहीं रहता। काव्योपयोगी वह तभी रहता है, जब वह कवि की मूल संवेदनशक्ति का हिस्सा बन जाता है।

आज के काव्य पर पुराने काव्य-लक्षण अपर्याप्त सिद्ध होते हैं। क्योंकि "कविता पुराने काव्य युगों से कहीं अधिक, बहुत अधिक, अपने परिवेश के साथ द्वन्द्व स्थिति में प्रस्तुत है। इसलिए, उसके भीतर तनाव का वातावरण है।"[230] इसीलिए उसमें 'घिराव का वातावरण' है। कवि-हृदय द्वन्द्वों का समूह है—वास्तविकता को हार्दिकता से नयी बौद्धिक-दृष्टि की सूक्ष्मता से समझने की जरूरत है। तभी जीवन-जगत् की व्याख्या के साथ 'अन्तर्जीवन के भीतर के आन्दोलन आरपार फैली हुई वास्तविकता के सन्दर्भ से व्याख्यायित-विश्लेषित और मूल्यांकित' हो सकते हैं। मानव वास्तविकता के मार्मिक पक्ष बौद्धिक प्रतिभा के फलस्वरूप संवेदनात्मक ज्ञान और ज्ञानात्मक संवेदना अधिक पुष्ट होंगे। अनुभूति ज्ञान प्रेरित संभावना से जुड़ सकेगी और युग की वास्तविकता—यथार्थ दर्शन कविता में व्यक्त हो सकेगा। कविता में वैविध्य युक्त, स्पन्दनमय, वेदनामय चित्रण के लिए तत्त्व के साथ रूप-शक्ति भी चाहिए—ऐसी स्थिति में तीव्र मानसिक संवेदना घातों की प्रतिक्रिया को व्यक्त करने वाली काव्य-शैली को अधिक सक्षम बनाना होगा। कवि-हृदय सूक्ष्म संवेदनाओं को मूर्तिमान करने के साथ वास्तविक जगत् की लहर को वाणी दे सके। "पुरानी शास्त्रीय शब्दावली में कहा जाए तो उसे भाव-पक्ष के साथ विभाव-पक्ष का चित्रण करना होगा।"[231]

कह सकते हैं कि मुक्तिबोध का यह चिन्तन आचार्य शुक्ल के काफी नजदीक है।

मुक्तिबोध मानते हैं कि नया कवि तीन क्षेत्रों में एक साथ संघर्ष करता है—(1) तत्त्व के लिए संघर्ष, (2) अभिव्यक्ति को समक्ष बनाने के लिए संघर्ष, (3) दृष्टि विकास का संघर्ष। इसमें प्रथम का सम्बन्ध मानव वास्तविकता के सूक्ष्म अवलोकन से है—दूसरे का सम्बन्ध चित्रण सामर्थ्य से है और तीसरे का सम्बन्ध—सिद्धान्त-दृष्टि—थियरी से है—विश्व-दृष्टि के विकास से है—वास्तविकता की व्याख्या से है।[232]

काव्य या कला का वस्तुतत्त्व-अन्तर्तत्त्व व्यवस्था का एक अंग है। जीवन जगत् के उद्वेलन से वस्तुतत्त्व—(1) तरंगायित, (2) मानसिक दृष्टि के सम्मुख उद्घाटित, (3) जीवन-मूल्यों तथा पूर्वतर अनुभवों से आलोकित, (4) अभिव्यक्ति के लिए आतुर हो उठते हैं। इस प्रकार काव्य समरूपों, अनुभवों, जीवन-मूल्यों से संश्लिष्ट, जीवन चित्रों को व्यापकता एवं गहराई से उपस्थित करता है। मुक्तिबोध कला के तीन क्षणों की चर्चा भी करते हैं—

(1) तरंगायित होकर जब अन्तर्तत्त्व मानसिक दृष्टि के सम्मुख उपस्थित हो उठते हैं, तभी उनमें रूप आ जाता है—अर्थात् कल्पना-बिम्ब या स्वर-प्रवाह से वे संवृत्त हो उठते हैं, कल्पना का कार्य यहीं से शुरू हो जाता है। बोध-पक्ष अर्थात् ज्ञान-वृत्ति भी यहाँ सक्रिय हो उठती है। यह उद्घाटन क्षण हैं—यह कला का प्रथम क्षण है।

(2) उसके अनन्तर, मानसिक दृष्टि जो इस तत्त्व रूप को देख रही थी, उसके रस में निमग्न-सी होने लगती है, साथ ही बोध पक्ष यानी ज्ञान वृत्ति की सक्रियता के फलस्वरूप वह तटस्थ भी हो जाती है, वह अन्तःप्रवेश करने लगती है, साथ ही वह बाहर से पर्यालोकन भी करती है। अतः रस का प्रवाह या भाव प्रवाह—अन्य समस्वभावी और समरूप अनुभवों को उस तत्त्व में मिला देता है—दूसरी ओर हृदय में संचित जीवन-मूल्यों की अर्थात् हमारे अन्तःकरण में स्थित आदर्शात्मक सत्ता की भी एक धारा इस तत्त्व में मिलने लगती है। कल्पना उद्दीप्त होकर, संवेदना से अलुप्त उस मूल तत्त्व को समरूप अनुभवों और जीवन-मूल्यों से संश्लेषित करती हुई, एक संश्लिष्ट जीवन शाला उपस्थित कर देती है। यह कला का दूसरा क्षण है।

(3) वेदनात्मक हेतु और संवेदनात्मक अभिप्राय किसी व्यापक मार्मिक जीवन महत्त्व से न्यस्त हो जाते हैं और हमारे लिए वह आत्मतत्त्व इतना महत्त्वमय मालूम होता है कि हम उसकी अभिव्यक्ति के लिए छटपटाते हैं। इस छटपटाहट को जब हम शब्द, रंग तथा स्वर में अभिव्यक्त करने लगते हैं, तब कला का तीसरा

क्षण शुरू हो जाता है। अभिव्यक्ति के साधन, अर्थात् हमारे लिए भाषा सामाजिक है। इसके उसके शब्द-संयोग, भाव-परम्परा और ज्ञान परम्परा से पूर्व हैं। अतएवः हमें अपने हृदयगत तत्त्वों को उनके मौलिक रूप, रंग और भार में स्थापित और प्रकट करने के लिए नये शब्द-संयोग बनाने या लाने पड़ते हैं। शास्त्रीय शब्दावली में कहें तो नवीन वक्रोक्तियों और भंगिमाओं का सहारा लेना पड़ता है। साथ ही, कल्पना शक्ति भी नवनवीन रूप बिम्बों का विधान करती है, जिससे मनस्तत्त्व अपने मौलिक रूप में प्रकट हो सकें।[233] कला के इन तीन क्षणों की चर्चा अपने आलोचनात्मक साहित्य में मुक्तिबोध ने अनेक बार की है। इस चर्चा में वे न भारतीय काव्यशास्त्र का सहारा लेते हैं, न पाश्चात्य काव्यशास्त्र का, दोनों को मिलाकर एक नया समाजशास्त्रीय काव्य-स्वरूप-प्रक्रिया का सिद्धान्त बनाते हैं। यह सिद्धान्त हिन्दी साहित्यशास्त्र के लिए मौलिक तथा नवीन उपलब्धि है। यह सिद्धान्त तत्त्व और रूप के गतिमान सम्बन्धों पर बल देता है, कला के संघर्ष को दोहराता है तथा अभिव्यक्त-सौन्दर्य को ग्रहण करता है। इस प्रकार कविता मात्र आत्मोद्घाटन नहीं है, न ही वह आत्मप्रकटीकरण है, वह जीवन जगत् को समेटे हुए सामाजिक-सांस्कृतिक प्रक्रिया है। कविता में भावोद्देश्य व्यक्तिगत न हो कर सामूहिक होता है। मुक्तिबोध के शब्दों में "सच तो यह है कि मनुष्य जब काव्य में अपने आपको प्रकट करता है तब वह केवल आत्म-प्रस्थापना ही नहीं करता वरन् वह आत्म-औचित्य की स्थापना करता है। आत्म-औचित्य की स्थापना के द्वारा ही वह आत्म प्रस्थापना करता।"[234] फलतः वह अपने भीतर के विशिष्ट को बाहर के सामान्य से मिला देता है। यह 'सामान्य' ही जीवन-मूल्य हैं—जीवन-दृष्टियाँ हैं जो कवि ने बाह्य-विस्तृत जीवन में पायी हैं। इस विशिष्ट के सामान्य में मिलने का शुभ परिणाम यह होता है—आत्मबद्धता का घेरा टूट जाता है। नये संवेदना पुंज नये मूल्यों और दृष्टियों से मिलकर आनन्द रूप हो जाते हैं—इस प्रकार काव्यानुभव—आनन्दानुभव से अलग नहीं होता। किन्तु यह आनन्दानुभव सामाजिक अनुभवों की व्यापकता पर टिका होता है। जितना ज्यादा सामाजिक अनुभवों का फैलाव होता है, उतना ही यह व्यापक होता जाता है। क्योंकि कवि विशिष्ट को सामान्य बनाने के लिए निरन्तर भाव-संशोधन तथा भाव-सम्पादन करता जाता है। "यह कवि की आन्तरिक प्रक्रिया का एक अंग है। सच तो यह है कि कविता एक सांस्कृतिक प्रक्रिया है।"[235] क्योंकि अभिव्यक्ति के आते ही भाव-पथ का समाजीकरण हो जाता है। कविता की यही दृष्टि हमें समाजशास्त्रीय दृष्टिकोण की ओर ले जाती है। हमारी भाव सम्पदा, ज्ञान सम्पदा, अनुभव समृद्धि इस अन्तर्तत्त्व व्यवस्था का एक अंग है—इसी अर्थ में कला आभ्यन्तरीकरण की प्रक्रिया है। उसमें बाह्य का आभ्यन्तरीकरण और आभ्यन्तरण

का बाह्यीकरण एक निरन्तर चक्र है। यह चक्र मननजन्य न होकर कर्मजन्य है। "जो हो, कला आभ्यन्तर के बाह्यीकरण का एक रूप है।"[236]

काव्य बाह्य जीवन के साथ सामंजस्य में या उसके साथ द्वन्द्व रूप में उपस्थित होता है। इस प्रकार काव्य सामंजस्य और द्वन्द्व को लेकर चलता है। जीवन का आभ्यन्तर या बाह्यीकरण, विश्वव्यापी सामंजस्य या द्वन्द्व या दोनों के भिन्न रूप में आता है। किन्तु बौद्धिकता प्रधान नयी कविता में 'सामंजस्य से अधिक द्वन्द्व ही है।' अर्थात् यह रसाश्रित कविता न होकर विचाराश्रित कविता है। "आज का पद्याभास गद्य मुख्यतः यह बात व्यक्त करता है कि इसमें सुमधुर लयात्मक किन्तु गणिततन्त्रीय छन्दों का स्थान नहीं।"[237] अतः कविता में व्यापक तथ्य विविध जीवनानुभवों की सम्पन्नता और उत्पीड़ित मानव के दुःख दर्द को वाणी मिलनी चाहिए। इसी अर्थ में कविता सामाजिक शोषण से—अत्याचार से मुक्ति का साधन है। नयी कविता जड़ीभूत सौन्दर्याभिरुचि का ढेर नहीं है, नवीन सौन्दर्य का विकास एवं परिष्कार भी है। इसलिए समाजशास्त्रियों को चाहिए कि वे इस काव्य की 'विद्रूपता' पर ही न ठहरे रहें, उसके 'सौन्दर्य-बोध' के रहस्य का भी उद्घाटन करें। जब तक प्रगतिवादी आलोचना यह कार्य नहीं करती है, अधूरी है। यह भी समझना चाहिए कि "नयी कविता के विभिन्न कवियों की अपनी-अपनी विशेष शैलियाँ हैं। ...साथ ही नयी कविता में स्वयं कई भावधाराएँ हैं, एक भावधारा नहीं।"[238] सच्चे आलोचक को नयी कविता की प्रतिक्रियावादी तथा प्रगतिशील धाराओं का नये ढंग से मूल्यांकन विश्लेषण करना चाहिए।

मुक्तिबोध के काव्य-स्वरूप की व्याख्या से स्पष्ट है कि वे सामाजिक पक्ष के साथ कविता के भावात्मक सौन्दर्यात्मक पक्ष पर भी ध्यान देते हैं। वे उस हठी प्रगतिवादी की भाँति नहीं हैं जो केवल सामाजिक पक्ष का ही आग्रही है। पश्चिमी मार्क्सवादी आलोचक काडवेल कविता के सामाजिक पक्ष के साथ सांस्कृतिक-पक्ष के आग्र ही रहे हैं।[239] वे कविता के मानसिक पक्ष की भी विस्तार से चर्चा करते हैं।[240] स्वयं जार्ज लुकाच के चिन्तन में द्वन्द्वात्मक भौतिकवादी आधार के साथ ऐतिहासिक भौतिकवादी व्यापार सम्मिलित है।[241] मुक्तिबोध ने इन दोनों विचारकों से आगे बढ़कर काव्य को सांस्कृतिक-प्रक्रिया कहने के साथ उसके जटिल सृजन-प्रक्रिया-व्यापार की एक तार्किकतापूर्ण व्याख्या भी की है। कविता के भाव-विभाव की व्याख्या मुक्तिबोध ने जिस ढंग से की है, वह भारतीय काव्यशास्त्र की नवीन दृष्टि का उद्घाटन है। काव्य-स्वरूप के नये पक्षों के उद्घाटन में मुक्तिबोध प्रगतिशील चिन्तकों में सबसे आगे हैं।

मुक्तिबोध ने अनुभूति-तत्त्व, कल्पना-तत्त्व, बुद्धितत्व तथा शैलीतत्त्व की वैज्ञानिक-चिन्तन से चर्चा की है। काव्य-तत्त्वों में उनका ध्यान भाव-तत्त्व या अनुभूति-तत्त्व पर है—यही वह तत्त्व है जो काव्य की वैचारिक भूमिका से जुड़ा है—शेष सभी तत्त्वों का इस तत्त्व से अन्तःसम्बन्ध होने पर भी वे उसकी तुलना में गौण तत्त्व हैं। क्योंकि मुक्तिबोध जिस काव्यानुभूति की चर्चा करते हैं—वह स्वच्छन्दतावादी चिन्तन से नितान्त भिन्न है। क्योंकि "मेरा मन नव-क्लासिकवाद की तरफ दौड़ रहा है, अर्थात् ऐसी काव्य रचना की ओर जिसका कथ्य व्यापक हो, जिसमें जीवन के विश्लेषित तथ्यों और इनके संश्लिष्ट निष्कर्षों का चित्रण हो। पता नहीं यह मुझसे कहाँ तक सधेगा।"[242] आज का पाठक कह सकता है कि वस्तु की इस साधना में मुक्तिबोध ने जीवन अर्पित किया है। मुक्तिबोध का बेचैन मन (मानसिक द्वन्द्व मेरे व्यक्तित्व में बद्धमूल है) सत्य और मूल्य की जीवन स्थिति खोजता है। अनुभव की चट्टान पर खड़े होकर वे 'ऐस्थेटिक एक्सपीरियंस' को समझाना चाहते हैं। "किसी वस्तु या दृश्य या भाव से मनुष्य जब एकाकार हो जाता है, तब सौन्दर्य-बोध होता है।"[243] इस प्रकार वे वैज्ञानिक की भाँति ही इण्डक्शन से डिडक्शन पर आते हैं। काव्य-सिद्धान्तों का कोई डिफेन्स खोजे बिना वे अनुभूति पर आधारित साहित्यिक सौन्दर्य का नयापन खोजते हैं। विचार उत्तेजित करके कल्पना को संवेदना को क्रियावान बनाते हैं और संवेदनाएँ—बिम्बों को जन्मती हैं। कला का पहला क्षण है—जीवन का उत्कट तीव्र अनुभव क्षण। दूसरा क्षण है, इस अनुभव का अपने कसते-दुखते हुए मूल्यों से पृथक् हो जाना और एक ऐसी फैण्टेसी का रूप धारण कर लेना, मानो वह फैण्टेसी अपनी आँखों के सामने ही खड़ी हो। तीसरा और अन्तिम क्षण है उस फैण्टेसी के शब्दबद्ध होने की क्रिया का आरम्भ और उस प्रक्रिया की पूर्णावस्था तक की गतिमानता।"[244] शब्दबद्ध होने की प्रक्रिया में एक प्रवाह बहता है—यह प्रवाह ही फैण्टेसी को विकसित-परिवर्तित करके गतिशील बनाता है। इस प्रकार फैण्टेसी में संवेदनात्मक ज्ञान और ज्ञानात्मक संवेदनाओं का जीवन-पुंज निहित रहता है। वस्तु-तत्त्व, कल्पना-तत्त्व के साथ शैली तत्त्व की साधना का महत्त्व भी कम नहीं है, "कलाकार को शब्द-साधना द्वारा नये-नये अर्थ-स्वप्न मिलने लगते हैं। ...अर्थ-स्पन्दनों के पीछे सार्वजनिक सामाजिक अनुभवों की परम्परा होती है।"[245] इस प्रकार मूल द्वन्द्व भाव तथा भाव के बीच रहता है। "कवि की यह फैण्टेसी भाषा को समृद्ध बना देती है, उसमें नये अर्थ-अनुषंग भर देती है, शब्द को नये चित्र प्रदान करती है। इस प्रकार कवि भाषा का निर्माण करता है, जो कवि भाषा का निर्माण करता है, विकास करता

है, वह निस्सन्देह महान् कवि है।''[246]

स्वयं मुक्तिबोध भावावेशपरक कविता न लिखकर विचारपरक कविता लिखते हैं, इस कविता में कल्पना उसकी विधायक-शक्ति है। अनुभूत वास्तव पर पर्दा डालने वाला लेखक मुक्तिबोध को रावण-वंश का लगता है। छद्म अनुभूतियों के मुखौटों के लिए वे लिखते हैं, ''अनुभूत वास्तव का आज जितना अनादर है, उतना पहले कभी नहीं था।''[247] कविता में ही जीवन यथार्थ भाव बनकर प्रस्तुत होता है या बिम्ब बनकर या विचार बनकर। कविता के भीतर की सारी नाटकीयता वस्तुतः भावों की गतिमयता है। उसी प्रकार कविता के भीतर का कथा-तत्त्व भी भाव का इतिहास है।

मुक्तिबोध—छायावादी अनुभूति तथा नयी कविता की अनुभूति में पार्थक्य करते हैं—वे उसे अज्ञेय की भाँति 'रागात्मक सम्बन्धों' के बदलाव का नाम नहीं देते। वे अनुभूति के संघर्ष और समाजीकरण पर बल देते हैं। इसीलिए वे लेखक की विशिष्ट तथा अद्वितीय अनुभूति का सिद्धान्त ही गलत मानते हैं।[248] मुक्तिबोध का कहना है कि जीवन वैफल्य से पीड़ित लेखक—अनुभूति की अद्वितीयता का नाटक करते हैं। दुःख दर्द के भाव-बोध को स्वीकृत करने पर भी नयी कविता जानती है, ''असामंजस्य और असंतुलन में से ही नयी कविता का जन्म हुआ है।''[249] बाह्य सामाजिक जीवन से काट कर लेखक किसी मनोदशा का चित्रण करता है तो 'फ्राड' करता है। इस प्रकार के 'फ्राड' से नयी कविता भरी पड़ी है और अज्ञेय इसी धारा के प्रतिनिधि कवि हैं। ''वे हिन्दी काव्य में आधुनिकतावाद के एक शिखर भी न होते। सम्भवतः व्यक्तिबद्धता (यह पण्डित रामचन्द्र शुक्ल की भाषा है) के वे एक सुन्दर उदाहरण भी न होते।''[250] उन पर इलियटीय लारेन्सीय—एक एजरा पाउण्डीय जादू भी न चला होता—न वे वर्गसां के चिन्तन में गिरफ्तार होते और न इलियट के भोक्ता—स्त्रष्टा के पार्थक्य सिद्धान्त का—जो मूलतः व्यक्तिवाद पर टिका है—समर्थन न करते। भीड़ से न बचते, ''उनके लिए समाज केवल आत्म-प्रक्षेप है, रेत का ढ़ेर है, भीड़ भाड़ है, ढ़ोरों की खड़पड़ करती हुई भीड़ है।''[251] इसका कारण यही है कि बाल-बच्चेदार न होने से इन कवियों की सामाजिकता कुंठित हो गगी और समाज के साथ एक जीवन्त एवं व्यापक सम्बन्ध की स्थापना वे नहीं कर सके। इस सम्बन्ध भावना की कमी से उनका अनुभूति-तत्त्व व्यक्तिबद्धता में सीमित हो गया। वे इसी बिन्दु से अद्वितीय हो गए हैं, ''किन्तु हमारे अधिकांश कवि 'अद्वितीय' हैं, वे स्वयं इस अद्वितीयता की रक्षा करते हैं। यों कहिए कि इस अद्वितीयता के कारण ही वे कवि हैं।''[252] इस प्रकार स्वच्छन्दतावादी अद्वितीयता की मुक्तिबोध निन्दा करते हैं। क्योंकि साहित्य में अनुभूति की अद्वितीयता तथा मौलिकता का दावा

कोरा पाखण्ड है।

मुक्तिबोध कलाकार की व्यक्तिगत ईमानदारी को महत्त्व देते हैं। यह ईमानदारी जीवनानुभवों की सत्यता से जन्मती है। वे मानते हैं, "मैं अपनी बुद्धि द्वारा हृदय को सम्पादित और संशोधित करता आया हूँ। यह प्रक्रिया बिल्कुल बचपन से ही चल रही है। जिन्दगी एक महाविद्यालय या विश्वविद्यालय नहीं है। वह एक प्राइमरी स्कूल है, जहाँ टाट-पट्‌टी पर बैठना पड़ता है, जरा-सी बात पर चाँटे के आघात की सारी संवेदनाएँ गालों पर झेलनी पड़ती हैं।"[253] यह टाट-पट्‌टी की बदतर जिन्दगी ही मुक्तिबोध की कविता है—काव्य-संवेदना है। इस प्रकार मुक्तिबोध भावनात्मक, ज्ञानात्मक, विचारात्मक तथा रूपात्मक काव्य-तत्त्वों के सामंजस्य एवं संगति पर बल देते हैं।

जो वस्तु हमारी ज्ञान-परिधि से बाहर है—वहाँ तक भावना की पहुँच नहीं हो पाती। मुक्तिबोध का मत है कि, "भावना उसी क्षेत्र में सक्रिय होती है, जो वस्तुतः ज्ञान द्वारा गृहीत हो।"[254] जीवन-जगत्-बोध, जीवन-दृष्टि प्रसार तथा मानव-सम्बन्धों के सही ज्ञान के लिए ज्ञान तथा विवेक को लगातार संशोधित-संपादित करते रहना चाहिए। इसी से भाव-बोध के साथ कला में यथार्थ-बोध आता है—बिम्बों, प्रतीकों, मिथकों, रूपकों आदि का चयन बुद्धि व्यापार है—इसी आधार से बुद्धि भावना से जुड़ी है। मुक्तिबोध ने काव्य में कल्पना को विधायक शक्ति माना है। वे उसे "स्वानुभूत जीवन को पुनः सृजन करनेवाली शक्ति भी कहते हैं।"[255] वे आगे कहते हैं, "विधायक कल्पना द्वारा पुनर्रचित जीवन एक विशिष्ट अनुभव यानी एक खास तजुर्बे की तस्वीर नहीं, वरन् तत्समान सारे अनुभवों का वह वस्तुतः एक सामान्यीकरण है।"[256] यह सामान्यीकरण ही जीवन-जगत् का बोध-पक्ष है—ज्ञान-पक्ष से यह शिल्प का भी नियमन करता है।

पश्चिम के सभी मार्क्सवादी समीक्षक काव्य-तत्त्वों पर स्थितियों का नियमन स्वीकार करते हैं। काडवेल इसी अर्थ में भावों को गतिशील एवं विकासमान मानते हैं।[257]

काव्य की आत्मा

मुक्तिबोध के लिए उदात्त मानव-सम्बन्ध ही काव्य का धर्म हैं—आत्मा है। ये उदात्त मानव-सम्बन्ध सामाजिक-सांस्कृतिक परिष्करण के आविर्भूत रूप हैं। इसी अर्थ में साहित्य तथा युग की पारस्परिकता का दृढ़ अन्तःसम्बन्ध समझ लेना चाहिए, क्योंकि ऐतिहासिक विकास की मानवी प्रक्रियाओं की साहित्यिक अभिव्यक्ति का अनुसन्धान इसी समझ के विकसित होने पर किया जा सकता

है। इसलिए सौन्दर्यात्मक मनावैज्ञानिक पक्ष को चरम मानने वाले लोग समूची मानव-सत्ता के प्रति दिलचस्पी न रख पाने के कारण अपराधी हैं। "साहित्य का अध्ययन एक प्रकार से मानव-सत्ता का अध्ययन है, अतएव; जो लोग केवल ऊपरी तौर पर साहित्य का ऐतिहासिक विहंगावलोकन अथवा समाजशास्त्रीय निरीक्षण कर चुकने में ही अपनी इति-कर्तव्यता समझते हैं, वे भी एकपक्षीय कार्य करते हैं। ऐसे व्यक्ति साहित्य के ऐतिहासिक अथवा समाजशास्त्रीय पक्ष की बात करके चुप हो जाते हैं।"[258] ऐसी स्थिति में "आवश्यकता तो इस बात की है कि आलोचना में ऐतिहासिक-समाजशास्त्रीय तथा मनोवैज्ञानिक-सौन्दर्यात्मक विवेचना की सम्पूर्ण एकात्मता रहे।"[259] किन्तु यह तभी सम्भव है जब हम साहित्य के ऐतिहासिक-समाजशास्त्रीय मनोविश्लेषणात्मक-सौन्दर्यात्मक पक्ष के परस्पर सम्बन्धों का स्वरूप-विश्लेषण करने में समर्थ हों। मुक्तिबोध मानते हैं कि "किसी भी सौन्दर्यशास्त्र की नींव इस सम्बन्ध के स्वरूप-विश्लेषण पर आधारित है।"[260] मानव सम्बन्धों का यह सौन्दर्यशास्त्र ही साहित्य या आलोचना की आत्मा है। वे भाववादी-आदर्शवादी-सौन्दर्यशास्त्र की सौन्दर्य सम्बन्धी मनोवैज्ञानिक भूमिका से असहमत हैं—क्योंकि वे संवेदनाओं के रूप-रूपान्तरों को ही चरम मानकर चलते हैं। सौन्दर्य को आत्मप्रतीति तथा आत्मसाक्षात्कार का साधन मानकर चलने के कारण अतीन्द्रिय सत्ता में उनका विश्वास जम जाता है और वे मानव इतिहास तथा जगत् की आध्यात्मिक व्याख्या करने लग जाते हैं। यह स्थिति बड़ी ही दुर्भाग्यपूर्ण होती है। मानव-विकास की आत्मा को वास्तविकता देनेवाली शक्तियों को भौतिकता से समझना चाहिए। "इस समाजशास्त्रीय ऐतिहासिक-प्रक्रिया के बिना न मानव सम्बन्ध रह सकते हैं, न वे गतिशील हो सकते हैं।"[261] यहाँ दुहराने की आवश्यकता नहीं है कि मुक्तिबोध के ये विचार मार्क्स के ऐतिहासिक भौतिकवाद तथा जार्ज लुकाच के 'यथार्थवाद' सम्बन्धी दृष्टिकोण से एकदम मिलते हैं। अनेक स्थानों पर वे मार्क्स की भाँति लिखते भी हैं, "मानव चेतना वस्तुतः मानव-सम्बन्धों से निर्मित तथा उससे उद्‌गत चेतना है। ये मानव सम्बन्ध समाज के विकास के साथ परिवर्तित होते रहते हैं तथा समाज की विशेष स्थितियों की उनमें विशेषताएँ प्रबल होती रहती हैं।"[262] ये विशेषता संयुक्त मानव-सम्बन्ध ही मानव-चेतना का आधार हैं तथा इन्हीं पर कला, धर्म, दर्शन, साहित्य टिका होता है। मानव-चेतना इन्हीं मानव-सम्बन्धों का रूप है—जैसे-जैसे समाज बदलता जाता है—मानव सम्बन्ध भी बदलते हैं और मानव चेतना भी बदलती है—यही गतिशील प्रक्रिया लगातार चलती है। चेतना के बदलने में वास्तविक भूमिका मानव-सम्बन्धों की होती है—ये मानव-सम्बन्ध श्रम या उत्पादन पर आधारित होते हैं—आर्थिक-सामाजिक होते हैं, "सामाजिक उत्पादन

प्रणाली, कार्य-विभाजन के अनुसार, विविध वर्ग तथा उनके जीवन-यापन की विशेष प्रणालियाँ निर्धारित करती है। एक वर्ग के भीतरी सामाजिक सम्बन्ध सभी मानव सम्बन्ध हैं।''[263] चेतना के बदलाव से अभिव्यक्ति-तत्व में बदलाव आता है, किन्तु चेतना स्वयं मानव-सम्बन्धों में परिवर्तन के साथ बदलने लगती है। इस प्रकार चेतना व्यक्तित्व न होकर सामाजिक तत्त्व का रूप है। इस प्रकार मुक्तिबोध मनोविज्ञान की अथाह थाह में उतरकर मनोविज्ञान का खण्डन करते हैं। मनोविश्लेषणवादी पश्चिमी विचारकों की दृष्टि का खण्डन करते हुए कहते हैं, ''केवल संक्षेप में यह बता देना चाहता हूँ कि भूख-प्यास, काम-वृत्ति तथा आत्म-रक्षा की मूलभूत प्राणिशास्त्रीय प्रवृत्तियों ने मानवी स्थिति-विकास ऐतिहासिक समाजशास्त्रीय नियंत्रण स्थापन के बिना असम्भव है।''[264] यदि ये ऐतिहासिक समाजशास्त्रीय शक्तियाँ न होतीं तो मनुष्य बन्दर से कमी भी मानव न हो पाता। आदिकाल से भूख-प्यास, काम-वृत्ति आदि की पूर्ति समाज के भीतर से मानव करता भी आया है तथा उन्हें परिष्कृत-सुसंस्कृत भी करता आया है। ''आज अन्तर केवल इतना ही पड़ गया है कि आधुनिक पूँजीवादी ढाँचे में—जबकि समाज शोषित और शोषक—इन दो प्रधान परस्पर विरोधी वर्गों में विभाजित हो गया है—भूख-प्यास, काम-वृत्ति आदि प्राणिशास्त्रीय प्रवृत्तियों के मानवीय मूल्यों में भी व्यक्तिवादी उद्देश्य समा गए हैं।''[265] मातृप्रधान समाज जब पितृ-प्रधान समाज बना, उस स्थिति ने नारी को दासी बनाकर दास-प्रणाली तथा सामन्ती-प्रणाली को जन्म दिया। फलतः स्त्री के प्रति पुरुष का दृष्टिकोण भोग्या या काम का बना। साहित्य में उसके उपभोग्या रूप का रस ले-लेकर वर्णन किया जाने लगा। स्वयं छायावादी कवियों को उरोज पर्वत से दिखाई दिए हैं। इस प्रकार प्रत्येक युग के साहित्य में उसकी अनुभूति में—समाज के वर्गीय सम्बन्ध जीवित होते हैं। चाहे वह कालिदासकालीन समाज हो या छायावादी समाज। मानव सम्बन्धों से उनके जीवन-मूल्य समझे जा सकते हैं। इस प्रकार अनुभूति की सामाजिकता ही काव्य की आत्मा होती है। यह सामाजिकता ही काव्य में विश्व-दृष्टि का निर्माण करती है, ''यह विश्व-दृष्टि और जीवन-मूल्य हमारी अभिरुचि, संस्कार, शिष्टता की मर्यादाएँ तो बनाते हैं, साथ ही वे वस्तु या व्यक्ति के प्रति हमारे दृष्टिकोण का भी निर्माण करते हैं। इस दृष्टिकोण को अलग कर अनुभूति की स्थिति असम्भव है।''[266] क्योंकि वस्तु अथवा व्यक्ति-सम्बन्ध के भीतर सामाजिक सम्बन्धों की वास्तविकता नित्य आधारभूत रूप में रहती है। यह जीवन-यापन पद्धति वर्ग के भीतर होती है और उस वर्ग का अपना एक वर्ग चरित्र होता है। साहित्य के विषय निश्चित करनेवाली ये मनोवृत्तियाँ भी तत्कालीन स्थिति सापेक्ष्य होती हैं। भक्तिकाल, रीतिकाल,

छायावाद से अनेक उदाहरण देकर मुक्तिबोध इस सिद्धान्त को पुष्ट करते हैं। साहित्यकार उन्हीं मनोवृत्तियों का संचय होता है जो उसे समाज से प्राप्त होती हैं—हक्सले, टी. एस. इलियट और बर्नार्डशा— के पतनशील व्यक्तिवादी मूल्य उस समाज की ही उपज हैं।[267] शा मानव की फासिस्टवादी कल्पना को थामे रहे—तो लेनिन ने कहा कि वे बुरी संगति में फँसे अच्छे आदमी हैं। "टी. एस. इलियट, ईशरवुट, एल्डस, हक्सले को अपनी जर्जर आत्मा की समस्याओं का हल गिरजाघर तथा वेदान्त में ही दिखा और उन्हीं की मनोवृत्तियों वाला कवि एजरा पाउण्ड अन्त में राजनीतिक क्षेत्र में भी घोर फासिस्ट हो गया।"[268] इस सभी का विरक्ति भाव जीवन की गतिहीनता का लक्षण और प्रतिबिम्ब था। ब्रिटिश साम्राज्यवाद तथा पूँजीवादी समाज के ह्रासकाल का द्योतक था। "प्रथम विश्व युद्ध के उपरान्त तो वे मानवादर्श, जो पूँजीवादी व्यक्तिवाद ने साहित्य तथा समाज में खड़े किए थे, खोखले प्रतीत हुए। जीवन मूल्यों के खोखलेपन की चेतना के साथ ही साथ जीवन की गतिहीनता का भाव भी प्रबल था।"[269] इसी स्थिति ने अस्तित्ववाद को जन्म दिया था, जिसे मुक्तिबोध जीवन-विरोधी आस्था-विरोधी सिद्धान्त मानते हैं।

मुक्तिबोध मानव-सम्बन्धों की सामाजिकता को चरम साध्य मानते हुए पूर्व तथा पश्चिम के साहित्यों के विश्लेषण के उपरान्त इस निष्कर्ष पर पहुँचते हैं कि "जिस दृष्टि से जिस अनुभूति को, जिस जीवनानुभव को, जिस जीवन-तथ्य को कवि उपस्थित कर रहा है, उसके समस्त समाजशास्त्रीय, ऐतिहासिक तथा सांस्कृतिक सन्दर्भ और अर्थ आपके ध्यान में रहने चाहिए।"[270] यह विवेक-सम्पन्न सामाजिकता ही काव्य की आत्मा है। समग्रतः मुक्तिबोध ने काव्य-आत्मा की चर्चा परम्परागत भारतीय काव्यशास्त्र की लीक से हटकर की है। यह चिन्तन उसी ढंग का है जिसमें लुकाच रचना का केन्द्रीय तत्त्व सौन्दर्य न मानकर वस्तुगत यथार्थ की अभिव्यक्ति मानते हैं।[271] काव्य की महानता—जीवन मूल्यों पर आधृत है एवं यह मूल्य ही जीवन दृष्टियों के पर्याय हैं।

काव्य-हेतु—प्रेरणा

मुक्तिबोध ने काव्य-हेतुओं में प्रतिभा-व्युत्पत्ति अभ्यास तथा समाधि को स्थान दिया है। वे लिखते हैं, "कवि-कर्म न केवल प्रतिभा का प्रकटीकरण है, वह अभ्यास की भी अभिव्यक्ति है। किन्तु, आप इस प्रतिभा की क्या परिभाषा करेंगे ? व्यक्तित्व के विशेष विकास प्राप्त जो आभ्यन्तर गुण हैं और गुण-धर्म हैं, वही प्रतिभा हैं। कवि कई श्रम साध्य है। उनके लिए रियाज की जरूरत होती है। अभिव्यक्ति सम्पदा बढ़ाने की जरूरत होती है।"[272] प्रतिभा की यह नई परिभाषा

है जो संस्कृत आचार्यों की सभी परिभाषाओं का संशोधित रूप कही जा सकती है। सृजन-शक्ति के रूप में प्रतिभा की भारतीय काव्यशास्त्र में बड़ी व्यापक कल्पना की गई है—जिसमें आभ्यन्तर गुणों को भी—सहजा-उत्पाद्या तथा औपदेशिकी में समेटा गया है। मुक्तिबोध में प्रतिभा का एक रूप विधायक कल्पना भी है, "संक्षेप में, विधायक कल्पना संवेदनात्मक उद्देश्यों द्वारा विचलित किए गए जिन अनुभवों के पैटर्नस बनाती है, वे अनुभव इसी दूसरे स्तर में समाहित रहते हैं।"[273] इसमें मानव का सम्पूर्ण मनोमय जगत् भी अनुभव रूप में रिला-मिला होता है। "इन्हीं अनुभवों को हम कलात्मक अनुभव या सौन्दर्यानुभव कह सकते हैं। ...वह कल्पना द्वारा पुनर्रचित जीवन में तन्मय और तदाकार होकर अपनी नियमबद्धता नहीं खो सकता अर्थात् जब तक वह मुक्ति और दृढ़ता, तटस्थता और तन्मयता, सामीप्य और दूरी विशिष्टता और सामान्यता के मूल द्वन्द्वों की उच्चतर स्तर पर, एकीभूत स्थिति में नहीं पहुँच सकता, तब वैसी हालत में उसका मनोमय जीवन कलात्मक नहीं कहा जा सकता।"[274] चित्त की यह एकीभूत स्थिति ही राजशेखर के मत से 'समाधि' है। समाधि और कल्पना (प्रतिभा) द्वारा कवि जीवन की पुनर्रचना करता है। पुनर्रचित जीवन-लोक की अपनी आटोनामी है, किन्तु यह आटोनामी स्वतंत्र-तन्त्र-सापेक्ष्य है क्योंकि वह वास्तविक जीवन के ठोस आधार पर खड़ा है। संवेदनात्मक उद्देश्यों की पूर्ति ही कला में विधायक कल्पना (प्रतिभा) का रूप है। युग का प्रभाव प्रतिभा तथा कला दोनों पर पड़ता है—उस परिवर्तन के दो हेतु हैं—आंतरिक तथा बाह्य। बाह्य परिस्थितियाँ जिस तरह बदलती हैं, उसी तरह साहित्यिक धारा भी बदलती है—अतः मुक्तिबोध के मत से प्रतिभा ईश्वर-प्रदत्त शक्ति न होकर मानव-जगत् प्रदत्त शक्ति है जिसका अध्ययन-मनन से विकास-परिष्कार होता रहता है। इसीलिए सच्चा कलाकार लगातार सीखने की प्रक्रिया में ही रहता है। क्योंकि प्रतिभा जीवन से बड़ी नहीं है। इसलिए प्रतिभा के साथ बहुज्ञता भी चाहिए। कलाकार को "आखिरी साँस छूटने तक नया सीखना पड़ता है, अपने आप में संशोधन करते रहना पड़ता है। लगातार सीखते जाना और नये-नये पाठ पढ़ना पड़ता है।"[275] साहित्य जीवन के भीतरी बाहरी ज्ञान से उपजता है और उसका प्रभाव भी जीवन पर पड़ता है।

व्युत्पत्ति या बहुज्ञता का एक तात्पर्य आज कलाकार की विचारधारा से भी है। यह कलाकार के संस्कार पर निर्भर करता है कि वह व्यक्तिवाद का साथ देता है या मानवतावाद का—पूँजीवाद की तरफदारी करता है या समाजवाद की, निराशावाद, कुंठावाद-अहंवाद की ओर जाता है—या यथार्थवाद की ओर। जन-जीवन से जुड़ा कलाकार उपदेशवाद, आदर्शवाद, व्यक्तिवाद का साथ नहीं

देता। कलावाद जीवन को प्राणहीन बना देता है। आज कलाकार को कलाकृति के लिए जीवन का सौन्दर्यशास्त्र या मूल्यशास्त्र भी जानना चाहिए। बहुज्ञता से ही कलाकार प्रगतिशील तथा प्रतिक्रियावादी शक्तियों तथा विचारधाराओं का पता लगा सकता है—तथा स्वतंत्र ढंग से अपनी दृष्टि भी विकसित कर सकता है।

मुक्तिबोध मानते हैं कि कला सृजन के तीनों क्षणों या चरणों में कलाकार में शिथिलता नहीं आनी चाहिए। शिथिलता आते ही वह आत्म-ग्रस्त हो जाएगा तथा उसका सामाजिकीकरण खतरे में पड़ जाएगा। ''सच तो यह है कि कवि सृजन-प्रक्रिया के दौरान निराला जीवन जीता है। उस जीवन को उसे ईमानदारी से आग्रहपूर्वक ध्यानशील होकर जीना चाहिए। नहीं तो बीच-बीच में साँस उखड़ जाएगी और उसके फलस्वरूप काव्य में खोट पैदा होगी।''[276] काव्य में 'समाधि' की इस अवस्था का भी बड़ा महत्त्व है। लहरायित और तरंगायित जीवन के मानव-सम्बन्धों को व्यक्त करने के लिए कवि में वे प्रतिभा के साथ योग्यता को भी अनिवार्य मानते हैं। यह योग्यता ही 'नये विषय, नयी उपमाएँ, नयी प्रतीक योजना, नयी पद्धति प्रदान' करती है। यह योग्यता ही कवि के 'आधुनिक भावबोध' का निर्माण करती है। ''अन्याय के खिलाफ आवाज बुलन्द करना आधुनिक भावबोध के अन्तर्गत है। आधुनिक भावबोध के अन्तर्गत यह भी है कि मानवता के भविष्य निर्माण के संघर्ष से हम और भी अधिक दत्त-चित्त हों तथा वर्तमान परिस्थिति को सुधारें, नैतिक ह्रास को थामें, उत्पीड़ित मनुष्य के साथ एकात्म होकर उसकी मुक्ति की योजना-उपाय करें।''[277] इसी अर्थ में सौन्दर्यानुभूति को वे जीवनानुभूति का पर्याय मानते हैं तथा इन दोनों में पार्थक्य मानने वालों का खण्डन करते हैं।[278] इलियटीय सिद्धान्त द्वारा तथा नयी कविता में उसके समर्थक अज्ञेय आदि पर प्रहार करते हुए लिखा, ''संक्षेप में, नये कवियों को यह बताया गया कि वे तथाकथित एस्थेटिक इमोशन तक ही सीमित रहें। हृदय में संचित वास्तविक जीवनानुभवों को यदि वे एस्थेटिक इमोशन के क्षण में बहकर नहीं आते व्यक्त करना गलत होगा। यह एक ऐसा सिद्धान्त है जिसके पीछे न केवल एक विशेष सौन्दर्याभिरुचि है, वरन् विशेष प्रकार के विषय-संकलन का आग्रह भी है। किन्तु, उस सिद्धान्त का मुख्य हेतु यह है कि व्यक्ति को व्यक्तिबद्ध बनाया जाए। यह सिद्धान्त मनोवैज्ञानिक दृष्टि से अनुचित और व्यावहारिक दृष्टि से प्रतिक्रियावादी है।''[279] मुक्तिबोध 'आधुनिक भाव-बोध' में व्यक्त लक्ष्मीकान्त वर्मा के 'लघुमानव' सिद्धान्त का खण्डन करते हैं। क्योंकि 'लघुमानव' में पूँजीवाद का शोषण सिद्धान्त सीधे व्यक्त है। 'लघुमानव' के समर्थक कहते हैं, ''हम तो केवल लघु मानव हैं, साधारण जनता नहीं।''[280]

साधारण जनता में विश्व-परिवर्तन की अदम्य क्रान्तिकारी शक्ति होती है। मुक्तिबोध इसी जनता के क्रान्ति-दर्शन में आस्था रखनेवाले प्रगतिशील कलाकार और आलोचक हैं।[281]

साहित्यकार 'बहुज्ञता' या 'व्युत्पत्ति' से शीत-युद्ध में प्रवृत्त पूँजीवादी शक्तियों की चाल को समझे। क्योंकि ये पूँजीवादी शक्तियाँ व्यक्ति-स्वातंत्र्य तथा साम्यवाद के विरोध पर अड़ी हैं। पूँजीवादी शक्तियों का "व्यक्ति-स्वातंत्र्य एक पुनीत सिद्धान्त है, चाहे उसमें लूट-खसोट, अनाचार, भ्रष्टाचार, स्वार्थ, चरित्रहीनता, धन का प्रभुत्व, शोषण क्यों न चलता हो। यदि समाज में बुराइयाँ हैं तो धीरे-धीरे ही दूर होंगी। ...यह साम्यवादी पार्टी रेजीमेण्टन करती है। वह साहित्य का भी रेजीमेण्टेशन करना चाहती है। वह व्यक्ति-स्वातंत्र्य के विरुद्ध अधिनायकवाद में विश्वास रखती है। साम्यवाद का विरोध एक पवित्र धर्म है। ये बुद्धिजीवी तथा जनता इतनी बेवकूफ है कि उनके बहकावे में आ जाती है। वह विदेशी प्रभाव भारत में लाती है, लोगों के दिमागों को गुलाम बना लेती है (पश्चिमी प्रभाव भारतीय प्रभाव है, अमरीकी नीति-नियमन वस्तुतः भारतीय है) अन्तर्राष्ट्रीय साम्यवाद भारत का शत्रु है, अन्तर्राष्ट्रीय पूँजीवाद और साम्राज्यवाद भारत का अपना सगा भाई है।"[282] पूँजीवादी अमरीकी एजेण्ट नयी कविता में भी है और कुछ साम्यवादी प्रगतिशील भी। इस प्रकार कला-सिद्धान्त के साथ राजनीति तथा समाजनीति जुड़ी है। सृजनशील कलाकार में इन दोनों नयी कविता की धाराओं को समझने-समझाने की योग्यता होनी चाहिए। "किन्तु, विवेक-संवेदना, अनुभव पीड़ा और अथक श्रम की सहायता से, हम उस ओर बढ़ तो सकते ही हैं। अतः प्रतिभा तथा योग्यता के साथ श्रम-साधना-अभ्यास, तीनों का मुक्तिबोध काव्य-सृजन में महत्त्व मानते हैं।[283] क्योंकि "सक्षम सुन्दर अभिव्यक्ति तो अविरल साधना और श्रम के फलस्वरूप उत्पन्न होती है।"[284] इससे प्रतिभा के संवेदनात्मक ज्ञान और ज्ञानात्मक संवेदन पुष्ट होंगे, अनुभूति को ज्ञान-प्रेरणा प्राप्त होती जायेगी। साथ ही शैली लचीली, शब्द-सम्पदा सूक्ष्म संवेदनाओं को मूर्तिमान करने में सक्षम हो सकेगी। अतः कवि को प्रतिभा के साथ 'निरन्तर परिश्रम तथा अभ्यास' करते रहना चाहिए।[285] काव्य केवल एक सीमित शिक्षा और संस्कार नहीं है—वरन् व्यापक भावनात्मक और बौद्धिक परिष्करण (कल्चर) है।

मानव-जीवन के उदात्त पक्ष ही काव्य की प्रेरणा हैं। इस प्रकार काव्य सांस्कृतिक प्रेरणा का रूप है। कलाकार के लिए "मानव जीवन उसका मूल विषय हो जाता है। और इस जीवन की प्रेरणाएँ उसे बेचैन करती हैं। वह कार्य की ओर प्रवृत्त होता है, इसलिए हेमिंग्वे और काडवेल स्पेन के युद्ध में गए थे। अपनी इन भीतरी कलात्मक प्रेरणाओं के कारण ही, वे उस ओर उन्मुख हुए। अनेकानेक

रूसी लेखकों ने अक्टूबर क्रांति और दूसरे विश्व-युद्ध में अपने देश की ओर से भाग लिया।''[286] सार्त्र जीवन पर्यन्त अपने देश की राजनीतिक सामाजिक समस्याओं से जूझते रहे। उस विश्लेषण से मुक्तिबोध इस निष्कर्ष पर पहुँचते हैं, ''यह कहना बिल्कुल गलत है कि कलाकार के लिए राजनैतिक प्रेरणा कलात्मक प्रेरणा नहीं है, अथवा विशुद्ध दार्शनिक अनुभूति, कलात्मक अनुभूति नहीं है, बशर्ते कि वह सच्ची वास्तविक अनुभूति हो, छद्म जगत् न हो।''[287]

पश्चिम के सभी मार्क्सवादी चिन्तकों ने कला-सृजन में प्रतिभा के साथ वस्तुगत प्रेरणा स्रोतों की चर्चा मुक्तिबोध की भाँति ही की है। आधुनिक रूसी कला-समीक्षिका आर. पामेरान्त्सेवा ने मुक्तिबोध की भाँति ही कहा है, ''जनता की कभी न मरने वाली मुक्ति कामना ने सदा ही महान् कलाकारों को प्रेरित किया है।''[288] स्वयं काडवेल ने काव्य हेतुओं में मनोवैज्ञानिक-सामाजिक भूमिका का उल्लेख किया है।[289] इन तमाम मान्यताओं के मूल में कार्ल मार्क्स की यह मान्यता निहित है कि चेतना का स्वरूप-पदार्थ जगत् द्वारा निर्धारित होता है—प्रतिभा भी मानवीय चेतना का ही अंग है—उसके कारक उपकरणों की स्थिति व्यक्ति के भीतर नहीं बाहर है। बाह्य जगत् से विच्छिन्न कलाकार की रचनात्मक प्रेरणा का स्रोत सूख जाता है। मार्क्स तथा एंगेल्स की इस ऐतिहासिक-भौतिकवादी धारणा का प्रभाव-दबाव मुक्तिबोध पर पूरी तरह है।[290] प्रतिभा के साथ मुक्तिबोध ने जिस ढंग से व्युत्पत्ति तथा अभ्यास की चर्चा की है—वह पश्चिमी प्रभाव न होकर हमारी ही सैद्धान्तिकता का नया सम्पादन है।

काव्य के वर्ण्य-विषय

मुक्तिबोध ने काव्य के वर्ण्य-विषय पर किसी एक पक्ष को लेकर कोई सैद्धान्तिक सीमा रेखा नहीं खींची है। उनके विचार से सम्पूर्ण संसार ही काव्य-विषय है—विश्वबोध से जुड़ने के लिए विश्व भर के दुःख-दर्द, आशा-उल्लास, कराह आदि को वाणी देना कलाकार का कार्य है। इस प्रकार समग्र मानव-जीवन ही कला का वर्ण्य-विषय है। क्योंकि 'काव्य की प्रक्रिया ज्ञानात्मक प्रक्रिया' है—ज्ञान तथा बोध के आधार पर ही उसमें भावना की इमारत खड़ी है। सच्चा कलाकार ज्ञानात्मक संवेदना और संवेदनात्मक ज्ञान से जीवन भर आत्म-संघर्ष करता है। ''भावना विचरण करती है, इसलिए ज्ञान को अधिकाधिक मार्मिक यथार्थ मूलक और विकसित करने का जो संघर्ष है, वह वस्तुतः कलाकार का सच्चा संघर्ष है। यदि कवि या कलाकार यह संघर्ष त्याग देता है—तो वह सचमुच ईमानदार नहीं है।''[291] मानवता के कवि की दृष्टि विश्व जनता के उद्देश्यों से एकाकार होती है—इसीलिए बड़े कवि का ज्ञानात्मक आधार बड़ा होता है। कलाकार की

वैयक्तिक ईमानदारी उसके वर्ण्य-विषय की ईमानदारी है, "ज्ञानात्मक आधार को विस्तृत से विस्तृत करने, उसे अत्यन्त व्यापक बनाने, उसके आधार पर जीवन-स्वप्न विकसित करने, जीवन स्वप्न के अनुसार मानसिक प्रतिक्रियाओं को दिशा देने अर्थात् अपने ही अन्तःकरण का संशोधन सम्पादन करने में ही व्यक्तिगत ईमानदारी परिलक्षित होती है।"[292] इसीलिए सच्चा कवि वस्तु या दृश्य या भाव से जब एकाकार हो जाता है तब सौन्दर्य-बोध उत्पन्न होता है। इसलिए सौन्दर्य-बोध ही जीवन-मूल्य-बोध है। मुक्तिबोध—वर्ण्य-विषय के साथ ही उसके रचनात्मक ध्वंसात्मक प्रभाव की चर्चा विस्तार से करते रहे हैं। मनुष्य ही मार्क्स के दर्शन का केन्द्रबिन्दु है और वही कलाकार का भी। यथार्थवादी सौन्दर्य शास्त्र की प्रधान समस्या यही है—मानव के सम्पूर्ण व्यक्तित्व का प्रस्तुतीकरण।[293] मुक्तिबोध भी इसी प्रस्तुतीकरण का समर्थन करते हैं। इस प्रकार काव्य-विषय को लेकर पाश्चात्य चिन्तक तथा हिन्दी के प्रगतिवादी चिन्तकों में गहरी समानता है।

काव्य-प्रयोजन या उद्देश्य

प्रेरणामय मानवतावादी दृष्टि के समीक्षक मुक्तिबोध वर्ग-संघर्ष, जन-क्रान्ति, सामाजिक-सांस्कृतिक पुनर्निर्माण तथा मानव की बृहत्तर संभावनाओं में निष्ठा रखते हैं। साहित्य में वे व्यक्तिवादी मूल्यों के खण्डन के साथ ही समाज-मूल्यों की लोकमंगलवादी कल्याण दृष्टि की महत्त्व-प्रतिष्ठा करते हैं। मुक्तिबोध की दृष्टि में काव्य-प्रयोजन सामाजिक-सांस्कृतिक मूल्यों की सापेक्षता है। कलाकार प्रेरणामय मानवतावादी भाव-धारा से मानव के उत्कर्ष तथा ज्ञान के साथ शोषणकारी शक्तियों को ललकारता है, वह जन और जनता को दृष्टि या मूल्य देता है। रचनाकारों तथा समीक्षकों के आग्रहों तथा अनुरोधों से ही रचना-दृष्टि बदलती है। कलाकार बाह्य आग्रहों तथा अनुरोधों को प्राप्त करके उनके अनुसार जीवन का आभ्यन्तरीकरण नहीं करता। तो वह रचनात्मक शक्ति को कलात्मक प्रभाव में ढाल नहीं पाता। इसलिए जीवन-जगत् के सम्पन्न ज्ञान-बोध एवं भाव-बोध से लेखक एक अपना सौन्दर्यशास्त्र रचता है। इस 'सौन्दर्यशास्त्र' में लेखक की साहित्यिक दृष्टि के सभी बीज निहित रहते हैं।

मुक्तिबोध का मूल्य-संघर्ष स्वतंत्रता प्राप्ति के बाद के काल विशेषतः नयी कविता के काल में प्रचलित तथा प्रचारित प्रगति-विरोधी जीवन-मूल्यों के विरुद्ध संघर्ष से है। नयी कविता में राजनीतिक-सांस्कृतिक स्तर पर प्रगतिशील मूल्यों की अभिव्यक्ति प्रगतिशील विचारधारा के मुक्ति-संघर्ष में हुई। प्रगतिवाद-प्रयोगवाद तथा नयी कविता के साथ-साथ जो सुविधाभोगी, अवसरवादी उठाईगीर मध्यवर्ग

उदित हुआ, उसने व्यक्तिवादी-कलावादी प्रवृत्तियों और मूल्यों को साहित्य में स्थान दिया। मुक्तिबोध इन कलावादी-व्यक्तिवादी प्रवृत्तियों के प्रसार एवं कारणों की व्याख्या करते हुए सामन्तवादी-साम्राज्यवादी-पूँजीवादी देशी-विदेशी शक्तियों के स्रोत तक पहुँचते हैं। ऐतिहासिक सामाजिक शक्तियों के कार्य-कारण सम्बन्ध की तार्किकता से वे इस मत पर विश्वास करते हैं कि नयी कविता में दो वर्ग हैं—(1) उच्च मध्यवर्ग, (2) निम्न मध्यवर्ग। उच्च वर्ग स्वतंत्रता के बाद अवसरवाद, भ्रष्टाचार, पतन का शिकार हुआ है एवं इसका पूँजीवाद से गहरा रिश्ता है, इसी वर्ग ने पश्चिमी साम्राज्यवाद की शीतयुद्धकालीन भावधारा-विचारधारा को प्रश्रय देकर प्रचारित करना चाहा है। इसी धारा का उद्देश्य प्रगतिवादी विचारधारा के संघर्ष मूल्यों को गुमराह करके कलावादी मूल्यों की स्थापना करते हुए जनता को गुमराह करना है। मुक्तिबोध ने लिखा, "स्वाधीनता प्राप्ति के उपरान्त भारत में एक और अवसरवाद की बाढ़ आयी। शिक्षित मध्यवर्ग में भी उसकी जोरदार लहरें पैदा हुईं। साहित्यिक लोग भी उसके प्रवाह में बहे और खूब बहे। इस भ्रष्टाचार, अवसरवाद और स्वार्थपरता की पार्श्व भूमि में नयी कविता के क्षेत्र में उसने प्रगतिवाद पर जोरदार हमले किए और कुछ सिद्धान्तों की एक रूपरेखा प्रस्तुत की गई। ये सिद्धान्त और उनके हमले वस्तुतः उस शीत युद्ध के अंग थे जिसकी प्रेरणा लन्दन और वाशिंगटन से ली गई थी। नयी कविता के आसपास लिपटे हुए बहुत से साहित्यिक सिद्धान्तों में शीत-युद्ध की छाप है।"[294] जगह-जगह अपने निबन्धों तथा डायरी में नयी कविता की इन व्यक्तिवादी-कलावादी धारा की चर्चा मुक्तिबोध ने बड़ी पीड़ा के साथ की है। इस मार्क्सवादी-सौन्दर्यशास्त्री ने सर्वप्रथम नयी कविता के प्रतिक्रियावादी साहित्यिक दृष्टिकोण के पीछे सक्रिय साम्राज्य-वादी-पूँजीवादी विचारधारा के शीत-युद्ध का सही रूप रखा है। इससे स्पष्ट है कि उनका मूल्य-संघर्ष साहित्य के साथ साहित्येतर क्षेत्रों में भी जारी था। उनकी दृष्टि के पीछे साहित्य के राजनीतिक, साहित्यिक और विचारधारात्मक प्रयोजन ही प्रमुख थे। मुक्तिबोध का कहना है, "ध्यान में रखने की बात है कि आगे चलकर, नई कविता के डिफेन्स में जब प्रगतिवादी दृष्टि का विरोध किया गया, तब सबसे पहले जीवन और काव्यानुभूति की समानान्तरता का सिद्धान्त स्थापित किया गया। कहा गया है कि जीवन में प्राप्त होने वाली अनुभूतियाँ और सौन्दर्यानुभूति ये दो चीजें अलग-अलग हैं। बाह्यतः स्पष्ट-सी दीखनेवाली इस बात के पीछे एक स्पष्ट-अस्पष्ट राजनैतिक उद्देश्य था। वह यह कि कवि का काव्य जीवन और वास्तविक जीवन इन दो में अविच्छिन्नता और मौलिक एकता को कुहरिल कर दिया जाए। यह सिद्धान्त एक बहुत ही खतरनाक मान्यता है।

नयी कविता के बुर्ज से शीत-युद्ध चलानेवाले नीति-नियामकों का वह एक सोद्‌देश्य मानसिक विक्षेप है।"[295] मुक्तिबोध ने इस 'खतरनाक सिद्धान्त' के प्रेरक स्रोतों-प्रयोजनों आदि पर अपने साहित्य-सिद्धान्तों में बहुत व्यापक स्तर पर विचार किया। एजरा पाउण्ड, इलियट की यह धारा अज्ञेय ने 'त्रिशंकु' नामक निबन्ध-संग्रह के 'रूढ़ि और मौलिकता' निबन्ध में स्थापित की है।[296] इस प्रकार कला में समाज-निरपेक्ष-सौन्दर्यदर्शन के नेता अज्ञेय जी ठहरते हैं। इस कला-दर्शन में रचना के स्वायत्त संसार, अनुभव की अद्वितीयता को आदर प्राप्त है। साथ ही यह विचारधारा कलाकार के स्रष्टा-मन और भोक्तामन का पार्थक्य मानती है। चूँकि स्रष्टा मन तथा भोक्ता मन में पार्थक्य है, अतः जीवनानुभूति तथा सौन्दर्यानुभूति में पार्थक्य है। यह मान्यता कलाकार के 'एस्थेटिक इमोशन' को महत्त्व देती है। कलाकार को सौन्दर्यपरक भावों की अभिव्यक्ति तक सीमित करने का प्रयास संसार भर के कलावादी आरम्भ से ही करते रहे हैं और यही उनके चिन्तन का आधार है। यह सिद्धान्त मुक्तिबोध को मानवविरोधी तथा जीवन-विरोधी लगता है। इसलिए मुक्तिबोध जीवनानुभूति तथा सौन्दर्यानुभूति में पार्थक्य स्थापित करनेवाले इस सिद्धान्त को एक 'खतरनाक सिद्धान्त' तथा पूँजीवादी साजिश मानते हैं।

मुक्तिबोध कलावादियों की इस मान्यता को लेकर भी चौकन्ने हैं कि जीवनानुभूति और सौन्दर्यानुभूति में समान्तरता होती है, एकता नहीं। ऐसी स्थिति में सौन्दर्यानुभूति मात्र कल्पना का खिलवाड़ है। सौन्दर्य का सामाजिक जीवन से सम्बन्ध नहीं है। उसी मान्यता के कारण स्वच्छन्दतावाद को गेटे रुग्ण प्रवृत्ति कहते थे। स्वयं छायावादी कवियों की इस धारणा का हिन्दी साहित्यशास्त्र में विरोध हुआ। इसी को लेकर 'रस-सिद्धान्त' खतरे में पड़ा है। मुक्तिबोध ने जीवनानुभूति तथा सौन्दर्यानुभूति की धारणा का जोरदार खण्डन करते हुए कहा, "सौन्दर्यानुभव जीवन के सार-रूप का प्रगाढ़ मार्मिक अनुभव है। किन्तु वह तभी प्राप्त होता है जब मनुष्य के पास अपने से परे जाने, अपने से ऊपर उठने, तटस्थ होने, निजबद्धता से मुक्त होने के साथ-साथ (और एक साथ) तन्मय होने का, विलीन हो जाने का मानवीय गुण उसका गुण का सामर्थ्य प्राप्त हो, तभी वह विशिष्ट की सामान्य में परिणति की मुक्त आत्मीयता का आनन्द ले सकेगा।"[297] इस दृष्टि को मुक्तिबोध शास्त्रीय ढंग से साधारणीकरण न कहकर मात्र सामान्यीकरण कहना ही पसन्द करते हैं। एक सीमा और अर्थ में यह सामान्यीकरण कला के व्यापक सामाजिकीकरण का पर्याय है। यहाँ मुक्तिबोध आचार्य शुक्ल की उस दृष्टि का समर्थन करते हैं जो जीवनानुभूति तथा काव्यानुभूति के पार्थक्य को अस्वीकार करती है। इसी दृष्टि में आचार्य

शुक्ल का लोक-मंगल-सिद्धान्त और मुक्तिबोध का विश्व-चेतस्-सिद्धान्त दोनों में व्यापक मानवतावाद का सिद्धान्त निहित है।

मुक्तिबोध ने वैयक्तिक अनुभूति का खण्डन करते हुए सामाजिक अनुभूति का समर्थन किया। वैयक्तिकवादियों के क्षणवाद-सौन्दर्यवाद पर आक्रमण करते हुए लिखा, "यह सौन्दर्यवाद कलाकार को क्षणजीवी सौन्दर्यानुभूति के छोटे से मानसिक बिन्दुओं में ही उसे समेट कर, बाँध कर रखना चाहता है, ताकि वह अपने समस्त व्यक्तित्व और समस्त व्यक्ति और समस्त अन्तर्जीवन की प्रागधाराओं को भूमिगत करके, केवल ऊपरी सतह पर उछाले गए बिन्दुओं में अपने आप को तृप्त मान ले और शेष को भूल जाए।"[298] ऐसी स्थिति में कलावादी मानव-कल्याण तथा सत्ता में विश्वास नहीं रखते हैं। उस क्षणवाद का कला के सामाजिक-सांस्कृतिक दायित्वों से घोर विरोध है। इस प्रकार यह क्षणवाद सौन्दर्यवाद—व्यापक मानवतावाद का घोर शत्रु हो रहे हैं।

मुक्तिबोध का कहना है कि कलावादियों ने अनुभूति की अद्वितीयता, विशिष्टता तथा ईमानदारी का नारा भी प्रगतिशील मूल्यों के विरोध में उछाला है। इसलिए इस नारे का विरोध करते हुए लिखा, "अनुभूति की ईमानदारी का नारा देनेवाले लोग असल में भाव या विचार के सिर्फ सब्जेक्टिव पहलू केवल आत्मगत पक्ष के चित्रण को ही महत्त्व देकर उसे भाव-सत्य या आत्मसत्य की उपाधि देते हैं किन्तु भाव या विचार का एक आब्जेक्टिव पहलू अर्थात् वस्तुपरक पक्ष भी होता है।"[299] मुक्तिबोध वास्तव में ऐतिहासिक भौतिकवाद के दृष्टि-प्रभाव से ही 'अनुभूति की ईमानदारी' में निहित भाववाद को पहचान लेते हैं तथा इस भाववाद का खण्डन करते हुए कला के वस्तुवाद की स्थापना करते हैं। क्यों "भावना का ज्ञानात्मक आधार जब तक वस्तुतः शुद्ध है—तभी तक वह भावना फ्राड नहीं है।"[300] इसीलिए नयी कविता में होनेवाले समस्त 'फ्राड' को मुक्तिबोध पहचानते हैं और पहचान कराते हैं। वे 'आत्मपरक ईमानदारी' से 'वस्तुपरक सत्यपरायणता' को श्रेष्ठ मानते हैं। इसी धारणा को 'रचनाकार का मानवतावाद' नामक निबन्ध व्यापक आयामों में विश्लेषित-विवेचित करता है।[301] संवेदनात्मक ज्ञान और ज्ञानात्मक संवेदना को एकमेक करके लेखक जीवन-विवेक विकसित करता है, "लेखक अपनी मूल्य भावना के अनुसार आभ्यन्तर भावों को प्रस्तुत करता है और उसके अन्तःकरण में एक मूल्यभावना होती है जो उसे किन्हीं विशेष भावों को प्रकट करने के लिए तैयार करती रहती है। दूसरे शब्दों में लेखक अपना एक एस्थेटिक्स तैयार कर लेता है।"[302] इस बात को समझा कर ही मुक्तिबोध ने मार्क्सवादी-सौन्दर्यशास्त्र का हिन्दी में नये ढंग से निर्माण किया है। कलाकार के पास "अपना एक वैचारिक दृष्टिकोण रहता ही है जो

एक मूल्यांकन कर्मी और नियंत्रणशील शक्ति के रूप में उसकी कलाकृति के रूप-तत्त्व और तत्त्व-रूप को नियमित करता है। अतएव; यह कहना गलत है कि लेखक के पास जीवन-जगत् की व्याख्या अर्थात् विचार-धारा का नितान्त अभाव है।''[303] इस प्रकार निश्चित रूप से कलाकार का एक पक्ष वैचारिक है—यही पक्ष संवेदनात्मक अनुभवात्मक पक्ष का नियंत्रण भी करता है और उसे शक्ति भी देता है। इसी शक्ति को लेकर आध्यात्मिक, समाज विरोधी तथा समाजवादी भावनाओं-विचारधाराओं में चुनाव करता है। प्रगतिशील जनवादी कलाकार व्यापक अर्थों में समाजवादी या मानवतावादी होता है। वह जागरण के मूल्यों को विकसित करने के लिए कला में बौद्धिक सिद्धान्तवादी बनता है। इस यथार्थवादी दृष्टि से ही वह व्यक्तिवाद या जड़ीभूत सौन्दर्याभिरुचि पर प्रहार करता है—सौन्दर्य के नये मानों को प्रतिष्ठित करता है तथा पुरानी सौन्दर्य-दृष्टि को लगातार बदलता है। इस अर्थ में कला 'आत्मपरक प्रयास' होने पर भी घोर सामाजिक प्रयास है। इसी अर्थ में आत्मपरक प्रयास 'जीवन-सापेक्ष्य, वर्ग-सापेक्ष्य, युग-सापेक्ष्य, व्यक्ति-सापेक्ष्य' कला प्रयास है।[304] कला का उद्देश्य मनोरंजन न होकर मानव-कल्याण-दृष्टि है, ''कलाकार जीवन को समस्त रूप में ग्रहण करने की चेष्टा करता है, यही उसका महत्त्व है।''[305] कबीर-प्रेमचन्द और शमशेर इसी दृष्टि के बड़े कलाकार हैं। वे लिखते है, ''जनता के साहित्य से अर्थ है—ऐसा साहित्य जो जनता के जीवन-मूल्यों को, जनता के जीवनादर्शों को प्रतिष्ठित करता है, उसे अपने मुक्ति-पथ पर अग्रसर करता है। इस मुक्ति-पथ का अर्थ राजनैतिक मुक्ति से लगातार अज्ञान से मुक्ति तक है।''[306] जनता की मुक्ति के लिए—क्रान्तिकारी जीवन-मूल्यों का विकास और परिष्करण ही सच्चे साहित्य का प्रयोजन होता है।

मुक्तिबोध के ये विचार पश्चिम के सभी मार्क्सवादी विचारकों से समानता रखते हैं। काडवेल ने कहा है कि कविता मानवीय समझ, सहानुभूति और भाई-चारे का विस्तार करती है।[307] राल्फ फाक्स मानते हैं कि रचना मानव को यथार्थ की समझ देती है।[308] कला का भीतरी प्रयोजन भाव-परिष्कार और बाह्य-प्रयोजन मानव का विस्तार, मुक्ति-कामना तथा सामाजिक-सुधार की प्रेरणा एवं अन्ततः प्रेरणामय व्यापक मानवतावाद की महत्त्व-प्रतिष्ठा। जार्ज लुकाच के यथार्थवादी सौन्दर्य-दर्शन की भाँति ही मुक्तिबोध कला को उच्चतर सामाजिक-सांस्कृतिक मूल्यों की अभिव्यक्ति मानते हैं। मुक्तिबोध ने काव्य तथा पाठक के बीच जिस 'सामान्यीकरण' की चर्चा की है—वह सामाजिक-सामूहिक आधार पर ही केन्द्रित है। पर्याप्त चिन्तनगत भिन्नता होने पर भी काडवेल, सी. जी. युंग, एफ. आर. लीविस जैसे विचारक काव्य तथा पाठक के मध्य वर्तमान में विद्यमान

सामाजिक-सामूहिक, निर्वैयक्तिक सम्बन्ध की स्वीकृति देते हैं।

सौन्दर्य-बोध तथा सौन्दर्य-सृजन

आदिम अवस्थाओं से आधुनिक अवस्था के विकास तक मानव, कलाकार या सहृदय की चेतना तथा संवेदना में परिस्थितियों के घात-प्रतिघात से लगातार परिवर्तन हुआ है एवं परिवर्तन से परिष्कार। जो कलाकार जितना ही जागरूक होगा, उसका सौन्दर्य-बोध समाज की गतिविधि से उतना ही जटिल होता जाएगा। उसमें जटिल भाव-बोध तथा वैयक्तिक संवेदनाएँ मिलती जाती हैं। मानवीय ऐन्द्रिकताओं की समृद्धि से 'बौद्धिक-बोधों' तथा 'जीवन-बोधों' में क्रमशः मानवीय बोधों का विकास हो जाता है। इस ढंग से हमारे स्थायीभाव भी मानवीय बोधों को ग्रहण करके मानवीकृत हो जाते हैं। मानव का सौन्दर्य-बोध इसी प्रक्रिया से विकसित हुआ है। अतः सौन्दर्यानुभूति को जीवनानुभूति का पर्याय मानना चाहिए। कलावादी चिन्तक सौन्दर्यानुभव तथा जीवनानुभव के पार्थक्य को मानते हैं, जिस धारणा का मुक्तिबोध सीधा प्रतिवाद करते हैं। कलावादियों की यह मान्यता ही गलत है कि सौन्दर्य प्रतीति तथा सामाजिक दृष्टि में अन्तर है। कलावादी कहते रहे हैं कि कला का सत्य आत्मसत्य तथा कवि का कार्य आत्मान्वेषण और आत्माभिव्यक्ति करना है, जिसका सामाजिक संघर्ष से कोई रिश्ता नहीं। इस मान्यता के विरोध में मुक्तिबोध ने कविता को सांस्कृतिक प्रक्रिया माना है। ''विशिष्ट को सामान्य बनाने के हेतु, कवि मन वेदनात्मक उद्देश से प्रेरित होकर निरन्तर भाव-संशोधन तथा भाव-सम्पादन करता है। यह कवि की आन्तरिक प्रक्रिया का एक अंग है। सच तो यह है कि कविता एक सांस्कृतिक प्रक्रिया है। अभिव्यक्ति प्राप्त होने पर, भाव-पक्ष का सामाजीकरण हो जाता है।''[309] इस दृष्टि से कवि की रचना-प्रक्रिया भी सांस्कृतिक-प्रक्रिया है—रचना के मूल्य व्यक्ति-मूल्य न होकर सांस्कृतिक-मूल्य होते हैं। इस प्रकार स्वच्छन्दतावादियों के आत्माभिव्यक्ति सिद्धान्त, मनोविश्लेषणशास्त्रियों के अतृप्ति सिद्धान्त, प्रभुत्व-सिद्धान्त तथा सौन्दर्यशास्त्रियों के आध्यात्मिक-सौन्दर्य-दर्शन के सिद्धान्तों का मुक्तिबोध ने बार-बार प्रतिवाद किया है। व्यक्ति के विरुद्ध समाज की धारणा को खण्डित करते हुए लिखा है, ''हमारा सामाजिक व्यक्तित्व ही हमारी आत्मा है। व्यक्ति तथा समाज का विरोध बौद्धिक विक्षेप है। इस विरोध का कोई अस्तित्व नहीं। जहाँ व्यक्ति समाज का विरोध करता दिखाई देता है, वहाँ वस्तुतः समाज के भीतर की ही एक सामाजिक प्रवृत्ति दूसरी सामाजिक प्रवृत्ति से टकराती है। वह समाज का अन्तर्विरोध है न कि व्यक्ति के विरुद्ध समाज का। 'व्यक्ति विरुद्ध समाज' की इस विचार शैली ने ही हमारे

सामने कृत्रिम प्रश्न खड़े किए हैं—जिनमें एक है सौन्दर्य-प्रतीति के विरुद्ध सामाजिक दृष्टि।[310] इस प्रकार कलावादियों को मुक्तिबोध ने उनके निहित अभिप्रायों को समझने के बाद ठोस उत्तर दिए हैं। अस्तित्ववादियों की अनास्थावादी और जीवन विरोधी दृष्टि का जार्ज लुकाच ने विरोध किया है।[311] इसी प्रकार मुक्तिबोध ने इस निराशावादी दर्शन के समर्थकों को ललकारते हुए लिखा, "कुछ साहित्यिक समाजशास्त्री अपने ढर्रे के बाहर के क्षेत्र में प्रचलित नयी काव्य-समृद्धि में विद्रूपता के अतिरिक्त कुछ नहीं देखते। यदि हमें वैविध्यपूर्ण, परस्पर द्वन्द्वमय, मानव जीवन के (अपने अन्तर में व्यापित) मार्मिक पक्षों का वास्तविक प्रभावशाली चित्रण करना है, तो हमें जड़ीभूत सौन्दर्याभिरुचि और उसके सेंन्सर त्यागने होंगे तथा अनवरत रूप से, अपने ढाँचों और फ्रेमों में संशोधन करते रहना होगा। मनुष्य जीवन का कोई अंग ऐसा नहीं है जो साहित्याभिव्यक्ति के अनुपयुक्त हो। जड़ीभूत सौन्दर्याभिरुचि एक विशेष शैली को दूसरी शैली के विरुद्ध स्थापित करती है।"[312] इस प्रकार कलाकार लगातार नया करता रहता है। श्रम विभाजन के अनुसार ही कलाकार का सौन्दर्य-बोध भी बदलता है। इस प्रकार सौन्दर्य-सृजन वैयक्तिक होकर भी सामाजिक प्रक्रिया का अंग है। कला और राजनीति एक 'सांस्कृतिक गति' के भाग हैं। इसमें व्यक्त सौन्दर्य-बोध के रूपों की भिन्नता बिम्बों-प्रतीकों की भिन्नता है और इनमें ही सामाजिक चेतना के विभिन्न रूप छिपे हैं। यही कारण है कि सभी युगों के काव्य नायक चाहे वे इन्द्र हों, कृष्ण हों, राम हों, शिवजी, मनु, होरी आदि हों—युग की सामाजिक सांस्कृतिक बोध के वे प्रतिबिम्ब होते हैं।

कलाकार तथा व्यक्ति-स्वातंत्र्य की दृष्टि

नयी कविता के कलावादी लेखकों ने साहित्य तथा समाज के सम्बन्ध को निर्धारित करनेवाली कुछ ऐसी धारणाओं को भी प्रचारित किया जिसमें राजनीतिक विचारों की सीधी छाप थी। यह धारणा ही 'व्यक्ति-स्वातंत्र्य की धारणा का सिद्धान्त' बनी है। यह व्यक्ति-स्वातंत्र्य का सिद्धान्त वस्तुतः शीत युद्ध के काल में मार्क्सवादी दर्शन के विरुद्ध संघर्ष के लिए साम्राज्यवादियों-पूँजीपतियों का प्रमुख सिद्धान्त था। मुक्तिबोध ने व्यक्ति-स्वातंत्र्य सिद्धान्त के मूल में शीत-युद्ध का प्रभाव देख कर लिखा, "व्यक्ति-स्वातंत्र्य की बात तो करते हैं, लेकिन वह स्वातंत्र्य जिस मानवीय लक्ष्य-आदर्श के लिए होता है या होना चाहिए, वह अपनी शून्य रिक्तता के धुएँ में खो जाता है।"[313] सौन्दर्यवाद के नाम पर भय समाया रहता है। इसलिए कलाकार को आत्मालोचन तथा आत्म-समीक्षा की आदत डालनी चाहिए। किन्तु यह न भूलो "कला न केवल एक आत्मपरक प्रयास है वरन् उसकी अपनी एक सापेक्ष्य स्वतंत्रता है। वह व्यक्ति-सापेक्ष्य है,

जीवन-सापेक्ष्य है, युग-सापेक्ष्य। वह स्वतंत्र भी है।''[314] किन्तु अन्तःकरण में संचित जो भाव तत्त्व हैं, जो जीवन-ज्ञान-व्यवस्था होती है और उसकी जो दृष्टि होती है, उससे कला के संवेदनात्मक उद्देश्य परिपुष्ट होते हैं, ''इस प्रकार कला की स्वतंत्रता, लेखक के अन्तर पर, लेखक के अन्तर में उपस्थित जीवन-तत्त्वों पर, कलाकार के अन्तर में उपस्थित भाव-दृष्टि तथा जीवन ज्ञान व्यवस्था पर निर्भर है, और उन्हीं से वह मर्यादित है।''[315] मुक्तिबोध बार-बार कहते हैं, ''कला की स्वतंत्रता जीवन-सापेक्ष्य है। वह जीवन जो भावरूप में अन्तःकरण में स्थित है। ...कलाकार की यह स्वतंत्रता समाज-सापेक्ष्य और समाज-स्थिति-सापेक्ष्य है। लेखक की यह स्वतंत्रता समाज-सापेक्ष्य है, समाज-स्थिति-सापेक्ष्य है। पूँजीवादी देशों में साम्यवादी साहित्य पर न मालूम कितनी बार, साम्यवादी लेखकों पर न मालूम कितनी बार, प्रगतिशील चित्रकारों पर न मालूम कितना ही अंकुश लगाया गया।''[316] शीत युद्ध के दौरान छायावादी तथा प्रगतिवादी धारा ने भी यहाँ युद्ध किया। छायावाद के व्यक्तिवाद में नयी कविता के व्यक्तिवाद की भाँति समाज विरोधी तत्त्व न थे। नयी कवि के व्यक्तिवादी लेखक जो व्यक्ति तथा समाज के बीच विरोध देखते थे—पूँजीवादी विचारधारा से ग्रस्त रहे हैं। ''उच्च मध्यवर्गीय आभिजात्य मानवतावादी आध्यात्मिकता व्यक्ति-स्वातंत्र्यवादी प्रणाली के नाम पर, साहित्य क्षेत्र से समाजवादी प्रभाव का उन्मूलन करना चाहती है।''[317] हिन्दी-साहित्य को इस शीत युद्ध का शिकार देखकर मुक्तिबोध लिखते हैं, ''जीवन की समस्याएँ जटिलतर होती जा रही हैं। ये समस्याएँ भिन्न प्रकार की हैं...ऐसी स्थिति में शीत युद्ध के एक केन्द्र को यह चिन्ता सता रही है कहीं यह सन्तप्त मानव समाजवाद और भाग्यवाद का शिकार न हो जाए।''[318] उस अराजकतावाद को साम्राज्यवादियों का सहारा मिल रहा है। इस प्रकार मुक्तिबोध व्यक्ति-स्वातंत्र्य के नाम पर समाज विरोधी, मानव विरोधी व्यक्तिवाद की निन्दा करते हैं।

लघु-मानव सिद्धान्त का खण्डन

श्री लक्ष्मीकान्त वर्मा ने 'नयी कविता के प्रतिमान' में जिस लघु-मानव सिद्धान्त की स्थापना की है, उसे मुक्तिबोध व्यक्तिवाद का चरम पतन मानते हैं। वे इसे यथार्थवाद-प्रगतिवाद-विरोधी मानने के साथ ही जीवन की आस्था का विरोधी-सिद्धान्त मानते हैं। मुक्तिबोध को उस सिद्धान्त पर भी शीत युद्ध की पूँजीवादी विचारधारा की काली छाया मँडराती दृष्टिगत होती है। मुक्तिबोध ने लिखा, ''यह मुख्यतः मानव मुक्तिवादी विचार-धाराओं के विरुद्ध है। उसकी तीखी नोक खासकर साम्यवादी धारणाओं के विरुद्ध है—क्योंकि साम्यवादी

धारणाओं में यह बताया गया है कि मनुष्य चाहे तो अपना भाग्य-परिवर्तन कर सकता है।''[319] इसलिए यह सिद्धान्त अस्तित्ववाद की कोख से जन्मा अनास्थावादी तथा प्रतिगामी सिद्धान्त है।

आधुनिकतावाद

मुक्तिबोध मानते हैं कि आधुनिकतावाद का सिद्धान्त भी आभिजात्यवादी लेखकों ने पश्चिम के आधुनिक प्रतिगामी विचारकों से प्राप्त किया है। जार्ज लुकाच ने 'दि मीनिंग आफ कटेम्परेरी रियलिज्म' नामक पुस्तक को 'दि आइडियालोजी आफ माडर्निज्म' के एक अध्याय में मुक्तिबोध की भाँति इसे यथार्थवाद की विरोधी शक्ति कहा है। अस्तित्ववाद से प्रभावित यह विचारधारा मानती है कि मानव संसार में नितान्त अकेला तथा व्यर्थता-बोध के लिए फेंक दिया गया है।[320] यह सही है कि आधुनिकतावाद एक विश्वव्यापी प्रवृत्ति रही है तथा इसमें प्रगतिशील तथा प्रगतिविरोधी दोनों ही दृष्टियाँ भी रही हैं। आधुनिकतावादियों ने आस्था-अनास्था, त्रास, यंत्रणा, मोह-भंग, अकेलापन, विडम्बना, विद्रूपता, अवमानवीकरण, संकट-बोध तथा मृत्यु-बोध को 'आधुनिक भाव-बोध' के नाम से प्रचारित-प्रसारित किया है। इसलिए इसे मुक्तिबोध देशी-विदेशी मार्क्सवादी चिन्तकों की भाँति ही जीवन-विरोधी मानते हैं।[321] प्रयोगवादी तथा नयी कविता के प्रति अपनी दुर्निवार प्रतिबद्धता तथा पक्षधरता सिद्ध करते हुए भी मुक्तिबोध उसके कलावादी व्यक्तिवादी मूल्यों की निन्दा करते हैं। वे पुराने प्रगतिवादी आलोचकों की कमियों का संकेत करते हुए उनसे सुधार की अपील करते हैं। वे आधुनिकता की धारणा एवं व्याख्या को भारतीय सन्दर्भ में प्रस्तुत करते हैं। वे इस मनोवृत्ति से सहमत नहीं हैं कि पश्चिम से आनेवाली प्रत्येक विचारधारा आधुनिक है। क्योंकि अमरीकी आधुनिकता तथा विचारधारा तो पूँजीवादी-महाजनी व्यवस्था की देन है। किन्तु प्रगतिशील अर्थ में आधुनिकता महान् जन-चेतना के सांस्कृतिक परिष्करण का रूप है।[322]

कला तथा साहित्य के आविर्भूत मूलक कारण

कला सामाजिक वस्तु है जिसके उद्भव में सामाजिक-सांस्कृतिक कारण प्रमुख होते हैं। समाज एक लगातार विकसित-परिष्कृत होती हुई व्यवस्था का नाम है जो आर्थिक कारणों से नियंत्रित-परिचालित होती है। काडवेल ने इसी आधार से सर्वप्रथम कला-साहित्य के आविर्भूत कारणों की चर्चा की है। हिन्दी के अधिकांश मार्क्सवादी आलोचकों पर काडवेल की इस दृष्टि का दूरगामी प्रभाव है। मुक्तिबोध मानते हैं, "साहित्य के अन्दर, सांस्कृतिक भाव होते हैं। ...साहित्य का उद्देश्य सांस्कृतिक परिष्कार है, मानसिक-परिष्कार है। किन्तु यह परिष्कार

साहित्य के माध्यम द्वारा तभी सम्भव है जब सुननेवाले पर पढ़नेवाले की अवस्था शिक्षित हो। यही कारण है कि मार्क्स का 'डास कैपिटल' लेनिन के ग्रन्थ रोम्यां रोलां के, टालस्टाय और गोर्की के उपन्यास एकदम अशिक्षित और असंस्कृतों के न समझ में आ सकते हैं न वे उनके पढ़ने के लिए होते ही हैं। " 'जनता का साहित्य' का अर्थ 'जनता के लिए साहित्य' से है और वह जनता कुछ ऐसी हो जो शिक्षा तथा संस्कृति के द्वारा कुछ स्टैंडर्ड प्राप्त कर चुकी है।"[323]

भारतवर्ष में उठनेवाली नयी सामाजिक-सांस्कृतिक दृष्टियाँ ही आधुनिक दृष्टि के मूल में हैं। आज का भारतीय जीवन भी विश्व के झकोरों से हिला है, उसमें नयी तरंगें उठी हैं, पुराने घाट-पाट टूटे हैं। राजनीतिक-सांस्कृतिक जागरण भी उत्थान का एक पथ पूरा करता है। साहित्य में हमने शोपेनहावर, नीत्शे, हीगल, मार्क्स, रोम्यां रोलां, टालस्टाय, खैयाम, टैगोर, गांधी आदि से बहुत कुछ लिया है, "हिन्दुस्तान भी विश्व की संस्कृति का उत्तराधिकारी है। उसकी संस्कृति भी विश्वात्मक होना चाह रही है।"[324] इसलिए कला के उद्भव-विकास में सामाजिक भूमिका का आधार प्रमुख है, "कोई भी नया साहित्यिक आन्दोलन उस विशेष देश कालगत परिस्थितियों से पैदा होता है जिन्हें हम सामाजिक विकास की एक महत्त्वपूर्ण शृंखला कह सकते हैं।'[325] इसलिए कला में परम्परा प्रयोग और प्रगति की स्थिति भी समाविष्ट रहती है। नयी कविता के आविर्भाव मूलक कारणों की खोज करते हुए मुक्तिबोध ने लिखा, "लेकिन नयी कविता का कवि इस तकलीफ को आत्मकेन्द्री अर्थों में ही देख रहा था। वह इस करुणा की सामाजिक-व्याख्या न कर पाता था। अतएव : नयी कविता का जन्म छायावादी व्यक्तिवाद के विरुद्ध यथार्थोन्मुख व्यक्तिवाद की बगावत थी।"[326] इस प्रकार कला के पीछे सामाजिक-आर्थिक कारण प्रबल होते हैं। जैसे-जैसे सामाजिक ढाँचे में परिवर्तन होता है, कला की वस्तु तथा रूप में भी परिवर्तन होता है। इस बात को मुक्तिबोध छायावाद-प्रगतिवाद, प्रयोगवाद तथा नयी कविता के विश्लेषण से बार-बार समझाते हैं। इस दृष्टि पर काडवेल का सीधा प्रभाव है।

साहित्य के वर्गीय आधार पर पूरा बल

मुक्तिबोध ने पश्चिमी मार्क्सवादियों की भाँति कला एवं साहित्य के वर्गीय आधार पर पूरा बल दिया है। मुक्तिबोध ने अपनी इसी दृष्टि का परिचय गहन अध्ययन-मनन के पश्चात् 'कामायनी : एक पुनर्विचार' में दिया। मुक्तिबोध मानते हैं कि वर्ग-भेद अत्यन्त सूक्ष्म होने के कारण गहन-विश्लेषण से ही पकड़ में आता है। विभिन्न वर्गों में पारस्परिक संघर्ष चलता रहता है और वर्गों में असामंजस्य तनाव जन्मता है। मुक्तिबोध मानते हैं कि भारत की ऐतिहासिक

स्थिति ऐसी रही है कि अमीर अधिक अमीर तथा गरीब अधिक गरीब होता गया है। "मध्यवर्ग की खाती-पीती शिष्ट श्रेणी और उसी वर्ग की गरीब श्रेणी में भयानक खाई पड़ी हुई है, जो दिन-ब-दिन बढ़ती जाती है। ये गरीब श्रेणी अब इस नतीजे पर पहुँच रही है कि उसका उद्धार सभी वर्गों की मुक्ति के साथ ही है।"[327] इस असमानता ने समाज में वर्गीय तनाव पैदा किया है, "फलतः उच्च वर्गों के प्रति अविश्वास, घृणा, तिरस्कार और क्षोभ, साथ ही अपने वर्ग की दुःस्थिति में पड़े हुए लोगों की सहायता, प्रेम तथा नये आदर्शों का स्वप्न और अपनी दुःस्थिति के प्रति उग्र प्रतिक्रिया और विक्षोभ इस गरीब मध्यवर्ग के स्थायी भावों में से है।"[328] इस वर्ग से तदाकार लेखक अपनी परिस्थितियों से जूझता हुआ उसी वर्ग की भावस्थितियों को व्यक्त करता है। नयी कविता की दो धाराएँ दो वर्गों का प्रतीक हैं। "ये तनाव ऐतिहासिक तनाव है, ऐतिहासिक इस दृष्टि से कि समाज के भीतर चलनेवाली परिवर्तन प्रतिक्रियाओं का वे महत्त्वूपर्ण अंग हैं। इन तनावों का मर्म समझना, उनको उनके वास्तविक सन्दर्भ में देकर संवेदनात्मक ज्ञान के हार्दिक माध्यम द्वारा काव्य में (अथवा उपन्यास आदि में) प्रकट करना लेखक का ऐतिहासिक कार्य है।"[329] इसी तनाव से पुरानी नयी पीढ़ी में मूल्यों का संघर्ष पेचीदा हो गया है। नया निम्न मध्यवर्ग का लेखक सामन्ती मूल्यों से जूझता है।

मुक्तिबोध वर्गीय चरित्र के विश्लेषण के लिए मनोवैज्ञानिक कारणों की खोज पर भी बल देते हैं—यह भी खोजना चाहिए कि बाहर से मार खाकर कलाकार क्यों अन्तर्मुखी हो जाता है ? इसका उत्तर है—उसके अपने तनाव और संघर्ष उसे ऐसा करने को विवश करते हैं। क्योंकि वर्गीय चेतना का विस्तार बाह्य सीमा के साथ मानव के मनोलोक तक व्याप्त रहता है। कलाकार इस वर्गीय चेतना से मुक्त नहीं हो सकता। प्रसाद ने कामायनी जैसी जीवन की पुनर्रचनावली कृति में फैण्टेसी के माध्यम से "अपने वर्ग की दृष्टि को ही दार्शनिकत्व प्रदान किया।"[330] इस प्रकार 'कामायनी' पर अपने लगाव के कारण मुक्तिबोध ने विचार नहीं किया, बल्कि उसके पीछे सामाजिक-साहित्यिक, सांस्कृतिक-राजनैतिक कारण थे। कृति के वर्गीय आधार को लेकर मुक्तिबोध ने आलोचना का एक नया व्यवस्थित सैद्धान्तिक ढाँचा ही उपस्थित किया। यह पद्धति रसवादी मनोवैज्ञानिक आलोचक या भाववादी आलोचकों के भूल सुधार से उपजी है।

कलाकार की व्यक्तिगत ईमानदारी

अपने समीक्षा-सिद्धान्तों में मुक्तिबोध ने प्रथम बार कलाकार की व्यक्तिगत ईमानदारी पर बहुत बल दिया है। "यदि लेखक ईमानदार है, तो उसे अपने प्रति

और अपने युग के प्रति अधिक उत्तरदायी होना होगा। अधिक साहस और ज्यादा हिम्मत से काम लेना है। अपनी सौन्दर्याभिरुचि के सेंन्सर्स के वशीभूत होना ठीक नहीं है। अनुभव वृद्धि के साथ-साथ, सौन्दर्याभिरुचि का विस्तार और पुनः संस्कार होना आवश्यक है।''[331] मुक्तिबोध इसीलिए 'हानस्टी' तथा 'सिन्सियारिटी' दोनों को कलाकार की ईमानदारी में जरूरी बातें मानते हैं। इसलिए कलाकार की ईमानदारी वस्तु तथा रूप दोनों को लगातार सम्पादित-संशोधित करने की ईमानदारी है। लेखक में आत्मपक्ष से ज्यादा वस्तु-पक्ष पर जोर होना चाहिए। जब ''चित्रण करते समय आत्मपरक पक्ष को प्रधानता दी जाती है, वस्तुपरक पक्ष को नहीं। इस रवैये का असर टेकनीक पर पड़ता है।''[332] मुक्तिबोध ने छायावादी काव्य का एक दोष उसका घोर आत्मपरक हो जाना माना है—इसके विपरीत ''नयी कविता ने प्रकृति तथा शिल्प में आत्मपक्ष तथा वस्तुपक्ष का समन्वय उपस्थित किया है।''[333] मुक्तिबोध जो नयी कविता के सर्वाधिक सशक्त रचनाकार और प्रवक्ता रहे हैं—मानते हैं कि कुछ लोगों ने शिल्प मोह में नयी कविता की भी एक लीक बना ली है। ''वह भी एक ढर्रा है। ढर्रे में सब कुछ खपाया जा सकता है।''[334] कलाकार की कला में व्यक्तिगत ईमानदारी वहीं लक्षित होती है, जहाँ वस्तु का वस्तुमूलक आकलन करते हुए लेखक उस आकलन के आधार पर वस्तु-तत्त्व के प्रति सही मानसिक प्रतिक्रिया करता है। यदि ऐसा नहीं करता है तो 'फ्राड' को जन्मता है। ''काव्य एक सांस्कृतिक संस्था है। वह व्यक्तिगत कमरा मात्र नहीं है। ऐसी स्थिति में सही विचारधारा से मानसिक प्रतिक्रिया को सम्पादित-संशोधित करना चाहिए। फिर भी लेखक पूर्ण निदान के साथ बड़ा 'फ्राड' करता है, किन्तु वही जहाँ लेखक 'ईमानदारी से मूर्ख होता है' ऐसी स्थिति में 'व्यक्तिगत ईमानदारी का सम्बन्ध काव्य-सम्बन्ध मनोभूमिका से अधिक है।''[335] लेखक के लिए आवश्यक है कि वह विश्व-दृष्टि का विकास करता हुआ पीड़ित जनता की मुक्ति के लिए संघर्ष करे—यह ज्ञानात्मक आधार भी उसकी ईमानदारी का अंग है। क्योंकि ''व्यक्तिगत ईमानदारी का यह बहुत बड़ा तकाजा है कि लेखक निर्भीकतापूर्वक अपने अन्तर्निषेधों को सुधारे, उनका सामना करे। साथ ही, वह अपनी प्रकृति में और वस्तु की प्रकृति में प्रवेश करे। इस अन्तःप्रवेश के रास्ते में जो भी सामने आता हो, उसे जोर से हटा दे।''[336] इस प्रकार वह वस्तु तथा रूप का लगातार विकास-परिष्करण करता चले। काव्य में वस्तु-तत्त्व की प्रकृति का और कवि की प्रकृति दोनों का समाहार करनेवाली कवि-दृष्टि ऐसी हो जो महत्त्वपूर्ण हो। क्योंकि इसी पर काव्य-सत्य, काव्य-प्रभाव तथा विचारधारा का सार निर्भर करता है। मुक्तिबोध के उपरोक्त विचार जार्ज लुकाच से मिलते हैं। इसी बात को जार्ज लुकाच ने

'सामाजिक यथार्थ का सौन्दर्यशस्त्रीय परिणति' जैसे प्रश्नों में व्यक्त किया है।[337]

रचना-प्रक्रिया—यथार्थवादी आग्रह

मुक्तिबोध ने रचना-प्रक्रिया का विवेचन-भाववादी चिन्तन की पद्धति से बहुत दूर तथा भिन्न होकर किया है। इसलिए वे रचना-प्रक्रिया के मानसिक व्यापार तक ही सीमित न होकर उसके वस्तुपरक आकलन पर आते हैं। यहाँ भी उनकी दृष्टि पर मार्क्स के ऐतिहासिक भौतिकवाद की धारणाओं का व्यापक प्रभाव है। रचना के आभ्यन्तरिक कारणों के साथ बाह्य कारण भी उनकी दृष्टि में आते हैं जिन्हें भाववादी छोड़ देते हैं। मार्क्सवादी चिन्तन रचना को क्षण-विशेष की उपज न मानकर प्रदीर्क-मनःप्रक्रिया का परिणाम मानता है—इस क्षेत्र में रचना-प्रक्रिया पर सर्वाधिक मूल्यवान चिन्तन कवि मुक्तिबोध का है। मुक्तिबोध ने कवि-प्रतिमा के समानान्तर रचना-प्रक्रिया का विश्लेषण किया, "प्रश्न यह है कि आखिर रचना-प्रक्रिया में इतनी दिलचस्पी क्यों ? मेरे ख्याल से उसका उत्तर तो यह है कि उसके अन्र्तत्त्वों के विश्लेषण से सौन्दर्य सम्बन्धी किसी सामान्य सिद्धान्त पर आया जा सकता है।"[338] कवि जीवन के विस्तृत क्षेत्र को साहित्य में लाने के लिए भी रचना करता है तथा नयी प्रवृत्ति के औचित्य को सिद्ध करने के लिए भी रचना-प्रक्रिया का विश्लेषण किया जा सकता है। स्वयं हिन्दी में नयी कविता को ध्यान में रखकर ही रचना-प्रक्रिया का प्रायः विश्लेषण हुआ है। यह विश्लेषण आब्जेक्टिव हो—मुक्तिबोध इस संकल्प को लेकर इधर बढ़े, "रचना-प्रक्रिया, का उत्प्रेरक विश्लेषण मेरे ख्याल से अत्यधिक कठिन है। ...रचना-प्रक्रिया, सृजन की मनोवैज्ञानिक प्रक्रिया है। कवि-स्वभाव, कवि-दृष्टि और विषय-वस्तु (या कहिए कथ्य) के अनुसार, वह बनती-बदलती है।"[339] ऐसी स्थिति में रचना-प्रक्रिया के सम्बन्ध में मत-भिन्नता स्वाभाविक है—रचना-प्रक्रिया का कोई निर्विशिष्ट सामान्य रूप नहीं है—फिर भी उस प्रक्रिया के कुछ तत्त्व सर्व-सामान्य हैं। संवेदनात्मक उद्देश्य, कल्पना, भावना, बुद्धि-तत्त्व—सर्वसामान्य है—इनके कार्य के बिना रचना-प्रक्रिया सम्भव नहीं। किन्तु इसके भिन्न-भिन्न योगों-अनुपातों से विशिष्ट रूप बनते हैं, "संक्षेप में, रचना-प्रक्रिया के भीतर, न केवल भावना, कल्पना, बुद्धि और संवेदनात्मक उद्देश्य होते हैं, वरन् वह जीवनानुभव होता है जो लेखक के अन्तर्जगत् का अंग है, वह व्यक्तित्व होता है। जो लेखक का अन्तर्व्यक्तित्व है, वह इतिहास होता है, जो लेखक का अपना संवेदनात्मक इतिहास होता है।"[340] रचना-प्रक्रिया की यथार्थवादी व्याख्या में रचना का युग और इतिहास दुर्निवार रूप से जुड़ा होता है। सामाजिक-भावों के सम्पादन से लेखक बिम्बों, उपमानों, रूपों, चित्रों,

निवेदन भंगिमाओं और विभिन्न लयों पर अधिकार प्राप्त करता है।[341] इन्हीं को समझाने के लिए मुक्तिबोध कला-सृजन के तीन क्षणों की चर्चा करते हैं। स्वयं सी. जी. युंग कलाकृति को संश्लिष्ट मानसिक क्रिया की उपज मानते हैं।[342] मुक्तिबोध इस युंगीय विचार में रचनाकार के बाह्य प्रभाव तथा विचारधारा को और जोड़ देते हैं। इसी प्रकार के विचार सैम्युअल अलेक्जेण्डर ने व्यक्त किए हैं—यह संयोग कि मुक्तिबोध तथा अलेक्जेण्डर के विचार एक से हैं। कला के प्रेरणा-बिन्दु से निर्माण-बिन्दु तक की चर्चा मुक्तिबोध की भाँति अलेक्जेण्डर भी करते रहे हैं।[343]

काव्य-रूप—फैण्टेसी

मुक्तिबोध ने मनोविश्लेषणशास्त्र में स्वीकृत 'फैण्टेसी' को काव्य-रूप में ग्रहण किया है। लेकिन सैद्धान्तिक रूप से उसे मार्क्सवादी सौन्दर्यशास्त्र में मिला लिया। स्वयं काडवेल ने अपनी प्रख्यात पुस्तक 'इल्यूजन एण्ड रियलिटी' के 'दि साइके एण्ड फैण्टेसी' नामक अध्याय में फैण्टेसी पर विचार किया है। कवि के अनुभवों और इन्द्रिय संवेगों के अन्तर्विरोध से कविता फूटती है। यह तनाव कवि से एक फैण्टेसी का संसार निर्मित कराता है—इस प्रकार उसका वास्तविक संसार से घनिष्ठ सम्बन्ध है क्योंकि उसी में से यह उपजती है।[344] काडवेल ने फ्रायड तथा युंग की मान्यताओं को सामाजिक वास्तविकता की दृष्टि से विवेचित किया है। स्वयं मुक्तिबोध ने 'कामायनी' को फैण्टेसी मानते हुए उसके विचार-विवेचन में काडवेल की भाँति ही उसका समाजपरक सौन्दर्यशास्त्रीय अध्ययन किया।

सैद्धान्तिक दृष्टि से मुक्तिबोध कला-सृजन के तीन क्षणों को फैण्टेसी में समेटते हैं, "कला का पहला क्षण है जीवन का उत्कट तीव्र अनुभव क्षण। दूसरा क्षण है उस अनुभव का अपने कसकते-दुःखते हुए मूल्यों से पृथक् हो जाना और एक फैण्टेसी का रूप धारण कर लेना मानो वह फैण्टेसी अपनी आँखों के सामने ही खड़ी हो। तीसरा क्षण है उस फैण्टेसी के शब्दबद्ध होने की प्रक्रिया का आरम्भ और प्रक्रिया की परिपूर्णावस्था की गतिमानता।"[345] शब्द-बद्ध होने की प्रक्रिया के भीतर व्यक्तित्व एवं जीवन का समस्त प्रवाह बहता है। इस प्रवाह में फैण्टेसी अनवरत विकसित-परिवर्द्धित होती रहती है। इसी प्रक्रिया में फैण्टेसी अपने मूल रूप को बहुत कुछ त्यागती हुई नवीन रूप धारण कर लेती है। इस प्रक्रिया में इतनी बदल जाती है कि उसे मूल रूप की प्रतिकृति कहना कठिन पड़ता है। किन्तु जो फैण्टेसी अनुभव की व्यक्तिगत पीड़ा से पृथक् होकर अनुभव के भीतर की संवेदनाओं द्वारा उत्सर्जित और प्रक्षेपित होगी, वह वैयक्तिक होते हुए भी सही मायने में निर्वैयक्तिक हो जाती है। "फैण्टेसी अनुभव की कन्या

है और उस कन्या का अपना स्वतंत्र विकासमान व्यक्तित्व है।''[346] आदिम प्रवाह में फैण्टेसी के नये रूप-रंग-बिम्ब-प्रतीक-मिथक आदि बदल जाते हैं। वास्तविक अनुभव और अनुभव की संवेदनाओं द्वारा प्रेरित फैण्टेसी—इन दोनों के बीच कल्पना का एक रोल होता है। यह रोल ही सृजन की भूमिका है। ''ध्यान रखो कि यह फैण्टेसी—इनमें अनुभव प्रसूत होते हुए भी अनुभव-बिम्बित होती है।''[347] इसमें संवदेनात्मक ज्ञान और ज्ञानात्मक संवेदना, समायी रहती है। शब्दों का अर्थ-स्पन्दन उद्बुद्ध होकर फैण्टेसी में नयी भावधाराएँ बहा देता है—इनसे निर्वैयक्तिकता की भूमि निर्मित हो जाती है। ''अर्थ-स्पन्दनों के पीछे सार्वजनिक सामाजिक अनुभवों की परम्परा होती है।''[348] भाषा फैण्टेसी को काटती-छाँटती है और इस प्रक्रिया के विपरीत फैण्टेसी भाषा को सम्पन्न तथा समृद्ध करती है। इस प्रकार फैण्टैसी वैयक्तिक न होकर सामाजिक प्रक्रिया का अंग बन जाती है। स्वयं मुक्तिबोध अपनी कविताओं में इसी दृष्टि से फैण्टेसी का प्रयोग करते हैं। मुक्तिबोध इस तथ्य से परिचित थे कि फैण्टेसी का शिल्प बुनियादी तौर पर भाववादी रोमैंटिक शिल्प होता है, लेकिन वे यह भी मानते हैं कि इस शिल्प के अन्तर्गत भी जीवन को समझने की यथार्थ दृष्टि होती है।

कला का वस्तुगत आधार

काव्य-मूल्यों के विवेचन की दृष्टि में मुक्तिबोध ने प्रगतिशील विचारधारा पर बहुत जोर दिया है। वे कला-चिन्तन की वस्तुपरक धारणा में आनन्द मूल्यों के स्थान पर कला के सांस्कृतिक परिष्कारपरक मूल्य, मानसिक परिष्कारपरक मूल्य, जीवन को आस्था के साथ गति देने वाले मूल्यों को साहित्य का उद्देश्य मानते हैं। पश्चिमी मार्क्सवादी तथा हिन्दी प्रगतिवादी चिन्तन की भाँति मुक्तिबोध ने कला के वस्तुगत आधार को सैद्धान्तिक पीठिका के रूप में ग्रहण किया। इस दृष्टिकोण में उनकी समानता आचार्य शुक्ल से भी है जो भाव के साथ विभाव को महत्व देते हैं। मुक्तिबोध भी साहित्य के सौन्दर्यशास्त्र को वैज्ञानिक मान-मूल्य बनाने की तैयारी करते रहे हैं और इस प्रयत्न में उन्हें सफलता भी काफी हद तक मिली है। वे साहित्यालोचन की शास्त्रीय परम्परा से हटकर हिन्दी-समीक्षा का नया साहित्य शास्त्र गढ़ना चाहते हैं—जिसमें वे मार्क्सवाद की दृष्टि का पूरा आधार ग्रहण करते हैं। इसीलिए वे पुराने प्रगतिवादियों को फटकार कर सही दिशा पर लाना चाहते हैं। इन्हीं से उन्हें उम्मीद है कि वे नये ढंग के मूल्यों को ग्रहण करते हुए साहित्य की सही समीक्षा-दृष्टि उत्पन्न करेंगे। उन्हें दिशा देने के लिए ही मुक्तिबोध ने मार्क्सवादी साहित्य सिद्धान्तों की भूमिका रूप में एक सम्पूर्ण सौन्दर्यशास्त्र या ठोस कला-दर्शन निर्मित किया है। इसीलिए वे

'रचना-प्रक्रिया', 'कलानुभव', 'नयी कविता का आत्मसंघर्ष', 'काव्य—एक सांस्कृतिक प्रक्रिया', 'सौन्दर्य प्रतीति और सामाजिक दृष्टि', 'नयी समीक्षा का आधार', 'अन्तरात्मा की पक्षधरता', 'समीक्षा की समस्याएँ' , 'रचनाकार का मानवतावाद', 'नयी कविता की प्रकृति', 'प्रगतिशीलता और यातनाग्रस्त मानवता', 'मार्क्सवादी साहित्य का सौन्दर्य पक्ष—एक प्रत्युत्तर', 'साहित्य के दृष्टिकोण', 'समाज और साहित्य' जैसे ठोस सैद्धान्तिक निबन्ध लिखते हैं। यह सैद्धान्तिक चिन्तन कवि फैज की भाँति मार्क्सवादी ढंग से 'एक साहित्यिक की डायरी' में भी चलता है। यहाँ भी वे भाववादी सौन्दर्यशास्त्र की कमियों को हटाकर यथार्थवादी समाजवादी सौन्दर्शशास्त्र को सम्पादित-संशोधित करते हैं। कला के वर्गीय आधार को उठाते हुए वे उसके साथ ही सौन्दर्य-प्रतिमानों में 'जड़ीभूत सौन्दर्याभिरुचि' का प्रश्न भी उठाते हैं। कला तथा साहित्य में वस्तु और रूप के अन्तःसम्बन्ध को स्वीकृति देकर भी वे कला के अन्तर्गत विषयवस्तु को ही नियामक शक्ति मानते हैं। रूपवादी कलावादी मान्यताओं का विस्तृत सन्दर्भों में खण्डन करने के बाद वे कला के वस्तुपरक मूल्यों की महत्त्व-प्रतिष्ठा करते हैं। वस्तु एवं रूप के आवयविक सम्बन्ध का भी 'फैण्टेसी' में निरूपण करते हैं। अतः आधुनिकतावादियों का यह आक्षेप खण्डित हो जाता है कि मार्क्सवादी समीक्षक वस्तु को महत्त्व देकर रूप की उपेक्षा करता है।[349] मुक्तिबोध पर लुकाच के इन विचारों का भी प्रभाव प्रतीत होता है कि विषय-वस्तु की जटिलता नवीन कला-रूप की माँग करती है तथा उसी से नवीन काव्य-रूपों का जन्म होता है।[350]

कला-नियमों की स्वायत्तता का प्रश्न

प्रगतिवादी समीक्षकों में मुक्तिबोध ने यह आवाज बार-बार उठाई है कि रचना में कला-नियम किस सीमा तक अन्य नियमों से मुक्त होते हैं। एक कला की वह भी स्थिति है जब वह आर्थिक-सामाजिक नियमों से भी ऊपर उठ जाती है। जो मार्क्सवादी इस तथ्य से अनभिज्ञ रहते हैं, वे मात्र ऐतिहासिक भौतिकवाद की सिद्धान्त दृष्टि से कला को परखते रहते हैं और न्याय नहीं कर पाते। आरम्भ में शिवदान सिंह चौहान, प्रकाशचन्द्र गुप्त, रांगेय राघव इसी बात को न समझने के कारण भटक गए हैं। किन्तु यह भटकाव डॉ. रामविलास शर्मा, मुक्तिबोध, नामवर सिंह या रमेश कुन्तल मेघ में नहीं है। क्योंकि ये अच्छी तरह जानते-मानते हैं कि विज्ञान, दर्शन, संगीत, चित्रकला आदि की भाँति साहित्य के भी कुछ अपने नियम हैं—साहित्य का अपना शास्त्र है, रस, रीति, अलंकार, वक्रोक्ति, ध्वनि, औचित्य, शब्द-शक्तियाँ, काव्य-दोष, छन्द-शास्त्र आदि पर वह अपने ढंग से भी विचार करती है। ये भी कला के साधन हैं—साध्य नहीं। कला

की जड़ें युग-समाज में हैं—वहीं से उसे शक्ति मिलती है। इसीलिए मुक्तिबोध ने साहित्य की मर्यादा मानते हुए कलाकृति के भीतर ही उसके सौन्दर्य-प्रतिमानों को खोजने का आग्रह किया। इस मर्यादा के बाद समीक्षक रचना के बाहर भी जा सकता है और यह 'बाहर' भी कम महत्त्वपूर्ण नहीं है। क्योंकि रचना-प्रक्रिया आभ्यन्तर तथा बाह्य का सामंजस्य रूप होती है। इस बात को ठीक से न समझने के कारण ही आचार्य शुक्ल छायावादी रचना-प्रक्रिया का विरोध करते रहे और उसे 'अभिव्यक्ति की लाक्षणिक प्रणाली' से अधिक न मान सके।[351] बाहरी जगत् अन्तर्जगत् में महत्त्व-सूचनाएँ इकट्ठी करता है और 'उस अन्तर्जगत् में महत्त्व की रचनाएँ चाहिए।[352] कलाकार को 'स्व' के घेरे से ऊपर उठकर अन्य के मर्म में प्रवेश करने की ताकत चाहिए। यही ताकत अनुभूत विशिष्टों का सामान्यीकरण करती है—इसे ही भारतीय आचार्य साधारणीकरण तथा पश्चिमी आचार्य निर्वैयक्तिकता-सम्बन्धी सिद्धान्त मानते हैं। इस प्रकार निजबद्धता से छूटकर कलाकार आत्म-विस्तार करता है। किन्तु कला में 'निमग्नता तथा तटस्थता' रचनाकार और पाठक दोनों के लिए अनिवार्य शर्त है।''[353]

मुक्तिबोध कलाकार को विश्व तेजस् प्राणी मानते हैं जो जीवन को समग्रता में देखता और ग्रहण करता है तथा वह संवेदनशील विचारवान मानव भी होता है।[354] कलाकार की कला जीवनानुभव सम्पन्नता को रखने के लिए निरपेक्ष न होकर सापेक्ष्य होती है। इसीलिए लेखक विचारधारा के साथ एक मूल्य व्यवस्था भी कायम करता है—यही कलाकार की जीवन-दृष्टि भी है। मुक्तिबोध की भाँति रूसी समीक्षक ट्राटस्की ने कहा है—किसी कला रचना के स्वीकार या तिरस्कार का निर्णय सदैव मार्क्सवादी सिद्धान्तों के आधार पर ही नहीं किया जा सकता। सर्वप्रथम कलात्मक-निर्मित की परख कला नियमों के आधार पर ही होनी चाहिए।''[355] इसके बाद ही ऐतिहासिक भौतिकवाद से व्याख्या करना समीचीन है।

कला का माध्यम

पाश्चात्य तथा भारतीय मार्क्सवादी कला समीक्षकों की भाँति मुक्तिबोध वस्तु तथा रूप के अन्तःसम्बन्ध में विश्वास रखते हैं। इसी दृष्टि से कला का माध्यम कलावस्तु से अभिन्न है किन्तु काव्य-माध्यम की सजीवता रचना की सामाजिकता से सम्बन्धित है। ''अभिव्यक्ति प्राप्त होने पर, भाव-पक्ष का सामाजिकीकरण हो जाता है।''[356] ''वह सभी के अनुभव का विषय है कि मानसिक प्रतिक्रिया हमारे आभ्यन्तर में गद्य भाषा को लेकर उतरती है, कृत्रिम ललित

काव्य-भाषा में नहीं। फलतः नयी कविता का विन्यास, गद्य-भाषा के अधिक निकट है।''[357] वैसे भी विचारों की भाषा आवेश-कल्पना से हटकर गद्य की भाषा होती चलती है। इस तथ्य की पुष्टि निराला तथा मुक्तिबोध की काव्य-भाषाएँ स्वयं करती हैं। इनमें ऊबड़-खाबड़ भाषा का भी एक भव्य-सौन्दर्य है। इस दृष्टि से भाषा तथा शैली के साथ कवि का मनोमय संसार जुड़ा होता है—जीवन का इतिहास भूगोल से जुड़ा होता है—संस्कृति-समाज जुड़ा रहता है, ''दूसरे शब्दों में शिल्प का विकास काव्य-व्यक्तित्व से, अटूट रूप से, जुड़ा हुआ है और शिल्प में व्यक्तित्व की क्षमता और सीमा, भाव और अभाव...ज्ञान और भ्रम सभी प्रत्यक्ष-अप्रत्यक्ष रूप से प्रकट होते हैं।''[358]

मुक्तिबोध प्रतिक्रियावादी जन-विरोधी विचारधाराओं के मोहक शिल्प का विरोध करते हैं—इनसे कोरा चमत्कारवाद पैदा होता है। छायावादी कवि सौन्दर्य, दुःख, कष्ट, क्रोध, क्षोभ आदि का कल्पित चित्रण करते रहे और यहाँ 'असलियत लापता है।' नयी कविता ने छटपटाहट के साथ जीवन-समस्याओं को, चित्रण पद्धति को बौद्धिक बनाया।[359] सारांश यह है कि ''कल्पना तथा शैली के सम्बन्ध में नयी कविता में वैज्ञानिकता बरती जाती है।''[360] प्रभाव तथा भाव की अन्विति नयी कविता के टेकनीक की शर्त है। यह जीवन के वस्तुवादी यथार्थोन्मुख दृष्टि को लेकर जन्मी है—यही दृष्टि मुक्तिबोध—बिम्ब, प्रतीक, मिथक, रूपक, भाषा, छन्द आदि सभी में अपनाते हैं। नया कवि मन की भाव-स्थिति को प्रकृति के रूपात्मक उपादानों के द्वारा चित्रित करता है और आधुनिक प्रतीकों से मन के निगूढ़ भावों को व्यक्त करता है। नयी कविता भाव या अनुभूति को मूर्त सत्ता में पकड़ती है, अतः सम्प्रेषण माध्यमों में भी अमूर्तता का विरोध करती है।

मुक्तिबोध के मत से कवि वस्तु-तत्त्व के प्रति पूर्ण सचेत हो तथा भीतरी-बाहरी आग्रहों तथा अनुरोधों के रूप में ही भाषा-शैली का चयन करे। उसमें 'वास्तवपन' होने से अर्थ-गम्भार बढ़ जाता है। इसी अर्थ में नयी कविता गद्य-भाषान्वित, मानसिक, किन्तु तीव्र संवेदनात्मक प्रतिक्रिया है। इस प्रकार भाषा एक सामाजिक क्रिया है और सांस्कृतिक-प्रक्रिया का अंग है। भाषा ही काव्यानुभवों की सम्प्रेषणीयता का माध्यम है। कवि अर्थ-अनुबन्धों के नये सौन्दर्य-बोध तथा कलात्मक रूपान्तरण के लिए शब्द-साधना करता है। यह शब्द-साधना भाषा-साधना में—भाव-साधना से भिन्न नहीं है। कवि शब्दों को नये ढंग से नये अर्थ देता है—नये बिम्बों, प्रतीकों-चित्रों की योजना करता है। इस प्रकार काव्य-माध्यमों में—भाषा, छन्द, बिम्ब, प्रतीक, ध्वनि-योजना, पद-विन्यास आदि का महत्त्व है। मुक्तिबोध ने काव्य-माध्यम की मान्यताओं

को अर्न्स्ट फिशर की भाँति ही व्यक्त किया है। फिशर भाषा को सामूहिक कार्य-प्रक्रिया का प्रतिफल मानते हैं और भाषा को काडवेल की भाँति सामाजिक-वस्तु भी। सम्प्रेषण के आधार पर भाषा तथा काव्य-भाषा में अन्तर भी छिपा नहीं है।[361]

समग्रतः मुक्तिबोध रूपवाद-कलावाद का खण्डन करते हुए मार्क्सवादी वस्तुवाद का समर्थन काव्य-माध्यम में करते हैं। मुक्तिबोध ने 'कामायनी' की वस्तुवादी आलोचना की और उसके कलात्मक सौन्दर्य का कार्य छोड़ दिया। कलात्मक सौन्दर्य से ज्यादा यथार्थबोध की मूल्य-दृष्टि को महत्त्व दिया है।

मूल्यांकन

संक्षेप में, मुक्तिबोध ने भाववादी-कलावादी सौन्दर्यशास्त्र के प्रतिमानों का खण्डन करते हुए मार्क्सवादी सौन्दर्यशास्त्र के वस्तुपरक प्रतिमानों को प्रतिष्ठित करने का महत्त्वपूर्ण कार्य किया है। इस सैद्धान्तिकता ने नयी वैचारिकता से मूल्य-भावना को पुष्ट किया तथा कृति एवं कृतिकार के वर्गीय चरित्र को स्वीकृति देते हुए कला की निरपेक्षय स्वायत्तता का खण्डन किया। शीतयुद्ध से प्रभावित उच्च मध्यवर्ग के सिद्धान्तों का क्षणवाद, धनवाद, अस्तित्ववाद, हीगलीय सौन्दर्यवाद, अमरीकी आधुनिकतावाद, स्वच्छन्दतावाद आदि का खण्डन किया तथा अनास्था के स्थान पर आस्थावादी जीवन-मूल्यों को प्रश्रय दिया। व्यक्तिवाद-पूँजीवाद पर टिका 'लघु मानव का सिद्धान्त' भी उन्होंने बार-बार खण्डित किया है। कला के सामाजिक-सांस्कृतिक मूल्यों-मानों की प्रतिष्ठा के लिए मुक्तिबोध ने विश्व भर की प्रतिगामी शक्तियों की आलोचना की है। उन्होंने रचना-प्रक्रिया, कलानुभव, सौन्दर्य-दृष्टि के साथ ही अनुभूति की ईमानदारी को भी काव्य-प्रतिमान बनाया। रचना एक मनोवैज्ञानिक प्रक्रिया न होकर उनके लिए एक सांस्कृतिक प्रक्रिया है। हिन्दी साहित्यशास्त्र पर उनका यह मनोमन्थन, नवीन युग की साहित्यिक प्रक्रियाओं की यह समझ, शास्त्रीयतावाद से हटाकर सचेतनतावादी मूल्यों की ओर प्रवृत्त करती है। उन्होंने नयी कवितावादियों में अज्ञेय धारा के समर्थक कवि आलोचकों के इलियटीय सिद्धान्तों को प्रतिक्रियावादी कहते हुए खण्डन किया तथा पुराने प्रगतिवाद के समीक्षकों के दोषों पर उँगली रखते हुए नयी समीक्षा-दृष्टि के निर्माण का प्रयास किया। उन्होंने मार्क्सवादी-सामाजवादी आधार के बावजूद आचार्य शुक्ल के समीक्षा सिद्धान्तों की दृष्टि का समर्थन किया है। उन्होंने रस की शब्दावली का नये ढंग से इस्तेमाल किया और आचार्य शुक्ल की भाँति ही काव्यानुभूति तथा जीवनानुभूति में पार्थक्य

नहीं किया। इनमें पार्थक्य करने वालों पर मुक्तिवाद ने जोरदार प्रहार भी किए क्योंकि इस व्यक्तिवादी दृष्टि को वे बहुत घातक मानते हैं। इसमें उन्हें साम्राज्यवादी शक्तियों की साजिश की गन्ध आती है। उनके चिन्तन ने हिन्दी के मार्क्सवादी साहित्य-शास्त्र तथा सौन्दर्य-शास्त्र का मार्ग प्रशस्त किया है। पश्चिम के मार्क्सवादियों से प्रभावित होकर भी यह चिन्तन भारतीय है, यही इसकी विशेषता है।

पाश्चात्य साहित्य, साहित्यालोचन, मनोविज्ञान, मनोविश्लेषणशास्त्र, सौन्दर्यवाद, मार्क्सवाद आदि का मुक्तिबोध ने गम्भीर अध्ययन किया था। उन सभी का प्रभाव उनके समीक्षा-दर्शन पर है। मुक्तिबोध ने रचना के साथ ही आलोचना के प्रतिमान भी प्रस्तुत किए। रचना-आलोचना के इस मूल्य को मुक्तिबोध ने स्वयं कमाया है। डॉ. नामवर सिंह ने 'कविता के नये प्रतिमान' नामक पुस्तक की भूमिका में मुक्तिबोध के अवदान को स्वीकार करते हुए कहा, "यह तथ्य अनदेखा नहीं किया जा सकता कि कविता के नये प्रतिमान के केन्द्र में मुक्तिबोध हैं। मूल्यों के अन्वेषण की प्रक्रिया में कभी-न-कभी प्रायः सब के सामने आदि काव्य का यह प्रश्न उपस्थित होता है : कोन्वस्मिन साम्प्रतं लोके...? उत्तर में मुझे मुक्तिबोध ही दिखे...। नयी कविता में मुक्तिबोध की स्थिति वही है जो छायावाद में निराला की थी। निराला के समान मुक्तिबोध ने भी अपने युग के सामान्य काव्य-मूल्यों को प्रतिफलित करने के साथ ही उनकी सीमा को चुनौती देकर उस सर्जनात्मक विशिष्टता को चरितार्थ किया जिससे समकालीन काव्य का सही मूल्यांकन सम्भव हो सका।"[362]

मुक्तिबोध के आस-पास की समीक्षा-दृष्टि जीवन विमुखता और जीवन निरपेक्षता के कारण सत्यनारायण की कथा मालूम होती थी, उसे मुक्तिबोध ने भयानक सैद्धान्तिक कलह की ध्वंसात्मक भूमिका से निकाल कर समाज-सापेक्ष मूल्यों की भूमिका पर प्रतिष्ठित किया है। उन्होंने कलात्मक समाजशास्त्रीय दृष्टि से पुराने मानों में नवीन तत्त्वों का समावेश और नये मानों में नवीन दृष्टि का अनुप्रवेश किया है। संक्षेप में, वे उग्र सिद्धान्तवादी अहंकार से पीड़ित न होकर, लक्ष्योन्मुख उदार मानवतावाद से प्रेरित हैं। उनके आलोचना-सिद्धान्तों से स्पष्ट है कि जितनी आवश्यकता लेखक को 'ईमानदारी' की है, उतनी ही समीक्षक को 'चरित्र' की रहती है।

अन्य प्रगतिवादी विचारक

हिन्दी-समीक्षा के प्रगतिवादी समीक्षकों में श्री शिवदान सिंह चौहान, श्री प्रकाशचन्द्र गुप्त, रांगेय राघव, चन्द्रबली सिंह, डॉ. नामवर सिंह, अमृतराय तथा

डॉ. रमेश कुन्तल मेघ के नाम उल्लेखनीय हैं। इन प्रगतिवादी समीक्षकों ने मार्क्सवादी दृष्टिकोण से हिन्दी के रचनाकारों पर मूल्यांकन प्रस्तुत किया है। सन् 1936 ई. में प्रगतिशील लेखक संघ का अधिवेशन लखनऊ में हुआ। इस दृष्टि से इस प्रगतिशील आन्दोलन का आरम्भ इसी समय से माना जा सकता है। इस आन्दोलन का सीधा सम्बन्ध मार्क्सवाद से था जो प्राचीन एवं नवीन साहित्य के विवेचन-विश्लेषण के लिए तत्कालीन सामाजिक-आर्थिक-ऐतिहासिक-सांस्कृतिक परिप्रेक्ष्य पर बल देता है। इस संघ के प्रथम सभापति प्रेमचन्द जी थे। उनका विचार था, "प्रगतिशील लेखक संघ यह नाम ही मेरे विचार से गलत है, साहित्यकार या कलाकार स्वभावतः प्रगतिशील होता है।"[363] कलाकार को स्वभावतः प्रगतिशील मान कर प्रेमचन्द ने हिन्दी-साहित्य की जनवादी परम्परा में विश्वास प्रगट किया था। लेकिन डॉ. रामविलास शर्मा ने 'कलाकार के स्वभावतः प्रगतिशील' होने पर सन्देह किया तथा शिवदान सिंह चौहान के इस कथन का विरोध किया, "कलाकार स्वभावतः प्रगतिशील होता है—उसकी सृजन चेष्टा बाह्य जीवन के अनुभव और सौन्दर्यमूलक अर्थात् व्यवस्था, सामंजस्य और मुक्तिकामी निसर्ग-चेष्टा से उत्प्रेरित होती है।"[364] इस कथन का विरोध किया, "अगर कलाकार स्वभावतः प्रगतिशील होता है तो साहित्य में प्रगतिशील या प्रतिक्रियावादी का भेद करना निरर्थक है।"[365] देखना यही होता है कि कलाकार जीवन से कितना निरपेक्ष या सापेक्ष्य है। समाज के प्रति उसकी दृष्टि क्या है? वह किस वर्ग का साथी है ? आदि-आदि।

प्रगतिशीलता की सच्ची कसौटी कला की व्यक्ति तथा युग-मूल्यों के प्रति जागरूक प्रतिबद्धता है। यह भी सच है कि जिन लोगों ने इंग्लैण्ड में प्रगतिशील लेखक संघ की नींव डाली थी, उन्हें यूरोप तथा अमेरिका के विषय में तो काफी जानकारी थी, लेकिन वे हमारे साहित्य की परम्पराओं से अनभिज्ञ थे। यह अनभिज्ञता उनका घोषणा-पत्र यह कहकर प्रकट कर देता है, "भारतीय साहित्य पुरानी सभ्यता के नष्ट हो जाने के बाद जीवन की यथार्थताओं से भागकर उपासना और मुक्ति की शरण में जा छिपा है। ...पिछली दो सदियों में, विशेषकर इस प्रकार का साहित्य रचा गया है जो हमारे इतिहास का लज्जास्पद काल है।"[366] यह बात उस समय कही जा रही थी जब इस देश में रवीन्द्रनाथ, प्रसाद, निराला, प्रेमचन्द और इकबाल आदि रचनात्मक क्षेत्र में सक्रिय थे।

आरम्भिक प्रगतिशील आलोचकों ने दुर्भाग्य से अपने साहित्य, (विशेषकर प्राचीन साहित्य) पर बड़े कठोर और मनमाने निर्णय दिए हैं। परम्परा से अनभिज्ञ फतवेबाजी ने इस आलोचना-पद्धति का बड़ा नुकसान किया। उन्होंने हिन्दी के प्राचीन तथा नवीन साहित्य का न तो धैर्य से अध्ययन किया और न ही

आलोचना-दृष्टि का सही विकास किया। सन् 1937 ई. में श्री शिवदान सिंह चौहान का 'भारत में प्रगतिशील साहित्य की आवश्यकता' नामक ऐतिहासिक लेख छपा, जिसमें लन्दन के घोषणा-पत्र का अन्धानुकरण था। मार्क्सवादी सैद्धान्तिकता का ठीक ज्ञान होने पर भी हिन्दी-साहित्य पर दिए गए निर्णय बेहद असंगतियों से भरे हैं। भक्तिकाल से लेकर आधुनिक काल तक इन्हें कुछ भी गर्व के योग्य नहीं मिला। समझदारी यहाँ तक बढ़ी कि प्रेमचन्द को 'पूँजीवादी यथार्थवाद' का पुजारी कहा गया। छायावादी भी 'प्रगतिशील न होकर प्रतिक्रियावादी' हैं। श्री चौहान ने लिखा, "इस छायावाद की धारा ने हिन्दी के साहित्य को जितना धक्का पहुँचाया, उतना शायद ही हिन्दू महासभा या मुस्लिम लीग ने भारत को पहुँचाया हो।"[367] सही दृष्टि से वे पन्त तथा निराला का मूल्यांकन न कर सके। ऐसी बातें अकेले चौहान साहब ही नहीं कर रहे थे—राहुल जी, यशपाल तथा रांगेय राघव भी इसी ढंग से कुछ भी बोल देते थे। राहुल जी ने कहा "तुलसी बाबा तो अब अवधी में लुटिया ही डुबोने के लिए तैयार दिखते हैं।"[368] इस प्रकार के निष्कर्ष प्रगतिशीलता के घोर शत्रु थे। पता नहीं कौन-सी मार्क्सवादी सिद्धान्त दृष्टि ने इन्हें भटका दिया था क्योंकि मार्क्सवाद तो आलोचना और जीवन का वैज्ञानिक सिद्धान्त है। अंग्रेजी के विद्वान प्रकाश चन्द्रगुप्त भी हिन्दी-साहित्य की परम्पराओं को बिना समझे गाली देते थे। काडवेल की सैद्धान्तिक दृष्टियों की माला जपने पर भी उनकी आलोचना 'साहित्यिक-भर्त्सना' से ऊपर उठती ही न थी। आचार्य शुक्ल की आलोचना को पढ़कर बोले थे, "वैष्णव पंथी और दार्शनिक कविता आपको विशेष प्रिय थी।"[369] आचार्य शुक्ल के दृष्टिकोण को गुप्तजी 'दृष्टिकोण की संकीर्णता और यदा-कदा कठमुल्लेपन' का पर्याय मानते थे।[370] इसलिए आचार्य शुक्ल की 'शैली को पूर्णतः आधुनिक' नहीं कहा जा सकता ? आप मध्ययुगीन केंचुल छोड़ने का प्रयत्न अवश्य कर रहे थे।"[371] इस प्रकार के अध्ययनशील प्रगतिवादी आलोचकों से थककर ही डॉ. रामविलास शर्मा को 'आचार्य रामचन्द्र शुक्ल और हिन्दी आलोचना' नामक महत्त्वपूर्ण पुस्तक लिखनी पड़ी है। अन्धेरे में बैठे उल्लुओं से दूर डॉ. शर्मा की आलोचना ही मार्क्सवाद का प्रथम सवेरा है।

यह सही है कि इन आरम्भिक प्रगतिवादी समीक्षकों ने प्रगतिवादी आन्दोलन को फैलाया-बढ़ाया है। इनके ऊपर विदेशी मार्क्सवादी चिन्तकों में मार्क्स-एंगेल्स, लेनिन, प्लखानोव, काडवेल आदि की सैद्धान्तिक मान्यताओं का प्रभूत प्रभाव पड़ा है।

श्री शिवदान सिंह की आरम्भिक सैद्धान्तिक मान्यताएँ 'प्रगतिवाद' नामक पुस्तक में संगृहीत हैं। इसकी भूमिका में चौहान जी ने लिखा है, "कविता, कहानी,

नाटक, आलोचना, रेखाचित्र, रिपोर्ताज, जनपदीय भाषाओं, राष्ट्रभाषा और साहित्य की व्यापक प्रवृत्तियों से सम्बन्ध रखने वाले विभिन्न प्रश्नों पर प्रगतिवाद का दृष्टिकोण निर्दिष्ट करने तथा आधुनिक साहित्य के नये मान-मूल्यों की व्याख्या-स्थापना करने के उद्‌देश्य से ही यथावसर इन निबन्धों की रचना होती रही है।''[372] साहित्य तथा संस्कृति के प्रश्नों पर मार्क्सवादी सैद्धान्तिकता से सोचने की यह आदत निर्जीव शास्त्रीय परम्पराओं के स्थान पर नये भाव-मूल्यों, नये सौन्दर्य मानों और साहित्य समाज के सम्बन्धों को व्याख्यायित-विश्लेषित करती है। 'प्रगतिवाद' पुस्तक के 'जनसाहित्य और साहित्यकार' नामक अंग प्रेमचन्द की वाणी सी दीपित हैं, ''हमारी कसौटी पर वही साहित्य खरा उतरेगा जिसमें उच्च चिन्तन हो, स्वाधीनता का भाव हो, सौन्दर्य का सार हो, सृजन की आत्मा हो, जीवन की सचाइयों का प्रकाश हो–जो हममें गति और संघर्ष और बेचैनी पैदा करे, सुलाये नहीं... ।'' प्रेमचन्द की इस दृष्टि में शिवदान जी की आस्था अटूट रही है। चौहान साहब के मत से प्रगतिवाद नये जन-साहित्य के निर्माण की भूमिका है।[373] साहित्य की विचारधारा के रूप में प्रगतिवाद का दार्शनिक आधार वैज्ञानिक भौतिकवाद है। यह कोई नयी बात नहीं है जबकि साहित्य की विचारधारा का आधार किसी दार्शनिक सिद्धान्त को बनाया गया हो। भक्ति काव्य के दार्शनिक आधार अद्वैतवाद, द्वैतवाद, विशिष्टाद्वैत और समन्वयवाद रहे हैं। वे सभी दार्शनिक सिद्धान्त आदर्शवादी (आयडियालिस्ट) थे। छायावाद का आधार भी आदर्शवाद ही रहा। ''किन्तु उसका यह अर्थ नहीं कि चूँकि प्रगतिवाद आदर्शवादी दर्शन को अपना आधार न मानकर वैज्ञानिक भौतिकवाद को स्वीकार करता है–इस कारण वर्जित है। यह भी कहना गलत होगा कि चूँकि वैज्ञानिक भौतिकवाद पश्चिम का दर्शन है–इस कारण भारतीय चिन्ताधारा में घुल-मिल नहीं सकता... ।[374] आज पूर्व-पश्चिम की सीमाएँ टूट रही हैं–इसलिए चौहान साहब का सुझाव है कि हमें पाश्चात्य विचारधाराएँ, आन्दोलन, प्रवृत्तियाँ आदि जो मानव का उत्कर्ष करती हैं, उन्हें निस्संकोच ग्रहण करना चाहिए। क्योंकि इसी ग्रहण-चिन्तन से विश्व-बोध का निर्माण किया जा सकता है। क्योंकि आज ''राष्ट्रीय संस्कृतियों की मूल प्रवृत्तियाँ (विचार वस्तु या कन्टेण्ट) एक होती जा रही है।''[375] प्रगतिवादी साहित्य 'मैं' के स्थान पर 'हम' या समाजवादी मूल्यों की दृढ़ता से स्थापना करता है।

श्री चौहान ने काडवेल की भाँति ही साहित्य को 'समाज की गतिशीलता की अभिव्यक्ति' माना है। इस अर्थ में 'कविता अत्याचार और अन्याय के विरुद्ध मानवता की वाणी है।'[376] चौहान साहब मानते हैं कि एक समय में रोमाण्टिक आलोचना ने कुछ अच्छी बातें कही थीं, लेकिन बाद में उसे टी. एस. इलियट,

हर्बर्ड रीड तथा डॉ. रिचर्ड्स के आलोचना-सिद्धान्तों ने विकृत कर दिया। रोमाण्टिक आलोचना की विकृतियों को दूर करने का यथार्थवादी आलोचना ने वैसा ही प्रयत्न किया है जैसा प्रयत्न मार्क्स को हीगल के गतिशीलता के सिद्धान्त को ठीक करने के लिए करना पड़ा था। प्रगतिवाद 'रूप' से ज्यादा 'वस्तु' को महत्व देता है, ऐसी स्थिति में वह पुराने या नये रीतिवाद, चमत्कारवाद, प्रतीकवाद, अभिव्यंजनावाद के जनवादी, आदर्शवादी, व्यक्तिवादी, कला दृष्टि का खण्डन करता है।[377] प्रगतिवाद की शैली 'सामाजिक यथार्थवाद' है।[378] "प्रगतिवाद की विचार वस्तु (कन्टेण्ट) और रूप-विधान (फोरम) का समुचित समन्वय 'सामजिक यथार्थवाद' (सोशल रियलिज्म) की धारा में होता है। अतः 'सामाजिक यथार्थवाद' की धारा ही साहित्य में प्रगतिवाद है।"[379] इस प्रकार प्रगतिवादी आलोचना-सिद्धान्तों की सैद्धान्तिक-दृष्टि को डॉ. चौहान ने व्यापक स्तर पर स्पष्ट किया है। मार्क्सवाद में इनकी आस्था अटूट है। वे कहते भी हैं कि "मार्क्सवाद को स्वीकार करना एक प्रगतिवादी के लिए आवश्यक है।"[380] वे मनोविश्लेषणवादी इलाचन्द्र जोशी की इन स्थापनाओं का प्रबलता से खण्डन करते हैं कि मार्क्सवादी आलोचना दृष्टि मात्र प्रोपेगेण्डा है। वे काडवेल के कला-सिद्धान्तों में भी गहरी आस्था रखते हैं और उनकी मूल आलोचना-दृष्टि को निर्मित करने में मार्क्स तथा काडवेल ने ही भारी योग दिया है। वे कहते हैं, "हमें स्वर्गीय काडवेल की स्थापना स्वीकार करनी चाहिए कि साहित्य या कला मनुष्य की स्वतंत्रता प्राप्त करने का एक साधन है।"[381]

'कविता की आधुनिक व्याख्या' सम्बन्धी निबन्ध में चौहान साहब ने काडवेल की काव्य-सिद्धान्त-दृष्टि को समग्रता में ग्रहण किया है। इसी दृष्टि से वे योरोप के भाववादी व्याख्याकार तथा नये स्कूल के पुरोधा ई. टी. हुल्मे, पी. के. चित्रकल्पनावादी (इमेजिस्म) क्रोचे के अभिव्यंजनावाद, बादलेयर, बर्लेन, रेम्बा, रोजिटी, मौरिस, आस्कर वाइल्ड और हौपमिन्स का 'कला कला के लिए सिद्धान्त', प्रतीकवाद, भविष्यवाद और हर्बर्ड रीड के अतिवस्तुवाद (सुर-रियलिज्म) और फ्रांस के अरागां और जीड तथा इंग्लैण्ड के लीविस, आडेन, रेन्सम केनरो रीतिवाद (न्यू क्रिटिसिज्म) तथा स्पेण्डर के रोमाण्टिक यथार्थवाद का प्रबल खण्डन करते हैं क्योंकि इन सिद्धान्तों में विकृति तथा पतन का प्रचार है।[382] अंग्रेजी कलाकारों के मूल्यांकन के लिए वे अंग्रेजी के मार्क्सवादी विचारक काडवेल की दृष्टि ही उपयुक्त समझते हैं। यही वह दृष्टि है जो पूँजीवादी-साम्राज्यवादी तथा अराजकतावादी-साहित्य की कमजोरियों का भण्डाफोड़ कर सकती है। अनास्था-वादी पराजयवादी अस्तित्ववाद की दृष्टि पर भी इसी दृष्टि से काबू पाया जा सकता है। प्रगतिशील दृष्टिकोण ही वर्गहीन समाज की स्थापना का भाव-संगठन

तथा मानव-मुक्ति का अस्त्र बन सकती है।[383]

यह समझना भूल होगी कि श्री चौहान ने भारतीय साहित्यालोचन की उपेक्षा की है। उनका ध्यान भारतीय साहित्यशास्त्र पर रहा ही नहीं, बल्कि 'आलोचना के सिद्धान्त' नामक कृति में उन्होंने रस-सम्प्रदाय, ध्वनि-सम्प्रदाय, औचित्य-सम्प्रदाय, रीति-सम्प्रदाय, अलंकार-सम्प्रदाय, वक्रोक्ति-सम्प्रदाय आदि का विवेचन अत्यन्त मनोयोग से किया है। वे भारतीय साहित्यालोचन की परम्परा के दो वर्ग बना लेते हैं—(1) उपयोगितावादी वर्ग—रस, ध्वनि तथा औचित्य, (2) रूपवादी या नवरीतिवादी वर्ग—शरीरवादी वर्ग—रीति, अलंकार तथा वक्रोक्ति।[384] समग्र भारतीय साहित्यशास्त्र को इन दो वर्गों में बाँटकर वे इसकी उपलब्धियों पर दृष्टि डालते हैं। रस-सिद्धान्त की गरिमा से अविभूत चौहान साहब उसे 'कला निर्मिति शास्त्र का भारतीय प्रमेय' कहते हैं।[385] रस-परम्परा, रस के विभिन्न अर्थ, रस-संख्या, रसास्वादन प्रक्रिया, रस-निष्पत्ति आदि की चर्चा से वे निष्कर्ष निकालते हैं कि उत्पत्तिवाद, अनुमितिवाद, भुक्तिवाद, अभिव्यक्तिवाद आदि...रसानुभूति के स्वरूप और उसकी प्रक्रिया की गम्भीर, वैज्ञानिक छानबीन की गई।"[386] भरतमुनि से लेकर पण्डितराज तक की परम्परा का अवगाहन करने के बाद वे निष्कर्ष निकालते हैं, "रस-सम्प्रदाय के आचार्यों के तत्त्व-चिन्तन में अनेक गम्भीर तथा वैज्ञानिक उद्‌भावनाएँ हमें मिलती हैं—विशेषकर भावक (पाठक या दर्शक) के मन पर कलाकृति के प्रभाव की मनावैज्ञानिक प्रक्रिया क्या और कैसी होती है—इसका सूक्ष्म विवेचन...।"[387] इस प्रकार सौन्दर्य-दृष्टि (ईस्थेटिक) में 'रस' एक अनिवार्य तत्त्व बन गया है। श्री चौहान जगह-जगह भरत तथा अरस्तू के सिद्धान्तों की तुलना भी करते चलते हैं। अनेक पाश्चात्य सिद्धान्तों के प्रकाश में रस-सिद्धान्त को रखकर देखने से उन्हें स्पष्ट हो जाता है कि, "मनोवैज्ञानिक, सामाजिक, रोमाण्टिक, यथार्थवादी, प्रतीकवादी, यथातथ्यवादी किसी भी प्रवृत्ति का लेखक या कलाकार हो...वह 'रस' से न तो कलाकृति का और न पाठक या दर्शक का विच्छेद कराने में समर्थ हो सका है।"[388] क्योंकि "रस का विचार-सूत्र हमारी एक सामान्य और जीवन्त विरासत है।"[389] उस विरासत के मूल्यवान तत्त्वों को स्वीकृति देकर उन्होंने विशालता का परिचय दिया है। वे मानते हैं, "रस कलानिर्मिति (क्रिएटिव प्रोसेस) या उसके आस्वादन (एस्थेटिक एक्सप्रेशन) का एक संश्लिष्ट कन्सेप्ट है।"[390] काव्य-हेतु सम्बन्धी मान्यताओं के विचार से वे अभिनवगुप्त के बड़े समर्थक हैं। मूल्यांकन में औचित्य-सिद्धान्त उन्हें भरा-पूरा लगता है और वक्रोक्तिकार के प्रतिभावान रूप की धाक मानते हैं। भारतीय काव्य-चिन्तन में उपयोगितावादी सिद्धान्त—रस, ध्वनि तथा औचित्य—"काव्य कला सम्बन्धी कुछ ऐसे व्यापक और सार्वजनीन सौन्दर्य-सिद्धान्तों का विकास

कर सके, जिनकी उद्‌भावना स्वतंत्र रूप से पाश्चात्य चिन्तकों ने भी की है या कर रहे हैं।''[391] कला के रूपवादी सिद्धान्त अलंकार, रीति तथा वक्रोक्ति भी उन्हें एक सीमा तक प्रभावित करते हैं—क्योंकि उनके मत से वक्रोक्तिवाद ने 'एक व्यापक सौन्दर्यशास्त्र' की उद्‌भावना की है, ''वक्रोक्ति सिद्धान्त के प्रति परवर्ती आचार्यों ने जो विरोध प्रकट किया, वह क्षोभ का विषय है। दरअसल (ध्वनि संयुक्त) रस सिद्धान्त में ही रूप-निर्माण की प्रक्रिया के रूप में वक्रोक्ति का समाहार करने की आवश्यकता थी।''[392] इस दृष्टि से लगता है कि वे मार्क्सवादी होते हुए भी नये ढंग के रसवादी हैं। यहाँ उनका चिन्तन भी आचार्य शुक्ल के काफी नजदीक हैं।

आलोचना-सिद्धान्तों की दृष्टि को गहराई से थाहने के लिए वे प्लेटो से लेकर बीसवीं शताब्दी के काव्य सिद्धान्तों तक की चर्चा विस्तार से करते हैं। किसी भी सिद्धान्त का खण्डन करने से पहले उसका विवेचन करते हैं—तब अपनी बात रखते हैं। फ्रायड के मनोविश्लेषशास्त्र तथा सार्त्र के अस्तित्ववाद की नकल भारतीय समीक्षा में होते हुए देखकर वे अत्यन्त दुःखी होते हैं—कारण इन लेखकों तथा आलोचकों ने उनकी नकल करके आस्था, कुंठा, मानवद्रोह और समाज-निपेक्ष को साहित्यिक कृतित्व का लक्ष्य बना लिया है।''[393] 'कला कला के लिए रूपवादी सिद्धान्त' का वे घोर प्रतिक्रियावादी दृष्टि अपनाने के कारण खण्डन करते हैं। उनकी दृष्टि में प्रतीकवाद, प्रभाववाद, अभिव्यंजनावाद, चेतना प्रवाहवाद आदि मानव को भटकानेवाले जीवन विरोधी सिद्धान्त हैं। पश्चिमी 'प्रयोगवाद' भी पूँजीवाद की दलाली का दर्शन है। इसलिए वे आई. ए. रिचर्ड्स, टी. एस. इलियट, जान क्रोरेन्सम, आडेन आदि को उसका प्रचारक कहते हैं।[394] स्वच्छन्दतावादी आलोचना की बुराइयों से दूर यथार्थवादी आलोचना-सिद्धान्त जिन्हें रूसी विचारक बेलिन्स्की और चर्निशेल्सकी, टालस्टाय ने रखा है—उन्हें प्रभावित करते हैं। इन्हें सेण्ट-ल्यूब तथा टेन के सिद्धान्तों की समाज-दृष्टि तथा कला-दृष्टि भाती है। बेलिन्स्की के तीन काव्य प्रतिमान (1) वास्तविकता, (2) कलात्मक पूर्वता, (3) प्रतिभा को उन्होंने पूरी तरह ग्रहण किया है। इन सभी की पूर्णता वे 'प्रगतिवाद समाजवादी यथार्थवाद' में पाते हैं।[395] यह सिद्धान्त असामाजिक-अनैतिक, कुंठावादी, मानवद्रोही, व्यक्तिवाद के स्थान पर मानववाद का समर्थन करता है। वे मानते हैं कि तात्त्विक दृष्टि से आलोचना में यथार्थवाद, प्रगतिवाद, समाजवाद, साम्यवाद की प्रवृत्तियाँ सजातीय हैं। 'साहित्य के मूल्यांकन की समस्या' नामक निबन्ध इनकी सैद्धान्तिक दृष्टि का सार प्रस्तुत करता है। कला एक सामाजिक वस्तु है जिसमें आस्थावादी-आशावादी-मानवतावादी मूल्यों को ही वे सच्चे प्रगतिशील मूल्य मानते हैं। रूपात्मक आलोचना पाठक तथा मूल्यों

को ठुकराकर चलती है—वह केवल अफेक्टिव फैलोसी के चक्कर में पड़कर कला-दृष्टि को भ्रष्ट करती है। उसकी दृष्टि में रूप का साक्षात्कार ही कलाकृति का चरम लक्ष्य है। रूप को चरम माननेवाली इस दृष्टि को चौहान साहब पतनशील पूँजीवादी-प्रतिक्रियावादी दृष्टि का घृणास्पद रूप मानते हैं। उनके मत से ''कलाकृति समग्र जीवन का वैविध्यपूर्ण और मूर्त प्रतिबिम्ब होती है। इसलिए उसमें मानव-सम्बन्धों, कार्यों, भावों, विचारों, नैतिक मान्यताओं, सामाजिक और व्यक्तिगत संघर्षों और समस्याओं की एक मूर्त और सजीव झाँकी होती है।''[396] कलावस्तु की सामाजिकता के साथ पाठक की प्रभाव-ग्रहण क्षमता को भी वे अत्यधिक महत्त्व देते हैं, क्योंकि मार्क्सवादी कला में इसका बड़ा आदर है। यह दृष्टि ही पाठक को एण्टोलाजिकल फैलोसी के अन्धे कूप में कूदने से बचा सकती हैं। वे नयी आलोचना को एण्टोलाजिकल एनालिसिस के कारण 'आधुनिक युग का रीतिवाद' मानते है। प्रयोगवादी कवियों की निन्दा करने का कारण भी वे इसी आधुनिक रीतिवाद में पाते हैं। यह पाश्चात्य रीतिवाद पाठक को रीतिकालीन रीतिवाद की भाँति भटकाना चाहता है। ऐसी स्थिति में रचना की 'साहित्यिकता', 'सामाजिकता', 'वास्तविकता' को परखने के लिए मार्क्सवादी-सौन्दर्यशास्त्र की दृष्टि को ग्रहण करना चाहिए। क्योंकि चौहान के मत से ''साहित्यालोचन की मुख्य समस्या 'आंतरिक संगति का विश्लेषण' नहीं, बल्कि मूल्यांकन है।''[397] मूल्यांकन ही रचना का धर्म है जिसे 'प्रेषणीयता' तथा 'अर्थगम्यता' की मार्क्सवादी—काडवेलवादी—दृष्टि से ही समझा जा सकता है।

समग्रतः कविता के नये काव्यशास्त्र में प्रवृत्त करनेवाली इनकी दृष्टि में भारतीय तथा पाश्चात्य प्रगतिशील मानों तथा मूल्यों का समन्वय मिलता है। इस प्रकार वे साहित्य में 'पूर्ण मानव की प्रतिष्ठा' के हामी आलोचक हैं।

प्रकाशचन्द्र गुप्त

ये 1908 से 1970 ई. तक आलोचना के क्षेत्र में सक्रिय रहे। मार्क्सवादी आग्रह रखने पर भी ये हिन्दी-साहित्य की परम्परा तथा प्रगति को ठीक से समझा नहीं सके हैं। उनकी कृतियाँ 'आधुनिक हिन्दी-साहित्य : एक दृष्टि' (1952 ई.), 'हिन्दी-साहित्य की जनवादी परम्परा' (1953 ई.) और 'साहित्यधारा' (1956 ई.) आदि व्यावहारिक आलोचना के क्षेत्र में महत्त्वपूर्ण स्थान रखती हैं। मार्क्सवादी आलोचना की दृष्टि अपनाने के अतिरिक्त ये नवीन सिद्धान्त-चिन्तन नहीं कर सके। इन्होंने विध्वंसात्मक आलोचना के स्थान पर सहानुभूतिपरक मार्क्सवादी आलोचना के विकास-परिष्कार में सहयोग दिया है।

डॉ. नामवर सिंह

समाजवादी जीवन-मूल्यों और नये साहित्य के भाव-बोध को लेकर समसामयिक आलोचना के क्षेत्र में डॉ. नामवर सिंह अग्रणी हैं। मुक्तिबोध प्रगतिवादी आलोचकों से जिस माँग को जोर-शोर से करते रहे हैं कि उन्हें नयी कविता तथा नये साहित्य को व्यापक तथा उदार दृष्टि से विवेचित-विश्लेषित करना चाहिए—वह कार्य इन्हीं के द्वारा पूरा किया जा रहा है। इन्होंने प्राचीन तथा नवीन साहित्य का गहन अध्ययन किया है। प्राचीन काव्य पर 'हिन्दी के विकास में अपभ्रंश का योग' तथा आचार्य द्विवेदी के साथ 'संक्षिप्त पृथ्वीराज रासो' का सम्पादन एवं तेस्सोतेरी के प्रख्यात भाषा शास्त्रीय ग्रन्थ 'प्राचीन राजस्थानी' का हिन्दी अनुवाद प्रस्तुत किया है। 'पृथ्वीराज रासो की भाषा' नामक इनका शोध-प्रबन्ध भी पर्याप्त समादृत हुआ है। किन्तु डा. नामवर सिंह के चिन्तक और आलोचक का रूप 'इतिहास और आलोचना', 'छायावाद', 'कहानी—नयी कहानी' और 'कविता के नये प्रतिमान' में निखरता है। यह सच है कि डॉ. नामवर सिंह हिन्दी-साहित्य के इतिहास की ऐतिहासिक भौतिकवादी दृष्टिकोण से पुनर्लेखन की माँग को आरम्भ से ही रेखांकित करते रहे हैं। मार्क्सवादी पद्धति से 'छायावाद' नामक पुस्तक में गहन विवेचन-विश्लेषण किया गया है।

डॉ. सिंह ने 'छायावाद' नामक पुस्तक की भूमिका में कहा है कि 'यह निबन्ध छायावाद की काव्यगत विशेषताओं को स्पष्ट करते हुए छायावाद में निहित सामाजिक सत्य का उद्घाटन करने के लिए लिखा गया है।' सामाजिक सत्य के उद्घाटन के लिए ही वे 'छायावादी स्वानुभूति' तथा 'भक्तों के आत्म निवेदन' की भिन्नता-समता को खोजते हैं तथा स्वानुभूति, कल्पना, प्रकृति का मानवीकरण, अप्रस्तुत-विधान आदि को 'कार्य-कारण-सम्बन्ध' से व्याख्यायित-विश्लेषित करते हैं। वे इसमें 'सामाजिक पृष्ठभूमि' नामक आरोपित अध्याय न लिखने का कारण भी देते हैं, ''सामाजिक सत्य कविता से खोज निकालने की चीज है, ऊपर से आरोपित करने की नहीं।'' छायावादी मनोवृत्ति को 'सामाजिक सत्य' से जोड़ते हुए वे पाते हैं कि छायावादी काव्य का ''सारा सौन्दर्य व्यक्ति की स्वाधीनता की भावना से उत्पन्न हुआ है और यह स्वाधीनता भी व्यक्ति के माध्यम से सम्पूर्ण समाज की स्वाधीनता की अभिव्यक्ति है।'' छायावाद में तत्कालीन राष्ट्रीय-जागरण का पर्याप्त आभास है, ''छायावाद की कविताएँ अपने पीछे एक विशाल परिदृश्य का पता देती हैं। छायावाद में जो सार्वभौम और शाश्वत तत्त्व दिखाई पड़ते हैं, वे सौन्दर्यशास्त्र के किसी अलौकिक नियम से नहीं आए हैं—बल्कि उनके ऐतिहासिक कार्यों के ही पुरस्कार हैं।''[398] इस प्रकार काव्य-विवेचन के प्रतिमान रूप में 'सामाजिकता-ऐतिहासिकता' की स्थापना का यह

प्रथम मार्क्सवादी प्रयत्न है। इसमें मार्क्सवादी सिद्धान्तों को ऊपर से थोपा नहीं गया, छायावाद के 'वस्तु' तथा 'रूप' विश्लेषण से सैद्धान्तिक निष्कर्ष पाए गए हैं। उन्होंने सामाजिक-ऐतिहासिक दृष्टि से ही छायावाद को रहस्यवाद, स्वच्छन्दतावाद का पर्याय माननेवालों का विरोध किया है। आचार्य शुक्ल से लेकर डॉ. नगेन्द्र तक की दृष्टि के अन्तर्विरोधों को उद्घाटित करते हुए कहा–छायावाद की परिभाषा कविता में पाई जाने वाली प्रवृत्तियों के आधार पर होनी चाहिए, ''और यहाँ हमें यह न भूलना चाहिए कि छायावाद उस राष्ट्रीय जागरण की काव्यात्मक अभिव्यक्ति है जो एक ओर पुरानी रूढ़ियों से मुक्ति चाहता था और दूसरी ओर विदेशी पराधीनता से।''[399]

डॉ. नामवर सिंह की पुस्तक 'इतिहास और आलोचना' में अनेक निबन्ध सैद्धान्तिक दृष्टि से महत्त्वपूर्ण हैं। मार्क्सवादी दृष्टि से 'व्यापकता और गहराई', 'कलात्मक सौन्दर्य का आधार', 'सामाजिक संकट और साहित्य', 'समाज और साहित्य के बीच की कड़ी लेखक का व्यक्तित्व', 'अनुभूति की वास्तविकता', 'प्रगतिवादी वस्तु और प्रयोगवादी रूप', 'भ्रम और वास्तविकता', 'आधुनिक छन्दों का विकास', 'छन्द के कुछ नये प्रयोग', 'नई कविता की भाषा', 'नई कविता में लोक भाषा का प्रभाव', 'हिन्दी साहित्य के इतिहास में लोक साहित्य का स्थान' आदि नवीन आलोचना-मानों की दृष्टि से बहुत महत्त्वपूर्ण निबन्ध हैं। रस, छन्द, अलंकार से हटकर नये प्रतिमानों की यह खोज हिन्दी की सैद्धान्तिक समीक्षा में विशिष्ट स्थान रखती है। 'व्यापकता तथा गहराई' नामक निबन्ध में प्रथम वाक्य है, ''अक्सर देखते हैं कि पानी के सोते की तरह लेखक साफ होता है तो उथला कहा जाता है और गदला होता है तो गहरा।''[400] 'आलोचना' पत्रिका के सम्पादक आचार्य वाजपेयी प्रेमचन्द को 'सतही' कहकर सन्तोष कर लेते हैं–इन्हीं सम्पादक महोदय की दृष्टि को साफ करने के लिए 'व्यापकता और गहराई' को परखा गया है। जो आलोचक साहित्य-सौन्दर्य के 'नियमों' को समाज से दूर रखकर बनाने का दम्भ भरते थे, उन्हें फटकारा गया है। 'सार्वभौमिकता' से 'गहराई' तक आनेवाले आलोचक किस कदर भटकते हैं कि प्रेमचन्द में व्यापकता पाते हैं तो गहराई नहीं पाते। जैनेन्द्र में 'गहराई' पाते हैं तो 'व्यापकता' नहीं। ये भले मानुष यह नहीं जानते हैं कि ''अनुभूति की गहराई का निर्णय एक व्यक्ति और एक क्षण से नहीं किया जा सकता है। गहराई का निर्णय दिक् और काल सापेक्ष्य है। इस तरह अनुभूति की गहराई पर विचार करते समय हमें साधारणीकरण के प्रश्न तक का सामना करना पड़ेगा।''[401] यह सामना करते ही पता चल जाएगा कि व्यापकता को गहराई से अलग नहीं किया जा सकता। ''व्यापकता का तिरस्कार करके जो लेखक गहराई

लाने का दम भरता है, वह दरअसल संकीर्णता के अन्धकूप में कूद पड़ता है। उसकी अनुभूति का अर्थ संकुचित होता है और गहराई उथली होती है।''[402] जो आलोचक व्यक्तिवादी मनोविश्लेषणशास्त्र के अवचेतन-सिद्धान्त से साहित्य का मूल्यांकन करते हैं—उन पर डॉ. नामवर सिंह ने 'व्यापकता तथा गहराई' में प्रबल आक्रमण किया है। क्योंकि इन व्यक्तिवादियों को पता नहीं है कि ''साहित्य व्यक्ति से शुरू होकर अनेक अन्तर्वैयक्तिक सामाजिक सम्बन्धों में चला जाता है।''[403] वे फ्लावेयर के 'मादाम वोबारी' और टाल्स्टाय के 'अन्ना कैरेनिना' के विश्लेषण से सामाजिक अन्तर्वैयक्तिकता के सम्बन्धों की जटिलता और विविधता को स्पष्ट करते हैं। 'सामाजिक-वास्तविकता' के स्तर पर प्रेमचन्द बेजोड़ हैं। इस प्रकार काव्य के मार्क्सवादी-प्रतिमान तार्किकता तथा वैज्ञानिकता से यहाँ स्थान पाने लगते हैं।

'कविता के नये प्रतिमान' में डॉ. सिंह ने प्राचीन तथा नवीन सर्जनात्मकता का मूल्यांकन करने के लिए और न्याय दिलाने के लिए लक्ष्मीकान्त वर्मा की पुस्तक 'नयी कविता के प्रतिमान' नामक पुस्तक से दिशा-दृष्टि में अलग हटते हुए देश-विदेश के सिद्धान्तों से नया काव्य-शास्त्र निर्मित किया है। जब नयी कविता का शास्त्र बना तो पहली पुस्तक श्री लक्ष्मीकान्त वर्मा की 'नयी कविता के प्रतिमान' लिखी गई। दृष्टि की प्रतिगामिता के कारण इस पुस्तक को डॉ. सिंह ने कहा, ''पहला दुर्भाग्यपूर्ण प्रयास लक्ष्मीकान्त वर्मा का ग्रन्थ है—'नई कविता के प्रतिमान'।''[404] डॉ. रामविलास शर्मा का कहना है—डॉ. नामवर सिंह ने 'कविता के नये प्रतिमान' पुस्तक को साही के इस संकेत से लिखा, ''समूची नई कविता को ठीक-ठीक देखने के लिए नई कविता के प्रतिमान की जरूरत नहीं है, बल्कि कविता के नये प्रतिमान को ठीक-ठीक देखने के लिए नयी कविता के प्रतिमान की जरूरत है।'' अतः सभी कालों की कविता के काव्य-बोध को परखने के लिए डॉ. सिंह ने 'कविता के नये प्रतिमान' की रचना की है। उन्होंने यह भी कहा है कि यह रचना नये मूल्यों की खोज और प्रतिष्ठा को लेकर चलनेवाले संघर्ष का सिलसिला प्रस्तुत करती है—वाद-शैली से नये प्रतिमानों को खोजा गया है क्योंकि मूल्य कमाए हुए सत्य होते हैं—वे हस्तान्तारेत नहीं किए जाते, उनके लिए खुद कीमत चुकानी पड़ती है। आलोचक काव्य के मूल्यों का निर्माण नहीं करता। ''शब्दानुशासन के समान ही काव्यानुशासन भी वस्तुतः अनुशासन है, शासन नहीं। इस अनुशासन का आधार है नये काव्य-सृजन में निहित मूल्यों का प्रत्यभिज्ञान या पहचान...।''[405] यह पहचान आज के प्रबुद्ध और सामान्य पाठक को कराना जरूरी है। कारण, ''जो अपने को सामान्य पाठक कहता है वह भी अपने काव्यानुभव में अनजाने ही किसी न किसी काव्य-सिद्धान्त से

अनुशासित होता है। ये अनजाने काव्य-सिद्धान्त पर्यवेक्षण और निर्णय में सब समय साधक ही नहीं होते, ज्यादातर तो वे पाठक की दृष्टि को सीमित और निर्णय को पूर्वग्रह से दूषित करते प्रतीत होते हैं।''[406] डॉ. सिंह ने इसी कारण मार्क्सवादी प्रतिमानों के साथ पश्चिम के नव्य रीतिवाद (न्यू क्रिटिसिज्म) को प्रतिमान-निर्धारण में मिलाकर कदम आगे बढ़ाया है। इस समन्वय से डॉ. रामविलास शर्मा तथा कट्टर मार्क्सवादी जो नाराज हुए हैं—लेकिन सामान्य पाठक उल्लसित हुआ है। मार्क्सवादी-रूपवादी दृष्टि के प्रभाव से भारतीय सिद्धान्तों की यह नवीन निर्मिति काफी सुखद है। फिर भी ''यह तथ्य अनदेखा नहीं किया जा सकता कि कविता के नये प्रतिमानों के केन्द्र में मुक्तिबोध हैं।''[407] स्वयं मुक्तिबोध ने व्यक्तिवादी, आदर्शवादी, भाववादी, अस्तित्ववादी, अतियथार्थवादी, प्रतीकवादी, पूँजीवादी तथा शुद्ध कलावादी सौन्दर्यवादी प्रतिमानों का खण्डन करते हुए बेलिंस्की की यथार्थवादी आलोचनाधारा के प्रतिमानों का समर्थन किया है। पश्चिम के मार्क्सवादी सौन्दर्यशास्त्र का उन पर गहरा प्रभाव है तथा आलोचना के वर्गीय आधार को वे केन्द्र में रखते हैं। ऐसी स्थिति में मुक्तिबोध को केन्द्र में रखते ही डॉ. सिंह पर वे सभी पश्चिमी प्रभाव जाने-अनजाने ही आ जाते हैं जो मुक्तिबोध ने लिए हैं, इसके अतिरिक्त रूपवादी समीक्षा या नई समीक्षा के समीक्षक जान क्रो रेन्सम, विमसाट, एफ. आर. लीविस, आडेन आदि के विचारों की धमक भी इन पर कम नहीं है। सबसे अच्छी बात यह है कि ये भारतीय काव्य-सिद्धान्तों से गहन सम्पर्क रखते हैं और उनकी शक्ति एवं सीमा को समझते हैं। भारतीय काव्य-सिद्धान्त-परम्परा में वे आचार्य अभिनवगुप्त, आचार्य रामचन्द्र शुक्ल तथा हजारी प्रसाद द्विवेदी की परम्परा के समर्थक विचारक हैं। भारतीय काव्य-सिद्धान्तों के साथ वे मार्क्सवादी दृष्टि का अभिनिवेश करते है। और तार्किकता से रचना, युग तथा सिद्धान्त पर सोचते-विचारते हैं।

'कविता क्या है ?' एक ऐसी बहस है जो देश-विदेश में हजारों सालों से लगातार चलती रही है और जारी है। अब तो देश-विदेश में कविता के आगे 'नया' शब्द अनिवार्य हो गया है। यह 'नया क्या है'—इस प्रश्न के साथ ही यह प्रश्न भी उठता है—कविता क्या है ? 'और यदि सत्य कहा जाय तो पहले की अपेक्षा अब दूसरा प्रश्न अधिक महत्त्वपूर्ण हो उठा है।' डॉ. जगदीश गुप्त के इस कथन पर डॉ. सिंह का ध्यान जाता है और उन्हें 'कविता क्या है ?' प्रश्न उठाना संगत लगता है। डॉ. गुप्त के दोनों प्रश्न 'नया क्या है ?' और 'कविता क्या है।' डॉ. सिंह को एक ही सिक्के के दो पहलू प्रतीत होते हैं।[408] वे डॉ. जगदीश गुप्त के काव्य-लक्षण में अनुभूति का तत्त्व पाकर भी 'सृजनात्मकता'

को गायब पाते हैं। उन्हें ऐसा लगता है कि छायावाद तो जड़ जमा गया 'नयी कविता' छूट गई। डॉ. जगदीश गुप्त, लक्ष्मीकान्त वर्मा की असंगतियों के मध्य से डॉ. नगेन्द्र के निबन्ध 'कविता क्या है ?' पर पहुँचते हैं। वे पाते हैं कि 'रूप विवृत्तियों का ज्ञान' और 'रूप की सूक्ष्म गहन अनुभूति' को उठाकर डॉ. नगेन्द्र रत्नाकर को अज्ञेय से श्रेष्ठ कवि सिद्ध करने पर तुले हैं। इधर डॉ. सिंह को भी फर्क छायावादी तथा नयी कविता में ही देखना है। वे पाते हैं कि "छायावादी काव्य-रचना की प्रक्रिया जहाँ भीतर से बाहर की ओर है, वहाँ नयी कविता की रचना-प्रक्रिया बाहर से भीतर की ओर है।"[409] और यहाँ 'रूप का भाव में रूपान्तरण' किया गया है। डॉ. नगेन्द्र की काव्य-परिभाषा में स्वच्छन्दतावादी-रसवादी आग्रह से चिढ़ कर डॉ. सिंह ने कहा, "यदि नये आलम्बनों के नाम पर कौए, मुर्गे और गैंडे फँसाना ही रस-चक्र का विकास है तो हमें हरिऔध का रस-कलश रस-सागर है।"[410] 'छायावाद की अनुभूति' तथा नयी कविता की 'अनुभूति' को अलगाने में डॉ. नामवर सिंह ने अज्ञेय द्वारा समर्थित के रागात्मक सम्बन्धों के बदलाव का सिद्धान्त ग्रहण किया है। इसी बिन्दु से वे डी. एच. लारेन्स से इलियट तक की गिरफ्त में आ जाते हैं। मुक्तिबोध का नाम लेकर भी वे मुक्तिबोध को यहाँ छोड़ बैठे हैं—क्योंकि मुक्तिबोध तो नयी कविता में दो राहें मानते हैं—एक प्रतिगामी धारा—उच्च मध्यवर्ग की धारा—जिसके प्रतिनिधि अज्ञेय और दूसरी प्रगतिशील धारा—जिसके प्रतिनिधि निम्न मध्यवर्ग के कवि। उच्च मध्यवर्ग के कवि अमरीकी साम्राज्यवाद-पूँजीवाद के समर्थक होने से कलावादी मूल्यों के समर्थक हैं—दूसरे प्रगतिशील कवि—सामाजिक-सांस्कृतिक मूल्यों के लिए संघर्षरत। इस प्रकार डॉ. सिंह ने बड़ी दूर तक पश्चिम को ग्रहण किया—डॉ. शर्मा के शब्दों में, "वह दर्शन नामवर सिंह को अज्ञेय से, अज्ञेय को सार्त्र से, सार्त्र को किर्केगार्ड से, किर्केगार्ड को यूरोप के अनेक भाववादी दार्शनिकों से प्राप्त हुआ है।"[411]

विजयदेव नारायण साही ने 'काव्यानुभूति के बनावट में ही परिवर्तन आ गया है' कहकर नया संकेत नयी कविता में दिया है, उसे डॉ. नामवर सिंह स्वीकार करते हैं। "इसलिए यदि नयी कविता को कविता के रूप में जाँचना-परखना है तो काव्यानुभूति की इस बदली हुई बनावट को ध्यान में रखकर कविता की परिभाषा करनी पड़ेगी।"[412] यह परिभाषा कौन-सी हो, इस पर डॉ. सिंह अपनी काव्य-परिभाषा नहीं करते, बल्कि फिर साही जी के कन्धे पर खड़े हो जाते हैं। नयी कविता के साथ 'कविता के प्रतिमान' का प्रश्न भी प्रधान रूप से उठा है। यह प्रश्न साही जी से संकेत प्राप्त करके 'नयी कविता' पत्रिका 1967 के आठवें अंक में श्री नागेश्वर लाल जी ने भी उठाया है। डॉ. नामवर सिंह का

विचार है कि जिन्हें हम आज 'पुराने प्रतिमान' कहते हैं, वे वस्तुतः 'पुराने संस्कार' हैं।[413] जब तक इन संस्कारों को न तोड़ा जाएगा तब तक नये प्रतिमानों की चर्चा करना कठिन है। इसी बात को कुँवर नारायण ने कहा था, "आज भी हिन्दी-समीक्षा के सिद्धान्त पक्ष और व्यवहार-पक्ष में यह विषमता बनी हुई है। अधिकांश समीक्षा के पीछे व्यक्तिगत रुचि और काव्यानुभव रहता है। समीक्षा के सुनिश्चित मानदण्ड या तो होते ही नहीं, या ऊलजलूल होते हैं।"[414] इस बात पर भी विचार करने के बाद डॉ. सिंह इसी निष्कर्ष पर पहुँचे हैं कि इस विसंगति का आधार भी छायावादी संस्कार है।[415] छायावाद की रूमानी धारणा नये प्रतिमानों के लिए चुनौती है। लेकिन डॉ. नामवर सिंह ने छायावाद में आचार्य शुक्ल को घसीट लिया, "छायावाद का विरोध करके भी आचार्य शुक्ल हिन्दी के काव्य-पाठक के संस्कार को बहुत कुछ छायावादी रुचि संवलित कर गए, जिसे 'छायावाद' का पतन' जैसी पुस्तक भी न तोड़ सकी।"[416] डॉ. सिंह का यह कथन इतना विवादास्पद है कि लगता है—वे काव्य-प्रतिमान के चक्कर में आचार्य शुक्ल से भी भटक गए हैं।

डॉ. सिंह ने 'रस के प्रतिमान की प्रसंगानुकूलता' पर बहस को केन्द्रित किया है। वे कहते हैं कि 'प्रायः सभी नये लेखक इस बात पर एकमत दिखाई पड़ते हैं कि नये प्रतिमानों का सम्बन्ध रस से नहीं हो सकता...।"[417] डॉ. नामवर सिंह यहाँ 'अनुभूति' में आचार्य शुक्ल को साथ लेकर 'हृदय की अनुभूति' तथा 'अनुभूति की प्रामाणिकता' पर आ जाते हैं। यही उनकी सीधी टक्कर नयी कविता पर भी रस-सिद्धान्त का शास्त्र पनपाने वाले डॉ. नगेन्द्र से होती है। डॉ. नगेन्द्र रस को सार्वभौम काव्य-सिद्धान्त बनाने में प्रवृत्त रहे हैं—जिसका डॉ. नामवर सिंह ने जोरदार विरोध किया है। वे मानते हैं कि 'रस-सिद्धान्त' में डॉ. नगेन्द्र ने 'अर्थ-मीमांसा' तथा 'ध्वनि' से निपट विरक्ति रखते हुए एक निराधार स्थापना की है। 'रस-सिद्धान्त' बहस को बन्द करने का सुझाव एक बार साही जी ने दिया भी था—पर वह नामवर सिंह को पसन्द नहीं आया। उन्होंने 'रस' को 'काव्यास्वाद की प्रक्रिया' स्वीकार किया है।"[418] अब झगड़ा केवल इतना है, "बहस रस के प्रतिमान से नहीं; रस की नगेन्द्री परिभाषा से है।"[419] क्योंकि 'आस्वाद की प्रक्रिया का आधार अर्थ-मीमांसा है।[420] यही नगेन्द्र तथा नामवर सिंह की दृष्टि का पार्थक्य है। वे यहाँ पर आचार्य शुक्ल की भाँति ही आई. ए. रिचर्ड्स के विरुद्धों के सामंजस्य के सिद्धान्त का भी समर्थन करते हैं। साथ ही इसी आधार पर मुक्तिबोध की कविता 'अन्धेरे में' की संरचना का विश्लेषण करते हैं।

छायावादोत्तर कविता में काव्य-मूल्यों का टकराव दिनकर जी की कृति

'उर्वशी' को लेकर हुआ। इससे प्रगतिवाद के शिविर में ही फूट पड़ गई। डॉ. रामविलास शर्मा तथा मुक्तिबोध ने अलग-अलग निष्कर्ष निकाले। इन प्रतिक्रियाओं से लगा—जैसे हमारे साहित्य में कोई प्रतिमान ही नहीं है। इस दृष्टि से भी काव्य-प्रतिमानों को खोजने का कार्य डॉ. नामवर सिंह ने किया। उन्होंने यहाँ मुक्तिबोध के काव्य-मूल्यांकन को महत्त्वपूर्ण ठहराया है। किन्तु यह देखकर आश्चर्य होता है कि डॉ. नामवर सिंह ने आगे चलकर अज्ञेय द्वारा मान्य और टी. एस. इलियट द्वारा प्रतिपादित निर्वैयक्तिकता सिद्धान्त को स्वीकृति दी है। 'तारसप्तक : इतिहास की आवृत्ति' में डॉ. नामवर सिंह ने मुक्तिबोध के महत्त्व को डॉ. केदारनाथ सिंह के माध्यम से जैसे स्वीकार किया है। किन्तु यहाँ वे मार्क्स के इस कथन को निष्कर्ष रूप में रखते हैं, "मार्क्स ने लुई बोनापार्ट को अठारहवें ब्रमेदर में लिखा है। हीगेल ने कहा था कि इतिहास अपनी आवृत्ति करता है, वह इतना जोड़ना भूल गया कि यह आवृत्ति या तो त्रासदी होती है या फिर स्वाँग।"[421] इस प्रकार डॉ. सिंह ने यहाँ मार्क्सवादी सिद्धान्त-दृष्टि को प्रतिमान के रूप में महत्त्व दिया है।

'काव्य-भाषा तथा सृजनशीलता' का प्रश्न रूपात्मक समीक्षा या नई समीक्षा के प्रभाव से नई कविता में बहुचर्चित रहा है। मार्क्सवादी खेमे से बाहर के रचनाकारों तथा आलोचकों ने इस काव्य-प्रतिमान का जोरदार समर्थन किया है। इस परम्परा को अज्ञेय जी ने ही शुरू किया—सर्वप्रथम उन्होंने 'काव्य-भाषा' को काव्य-प्रतिमान के रूप में प्रतिष्ठित किया—जिसे डॉ. रामस्वरूप चतुर्वेदी ने 'भाषा तथा संवेदना' नामक पुस्तक में सैद्धान्तिक स्वीकृति दी है। इसी प्रतिमान को डॉ. देवराज ने 'प्रतिक्रियाएँ' नामक अपनी पुस्तक में 'काव्य-भाषा' का 'सन्दर्भवाद' कहा है।[422] इन्होंने डॉ. चतुर्वेदी के मत का खण्डन करते हुए उसे 'सन्दर्भपरक घपला' कहा है। पश्चिम के नये आलोचक रेन्सम आदि काव्य-भाषा या कविता के रूप-पक्ष को प्रधानता देकर कथ्य-पक्ष या वस्तुपक्ष को नकारने पर तुले रहे हैं। इसी दृष्टि को स्वीकृति देकर नये प्रयोगवादियों ने कहा, "कवि की दृष्टि में भाषा कवि के प्रयोग का साधन है और इस प्रकार कविता भाषा का प्रयोग है।"[423] डॉ. नामवर सिंह यहाँ रूपवादी खतरा महसूस करके भी 'काव्य-भाषा' के रूपवादी समर्थकों के साथ हो जाते हैं। उन पर पश्चिमी रूपवादी आलोचना का जादू चढ़ता है।

'काव्य-बिम्ब और सपाटबयानी' नामक निबन्ध में बिम्ब को काव्य-प्रतिमान मानने वाले पश्चिमी आलोचकों की चर्चा है। यहाँ वे हिन्दी-समीक्षा में आचार्य शुक्ल जी के 'बिम्ब ग्रहण' से शुरू करते है। पल्लव की भूमिका में घोषित 'चित्रभाषा की आवश्यकता' के साथ निराला जी के 'विराट चित्रों' की दृष्टि

का संकेत देते हैं। वे डॉ. नगेन्द्र की 'काव्य-बिम्ब' दृष्टि का खण्डन करते हुए डॉ. केदारनाथ सिंह के साथ हो जाते हैं। यहीं पर उन पर एफ. आर. लीविस की दृष्टि का गहरा प्रभाव है। बिम्बों में लीविस का काव्य-मूल्य के रूप में 'गतिमयता का सिद्धान्त' इन्हें पसन्द है।[424] धीरे-धीरे वे टी. एस. इलियट के बिम्ब-प्रतीकवादी सिद्धान्त की ओर भी आ ही जाते है। क्योंकि यहाँ डॉ. नगेन्द्र की काव्य-बिम्ब दृष्टि को वे इलियट के कथन से ही खण्डित करते हैं।[425] अन्त में वे बिम्बवाद के व्यक्तिवाद पर प्रहार करके मार्क्सवादी हो जाते हैं।

'काव्य-संरचना : प्रगीतात्मक और नाटकीय' में डॉ. सिंह ने निराला जी के 'संरचना' से सम्बन्धित वक्तव्य को उद्धृत करने के बाद प्राणिशास्त्रीय दृष्टि के आवयविक सिद्धान्त को स्वीकृति दी है। ध्यान रहे यह सिद्धान्त स्वच्छन्दतावादियों तथा मार्क्सवादियों को पश्चिम में समान रूप से मान्य रहा है। स्वच्छन्दतावादी इसे आत्मनिष्ठ दृष्टि से और मार्क्सवादी वस्तुवादी दृष्टि से ग्रहण करने का आग्रह रखते रहे हैं। डॉ. नामवर सिंह ने आवयविक सिद्धान्त को वस्तुनिष्ठ रूप में ग्रहण करने का मार्ग निर्दिष्ट भी किया है।

'विसंगति और विडम्बना' को भी अस्तित्ववादी रुझान से हिन्दी में काव्य-मूल्य के रूप में अपनाया जाने लगा है। टी. एस. इलियट की प्रसिद्ध कविता 'द लव सांग आफ अल्फ्रेड जे. प्रू फ्राक' साक्षी है कि यह विद्रोह अंग्रेजी में भी सैद्धान्तिक अधिक था व्यावहारिक कम। इस दृष्टि की आड़ में हिन्दी के प्रयोगशील कवि 'क्रीड़ा भाव', 'लीला भाव' तथा 'सिनिसिज्म' तथा 'न्यूरोसिस' का खेल भी खेलते रहे हैं। धर्मवीर भारती का 'अन्धायुग' अस्तित्ववादी खेल का ही चमत्कार है। फिर भी डॉ. सिंह 'संरचना की सघनता, शब्दों की मितव्ययिता, भावों की विडम्बना-निर्मित जटिलता, भावावेशहीनता एवं विचारों की तीक्ष्णता आदि काव्य-गुणों के कारण इस प्रकार की कविताओं को महत्त्वपूर्ण मानते हैं। उनका अस्तित्ववादी आग्रह स्पष्ट हो जाता है—वे सार्त्र की पकड़ में आ जाते हैं। उन पर ब्रेख्श का असर चढ़ जाता है।''[426]

'अनुभूति की जटिलता और तनाव' की चर्चा काव्यानुभूति की समस्या से जुड़ी है। समस्या काव्यानुभूति के मात्रा तथा गुण के माप की है। भारतीय काव्यशास्त्र को रसानुभूतियों के वर्गीकरण की कल्पना ही अग्राह्य है। यहाँ शास्त्र में रस की कोटियाँ नहीं हैं। सहृदयनिष्ठ-आत्मनिष्ठ रस की कोटियाँ न मानकर आचार्यों ने दृष्टि की वस्तुनिष्ठता का ही परिचय दिया है। इधर डॉ. नगेन्द्र ने रिचर्ड्स के प्रभाव से चित्तवृत्तियों में रस मात्रा-भेद के साथ 'समाहिति' खोजनी चाही है। स्वयं रिचर्ड्स के मूल्य सिद्धान्त की नींव में बेन्थम का उपयोगितावादी सिद्धान्त है। रिचर्ड्स ने 'प्रिंसिपल्स' के मात्रापरक भाग को 'फिलासफी आफ

रेटरिक' में संशोधित कर लिया है। एवं काव्य का द्विविध विभाजन किया—(1) अन्तर्वेशी काव्य (पोयट्री आफ इन्क्लूजन) अपवर्जी काव्य (पोयट्री आफ एक्सक्लूजन) अन्तर्वेशी काव्य विसंवादी स्वर के साथ भी अन्विति का प्रयास करता है और अपवर्जी अन्विति के लिए विसंवादी अनुभूतियों को तिलांजलि देता है। रिचर्ड्स के मत से संतुलन के कारण अन्तर्वेशी काव्य, अपवर्जी काव्य से श्रेष्ठ है। बाद में 1943 में पैनवारेन ने शुद्ध और अशुद्ध कविता (प्योर एण्ड इम्प्योर पोयट्री) का विभाजन किया। दिनकर जी 'शुद्ध कविता की खोज' में इसी से प्रभावित हुए हैं। मुक्तिबोध ने नयी कविता में 'सामंजस्य' से अधिक 'द्वन्द्व' को प्रधानता दी है।[427] उन्होंने उसे 'तनाव' तथा घिराव के वातावरण तक पहुँचाया है। स्वयं अज्ञेय जी 'मानसिक तनाव' की चर्चा करते हैं।[428] किन्तु मुक्तिबोध के 'तनाव' तथा अज्ञेय के 'तनाव' की प्रकृति में अन्तर है।

'ईमानदारी और प्रामाणिक अनुभूति' को काव्य-प्रतिमानों के रूप में मुक्तिबोध ने महत्वपूर्ण माना है। मुक्तिबोध के बाद सभी आलोचकों ने काव्य-समीक्षा में इस प्रतिमान को किसी न किसी रूप में उठाया है। डॉ. प्रभाकर माचवे इसे ही 'कवि-कर्म की ईमानदारी' कहते हैं। नयी कविता से पहले छायावादी भी 'स्वानुभूति' की ईमानदारी का दावा स्वच्छन्दतावादियों की भाँति कर चुके थे। वे आत्माभिव्यक्ति को ही ईमानदारी समझते थे। इसमें 'आनेस्टी' तो थी—सिन्सियारिटी गायब थी। इसलिए मुक्तिबोध ने ईमानदारी के तात्पर्य में आनेस्टी तथा सिन्सियारिटी दोनों को समाविष्ट माना है।

'विसंगति' ही आज की वास्तविकता है—इसलिए इसका बोध ही वास्तव-बोध है। इस विसंगति-बोध ने सातवें दशक की कविता में बड़ा जोर पकड़ा है। वास्तव में ऐसे सवाल 'दि क्रिटिकल मोमेंट' विशेषांक में प्रो. डब्ल्यु. डब्ल्यु. राब्सन ने उठाये थे। प्रो. राब्सन एक प्रकार की प्रामाणिकता (ओथेंटिसिटी) पर जमे थे, किन्तु बाद में उन्हें महसूस हुआ कि ईमानदारी को छोड़ना ठीक नहीं है क्योंकि उसमें लेखक की अपनी प्रतिबद्धता (प्रोफाउण्ड पर्सनल सेल्फ कमिटमेण्ट) निहित है। किन्तु वे इस 'प्रतिबद्धता' को सार्त्र की 'प्रतिबद्धता' से भिन्नार्थक मानने पर जोर देते हैं। अंग्रेजी में नैतिक मूल्यों के समर्थक डॉ. एफ. आर. लीविस मूल्यांकन में 'ईमानदारी' को सदैव आदर देते हैं। डॉ. लीविस ने अपने निबन्ध सच्चाई और ईमानदारी (रियलिटी एण्ड सिन्सीरिटी) में इन दोनों को अन्योन्याश्रित माना है। वे काव्यगत वास्तविकता को मूर्तिमत्ता (कन्क्रीटनैस) कहते हैं। 'विमसाट-विपर्ड्स्ले' द्वारा निरूपित 'अभिप्राय परक हेत्वाभास' (इण्टेंन्शनल फैलोसी) से बचने का कोई दूसरा रास्ता नहीं है।''[429]

नयी कविता में ईमानदारी का ही एक रूप है—अस्मिता की खोज (क्राइसिस

आव आइडेंटिटी)। इसे सबसे पहले अमरीकी मनोवैज्ञानिकों ने लोकप्रिय बनाया था—और बाद में इसका धावा अज्ञेय जी पर हुआ।[430] बाद में इसे 'अकविता' वाले माला की तरह जपते रहे। डॉ. सिंह ने इस आत्मवादी-ईमानदारी का खण्डन करते हुए नयी कविता में वस्तुनिष्ठ मार्क्सवादी-ईमानदारी को ग्रहण करना अनिवार्य माना है। वे स्राविंस्की के इस सूत्र से प्रभावित हैं कि "ईमानदारी एक अनिवार्य (शर्त) है।"

ईमानदारी-वास्तविकता को परखने के लिए 'परिवेश और मूल्य' की काव्य-प्रतिमान के रूप में चर्चा अनिवार्य है। कवि का संसार 'अलौकिक' न होकर आज 'लौकिक' है तो परिवेशबद्धता का कविता में प्रवेश अनिवार्य है। इस सन्दर्भ में डॉ. सिंह भारतीय काव्यशास्त्र के आचार्य आनन्दवर्धन तथा अभिनवगुप्त के मतों की छानबीन करते हैं। काव्य में जिसे प्रतिभास-सिद्धान्त की स्थापना अभिनवगुप्त तथा राजशेखर करते हैं—उसकी काफी समानता रिचर्ड्स के द्वारा निरूपित वस्तु-निर्देश-अर्थ (रिफ्रैन्शल मीनिंग) से भिन्न भावात्मक अर्थ (इमोटिव मीनिंग) से है। इस प्रकार रिचर्ड्स ने द्वितीय वास्तविकता (सेकेण्ड रियलिटी, के रूप में काव्य-सत्ता को स्वीकृति दी है।[431] इस प्रकार रिचर्ड्स तथा इलियट के 'काव्य-शास्त्र' को डॉ. नामवर सिंह शुद्ध कविता का ही काव्यशास्त्र मानते हैं। इस दृष्टि की आलोचना करते हुए नयी समीक्षा के पक्षधरों ने विडम्बना (आइरनी) पर आधृत 'आवयविक काव्य-सिद्धान्त' के द्वारा आस्था की समस्या का हल खोजना चाहा है। डॉ. एफ. आर. लीविस ने 'नैतिक बोध' में साहित्यिक तथा साहित्येतर दोनों प्रकार के मूल्यों को समेट लिया। यह भी स्पष्ट किया कि 'शुद्ध साहित्यिक मूल्यों' तथा 'कविता के स्वायत्त संसार' की चर्चा भ्रामक है। स्वयं मुक्तिबोध ने कहा है कि, "कला का अपना स्वायत्त स्वतंत्र राज्य है, किन्तु उसकी यह स्वायत्तता और स्वतंत्रता सापेक्ष्य है।"[432] ऐसी स्थिति में काव्य-मूल्यों का निर्माण काव्य-कृति और परिवेश को दृष्टि में रखकर ही किया जा सकता है।

इस प्रकार डॉ. नामवर सिंह में आचार्य शुक्ल के साथ मुक्तिबोध, आई. ए. रिचर्ड्स, टी. एस. इलियट तथा डॉ. एफ. आर. लीविस एक साथ बोलते दृष्टिगत होते हैं—जैसे "भावबोध की यह तीव्रता सन्दर्भ के जिस प्रभावशाली चित्र से सम्बद्ध है, वह स्वयं मुक्तिबोध के शब्दों में 'भाव का वस्तुमूलक आकलन' है। इसे ही आचार्य शुक्ल ने 'विभावन-व्यापार' की संज्ञा दी है और टी. एस. इलियट ने 'आब्जेक्टिव को रिलेटिव, की।"[433]

समग्रतः डॉ. नामवर सिंह ने देश-विदेश से काव्य-प्रतिमानों की वस्तुनिष्ठता को पाने का आग्रह रखा है। संसार भर के काव्य-सिद्धान्तों के उत्तमांश को लाने

का संकल्प भी इसी प्रयत्न का परिणाम है। डॉ. नामवर सिंह ने मार्क्सवादी चिन्तन के विचारकों के साथ इस बार डॉ. आई. ए. रिचर्ड्स, टी. एस. इलियट, सार्त्र, डॉ. एफ. आर. लीविस, विमसाट वियर्ड्स्ले, जान क्रो—रैन्सम, क्लीयन्थ बुक्स, एम्पसन, रिचर्ड ब्लैकमूर की बात भी ध्यान से ग्रहण की है। संस्कृत काव्यशास्त्र के चिन्तन पर भी उनका ध्यान है तथा हिन्दी साहित्यशास्त्र के अन्तर्विरोधों को दूर करने का उपक्रम भी। वे डॉ. नगेन्द्र के आत्मनिष्ठ सिद्धान्तों से टूट कर आचार्य शुक्ल के वस्तुनिष्ठ सिद्धान्तों का समर्थन करते हैं। मुक्तिबोध को केन्द्र में रखकर काव्य-प्रतिमानों की चर्चा में प्रगतिशीलता सच्चे अर्थों में सुरक्षित है। इस प्रकार वे संकुचित दृष्टि के मार्क्सवादी आलोचक न होकर कविता के काव्य-मूल्यों पर विचार करनेवाले ईमानदार आलोचक हैं। पिछले तीन-चार दशकों में सर्जना के क्षेत्र में नये चिन्तन के द्वारा जो नवीन साहित्यिक मान्यताएँ एवं मानदण्ड प्रस्तुत हुए हैं, डॉ. नामवर सिंह ने उन्हें सैद्धान्तिक व्यावहारिक चर्चा के द्वारा तार्किकता प्रदान की है। उन्होंने 'इतिहास का नया दृष्टिकोण' (1952 ई.) तथा 'हिन्दी साहित्य के इतिहास पर पुनर्विचार' (1962 ई.) नामक निबन्ध में मार्क्सवादी चिन्तन की वैज्ञानिकता से हिन्दी-साहित्य के इतिहास की पुनर्व्याख्या की है।

मूल्यवादी समीक्षा : समाहार तथा निष्कर्ष

मार्क्सवाद तथा पश्चिमी मार्क्सवादी आलोचकों के आलोचना-सिद्धान्तों से प्रभावित होने पर भी हिन्दी की मार्क्सवादी या मूल्यवादी समीक्षा का विकास भारतीय शास्त्र-चिन्तन की वस्तुनिष्ठ परम्परा से कट कर नहीं हुआ है। आज यह कहना है कि यह आलोचना-पद्धति एकदम अप्रासंगिक, अनर्गल, परायी, विदेशी भूमि से खोदी गई जड़ का हिन्दी-समीक्षा-शास्त्र में कृत्रिम आरोपण है, न्याय संगत नहीं कहा जा सकता। वास्तव में, आचार्य शुक्ल की परम्परा का सच्चा विकास डॉ. रामविलास शर्मा तथा कवि-आलोचक मुक्तिबोध के सैद्धान्तिक चिन्तन में ही हुआ। शिवदान सिंह चौहान, प्रकाशचन्द्र गुप्त, रांगेय राघव, राहुल जी आदि की कमियों-भूलों को सुधारते हुए मार्क्सवादी-सौन्दर्यशास्त्र को नये ढंग से निर्मित करने का प्रयास किया है। धीरे-धीरे यह समीक्षा-पद्धति मनोविश्लेषणशास्त्र की तार्किक-सिद्धान्त-दृष्टि को भी ग्रहण कर रही है। आज काडवेल, जार्ज लुकाच की ध्वनि ही उसमें प्रबल नहीं है—अपनी परम्परा प्रयोग-प्रगति की आधुनिक-दृष्टि का विकास भी इसमें हो रहा है। गहरे अर्थ में यह चिन्तन संस्कृत काव्यशास्त्र के पुनर्विकास तथा पुनर्विचार की ओर भी अग्रसर है। यहाँ रस, ध्वनि, औचित्य, रीति-अलंकार, वक्रोक्ति आदि प्रतिमान-

परम्परा पर भी बहस जारी है। काव्यानुभूति, काव्य की प्रक्रिया, काव्य का अधिकारी, काव्य-प्रेरणा, प्रयोजन-हेतु, काव्य का माध्यम आदि पर नये ढंग से सोचा गया है—यह तथ्य डॉ. रामविलास शर्मा तथा कवि-आलोचक मुक्तिबोध की चिन्तन-दृष्टि से आज स्पष्ट है।

हिन्दी की प्रगतिवादी समीक्षा पश्चिम के प्रत्येकवाद, विचारधारा तथा आन्दोलन को आधुनिक कहकर ग्रहण नहीं करती है—इसलिए आधुनिकता से सम्बन्धित इस चिन्तन की विचारधारा भाववादी-आदर्शवादी विचारकों से भिन्न है। यहाँ सभी अस्तित्ववाद-अतियथार्थवाद आदि की विचारधारा का खण्डन करते हैं। साथ ही विचारधारा के स्तर पर व्यक्तिवादी-पूँजीवादी शक्तियों के खिलाफ हैं। पश्चिम के बिम्बवाद-प्रतीकवाद, क्षणवाद आदि के प्रति ये आलोचक जागरूक हैं और उनकी व्यक्तिवादिता का भण्डाफोड़ करते हैं।

पश्चिमी मार्क्सवादी विचारकों तथा हिन्दी के प्रगतिवादी समीक्षकों में चिन्तन की काफी समान भूमियाँ हैं। दोनों ही एक मत से मानते हैं कि काव्य सामाजिक-सांस्कृतिक प्रक्रिया है। काव्य पर बाह्य प्रभाव के कारण आज इसकी आन्तरिक-प्रक्रिया जटिलता की ओर है और काव्य की कोई भी अनुभूति आज वैयक्तिक न होकर सामाजिक होती है। इस प्रकार के साधारणीकरण को काडवेल के सामूहिक भाव-बोध-सिद्धान्त के पास पाते हैं। कविता का केन्द्रीय तत्त्व मात्र भाव नहीं है—भाव के पीछे उद्देश्य और सामाजिक प्रेरणा को समझाने पर इनका पूरा जोर रहता है। इसलिए भाव की प्रेरक शक्तियों की सामाजिक-आर्थिक भूमिका पर ये सभी अपना ध्यान केन्द्रित करते हैं। आध्यात्मिकता के चक्कर से दूर ये कविता के भौतिक-आधारों को ग्रहण करते हैं। इनकी दृष्टि में कवि का सामाजिक-दायित्व तथा मूल्य-बोध रहता है—इसलिए रस से उनका तात्पर्य अहं के समाजीकरण से हो जाता है। कला के शुद्ध आनन्दवादी मूल्यों से ज्यादा इनकी दृष्टि लोक-कल्याण मूल्यों पर रहती है। रसात्मक बोध इनके लिए जीवन-मूल्यों का पर्याय होता है। वे प्रतिमान के साथ सामाजिक यथार्थ और वस्तुगत यथार्थ को लेकर ही काव्य-हेतुओं की चर्चा करते हैं।

इस यथार्थवादी सौन्दर्यशास्त्र की प्रधान समस्या समग्र मानव का कला में प्रस्तुतीकरण है। मानववाद तथा मानवतावाद से आस्थावादी मूल्यों की महत्त्व-प्रतिष्ठा है। इसलिए काव्य का प्रयोजन यहाँ मानसिक-सांस्कृतिक-सामाजिक-परिष्कार है। सामाजिक-विकास-परिष्कार-उन्नयन का मूलाधार उत्पादन के साधनों से जुड़ा है और कला-काव्य का विकास भी इस सामाजिक विकास के साथ जुड़ा है। समाज के आर्थिक ढाँचे का परिवर्तन कला की गति को नियमित करता है। इसका प्रभाव इन्द्रिय-बोध से ज्यादा भाव-जगत् तथा

विचार-जगत् पर पड़ता है। सभी कार्यों में सामूहिक श्रम-प्रक्रिया की प्रेरणा ही प्रधान होती है। अतः रचना में वर्गीय तथा सामाजिक सम्बन्ध ही प्रमुख होते हैं। कलाकार की चेतना में वर्गीय संस्कारों के बीच द्वन्द्व रहता है।

मानव-चेतना स्वतंत्र होकर भी समाज-सापेक्ष्य है। इसी प्रकार कला की स्वायत्तता तथा स्वतंत्रता भी स्वतंत्र होकर एक सीमा पर समाज-सापेक्ष्य है। नयी वस्तु नया रूप लाती है, लेकिन कृति को जन्म देनेवाली भौतिक सामाजिक तथा ऐतिहासिक शक्तियों की खोज एवं विवेचन भी समीक्षक का अनिवार्य कर्तव्य है। मार्क्सवादी चिन्तन रस के नौ स्थायी भावों की सीमा को अस्वीकार करता है, क्योंकि इनकी सीमा बाँधना अवैज्ञानिक कृत्य है। काव्यानुभूति की सम्प्रेषणीयता भी एक सामाजिक कर्म है, जिसे वैयक्तिक कर्म नहीं कहा जा सकता। इसी अर्थ में काव्यानुभूति-जीवनानुभूति का पर्याय है तथा इसे ही सौन्दर्यानुभूति कहना चाहिए। कला में आस्था का प्रश्न समाज तथा जीवन-दृष्टि से सम्बन्धित है—अनास्थावादी चिन्तन—लघुमानव का चिन्तन प्रतिगामिता का पतित रूप है। नकारात्मक मूल्य जीवन-मूल्य नहीं है वे कला-मूल्य नहीं हो सकते हैं। कलाकार सामाजिक यथार्थ एवं मनोमय मूल्यों का सांस्कृतिक ढंग से कलात्मक रूपान्तरण करता है। यहाँ व्यक्ति-स्वातंत्र्य से तात्पर्य सामाजिक प्रतिबद्धता से है। रचना में वस्तु तथा रूप में पारस्परिकता को स्वीकार करने पर भी यह समीक्षक वस्तु को ही नियामक तत्त्व मानते हैं। यही रचना की शक्ति का केन्द्र है। वस्तु और रूप के आवयविक सिद्धान्त का भी वस्तुनिष्ठता से ये समर्थन करते हैं। ये रचना के आत्मनिष्ठ सौन्दर्य पर स्वच्छन्दतावादियों की भाँति न जाकर रचना में सौन्दर्य का वस्तुगत आधार खोजते हैं। यह सौन्दर्यानुभव वास्तविक जीवनानुभव से पृथक् नहीं है। सौन्दर्य-बोध का अन्तर व्यक्ति-वस्तु-भाव एवं इन्द्रिय-बोध का अन्तर है—सौन्दर्य की सच्ची वस्तुगत सत्ता है। इसी तर्क से भाषा एक सामाजिक उत्पादन है और कला का माध्यम देश-काल निरपेक्ष नहीं होता। काव्य-माध्यम वस्तु की शक्ति का संवर्द्धन करता है—उसका नियामक नहीं। रूपवादियों की तमाम धारणाओं को निराधार मानकर ये मार्क्सवादी-सौन्दर्यशास्त्र—भौतिक सौन्दर्यशास्त्र का पर्याय बन जाता है। रचना-प्रक्रिया में भूत-भविष्य-वर्तमान का त्रिक् सम्पृक्त रहता है। रचना, क्षण की प्रक्रिया न होकर ऐतिहासिक-बोध का परिणाम होती है। रचना-प्रक्रिया में संवेदनात्मक ज्ञान और ज्ञानात्मक संवेदना का पूरा सामंजस्य रहता है।

संक्षेप में, हिन्दी की मूल्यवादी सैद्धान्तिकता में कला के वस्तुपरक पक्ष का आदर है तार्किकता-वैज्ञानिकता की दृष्टि ही सच्ची प्रगतिशील सिद्धान्त-दृष्टि है।

सन्दर्भ

1. दे. राहुल सांकृत्यायन, वैज्ञानिक भौतिकवाद, 1947 –इलाहाबाद
2. "मनुष्य की चेतना उनके अस्तित्व को निर्धारित नहीं करती। उसके विपरीत उनका सामाजिक अस्तित्व उनकी सामाजिक चेतना निर्धारित करता है।" –कार्ल मार्क्स–ए काट्रीब्यूशन टू दि क्रिटीक आफ पोलिटिकल इमोनामी, पृ. 27
3. "To Hegal...the real world is only the external phenomenal form of the idea. With me the country the ideal is nothing else than the material world reflected by the human mind and translated into form of thought."—Karl Marks—Capital, Vol. I, p. 30
4. मार्क्सवाद और साहित्य में स्थायी तत्त्व–हर्षनारायण–आलोचना, जुलाई 1954, पृ. 23
5. रेले बैलेक–ए हिस्ट्री आव माडर्न क्रिटिसिज्म, पृ. 401-403
6. वही, पृ. 229-233
7. मार्क्स एण्ड एंगेल्स, लिटरेचर एण्ड आर्ट, बम्बई, 1965, पृ. 1
8. वही, पृ. 30
9. एंमिली बर्न्स–व्हाट इज मार्क्सिज्म, पृ. 27, बम्बई, 1954
10. Georgy—Literature and Life, London 1964, p. 20
11. सत्यकेतु विद्यालंकार–डॉ. लिट्–राजनीति शास्त्र, मार्क्सवाद, पृ. 649 (सरस्वती सदन, मसूरी, 1963, आ. सं.)
12. दे. डॉ. रमेश कुन्तल मेघ–क्योंकि समय एक शब्द है–कला सम्बन्धी मार्क्सवादी स्थापनाओं के महासूत्र, पृ. 31
13. वही, पृ. 31
14. डॉ. रमेश कुन्तल मेघ–साक्षी है सौन्दर्य प्राश्निक–मार्क्सवाद में सौन्दर्य के प्रतिमान और आयाम, पृ. 242, प्र. सं. 1980 (नेशनल पब्लिशिंग हाउस, दिल्ली)
15. The history of all hitherto existing society is the history of class struggle, free men and & laves participate and peltrin paron and serf guild master and journyman in one world.—Karl Marx—Capital, Vol. II, p. 90
16. कार्ल मार्क्स फ्रेडरिक एंगेल्स संकलित रचनाएँ, भाग 1, पृ. 41
17. वही, पृ. 41
18. वही, पृ. 43
19. वही, पृ. 44-45
20. वही, पृ. 59
21. वही, पृ. 83
22. वही, पृ. 7-66
23. वही, पृ. 64-90, भाग 3
24. वही, पृ. 26-78, भाग 4
25. वही, भाग 4
26. M. Cornfouth—Dialectical Materialism, p. 48

27. The leap is a break in the gradualness of the quantitative change of the thing. It is the transition to a new quality and signatures a sharp turn, a radical change in Development—Jawahar Lal Nehru—Fundamentals of Marxism and Leninism, p. 38
28. Marx, Engels—Selected Correspondence, p. 475
29. Ralph Fox—the Novel and the People, p. 61
30. A.V. Luna cheruyshvsky, Lenin on art and Literature, p. 45-47
31. Tratesky—Literatue and Revolution, p. 26
32. G.V. Plekhanov—Art and Social Life, p. 171-173
33. वही, पृ. 149
34. "The art of any people is determined by its mentality, its mentality is a product of its situation and its is determendium the final analysis by the state for its production forces and its relation of production." p. 51—Art and Social Life.
35. श्री शिव शर्मा—सोवियत साहित्य में यथार्थवाद का विकास, पृ. 71 (समालोचक यथार्थवाद)
36. Maxim Gourke—Literature and Life, p. 29
37. वही, पृ. 32
38. मैक्सिम गोर्की—गंगाधर झा—आलोचना, पृ. 63—सं. नन्द दुलारे वाजपेयी, अक्टूबर 1956
39. Illusion and Reality, p. 6
40. Poetry is to be regarded then, not as something racial, national, gentic or specific in its essence, but as something economic. p. 16—C. Coudwell—Illusion and Reality
41. C. Caudwell—Illusion an Reality, p. 23
42. काडवेल के काव्यालोचन सम्बन्धी सिद्धान्त, अवन्तिका, पृ. 285
43. Ralph Fox—The Novel and the People, p. 19
44. Some do so by building their ivory tower and hoisting from its summits the silken banner of art for art's sake, p. 32—Ibid.
45. The Novel and the People, p. 101-103
46. Stalin, Anarchism and Socialism, p. 11-14
47. Dialectical and Historical Materialism, p. 8-12
48. M.S. Khruschchev—Closer Allience—Literature and Art with the life of the people, p. 14
49. Mao-Tse-Tung--Talks at the Yeman Forum on Art and Literature, p. 14-17
50. वही, पृ. 21
51. "In the life of the people itself lies a mine of raw material for art and literature."—Mao-Tse-Tung—Talks at the Yeman Forum on Art and Literature, p. 14-17
52. Howard Fast—Literature and Reality, p. 14
53. वही, पृ. 35

54. वही, पृ. 36
55. वही, पृ. 37-38
56. Elia Ehrenburg—The Writer and his craft
57. A Note on Literary Criticism (London 1936), p. 14-18
58. वही, पृ. 140-42
59. Spender—The Districtive Element (1938), p. 232-235
60. हंगरी के मार्क्सवादी सौन्दर्यशास्त्री जार्ज लुकाच (George Lukas) ने) The meaning of contemporary Realism तथा 'The Idealogy of Modernism' नामक पुस्तक में पाश्चात्य जगत् की बुर्जुआ संस्कृति को स्पष्टता से समझाया है।
61. हंस—जनवरी, 1936
62. वही
63. साहित्य का उद्देश्य, पृ. 9-10
64. शिवदान सिंह चौहान, प्रगतिवाद, पृ. 337
65. वही, पृ. 340
66. हंस—अक्तूबर, 1947
67. हंस—मार्च, 1945
68. प्रगतिवाद : पुनर्मूल्यांकन, पृ. 63
69. डॉ. देवराज—प्रतिक्रियाएँ—प्रगतिवादी समीक्षा : एक दृष्टि, पृ. 34
70. शिवदान सिंह चौहान—आलोचना- 4, अक्तूबर, 1952
71. वही, आलोचना- 4
72. प्रतिक्रियाएँ—प्रगतिवादी समीक्षा : एक दृष्टि, पृ. 37
73. दे. आचार्य रामचन्द्र शुक्ल और हिन्दी आलोचना, पृ. 31
74. अशोक के फूल, पृ. 181
75. वही, पृ. 175
76. आधुनिक हिन्दी कविता की मुख्य प्रवृत्तियाँ, पृ. 100
77. वही, पृ. 102
78. वही, पृ. 107
79. सं. डॉ. लक्ष्मीनारायण सुधांशु—हिन्दी साहित्य का बृहत् इतिहास, भाग 13, पृ. 204
80. दे. प्रगतिशील साहित्य की समस्याएँ, पृ. 7
81. डॉ. रामविलास शर्मा—आस्था और सौन्दर्य, पृ. 30
82. डॉ. रामविलास शर्मा : आचार्य रामचन्द्र शुक्ल और हिन्दी आलोचना, पृ. 7
83. वही, पृ. 9
84. वही, पृ. 9
85. वही, पृ. 22
86. डॉ. रामविलास शर्मा—प्रगति और परम्परा, पृ. 4
87. वही, पृ. 50
88. वही, पृ. 55
89. वही, पृ. 92

90. वही, विराम चिह्न, पृ. 243
91. वही, संस्कृति और साहित्य, पृ. (भूमिका-3)
92. डॉ. रामविलास शर्मा—लोक जीवन और साहित्य, पृ. 10
93. वही, पृ. 11
94. डॉ. रामविलास शर्मा—स्वाधीनता और साहित्य, पृ. 78
95. डॉ. रामविलास शर्मा—नयी कविता और अस्तित्ववाद, पृ. 34-35
96. 'Art is the product of society as the pearl is the product of oyster.'—Coudwell—Illusion and Reality, p. 3
97. Ibid., p. 13
98. Thus the study of poetry's sources cannot by separated from the study of society. —Ibid., p. 7
99. George—Thomson : Marxism and peotry, p. 72
100. Harward Fast—Literature and Reality, p. 88
101. डॉ. रामविलास शर्मा—प्रगति और परम्परा, पृ. 119
102. डॉ. रामविलास शर्मा—संस्कृति और साहित्य, पृ. 184
103. वही, पृ. 185
104. वही, पृ. 194
105. वही, पृ. 195
106. डॉ. रामविलास शर्मा—प्रगति और परम्परा, पृ. 155
107. डॉ. रामविलास शर्मा—जनभारती पत्रिका का रस-विशेषांक
108. डॉ. रामविलास शर्मा—प्रगति और परम्परा, पृ. 56
109. डॉ. रामविलास शर्मा—आस्था और सौन्दर्य, पृ. 24
110. वही, पृ. 29
111. डॉ. रामविलास शर्मा—स्वाधीनता और राष्ट्रीय साहित्य, पृ. 35
112. वही, पृ. 37
113. वही, पृ. 27
114. मार्क्स और एंगेल्स—लिटरेचर एण्ड आर्ट, पृ. 84
115. डॉ. रामविलास शर्मा—आस्था और सौन्दर्य, पृ. 80
116. डॉ. रामविलास शर्मा—स्वाधीनता और राष्ट्रीय साहित्य, पृ. 113
117. वही, पृ. 81
118. वही
119. Poetry springs from the contradiction between the instincts and experience of the poet—Illusion and Reality, p. 134
120. Harward Fast—Literature and Reality, p. 51
121. George Lukas—The Meaning of contemporary Realism, p. 54
122. डॉ. रामविलास शर्मा—स्वाधीनता और राष्ट्रीय साहित्य, पृ. 79
123. डॉ. रामविलास शर्मा—स्वाधीनता और राष्ट्रीय साहित्य, पृ. 86
124. वही, पृ. 87

125. डॉ. रामविलास शर्मा—प्रगति और परम्परा, पृ. 6
126. वही, पृ. 127
127. वही, पृ. 55
128. E. Fischer—The reality of art, p. 211
129. Joyce cary—Art and Reality, p. 35
130. C. Caudwell—Illusion and Reality, p. 158
131. डॉ. रामविलास शर्मा—स्वाधीनता और राष्ट्रीय साहित्य, पृ. 87
132. वही, पृ. 50
133. वही, पृ. 54
134. 'The Reader identifies himself with the poet : to both the words arise already soaked with affect, already containing a portion of external reality...Novel Readers do not immediately identify themselves with the novelist, as a reader of peotry doew with the poet. The reader of poetry seems to be saying what the peot says, feeling his emotions.'—C. Caudwell—Illusion and Reality, p. 201
135. The Common persuit, p. 212
136. अभिनव भारती, भाग 1, पृ. 294
137. डॉ. तारकनाथ बाली—आलोचना : प्रकृति और परिवेश, पृ. 58
138. डॉ. रामविलास शर्मा—प्रगतिशील साहित्य की समस्याएँ, पृ. 131
139. वही, पृ. 137
140. डॉ. रामविलास शर्मा—नयी कविता और अस्तित्ववाद, भूमिका 2
141. डॉ. रामविलास शर्मा—स्वाधीनता और राष्ट्रीय साहित्य, पृ. 6
142. आलोचना-अप्रैल 54 में भारती का लेख-साहित्य की नयी मर्यादा
143. वही,—अप्रैल 1955
144. स्वाधीनता और राष्ट्रीय साहित्य, पृ. 8
145. वही, पृ. 17
146. वही, पृ. 18
147. नयी कविता और अस्तित्ववाद, पृ. 59
148. डॉ. रामविलास शर्मा—नयी कविता और अस्तित्ववाद, पृ. 50
149. वही, पृ. 50
150. वही, पृ. 50
151. वही, पृ. 51
152. डॉ. नामवर सिंह—कविता के नये प्रतिमान, पृ. 25
153. नयी कविता और अस्तित्ववाद, पृ. 53
154. वही, पृ. 54
155. वही, पृ. 55
156. कविता के नये प्रतिमान,
157. नयी कविता और अस्तित्ववाद, पृ. 57
158. डॉ. रामविलास शर्मा—प्रगतिशील साहित्य की समस्याएँ, पृ. 9

159. A Lunacharsky : On literature and Art, p. 17
160. चिंतामणि–भाग 1, पृ. 253
161. स्वाधीनता और राष्ट्रीय साहित्य, पृ. 89
162. डॉ. रामविलास शर्मा–लोकजीवन और साहित्य, पृ. 12
163. वही, पृ. 7
164. आस्था और सौन्दर्य, पृ. 20
165. वही, पृ. 20
166. वही, पृ. 24
167. डॉ. रामविलास शर्मा–प्रगतिशील साहित्य की समस्याएँ, पृ. 25
168. वही, पृ. 26
169. डॉ. रामविलास शर्मा–प्रगति और परम्परा, पृ. 66
170. डॉ. रामविलास शर्मा–स्वाधीनता और राष्ट्रीय साहित्य, पृ. 32
171. The modern tradition, p. 345
172. Ralph Fox--The People and the novel, p. 168
173. C.J. Lewis—A hope for poetry, p. 76
174. George Lukas—The meaning of contemporary Realism, p. 103
175. डॉ. रामविलास शर्मा–नयी कविता और अस्तित्ववाद (भूमिका)
176. डॉ. रामविलास शर्मा–आस्था और सौन्दर्य, पृ. 5
177. डॉ. नामवर सिंह–इतिहास और आलोचना, पृ. 88-89
178. डॉ. नगेन्द्र–आस्था के चरण, पृ. 30
179. डॉ. लक्ष्मीकान्त वर्मा–नये प्रतिमान–पुराने निकर्ष, पृ. 20
180. डॉ. रामविलास शर्मा–प्रगतिशील साहित्य की समस्याएँ, पृ. 37
181. अमृतराय–सह चिन्तन, पृ. 31
182. George Lukas—The Meaning of contemporary Realism, p. 39
183. डॉ. रमेश कुन्तल मेघ–आधुनिकता-बोध और आधुनिकीकरण, पृ. 14
184. Lunacharsky--Union on art and Literature, p. 9
185. डॉ. रामविलास शर्मा–स्वाधीनता और राष्ट्रीय साहित्य, पृ. 33
186. वही
187. वही, पृ. 31-32
188. प्रगतिशील साहित्य की समस्याएँ (भूमिका), पृ. 9
189. वही, पृ. 5
190. वही, पृ. 2
191. वही, पृ. 34
192. वही, पृ. 34
193. वही, पृ. 35
194. डॉ. रामविलास शर्मा–प्रगति और परम्परा, पृ. 56
195. Formalism, because it canstantly turns away from like reduces the power of the people to rent, tends to confuse them. Harward Fast—Literature and Reality, p. 48

196. डॉ. रामविलास शर्मा—आस्था और सौन्दर्य, पृ. 23
197. डॉ. रामविलास शर्मा—स्वाधीनता और राष्ट्रीय साहित्य, पृ. 31
198. डॉ. रामविलास शर्मा—आस्था और सौन्दर्य, पृ. 21
199. वही, पृ. 33
200. C. Caudwell—Illusion and Reality, p. 172
201. स्वाधीनता और राष्ट्रीय साहित्य, पृ. 34
202. आस्था और सौन्दर्य, पृ. 53
203. Language is a social product, the instrument where by men communicate and persuade each other. —C. Coudwell—Illusion and Reality, p. 7
204. डा. रामविलास शर्मा—भाषा और समाज, पृ. 470
205. डा. रामविलास शर्मा—स्वाधीनता और राष्ट्रीय साहित्य—कविता में शब्दों का चुनाव, पृ. 70
206. वही, पृ. 70
207. वही, पृ. 70
208. वही, पृ. 70
209. वही, पृ. 70
210. वही, पृ. 70
211. वही, पृ. 71
212. वही, पृ. 72
213. वही, पृ. 73
214. वही, पृ. 74
215. डॉ. रामविलास शर्मा—निराला की साहित्य-साधना, भाग- 2 पृ. 267-445,
216. वही, भाग- 2, पृ. 267
217. वही, पृ. 298
218. वही, पृ. 313
219. Ernest Fischer : The Necessity of Art, p. 16-27
220. George Lukas—The Meaning of contemporary Realism, p. 34
221. मुक्तिबोध—नयी कविता का आत्मसंघर्ष तथा अन्य निबन्ध, पृ. 184
222. मुक्तिबोध—नये साहित्य का सौन्दर्यशास्त्र, पृ. 24
223. नयी कविता का आत्मसंघर्ष तथा अन्य निबन्ध, पृ. 14-15
224. तारसप्तक—मुक्तिबोध का कवि-वक्तव्य, पृ. 43
225. वही, पृ. 43
226. वही, पृ. 43
227. मुक्तिबोध—नयी कविता का आत्मसंघर्ष तथा अन्य निबन्ध, पृ. 1
228. वही
229. वही
230. वही, पृ.2
231. वही, पृ. 2
232. वही, पृ. 3

233. वही, पृ. 4
234. वही, पृ. 5
235. वही, पृ. 5
236. वही, पृ. 8
237. वही, पृ. 8
238. वही, पृ. 10
239. C. Caudwell—Illusion and Reality, p. 13
240. वही, पृ. 14
241. The New Hungarian Quarterly, Vol. V., p. 60
242. तारसप्तक, पृ. 40
243. मुक्तिबोध–एक साहित्यिक की डायरी, पृ. 6
244. मुक्तिबोध–एक साहित्यिक की डायरी, पृ. 16
245. वही, पृ. 24
246. वही, पृ. 28
247. वही, पृ. 32
248. वही, पृ. 92
249. वही, पृ. 95
250. वही, पृ. 98
251. वही, पृ. 101
252. वही, पृ. 100
253. वही, पृ. 117
254. नयी कविता का आत्म-संघर्ष तथा अन्य निबन्ध, पृ. 92
255. मुक्तिबोध–कामायनी : एक पुनर्विचार, पृ. 3
256. मुक्तिबोध–नये साहित्य का सौन्दर्यशास्त्र, पृ. 152
257. C. Caudwell—Illusion and Reality, p. 26
258. मुक्तिबोध–नये साहित्य का सौन्दर्यशास्त्र, पृ. 112
259. वही, पृ. 112
260. वही, पृ. 113
261. वही, पृ. 113
262. वही, पृ. 113
263. नये साहित्य का सौन्दर्यशास्त्र, पृ. 113
264. वही, पृ. 114
265. वही, पृ. 114
266. मुक्तिबोध–नये साहित्य का सौन्दर्यशास्त्र, पृ. 117
267. वही, पृ. 121
268. वही, पृ. 121-122
269. वही, पृ. 123
270. मुक्तिबोध–नये साहित्य का सौन्दर्यशास्त्र, पृ. 146
271. George Lukas : The Meaning of Contemporary Realism, p. 132

272. मुक्तिबोध–नये साहित्य का सौन्दर्यशास्त्र, पृ. 156
273. वही, पृ. 154
274. एक साहित्यिक की डायरी, पृ. 101
275. वही, पृ. 118
276. मुक्तिबोध–नयी कविता का आत्मसंघर्ष तथा अन्य निबन्ध, पृ. 6
277. वही, पृ. 12
278. वही, पृ. 12
279. वही, पृ. 17
280. नये साहित्य का सौन्दर्यशास्त्र, पृ. 59
281. वही, पृ. 59
282. वही, पृ. 59-60
283. नयी कविता का आत्मसंघर्ष तथा अन्य निबन्ध, पृ. 19
284. वही, पृ. 18
285. वही, पृ. 22
286. नये साहित्य का सौन्दर्यशास्त्र, पृ. 156
287. वही, पृ. 156
288. Ralph Fox—The Novel and the people (Intro.) p. 7
289. C. Caudwell—Illusion and Reality, p. 164
290. The Modern Tradition (Economic Sources of Consciousness), p. 338
291. एक साहित्यिक की डायरी, पृ. 127
292. वही, पृ. 131
293. George Lukacls : Studies in European Realism, p. 7
294. मुक्तिबोध–नयी कविता का आत्मसंघर्ष तथा अन्य निबन्ध, पृ. 37
295. मुक्तिबोध–नये साहित्य का सौन्दर्यशास्त्र, पृ. 51
296. अज्ञेय–त्रिशंकु, पृ. 34
297. मुक्तिबोध–नयी कविता का आत्मसंघर्ष तथा अन्य निबन्ध, पृ. 89
298. वही, पृ. 169
299. एक साहित्यिक की डायरी, पृ. 133
300. वही, पृ. 142
301. नये साहित्य का सौन्दर्यशास्त्र, पृ. 9
302. वही, पृ. 14
303. वही, पृ. 16
304. वही, पृ. 19
305. वही (साहित्य के दृष्टिकोण), पृ. 111
306. नये साहित्य का सौन्दर्यशास्त्र, पृ. 79
307. C. Caudwell—Illusion and Reality, p. 158
308. Ralph Fox, The People and the soul, p. 68
309. मुक्तिबोध–नयी कविता का आत्मसंघर्ष तथा अन्य निबन्ध, पृ. 5
310. George Lukas—The Meaning of contemporary Realism, p. 21

311. वही, पृ. 58
312. नयी कविता का आत्मसंघर्ष तथा अन्य निबन्ध, पृ. 9
313. वही, पृ. 32
314. नये साहित्य का सौन्दर्यशास्त्र, पृ. 19
315. वही, पृ. 20
316. वही, पृ. 21
317. वही, पृ. 21
318. वही, पृ. 25
319. वही, पृ. 26
320. He is thrown into the world : meaninglessly, unfathomably. The Meaning of Contemporary Realism, p. 21
321. नये साहित्य का सौन्दर्यशास्त्र, पृ. 59
322. Ernest Fischer—The necessity of Art, p. 908
323. नये साहित्य का सौन्दर्यशास्त्र, पृ. 78
324. वही, पृ. 66
325. वही, पृ. 66
326. वही, पृ. 33
327. नयी कविता का आत्मसंघर्ष तथा अन्य निबन्ध, पृ. 46
328. वही, पृ. 47
329. वही
330. कामायनी : पुनर्विचार, पृ. 14
331. नयी कविता का आत्मसंघर्ष तथा अन्य निबन्ध, पृ. 18
332. एक साहित्यिक की डायरी, पृ. 119
333. वही, पृ. 119
334. वही, पृ. 120
335. वही, पृ. 130
336. वही, पृ. 129
337. George Lukacs—The Meaning of contemporary Realism, p. 97
338. नये साहित्य का सौन्दर्यशास्त्र, पृ. 69
339. वही, पृ. 69
340. वही (रचना प्रक्रिया), पृ. ८2
341. नयी कविता का आत्मसंघर्ष तथा अन्य निबन्ध, पृ. 23
342. C.G. Jung : Modern man in search of a soul, p. 175
343. Samuel Alexander : Literary and Philosophical Pieces, p. 217
344. Poetry springs from the contradiction between the instincts and experience of the poet. This tention drives him to built the world of illusary phantacy which yet has a definite and functional relation to the real world of which it is the blossom. Caudwell—Illusion and Reality, p. 134
345. एक साहित्यिक की डायरी, पृ. 16-17

346. वही, पृ. 17
347. वही, पृ. 20
348. वही, पृ. 24
349. "It is impossible, however, to ignore the ebepacialised task of the analysis of literary farms and the marxist critic must not turn a blind eye to this."—A Lunacharsky : On literature and Art.
350. "The complex of a new subject matter will demand a variety of new forms."—George Lukas : The meaning of contemporary Realism, p. 108
351. नये साहित्य का सौन्दर्यशास्त्र, पृ. 87
352. वही, पृ. 86
353. वही, पृ. 91
354. नयी कविता का आत्मसंघर्ष तथा अन्य निबन्ध
355. Tratesky—The Modern tradition, p. 346
356. नयी कविता का आत्मसंघर्ष तथा अन्य निबन्ध, पृ. 5
357. वही, पृ. 50
358. वही, पृ. 61
359. नये साहित्य का सौन्दर्यशास्त्र, पृ. 33
360. वही, पृ. 35
361. Ernest Fischer : The Necessity of art, p. 168
362. डॉ. नामवर सिंह–कविता के नये प्रतिमान, भूमिका, पृ. 10
363. प्रेमचन्द–कुछ विचार
364. शिवदान सिंह चौहान–साहित्य की परख, पृ. 17
365. डॉ. रामविलास शर्मा–प्रगतिशील साहित्य की समस्याएँ, पृ. 1
366. साहित्य का उद्देश्य, पृ. 225
367. विशाल भारत–मार्च 1937–शिवदान सिंह चौहान–भारत में प्रगतिशील साहित्य की आवश्यकता।
368. राहुल सांकृत्यायन–हिन्दी काव्यधारा, पृ. 10 (प्र. सं.)
369. प्रकाशचन्द्र गुप्त–आधुनिक हिन्दी साहित्य : एक दृष्टि, पृ. 41-42
370. वही, पृ. 45
371. वही, पृ. 47
372. शिवदानसिंह चौहान–प्रगतिवाद, निवेदन
373. वही, पृ. 1
374. वही, पृ. 1
375. वही, पृ. 2
376. C. Coudwell—Illusion and Reality, p. 32
377. प्रगतिवाद, पृ. 3
378. वही, पृ. 5
379. वही, पृ. 7
380. वही, क्या साहित्य प्रोपेगेण्डा है ?, पृ. 12

381. वही, पृ. 24
382. वही, पृ. 84
383. वही, पृ. 104
384. शिवदान सिंह चौहान—आलोचना के सिद्धान्त, पृ. 24-25
385. वही, पृ. 28
386. वही, पृ. 30
387. वही, पृ. 36
388. वही, पृ. 46
389. वही, पृ. 47
390. आलोचना के सिद्धान्त, पृ. 48
391. वही, पृ. 63
392. वही, पृ. 80
393. वही, पृ. 157
394. आलोचना के सिद्धान्त, पृ. 133
395. वही, पृ. 159
396. वही, मूल्यांकन की समस्या, पृ. 178
397. आलोचना के सिद्धान्त, पृ. 180
398. डा. नामवर सिंह : छायावाद (भूमिका)
399. छायावाद, पृ. 15
400. डा. नामवर सिंह—इतिहास और आलोचना, पृ. 5
401. वही, पृ. 9
402. इतिहास और आलोचना, पृ. 11
403. वही, पृ. 13
404. डा. नामवर सिंह—कविता के नये प्रतिमान, पृ. 20
405. कविता के नये प्रतिमान, पृ. 9-10
406. वही, पृ. 10
407. वही, पृ. 10
408. कविता के नये प्रतिमान, पृ. 17
409. वही, पृ. 25
410. वही, पृ. 22
411. डा. रामविलास शर्मा—नयी कविता और अस्तित्ववाद, पृ. 51
412. कविता के नये प्रतिमान, पृ. 28
413. वही, पृ. 29
414. क ख ग (पत्रिका—6 अक्तूबर, 1964) कुँवर नारायण का लेख
415. कविता के नये प्रतिमान, पृ. 30
416. कविता के नये प्रतिमान, पृ. 35
417. वही, पृ. 47
418. वही, पृ. 56
419. वही, पृ. 63
420. वही, पृ. 241

421. कविता के नये प्रतिमान, पृ. 99
422. डा. देवराज—प्रतिक्रियाएँ—काव्य-साधना, पृ. 171
423. अज्ञेय—दूसरा सप्तक (भूमिका)
424. कविता के नये प्रतिमान, पृ. 129
425. वही, पृ. 136
426. कविता के नये प्रतिमान, पृ. 175
427. नयी कविता का आत्मसंघर्ष तथा अन्य निबन्ध, पृ. 8
428. आत्मने पद, पृ. 28
429. कविता के नये प्रतिमान, पृ. 206
430. अज्ञेय—अन्तरा, पृ. 51
431. गेलार्ड कोलरे—मार्क्सिज्म एण्ड मार्डन लिटरेचर, पृ. 3
432. मुक्तिबोध—नयी कविता का आत्मसंघर्ष तथा अन्य निबन्ध, पृ. 151
433. डा. नामवर सिंह—कविता के नये प्रतिमान, पृ. 238

3

पश्चिम की नयी समीक्षा और हिन्दी-समीक्षा

(क) नयी समीक्षा का सैद्धान्तिक आधार

बीसवीं शताब्दी की बहुचर्चित आलोचनात्मक वृत्ति है—नयी समीक्षा। जिसका एक नाम 'रूपात्मक समीक्षा' भी है। सर्वप्रथम इस आलोचना-प्रवृत्ति ने परम्परागत साहित्यिक मानदण्डों कला-मूल्यों और दृष्टियों में गहरे स्तर पर बदलाव को रेखांकित किया है। परम्परागत स्वच्छन्दतावादी, मार्क्सवादी और मनोविश्लेषणवादी आलोचनात्मक पद्धतियों का विरोध इस शती के आरम्भ के साथ ही प्रबल हो गया। ब्लूम्सबरी में प्रबुद्ध आलोचकों का एक दल कला के भावावेग प्रधान, अमूर्त चिन्तन के विरोध में एक नवीन कलात्मक सौन्दर्यशास्त्र को निर्मित करने लगा और दूसरी ओर कैम्ब्रिज विश्वविद्यालय के प्राध्यापक चिन्तकों का एक दल कला की वस्तुपरक व्याख्यान विश्लेषण पद्धति का समर्थन कर उठा। वास्तव में विरोध का स्वर कलाकृति के 'वस्तु' तथा 'रूप' को लेकर खड़ा किया गया था। प्रथम तथा द्वितीय दल के विचारकों ने परम्परागत चिन्तन में दरार डालते हुए काव्यास्वादन का नया ढंग सामने रखना चाहा। प्रथम वर्ग के वर्जीनिया वुल्फ, ई. एम. फ्रार्स्टर, लिटन स्ट्रैची, क्लाइव वैल, रोजर फ्राई आदि ने कला को ही जीवन-मूल्य के रूप में स्वीकार कर लिया। दूसरे वर्ग के चिन्तकों ने भी रोमानी मूल्यों के विरोध में वस्तुपरक काव्य-मूल्यों की महत्व-प्रतिष्ठा की है। आई.ए. रिचर्ड्स, एफ.आर. लीविस, एम्पसन आदि इस वर्ग के समर्थक चिन्तक थे। यह अजीब संयोग है कि साहित्यिक दलबन्दी से दूर टी. एस. इलियट

भी रोमानी काव्य-मूल्यों का विरोध करते हुए विकसित कला मूल्यों की प्रतिष्ठा के लिए कला को आत्माभिव्यक्ति न मानकर व्यक्तित्व का अनवरत निषेध और निर्वैयक्तिकता-सिद्धान्त की नये ढंग से स्थापना कर रहे थे। तत्कालीन कला के आन्दोलन प्रतीकवाद-बिम्बवाद का प्रस्ताव भी उनके चिन्तन पर झाँक रहा था।

रेनेवेलेक ने नयी आलोचना के बीज एजरा पाउण्ड, टी.ई. ह्यूम, टी. एस. इलियट तथा आई. ए. रिचर्ड्स में स्वीकार किए हैं।[1] 'नयी आलोचना' (न्यू क्रिटिसिज्म) शब्द का प्रयोग शायद सबसे पहले जोएल स्पिनगार्न ने सन् 1910 में किया।[2] इस शब्द का उपयोग जानको रैन्सम ने अपनी पुस्तक के शीर्षक रूप में उपयोग किया[3] जिसका प्रकाशन 1941 ई. में हुआ। इस पुस्तक में तीन आलोचकों पर बहस है—आई.ए. रिचर्ड्स, टी. एस. इलियट और योर विंटर्स। नयी समीक्षा का मूल सिद्धान्त यह है कि कविता का अस्तित्व उसके रूप में ही सन्निविष्ट है। काव्य की समीक्षा से तात्पर्य है कविता के रूप का विश्लेषण। रैन्सम ने अपनी कृति में एक आनटोलाजिकल क्रिटिक' के पक्ष में बड़ी दलीलें दी हैं। नयी समीक्षा के आरम्भ में काफी समय तक बड़ी भ्रॉन्तियाँ रही हैं और इसका स्वरूप अन्त तक स्थिर नहीं हो सका। आधुनिक भाव-बोध तथा कविता को कृति के रूप मे विश्लेषित करने के कारण एफ.आर. लीविस, विन्टर्स आदि को नया समीक्षक कह दिया जाता था। सन् 1956 में टी. एस. इलियट को नयी समीक्षा शब्द के मुक्त प्रयोग पर अपने निबन्ध 'आलोचना के सीमान्त' में यह चेतावनी के रूप में कहना पड़ा—''लोग 'नयी आलोचना' शब्द का प्रयोग अक्सर यह समझे बिना करते हैं कि इस शब्द में कितनी विविधता का समावेश है।'' यह शब्द प्रयोग इस साक्ष्य को देता है कि इस युग के प्रतिष्ठित आलोचकों में परस्पर कितना ही पार्थक्य क्यों न हो वे सभी अपने से पूर्ववर्ती पीढ़ी के आलोचकों से कुछ महत्त्पूर्ण बातों में भिन्नता रखते हैं। इस शब्द की इस अनिश्चितता के कारण ही नयी समीक्षा को सौन्दर्यपरक रूपवाद (ऐस्थेटिक फार्मेलिज्म) जैसे नाम से भी संकेतित किया गया। चूँकि यह समीक्षा मात्र रूपवाद न होकर विश्लेषणात्मक आलोचना का एक नया ढंग है, नयी प्रवृत्ति है, नया आन्दोलन है, नया विकास है, इस दृष्टि से 'नयी समीक्षा' शब्द ही प्रचलन पाता रहा है।

पश्चिम में इस बात पर बड़ा विवाद रहा है कि नयी समीक्षा का सिद्धान्त प्रतिपादित किसने किया—टी. एस. इलियट ने या आई.ए. रिचर्ड्स ने। अधिकांश विचारक टी. एस. इलियट को ही इस समीक्षा का प्रतिपादक स्वीकार करते हैं। रिचर्ड्स की पुस्तक 'प्रिंसिपल आफ लिटरेरी क्रिटिसिज्म' सन् 1924 में, एम्पसन

की पुस्तक 'सेवन टाइप्स आफ एम्बीगुइटी' 1930 में, रैन्सन की 'गाड विदाउट थंडर' 1930 में प्रकाशित हुई। स्वयं ऐलन टेट इसके बाद ही आये। इलियट ने सन् 1919 में 'ट्रेडिशन एण्ड दि इंडिविजुअल टेलेंट' नामक निबन्ध से नवीन आलोचनात्मक क्रान्ति उपस्थित कर दी थी। यह वह समय था जब इलियट उग्रवादियों तथा नवमानववादियों की चुनौतियों को अकेले झेल रहे थे। स्वयं इलियट को नवमानववादियों से परम्परा तथा इतिहास बोध को लेकर समझौता करना पड़ा। लेकिन कलाकृति में वैयक्तिक प्रतिभा को बहुत ऊँचा स्थान देकर उन्होंने अतिवादियों को नवीन ललकार दी है। संवेदन से ज्यादा इलियट अभिव्यक्ति के बदलाव पर आ गए। उन्हें किसी भी राष्ट्र में 'भाषिक क्रान्ति' से ज्यादा महत्वपूर्ण और कुछ भी प्रतीत नहीं हुआ। यह 'काव्य-भाषा' की पहली सशक्त क्रान्ति है। कला कृतियों को वस्तु मानकर इलियट ने वस्तुपरक दृष्टिकोण से परखने का आग्रह किया। कला को अच्छे-बुरे से हटाकर 'सच्चे मूल्यांकन के बृहत्तर यत्न' की ओर मोड़ दिया। जाहिर है कि यह कार्य 'विश्लेषण' तथा 'तुलना' से ही हो सकता था।

यह भी कहा जा सकता है कि नयी समीक्षा का इतिहास इलियट के निबन्ध-संग्रह 'सेक्रेडवुड' (1920) से आरम्भ होता है। यह वह समय है जब प्रो. जानक्रो रैन्सम ने ऐलन टेट, राबर्ट पेन वारेन डोनाल्ड डेविडसन, मोति मूर के सहयोग से 'द फ्यूजिटिव' नामक काव्य-पत्रिका का सम्पादन प्रकाशन किया। नयी समीक्षा का विधिवत रूप रैन्सम की 'गाड विदाउट थंडर' (1930), एफ. आर. लीविस की 'रिवेल्यूएशन' (1936), 'द कामन पर्सूट' (1953), रैन्सम की 'द बर्ड्स बाडी' (1938), एलेन टेट की 'आन दि लिमिट्स आफ पेयट्री' (1948), आर. पी. ब्लैक मूर की 'लैंग्वेज एण्ड जैसचर' (1952), केनेथ वर्क की -'ए ग्रामर आफ मोटिव्स' (1948) आदि नयी समीक्षा की कुछ महत्वपूर्ण कृतियों का प्रकाशन हुआ। समकालीन लेखन को सपष्ट करने के लिए 'दि सदर्न रिव्यू', 'कीनियन रिव्यू', 'सेवानी रिव्यू' तथा 'हडसन रिव्यू' में महत्वपूर्ण लेख प्रकाशित हुए हैं। विलियम मिल्टन ने 1949 ई. में नयी समीक्षा का कोश तैयार कर डाला जिसमें उन्होंने नयी समीक्षा के सभी आलोचकों की सम्मिलित चर्चा की है। ऐल्टन यह मानते हैं कि रिचर्ड्स ने काव्य-विवेचन में काव्य के अर्थ-तत्व की प्रक्रिया पर गहन चिन्तन किया। उन्होंने यह भी दिखाया—कविता कैसे पढ़ी जानी चाहिए—जिसे सही नाम दिया केनेथ बर्क ने। रैन्सम फ्रेक, अरवर विन्टर्स प्रवक्ता, विलियम्स ब्रुक्स—जन में प्रचारक, राबर्ट पैनवारेन, प्रो. प्रक्रिया के मूर्तिवान रूप। एम्पसन अनेकार्थकता के विश्लेषण, इलियट इसकी शक्ति के प्रतीक और आर. पी. ब्लैक्मूर तथा ऐलन टेट नयी समीक्षा के सिद्धान्त को प्रतिष्ठित करने वाले

आचार्य।

नयी समीक्षा को टी. एस. इलियट, आई. ए. रिचर्ड्स ने नये बीज दिए। रैन्सम ने 'नयी आलोचना' नामक अपनी कृति में कहा है कि आई. ए. रिचर्ड्स से 'नयी आलोचना' की शुरुआत होती है।[4] निश्चित रूप से इस मत का समर्थन किया जा सकता है कि नयी आलोचना इलियट तथा रिचर्ड्स का एक अद्‌भुत मिश्रण है। 'अर्थ के अर्थ' में अर्थ-विज्ञान में रिचर्ड्स की रुचि नयी आलोचना को नया योगदान देती है। क्लीयन्थ ब्रुक्स जैसे आलोचक जो काफी हद तक रिचर्ड्स से सहमत नहीं हैं, फिर भी उनकी केन्द्रीय शब्दावली का उपयोग करते हैं—जैसे तनाव, अस्पष्टताएँ और आयरनी।

रिचर्ड्स के साथ ही केनेथ बर्क—आलोचना का उपयोगितावादी और अर्थ वैज्ञानिक दर्शन खड़ा करने का प्रयत्न करते हैं। उन्होंने अर्थ-विज्ञान को फ्रायडवाद तथा मार्क्सवाद से जोड़ने का एक सार्थक प्रयास किया। विद्वान बहुत समय तक नयी आलोचना आन्दोलन का श्रेय इलियट को देना चाहते रहे हैं। इलियट ने कहा भी है—''मुझे ऐसा कोई आलोचनात्मक आन्दोलनात्मक आन्दोलन दृष्टिगत नहीं होता जिसके लिए यह कहा जा सके कि उसका आरम्भ मुझसे हुआ है।'' (आलोचना का सीमान्त)। लेकिन एफ. आर. लीविस सन् 1936 में अपनी 'रिवेल्यूएशन्स' नामक कृति में यह साफ कहते हैं कि काव्यालोचन परम्परा में वे उस दृष्टिकोण के अनुकर्ता हैं जिसका आरम्भ एजरा पाउण्ड, टी. एस. इलियट और आई. ए. रिचर्ड्स ने किया है। बीसवीं शताब्दी के चौथे दशक में परम्परा प्राप्त रोमानी मूल्यों और मानो से भिन्न चेतना का जागरण अमरीका के साहित्यिक समुदाय में दृष्टिगत हुआ और यहीं पर यह आन्दोलन पूरी तरह व्याख्यायित-पारिभाषित हुआ। इसी आन्दोलन ने एक विशिष्ट समीक्षा दृष्टि की सैद्धान्तिकता को विकसित-परिष्कृत किया।

नयी समीक्षा के सजग कर्णधारों में जानक्रो रैन्सम, ऐलन टेट, रिचर्ड्स जी. ब्लेकमूर, राबर्ट पेन बारेन, क्लीयन्थ ब्रुक्स तथा इंग्लैंड के विलियम एम्पसन का नाम उल्लेखनीय है। इन सभी के काव्य-सिद्धान्त पूर्वतः समान न होने पर भी समीक्षा के कुछ मौलिक तथ्यों के विषय में एक गहन एकता का संकेत देते हैं। जैसे कविता एक विचार या भाव नहीं है। वह अपने आप में एक विशिष्ट अनुभव है, यह अनुभव रूप के अनुभव से अभिन्नता रखता है। इस अनुभव को सामाजिक-ऐतिहासिक धारणाओं के बीच लाकर अशुद्ध नहीं करना चाहिए। आलोचक का कर्म इतना ही है कि कलाकृति के समग्र रूप और अंगों के अंतः संबंधों का विश्लेषण-परीक्षण कर उसकी समग्र जटिल संरचना का सावधानी से तात्विक परीक्षण करे। इस प्रकार 'रूप' ही समीक्षा का मूल धर्म है और इस

'रूप' की स्वायत्त-सत्ता है। इस दृष्टि से 'रूप' में कलात्मक संरचना और बनावट का अर्थ निहित होता है।

यह सत्य है कि वैज्ञानिक विकास के युग में नयी समीक्षा का आरम्भ-विकास हुआ। विज्ञान के बढ़ते हुए प्रभाव से कविता की रक्षा करना कठिन काम था। यह भी कहा जाने लगा था कि जैसे-जैसे विज्ञान बढ़ता जायेगा—कविता समाप्त होती जायेगी। लेकिन संघर्षों से जूझ कर कविता ने अपना 'होना' तथा 'जीवित रहना' प्रमाणित किया। प्रथम और द्वितीय विश्व-युद्धों के मध्य और बाद में भयंकर सांस्कृतिक विघटन हुआ। सभी स्वीकृत मूल्य अपनी धुरी छोड़ गए। युद्ध के बाद आधुनिक संवेदना में आतंक (टेरर) तथा संत्रास (हारर) ने जड़ें जमा लीं।[5] नये भाव-बोध में अकेलापन, ऊब, उबकाई, मोह-भंग, मृत्यु-बोध, आत्मनिर्वासन, अवमानवीकरण, विवशता, अजनबीपन, विसंगति, विडम्बना, विद्रूपता, निरर्थकता-बोध, अस्तित्व का संकट आदि जन्म ले गया। एक ओर आत्मरति बोधात्मक आत्महत्या, जमाव, ठहराव आया, दूसरी ओर अर्थहीनता, मूल्यांधता का प्रकोप बढ़ गया। एक प्रकार का निषेधात्मक, अनास्थावादी दर्शन उभर पड़ा, जिसे अस्तित्ववाद में प्रश्रय मिला। यही कारण है कि नयी समीक्षा पर अस्तित्ववाद का गहरा प्रभाव-दबाव है। आत्मसंघर्ष से क्षीण परायापन आत्मरति की ओर बढ़कर अविवेकशीलता (इर्रेशनलिटी), फूहड़ता (एब्सर्डिटी) में जगह बनाता है। इसी से अस्वीकृति का आधुनिक अकाव्यात्मक काव्यशास्त्र छद्म आधुनिकतावाद के रूप में अब पैर फैलाता है। काव्य और आलोचना की विद्रोहात्मक भूमिका में अस्तित्ववादी दर्शन का यह 'फूहड़ सौन्दर्य-बोधशास्त्र' अंकुरित होता है। जिन अस्तित्ववादियों ने सौन्दर्य-बोधशास्त्र की सिद्धान्त मीमांसा की है, उनमें ज्या पाल सार्त्र, मरलो पोन्डी और फैलिको अग्रणीय हैं। शिल्पी आर्तूयो बी. फैनिको ने 'आर्ट एंड एक्सिसटेंशियलिज्म 1962' में जो स्थापनाएँ कीं, वे 'बीइंग' और 'नथिंगनैस' से परे भी प्रसार पाती हैं। स्वयं टामस मुनरो (1941) से अमेरिकन पत्रिका 'जर्नल आफ एस्थेटिक्स एंड आर्ट क्रिटिसिज्म' में नये सौन्दर्य शास्त्र को विकसित करने में प्रवृत्त रहे हैं। मुनरो ने कलाओं के अन्तःसंबंधों को 'आर्ट एंड देअर इंटररिलेशन्स' (1951) निर्धारित कर एक ऐतिहासिक महत्व का कार्य किया। मानव की खोई हुई शक्ति को प्राप्त करने का अनुभव भी बल पकड़ने लगा। डॉ. एफ. आर. लीविस ने 'मास सिविलाइजेशन एंड माइनारिटी कल्चर' में साफ कहा है कि एक यांत्रिक तथा विघटित समाज में उज्जवल धारणाओं की प्रकल्पना नहीं की जा सकती। फिर भी कुछ तो ऐसा हो ही सकता है जो जीवन को गति दे सकें। इसी दृष्टि से प्रेरित नयी समीक्षा ने रोमाण्टिक व्यक्तिवाद और विक्टोरियन नैतिकता का

विरोध किया। इन्हीं परिस्थितियों ने कवि को केन्द्र से हटाकर 'कृति' को केन्द्र में स्थापित कर दिया। आसपास के नवीन ज्ञान-विज्ञान से दृष्टि पाकर इन्होंने परम्परा तथा आधुनिकता पर नये ढंग से सोचने का कार्य किया। धर्म और ईश्वर का स्थान भौतिकता और विज्ञान न रहकर नये जीवन-मूल्यों पर सोचना शुरू किया। इस दृष्टि से नयी समीक्षा का उदय ज्ञान-विज्ञान की विविध ज्ञान-प्रणालियों—पद्धतियों के प्रकाश में हुआ। जीवन के आंतरिक रूप इसने अर्थ-विज्ञान, शब्द-विज्ञान, मनोविश्लेशणशास्त्र, सौन्दर्यशास्त्र, अस्तित्ववाद आदि से ग्रहण किए हैं।

नये वैज्ञानिक समाज में साहित्य की स्थिति का स्वतन्त्र निर्धारण करने के लिए इन्होंने साहित्यिक कलाकृति को 'मार्मिक संरचना' का नाम दिया। नये अर्थ में काव्य को 'भाषा की हरकत' कहा है।[6] फ्रांस के प्रतिभाशाली रूपवादी आलोचक पाल वेलेरे ने क्रोचे के दावे को असिद्ध करते हुए कहा है कि कृति, कृतिकार और पाठक में अलगाव है। "यह रूप के महत्व पर बल देते हैं और यह भाव से भिन्न हैं और भाव को इतिहास से पूरी तरह निकाल कर शाश्वत के क्षेत्र में ले जाते हैं। वेलेरे के अनुसार सृजनात्मक प्रक्रिया और कृति में गहरा पाट है।...कविता न प्रेरक है, न स्वप्न है, कविता बनना है। इसे अव्यक्तिगत होकर पूर्ण होना है। भावात्मक कला इन्हें सदा घटिया लगती है। कविता का उद्देश्य शुद्ध होना है, शाश्वत कविता का तथ्यात्मक व्यक्तिगत और भावात्मक मिश्रणों से मुक्त होना है। इसका न तो भावानुवाद हो सकता है और न ही अनुवाद। यह ध्वनि और अर्थ का कसा हुआ संसार है। दोनों इस तरह आपस में गुंथे हुए होते हैं कि हम वस्तु को रूप से अलग नहीं कर सकते। कविता भाषा के स्त्रोतों का अधिकतम उपयोग करती है, कविता अपने को साधारण भाषा से ध्वनि और छन्दों और बिम्बावली के सब उपकरणों द्वारा दूर कर लेती है। काव्य-भाषा में भाषा है। भाषा जिसका पूरी तरह रूपीकरण हो चुका है।"[7] इस प्रकार कृति एक भाषिक रचना है। इसमें एक छोर पर कृतिकार और दूसरे छोर पर पाठक समुदाय होता है। आलोचक का दायित्व कृति के रूप और अन्तःसंबंधों का विवेचन करना है। इस प्रक्रिया में वह पाठक को भावपरक तथा अभिप्रायपरक हेत्वाभासों की हवा तक न लगने दे।[8] अतः काव्य-भाषा में भाषा है। भाषा प्रयोग से लगातार घिसती है, चमत्कार मरता है, भ्रष्ट होती रहती है। कवि का कार्य यह होता है कि वह भाषा में नया जीवन उत्पन्न करे। भाषा का नया संस्कार करते हुए नया सम्प्रेषण संबंध विकसित करे। ऐसा करने से जीवन-संवेदना का नया सम्पादन-संशोधन होता है। ऐलन टेट ने तो यहाँ तक कहा है कि ऐतिहासिक पद्धति का विरोध ही नयी समीक्षा का सच्चा लक्षण

है। ऐतिहासिक पद्धति में दो दोष होते हैं—(1) यह पद्धति विचार के संदर्भ में कविता का मूल्यांकन करती है, (2) या फिर यह पद्धति भाव के सन्दर्भ में कविता का परीक्षण करती है। इन्हीं को 'नयी समीक्षा' 'वैचारिक हेत्वाभास' (इंटेशनल फैलेसी) तथा 'रागात्मक हेत्वाभास' (एफेक्टिक फैलेसी) कहकर विरोध करती है। समीक्षा की अन्य पद्धतियाँ कविता के कथ्य को जीवन परिप्रेक्ष्य में विश्लेषित-विवेचित करती है। केवल नयी समीक्षा ही आधार रूप में—काव्य की संरचनात्मक अन्विति का विवेचन करती है। स्वयं जानक्रो रैन्सम ने अपनी कृति 'दि वर्ल्ड्स बाडी' में कहा है कि "कविता एक स्वायत्त या स्वतन्त्र कलावस्तु है, अपने से अलग किसी स्वतन्त्र विचार या भाव की व्यंजना नहीं।"[9] अर्थात् एक प्रकार का कलावाद या रूपवाद ही इस समीक्षा में प्रधान है। यह स्वीकार करने पर कि कलाकृति का एक स्वायत्त संसार है—इन आलोचकों ने इस स्वतन्त्रता तथा स्वायत्तता को कलावादियों की स्वतन्त्रता तथा स्वायत्तता से लगातार अलगाया है। इसका सीधा अर्थ यही है कि कलावाद की कृति संबंधी स्वायत्तता तथा नयी समीक्षा की कृति संबंधी स्वायत्तता में पार्थक्य है। इसीलिए इन दोनों प्रकार के आलोचकों की मूल्य-व्यवस्था और मूल्य दृष्टि में अन्तर है। नयी समीक्षा गहरे स्तर पर 'आनटोलाजिकल थियरी' के विकास का नया ढंग है जो कृति की स्वायत्तता, विशिष्टता तथा अद्वितीयता के रूपवादी सिद्धान्त को मानती है। कलाकृति का परम्परा के सन्दर्भ में 'स्तर' आंकना इनका साध्य नहीं है—इनका साध्य है 'रूप' के आधार पर अर्थ। कलाकृति के रूप की तात्विक परीक्षा। यह परीक्षा कविता से कविता में ही सीमित है। साहित्य से अलग किसी साहित्येतर दृष्टि का स्पर्श तक यहाँ वर्जित है। यही कारण है कि कविता के रूपपरक अन्तःसंबंधों का तात्विक विश्लेषण करने के बाद नयी समीक्षा के समीक्षक उसके मूल्यांकन से भागते रहे हैं। कहना न होगा—ये कविता की प्रविधि तक ही सीमित ही रहे और मूल्यांकनपरक दृष्टि से ही वंचित रहे तथा होते चले गए। मनोविश्लेषणशास्त्र की दृष्टि के प्रभाव में आकर ये कृति के वस्तुनिष्ठ निर्वैयक्तिक आधार में सिमटकर ही बुझ गए।

कविता के वस्तुनिष्ठ निरपेक्ष समझ के लिए नयी समीक्षा ने इस बात पर पूरा ध्यान केन्द्रित कर दिया कि कविता के भीतर पाठक या आलोचक को उसमें प्रयुक्त शब्दावली, विशिष्ट शब्दों, अक्षरों, बिम्बों, प्रतीकों आदि के मध्य प्राप्त विविध संबंधों का विश्लेषण-व्याख्यान ही जागरूकता से अपेक्षित है। क्योंकि कविता काव्य-भाषा में भाषा है। इसे भीतर से समझने के लिए नयी समीक्षा ने कृति के ध्वनि और वस्तु के कसे हुए संसार के सूक्ष्म-गहन विश्लेषण के साथ पाठ-विश्लेषण की नयी पद्धति को कायम किया। किन्तु एफ. आर. लीविस का

पाठ से संबंध मात्र भ्रम है, वे शब्दों की सतह से ऊपर उठकर विशेष भावों को पारिभाषित करते हैं और भाषा तथा नैतिकता की निरन्तरता पर बल देते रूप की नैतिकता पर आ जाते हैं। उनके लिए 'संवेदना' का अर्थ—परम्परा और संस्कृति हो जाता हैं। पाल वेलेरे मानते थे कि कविता कल्पना और अभ्यास दोनों हैं, वह एक जादू है। ध्वनि और अर्थ में समझौता है। वे मानते थे कि इलियट में रूपवाद, प्रतीकात्मक सिद्धान्तों का अंग्रेजी संस्करण है। काव्य-पाठ पर आधारित व्याख्याओं को प्रश्रय इलियट ने नहीं, रिचर्ड्स ने दिया। रिचर्ड्स की 'हाउ टू रीड ए पेज' और 'इंटरप्रटेशन इन टीचिंग' का नया रूप एफ. आर. लीविस की 'हाउ टू टीच रीडिंग' में मिलता है। किन्तु काव्य-पाठ—प्रक्रिया का यह अनुशासन व्यावहारिक समीक्षा में अधिक चल नहीं सका।

रिचर्ड्स की भाषा-सिद्धान्त दृष्टि को विलियम एम्पसन (जन्म 1906) ने नये ढंग से सम्पादित-संशोधित किया। रिचर्ड्स के संवेगात्मक सिद्धान्त को नकारते हुए उन्होंने काव्यभाषा की लचक और दुरूहता के संबंध में रिचर्ड्स की धारणा का विकास अनेक परिभाषाओं के माध्यम से किया। 'दुरूहता के सात टाइप' (1930) नामक पुस्तक कठिन, वाग्विदग्ध उपमात्मक कविता के काव्यात्मक सामाजिक अभिप्रायों को शाब्दिक विश्लेषण की पद्धति से अन्तिम छोरों तक पहुँचाती है। जिसका परिणाम पाठ से सम्पर्क टूटकर निजी प्रतिक्रियाओं से निकलता है। टेट ने अपने निबंध कविता में तनाव (टेंशन इन पोयट्री) में 'तनाव' को पारिभाषित किया। इस शब्द को सामान्य अर्थ में प्रयुक्त न कर एक विशेष अर्थ-संदर्भ में बांध दिया। शब्द के अर्थ-संकेत दो प्रकार के होते हैं—अन्तर्मुख तथा बहिर्मुख। अन्तर्मुख शब्द के अर्थ प्रयोग भावना के प्रतीक होते हैं और बाह्य जगत के गोचर पदार्थों के साथ उनका संबंध नहीं होता। भाषा के सामान्य प्रयोग में पाठकीय संवेदना को कुरेदने की क्षमता तो होती है पर काव्यार्थ-सम्प्रेषण की शक्ति नहीं होती। शब्द के बहिर्मुख अर्थ-संकेत गोचर पदार्थों के साथ संबंध रखते हैं। भाषा का प्रयोग ठोस, मूर्त और युक्तिसंगत होने पर भी काव्य-भाषा में 'तनाव' नहीं आ पाता। शब्दों के अन्तर्मुख तथा बहिर्मुख अर्थ-संतुलन से 'तनाव' आता है और ऐसा न होने पर वह ढीला हो जाता है और काव्य-प्रभाव बिखर जाता है—टेट के मत से काव्य का आधार भाव या विचार नहीं, भाषा है। "पाठक तो उसे भाषा के द्वारा ही जानता है। उसके कथ्य की उचित सीमा भाषा ही है।"[10] काव्य-भाषा का मूल गुण है—सन्तुलन या तनाव अर्थात् शब्द के अन्तर्मुख तथा बहिर्मुख अर्थ-गुच्छों का तनाव।[11] अच्छी कविता अन्तस्तनाव (इंटेंशन) और बर्हितनाव (एक्सटेंशन) की सुदूरतम कवियों से प्राप्त अर्थों की इकाई होती है। इस एकीकृत अर्थ की, अनुभव

की, संस्कृति की पहचान मानववाद का प्रदेय होता है। इसलिए वे काव्य के सामाजिक न्याय को स्वीकृति देकर भी काव्य में सम्प्रेषण के हेत्वाभास (फैलेसी) पर आक्रमण करते हैं। यह एक ऐसी भावात्मक दशा की कविता होती है जो शब्दों के गैर जिम्मेदार प्रयोग पर टिकी होती है। "इस हेत्वाभास का इतिहास इतना ही पुराना है, जितनी पुरानी कविता। लेकिन जिसका प्रभुत्व 18 वीं सदी के अन्त में मात्र कविता पर ही नहीं रहा, बल्कि साथ ही अन्य कलाओं पर भी हो गया।" फिर भी स्वच्छन्दतावादी काव्य-शैली और अलंकृत शैली के विषय में यह नहीं कहा जा सकता है कि कौन घटिया और कौन बढ़िया है। क्योंकि दोनों के श्रेष्ठ गुण काव्यत्व रखते हैं और दोनों ही अपूर्णताओं में बंधे हैं। ऐसी स्थिति में काव्य का श्रेष्ठ रूप अतिवादी प्रवृत्तियों में न होकर सन्तुलित शैली में होता है। इसी शैली के कारण टेट ने शेक्सपियर की कविता की अपेक्षा में कवि शैली का उनकी कविता में अधिक काव्य-गुण पाये हैं। वे बिम्ब-योजना में तनाव के अनेक उदाहरण प्रस्तुत करते हैं जो व्याख्याकार के लिए शेक्सपियर के महान अवतरणों की अपेक्षा ज्यादा सुलभ हैं।

टेट ने प्रतीकवादी कविता को समूह भाषा का हेत्वाभास कहा है। टामसन भाषा को समूह के स्तर पर प्रयुक्त तो करते थे, पर वह व्यंग्यार्थों को सन्तुलित क्रम देने की कला में असफल थे। काव्य 'कौशल' के एकान्वित प्रभाव की तनावशक्ति को न जानने के कारण प्रतीकवादी तथा मेटाफिजिकल दोनों ही अपूर्ण हैं।

विलियम एम्पसन ने 'सेविन टाइप्स आफ एम्बिगुइटी' नामक प्रख्यात नयी समीक्षा की पुस्तक में 'अनेकार्थकता-सिद्धान्त' की महत्व-प्रतिष्ठा की है। 'एम्बिगुइटी' का मूलार्थ है–श्लेष या अनेकार्थकता। इसका एक अर्थ द्विअर्थता भी है जिसे बाद में व्यापक अर्थों में ग्रहण किया गया। एम्पसन के शब्दों में "किन्तु यहाँ मैं इस शब्द का अर्थ-विस्तार कर रहा हूँ। इसकी परिधि में शब्द के ऐसे सभी सूक्ष्म से सूक्ष्म अर्थ-संकेतों का अन्तर्भाव किया जा सकता है–जिनके द्वारा विशेष शब्दावली में एक से अधिक अर्थों की व्यंजना हो।"[12] उन्होंने सात प्रकार की अनेकार्थकता का विवेचन किया–जिसमें काव्य-चमत्कार के विविध अर्थ-अनुषंगों को समाविष्ट करने का प्रयास किया। इन चमत्कारों में छन्द, लय और संगीत के चमत्कार भी आ जाते हैं। वास्तव में एम्पसन की दृष्टि भारतीय काव्यशास्त्र के रस और ध्वनि के पर्याप्त नजदीक है। भाषा की जिस 'अनेकार्थकता' का संकेत वे 'एम्बिगुइटी' से करते हैं, वह "... केवल अनेकार्थकता नहीं है, बल्कि उसके मूल में मनोवैज्ञानिक संस्कार भी सन्निविष्ट हैं।"[13] अतः एम्पसन जिसे 'एम्बिगुइटी' कहते हैं, वह 'व्यंजना' के आस-पास

ही है। इस सिद्धान्त की तुलना करते हुए डॉ. नगेन्द्र ने ठीक कहा है– "एम्पसन ने कविता के विषय में एक अत्यन्त प्राचीन एवं मौलिक धारणा को नये ढंग से प्रस्तुत किया है। भारतीय काव्यशास्त्र में आरम्भ से ही इस मत का प्रतिपादन प्रायः समान शब्दावली में होता आया है। शब्द-अर्थ का वक्र या चमत्कृत प्रयोग ही काव्य है : शब्दार्थोकाव्यम्।"[14]

क्लीयन्थ ब्रुक्स ने समीक्षा में चिन्तन से एक नया भाषा-दर्शन निर्मित किया है, ब्रुक्स मानते रहे हैं कि काव्य दार्शनिक, सामाजिक या ऐतिहासिक सत्य की अभिव्यक्ति नहीं है, बल्कि वह एक विशिष्ट भाषा-संरचना है। इस भाषा-संरचना की स्थूल रूप से तीन विशिष्टताएँ हैं–(1) वैदग्ध–"इस बात की जागरूकता कि किसी स्थिति-विशेष के प्रति कई दृष्टिकोण हो सकते हैं।" (2) विरोधाभास–किसी स्थिति के प्रति परिपाटीगत दृष्टि अथवा उसके प्रति सीमित तथा विशिष्ट दृष्टि के साथ–जैसे व्यावहारिक तथा वैज्ञानिक भाषाओं के सन्दर्भ में होती है–अधिक व्यापक वैषम्य निर्धारण की युक्ति, (3) वक्रता : प्रतिबन्धों के द्वारा अपनाये गए दृष्टिकोणों की परिभाषा परक युक्ति।"[15] कविता में वैदग्ध से तात्पर्य है कि वह किसी एक अभिवृत्ति तक सीमित न होकर सभी सम्भव अभिवृत्तियों तक फैलाव रखती है। अभिवृत्तियों के सन्तुलन को नाटकीय साँचे में ढालना पड़ता है, तभी वह अनुभूति को अर्जित कर पाती है। वैदग्धता ही कविता को 'प्रौढ़ता' एवं 'जटिलता' देती है तथा सस्ती भावुकता से बचाती है। विरोधाभास एक ऐसी युक्ति है जो कालरिज की कल्पना की भाँति विपरीत गुणों में समन्विति लाती है। वक्रता का निहितार्थ है–कविता के किसी भी कथ्य पर सन्दर्भ का दबाव सक्रिय है और सन्दर्भ के अनुसार उसका अर्थ सम्पादित- संशोधित-परिवर्तित हो गया है।[16] अर्थात् "एक अंग और दूसरे अंग का संबंध अभिन्न है अर्थात् प्रत्येक अंग 'पूर्व' को बदलता भी है और स्वयं भी उस प्रभाव में परिवर्तित होता है।'[17] परन्तु यह 'वक्रता' शब्द केवल "सन्दर्भ के दबाव की स्वीकृति नहीं है।"[18], इससे आगे भी उसका एक अर्थ है और वह अर्थ वही है जो विरोधाभास का है। इस प्रकार 'संरचना' से तात्पर्य उस परम्परागत 'रूप' से नहीं है जो कथ्य को अपने में समाहित रखता है–उसका अर्थ तर्कसंगत अर्थ भी नहीं है–उसका अर्थ है किसी स्थिति विशेष के लिए जितनी भी अभिवृत्तियाँ हो सकती हैं–उनमें से अधिकाधिक कविता में होनी चाहिए। वे भी जो विपरीत पड़ती हों। उसके समस्त अंगों का कलाकृति के साथ अभिन्न संबंध हो। साथ ही समस्त विरोधी, असमंजस अर्थों तथा अभिवृत्तियों का सभिन्न रूप में सुलझाव हो जाना चाहिए। संरचना से तात्पर्य–अर्थों, मूल्यांकनों तथा व्याख्याओं की संरचना से है। यह जिस अन्वित-सिद्धान्त से

बिद्ध है उसमें लक्ष्यार्थों, अर्थों के सन्तुलन, अभिवृत्तियों का सामंजस्य सिद्धान्त प्रतीत होता है। यही सिद्धान्त असमान तत्वों को एक सूत्र में पिरोता है। तभी तो अच्छा कवि अनुभूति की एकता को नाटकीयता में डालकर भावात्मक अन्विति की सिद्धि करता है। इस अनुभूति की अन्विति का स्वरूप क्या है ? इस बात का उत्तर ब्रुक्स, कैसिरार, अर्बन, सुजैन के. लैंगर जैसे विद्वान विकसित भाषा-दर्शन से देते हैं। कविता में रूप और वस्तु के तादात्म्य से भाषा अपने सृजनात्मक कार्यों के प्रति सचेत हो जाती है। क्योंकि एक स्तर पर शब्द और वस्तु का तादात्म्य हो जाता है। इसीलिए कविता की महानता उसके संरचनात्मक विश्लेषण के सन्दर्भों से ही समझी जा सकती है।[19] कविता सावयव रचना है, उसका अध्ययन भी बिम्ब, प्रतीक, लय, पदबन्ध, वक्तव्य आदि के सम्पूर्ण सन्दर्भ में होना चाहिए।[20]

नार्थ्रप फ्राई के विचार सन् 1957 ई. में 'एनैटमी आफ क्रिटिसिज्म' में प्रकाशित हुए हैं। इन विचारों ने एक हलचल आलोचना संसार में उत्पन्न की है। मरेक्रीगर का तो यहाँ तक कहना है कि विश्व भर में पाउण्ड तथा इलियट का भी उतना प्रभाव नहीं पड़ा है जितना नार्थ्रप फ्राई के आलोचनात्मक विचारों का है।[21] पश्चिम के परवर्ती आलोचकों ने उसके विचारों का उपयोग किया है। वह साहित्यिक, पुरागाथात्मक, ऐतिहासिक अध्ययन को (विशेष कर साहित्य शास्त्रीय विचारों को) नयी समीक्षा में प्रस्तुत करते हैं। उनकी दृष्टि में बीसवीं शताब्दी का समस्त भाषा-शास्त्र और साहित्य-शास्त्र समाया हुआ है। प्लेटो से लेकर इलियट—रैन्सम तक के सिद्धान्तों को समेटकर फ्राई ने नयी समीक्षा का संबंध 'अक्षरार्थी प्रतीकवाद' से जोड़ा है। पुरागाथात्मक प्रतीकवाद को ही फ्राई साहित्यिक-बिम्ब विधान का व्याकरण मानते हैं। साहित्यिक-विश्व में सौन्दर्य, मनोभाव एवं अभिरुचि का प्राधान्य होता है। फ्राई के मत से विश्व एक नहीं तीन हैं—क्योंकि इसमें विचार और सामाजिक कार्य-व्यापारों के जगतों का भी अन्तर्भाव रहता है। इस प्रकार वे नयी समीक्षा के मूल पाठ तथा रूपवाद से ऊपर उठकर एक नवीन समीक्षा-संसार निर्मित करते हैं।

डब्ल्यू. के. विमसाट ने अपने निबन्ध ''साहित्य में मूर्त सार्नभौम की संरचना (द स्ट्रक्चर ऑफ कांक्रीट यूनिवर्सल) में—मूर्त सार्वभौम या सार्वभौम मूर्त विधान (कांक्रीट यूनिवर्सल : मेटाफर एण्ड काम्पलैक्सिटी) की नये ढंग से व्याख्या की है। वे घोषित तौर पर कहते भी हैं कि यह प्रयोग उन्होंने दार्शनिक हीगेल से ग्रहण किया है। नव्यशास्त्रवाद का बल सार्वभौम पर और स्वच्छन्दतावाद का 'विशेष' पर रहता था। नया आलोचक इन दोनों को मिलाकर ''कवि-कर्म की सिद्धि ऐसे बिम्बों की संरचना में मानता है जो अपना स्वतन्त्र गोचर व्यक्तित्व

रखते हुए भी सार्वभौम गुणों से युक्त हों। इसी तत्व को हीगेल से संकेत ग्रहण कर विमसाट ने 'मूर्त सार्वभौम' कहा है। मूर्त सार्वभौम का प्रयोग प्रबन्ध-विधान के स्तर पर भी होता है और शब्द-विधान के स्तर पर भी। प्रबन्ध-विधान के स्तर पर चरित्र-सृष्टि और शब्द-विधान के स्तर पर उपचार-वक्रता अथवा लक्षणा का प्रयोग मूर्त सार्वभौम के अन्तर्गत ही आता है।''[22] इस प्रकार इस सिद्धान्त का प्रतिपादन वक्रता और लक्षणा ने भारतीय सिद्धान्तों में बहुत पहले ही किया गया है। विमसाट के इस सिद्धान्त का कुन्तक के वक्रोक्तिवाद तथा आनन्दवर्द्धन के ध्वनि-सिद्धान्त में सहज ही समाहार हो जाता है।

नयी समीक्षा में विमसाट की ख्याति दो अवधारणाओं के कारण विशिष्टता पाती है—जिनका निर्माण उन्होंने मनरो वियर्डस्ले के आधार पर किया— (1) अभिप्रायपरक हेत्वाभास (इंटेंशनल फैलेसी), (2) भावात्मक हेत्वाभास (एफेक्टिव फैलेसी)। इन अवधारणाओं को विमसाट ने निश्चित सैद्धान्तिक आधार दिया है। विमसाट के ये निबन्ध उनकी आलोचना पुस्तक 'द बर्बल आइकन' 1954 ई. में संग्रहीत हैं। 'अभिप्रायपरक हेत्वाभास' का अर्थ है कि रचना को समझने-जाँचने में रचनाकार का अभ्रिपाय न तो अपेक्षित है और न सही कार्य ही। क्योंकि अचेतन अनुभव की रचना को चेतन अनुभव से रचनाकार कैसे परख सकता है। 'भावात्मक हेत्वाभास' का अर्थ है कि कविता से पाठक जो रागात्मक प्रभाव ग्रहण करता है, वह उसके नास्टेल्लियां से प्रतिबद्ध होने के कारण कविता को परखने का वस्तुनिष्ठ आधार नहीं हो सकता है। इस प्रकार विमसाट का निष्कर्ष यही है कि कृति को कवि-पाठक-निरपेक्ष रूप में परखना मूल्यांकित करना ही सही होता है। कृति में व्यक्त आन्तरिक सत्य को समझने के लिए बाहरी आरोपण जरूरी नहीं हैं। इस दृष्टि से कृति को बाह्य जगत के आग्रहों से निरपेक्ष होकर देखना चाहिए। काव्य पूर्णतया स्वायत्त-संसार है।

विमसाट ने 'लिटररी क्रिटिसिज्म : ए शार्ट हिस्ट्री' 1957 ई. का कार्य क्लीयंथ ब्रुक्स के साथ किया है। वहाँ भी इन दोनों ने ही नये समीक्षा के समीक्षकों ने पाश्चात्य समीक्षा के सिद्धान्तों को नयी समीक्षा के आग्रहों-अनुरोधों के समझने-समझाने का कार्य किया है। नयी समीक्षा की सैद्धान्तिक मान्यताओं को इन दोनों प्रतिभाशाली आलोचकों ने वैज्ञानिकता से स्पष्ट किया है।

आइवर विन्टर्स ने काव्य-कृति के सूक्ष्म पाठ और विश्लेषण की ओर अत्यधिक ध्यान दिया है। इसके आगे बढ़कर वे नैतिक आग्रहों पर दृढ़ हो जाते हैं। इस कारण बहुत बार इन्हें नयी समीक्षा से बाहर का समीक्षक भी माना जाता रहा है। विंटर्स का चिन्तन 'इन डिफेन्स आफ रीजन' (1947) तथा 'द फक्शन आफ क्रिटिसिज्म' के रूप में प्रस्तुत हुआ है।

नयी समीक्षा में ब्लैकमूर का 'भंगिमा-सिद्धान्त'[23], टी. एस. इलियट के 'वस्तुगत-सहसंबंध', रैन्सम के 'शब्द-विधान' एवं टेट के 'सन्तुलन' से काफी मिलता-जुलता है। भीतरी तथा बिम्बित अर्थ की बाहरी एवं नाटकीय क्रीड़ा में सफल शब्दों की भाषा ही 'भंगिमा' लाती है। "भंगिमा का संरचनात्मक महत्व इसलिए है कि वह शब्द-विधान में परिष्करण लाती है। काव्य में सरल एवं जटिल पुनरुक्ति, श्लेष, कथानक, छन्द एवं टेक द्वारा 'भंगिमा' स्थापित होती है। यह ध्यानव्य है कि ब्रुक्स ने विरोधाभास के सिद्धान्त का प्रतिपादन काव्य-संरचना के रूप में ही किया था। विन्टर्स ने काव्य-भाषा के शब्द को वैचारिक होने के साथ ही भावोद्दीपक भी माना है। इस प्रकार वे किन्हीं दो संकेतित अर्थों के बीच कार्य-कारण संबंध स्थापित करते हैं। किसी भी शब्द का लक्ष्यार्थ उसके वाच्यार्थ पर निर्भर होता है। इस तथ्य को केन्द्र में रखकर ही काव्य-विश्लेषण में प्रवृत्त होते हैं। सारतः नयी समीक्षा के उद्‌भव-विकास के सहसंवेदन, वस्तुगत सहसंबंध, असंगति जाल या शब्द-विधान, सन्तुलन या तनाव, भंगिमा, विरोधाभास या व्यंग्य-सिद्धान्त, द्विसंख्य-अर्थ-संकुलता, अनेकार्थता-सिद्धान्त आदि सभी संरचनात्मक सिद्धान्त कविता के सूक्ष्म-पाठ एवं रूप-विश्लेषण पर जोर देते हैं। इन नयी समीक्षा के सिद्धान्तों को 'भाषालंकार शास्त्रीय सिद्धान्त' भी कोई चाहे तो कह सकता है।

रैन्सम मानते थे कि "यह विश्व परस्पर-विरोधी संबंधों और अंतर्व्याप्तियों से पूर्णतः भरा हुआ है।"[24] इस विश्व का कविता 'काव्य-भाषा की सघनता या व्यंजकता' द्वारा चित्रण है। यह सघनता या व्यंजकता काव्य के शब्द-विधान (टेक्सचर) से संबंधित है। इस अर्थ में नयी समीक्षा ने 'काव्य-भाषा' का व्यापक सन्दर्भों में अध्ययन करना चाहा है।[25] यहाँ यह ध्यान भी रखना पड़ता है कि काव्य-प्रकृति, भाषा-प्रकृति से किस प्रकार निर्धारित होती है। नये आलोचकों ने कालरिज तथा रिचर्ड्स का अनुकरण करते हुए विज्ञान तथा कविता का पार्थक्य निरूपित किया है। काव्य-कथन, विज्ञान के कथन से इस अर्थ में भिन्न है कि कविता में अभिवृत्तियों, अनुभूतियों और भावार्थों का सम्प्रेषण होता है। इसी अर्थ में काव्य को 'संकेतों की व्यवस्था' माना जाता है।[26] रिचर्ड्स की दृष्टि में वह 'अर्थ का ढाँचा' है।[27] एम्पसन काव्य-भाषा का सार 'अनेकार्थता' (एम्बिगुइटी) में अन्तर्निहित मानते हैं।

शब्दों के प्रति नये आलोचक की गहरी रुचि कलाकृति में शाब्दिक ईमानदारी की रुचि है। सामान्य समस्या यही रही है कि कविता को रूपायित करने वाली आधारभूत वस्तु क्या है। "केन्द्र अथवा कृति को आलौकिक करने का अर्थ है उसके अंगों या उसके पारस्परिक संबंधों का तात्विक-विश्लेषण, ये अंग किस

प्रकार एकान्विति-प्राप्त करते हैं—इस कला का विवेचन, और कृति को रूपायित करने में 'शिल्प' एवं भाषा-कौशल का सावधान विश्लेषण। इस प्रकार यह समीक्षा कविता की आरंभिक विवेचन कविता के रूप में करना ही उचित मानती है। ये आलोचक काव्य-पाठ की गहराई एवं पढ़ने की महत्ता पर भी जोर देते हैं ताकि व्यंग्यात्मक अर्थच्छायाएँ और विरोधाभासपरक विवक्षाएँ स्पष्ट हो सकें। क्योंकि समुचित का व्याख्यान के लिए इनकी उपेक्षा न सम्भव है न संगत ही।

नवीन दृष्टि से इन समीक्षकों ने प्रस्तुत कलाकृति पर अपना पूरा ध्यान केन्द्रित किया है एवं काव्य-पाठ के गहन अध्ययन-मनन पर बल दिया है। स्वयं इलियट ने संकेत दिया था कि "आलोचना की ईमानदारी इसी में है कि वह कवि की ओर उन्मुख न होकर कविता की ओर उन्मुख हो, और तभी संवेदनापूर्ण काव्यास्वाद सम्भव है।" कलाकृति के कलानुभव में हम कविता से बाहर की किसी वस्तु का आरोपण न करें। इस प्रकार नया समीक्षक कलाकृति की विशिष्टता तथा अद्वितीयता को खोजता है। काव्य-शिल्प की पकड़ के लिए नया समीक्षक प्राचीन आलोचकों, लेखकों का गम्भीर अध्ययन करता है। इन सभी अमरीकी समीक्षकों ने अंग्रेज लेखक शेक्सपियर, मिल्टन, कालरिज, वर्ड्सवर्थ, टेनीसन आदि का गम्भीर अध्ययन किया था। यह ऐतिहासिक सत्य है कि अमरीकी आलोचना की कोई अपनी समृद्ध परम्परा पूर्व से नहीं थी। इसलिए इन्हें बार-बार अंग्रेज लेखकों पर सोचना-विचारना पड़ा है। इसलिए शेक्सपियर पर नाटकों के दृश्य-विधान से लेकर भाषा दृष्टि तक का इन्होंने बीसवीं शताब्दी में सर्वाधिक गम्भीर अध्ययन प्रस्तुत किया। तीन सौ वर्षों के शेक्सपियर के अध्ययन ने उतना नहीं दिया, जितना अकेली इस समीक्षा-प्रणाली ने दिया। नयी समीक्षा ने शेक्सपियर को उठाया, पर मिल्टन को नीचे पटक दिया। इलियट के बाद लीविस ने ड्राइडन, पोप, स्वच्छंदतावादियों, विक्टोरियन कवियों पर मिल्टन के बुरे प्रभाव को रेखांकित किया है। इन नये समीक्षकों ने सत्रहवीं शताब्दी की कविता में भी जमकर रुचि ली है। अठारहवीं शताब्दी की कविता को सम्मान दिलाने में स्वयं टी. एस. इलियट जुटे रहे। इलियट ने 'होमेज टु ड्राइडन' में आलोचना-दृष्टि का नक्शा ही बदल दिया। स्वयं लीविस पोप, जानसन तथा ड्राइडन पर रीझे हैं। स्वच्छंदतावादियों का नये समीक्षकों ने जी-जान से मूल्यांकन किया है। स्वच्छंदतावादी काव्य के दोषों-गुणों की बार-बार चर्चा के साथ वे आर्नल्ड के इस मत को मानते रहे हैं कि 'स्वच्छंदतावादियों की दृष्टि अपर्याप्त' थी। नये समीक्षकों ने वर्ड्सवर्थ पर बहुत गुस्सा किया और कहा कि वे काव्य को समझते ही नहीं थे। इलियट ने कहा— कविता भाव का उछलना नहीं, भाव का पलायन है। इलियट ने विक्टोरियन युगीन कवियों पर भी गहन अध्ययन

प्रस्तुत किया। इस प्रकार काव्य के पुनर्मूल्यांकन में इन नये समीक्षकों ने पूरी ताकत लगाने का कार्य किया। समसामयिक कवि-कलाकारों पर इन नये समीक्षकों ने इतना ध्यान केन्द्रित किया है जितना पहले के समीक्षकों ने कभी भी नहीं किया था। समकालीन लेखन को अपनाने के कारण भी नयी समीक्षा का अन्धाधुन्ध प्रचार-प्रसार हुआ।

रैन्सम ने नयी समीक्षा की प्रक्रिया को दो शब्द स्ट्रक्चर-अर्थ-विधान, टैक्सर = शब्द-विधान को तार्किकता से स्पष्ट किया। अर्थ-विधान का अभिप्राय है—अर्थ-संगति जो भावार्थ पर केन्द्रित होता है एवं जो काव्य-कृति का निर्माण करता है। शब्द-विधान का तात्पर्य है कविता का मूर्त रूप। शब्द-विधान के— वैदग्ध, विरोधाभास, और व्यंग्यपरक प्रयोग इसी के अर्थगत आते हैं। 'शास्त्र' में शब्दार्थ का सीधा प्रयोग होता है किन्तु 'काव्य' में शब्दार्थ का वक्र, जटिल एवं तर्क-विरुद्ध प्रयोग होता है। इसलिए नयी समीक्षा अपनी प्रविधि से शब्द-अर्थ के इस जटिल एवं वक्रोक्तिपूर्ण संबंध का विश्लेषण प्रस्तुत करती है। अमरीकी समीक्षक मरे क्रीगर नयी समीक्षा की पद्धति को स्पष्ट करने के लिए 'शास्त्र' और 'काव्य' नामक दो भेद मानते हैं। शास्त्रकार की भाषा सरल तथा तार्किक होती है। कवि का माध्यम भाषा-सन्दर्भपरक होने के कारण वक्र एवं लाक्षणिक होती है।[28] आलोचक 'शास्त्र' तथा 'काव्य' दोनों के बीच सन्तुलन लाता है। वह शास्त्र की तर्क-सम्मत भाषा को साधन और कवि की सन्दर्भपरक भाषा को साध्य के रूप में अपनाता है। आलोचक तर्क-सम्मत भाषा के द्वारा काव्य-भाषा से कलाकृति के रहस्यों का उद्घाटन करता है। इस प्रकार नयी समीक्षा प्रधान रूप से काव्य-भाषा की समीक्षा है जिसमें समीक्षक का ध्यान कृति के पाठ-विश्लेषण पर केन्द्रित रहता है। कविता एक शाब्दिक निर्मिति है जिसमें कवि शब्दों के जादू से अर्थ भरता है, लय भरता है। समीक्षक कृति के वाच्यार्थ को खोलता है, ततस्ततः उसमें निहित शब्द-अर्थ तथा लय, प्रतीक, बिम्ब, संरचना, आदि का विश्लेषण करते हुए अर्थपरक अन्विति के साथ उनके अन्तःसंबंधों की संगति पर विचार करता है। यह समीक्षा अर्थ-विधान के साथ उसका विश्लेषण नहीं करती है।[29] इस समीक्षा पर अर्थ-विधान की उपेक्षा और शब्द-विधान पर अतिरिक्त बल देने के कारण एकांगिता का दोष नव्य अरस्तूवादी आलोचकों ने लगाया है।

बीसवीं शताब्दी के छठे दशक में इस समीक्षा की कमजोरियों को इस समीक्षा के समर्थकों ने ही प्रकाश में लाना शुरू कर दिया। एफ. आर. लीविस ने सन् 1952 में अपनी पत्रिका 'स्क्रूटनी' को बन्द कर दिया।[30] वे स्वयं इस निष्कर्ष पर पहुँच गये थे कि नयी समीक्षा का कार्य पूर्ण हो गया है और वह अपनी

सीमाओं में घिर गयी है। अमरीका तथा इंग्लैंड में सन् 1950 के बाद नयी समीक्षा के विद्रोही उसे पटकने-पछाड़ने लगे। अमरीका में आर. एस. क्रेन के नेतृत्व में नव अरस्तूवादी आलोचकों ने इस आन्दोलन पर प्रबल आक्रमण करते हुए इसे ललकार कर चुप कर दिया। 1952-53 में 'क्रिटिक्स एण्ड क्रिटिसिज्म' ने नयी समीक्षा के रूप केन्द्रित आधार को असिद्ध कर दिया। वे कहने लगे थे कि यह नयी समीक्षा छोटी कविताओं के लिए थोड़ी बहुत उपयोगी हो सकती है किन्तु प्रबन्ध-काव्यों, लम्बी कविताओं, नाट्य-महाकाव्यों, विस्तृत व कथात्मक काव्यों आदि के लिए एकदम अपर्याप्त है। नयी समीक्षा के समीक्षक तो सैद्धान्तिक-व्यावहारिक बिन्दुओं में कथानक-संरचना के महत्व को भुला बैठे थे—अर्थ-विधान के पास नहीं जाते थे। इस दृष्टि से नव्य अरस्तूवादियों ने तो विरोध किया ही, फ्रैंक कर्मोड तथा नार्थ्रप फ्राई जैसे प्रबल आलोचकों ने भी इस समीक्षा का खण्डन करते हुए मिथक-आलोचना की महत्व-प्रतिष्ठा की। साहित्य पर बढ़ते हुए समाज-शास्त्रीय आग्रह ने भी नयी समीक्षा के रूपवाद या 'नवीन रीतिवाद' का उग्र स्वर से विरोध किया। इस स्वर ने नयी समीक्षा की प्रतिगामितावादी प्रवृत्ति का खण्डन करते हुए प्रगतिशील समाज-शास्त्रीय दृष्टि को पुनः स्थापित किया है। नयी समीक्षा की सभी घोषणाएँ—'कला कला के लिए' सिद्धान्त का समर्थन करती रही हैं। (1) अभिव्यंजनावादियों के प्रभाव से नयी समीक्षा के कवियों, व्याख्याकारों ने कविता को भाव या विचार न मानकर मात्र उक्ति ही घोषित किया। (2) कला कला के लिए सिद्धान्त के प्रभाव से नयी समीक्षकों ने कविता की स्वायत्त सत्ता का समर्थन किया। (3) बिम्बवाद के प्रभाव में आकर नयी समीक्षा ने कविता को गोचर, मूर्त पदार्थ ही मान लिया। (4) भाषा-विज्ञान की गिरफ्त में आकर नयी समीक्षा काव्यानुभूति का कचूमर निकालने में प्रवृत्त हो गयी। (5) साहित्य-शास्त्र की समाज-शास्त्रीय दृष्टियों से कटकर यह समीक्षा प्रतिक्रियावादी शक्तियों के प्रचार का अस्त्र बनी रही। (6) जीवन तथा काव्य के सन्तुलन को तोड़कर यह नयी समीक्षा अतिवाद में चीखती रही है। जीवन के प्रति नकार दृष्टि से इसमें अस्तित्ववाद के अनास्थावादी आग्रह प्रबल होते गए। (7) काव्यानुभूति को जीवनानुभूति से भिन्न मानने के कारण नयी समीक्षा जीवन तथा काव्य के सार्थक संबंध का ही विस्मरण कर बैठी है। (8) काव्यानुभव को तात्कालिक मान लेने से उसके काव्यास्वाद का दायरा बहुत संकुचित हो गया। (9) एक प्रकार से यह समीक्षा अलंकारवाद, रीतिवाद, वक्रोक्तिवाद की भाँति मात्र शरीरवाद का पोषण करती हुई काव्य की आत्मा को उपेक्षित कर बैठी है। शब्द-विधान की स्वतंत्रता ने कोरे चमत्कारवाद को इसमें दृढ किया। (10) यह समीक्षा प्रबन्ध-काव्य के विश्लेषण में सही दृष्टि

अपनाने में असमर्थ रही है। संक्षेप में इन्हीं दुर्बलताओं के कारण देश-विदेश में नयी समीक्षा जैसे काव्यान्दोलन का प्रबल विरोध किया गया है।

प्रबल विरोध होने पर भी नयी समीक्षा की उपलब्धियाँ नगण्य नहीं हैं।[31] यथा (1) उसने काव्य पाठ की नवीन पद्धति के क्षेत्रों का सूक्ष्मता से उद्घाटन किया। (2) साहित्य के औचित्य को भाषा के द्वारा सिद्ध किया। (3) कविता को कविता के रूप में ही समझाने-समझने पर बल दिया। (4) परम्परा के पुनर्विचार का काम नये समीक्षकों ने बड़ी निष्ठा से किया अर्थात् अतीत के काव्य का पुनर्मूल्यांकन किया। (5) समसामयिक लेखन पर ध्यान केन्द्रित करते हुए नये सृजन को बढ़ावा दिया। नवीन लेखकों के हौसलों को बढ़ाने का कार्य प्रथम बार इस समीक्षा धारा ने किया है। (6) साहित्य के अध्ययन के लिए साहित्य के अतिरिक्त अन्य विषयों के ज्ञान की आवश्यकता को रेखांकित करते हुए उन्होंने साहित्य के आयामों को व्यापक बनाने का यत्न किया। (7) एक विशेष समय में नयी समीक्षा ने कविता के ऊपर से साहित्येतर मूल्यों के आघात को कम किया एवं काव्य की स्वायत्त सत्ता की प्रतिष्ठा की है। काव्य का अपना ही संसार है जो राजनीति तथा विज्ञान के संसार से एकदम अलग है। (8) विचार के बढ़ते हुए आग्रह से रक्षा करने के लिए काव्य के 'रूप' को उपेक्षित नहीं रहने दिया। (9) कविता के कलावादी तथा सौन्दर्यवादी प्रतिमानों का नयी समीक्षा ने नये ढंग से विचार किया।

वास्तव में, आज नयी समीक्षा के मूल सिद्धान्तों से असहमति हो सकती है क्योंकि नयी समीक्षा का जन्म प्रतिक्रिया से हुआ था। किन्तु इस तथ्य से तटस्थ विचारक दूर नहीं जा सकता है, इस समीक्षा धारा ने विश्व-समीक्षा को नयी दृष्टि एवं दृश्य दिया है। इन्होंने सैद्धान्तिक चर्चा का अम्बार ही नहीं लगाया, बल्कि व्यावहारिकता से सिद्धान्त-दृष्टि को पुष्ट भी किया है। अतीत के काव्य और कवियों के पुनर्विचार की परम्परा को इन आलोचकों में—इलियट, एफ. आर. लीविस, ब्रुक्स तथा विमसाट, रेनेवेलेक तथा आस्टेनवारेन आदि ने आगे बढ़ाया है। यह कार्य इतने दायित्व तथा महत्व का था कि इस कार्य में इनसे असहमत तो हुआ जा सकता है, इसकी उपयोगिता से इनकार नहीं किया जा सकता। अर्थ-विधान की उपेक्षा तथा शब्द-विधान के विश्लेषण के प्रति अतिरिक्त आग्रह ने इस समीक्षा को एकांगिता की दिशा में भटका दिया। साथ ही यह समीक्षा नव्य अरस्तूवादियों तथा समाजशास्त्रीय आग्रहों के कारण पिछड़-पिट गई है।

(ख) हिन्दी नयी-समीक्षा के समीक्षकों की सैद्धान्तिक-दृष्टि

हिन्दी की नवीन सैद्धान्तिक समीक्षा का स्वर नयी-समीक्षा में पूरी तरह से उभरकर आया है। यह नयी समीक्षा प्रगतिवादी समीक्षा के अतिवाद से भिन्न

प्रयोगवाद तथा नयी कविता के युग में नवीन रूपवाद का अनवरत समर्थन करती रही है। शिल्पगत चमत्कारों को लेकर उठी बहस ने नई कविता में एक आन्दोलन का रूप धारण कर लिया है। इस बहस में विचारों से समाजवादी और संस्कारों से व्यक्तिवादी नेमिचन्द्र जैन, डा. रघुवंश, श्री विजयदेव नारायण साही से लेकर मलयज तक—सभी शामिल हैं। ये सभी न केवल सृजन-प्रक्रिया, सृजन के उपादान और सृजन माध्यम को ही व्यक्ति विशिष्ट मानते हैं, बल्कि नये काव्य-सौन्दर्य के भावन और आस्वाद के लिए प्रमाता या सामाजिक के विशिष्ट साहित्यिक, सांस्कृतिक और बौद्धिक संस्कारों से युक्त व्यक्तित्व की कल्पना करते हैं। नयी समीक्षा ने प्राचीन काव्य-सौन्दर्य-मूल्यों—विशेषतः भारतीय रस-सिद्धान्त का एक नये परिप्रेक्ष्य में तीव्र विरोध किया है। इसके मूल में कोई दुराग्रह न होकर इस नवीन साहित्य के प्रति रस-सिद्धान्त की अपर्याप्तता और अप्रासंगिकता की दृष्टि प्रबल है। रस-सिद्धान्त का विरोध करने पर भी सभी नयी-समीक्षा के चिन्तक साधारणीकरण-सिद्धान्त का समर्थन करते हैं। यह अलग बात है कि वे साधारणीकरण-सिद्धान्त को नये ढंग से व्याख्यायित-विश्लेषित और पारिभाषित करते हैं। नये सन्दर्भों में वे सभी साधारणीकरण के साथ काव्य अेर रचना-प्रक्रिया की बौद्धिक व्याख्या करते हैं। सभी सम्प्रेषण-सिद्धान्त को कला में प्रधान सिद्धान्त के रूप में स्वीकृति देते हैं तथा बिम्ब-प्रतीक और काव्य-भाषा को काव्य प्रतिमान के रूप में प्रतिष्ठित करना चाहते हैं। उनकी नवीन मूल्य दृष्टि और विश्लेषपरक प्रविधि-प्रक्रिया पर टी. ई. ह्यूम, एजरा पाण्ड, इलियट, रिचर्ड्स, एफ. आर. लीविस, विलयन्थ ब्रुक्स, विमसाट, पाल वेलरे, ऐलन टेट, एम्पसन, रेनेवेलेक आदि बोलते सुनाई-दिखाई देते हैं। यह कहना अधिक सही होगा कि यह समीक्षा-दृष्टि पश्चिमी प्रभाव को लेकर सम्पादित-परिष्कृत हो रही है। उसमें हिन्दी का नवीन समीक्षा शास्त्र अनेक नवीन राहों से एक साथ गुजर रहा है। इस नयी-समीक्षा की शक्ति का रूप यही है कि यह समीक्षा पद्धति परम्परागत सिद्धान्तों पर पुनर्विचार कर रही है और उसका नया मूल्यपरक चिन्तन हमारे साहित्य का रक्त-मांस बनकर उसके स्वास्थ्य की श्रीवृद्धि कर रहा है। यह मात्र पश्चिमी अनुकरण न होकर, हिन्दी-समीक्षा में 'सृजनात्मक समीक्षा' का सुष्ठु रूप सौन्दर्य है।

हिन्दी-समीक्षा की नवीन चेतना और दृष्टि पर द्वितीय विश्व-युद्ध की गहरी झंकृतियाँ हैं। नये कलाकारों ने सांस्कृतिक मूल्यों के विघटन का तीव्रतम चित्रण अपने सृजन और आलोचना-कर्म में किया है। परम्परागत मूल्यों पर तीखे व्यंग्य किए हैं। इस पीढ़ी के प्रतिनिधि-चिन्तकों में अज्ञेय, गिरिजाकुमार माथुर, धर्मवीर भारती, लक्ष्मीकान्त वर्मा, रामस्वरूप चतुर्वेदी, डा. जगदीश गुप्त, साही, नेमिचन्द्र जैन आदि में सांस्कृतिक मूल्यों के विघटन का गहरा बोध है। इसी के

परिणामस्वरूप इस चिन्तन में निराशावादी जीवन-दर्शन की प्रधानता है। पश्चिमी विचारधाराओं में अस्तित्ववाद, क्षणवाद, अतियथार्थवाद, निराशावादी वैज्ञानिक मानववाद आदि में इधर के लेखकों-समीक्षकों को भीतर-बाहर से झकझोरा है। जीव-विज्ञान, समाजशास्त्र, नृतृत्वशास्त्र, और मनोविश्लेषशास्त्र की नवीन खोजों ने जहाँ एक ओर नवीन ज्ञान के द्वार खोले हैं, वहाँ दूसरी ओर नैतिक, सामाजिक और रागात्मक मूल्यों के स्थापित आधार को भी खिसका दिया है। भारत में पश्चिमी-चिन्तन का व्यापक प्रचार-प्रभाव द्वितीय विश्व-युद्ध के बाद ही हुआ। साथ ही आजादी के बाद के सपनों की खिन्नता ने भी हिन्दी लेखक या भारतीय लेखक को पाश्चात्य चिन्तन की ओर प्रवृत्त किया है। राजनीतिक-आर्थिक-सामाजिक परिस्थितियों की गड़बड़ी से आस्थावादी मूल्यों का स्थान अनास्थावादी मूल्य-दृष्टि ने ग्रहण किया।

द्वितीय विश्व-युद्ध के बाद विश्व भर में नये दर्शन, सिद्धान्त, विचारधाराएँ, आन्दोलन, वाद, प्रविधियाँ-शैलियाँ जन्म ले उठीं। अपनी स्थिति की विवशताओं के कारण हमारा ध्यान गड़बड़ाते हुए जीवन के मूल्यों पर टिक गया। पश्चिम के वैयक्तिकतावादी सिद्धान्तों ने हमारे चिन्तन पर हमला ही कर दिया है। इस हड़बड़ाहट की स्थिति में प्राचीन मूल्य अस्वीकृत हो उठे और नवीन मूल्यों का संकट उत्पन्न हो गया। जीवन-मूल्यों का यह संकट ही नयी-समीक्षा के मूल्यों का संकट बना है। रूपवादी, शैली वैज्ञानिक, भाषावादी या शिल्पपरक समीक्षा का साहित्य पर यह नया धावा था। एक नवीन चमत्कारवाद-बिम्ब, प्रतीक, काव्य-भाषा, संरचना, मिथक, अलंकार, छन्द की सीधी परिणति—नयी-समीक्षा (न्यू क्रिटिसिज्म) में हुई है। इस समीक्षा की दृष्टि ने विश्व भर की नयी-समीक्षा को प्रभावित किया है। परिणामतः हिन्दी समीक्षा में रही-सही बुनियादें भी ढहने लगीं और नयी आलोचना का चिन्तन 'काव्य-भाषा' को प्रतिमान बनाकर खड़ा होने लगा। कलावादी, सौन्दर्यवादी, अभिव्यंजनावादी, रूपवादी, अस्तित्ववादी, भाषावादी—शैली विज्ञान भी अभिव्यक्ति पद्धति या काव्य-माध्यम के आधार पर ही केन्द्रित हो गया। भाषा से ही कृति को समझने-समझाने का संकल्पबद्ध यत्न किया जाने लगा। इस तमाम परिप्रेक्ष्य का हवाला देते हुए डा. रघुवंश ने 'मूल्यगत संक्रमण और समीक्षा का मानदण्ड' नामक निबन्ध में नयी-समीक्षा की समस्याओं को वैचारिक ढंग से उठाते हुए लिखा—"इस प्रकार मूल्यगत संक्रमण युग में द्वन्द्वात्मक भौतिकवाद जीवन के साथ साहित्य में मूल्यों की स्थापना में असफल रहा है। इस प्रकार रूढ़िगत धर्म, रूढ़िगत भौतिकवाद तथा रूढ़िगत समाजवाद तीनों ही आज मानवीय जीवन की समस्या को सुलझाने में असमर्थ हैं। परिणामस्वरूप साहित्य के समीक्षात्मक मूल्यों के विषय में आज अनिश्चय

की स्थिति है।''[32]

वास्तव में हिन्दी की नयी समीक्षा का सम्पूर्ण वैज्ञानिक चिन्तन पश्चिम से ही आरम्भ हुआ। प्राच्य आलोचकों ने उधार लिए हुए पश्चिमी मूल्यों से विशेष रूप से आजादी के बाद के हिन्दी आलोचकों ने हिन्दी-समीक्षा का समर लड़ा है। नयी परिस्थितियों ने कवियों, समीक्षकों में नवीन बोधों तथा दृष्टियों को विकसित किया। डा. रघुवंश के शब्दों में—भौतिक विज्ञानों के साथ समाजशास्त्र, मनोविज्ञान तथा मानव शास्त्र आदि क्षेत्रों में वैज्ञानिक दृष्टिकोण के विकसित होने से इस युग में प्राचीन स्थापनाओं, मर्यादाओं और मूल्यों में क्रान्ति उपस्थित हुई। यह आधुनिक युग अपनी वैचारिक दृष्टि तथा मशीनी सभ्यता के साथ पिछले समस्त युगों के समाने प्रश्न-चिह्न बन गया।[33] यह भी महसूस किया गया, जीवन भौतिकता से शासित है और मानव का समस्त भावनात्मक जीवन काम-वासना अथवा अहंमूलक प्रवृत्तियों पर आधारित है। अज्ञेय जी ने इसी अर्थ में 'जीवन को यौन वर्जनाओं का पुंज' कहा है।[34] इसी दृष्टि ने श्री लक्ष्मीकान्त वर्मा को 'लघुमानव-सिद्धान्त' दिया है। ''अस्तु नयी कविता आज की मानव विशिष्टता से उद्भूत उस लघुमानव के लघु परिवेश की अभिव्यक्ति है जो एक ओर आज की समस्त रिक्तताओं के बीच वह अपने व्यक्तित्व को भी सुरक्षित रखना चाहता है।''[35] लक्ष्मीकान्त वर्मा ने इसी दृष्टिकोण को अपनी दो महत्वपूर्ण आलोचनात्मक कृतियों—'नयी कविता के प्रतिमान' तथा 'नये प्रतिमान—पुराने निकष' में स्थापित किया है। श्री वर्मा के इस दृष्टिकोण को प्रगतिवादी समीक्षकों ने अमरीकी प्रतिक्रियावादी सिद्धान्त दृष्टि का नाम दिया है—जिसकी विस्तार से चर्चा-मार्क्सवादी समीक्षा के अध्ययन में की गई है। स्वयं नयी कविता के पक्षधर मुक्तिबोध ने नयी कविता में उस 'लघुमानव-सिद्धान्त' को अमरीकी प्रचार का हिस्सा कहा है।[36] वे उसे शीतयुद्ध की साम्राज्यवादी विचारधारा का व्यक्तिवादी आत्म-सीमित अमरीकी दर्शन मानते हैं। क्योंकि—'यह मुख्यतः मानव मुक्तिवादी विचारधाराओं के विरुद्ध हैं।'[37]

नयी समीक्षा ऐतिहासिक दृष्टि से प्रयोगवाद (तारसप्तक 1943 ई0) और नयी कविता (ई. 1951, दूसरा सप्तक) से आरम्भ मानी जाती है। यह भी माना जाता है कि डा. जगदीश गुप्त और डा. रामस्वरूप चतुर्वेदी के सम्पादन में निकलने वाली पत्रिका 'नयी कविता' के अंकों से नये प्रतिमानों की करारी बहस उठ खड़ी होती है। इस सन्दर्भ में 'नये पत्ते' पत्रिका नाम भी महत्वपूर्ण है क्योंकि प्रथम बार प्रयोगवाद और नयी कविता में मिलने वाली भिन्न चेतना को यहाँ रेखांकित किया गया। अज्ञेय जी ने 'तारसप्तक' में 'प्रयोग' की सैद्धान्तिकता की चर्चा की और इसे 'प्रयोगवाद' नाम आ. नन्ददुलारे वाजपेयी ने दिया।[38] आ.

वाजपेयी के कथन का विरोध करते हुए अज्ञेय जी ने कहा—'प्रयोग का कोई वाद नहीं है, हम वादी नहीं रहे, नहीं हैं ने प्रयोग अपने आप में इष्ट या साध्य है। ठीक उसी तरह कविता का भी कोई वाद नहीं है। कविता भी अपने आप में इष्ट या साध्य नहीं है। अतः हमें प्रयोगवादी कहना उतना ही सार्थक या निरर्थक है जितना हमें कवितावादी कहना।''[39] अज्ञेय जी ने 'तारसप्तक' की भूमिका में बदलते हुए युग धर्म और कवि-कर्म को, प्रयोग-प्रगति-परम्परा, आधुनिकता और आधुनिक भाव-बोध, साधारणीकरण और काव्य-भाषा के प्रश्न को तथा नये युग के काव्य-सम्प्रेषण-व्यापार तथा युग के व्यक्तिवादी चिन्तन को रेखांकित किया। संग्रहीत सातों कवियों के विषय में कहा—''उनमें मतैक्य नहीं है। सभी महत्वपूर्ण विषयों पर उनकी राय अलग-अलग है—जीवन के विषय में, समाज और धर्म और राजनीति के विषय में, काव्य वस्तु और शैली के, छन्द और तुक के, कवि के दायित्वों के प्रत्येक विषय में उनका मतभेद है।''[40] 'तारसप्तक' की इन अज्ञेयीय स्थापनाओं से ही पुराने और नये के बीच झगड़ा शुरू हो गया। इसीलिए नयी कविता को समझाने में मुक्तिबोध को 'नयी कविता का आत्मसंघर्ष तथा अन्य निबन्ध' नामक पुस्तक लिखनी पड़ी और कहना पड़ा—''जब कभी कोई काव्य-प्रवृत्ति अथवा साहित्यिक प्रवृत्ति अवतरित होती है, कला के मूल तत्वों के संबंधों में, सिद्धान्तों के बारे में, बहस शुरू हो जाती है।...नयी काव्य प्रवृत्ति अब तक पण्डितों, आचार्य प्रवरों और आलोचक वरेण्यों द्वारा हृदयंगम नहीं हो सकी।''[41] छायावाद के ज्यादातर आलोचक रसवादी आग्रहों को लेकर नयी कविता पर बिगड़ गए। पुराने मानदण्डों से ही नयी कविता को विश्लेषित कर उठे। श्री लक्ष्मीकान्त वर्मा नये साहित्य को न्याय देने के लिए 'नयी कविता के प्रतिमान' गढ़ने लगे। इसी बिन्दु पर विजयदेव नारायण साही का धैर्य टूट गया और उन्होंने कहा—प्रश्न नयी कविता के प्रतिमान बनाने का नहीं है, कविता के ही कोई प्रतिमान निश्चित नहीं हैं।''[42]

अचानक 'उर्वशी' के प्रकाशन से सभी को मूल्यों की टकराहट का अनुमान हुआ। इस एक ही कृति को लेकर मार्क्सवादी—मार्क्सवादी से, स्वच्छंदतादवादी स्वच्छंदतावादी से उलझ पड़ा। डॉ. नामवर सिंह ने लिखा—''हमें—लगा कि हमारे यहाँ साहित्य में जैसे कोई प्रतिमान ही नहीं है और अगर है तो इतने वायवीय हैं कि हमारी पकड़ से बाहर हैं।''[43] इस टकराहट ने हिन्दी में विचार-संकट की सूचना को संकेतित-प्रतीकित किया है। फ्रायड और मार्क्स, रवीन्द्र और अरविन्द, इलियट और काडवेल, एफ. आर. लीविस और जार्ज लुकाच, नगेन्द्र और नामवर सिंह मूल्यों, विचारों और मानदण्डों की इस टकराहट में भिड़ते दिखाई दिए। नयी कविता इतनी प्रबल हो उठी कि श्री नेमिचन्द्र जैन ने लिखा—''इस कविता

की विषयवस्तु अथवा रूप आपको रुचिकर लगे अथवा न लगे, उसकी अन्तर्भूत मान्यताओं को आप स्वीकार करें अथवा न करें, किन्तु इस पर विचार करने को, उसके संबंध में मतामत प्रकट करने को आप बाध्य हैं।''[44] इस प्रकार प्रतिमान की खोज में नयी कविता ने 'कविता क्या है' प्रश्न को पुनः उठा दिया। इसी प्रश्न ने काव्य-प्रतिमानों में अनुभूति की प्रामाणिकता, प्रामाणिकता की अनुभूति, परम्परा और आधुनिकता, प्रयोग और प्रगति, युगीन यथार्थ की चेतना, समाज और साहित्य की समस्या, प्रासंगिकता और समसामयिकता, आधुनिक भाव-बोध, कवि और जीवन, सामाजिकता और प्रतिबद्धता, दायित्व-बोध और सांस्कृतिक-मूल्य, सांस्कृतिक मूल्यों का विघटन-अनास्था, कुंठा, अवमानवीकरण, त्रास, जटिलता, तनाव, विसंगति, विडम्बना, अकेलापन, आत्मनिर्वासन, अस्तित्व का संकट, अस्मिता का संकट, विवशता, ऊब आदि। काव्य-संरचना, काव्य-भाषा और सृजनशीलता, अनुभूति की जटिलता, काव्यबिम्ब और सपाटबयानी, नया प्रतीक विधान, नयी उपमान योजना, कलाकार की ईमानदारी, परिवेश और मूल्य, रचना-प्रक्रिया की समस्या, रचनाकार की दृष्टि, अलंकार-छन्द आदि के तमाम प्रश्नों पर विचार किया। यह आलोचना इन तमाम प्रश्नों पर विचार करती है किन्तु उसका झुकाव पश्चिम की नयी समीक्षा की ओर अधिक है। इस झुकाव के कारण ही इन आलोचकों के सैद्धान्तिक चिन्तन को नयी समीक्षा कहा गया है। अस्तु, इस आलोचना के बुनियादी सवालों पर यहाँ सम्मिलित रूप से विचार करना उचित होगा, ताकि इनकी दृष्टि को समग्रता में ठीक से समझा जा सके।

कविता क्या है—देश-विदेश के काव्यशास्त्र में इस प्रश्न पर लगातार विचार हुआ है और विचार जारी है कि 'कविता क्या है ?' यह प्रश्न पुराना होकर भी नवीन है और कविता से पहले 'नया' लगाया जाना, इस बात को नये ढंग से सोचने को मजबूर करता है। 'कविता और अकविता' निबन्ध में डॉ. जगदीश गुप्त ने कहा है—''किसी काव्यकृति का 'कविता' होने के साथ ही 'नयी' होना अभीष्ट है। वह 'नयी' हो और 'कविता' न हो, यह स्थिति साहित्य में कभी स्वीकार नहीं हो सकती।...अतएव 'नया क्या है ?' इस प्रश्न के साथ यह प्रश्न भी जीवित प्रश्न है कि 'कविता क्या है ?' और यदि सत्य कहा जाये तो पहले की अपेक्षा अब यह दूसरा प्रश्न अधिक महत्वपूर्ण हो उठा है।''[45] उनकी दृष्टि में ये दोनों प्रश्न परस्पर सम्बद्ध और एक ही सिक्के के दो पहलू हैं। क्योंकि ''नवीनता की उत्पत्ति कविता में सच्ची कविता लिखने की आकांक्षा से ही उत्पन्न होती है। नवीनता का अर्थ है—अनुभूति और अभिव्यक्ति की सच्चाई और कविता का अर्थ है—'सृजनात्मकता तथा संवेदनीयता'। इसीलिए पश्चिमी ढंग के विचारकों की भाँति 'सच्ची कविता और झूठी कविता', 'जेनुइन एण्ड फेक पोयट्री'

की चिन्ता में डूबते हैं। वे भारतीय आचार्यों की काव्य-परिभाषाओं में पं. राज जगन्नाथ की ओर झुकते हैं और पश्चिमी आचार्य मैथ्यू आर्नोल्ड की काव्य-परिभाषा 'काव्य जीवन की आलोचना है', पर आते ही हर्बड रीड, एजरा पाउण्ड, इलियट और लीविस से सहमत हो जाते हैं। नये समीक्षा के पश्चिमी कर्णधारों की भाँति कहते हैं—"मैं शब्द को ही काव्य, विशेषतः कविता की इकाई मानने के पक्ष में हूँ।"[46] यहीं पर उन्हें आचार्य शुक्ल द्वारा संकेतित काव्य में बिम्ब-ग्रहण और माइकेल ओकशांट की बिम्बवादी दृष्टि एक साथ ध्यान में आती है।[47] यहीं पर हर्बड रीड का ध्यान आने पर वे कहते हैं कि प्राचीन भारतीय आचार्यों ने अपने काव्य-विवेचन में 'बिम्ब' को कहीं भी आधार नहीं बनाया है। स्वयं आचार्य शुक्ल ने पाश्चात्य-प्रभाव से बिम्ब की चर्चा की है और उस चर्चा में डॉ. गुप्त प्रवृत्त हैं। हर्बड रीड का शब्द और बिम्ब उन्हें मथता रहता है।[48] बिम्बवाद में एजरा पाउण्ड ने स्थिर बिम्ब के साथ गतिशील बिम्बों को भी समाविष्ट किया।[49] वे आगे बढ़कर टी. एस. इलियट के सिद्धान्त 'आब्जेक्टिव कोरिलेटिव'[50] की चर्चा करते हैं। उन्होंने कविता के लिए कहा—"जो कथन सृजनात्मकता तथा संवेदनीयता से रहित हो, उसे किसी स्तर पर कविता नहीं कहा जा सकता।" यहाँ वे सृजनात्मकता (क्रिएटिविटी) तथा संवेदनीयता (इमोटिविटि) के पर्याय रूप हैं। लेकिन काव्य-परिभाषा में वे इस प्रतिज्ञा को भूलकर लिखते हैं—"कविता सहज आन्तरिक अनुशासन से युक्त अनुभूतिजन्य सघन लयात्मक शब्दार्थ है, जिसमें सह-अनुभूति उत्पन्न करने की यथेष्ट क्षमता निहित रहती है।"[51] यहाँ डॉ. गुप्त 'अनुभूति' के चक्कर में 'सृजनात्मकता' को भूल बैठे हैं। संस्कृत काव्य-लक्षण परम्परा का अनुभूति तत्व उभर पड़ा हैं। इस प्रकार डॉ. गुप्त के इस चिन्तन पर भारतीय-पाश्चात्य प्रभाव-दबाव की धमक है।

पश्चिमी आचार्यों ने जिस 'जेनुइन पोयट्री' की चर्चा की है, उसकी सीधी धमक श्री लक्ष्मीकान्त वर्मा में सुनाई देती है। तब वे कहते हैं कि 'नयी कविता कोई आंदोलन नहीं है, वह एक साहित्यिक प्रवृत्ति है जिसमें आज का भाव-बोध अधिक व्यंजना के साथ अभिव्यक्त होता है।" कविता का यह आधुनिक भाव-बोध उनमें 'नये पन' से आक्रान्त होकर 'लघुमानव और उसके परिवेश की प्रतिष्ठा-स्थापना' करता है।[52] इस प्रतिष्ठा के लिए वे 'मानव मूल्यों के सन्दर्भ में लघु मानव की कल्पना' में 1948 ई. से 1956 ई. तक के तरुण लेखकों का सह चिन्तन समेटते हैं।[53] इस प्रकार उनकी सम्पूर्ण काव्य-चिन्तन-दृष्टि पर अस्तित्ववाद, निराशावाद और अतियथार्थवाद छा जाता है।[54] वे कहते हैं—"जहाँ तक 'लघु मानव' के संबंध में मेरे विचारों का प्रश्न है, मुझे यह कहने में कोई संकोच नहीं है कि यह एक पराजित पीढ़ी का नया चिन्तन-दर्शन है।"[55]

इस पराजित चिन्तन पर अस्तिववादी निराशा के सीधे निशान हैं।

अज्ञेय जी ने कविता क्या है ? प्रश्न पर सर्वाधिक गहराई से सोचा है। किन्तु उनका अधिकांश चिन्तन टी. एस. इलियट से प्रभावित है। इलियट ने रोमानी व्यक्तिवाद का खण्डन करते हुए 'काव्य-निर्वैयक्तिकता' को नये ढंग से स्थापित किया था। अज्ञेय जी के कुछ कथन देखिए—

(1) "काव्य रचना मूलतः अपने को अपनी अनुभूति से पृथक करने का प्रयत्न है, अपने ही भावों की निर्वैयक्तिकरण की चेष्टा।"

(2) "काव्य में कवि का व्यक्तित्व नहीं, वह माध्यम प्रकाशित होता है जिसमें विभिन्न अनुभूतियों और भावनाएँ चमत्कारिक योग से युक्त रहती हैं। काव्य एक अभिव्यक्ति ही नहीं, माध्यम की अभिव्यक्ति है।"[56] नितान्त नवीन लगने पर भी यह काव्य-दृष्टि टी. एस. इलियट के 'परम्परा और व्यक्तिगत प्रतिभा' नामक निबन्ध में मिल जाती है।[57]

श्री नेमिचन्द्र जैन ने नये भाव-बोध के बदलाव तथा अनुभूति के नये स्तर का संकेत देते हुए भी नयी कविता को व्यक्तिवाद से अलग रखते हुए सामाजिक प्रतिबद्धता की तीव्र चेतना माना है। वे कवि को माध्यम न मानकर एक व्यक्तित्ववान प्राणी मानते हैं। "किन्तु कला की सच्ची प्रगतिशीलता कलाकार के व्यक्तित्व की सामाजिकता में है—व्यक्तित्व हीनता में नहीं।"[58] इस प्रकार श्री नेमिचन्द्र जैन की काव्य-संबंधी सम्पूर्ण दृष्टि ही अज्ञेय जी से दूर जा पड़ी और उनका चिन्तन मुक्तिबोध का समर्थक स्वर बनता दृष्टिगत हुआ है। क्लीयन्थ ब्रुक्स तथा विमसाट की भाँति वे 'इंटेंशनल फैलेसी' तथा 'ऐफिक्टिव फैलेसी' से काव्यालोचना को बचाने का सुझाव भी देते हैं—"कवि का अपनी कविता के संबंध में कुछ भी कहना कविता और पाठक दोनों के बीच दीवार खड़ी करना है। उससे लगभग अनिवार्य रूप से पाठक का ध्यान कविता से अधिक कवि के वक्तव्य पर चला जाता है, जिससे उस काव्य की अनुभूति ग्रहण अप्रासंगिक और कवि के सिद्धान्तों की चर्चा मुख्य हो जाती है।"[59]

गिरिजाकुमार माथुर अमरीका, यूरोप की अति-आधुनिकता और वैज्ञानिकता के साथ नयी कविता में आधुनिकतावादी तथा अस्तित्ववादी काव्य-चेतना को लेकर आये। नयी समीक्षा के चिन्तन में डूबे इस कवि ने साफ कहा—"कविता में विषय से अधिक टेकनीक पर ध्यान दिया है।"[60] नयी कविता इनके लिए "व्यक्ति के अन्तरंग आत्मकथ्य की कविता है।"[61] यह सब कुछ मोहभंग से उपजा था। इस प्रकार लक्ष्मीकान्त वर्मा जो कविता को 'आत्मपरक' अनुभूति की रागात्मक अभिव्यंजना मान रहे थे[62], वे और माथुर साहब लगभग एक ही भूमि पर आ गए। इलियट द्वारा संकेतित 'जटिलता' की अनुभूति ने नकेनवादियों

तक को समेट लिया है।[63] नकेनवादी कविता को जटिल संवेदनाओं की अभिव्यक्ति मानते रहे हैं।[64] लेकिन नकेनवादी 'जटिल संवेदना' पर अति आग्रही होने के साथ साधारणीकरण को अस्वीकार करते रहे हैं। भावक को बुलाकर कविता की यह धारणा विरोध ही पाती रही है—स्वीकृति नहीं हो सकी है।

प्रयाग नारायण त्रिपाठी के लिए कविता ''एक संश्लिष्ट मनो-व्यापार है[65], तो कुंवर नारायण के लिए यथार्थ के प्रति प्रौढ़ प्रतिक्रिया की मार्मिक अभिव्यक्ति है।''[66] केदारनाथ सिंह के लिए कविता—''अपने अनावृत्त रूप में केवल एक विचार, एक भावना, एक अनुभूति, एक दृश्य और इन सबका कलात्मक संगठन है।''[67] ध्यान देने पर ''कविता में सबसे ज्यादा ध्यान देता हूँ—बिम्ब-विधान'' कहने वाले पर बिम्बवाद का सीधा प्रभाव है। विजयदेव नारायण साही ने कविता को भावना तथा परिवेश के बीच संघर्ष की उपज माना है। आज के परिवेश ने अनुभूति की जटिलता तथा संवेदनात्मक उलझावों का समावेश किया है और आज की कविता में मूल आन्तरिक तत्व है।[68] शमशेर की काव्यानुभूति की बनावट पर विचार करते हुए साही ने लिखा—''न सिर्फ कविता का कलेवर बदला है, बल्कि गहरे स्तर पर काव्यानुभूति की बनावट में ही अन्तर आ गया है....चेतना के जो तत्व काव्यानुभूति के आवश्यक अंग दिखते थे, उनमें से कुछ अनुपयोगी या असार्थक दिखने लगे, कुछ अन्य जो पहले अनावश्यक या विरोधी लगते थे, काव्यानुभूति के केन्द्र में आ गए। और कुल मिलाकर काव्यानुभूति और जीवन की काव्येतर अनुभूतियों मे जो रिश्ता दिखता था, वह भी बदल गया।''[69] नयी कविता की बहसों-तर्कों में भी यह मत गुंथा रहा है कि न सिर्फ कविता का ऊपरी कलेवर बदला है, पर नये-बिम्बों-प्रतीकों की खोज बढ़ी है, बल्कि गहरे स्तर पर काव्यानुभूति की बनावट में बदलाव आ गया है। इसी बदलाव को ही अज्ञेय जी ने 'काव्यात्मक संबंधों के बदलाव' का नाम दिया—और इस परिवर्तन का कवि कर्म पर बहुत गहरा असर माना है। बाह्य वास्तविकता के बदलाव के साथ रागात्मक संबंधों की प्रणालियाँ भी बदलती हैं और यदि नहीं बदलतीं तो वास्तविकता से हमारा सम्पर्क टूट जाता है।[70] डा. नामवर सिंह ने इसी बात को स्पष्ट करते हुए कहा—''इसीलिये नये कवि अनुभूति से अधिक अनुभूति के परिवर्तित संदर्भ पर विशेष बल देते हैं। स्पष्टतया : उनका बल रागात्मक संबंधों पर है।''[71] किन्तु इस काव्य-व्याख्या को लेकर डा. रामविलास शर्मा ने लिखा है कि छायावादी और नयी कविता की रचना-प्रक्रिया में जो भेद किया गया है, उसके पीछे एक दर्शन है। वह दर्शन नामवर सिंह को अज्ञेय से, अज्ञेय को सार्त्र से सार्त्र को किर्केगार्ड से, किर्केगार्ड को यूरोप के अनेक भाववादी दार्शनिकों से प्राप्त हुआ है।[72] साही ने कहा था कि 'कामायनी' में जो अनुभूति

दर्शन में परिवर्तित हो जाती है, उसे अज्ञेय फिर दर्शन से अनुभूति में परिवर्तित करते हैं।[73] इस प्रकार नयी कविता पर 'मालार्मीय विडम्बना' की ध्वजा फहरा रही है। अस्तित्ववाद का मोह-भंग, अतियथार्थवाद की आत्मपरकता, बिम्बवाद की इकाई और प्रतीकवाद की लिप्तता इस काव्य को कसे हैं। यह अतियथार्थवाद और अस्तित्ववाद ही इधर की काव्यानुभूति में फूट-फूट पड़ा है। अतः काव्यानुभूति की इस बनावट के बदलाव से ही आज की कविता का लक्षण समझा जा सकता है।[74] इस प्रकार नया कवि-समीक्षक प्राचीन सिद्धान्त का सहारा न ले कर यथार्थ एवं परिवेश दोनों के संघर्ष से काव्य-लक्षण बनाता है। रोमांटिक स्वर से कटकर 'गैर रोमाण्टिक' होने की सम्भावना वाला यह काव्य-लक्षण टी.एस. इलियट, एजरा पाउण्ड, पाल वेलेरी आदि का ऋणी है। स्वयं इलियट ने क्लासिक तथा रोमाण्टिक के अन्तर को स्पष्ट करते हुए पश्चिमी के नये काव्य को नये ढंग से समझाना चाहा था। वे कविता की व्याख्या 'काव्य-भाषा' के आधार पर कर उठे थे। काव्य के गैर रोमाण्टिक मिजाज को बौद्धिकता तथा जटिल अनुभूति और संवेदना की दृष्टि से ब्लैकमूर ने 'भाषा एक हरकत' है, नामक निबन्ध में भी उठाया है।[75] फ्रायडीयन दृष्टि और वर्ग संवाद की दृष्टि ने मानव-संसार को हिला दिया। पाल वेलेरी के इस सिद्धान्त का नयी कविता के इन कवियों पर ज्यादा प्रभाव है कि "कविता भाषा के स्त्रोतों का अधिकतम उपयोग करती है।"[76] 'न्यू सिगनेचर्स' तथा 'न्यू कंट्री' के सम्पादक माइकेल राबर्ट्स ने भी पाल वेलेरी के इस कथन का समर्थन किया। हिन्दी में 'नवलेखन' की रूपरेखा डॉ. रामस्वरूप चतुर्वेदी ने इसी आधार पर प्रस्तुत की है।[77] 'काव्यानुभूति' से संबंधित काव्य-लक्षणों पर इलियट, रिचर्ड्स, बर्डेव एवं बब्बर का प्रभाव-दबाव है। भावों की निर्वैयक्तिकता का प्रतिपादन करते हुए ये काव्य-व्याख्या करती भी हैं। यही कारण है कि इलियट और अज्ञेय एक ही ढंग से काव्य में 'रागात्मक संबंधों के बदलाव' की चर्चा करते हैं। निश्चय ही हमारा यह चिन्तन पश्चिम से गहरे स्तर पर प्रभावित हुआ है।

कविता के तत्व

नवीन सर्जना में नयी कविता के प्रतिमानों के बदले कविता के नये प्रतिमानों पर विचार करना अधिक तर्कसंगत प्रतीत हुआ है। काव्यानुभूति के बदलाव से काव्य के तत्व भी कम-ज्यादा बदलते हैं, अपना स्थान छोड़ देते हैं, नये तत्व जन्मते हैं। इसी दृष्टि से काव्य के प्राचीन प्रतिमानों से नये काव्य के काव्य-तत्व विवेचित विश्लेषित नहीं किए गए हैं। हाँ, प्राचीन काव्य-तत्व-भावना, कल्पना, बुद्धि तथा शैली तत्वों पर यहाँ पुनर्विचार बार-बार हुआ है। यह अलग बात है कि यह विचार नयी कविता के अन्तर्गत ही दो ढंग से हुआ–(1)

मुक्तिबोध धारा का ढंग, (2) अज्ञेयीय भावधारा। मुक्तिबोध ने काव्य की सामाजिकता या विचारगत प्रतिबद्धता को, सौन्दर्यानुभूति की समग्र अवधारणा को, कल्पना के साधन रूप को स्वीकार किया। अज्ञेयीय भावधारा ने व्यक्तिवाद, वैयक्तिकतावाद, क्षणवाद के भाववादी आदर्शवादी ढंग से इन तत्वों पर विचार किया। मुक्तिबोध की धारा का समर्थन नेमिचन्द्र जैन, भारतभूषण अग्रवाल, प्रभाकर माचवे, शमशेर आदि कवियों ने किया और अज्ञेयीय धारा को गिरिजाकुमार माथुर, साही, लक्ष्मीकान्त वर्मा, डॉ. जगदीश गुप्त का समर्थन प्राप्त हुआ।

श्री नेमिचन्द्र जैन ने 'साहित्य के बदलते हुए मूल्य' नामक निबन्ध में काव्य-तत्वों के बदलाव का संकेत दिया है। वैचारिकता के स्तर पर प्रश्न उठाते हुए लिखा—"इसीलिए केवल इस सामान्य सिद्धान्त को स्वीकार करना भर पर्याप्त नहीं है कि साहित्य के मूल्य प्रत्येक युग में बदलते हैं, बल्कि यह समझना भी उतना ही आवश्यक है कि वे मूल्य क्या हैं और क्यों हैं ?" क्योंकि मूल्यों का प्रश्न काव्य-संवेदना की परिष्कृति, उद्देश्य, अभिप्राय और धर्म से जुड़ा प्रश्न है। तो "मूल्यों की यह नवीनता आज त्रिमुखी है। जीवन के नये दबाव और सामाजिक चेतना तथा संबंधों के नये प्रतिफलन के कारण नये-नये भावलोक और अनुभूति के स्तर साहित्य में अभिव्यक्त हो रहे हैं, पिछली परम्परा के साथ एक नया सामंजस्य प्रकट होने लगा है, और शिल्प संबंधी नई समस्याएँ, नई चिन्तनाएँ, नई परिकल्पनाएँ साहित्यकार को घेरे हुए हैं। हमारे वर्तमान साहित्य चिन्तन में इन तीनों ही तत्वों के कारण चंचलता और विक्षोभ है।[78] इस प्रकार 'अनुभूति' को काव्य का प्रधान तत्व मानते हैं। इस अनुभूति में सामाजिक प्रतिबद्धता, अनुभूति की प्रामाणिकता, लेखक की सजगता और दायित्व सभी समाहित हैं। यह अनुभूति-तत्व, अज्ञेयीय अनुभूति के समान निरपेक्ष तत्व का पर्याय न होकर समाज-सापेक्ष्य है। वे अज्ञेय की वैयक्तिक और कुण्ठारहित अनुभूति पर प्रहार करते हुए लिखते हैं—"वात्स्यायन जी का यह विशेष उल्लेख उदाहरण स्वरूप ही है। वह इसलिए आवश्यक हुआ कि लेखक की सजगता और उसके उत्तरदायित्व की बात वे प्रायः करते हैं, बल्कि उसी को अपनी साहित्यिक मान्यताओं का मूलाधार बताते हैं। एक प्रकार से पिछले आठ दस वर्षों में उन्होंने ही सबसे अधिक संकीर्णता को उकसाया और प्रश्रय दिया है।"[79] श्री जैन सामाजिक प्रतिबद्धता से अनुभूति की प्रामाणिकता को यथार्थवादी-मार्क्सवादी चिन्तकों की भाँति विशेष रूप से काडवेल की भाँति ही प्रस्तुत करते हैं।

श्री लक्ष्मीकान्त वर्मा भी मानते हैं कि "छायावाद की फिर भी रस के अन्तर्गत एक सीमा तक व्याख्या की जा सकती है। लेकिन आज की नयी कविता की

व्याख्या प्राचीन काव्यशास्त्र के अनुसार संभव नहीं हो सकती क्योंकि नयी कविता की अनुभूति की अद्वितयता ही इसमें है।"[80] यह अनुभूति एक साथ कई संवेदना स्तरों का स्पर्श करती है तो "नयी कविता की सफलता और श्रेष्ठता का निर्धारण अनुभूतियों के प्रति ईमानदारी, अभिव्यक्ति में यथार्थता, विचारों में विवेक, भावनाओं में मानवीय वेदना, दृष्टि में व्यापकता आदि मानदण्डों द्वारा किया जाना चाहिए।"[81] अस्तु, नयी कविता का मूल वृत्त उन बिन्दुओं का समूह है जो व्यापक जीवन का अंग हैं। ये समन्वित तत्व ही व्यापक सौन्दर्य-बोध विकसित करते हैं–तो (1) उसकी नयी परिप्रेक्षणीयता, (2) अनुभूतियों के नये रूपान्तरण, (3) सौन्दर्य बोध के नये धरातल, (4) परम्परागत विकृत मूल्यों से परिष्करण (5) मतवादी भ्रान्तियों से मुक्ति, (6) रागात्मक रसबोध के नये आयामों का अन्वेषण। ये छह तत्व ही नयी कविता की अनुभूतियों का अन्वेषण हैं। वे यह भी मानते हैं कि अनुभूति की ईमानदारी के साथ बौद्धिकता का तत्व अनिवार्य है–"कोई भी अनुभूति बिना इस बौद्धिकता के पनप नहीं सकती। कोई भी संवेदना बिना इस बौद्धिक क्रिया के पनप नहीं सकती...।" वे इन दो तत्वों के साथ कल्पना-तत्व भी सोचते हैं और कल्पना को विचार के आश्रित मानते हैं। क्योंकि सौन्दर्यानुभूति एक नये प्रकार की अनुभूति है या अनुभूति की अद्वितीयता है या अद्वितीयता कल्पना से आती है।[82] यह कल्पना ही संवेदना में ढलकर बिम्ब, प्रतीक धारण को सृजित करती है। "अनुभूति की भाषा सदैव व्यक्तिगत भाषा होती है।...प्रतीक...पूँजीगत होकर कल्पना, भावना, चिन्तन और विचार को सार्थक बनाता है।"[83] स्वयं अज्ञेय जी अनुभूति कल्पना और बौद्धिकता की चर्चा करते हैं और 'काव्यभाषा' में सभी को समेट लेते हैं। यह कार्य प्रायः सभी सप्तक के कवि करते हैं। रागात्मक संबंधों के बदलाव के कारण की चर्चा करते हुए अज्ञेय जी ने कहा–"यह मानना होगा कि सभ्यता के विकास के साथ-साथ हमारी अनुभूतियों का क्षेत्र भी विकसित होता गया है और अनुभूतियों को व्यक्त करने के हमारे उपकरण भी विकसित होते गए हैं।"[84] ये विकसित उपकरण काव्य का समस्त शिल्प विधान हैं। इस प्रकार अनुभूति तत्व ही पूरे बल के यहाँ चर्चित है। डॉ. जगदीश गुप्त ने 'नयी कविता में रस और बौद्धिकता' का प्रश्न उठाकर–अनुभूति और बौद्धिकता को आदर दिया। 'रसानुभूति और सह-अनुभूति' नामक निबन्ध में छायावादी अनुभूति तथा नयी कविता की अनुभूति में अन्तर किया है।[85] रसानुभूति तथा सह-अनुभूति के सैद्धान्तिक पार्थक्य पर वे लिखते हैं–"...रसानुभूति को जहाँ केवल भाव विस्तार ही अभीष्ट रहता है, वहाँ सह-अनुभूति के लिए भाव और दृष्टिकोण दोनों का विस्तार अपेक्षित है।"[86] नयी कविता का लक्ष्य ही रसानुभूति कराना नहीं है, वह तो "बौद्धिकता की

छाया में विकस रही है, अतः उसमें एक अन्तर्निहित आलोचनात्मकता मिलती है : यथार्थ चित्रण का आग्रह, सूक्ष्म व्यंग्य तथा शैली मत वैचित्र्य एवं नये-नये अर्थों को ध्वनित करने वाला नया प्रतीक-विधान आदि।"[87] नयी कविता की विशेषताएँ हैं। इसीलिए यह न तो रागात्मक संबंधों को 'फिलासफाइज' करके सन्तुष्ट हैं और न किसी काव्य-देवता के चरणों में स्वच्छन्दतावादियों की भाँति समर्पित होने को तैयार है। विश्वास से ज्यादा वह बुद्धि केन्द्रित कविता है।

श्री गिरिजाकुमार माथुर ने अनुभूति बौद्धिकता, कल्पना तथा शैली को पाश्चात्य ढंग से समझाया है। प्राचीन कवियों की दृष्टि में 'असाधारण' मानव समाज था और नये काव्य की दृष्टि में 'साधारण मानव' है। इसीलिए वह प्राचीन काव्य विशेषीकरण से सामान्यीकरण पर जोर देता था, नया काव्य सामान्यीकृत चेतना और वर्गीकृत संवेदना को एकदम अस्वीकार करता है। आज -"सौन्दर्य की शास्त्रसम्मत व्याख्याओं के स्थान पर सौन्दर्य-बोध को स्थिति-सापेक्ष्य अनुभूति से जोड़ा गया..."[88] वे युग के ऐतिहासिक बोध से स्पष्ट करते हैं कि जो नवीन ज्ञान-बोध फ्रायड तथा मार्क्स के रूप में बदलकर आया युद्धोतर परिस्थितियों ने सक्रान्ति की अनुभूति के स्तर पर उसे व्यक्त किया। नवीन आधुनिकता की सैद्धान्तिक पहचान के लिए कविता भाव से विचार की ओर प्रवृत्त होती गई। इसमें नयी सामाजिक दृष्टि, व्यक्तिगत आत्मानुभूति और सांस्कृतिक भाव-भूमि तीनों सम्मिलित थे।[89] नयी समीक्षा में इस प्रकार की बातें इलियट से लेकर रेनेवेलेक तक अत्यधिक हुई हैं। इस प्रकार माथुर जी काव्य-तत्वों में तमाम अमरीकी नयी समीक्षा को निचोड़कर ले आते हैं। एक प्रकार से रूपवाद इनमें दूर तक व्याप्त है।

पश्चिम के नये काव्य-चिन्तन में अनुभूति और बौद्धिकता को समान स्वीकृति मिली है। स्वयं टी. एस. इलियट भाव से ज्यादा बुद्धि-तत्व को कविता में आदर देने के पक्षपाती हैं। एजरा पाउण्ड भाव तथा विचार या बुद्धि-तत्व दोनों को समान महत्व देकर भी गिरिजाकुमार माथुर की भाँति शैली-तत्व पर जमे रहे। स्वच्छन्दतावादी काव्य-तत्वों को परिष्कार के साथ जैसे पश्चिम की नयी समीक्षा ने ग्रहण कर लिया है, ऐसे ही छायावादी काव्य-तत्व दृष्टि को सुधार के साथ हिन्दी की नयी समीक्षा ने ग्रहण किया है। परिवेश तथा संघर्ष के काव्यानुभूतिपरक बदलाव ने पूर्व और पश्चिम के काव्य और साहित्यालोचन दोनों में काव्य-तत्वों के बदलाव को रेखांकित किया। दोनों ही मानते हैं कि भाव से ज्यादा विचार की भूमिका नयी सर्जना में अधिक महत्वपूर्ण है।

काव्य-विषय

नवीन सर्जन तथा विवेचन ने काव्य-विषय से बाहर जीवन का कोई भी

क्षेत्र स्वीकृत नहीं किया है। छायावाद ने जिस अर्थ-भूमिका संकोच कर दिया था, उसे सच्चे अर्थों में नयी कविता ने ही विस्तृत किया है। कविता नारी तथा सौन्दर्य के साथ चप्पल तथा चाय की प्याली पर भी लिखी जाने लगी। श्लील-अश्लील के शुचितावादी-साहित्यिक, असौन्दर्यवादी दृष्टिकोण का खण्डन किया गया। और यह माना गया कि वर्जनाओं ने आदमी को छोटा किया है।[90] काव्य-विषय की नवीनता, मौलिकता को पाने का यत्न किया गया। काव्य-विषय एवं काव्य-वस्तु की अन्तःसम्बद्धता स्वीकार करते हुए नये कवियों ने नवीन संवेदना, नवीन भाव, नवीन युग-बोध आदि के अनुसार प्राचीन या नवीन काव्य-विषय को चुनने का निश्चय दुहराया है। अज्ञेयजी ने 'विषय' से भी ज्यादा 'वस्तु' की परीक्षा का संकेत दिया है।[91]

नये कवियों ने 'काव्य-वस्तु' में अपने-अपने समय को नये ढंग से बाँधा है। यह बात उन कवियों के लिए भी कही जा सकती है जिन्होंने व्यक्तित्व की विशिष्टताएँ रक्षित रखते हुए रचना में वैचारिक आग्रह भी रखे हैं। प्रयोगवादी कविता पर रीति हावी है और शिल्पाश्रयी कविता का संसार निर्मित करती है, फिर भी उसमें कोई भी वर्ण्य-विषय स्थान पा सकता था। कविता को प्रयोग का विषय मानने के कारण लगभग प्रत्येक क्षेत्र में इन कवियों ने कदम रखा है। एक प्रकार से यह भी काव्य के प्रति एक अन्वेषी का दृष्टिकोण था। सभी महत्वपूर्ण विषयों पर उनकी राय अलग-अलग अवश्य थी किन्तु एक अन्वेषी का दृष्टिकोण उन्हें समानता में बांधता है। अज्ञेय जी की विचारधारा पर फ्रायडवाद का प्रभाव गहरा था,[92] तो रामविलास शर्मा और मुक्तिबोध पर मार्क्सवाद का। फिर भी डॉ. देवराज प्रयोगवाद को इलियट-पाउण्ड आदि की शैली के अनुकरण से उत्थित मानते रहे हैं।[93] अज्ञेय ने जहाँ 'नयी रीति' पर बल दिया, वहाँ अनुशासनहीनता को भी प्रतिक्रियावादी दृष्टि से फैलाया है। इसलिए यह काव्य-सृजन मानव-विरोधी सृजन है।[94] किन्तु इन धारणाओं से असहमत डॉ. रघुवंश का विचार है कि नयी कविता पर 'असामाजिकता' का आरोप लगाना गलत है।[95]

डॉ. धर्मवीर भारती ने जीवन से संबंधित प्रत्येक काव्य-विषय का कविता में स्वागत किया—"...भारती का कवि वर्ग-संघर्ष के सिद्धान्त को कभी अंशतया ही स्वीकृत कर पाया है; ...। सीधी सादी बात यह है कि भारती कविता में किसी भी विषय को उठाये बिना भी नहीं रह पाता, बशर्ते वह जीवन और अनुभूति की आन्तरिक लय से मेल खाता हो। लेकिन ऊपर से कुछ भी थोपना-लादना भारती प्रतिभा की पराजय मानता है। और साहित्य की राजनीतिक गुलामी को तो सरासर फासिज्म।"[96] अर्थात् वे सहज अनुभूति के प्रत्येक विषय का काव्य

में आदर करते हैं।

रघुवीर सहाय ने प्रगतिशीलता को काव्य-विषय की अनिवार्य शर्त माना है—"शमशेर बहादुर का यह कहना मुझे बराबर याद रहेगा कि जिन्दगी में तीन चीजों की बड़ी जरूरत है—आक्सीजन, मार्क्सवाद और अपनी वह शक्ल जो हम जनता में देखते हैं।"[97] मगर वे मार्क्सवाद को साहित्य पर गिलाफ की तरह ऊपर से न चढ़ाकर, वास्तविक जिन्दगी के भीतर से पनपाना चाहते हैं। "विचार वस्तु का कविता में खून की तरह दौड़ते रहना कविता को जीवन और शक्ति देता है, और यह तभी सम्भव है जब हमारी कविता की जड़ें यथार्थ में हों।"[98] इस प्रकार कवि को सामाजिक यथार्थ के प्रति पहरेदारी करनी चाहिए।

शमशेर बहादुर सिंह के लिए "अपने चारों तरफ की जिन्दगी में दिलचस्पी लेना, उसको ठीक ठीक यानी वैज्ञानिक आधार पर (मेरे नजदीक यह वैधानिक आधार मार्क्सवाद है) समझना और अनुभूति और अपने"[99] अनुभव को इसी कला- साधना से समझना-समझाना। वे इस आधार को हर युग के सच्चे और ईमानदार कलाकार के लिए जरूरी मानते हैं, क्योंकि इसी से कला में जीवन की 'सच्चाई' और 'सौन्दर्य' आता है। विचारों की नयी क्रान्ति ही कला-सामग्री का रूप है।

काव्य में बिम्बवाद के समर्थक डॉ. केदारनाथ सिंह ने काव्य-विषय पर विचार करते हुए कहा—"काव्य में विषयों की सीमा नहीं बांधी जा सकती। कुछ विषय ऐसे होते हैं जो प्रत्येक काल की कविता में अपना कलात्मक समाधान खोज लेते हैं—जैसे जन्म, मृत्यु, प्रकृति, ऋतुएँ आदि। पर एक सीमा पर जाकर कवि का आत्म-मन्थन इतना तीव्र हो जाता है कि वह चाहे भी तो इनके बारे में चुप नहीं रह सकता।"[100] इस प्रकार कवि का प्रथम दायित्व अपने समसामयिक विषयों के साथ जुड़ा होता है।

सर्वेश्वरदयाल ने कहा है कि "यह माना गया होता कि संसार का कोई भी विषय कविता का विषय है और कवि की दृष्टि इतनी व्यापक होनी चाहिए कि वह उसे उस कोण से भी देख सके, जहाँ से वह संवेदना को छूता हो ..."[101] वे मानते हैं कि "अधिकांश पुराने कवि छन्द और तुक की बाजीगरी के नशे में काव्य-विषय की एक संकीर्ण परिधि में घिर कर व्यापक जीवन के संघर्षों को भूल न गये होते, और उन्हें कविता के विषयों में से निकाल न देते..."[102]। जीवन की प्रत्येक संवेदना को काव्य में व्यक्त करने के लिए सर्वेश्वर ने व्यावहारिक धरातल पर भी कभी हिचक नहीं की है।

पश्चिम की नयी समीक्षा के समर्थक कवि-आलोचकों, आलोचकों ने लगातार काव्य-विषय के पथ को असीमित माना है। पाल वेलेरी ने बहुत जोर देकर कहा

था कि महत्व विषय का नहीं, कवि की संवेदनात्मक ज्ञान शक्ति का है, जिसके बल पर वह किसी भी विषय को उठाकर काव्यत्व की चारुता में बदल देता है।[103] पश्चिम के नये काव्यान्दोलनों से प्रभावित नयी कविता ने काव्य-विषय-दृष्टि में भी इसका साथ दिया है। नये कवि और नयी समीक्षा के समीक्षक पश्चिम में समसामयिकता और आधुनिकता को काव्य-विषय की दृष्टि से ग्रहण करने के आग्रही रहे हैं और वहीं से वह प्रभाव हिन्दी-आलोचना ने ग्रहण किया है।

काव्य की आत्मा

नये कवि-समीक्षकों और चिन्तकों ने परम्परागत ढंग से काव्य की आत्मा पर विचार नहीं किया है, लेकिन काव्य की केन्द्रीय-संवेदना को समझने-समझाने का प्रयास लगातार किया गया है। प्रयोगवादी तथा नयी कविता की नवीन मूल्य-दृष्टि के कारण भी परम्परागत मान्यताओं को जोर देकर उखाड़ा गया है। छायावादोत्तर साहित्य ने काव्य की बहुत सी प्राचीन मान्यताओं को अमान्य घोषित कर दिया या उन्हें नये परिप्रेक्ष्य में संशोधित-परिष्कृत कर डाला है। यह परिवर्तन कविता के उपकरण, प्रेरणाभूमि, कथ्य और दृष्टिकोण से लेकर अभिव्यंजना के माध्यमों यानी भाषा, छन्द, लय-विधान, बिम्ब, उपमान, शैली तथा भंगिमा में तो आया ही, इसके साथ ही कविता के उद्देश्य और आधारों में भी एक बड़ी क्रान्ति के दर्शन हुए।"[104] इस प्रकार से "सामाजिक परिवृत्त और नूतन भावबोध" ही यहाँ काव्य की आत्मा का रूप ग्रहण कर उठा है। रस को काव्य की केन्द्रीय स्थिति से हटा दिया गया क्योंकि "अब कविता की कसौटी भी इतनी व्यापक बनानी होगी कि वह इन सभी अति नवीन अनुभूतियों को अपनी बाँहों में घेरती हुई मानव की चिर-आदिम प्रवृत्तियों का मर्म भी छू सके। इसीलिए आज की आधुनिक कविता के सही-सही मूल्यांकन के लिए रस-सिद्धान्त बहुत नाकाफी मालूम होता है।"[105] प्रयोगवाद तो शिल्प, तन्त्र तथा टेकनीक के चमत्कारवाद को उठाये रहा और चुपके से रूपवादियों या फार्मलिस्टों से उसका समझौता चलता रहा। नयी कविता में यह बात अज्ञेय ने अवश्य ध्यान से कही है कि "वाक्-सिद्ध से बड़ा कवि रस-सिद्ध होता था किन्तु आज यह स्थिति नहीं है। आज तो 'वाक्-शिल्पी' कहलाना अधिक गौरव की बात समझी जा सकती है।"

नयी कविता के नये प्रतिमानों से यह तथ्य जाहिर है कि नये प्रतिमानों का संबंध रस से एकदम अलग है। यहाँ अलंकार, वक्रोक्ति, रीति, औचित्य तथा ध्वनि ही नहीं, रस भी विरोध के केन्द्र में रहा है। लेकिन रस के नये संस्करण में संवदेनात्मकता तथा अनुभूति की प्रामाणिकता को स्थान मिल गया है। 'अनुभूति की प्रामाणिकता', 'ईमानदारी की अनुभूति', 'अनुभूति की ईमानदारी',

'सह-अनुभूति' आदि के माध्यम से 'अनुभूति' ही आज भी काव्य के केन्द्र में है। रस पर स. ही. वात्स्यायन की आपत्तियाँ दो कारणों से रही हैं—(1) रस का आधार है समाहिति, अद्वन्द्व किन्तु नयी कविता द्वन्द्व और असामंजस्य की कविता है, (2) नयी कविता वर्तमान पर केन्द्रित है, जबकि रस की दृष्टि अतीतोन्मुख रहती है। नयी कविता का विषय है—क्षण की अनुभूति जबकि रस का आधार है—वासना और स्थायी भाव। अर्थात् नयी कविता में रस-दर्शन के तत्ववाद का सीधा निषेध है। डॉ. जगदीश गुप्त ने 'रस-सिद्धान्त' अथवा 'सिद्ध रस का अन्त' नामक निबन्ध में कहा है कि डॉ. नगेन्द्र का 'रस-सिद्धान्त' ज्ञान- वृद्धि तो करता है पर विवेक-वृद्धि नहीं।[106] वे इसीलिए 'साधारणीकरण और कवि की अनुभूति' को महत्व देते हैं। अभिनव गुप्त जिसे साधारणीकरण कहते हैं, पाश्चात्य आचार्य उसे ही 'कवि की अनुभूति' में समाहित कर लेते हैं। इलियट तथा रिचर्ड्स इसे ही निर्वैयक्तिक सिद्धान्त में संकेत से लाते हैं। स्वयं डॉ. जगदीश गुप्त कहते हैं—''मेरे विचार से रस के प्रसंग में 'कवि की अनुभूति का साधारणीकरण' के स्थान पर 'काव्यानुभूति का साधारणीकरण' कहना अधिक उपयुक्त है...''। पश्चिम में एफ. आर. लीविस से लेकर जान क्रोरेन्सम तक यही बात एक मत से कही गई है। साधारणीकरण को 'काव्य-भाषा' के रूप में भी 'नयी समीक्षा' ने बार-बार व्याख्यायित किया है।

नये साहित्य का लक्ष्य 'रसानुभूति' नहीं, 'काव्यानुभूति' कराना है। नये विचारों के तमाम बौद्धिक व्यापार इस 'काव्यानुभूति' में सन्निहित हैं। डॉ. रघुवंश पाश्चात्य मनोविज्ञान तथा भरत के नाट्यशास्त्र के गहन-गम्भीर अध्ययन के बाद भी इसी निष्कर्ष पर पहुँचे हैं कि ''आज के युग में पुरातन साधारणीकरण की स्थिति बदल गयी है। व्यक्ति और समाज की प्रतिक्रियाओं को व्यापक आधार देना ही साधारणीकरण है, कविता केवल रस की सिद्धि नहीं ढूँढती, वरन मन को संवेदन-मात्र का प्रभाव देकर भी सिद्ध होती है—भारतीय काव्यशास्त्र में भी ध्वनि का सिद्धान्त सर्वमान्य रहा है।''[107] इस प्रकार डॉ. रघुवंश नये ढंग से 'रस ध्वनि' पर बल देते हैं।

गिरिजाकुमार माथुर 'नाद-सिद्धान्त' के माध्यम से ध्वनि-सिद्धान्त की ही काव्यात्मा के रूप में स्थापना करते हैं, किन्तु वे यह सब मानने को तैयार नहीं हैं। उनकी दृष्टि पर रिचर्ड्स का 'अर्थ के लिए अर्थ' तथा एम्पसन और टेट का जादू है। डॉ. जगदीश कुमार ने लिखा है—''उदाहरणार्थ गिरिजाकुमार माथुर ने नाद-सिद्धान्त के विवेचन में ऐसा कोई स्पष्ट चिह्न नहीं छोड़ा। ऐसे प्रकरणों के सन्दर्भ सायास ढूँढे नहीं जा सकते। वे अकस्मात मिल गए हैं। विलायती नयी कविता के इतिहास और संकलन उलटते-पुलटते ध्वनियों के मौलिक अर्थों

से सम्बद्ध सामग्री मिल गई और मुख सन्दर्भ खुलने लगे।"[108] शायद इसीलिए उन्होंने ध्वनि-सिद्धान्त से नाद-सिद्धान्त को दूर रखने का विराट् प्रयत्न किया है। "मेरे ध्वनि-संबंधी अन्वेषणों की एक निश्चित वैचारिक पीठिका है...। ध्वनि से मेरा तात्पर्य शब्दों की नाद-शक्ति से है, लक्षणा, व्यंजना अथवा काव्यगत संकेतार्थ से नहीं।"[109] शब्दों की इसी नाद-शक्ति को लेकर 'नयी समीक्षा' में क्लीयन्थ ब्रुक्स तथा विमसाट व्यंग्य वक्रोक्ति तथा विरोधाभास का बखान करते रहे हैं एवं यही काव्य-परीक्षा का माथुर साहब की भाँति उनका काव्य परीक्षण सिद्धान्त रहा है।[110] 'नयी समीक्षा' के 'पाठ-विश्लेषण-सिद्धान्त' में भी माथुर साहब का 'नाद-सिद्धान्त' प्रकट है, जिस पर विस्तार से चर्चा यहाँ अपेक्षित नहीं है। अतः कविता में 'स्वर-ध्वनियों' के आधार को उठाने वाला यह 'नाद-सिद्धान्त' हिन्दी में पश्चिमी नयी समीक्षा का सीधा-विस्फोट है। इसमें दृश्य भारतीय ध्वनि-सिद्धान्त का है और दृष्टि नयी समीक्षा के पाठ-विश्लेषण-विधि-सिद्धान्त की। दोनों के मेल से यह नया सिद्धान्त बनाया गया है। यह सिद्धान्त भी डॉ. नगेन्द्र के 'रस-सिद्धान्त' की भाँति अज्ञेय या इलियट को इस से समझाने का दावा करता है। डॉ. नगेन्द्र का दावा तो काफी हद तक एक आधार पर टिका है, पर श्री माथुर का 'नाद-सिद्धान्त' एक 'नया रीति-सिद्धान्त' बनकर ही रह जाता है।

'अनुभूति' को 'रागात्मक संबंधों के बदलाव' को रेखांकित करता हुआ, नया कवि रस तथा साधारणीकरण के परिष्कृत रूप की ओर विदेश में भटकने के बाद पुनः लौट आता है। वह मानता है कि "कवि नए तथ्यों को उनके साथ नए रागात्मक संबंध जोड़कर नए सत्यों का रूप बना दे, उन नए सत्यों को प्रेष्य बनाकर, उनका साधारणीकरण करे, यही नयी रचना है।"[111] प्राचीन रस-सिद्धान्त कवि-सहृदय-निरपेक्ष काव्य-कृति की वस्तुनिष्ठ सत्ता मानता रहा है। इस दृष्टि से यह सिद्धान्त इंटेंशनल फैलेसी (अभिप्रायपरक हेत्वाभास) और एफेक्टिव फैलेसी (प्रभावपरक हेत्वाभास) से मुक्त होने के कारण अग्राह्य प्रतीत होने पर भी ग्राह्य रहा है। डॉ. रघुवंश ने ठीक कहा है—"अतः काव्य के संरचनात्मक संगठन की रूपगत व्याख्या का आधुनिक आधार संस्कृत काव्यशास्त्र से सहज ही प्राप्त किया जा सकता है, उसमें इसकी पूरी सम्भावना निहित है।"[112] रस-सिद्धान्त पहले भी संस्कृत काव्यशास्त्र में प्रतिमान न होकर काव्यास्वादन की प्रक्रिया विशेष ही रहा है और उस संशोधित अर्थ में वह आज भी जीवित है।

संक्षेप में, काव्य की आत्मा जैसी समग्र दृष्टि का सिद्धान्त पश्चिम में कभी नहीं रहा, अतः उस रूप में पश्चिम का प्रभाव भी हमारे ऊपर नहीं पड़ा है।

काव्य-हेतु प्रेरणा

प्रयोगवाद तथा नयी कविता के आलोचकों, कवि-आलोचकों ने काव्य-हेतुओं में 'प्रतिभा' को प्रधान स्थान देते हुए व्युत्पत्ति एवं अभ्यास को पर्याप्त आदर दिया है। यहाँ आकर 'व्युत्पत्ति' का अर्थ-ज्ञान, विज्ञान, टेक्नालाजी, औद्योगीकरण आदि सभी अवचेतन सिद्धान्त की प्रतिभा को पर्याय सा बन गया। अज्ञेय जी ने मनोविश्लेषणशास्त्री जुंग के आदिम अवचेतन सिद्धान्त की प्रतिभा में स्वीकृति देते हुए लिखा—"कलाकार का मन एक भण्डार है जिसमें अनेक प्रकार की अनुभूतियाँ, शब्द, विचार, चित्र इकट्ठे होते रहते हैं—उस क्षण की प्रतीक्षा में जबकि कवि-प्रतिभा में ताप से एक नया रसायन, एक चमत्कारिक योग नहीं उत्पन्न हो जायेगा।"[113] प्रतिभाशाली कवि के समक्ष प्रयोग के कारण घिसे हुए शब्दों में नये अर्थ-चमत्कार को भरने की समस्या रहती है क्योंकि यह क्रिया भाषा में निरन्तर होती रहती है, चमत्कारिक अर्थ अभिधेय बनता रहता है। तब कवि पुनः "उस अर्थ की प्रतिपत्ति करता है जिससे पुनः राग का संचार हो, पुनः रागात्मक संबंध स्थापित हो।...कवि नये तथ्यों को उनके साथ नये रागात्मक संबंध जोड़कर नये सत्यों का रूप दे, उन नये सत्यों को प्रेष्य बनाकर उनका साधारणीकरण करे, यही नयी रचना है। इसे नयी कविता का कवि नहीं भूलता।" ज्ञान-विज्ञान के बदलाव और विशेषीकरण ने कवि-कर्म को कठिन बना दिया है—आज व्युत्पत्ति का अर्थ-सच्चे अर्थों में बहुज्ञता है। इसमें परम्परा-बोध, इतिहास-बोध, आधुनिकता-बोध आदि सभी सम्मिलित हैं। शिल्प की कसावट के लिए 'काव्य-रस' को अज्ञेय ने विस्मृत नहीं किया है। कवि की मौलिकता वस्तु से संबंध रखती है—विषय सम्प्रेष्य नहीं है, वस्तु सम्प्रेष्य है। कवि उस शक्ति को प्रतिभा तथा अभ्यास से अर्जित करता है।

डॉ. धर्मवीर भारती ने 'काव्य-सृजन— अन्तःप्रेरणा और पलायन' शीर्षक लेख में कहा है—"जब तक कलाकार में अन्तःप्रेरणा नहीं जागती, तब तक वह सजीव कृति प्रस्तुत नहीं कर सकता।" इस अन्तःप्रेरणा का स्रोत भी चेतन न होकर अवचेतन है। एक प्रकार से व्यक्तिवादी मनोविश्लेष का कला-प्रेरणा सिद्धांत भारती जी को मान्य है। उनका यह अन्तःप्रेरणा-सिद्धान्त मार्क्सवादी आधार की सीधी नकार और छद्म स्वच्छन्दतावादी स्वीकृति भी है। कविता पर "ऊपर से कुछ भी थोपना-लादना भारती प्रतिभा की पराजय मानते हैं। और साहित्य की राजनीतिक गुलामी को तो सरासर फासिज्म।"[114] इस प्रकार भारती भौतिक-संसार के बाह्य-संघर्षों को कला-प्रेरणा में स्थान नहीं देते हैं।

भारती से सर्वथा विपरीत दृष्टि श्री रघुवीर सहाय की है, वे व्यक्तिवादी प्रवृत्तियों को प्रश्रय न देकर समष्टिवादी प्रवृत्ति को सामाजिक संघर्ष और यथार्थ

को कला की प्रेरणा मानते हैं। "वे शमशेर के इस कथन के कायल हैं कि आक्सीजन, मार्क्सवाद और अपनी वह शक्ल जो जनता में हम देखते हैं—इन तीनों बातों का कवि को ध्यान रहना चाहिए।" वे वास्तविकताएँ जिनसे हम कविता की प्रेरणा लेते हैं। विचारवस्तु का कविता में खून की तरह दौड़ते रहना कविता को जीवन और शक्ति देता है; और वह तभी संभव है जब हमारी कविता की जड़ें यथार्थ में हों।"[115] साम्यवादी-समाजवादी आलोचकों की दृष्टि से रघुवीर सहाय काव्य-प्रेरणा की चर्चा करते हैं। अतियथार्थवाद की आत्मपरकता से दूर वे मार्क्सवाद की वस्तुपरकता में विश्वास रखते हैं।

श्री नेमिचन्द्र जैन ने 'वास्तविकता और साहित्य-सर्जन की प्रक्रिया' नामक निबन्ध में लिखा है—"साहित्य-सर्जन में जिस प्रकार जगत अथवा वास्तविकता का होना सर्वदा आवश्यक है, उसी प्रकार कलाकार के व्यक्तित्व और उसके द्वारा वास्तविकता का नये सिरे से अनुभूत होना भी आवश्यक है।"[116] इस प्रकार व्यक्ति और वास्तविकता की प्रेरणा ही सृजन का मूल है। किन्तु वास्तविकता का चित्रण मात्र इतिवृत्तात्मकता का नाम नहीं है। वह दृश्यजगत के यथावत चित्रण का नाम है। "और जगत के साथ कलाकार व्यक्तित्व का यह सम्पर्क जितना ही गहन और बहुमुखी होगा, उतनी ही शक्ति, मार्मिकता और सार्थकता उसके साहित्यिक रूप में उपलब्ध हो सकेगी।" अतः प्रातिभ-व्यक्तित्व का संस्पर्श ही बहुज्ञता से कला को प्रवहमानता प्रदान करता है। वास्तविकता की प्रेरणा इस बात पर भी निर्भर होती है कि राजनीतिक-सामाजिक-आर्थिक-नैतिक, वैयक्तिक परिस्थितियों, संबंधों, मान्यताओं आदि के प्रति लेखकीय दृष्टिकोण क्या हो। प्रायः जागरूक लेखक आन्तरिक एवं बाह्य वास्तविकताओं के तनाव से घिरा होता है। वह वैचारिक स्तर पर अनुभूति को प्रधानता देने के बजाय अपनी बौद्धिक मान्यताओं को प्रक्षेपित करता चलता है। वह किसी सिद्धान्त का खण्डन और किसी का समर्थन करता है—वह प्रेरित करने वाली अनुभूति की प्रामाणिकता अथवा वास्तविकता की प्रस्थापना में लग जाता है। लेकिन उच्छवास वासी आन्तरिक लय वाला सृजन रूपवादी, प्रतीकवादी, अतियथार्थवादी या व्यक्तिवाद की अन्धी गलियों में भटक जाता है। यह सच है कि कलात्मक सर्जन के क्षेत्र में रचनाकार की प्रामाणिकता का स्थान किसी भी अन्य तत्त्व को नहीं दिया जा सकता। रचनाकार में प्रवृत्ति, शिक्षा, संस्कार, चेतना परिस्थितियां आदि सभी समाहित रहती है। श्री जैन मानते हैं—व्यक्ति के मनोभावों, संस्कारों और आचरण के पीछे व्यक्तिगत तथा सामूहिक अर्द्धचेतन अथवा अचेतन प्रवृत्तियों आवेगों और प्रेरणाओं का बड़ा हाथ होता है। असंख्य सामूहिक रूढ़ियां, क्रिया-काण्ड, संस्कार, व्यक्ति के मन को प्रभावित और उद्वेलित अनजाने में ही

करते रहते हैं।'[117] आज का लेखक प्रेरणा के पीछे अवचेतन के इन संस्कारों को भी पाता है और अनजाने ही उनसे संचालित भी होता है। इस प्रकार कला में आदर्शवादी, यथार्थवादी और वास्तववादी प्रेरणाएं घुली-मिली होती हैं। इस प्रकार रचना में युगीन यथार्थ और रचनाकार के व्यक्तित्त्व के बीच सम्बन्ध का अन्वेषण करते ही कला-प्रेरणा खुलने लग जाती है। समग्रतः श्री जैन सामाजिक प्रतिबद्धता को ही कला-सृजन की प्रेरणा मानते हैं। इस प्रकार दो विचपर-पद्धतियों के सिद्धान्त यहां मौजूद हैं—(1) प्रथम दृष्टि रचना को आन्तरिक प्रेरणा एवं वैयाक्तिक-प्रतिभा का परिणाम मानती है। इस दृष्टि के समर्थक अज्ञेय, गिरिजाकुमार माथुर तथा डॉ. भारती आदि हैं। (2) द्वितीय दृष्टि-सामाजिक-प्रेरणा दायित्व को प्रधान मानती है—उसके समर्थक हैं—नेमिचन्द्र जैन, शमशेर तथा प्रभाकर माचवे आदि। इनमें से प्रथम वर्ग के आलोचक पश्चिमी मनोविश्लेषशास्त्र की मान्यताओं से प्रेरित हैं और द्वितीय वर्ग के आलोचक पश्चिमी मार्क्सवाद के सिद्धान्तों से। फिर भी यह अपनी परम्परागत मान्यताओं का सन्दर्भगत नवीनता से विकास एवं संशोधन हैं।

काव्य-प्रयोजन

नये आलोचकों की मान्यता में यह तथ्य अन्तर्भूत रहा है कि कविता सांस्कृतिक-प्रक्रिया है। इस दृष्टि से इन सभी कवि-आलोचकों ने काव्य के अन्तर्मुखी तथा बहिर्मुखी काव्य-प्रयोजनों की गम्भीरता से चर्चा की है। गिरिजाकुमार ने काव्य-प्रयोजन की परम्परागत दृष्टि के बदलाव को रेखांकित करते हुए कहा है—इसके साथ ही कविता के उद्देश्य और आधारों में भी एक बड़ी परिक्रान्ति उपस्थित हुई। कविता का लक्ष्य केवल आनन्द या आह्लाद प्रदान करना, भाव-विभोर या मुग्ध कर देना या चुलबुली सिहरन पैदा करना मात्र नहीं रहा। कविता का अब यह भी उद्देश्य माना जाने लगा कि उसके माध्यम से आदमी का अपने यथार्थ और ऐतिहासिक नियति से साक्षात्कार हो, और प्रकृति, परिवेश, सामाजिक व्यवस्था तथा अन्तरंग भावना के बीच नयी अर्थपूर्ण सामंजस्य स्थापित हो सके।''[118] इस काव्य-प्रयोजन के बदलाव के मूल में जीवन को मूल प्रश्न और प्रतिमान रहे हैं। कविता की प्रेरणा, वैज्ञानिकता, टेकनालाजी, कल्पना से लेकर भाषा तक की मंजिल व्यवस्था-विरोध, व्यक्ति-स्वातंत्र्य, सामाजिक दायित्व-बोध, राजनीतिक चेतना, कवि की स्वचेतना, आत्ममुक्ति के प्रयास आदि। इस प्रकार नयी कविता समसामयिक समस्याओं, संघर्षों, तनावों को व्यक्त करने के लिए प्रतिबद्ध रही है। जीवन की आस्था-अनास्था को भी इस कविता ने विकराल समस्याओं के सन्दर्भ में व्यक्त किया है।

नयी कविता का प्रयोजन—रस या आनन्द या सौन्दर्य-भोग नहीं रहा। डॉ.

जगदीश गुप्त ने कहा—"रस-सिद्धान्त और नई कविता न केवल भिन्न आधारों पर आधारित हैं—वरन् उसमें कुछ दूर तक परस्पर वैपरीत्य अथवा विरोध भी है।...रसानुभूति-भावों के एक गहरे सामंजस्य को लेकर चलती है, नई कविता प्रायः पाठक को असमंजस में डाल देती है।"[119] नवीन भाव-बोध तथा नवीन संवेदना के कारण 'रसानुभूति' से भिन्न यह 'सह-अनुभूति' की कविता है। "रसानुभूति को जहाँ केवल भाव-विस्तार ही अभीष्ट रहता है, वहाँ सह-अनुभूति को लिए भाव और दृष्टिकोण दोनों को विस्तार अपेक्षित है।"[120] वास्तव में यह "सह-अनुभूति सिद्धान्त भी पाश्चात्य जगत में बहुचर्चित मनोविश्लेषणशास्त्र का भाव-तादात्म्य-सिद्धान्त (थियोरी आफ एम्पैथी) ही है।"[121] इसीलिए वे आगे कहते हैं—"रसानुभूति की अपेक्षा, सह-अनुभूति अधिक मानवीय स्तर पर प्रतिष्ठित दिखाई देती है। आत्मविलयन, आनन्द और भावावेग के परिपाक की दृष्टि से रसानुभूति अवश्य ही उच्च कोटि की कही जाएगी। परन्तु मानवीयता के विचार से "सह-अनुभूति को उससे उच्चतर मानना ही विवेक संगत दिखाई देता है।"[122] नयी कविता वैचारिकता तथा बौद्धिकता के कारण "व्यंग्य करना, चोट करना, झकझोर देना, ध्यान में डूबे हुए को जैसे टोक देना और कुछ सोचने पर मजबूर कर देना उसका स्वभाव है। वह रिझाती कम है सताती अधिक है।"[123] यह सताना 'रसानुभूति' न होकर 'सह-अनुभूति' कहा जा सकता है। डॉ. जगदीश गुप्त की इस स्थापना में पाउण्ड इलियट, सी. डी. लीविस, एमी लावेल एक साथ बोल रहे हैं। बिम्ब पर बिम्बवादी आग्रह बहुत था। इमेजिस्ट को व्यंग्य में एमी लावेल के नाम पर 'इमेजिज्म' भी कहा जाता रहा । लेकिन तत्व दृष्टि से यह सब इलियट के भाव-विभावन व्यापार आब्जेक्टिव कोरिलेटिव—से बाहर का चिन्तन नहीं है। कहने का ढंग नवीन होने पर भी विचार पुराना ही है जिसमें भाव-विमुखतावाद या 'दी इमोशनलाइजेशन' ही अधिक है।

श्री लक्ष्मीकान्त वर्मा भी रसवादी काव्य-प्रयोजन का नयी कविता में जमकर विरोध करते हैं। क्योंकि "अस्थायी भाव का ही शुद्ध रूप आज पता लगाना कठिन है क्योंकि कोई भी अनुभूति मात्र अकेली और सीधी नहीं है।"[124] इसलिए एक प्रकार से फिर यह प्रश्न उठ खड़ा हुआ—"साहित्य किसके लिए ? क्या जनता के लिए है ? किसी वर्ग-विशेष के लिए है ? पलायन के लिए है ? क्या वह केवल अनुकृति है ?...नहीं, वह अपने लिए है, केवल अपने लिए, अपनी व्याख्या के लिए, अपने विश्लेषण के लिए, अपने साक्षात्कार के लिए और शायद इससे भी आगे आत्मोपलब्धि के लिए है।"[125] इस प्रकार 'साहित्य का प्रयोजन'-स्वान्तः सुखाय है। वे मानते हैं कि साहित्य की कसौटी साहित्य है—

अर्थात कविता की कसौटी कविता है। इस प्रकार इस कथन में भाववादी कलावादी आग्रह स्पष्ट है। इस आग्रह में पश्चिमी शुद्ध कविता (प्योर पोयट्री) के सभी तत्व भी आसन जमाये हुए हैं। इसलिए साहित्य का उद्देश्य उनकी दृष्टि में 'अनुभूति से साक्षात्कार' है।[126] इस अनुभूति से तात्पर्य है—व्यक्तिगत अनुभूति, अद्वितीय अनुभूति। इस प्रकार घूम फिरकर अज्ञेय तथा डॉ. भारती के कथन का समर्थन करते हैं।

अज्ञेय जी ने कहा है—"कलाकार का आत्मदान, केवल एक नैतिक मान्यता के लिए नहीं होता, सच्चे अर्थ में स्वान्तः सुखाय भी होता है।"[127] इसी 'स्वान्तः सुखाय' का एक नया रूप डॉ. भारती का चिन्तन है। "पूरे प्रभाव के साथ इस वाक्यांश को याद रखिए। क्योंकि भारतीय अक्सर यह सोचा करता है कि कविता का मुख्य कार्य आज के युग में रूढ़ अर्थों में रसोद्रेक मात्र न रहकर 'प्रभाव' डालना हो गया है।...उनके प्रभाव की परिधि में भाव और ज्ञान दोनों ही आ जाते हैं।"[128] भारती का यह 'प्रभाव प्रयोजन' प्रभाववाद का ही नया रूप है।

नयी कविता में मुक्तिबोध, नेमिचन्द्र जैन, प्रभाकर माचवे, रघुवीर सहाय तथा शमशेर ने व्यापक मानवतावाद की महत्व-प्रतिष्ठा को ही, काव्य-प्रयोजन माना है। आचार्य शुक्ल जिसे 'लोक-मंगल' कहते हैं—वही परम्परा इनमें जीवित है। ये सभी साहित्य की कसौटी अनुभूति के विस्तार और गहनता दोनों के योग में मानते हैं। अनुभूति या व्यक्तिपरकता में प्रश्रय देने की प्रवृत्ति को प्रतिक्रियावादी मानते हुए श्री नेमिचन्द्र युगीन यथार्थ की चेतना को साहित्य का उद्देश्य मानते हैं।[129] डॉ. रघुवंश ने साहित्य का उद्देश्य जीवन के बृहत्तर संन्दर्भों से साक्षात्कार माना है। "इसीलिए आज साहित्य के मूल्यांकन के लिए मानव-शास्त्र, समाज-शास्त्र, राजनीति-शास्त्र, अर्थ-शास्त्र, दर्शन तथा संस्कृति आदि के व्यापक अध्ययन की आवश्यकता है जिससे मानव-जीवन की सम्पूर्णता को दृष्टि पथ में रखकर समीक्षात्मक मानदण्ड की स्थापना हो सके।"[130] व्यक्तिवाद एक सीमित मनोवृत्ति है—जो असंस्कृत असामाजिक मूल्यों को कला में प्रश्रय देती है। इसीलिए डॉ. रघुवंश ने अस्तित्ववाद, क्षणवाद, निराशावाद, अतियथार्थवाद के दर्शन को मानव-विरोधी दर्शन मानते हुए साहित्य के सामाजिक-सांस्कृतिक लक्ष्यों को महत्व दिया है। उनकी यह दृष्टि 'लघु मानव सिद्धान्त' के समर्थकों से अलग है और मुक्तिबोधीय परम्परा का सहज संवर्धन कही जा सकती है।

सर्वेशवरदयाल सक्सेना का विचार है कि कविता का प्रयोजन जर्जरित रूढ़ियों से लोहा लेना, नवीन सामाजिक-राजनीतिक समझ पैदा करना है।[131] निश्चय ही यह दृष्टि डॉ. रामस्वरूप चतुर्वेदी की उन दृष्टि से अलग है जो मानती है—"स्वचेतनता एक प्रकार से आधुनिक युग-बोध की विशेषता है।"[132] यह

स्वचेतनता इलियट सिद्धान्तों से छनकर चतुर्वेदी तक आई है और अज्ञेय के इस आलोचक को प्राप्त हुई है।

प्रयोगवादी तथा नयी कविता के कवि-आलोचक, काव्य में जिन उद्देश्यों की चर्चा करते हैं, उनकी चर्चा पश्चिम के नये आलोचकों ने बड़े विस्तार से की है। फिर भी हमारा यह नया चिन्तन भारतीय परम्परागत काव्य-प्रयोजनों की नयी व्याख्या है। कला के सौन्दर्य-मूल्य-नैतिक-मूल्य और समाज-मूल्य सभी यहाँ रक्षित-विश्लेषित हैं। कवि और पाठक दोनों के कोणों से यहाँ बार-बार अनुचिन्तन किया गया है। इस चिन्तन को पाउण्ड-इलियट, काडवेल ने नयी दिशा दी है। पाउण्ड यह मानते रहे हैं कि कविता का लक्ष्य है—मानवता का विकास। साथ ही कविता व्यक्ति को मानसिक तनाव से मुक्ति देती है।[133] इलियट तो सांस्कृतिक-बोध, परम्परा-बोध के साथ काव्य का एक उद्देश्य भाषा का विकास भी मानते रहे हैं[134], हिन्दी में यही चिन्तन डॉ. रामस्वरूप चतुर्वेदी में बोलता है। स्वयं अज्ञेय इसी चिन्तनात्मक स्वर में बोलते हैं। नेमिचन्द्र जैन, शमशेर आदि सार्त्र की भाँति सोचते हैं कि कला का एक निश्चित सामाजिक उद्देश्य होता है।[135] कविता भी ज्ञान के सम्प्रेषण का एक सशक्त माध्यम है—मधुर और उपयोगिता—दोनों ही उसे इष्ट हैं।[136] इस प्रकार कविता 'यथार्थ का साक्षात्कार' और 'कलात्मक अन्तर्दृष्टि' दोनों को सम्पन्न करने का कार्य एक साथ करती है। इस प्रकार हिन्दी के आलोचकों ने कलावादी-भाववादी-सौन्दर्यवादी-मूल्यों को अज्ञेयीय धारा से ग्रहण किया है तथा प्रगतिशील, सामाजिक, मानवतावादी, मानववादी, समष्टिवादी मूल्यों को मुक्तिबोध परम्परा से ग्रहण किया है। पश्चिम के प्रतिगामी तथा प्रगतिशील विचारों का संगम हिन्दी की सैद्धान्तिक समीक्षा में दृष्टिगत होता है। यहाँ इस चिन्तन के लिए हम मम्मट और विश्वनाथ से ज्यादा इलियट और काडवेल के ऋणी हैं। साथ ही इनमें डॉ. नगेन्द्र और आ. शुक्ल की चिन्तन-परम्परा का योगदान भी काफी गहराई तक देखा जा सकता है। इसलिए यह नया चिन्तन नकल न होकर नवीन मूल्य दृष्टि का अपनी परम्परा में विकास एवं परिष्करण है।

काव्य का अधिकारी—संस्कृत काव्यशास्त्र का 'सहृदय' और पाश्चात्य जगत का रीडर (ग्राहक) यहाँ एक विशेष बौद्धिक पृष्ठभूमि के साथ विवेचित किया गया है। प्रयोगवादी कविता तथा नयी कविता के साथ पाठक वर्ग का कैसा संबंध है, इस बात को समझने के लिए दो तथ्यों पर ध्यान देना अनिवार्य है—(1) विदेशी—प्रभाव के फलस्वरूप भारतीय समाज में आधुनिकता का नवोन्मेष, (2) दो विश्व-युद्धों की चेतना से उपजे विचारों का पाठक पर प्रभाव। पश्चिमी चिन्तन का हमारे साहित्य पर व्यापक प्रभाव आया और नवीन दृष्टियाँ

कवि तथा पाठक दोनों में विकसित होती रही हैं। यह पाठक रूसी क्रान्ति के सम्पर्क में ही नहीं आया, फ्रायड और मार्क्स के भीतर प्रवेश करने लगा। टी. एस. इलियट का 'द वेस्टलैण्ड' और 'ट्राडीशन एण्ड इण्डिविजुअल टेलेण्ट' दोनों के साथ एक साथ सम्पर्क में आया। पन्त-प्रसाद-निराला ही नहीं, वह शैली-कीट्स से होता हुआ आडेन तक गया। 'न्यू सिग्नेचर्स' तथा 'जार्जियन पोयट्री' का संसार भी उससे छिपा न रहा। अमरीका, रूस तथा फ्रान्स की नयी कविता और आलोचना से उसका सम्पर्क दिनोंदिन बढ़ता गया। यह सत्य है कि यह पीढ़ी पाश्चात्य-विचारधाराओं, वादों, आन्दोलनों आदि के बीच से गुजरी हुई पीढ़ी है जिसका विश्व- बोध व्यापक है। यही कारण है कि यहाँ छायावाद, प्रगतिवाद, प्रयोगवाद तथा नयी कविता आदि के आने से पूर्व ही एक पाठकीय मनःस्थिति जन्म ले चुकी थी। नये साहित्य की जो टकराहट प्रगतिवाद तथा परम्परावाद से एक-साथ होती है, उसके मूल में बदली हुई पाठकीय संवेदना का प्रभाव-दबाव है। पुरानी पीढ़ी ने जहाँ रस-सिद्धान्त का खण्डन पाकर इस साहित्य पर प्रहार किए, वहाँ नयी पीढ़ी ने इस साहित्य का जोरदार स्वागत किया है। यह मानना भ्रम है कि यह नयी पीढ़ी, नयी कविता, अकविता, प्रपद्यवाद, आक्रोशी कविता, पोस्टर कविता, युयत्सावादी आदि कविता से घृणा करती रही है। यह कहना ज्यादा सही होगा कि इस नयी काव्य-चेतना में पाठक भी एक अभिन्न हिस्सा रहा है। नये कवि की साधारणीकरण चिन्ता, सम्प्रेषणीयता की चिन्ता, काव्य-भाषा की चिन्ता, उपमान योजना और बिम्ब की चिन्ता, प्रतीक और सह-अनुभूति की चिन्ता, अर्थ-लय तथा नाद-सिद्धान्त की चिन्ता, लघु मानव की चिन्ता के मूल में 'नया पाठक' ही है। अज्ञेय जिसे काव्य-संवेदना के बदलाव से रागात्मक संबंधों की प्रणालियों के बदलाव की बात कहते हैं, उनमें कवि ही नहीं, पाठक भी गहरे स्तर पर जुड़ा हुआ है। नयी कविता को कवि "उनके लिए कहता है जो उसे समझें, जिन्हें वह समझा सके। साधारणीकरण को उसने छोड़ नहीं दिया, पर वह जितनों तक पहुँच सके, उन तक पहुँचता रहकर और आगे जाना चाहता है, उनको छोड़कर नहीं।"[137] नये लेखकों पर विदेशी नकल का आरोप लगाने वाले कहते रहे हैं कि वह सार्त्र और पाउण्ड से अलग निर्णय नहीं ले सकता, जिस भ्रम का पर्दाफाश 'अन्धायुग' तथा 'आत्मजयी' ने किया है। पाठक ने युगीन समस्याओं के प्रति जागरूकता, स्वचेतनता और संक्रमणकालीन ऐतिहासिक अनिवार्यता को गहरे स्तर पर ग्रहण किया है।[138] डॉ. जगदीश गुप्त ने नये कवियों की भावना-दृष्टि को सार-रूप में रखते हुए कहा है कि "क्योंकि मैं कविता के विषय में कवि के निर्णय को ही अन्तिम निर्णय न मानकर श्रोता या पाठक द्वारा उसकी मान्यता को अनिवार्य समझता हूँ। किसी सफल कलाकृति

के लिए 'विधायक कल्पना' को 'ग्राहक कल्पना' के इतने निकट सम्पर्क में ला देना आवश्यक होता है कि बाहर से भीतर की ओर देखने वाला व्यक्ति भीतर से बाहर की ओर व्यक्त हुई भाव वस्तु को उसके यथार्थ रूप में पूरी तरह प्रत्यक्ष कर सके।''[139] नयी कविता का यह बौद्धिक पाठक ही उसका आस्वादक, प्रशंसक, व्याख्याता तथा आलोचक है। आलोचक एक 'आदर्श पाठक' को ही जो कहते हैं—''शमशेर की कविता या समूची नयी कविता को ठीक-ठीक देखने के लिये नयी कविता के प्रतिमान की जरूरत नहीं है, बल्कि कविता के नये प्रतिमानों की जरूरत है।''[140]

डॉ. एफ. आर. लीविस ने रेनेवेलेक को उत्तर देते हुए 'साहित्य समालोचना और दर्शक' निबन्ध में लिखा है, ''काव्य के आलोचक से मेरा तात्पर्य पूर्ण पाठक से है : आदर्श आलोचक आदर्श पाठक होता है।''[141] उस धारणा को डॉ. रघुवंश, डॉ. रामस्वरूप चतुर्वेदी, डॉ. शिवप्रसाद सिंह, डॉ. परमानन्द श्रीवास्तव आदि ने नयी कविता के विवेचन-विश्लेषण में सिद्ध भी किया है। इसी 'आदर्श पाठक' (आयडियल रीडर) को विमसाट ने 'नाटकीय पाठक' कहा है—''काव्य का वास्तविक पाठक बहुत कुछ अन्य पाठक के कन्धे पर झुका हुआ पाठक है, वह नाटकीय पाठक के माध्यम से पढ़ता है। नाटकीय पाठक वह व्यक्ति है जिसे एक कल्पित स्थिति में कविता का सम्पूर्ण स्वर सम्बोधित होता है।''[142] स्वयं टी. एस. इलियट ने काव्य के सामान्य और विशिष्ट पाठक की चर्चा में कहा है कि विशिष्ट पाठक में अपने अनुभवों के वर्गीकरण तथा तुलना की सामर्थ्य होती है। इलियट ने काव्य-ग्रहण के तीन सोपान माने हैं जो मुक्तिबोध के कला-सृजन के तीन क्षणों के पर्याप्त निकट हैं।[143] इस प्रकार देश-विदेश की कविता का मत यही है कि काव्यानुभूति के स्वरूप का निर्णायक काव्य का गृहीता ही है। यही कारण है कि काव्यानुभूति के साथ ही विद्वानों को प्रतिमान के रूप में 'काव्य-पाठक', 'सहृदय', 'सामाजिक', 'रसिक', 'आशंसक', 'आस्वादक', 'भोक्ता' की कल्पना माननी पड़ी है। सारतः यह पाठक देश-विदेश के काव्य का अभिन्न अंग है। प्राच्य और पाश्चात्य चिन्तन में 'पाठक' का समान महत्व भी इसी तथ्य की पुष्टि करता है।

नये मानदण्डों की खोज

(1) लघुमानव-सिद्धान्त—नये साहित्य ने नये मानव को केन्द्र में रखते हुए नये प्रश्नों को पारिभाषित करने का प्रयास किया है। तभी यह प्रश्न उठाया है कि यह व्यक्ति कौन है—महामानव, आदर्श मानव, व्यक्ति मानव या लघुमानव। प्राचीन साहित्य के 'महामानव' का संसार टूट कर यहाँ बिखर गया। त्रासदी अब भाग्य की न हो कर व्यक्ति की होने लगी। इसी अस्तित्ववादी दर्शन की

कोख से नयी कविता में 'लघुमानव' का जन्म हुआ। मुक्तिबोध इस 'लघुमानव सिद्धान्त' को पूँजीवादी प्रतिक्रियावादी अमरीकी शीतयुद्ध की उपज मानते हैं—पराजय का यह दर्शन उन्हें अमान्य है।[144] वे जनसाधारण की शक्ति में विश्वास रखते हुए लक्ष्मीकान्त वर्मा पर व्यंग्य करते हैं। 'अब लघुमानव के सिद्धान्त' पर आइये। हम सब जनसाधारण नहीं, लघुमानव हैं। क्यों, इसलिए कि आदर्शों ने हमको दगा दिया है, छला है, प्रवंचना की है।[145]

श्री लक्ष्मीकान्त वर्मा ने 'मानव-वैशिष्ट्य' के सहारे 'लघुमानव' का सिद्धान्त गढ़ा है। इस "लघुमानव का सम्पूर्ण अस्तित्व आत्महीनता से नहीं, आत्मनिष्ठा से उद्भूत होता है। और घोर से घोर निराशावादी स्थिति में भी वह विशिष्ट मानव के सन्दर्भ में मानव-विशिष्टता को प्रस्तुत करता है।"[146] यह 'लघुमानव' उन्हें 'समस्त मानव आत्मा का लघुतम आत्म-बोध' दृष्टिगत होता है। यह 'लघुमानव' प्रगतिवादी 'खोखले-मानव' और पन्त जी के 'नपुंसक महामानव' से अलग नये मानव का प्रतीक है। लघुमानव की यह धारणा मानती है, "मानव अस्तित्व ही एक 'पाप' या 'सिन' से विकसित हुआ है। और मानव मात्र एक अभिशप्त कीट है।"[147] उस प्रकार यह सिद्धान्त 'पेरेसाइट दर्शन' की उपज लगता है। स्वयं इसका संकेत लक्ष्मीकान्त वर्मा ने यह कर दिया है कि लघुमानव 'एक पराजित पीढ़ी का नया चिन्तन दर्शन है।'[148]

'लघुमानव' का यही चिन्तन विजयदेव नारायण साही में 'लघु और महत् का सम्मिलन प्रतीकात्मक स्तर पर होता है।" के रूप में मौजूद है।[149] स्वयं डॉ. जगदीश गुप्त इसी सिद्धान्त के पक्षधर हैं।[150] फिर भी उसकी लघुता के निरन्तर गुणगान का खण्डन करते हैं।[151] स्वयं डॉ. रघुवंश का झुकाव 'लघुमानव' की ओर है—वे लिखते हैं—"ऐसा नहीं है कि नयी कविता में 'सिनिसिज्म' नहीं है, पर विघटित मूल्यों और विस्थापित व्यक्तित्वों के इस युग में इस प्रकार की आस्थाहीनता और उसका आक्रोश आवश्यक है। नये मूल्यों और नये व्यक्तित्व के संगठन के लिए आधारभूमि है।"[152] इस प्रकार यह चिन्तन पश्चिम के मध्यवर्गीय बुर्जुआ चिन्तन को प्रश्रय देता है एवं व्यक्तिवादी तथा वैयक्तिकतावादी है। इसी चिन्तन को डॉ. धर्मवीर भारती ने 'मानव मूल्य और साहित्य' में वैयक्तिकतावादी मूल्यों के नाम पर प्रस्तुत किया है। वास्तव में यह सब 'दि क्राइसिस आफ दि ह्यूमन पर्सन' का स्वीकृति-चक्र है।[153] पश्चिम में बर्डेव, केस्लर, बूवर आदि इसी 'लघुमानव' की चर्चा करते रहे हैं जो विचारों के एक खास रूप को लेकर हिन्दी में प्रवेश पा गया है। स्वयं भारती ने बर्डेव से लम्बी-लम्बी व्याख्याएँ प्रस्तुत की हैं। वास्तव में यह विचारधारा ही अनास्थावादी अस्तित्वाद की सीधी छाप का संकेत है। ऐसी स्थिति में कवि मुक्तिबोध का इसे मानव-

विरोधी दृष्टि कहना उचित ही है।[154] यह लघुमानव पश्चिम से फेंका हुआ पराजित पीढ़ी का भूत है।

आधुनिकता तथा परम्परा

आधुनिकता मूल्य है या दृष्टि—इस प्रश्न को लेकर प्रगतिवाद से ही गहरा विवाद उठ खड़ा हुआ था। डॉ. नगेन्द्र ने माना है कि "आधुनिकता की धारणा मूलतः ऐतिहासिक चेतना ही है। आधुनिक दृष्टि मध्ययुगीन और प्राचीन की अपेक्षा इसीलिए भिन्न है कि इसमें इतिहास-बोध की प्रधानता है, अर्थात् वह अपने पर्यावरण के प्रति निश्चय ही सजग है।"[155] इसी दृष्टि से सोचते-सोचते वे अन्तर्मुखी चिन्तकों के 'अस्तित्ववाद' और बहिर्मुखी चिन्तकों के 'निराशावादी वैज्ञानिक मानववाद' तक बढ़कर पश्चिम के नवीनतम स्रोतों को छानने लगते हैं। इस विचार-मन्थन के पश्चात् वे इस निष्कर्ष पर पहुँचते हैं कि आधुनिकता मूल्य नहीं है— विधि है। उनके शब्दों में "आधुनिकता की चेतना जीवन की भाँति साहित्य-सर्जना की विधि का ही अंग है और यह चेतना जितनी प्रच्छन्न तथा अन्तर्व्याप्त रहेगी, उतनी ही उपयोगी होगी। फिर भी, वह विधि ही रहेगी और विधि के रूप में इसका अपना महत्व भी रहेगा—सच्चे अर्थ में मूल्य वह नहीं बन सकती, अर्थात् उसके आधार पर ही साहित्य के स्वरूप और गुण का निर्णय करना उचित नहीं है।"[156]

प्रगतिवाद, प्रयोगवाद तथा नयी कविता के कवियों, आलोचकों ने आधुनिकता पर बड़ी-बड़ी बहसें की हैं, किन्तु यह सत्य है कि वे डॉ. नगेन्द्र के मत से आगे नहीं बढ़ सके हैं। आधुनिकता के इस हुल्लड़ से नयी आलोचना को गिरिजाकुमार माथुर तथा लक्ष्मीकान्त वर्मा ने सर्वाधिक प्रभावित करना चाहा है और ये दोनों ही कवि-आलोचक आधुनिकता को विधि न मानकर मूल्य मानने की वकालत करते रहे हैं। इस प्रकार प्रयोगवादी समीक्षकों ने प्रायः आधुनिकता को काव्य-मूल्य घोषित किया है।

श्री लक्ष्मीकान्त वर्मा ने 'आधुनिकता और समसामयिकता' नामक निबन्ध में मानव स्वाभिमान (ह्यूमन डिग्निटी) और मानव को मानव (मैन एज मैन) के आधार पर कहा है कि "आधुनिकता वास्तव में देश-काल के बोध का परिचायक है। अपनी प्रकृति में आधुनिकता मानव प्रगति द्वारा जोड़े गये जीवन के नये अर्थ और नये परिवेश की स्वीकृति है।"[157] क्योंकि उनकी दृष्टि में ज्ञान-विज्ञान से हुई मानव प्रगति ही आधुनिकता का विशेष गुण है। इसी दृष्टि से वह समग्र मानव इतिहास को देखकर बौद्धिकता से मानव-बिम्ब का निर्णय करती हैं। वे इस आधुनिकता को ग्रहण करने के लिए अनेक शर्तें भी लगाते हैं—जैसे यह दृष्टि "मानव सापेक्ष्य हो जो मानव-नैतिकता, मर्यादा तथा आचरण

को नया मोड़ दे।''[158] आधुनिकता के गतिशील तत्त्व का नया नाम है 'वैज्ञानिकता', जो प्रयोग को माध्यम मानकर सत्य का आत्म-साक्षात्कार करना चाहती है। इस प्रकार 'प्रयोगवाद' की सभी सैद्धान्तिक मान्यताओं का समग्र नाम ही आधुनिकता का पर्याय बन जाता है। यह दृष्टि जीवन के प्रति परम्परावादी तथा आध्यात्मिक दृष्टि से अलग लक्ष्य रखती है। वर्मा जी बड़ी चिन्ता के साथ यहाँ प्रगतिवाद या साम्यवाद की निन्दा करते हैं और व्यक्तिवाद को दृढ़ता से आधुनिकता के नाम पर विवेचित करते रहते हैं। 'आधुनिकता कुछ विचार-सूत्र' नामक सैद्धान्तिक निबन्ध में इसी दृष्टिकोण का विस्तार है।[159] यहाँ वे अपनी आधुनिकता संबंधी धारणा में थोड़ा परिवर्तन करते हैं और मानते हैं कि ''आधुनिकता हमें मूल्यों के प्रति सचेत करती है किन्तु स्वयं मूल्य नहीं है।''[160] यहाँ आधुनिकता गति की द्योतक है—काल की नहीं। इस प्रकार वे आधुनिकता को समसामयिकता मानते हुए मानववादी व्याख्याएँ देने में सक्रिय हो जाते हैं एवं उन्हें विरोधाभासों (कंट्राडिक्शन) में सामंजस्य (रिकन्सिलिएशन) की खोज प्रतीत होने लगती है।

श्री गिरिजाकुमार माथुर 'आधुनिकता की प्रक्रिया' नामक निबन्ध[161] में कहते हैं—''पर आधुनिकता का अर्थ मात्र समसामयिकता अथवा बाह्याकार की नवीनता नहीं है। आधुनिकता अधिक आन्तरिक एवं मूल्यगत भाव है। उसका एक पक्ष दीर्घकालीन सांस्कृतिक विकास से संबंधित है।''[162] वे इस अर्थ में 'आधुनिकता' को 'नव्यता' का पर्याय नहीं मानते हैं। क्योंकि ''आधुनिकता परिवर्तित भाव-बोध की वह स्थिति है जिसका प्रादुर्भाव यांत्रिक तथा वैज्ञानिक विकासक्रम के वर्तमान बिन्दु पर आकर हुआ है।''[163] द्वितीय विश्वयुद्ध के बाद विश्व में एक तात्विक संक्रमण उत्पन्न हुआ जिसमें सांस्कृतिक मूल्यों का विघटन प्रमुख है। इसे ही वे आधुनिकता का परिवेशीय स्तर कहते हैं।

आधुनिकता का दूसरा स्वर भाव-क्षेत्र से संबंधित है जो तात्विक आघात से उत्पन्न आधुनिक भाव-बोध का स्तर है जिसमें सभी पूर्ववर्ती मान्यताएँ बह गई हैं। सुदृढ़ आस्थाओं का स्थान पर अवसाद, भय, आशंका, संशय, अनिश्चय, क्षोभ, आक्रोश, विडम्बना से मानव-मन आक्रान्त हो गया है। वास्तव में माथुर साहब की यह दृष्टि पूरी तरह अस्तित्ववादी आधुनिकता की पश्चिमी दृष्टि है। आधुनिकता की तीसरी स्थिति का एक दार्शनिक पक्ष है जिसमें वृत्तियाँ अन्तर्मुखी होती चली गई हैं एवं आत्मनिष्ठ दृष्टियों का विकास हुआ है। 'अकविता' का सम्पूर्ण विद्रूपता-विसंगति-विडम्बना वाला दर्शन इसी निराशावादी मानववाद से हिन्दी में उपजा है।

श्री विपिन कुमार अग्रवाल ने ठीक कहा है कि आधुनिकता का सम्पूर्ण

चिन्तन पश्चिम से इधर हिन्दी में ढोया गया है और आधुनिकता शब्द स्वयं मार्डनिटी का सीधा अनुवाद है। यह मूलतः एक घटित घटना का मूल है।[164] डॉ. भारती का कहना है कि आधुनिकता का जन्म हमारी स्थितियों से हुआ है, "विज्ञान के उदय ने पुरानी मान्यताओं के समक्ष गहरे प्रश्न-चिह्न लगा दिए और मनुष्य पहले जिन धर्मग्रन्थों में प्रणीत नियमों या आचार-विधानों को अन्तरआत्मा की आधारभूमि मानता था, वे धीरे-धीरे निरर्थक सिद्ध हो चुके थे।"[165] अंधेरी गुफाओं और कुंठाओं से त्रस्त मानव आत्मकेन्द्रित हो गया। इसीलिए डॉ. मदान ने आधुनिकता की प्रक्रिया में प्रश्न-चिह्न की निरन्तरता का संकेत दिया है।[166] क्योंकि विश्व भर का मानव आज अस्तित्व के संकट को झेल रहा है, निरर्थकता को ढो रहा है।[167] नये अनुभवों की कटु-तिक्त-मधुर चेतना का असर साहित्य-सृजन पर पड़ता है—"साहित्य का सृजन शून्य में नहीं होता, उसका एक ऐतिहासिक परिवेश होता है जो तत्कालीन विचारकों तथा कलाकारों की रचनात्मक प्रक्रिया से घनिष्ठ रूप से सम्बद्ध रहता है।"[168] इसी अर्थ-सन्दर्भ में जीवन तथा आधुनिकता का पूर्वापर संबंध मान्य है। इसी अर्थ में आधुनिकता का सन्दर्भ वे भाषिक चेतना से भी जोड़ते हैं क्योंकि आज के काव्य-बोध को समझने—मर्म ग्रहण करने के लिए काव्य-भाषा का उपादान ही एकमात्र विश्वसनीय माध्यम रह गया है[169] "क्योंकि सच्ची कविता सरलीकरण नहीं होती, उसमें कवि निहित तनावों और विरोधाभासों या अन्तर्विरोधों के साथ प्रतिबद्ध रहता है।"[170] यही कारण है कि आधुनिकता नये जीवन की प्रतिबद्धता का नाम है। रचनाकार यदि आधुनिकता को ओढ़ता है तो अपनी सृजन-शक्ति की प्रचण्डता को खो देता है और यदि जीता है तो आधुनिकता रचना का अर्थ-तनाव-तत्व है।[171] अनुभवों के बहु-आयामी तथा बहुस्तरीय हो जाने से रचनाकार यथार्थ को बिल्कुल भिन्न, परम्परा से अलग अर्थ में ग्रहण करता है।[172]

इस चिन्तन परम्परा से अलग डॉ. रमेश कुन्तल मेघ ने 'आधुनिकता' के एक नवीन परिप्रेक्ष्य का उद्‌घाटन किया है। 'आधुनिक बोध और आधुनिकीकरण' नामक पुस्तक में माना है कि "सूत्र रूप में 'आधुनिकता' को समाज-संस्कृति की समूहालंबनात्मक विचार-विधि माना जा सकता है—जो विशिष्ट राष्ट्रीय 'संस्कृति' में उभरती है।"[173] इसका प्रतिरोपण नहीं होता—इसमें समाज तथा सामाजिक संबंधों, संघर्षों के बदलाव की विचारपरक दिशाएँ मिलती हैं। समाज को परिवर्तित करने वाले आधुनिकीकरण से तथा समाज-संस्कृति की आधुनिकता के संघात से 'आधुनिक भाव-बोध' का आविर्भाव होता है। इस प्रकार डॉ. मेघ आधुनिकता की व्याख्या अस्तित्ववादियों—रूपवादियों, क्षणवादियों, निराशावादी, मानववादी विचारकों की भाँति न करके मार्क्सवादी

दृष्टि की आस्था से करते हैं। पश्चिमी चिन्तन की इस अनास्थापरक आधुनिकता की तुलना में डॉ. मेघ की 'आधुनिकता' संबंधी धारणा ही जनसाधारण को शक्ति देती है। वे पश्चिमी आधुनिकता की विविधता की चर्चा भी इसीलिए विस्तार से करते हैं।

पश्चिम में भी आधुनिकता की चर्चा बहसों-विवादों के बीच रही है और वहाँ भी कोई सर्वमान्य निष्कर्ष नहीं मिल पाया है। श्री जी. युंग ने अतीत के निषेध को आधुनिकता की अनिवार्य शर्त माना है।[174] कवि चिन्तक स्टीफेन स्टेण्डर ने आधुनिकता का मूल स्त्रोत स्वचेतना के अन्तर्विरोध को माना है।[175] यही ध्वनि—डॉ. रामस्वरूप चतुर्वेदी तथा गिरिजाकुमार माथुर में व्याप्त है। प्रायः हिन्दी का आधुनिकतावादी चिन्तन, यास्पर्स, हेडेगर, किर्केगार्द के अस्तित्ववादी चिन्तन की व्याख्या है।

नयी समीक्षा के सभी समीक्षकों ने परम्परा शब्द के साथ प्रयोग, प्रगति और आधुनिकता को इलियट के निबन्ध 'परम्परा और व्यक्तिगत प्रतिभा' के आधार पर ही विवेचित-विश्लेषित किया है। अज्ञेय ने 'त्रिशंकु' में इसी आधार पर 'रूढ़ि और मौलिकता' नामक निबन्ध में सैद्धान्तिक स्थापनाएँ की हैं। विदेशी संकेतों ने हिन्दी के नये समीक्षकों ने भी परम्परा को एक 'ऐतिहासिक चेतना' के रूप में विवेचित-विश्लेषित करने का अनवरत प्रयास किया है। परम्परा के सही ज्ञान से ही नया विवेक विकसित करना चाहा है। परम्परा को समझने-समझाने में समसामयिकता तथा आधुनिकता को प्रक्रिया के रूप में ग्रहण भी किया है। नरेश मेहता के इस कथन का तीव्र विरोध किया गया है कि 'परम्परा' एक 'रीति' होती है।[176] लक्ष्मीकान्त वर्मा ने लिखा है—"इतिहास का उतना ही अंश परम्परा बन पाता है, जितना जीवन्त होता है और मानव विकास के साथ विकासोन्मुख रहता है।"[177] इस दृष्टि से परम्परा को थाहना पड़ता है। उसे तोड़कर नया विवेक विकसित करना पड़ता है।

परम्परा पर नये ढंग से सोचते हुए श्री नेमिचन्द्र जैन ने कहा है कि अनुभूति और सहानुभूति के स्वरूप और स्तर में इस परिवर्तन के अनुरूप ही परम्परा के साथ साहित्यकार के संबंध में भी आज एक नया संघात दृष्टिगोचर होता है।[178] युग की भाव-दशा और बौद्धिक मान्यताओं के साथ सांस्कृतिक परम्परा का संबंध सर्वथा आत्यन्तिक और भौतिक है जो नाना रूपों और प्रकारों में नवीन साहित्यिक चेतना में अभिव्यक्त होता रहता है। जब भी कोई नवीन साहित्य-प्रवृत्ति जन्म लेती है तो वह परम्परा के साथ सामंजस्य खोजती है और समूची सृजन-प्रक्रिया को इस प्रकार एक नया संस्कार मिलता है। क्योंकि परम्परा के साथ अपने मौलिक संबंध के कारण अभिरुचि तथा नये मूल्यों को गहराई

और सार्थकता प्राप्त होती है, उसी प्रकार नये भाव-सत्यों और बौद्धिक आलोड़न के साथ संघात के फलस्वरूप परम्परा में एक नई, चमत्कारिक और अनूठी अर्थवत्ता उत्पन्न होती है। परम्परा के प्रति नया दृष्टिकोण इतिहास तथा बौद्धिक उपलब्धियों को नई आलोचनात्मक दृष्टि से देखने पर बल देता है। इसी आधार से लोक-जीवन एवं लोक-चेतना का साक्षात्कार होता है।[179] अतः साहित्यकार का सौन्दर्य-बोध तथा भाव-बोध परम्परा से नियमित-सम्पादित-संस्कारित होता चलता है। उसी के भीतर से नया शिल्प तथा अभिव्यक्ति के नये विधान फूटते हैं। नये मूल्यों की अभिव्यक्ति पहले-पहल शिल्प के रूप में ही प्रस्फुटित होती है। पर यह सच है—परम्परा की ध्वजा को उठाने वाले सभी योद्धा ही नहीं होते, शिखण्डी भी होते हैं। समग्र अनुभूति के लिए परम्परा की समान अवधारणा एक ऐतिहासिक बोध में बंधकर आती है। इस प्रकार आधुनिकता के चक्कर में परम्परा को छोड़ देना धुरी से कट जाना होता है।[180] इसीलिए डॉ. रामस्वरूप चतुर्वेदी मानते हैं कि मौलिकता और प्रयोग के लिए परम्परा की स्थिति आवश्यक है—उससे विद्रोह करने के लिए भी और उसका उपयोग करने के लिए भी। रचनाकार के लिए तो भाषा की भी एक परम्परा है।[181] स्वयं पश्चिम के सभी नये समीक्षक 'परम्परा' का विश्लेषण करते रहे हैं। इलियट, एफ. आर. लीविस, एम्पसन, पाल वेलेरी, रेनेवेलेक-विमसाट आदि सभी ने समसामयिक तथा प्राचीन परम्परा का मूल्यांकन किया है। पश्चिमी नयी समीक्षा की भाँति ही नयी समीक्षा के समीक्षक भी अपनी परम्परा को चाहते-खोजते-परखते हैं।

अनुभूति की प्रामाणिकता

नवीन अनुभूति अपने साथ नवीन रूप, शैलियों तथा नवीन अभिव्यक्तियों को लाती है। इसी के भीतर सृजनात्मकता के नये मानदण्ड भी विकसित होते हैं। परम्परा के साथ समकालीन का संघात नयी अनुभूतियाँ विकसित करता है। इसीलिए हिन्दी की नयी समीक्षा में 'अनुभूति की प्रामाणिकता' और 'प्रामाणिक अनुभूति' का सवाल कई स्तरों-रूपों से उठा है। छायावादी स्वानुभूति तथा नये साहित्य की अनुभूति को अनेक ढंगों से मार्क्सवादी तथा नयी समीक्षा के समीक्षक विश्लेषित-विवेचित करते रहे हैं। नये साहित्य के नये युग-बोध में यह सवाल उठना सही भी था कि 'अनुभूति की प्रामाणिकता' को काव्य-मूल्य के रूप में ग्रहण करने से पूर्व उसकी गहरी छान-बीन की जाए। 'आत्मपरक अनुभूति की व्यक्तिपरकता' तथा 'वस्तुनिष्ठ अनुभूति की सामाजिकता' को नये सन्दर्भों-आयामों में समझा जाए। क्योंकि "अनुभूति को कविता के मूल में स्थापित करते ही पहली समस्या काव्यानुभूति की माप की उठती है।"[182] क्योंकि

"आज की कविता में उक्त सामंजस्य से अधिक द्वन्द्व ही है। इसलिए उसके भीतर तनाव या घिराव का वातावरण है।"[183] इस तनाव-घिराव के कारण ही डॉ. जगदीश गुप्त इस कविता को 'सह-अनुभूति' की कविता मानते हैं।[184] यह सह-अनुभूति कवि से परम्परागत कवि-कर्म की मांग न करके नये ढंग की मांगों का विस्तारण-प्रसारण करती है। 'अनुभूति की जटिलता और तनाव' के कारण नया कवि परम्परा से भिन्न होने लगता है। भिन्न होते ही इस अनुभूति की प्रामाणिकता-अप्रामाणिकता को खोजा-समझा जाने लगता है। अज्ञेय के काव्य-संकलन (हरी घास पर क्षण भर) को समीक्षक प्रभाकर का माचवे ने 'प्रामाणिक अनुभूति' का काव्य कहा है। क्योंकि कवि इसमें 'भावुकता का प्रदर्शन नहीं' करता है। बाद में श्री माचवे ने ही रघुवीर सहाय की कविताओं की समीक्षा में 'कवि-कर्म की ईमानदारी' पर बड़ा जोर दिया। स्वयं 'एक साहित्यिक डायरी' के लेखों में कवि-आलोचक—मुक्तिबोध 'कवि-कर्म की ईमानदारी' पर विस्तार से चर्चा करते रहे। साथ ही यह भी कहा—ईमानदारी में वे कवि की 'आनेस्टी' तथा 'सिन्सियारिटी' दोनों को मिला हुआ मानते हैं। इस प्रकार 'ईमानदारी' काव्य-प्रतिमान के रूप में जोर पकड़ती गई। 'लघुमानव के बहाने हिन्दी कविता पर एक बहस' तथा शमशेर की 'काव्यानुभूति की बनावट' नामक निबन्धों ने इस बहस को एकदम नयी धार दी है।

श्री नेमिचन्द्र जैन ने स्पष्ट रूप से 'अनुभूति की प्रामाणिकता' नामक निबन्ध में इस बहस को प्रखर कर दिया।[185] क्योंकि आधुनिक जीवन की जटिलता ने काव्य के मूल्यांकन को भी जटिल बना दिया है। तो "जहाँ तक साहित्य की अपनी निजी शक्ति का प्रश्न है—सबसे पहला तत्त्व है साहित्यकार की अनुभूति, उस अनुभूति की सच्चाई और गहराई, समस्त कलात्मक सर्जन की प्रभावोत्पादक व्यापकता का मूल, उसकी भावात्मकता का स्त्रोत, अनुभूति में है।"[186] अतः जो अनुभूत नहीं है, वह साहित्य का विषय नहीं है। यह अनुभूति जितनी ही सच्ची-खरी-गहरी होगी, साहित्यकार में व्यापकता और गहराई उतनी ही अधिक होगी। डॉ. नामवर सिंह ने इसी प्रतिमान से 'इतिहास और आलोचना' नामक अपनी पुस्तक में 'व्यापकता और गहराई' निबन्ध के अन्तर्गत प्रेमचन्द को प्रथम श्रेणी का सर्जक घोषित किया है। अर्थात् प्रामाणिक अनुभूति का तात्पर्य है जीवन की वास्तविकता की अनुभूति। चूँकि आज वास्तविकता की खोज सरल नहीं है तो 'अनुभूति की प्रामाणिकता' की पहचान भी सरल नहीं रही है। स्वयं श्री माचवे में 'प्रामाणिकता' या अनुभूति की गहराई बाहरी आग्रहों से मुक्त थी।[187]

डॉ. रघुवंश तथा डॉ. रामस्वरूप चतुर्वेदी ने अनुभूति की प्रामाणिकता के प्रश्न को "रचनात्मक अनुभव से जोड़कर कविता में भाषा और संवेदना से जोड़

दिया है। क्योंकि साथ ही भाषा के माध्यम से किसी रचनाकार की प्रामाणिकता को भी परीक्षा अपेक्षया तटस्थ और विश्वसनीय ढंग से की जा सकती है।''[188]

वास्तव में 'अनुभूति की प्रामाणिकता' का सवाल इतने ज्वलन्त रूप में इसलिए भी उठा था क्योंकि छद्म अनुभूतियाँ खरी अनुभूतियों को निगलने में लगी थीं। इसलिए एक बौद्धिक संगठन से अनुभूति को परखने का समाज-निरपेक्ष तथा समाज-सापेक्ष अनुभूति को समझने का तरीका निकाला गया और 'अनुभूति की अद्वितीयता' वाले समाज-निरपेक्ष—चिन्तन पर प्रहार किए गए। रघुवीर सहाय ने इसीलिए ईमानदारी को तटस्थ बौद्धिक विवेक का रूप माना है। इस प्रकार 'ईमानदारी' सही और गलत 'समझ' का दूसरा पर्याय हो गई। मुक्तिबोध ने 'कलाकार की व्यक्तिगत ईमानदारी' को सामाज़िक ईमानदारी समझा है और अज्ञेयीय परम्परा में लक्ष्मीकान्त वर्मा, गिरिजाकुमार माथुर आदि ने वैयक्तिकतावादी दृष्टिकोण से समझा है। लक्ष्मीकान्त वर्मा के इसी आग्रह ने 'क्षण की अनुभूति' का नारा भी बुलन्द किया है। जीवन की विसंगति को ही 'लघुमानव-सिद्धान्त' से आज की वास्तविकता मान लिया है।[189]

मूलतः यह समस्त चिन्तन इलियट तथा रिचर्ड्स तथा एफ. आर. लीविस के नयी समीक्षा-सूत्रों से प्रेरित है। इलियट ने स्वचेतना की चर्चा की है और एफ.आर. लीविस ने 'सच्चाई तथा ईमानदारी'—'रियलिटी एंड सिन्सीयारिटी' नामक निबन्ध में इन दोनों शब्दों को एक ही सिक्के के दो पहलू माना है। हिन्दी में नामवर सिंह, नेमिचन्द्र जैन, प्रभाकर माचवे आदि पर यही प्रभाव देखा जा सकता है। काव्यगत वास्तविकता को पकड़ने के लिए विमसाट वियर्डस्ले द्वारा निरूपित अभिप्रायपरक हेत्वाभास (इंटेशनल फैलेसी) तथा भावात्मक हेत्वाभास (इफैक्टिव फैलेसी) ने भी डॉ. रघुवंश तथा डॉ. चतुर्वेदी को भीतर से प्रेरित किया है। पाल वेलेरी की भाषा-दृष्टि ने डॉ. चतुर्वेदी को काव्य-भाषा प्रतिमान की ही मानों नई दृष्टि दी है।[1] इलियट तथा रिचर्ड्स स्वयं अपनी आलोचना में 'इंटेग्रटी', 'सिन्सियरिटी', 'आनेस्टी', 'एंथांटिसिटी', 'जीन्यूननेस', इमोशनलरिमलिटी' आदि पर जोर देते रहे हैं। उन्हीं के अनुवाद और अर्थों ने हिन्दी-समीक्षा में नये प्रतिमानों की यह शब्दावली विकसित की है। इलियट ने जिस 'ईमानदारी' की चर्चा की है,—उसमें कलावादी—साहित्यवादी—मूल्य-दृष्टि प्रमुख है, उन्होंने एक प्रकार से सामाजिक-प्रतिबद्धता की समाजवादी दृष्टि से अपने को लगातार बचाया है। थोड़ी दूर चलकर जैसे इलियट बिम्बवाद, प्रतीकवाद और अस्तित्ववाद के प्रभाव में आ गए, ऐसी ही नयी समीक्षा के ये चिन्तक अस्तित्ववादी-प्रतीकवादी चिन्तन से शुद्ध काव्य की खोज करते रहे। इन्होंने वैयक्तिक मूल्यों को ही प्रश्रय दिया है। जिस प्रकार पश्चिम की नयी समीक्षा साहित्यिक प्रतिमानों से कलाकार

की ईमानदारी परखती रही है, वही दृष्टि अज्ञेय, भारती, रघुवंश, माथुर तथा लक्ष्मीकान्त वर्मा अपनाते हैं। स्वयं आई. ए. रिचर्ड्स समय, संवेग तथा कल्पना की ईमानदारी से आगे नहीं बढ़े हैं।[1] रिचर्ड्स ने कला की ईमानदारी तथा गैरईमानदारी को भी 'अनुभूति की प्रामाणिकता' के नाम पर ही उठाया है।[190] जीवनानुभव और सौन्दर्यानुभूति के बीच बढ़ती हुई खाई को कम करने के लिए वे कलावादी-चिन्तकों से सहमत नहीं हुए। उन्होंने ब्रेडले की 'पोयट्री फार पोयट्री सेक' दृष्टि का खण्डन करते हुए जगत से काव्य का संबंध जोड़ा है। कला की इन सन्तुलित मान्यताओं को मुक्तिबोध, नेमिचन्द्र जैन, प्रभाकर माचवे आदि में पाया जा सकता है। सूजन लैंगर ने कलावादी तथा प्रकृतिवादियों के अतिवाद को खण्डित करते हुए बीच का रास्ता निकाला था कि कलानुभव को दैनिक जीवन के अनुभवों से अलग मानना गलत है।[191] इस तरह के विचारों का साम्य श्री नेमिचन्द्र जैन की 'अनुभूति की प्रामाणिकता' निबन्ध में बहुत है। टी. एस. इलियट ने जिस कलात्मक भाव-बोध का आध्यात्मिक परिज्ञान में विस्तार आवश्यक माना है, उसी का विस्तार अज्ञेय, जगदीश गुप्त तथा डॉ. रामस्वरूप चतुर्वेदी का चिन्तन है। काव्यानुभूति को आध्यात्मिक-अनुभूति से भिन्न मानने का आग्रह ज्याक-मारितें का रहा है, जिसका प्रभाव भी नयी समीक्षा की 'अनुभूति' चिन्तन पर है। पश्चिम में सैद्धान्तिक-चिन्तन-अनुभूति से ज्यादा कवि की ईमानदारी की ओर प्रवृत्त रहा है, किन्तु हिन्दी की नयी समीक्षा का चिन्तन ईमानदारी और अनुभूति दोनों को महत्व देकर बढ़ा है। इस प्रकार पश्चिमी प्रभाव होने पर भी इसमें हमारे अपने चिन्तन का ही सैद्धान्तिक विस्तार अधिक हुआ है। पश्चिमी ढंग की विसंगति और विडम्बना को काव्य-मूल्य के रूप में हिन्दी-समीक्षक कभी भी स्वीकार नहीं कर पाया है। साही जैसे कुछ समीक्षक ही 'मालार्भीय विडम्बना' के साथ रहे हैं, बाकी सभी ने अपनी परिस्थितियों के अनुसार ही नयी मूल्य-दृष्टि विकसित की है। ''विसंगति तथा विडम्बना का प्रयोग करने पर भी यह क्लियन्थ ब्रुक्स तथा केनेथ बर्क के ढंग का प्रयोग या सैद्धान्तिक अनुचिन्तान नहीं है। उस चिन्तन की एक ऊपरी लहर से ही हिन्दी-जगत में नयी समीक्षा आन्दोलित है।

व्यक्ति-स्वातंत्र्य बनाम सामाजिक दायित्व

छायावाद-प्रगतिवाद ने कलाकार की स्वतन्त्रता पर स्वच्छन्दतावाद तथा मार्क्सवाद की पद्धतियों से विचार किया है। यह विचारधारा यहाँ आकर एक नया रूप धारण कर लेती है। प्रयोगवादी कविता में व्यक्तिवादी तत्वों का रूप 'नये रीतिवाद' का रूप धारण करके प्रकट हुआ एवं रचनाकार की अहंवादी-प्रवृत्तियों को विस्तार से प्रस्तुत किया जाने लगा। परिणामतः इस युग की

समीक्षा-दृष्टि में भी यह दृष्टि प्रबल होती गई है।

श्री लक्ष्मीकान्त वर्मा ने 'आधुनिक काव्य की व्यक्तिवादी प्रवृत्तियों और उनकी पृष्ठभूमि' का विश्लेषण एक खास बौद्धिकता से विवेचित किया है। उनका विचार है कि "एक ओर व्यापक जीवन की आस्थाएँ एक सामूहिक चेतना को प्रेरणा दे रही हैं, दूसरी ओर व्यक्ति की अन्तर्मुखी चेतना उसके व्यक्ति-कृति में समा जाना चाहती है। व्यक्तिवादी अहं (पर्सनल ईगो) समाज के 'सामूहिक अहं' (सोशल ईगो) से समन्वय स्थापित करने के प्रयास में जीवन के तथाकथित सत्यों को नये माध्यम से देखने की चेष्टा करता है।[192] परम्परागत समाज और मूल्यों के टूट जाने के कारण रूप, शिल्प, वस्तु, विधान और प्रबन्ध सभी में वह फूल की पंखुरियों को सार्वजनिक दृष्टि से न देखकर अपने व्यक्तिगत दृष्टिकोण से देखता है—उसके लिए अपना दुःख ही दुःख है और अपना सुख ही सुख है, वह उससे आगे देखने की क्षमता को स्वीकार नहीं कर पाता।"[193] इस प्रकार कलाकार में व्यक्ति बद्धता ही कार्य करती है। वास्तव में ये नयी प्रवृत्तियाँ—जिनमें वैयक्तिक स्वातन्त्र्य की समाज-निरपेक्ष धारणा के बीज निहित हैं, पाश्चात्य चिन्तन की देन है। प्रथम विश्व युद्ध तथा द्वितीय विश्व युद्ध के बीज यह व्यक्तिवाद पनपाता रहा। इसके बीज वाल्टह्विटमैन, एजरा पाउण्ड, टी. एस. इलियट, डब्ल्यू. एच. आडेन, डी. एच. लारेन्स और लिण्डसे में प्रधान रूप से हैं। स्वयं अज्ञेय जी में ये बीज यहीं से आकर अंकुरित होते हैं। दो युद्धों के बाद अनास्था की भूमि में रोमाण्टिक कवियों का भाववाद रहस्यवाद जीवन की तिक्तता के समक्ष डगमगाने लगा एवं साहित्य अति कल्पनावाद से मुक्त हो गया। मौत की छाया साहित्य एवं चिन्तकों पर मंडराने लगी एवं साहित्य तथा समीक्षा में निराशावाद, मृत्युवाद, आतंकवाद आदि मिलने लगा। नीत्से की वाणी को इलियट ने नये ढंग से कहा, "मानव ने ईश्वर का सहारा छोड़ दिया। इसलिए नहीं कि वह दूसरा ईश्वर ढूंढने वाला है—बल्कि इसलिए कि ईश्वर ही न रहे।" यहीं से अहंवाद तथा पलायनवाद पनपता है—जिस चिन्तन ने "मानव विशिष्टता और आत्मविश्वास का आधार' तथा 'अहमवादी प्रवृत्तियाँ और सामाजिक दायित्व' नामक निबन्धों में स्थान पाया है।[194] इस चिन्तन के प्रति जागरूक लक्ष्मीकान्त वर्मा अहंवादी के समाज-निरपेक्ष होने का खण्डन बार-बार करते हैं—किन्तु सच यह है कि वे कलाकार की वैयक्तिक स्वतन्त्रता तथा व्यक्तिबद्धता के समर्थक हैं। उनका यह चिन्तन प्रगतिवाद तथा मुक्तिबोधीय विचारधारा से एकदम भिन्न दिशाओं में चलता है।

लक्ष्मीकान्त वर्मा के इसी चिन्तन का समर्थन डॉ. धर्मवीर भारती ने वैयक्तिकतावादी मूल्यों की वकालत से दिया है। भारती ने व्यक्ति-मुक्ति को

दृष्टिबद्ध करते हुए कहा—"नये प्रसंग में वैयक्तिकता की, स्वतन्त्रता की माँग करना, प्रगति-स्वतन्त्रता की माँग करना है।"[195] इस वैयक्तिक स्वतन्त्रता का अर्थ प्रगतिवादी चिन्तकों में डॉ. रामविलास शर्मा ने अराजकतावादी-व्यक्तिवादी प्रतिक्रियावादी मूल्यों का प्रश्रय माना है।[196]

स्वयं डॉ. रामस्वरूप चतुर्वेदी के लिए कलाकार की प्रधान समस्या उसकी कला है—समाज नहीं है। इसलिए अज्ञेय काव्य के विश्लेषण में वे गैररोमाण्टिक दृष्टि की चर्चा करते हैं, साहित्यिक मूल्यों की चर्चा करते हैं—सामाजिक मूल्यों की नहीं।[197] इससे जाहिर है कि साहित्येतर इन मूल्यों को वे नकारते चलते हैं। वास्तव में अज्ञेय जी की सिद्धान्त दृष्टि ने डॉ. रामस्वरूप चतुर्वेदी की चिन्तन-दृष्टि को बेहद प्रभावित किया है। वे स्वयं 'त्रिशंकु' में व्यक्त 'कला का स्वभाव और उद्देश्य' के वैयक्तिकतावादी चिन्तन से ऊपर नहीं उठ पाते हैं।[198] किन्तु डॉ. रघुवंश कलाकार की वैयक्तिक स्वतन्त्रता तथा समाज-सापेक्ष्यता के मध्य एक सन्तुलन स्थापित करना चाहते हैं। "दायित्व और स्वतन्त्रता का अविच्छिन्न मूल्य' नामक निबन्ध में कहते हैं कि हिन्दी-जगत में साहित्यकार के वैयक्तिक स्वातन्त्र्य और सामाजिक-दायित्व की समस्या पर गम्भीर विचार-विनिमय चलता रहा है। इसे वाद-विवाद के रूप में नहीं लिया जा सकता, क्योंकि इन समस्याओं को लेकर भिन्न-भिन्न विचारधाराओं के साहित्यकारों ने ईमानदारी से अपने विचारों को व्यक्त किया है।"[199] इस बात में एक बात रह जाती है कि भिन्न-भिन्न साहित्यकारों की विचारपरक दृष्टि की लक्ष्यबद्धता किधर है और क्यों हैं। क्योंकि प्रतिगामी दृष्टि के कलाकार सामाजिक-दायित्व को न ओढ़कर वैयक्तिक ईमानदारी की कला में कसम खाते हैं। उनकी वैयक्तिक सवतन्त्रता धीरे से खिसक कर समाज-विरोधी चिन्तन में बदल जाती है। इस तरह के कलाकार हीगल, डार्विन और फ्रायड के तर्कों का प्रतिपादन करने लगते हैं कि मानव निरूपाय है और उसके भाग्य को नहीं बदला जा सकता। प्रकारान्तर से वे पूँजीवादी व्यवस्था का समर्थन करते हैं। दूसरी ओर वे कलाकार हैं, जैसे मुक्तिबोध, शमशेर, माचवे, भारतभूषण अग्रवाल, रामविलास शर्मा, रघुवीर सहाय तथा सर्वेश्वर आदि जो मानते हैं कि कला सामाजिक-परिवर्तन का अस्त्र है और हर स्थिति को बदला जा सकता है। इसलिए निराशा, अनास्था तथा पराजय के मूल्यों में उनकी आस्था नहीं है।[200] क्योंकि "नई कविता को प्रभावित करने वाले अस्तित्ववाद से मुख्य टक्कर मार्क्सवाद की थी। नई कविता लिखने वालों में शमशेर बहादुर सिंह तथा मुक्तिबोध दो ऐसे कवि हैं जो मार्क्सवाद से प्रभावित हैं।" वे शेष कवियों को अज्ञेय और किर्केगार्ड की विचारधारा से जोड़ते हैं। अस्तित्ववाद जैसी हानिकारक विचारधारा के हमले ने नयी कविता को पतनशील

मूल्यों के तट पर खड़ा कर दिया।[201] यह अस्तित्ववाद मूलतः ब्रिटिश मानववाद से प्रभावित है—जिसके बीज दार्शनिक बर्कले में हैं। यह दृष्टि आत्मगत तथा वस्तुगत यथार्थ को अलग-अलग मानती है। इनके लिए समाज तथा व्यक्ति विच्छिन्न इकाइयाँ हैं। इस दृष्टि से अस्तित्ववाद पर सामन्तकालीन धार्मिक अन्ध-विश्वासों का गहरा असर है। आत्मनिर्वासन, अवमानवीकरण, अस्मिता का संकट तथा लघुमानव सिद्धान्त उसी का दर्शन है। सार्त्र के 'रोकांते' का दर्शन 'हिन्दी के अधिकांश नई कविता लिखने वालों पर छाया है। ऊब, उबकाई, अकेलापन, बुरे-बुरे सपने, त्रास, आत्महत्या की चाह, संड़ांध का बोध, भीड़ में अजनबीपन का एहसास होने की समस्या से परेशान' होने की दृष्टि इन में पनपी है।[201] गिरिजाकुमार माथुर, लक्ष्मीकान्त वर्मा, राजकमल चौधरी, धूमिल, विजयदेव नारायण साही, कैलाश वाजपेयी आदि का यही हाल है। रोमाण्टिक काव्य की विकृतियाँ ही अस्तित्वाद में रूप बदल कर प्रकट हुई हैं। साथ ही इस चिन्तन में निकोलस, वर्डीव, मार्टिन, लूबर, ग्रेहम ग्रीन आदि सभी वैयक्तिकतावादी (पर्सनलिस्ट) बोल रहे हैं।

इस व्यक्ति और समाज को दायित्व तथा स्वातन्त्र्य से जोड़कर—डॉ. रघुवंश ने उनकी अविच्छिन्नता का मूल्य सिद्धान्त प्रतिपादित किया है जिसमें समाजशास्त्रीय तथा प्रजातांत्रिक मूल्यों को प्रश्रय है और यह चिन्तन हमारे कलाकार को हमारी सांस्कृतिक परम्परा से जोड़ता है।

कला के निर्वैयक्तिकता सिद्धान्त की नयी आलोचना में स्थापना

साधारणीकरण-सिद्धान्त को मान्यता देते हुए इन सभी नये आलोचकों ने उसका विवेचन नवीन दृष्टिकोण से किया है। आचार्य शुक्ल से लेकर डॉ. नगेन्द्र तक साधारणीकरण-सिद्धान्त का चिन्तन काव्य के अनुभूति तत्व के साथ जुड़कर मनोविज्ञान के परिप्रेक्ष्य में हुआ। किन्तु प्रयोगवाद तथा नयी कविता के युग में अज्ञेय जी ने साधारणीकरण चिन्तन को काव्य-माध्यम तथा कवि-कर्म के सम्प्रेषण व्यापार से जोड़ दिया है। अज्ञेय जी ने 'वैयक्तिक अनुभूति' को 'कलात्मक अनुभूति' में ढालने की काव्य-सृजन-प्रक्रिया का पश्चिमी नयी समीक्षकों के सिद्धान्तों से उत्तर दिया है। अज्ञेय ने 'भोगने वाले प्राणी' तथा 'रचने वाले प्राणी' के अलगाव को बताते हुए कहा—"कला के भाव व्यक्तित्व से परे होते हैं, निर्वैयक्तिक होते हैं।"[202] तभी उन्हें कला का निर्वैयक्तीकरण सिद्धान्त ध्यान आता है और वे कह देते हैं कि टी. एस. इलियट की उक्ति से कोई छुटकारा नहीं है कि कविता निजी—अनुभूति की मुक्ति—अभिव्यक्ति—नहीं, वह अनुभूति से मुक्ति है, व्यक्तित्व का प्रकाशन नहीं, व्यक्तित्व से छुटकारा है। क्योंकि आलोचना का विषय कवि नहीं, कविता है, साहित्यकार नहीं, साहित्य

है। कलाकार जितना ही बड़ा होगा, उतना ही व्यक्ति जीवन और रचनाशील मन का यह अलगाव भी आत्यन्तिक होगा। इसी अर्थ में कलावस्तु—वैयक्तिक अनुभूति के विरुद्ध निर्वैयक्तिक, तटस्थ अनुभूति की अभिव्यंजना है, परिष्कृत माध्यम की अभिव्यक्ति है।

अज्ञेय के विचारों को ग्रहण करते हुए अज्ञेय काव्य के आलोचक डॉ. रामस्वरूप चतुर्वेदी ने गैर रोमाण्टिक कला-सृजन की सम्भावनाओं को ध्यान में रखते हुए समस्त आधुनिक कविताओं की रचनात्मक समस्या को संकेतित करने का प्रयत्न किया। अज्ञेय के सन्दर्भ में उन्होंने लिखा—"और आधुनिकता के विकास के लिए रोमाण्टिक मायाजाल से अलग होने की आवश्यकता उन्होंने समझी है। अपनी गैररोमाण्टिक वृत्ति के कारण अज्ञेय को इलियट का 'निर्वैयक्तिकता' और तटस्थता संबंधी काव्य-सिद्धान्त दूर तक ग्राह्य हो सका है।" यही सिद्धान्त दूर तक डॉ. चतुर्वेदी को भी ग्राह्य है। इस प्रकार उनका गैर रोमाण्टिक भाव-बोध इलियट के निर्वैयक्तिकता-सिद्धान्त का अंग है। कवि की स्वचेतनता इसी में ढलकर तटस्थता में बदल जाती है। वे कहते हैं—"उत्तरोत्तर बढ़ती स्वचेतना के युग में निर्वैयक्तिकता और तटस्थता की स्थिति को प्राप्त किए बिना कला-सृजन प्रायः असम्भव हो जाता है।"[203] डॉ. चतुर्वेदी को छायावादी कविता का भावावेग या रोमाण्टिक मनःस्थिति का होना इसीलिए कविता में अनिवार्य नहीं लगा। वे यह श्रेय निराला के बाद अज्ञेय को देना चाहते हैं कि आधुनिक हिन्दी कविता क्रमशः अधिक खरी, स्वायत्त होती है।[204] और इस खरी कविता के वैशिष्ट्य को समझने के लिए "भावावेग का सहारा लिए बिना प्रधानता भाषिक सर्जनात्मकता के माध्यम से रचना सम्भव हुई है।"[205] पाश्चात्य जगत से परिचित पाठक जानता है कि नयी समीक्षा (न्यू क्रिटिसिज्म) के सभी पक्षधरों ने साथ ही टी. एस. इलियट ने भी 'काव्य-भाषा' के इस प्रतिमान को पुष्ट किया था। इसीलिए उन्हें ही नयी समीक्षा का प्रवर्तक आचार्य माना जाता है। इलियट के बाद रिचर्ड्स तथा रैन्सम का नाम आता है। प्राचीन तथा नयी कविता में डॉ. चतुर्वेदी काव्य संवेदनागत पार्थक्य को ही प्रधान पार्थक्य मानते हैं। स्वयं अज्ञेय ने ज्ञान-विज्ञान की समूची प्रगति और विशेषीकरण की प्रवृत्ति के कारण 'जटिल संवेदना' के प्रश्न को उठाया है। और कहा है—"इस बात को पूरी तरह समझकर ही यह अनुभव किया जा सकता है कि साधारणीकरण का काम कितना कठिनतर हो गया।"[206]

पश्चिमी आचार्यों ने इसी कार्य को 'वैयक्तिकता निर्वैयक्तिकता की भूमि' पर लाकर पूरा किया है। नयी समीक्षा (न्यू क्रिटिसिज्म) के तीनों बड़े आचार्य टी. एस. इलियट, आई. ए. रिचर्ड्स तथा एफ. आर. लीविस इसी कला-चिन्तन

सिद्धान्त को समझाने में व्यस्त रहे हैं। पश्चिम में यह सिद्धान्त अरस्तू के विरेचन सिद्धान्त से होता हुआ दार्शनिक काण्ट की 'आसक्ति हीन आसक्ति' तक चर्चित था। इसी परम्परा में नये संशोधन इन नये समीक्षकों ने प्रस्तुत किए हैं। दार्शनिक काण्ट ने कला-विषयक आसक्ति को 'आसक्तिहीन' (डिटेचमैन) कहा है। काव्यानुभूति प्रक्रिया की यह स्थिति सामाजिक अनुभव से प्राप्त वस्तुनिष्ठ स्थिति है। कला या सौन्दर्य के इस अनुभव को दूषित होने के भय से काण्ट अन्य अनुभवों से मुक्त रखना चाहते थे क्योंकि प्रत्येक 'लगनपरक इच्छा' आस्वाद के निर्णय को दोषयुक्त बनाती है और उसकी तटस्थता का हरण कर लेती है।[207]

टी. एस. इलियट ने रोमाण्टिक व्यक्तिवाद के दोषों से बचने के लिए निर्वैयक्तिकता-सिद्धान्त (इम्पर्सनल थ्योरी) का प्रतिपादन किया। वे स्वयं भावावेग को रोमाण्टिक कविता की सबसे बड़ी कमजोरी मानते हैं। यह कमजोरी रोमाण्टिक कवि में व्यक्तिवाद से उत्पन्न होती है। इसीलिए—'कवि-व्यक्तित्व' को काव्य की अभिव्यक्ति न मानकर 'व्यक्तित्व से पलायन' के दृष्टिकोण को प्रस्तुत किया। वे "निरन्तर आत्म-बलिदान और व्यक्तित्व के निरन्तर विलय में ही कलाकार की प्रगति मानते हैं।"[208] कलाकार के निरन्तर 'आत्म-समर्पण' और आत्म-बलिदान की चर्चा इलियट ने 'ट्रेडिशन एण्ड द इंडिविजुएल टेलेंट' नामक निबन्ध में भी जगह-जगह की है।[209] इलियट ने परम्परा संबंधी विवेचन से असहमत होने वाले विद्वानों ने भी उनके इस आत्म-बलिदानपरक निर्वैयक्तिकतावाद का समर्थन किया है। हिन्दी में अज्ञेय, डॉ. रामस्वरूप चतुर्वेदी, डॉ. जगदीश गुप्त आदि में यही प्रभावात्मक स्वीकृति है। इलियट ने सिद्धान्त के स्पष्टीकरण में यह भी कहा कि इसमें कलाकार के व्यक्तित्व का अर्थ—उस का सर्वथा बहिष्कार न होकर—केवल निजता या वैयक्तिकता का निषेध है।

आई. ए. रिचर्ड्स ने 'संवेग-सन्तुलन की निर्वैयक्तिकता' के सिद्धान्त का प्रतिपादन किया है। वे काव्यकृति को वैयक्तिक सम्पत्ति न मानकर सार्वजनिक सम्पत्ति मानते हैं। उनके मत से काव्यानुभूति जीवनानुभव से सम्बद्ध होते हुए भी वैयक्तिक नहीं होती और दूसरी ओर वह 'शुद्ध कलानुभूति' की तरह 'विलक्षण' न होकर निर्वैयक्तिक मात्र होती है। ऐसी स्थिति में काव्यानुभूति की विशिष्टता का तिरोधान निर्वैयक्तिकता में होता है। वे इसीलिए 'संवेग-सन्तुलन' सिद्धान्त में इस निर्वैयक्तिकता की चर्चा बार-बार करते हैं। ऐसी स्थिति में अनुभूति की व्यक्तिबद्धता से मुक्ति पा जाना ही निर्वैयक्तिकता है।[210]

रिचर्ड्स तथा इलियट की इस दृष्टि को एफ. आर. लीविस ने ग्रहण करते हुए उसे नया व्याख्यागत सन्दर्भ दिया है। डॉ. लीविस मानते हैं कि निर्वैयक्तिक काव्य-संवेग वह है जो काव्य में मूर्त वास्तविकता के माध्यम से अपने को

लक्षणबद्ध करता है। वह कवि के व्यक्तित्व का बहिष्कार करके निर्वैयक्तिक नहीं, वह तो बुद्धि-व्यापार के आधीन होना निर्वैयक्ति होता है।[211] इस दृष्टि से निर्वैयक्तिकता में वैयक्तिकता का भी योगदान कम नहीं होता। यह निर्वैयक्तिकता वैयक्तिक स्तर पर 'एकीकरण' एवं 'ठोस वास्तविकता' का आमना-सामना है। लीविस अपने इस निर्वैयक्तिकता-सिद्धान्त वर्ड्सवर्थ, टेनीसन, जेम्स ज्वाउस, डी. एच. लारेन्स आदि की कलाकृतियों का विश्लेषण विवेचन करते रहे हैं। वे धीरे-धीरे सी. जी. युंग के उस चिन्तन के पास पहुँच गये हैं जिसका आधार है कि कलाकार तथा पाठक के बीच एक सामान्य संवेग भूमि का आधार—निर्वैयक्तिकता या सामूहिक चेतना होती है। प्रत्येक महान कलाकृति वस्तुगत और निर्वैयक्तिक होते हुए भी हममें से हर एक को प्रायः सभी को गहन गूढ़-स्तरों पर विचलित या प्रभावित करती है।[212] समग्रतः काव्यानुभूति की प्रक्रिया को थोड़े से शब्द-भेद से इन पश्चिमी चिन्तकों ने एक प्रकार का निर्वैयक्तीकरण माना है। यह सिद्धान्त काफी हद तक भारतीय काव्य साधारणीकरण-सिद्धान्त के निकट था, इसलिए भी नयी कविता के समर्थकों को यहाँ ग्रहण करने में कोई कठिनाई नहीं हुई है।

'शमशेर की काव्यानुभूति की बनावट' के विश्लेषण में साही ने एडवर्ड बुलो के 'मानसिक अन्तराल सिद्धान्त' का समर्थन किया है जिसमें इस कलाकृति को अपने वैयक्तिक उद्देश्यों से अलग रहने देते हैं एवं निषेधात्मक रूप को रोककर विधेषात्मक रूप से कृति के अनुभव में प्रवेश करते हैं। बुलो कहते हैं—"कलाकृति को वस्तुनिष्ठ दृष्टिकोण से देखना अपनी ओर से केवल ऐसी प्रतिक्रियाओं को अवसर देना, जिनसे अनुभव के वस्तुनिष्ठ रूप को बल मिले।"[213] साही शमशेर के काव्यानुभूति की बनावट को लेकर कहते हैं कि "चेतना के जो तत्व काव्यानुभूति के आवश्यक अंग देखते थे, उनमें से कुछ अनुपयोगी तथा असार्थक दिखने लगे, कुछ अन्य जो पहले अनावश्यक या विरोधी लगते थे, काव्यानुभूति के केन्द्र में आ गये। और कुल मिलाकर काव्यानुभूति और जीवन की काव्येतर अनुभूतियों में जो रिश्ता दिखता था, वह रिश्ता भी बदल गया।"[214] इसीलिए शमशेर की इस काव्यानुभूति में 'मलार्मीय विडम्बना' का संकेत देते हुए वे मानसिक अन्तराल की ओर बढ़ते हैं एवं तब वे 'निजी और परायेपन के बीच एक क्षण' को पा जाते हैं।[215]

समग्रतः पश्चिम का निर्वैयक्तिकता-सिद्धान्त हिन्दी की नयी समीक्षा में लगातार मौजूद रहा है। कभी काव्यानुभूति के माध्यम से, कभी भाषा के माध्यम से। इस सिद्धान्त ने समस्त हिन्दी की नयी समीक्षा को आन्दोलित संशोधित भी किया है।

कला का माध्यम—या काव्य-शिल्प

काव्य-भाषा—काव्य और भाषा के संबंध पर भारतीय काव्यशास्त्र के काव्य-लक्षणों में पर्याप्त बल दिया गया है। इन काव्य-लक्षणों में निहित तत्व यही है कि काव्य के तत्वों में भाषा भी महत्वपूर्ण तत्व है। स्वयं आचार्य शुक्ल ने काव्य-लक्षण में "...मनुष्य की वाणी जो शब्द-विधान करती आई है, उसे कविता कहते हैं।"[216] पश्चिम में कालरिज ने कविता को "उत्तमोत्तम शब्दों का उत्तमोत्तम क्रम विधान' ही माना है।[1] देश-विदेश की काव्य परिभाषाएँ चाहे पं. जगन्नाथ हों या आई. ए. रिचर्ड्स इस तथ्य को प्रकाश में लाती हैं कि भाषा का विशेष प्रयोग ही काव्य है। एक दूसरी दृष्टि यह भी रही है कि भाषा काव्य का माध्यम है किन्तु भाषा को काव्य का माध्यम मानना प्रथम दृष्टि की तुलना में काफी स्थूल दृष्टि का परिचायक है। इसलिए काव्य-भाषा को लेकर पश्चिम की नयी समीक्षा में एक नया दृष्टिकोण स्थापित किया गया है कि 'काव्य-भाषा में भाषा' है। इस प्रकार भाषा ही काव्य है। भाषाविदों का एक अधुनातन विचार यह भी है कि भाषा ही जीवावशेष कविता है (लैंग्वेज इज दि फासिल पोयट्री)। किन्तु पाल वैलेरी का यह कथन नयी समीक्षा में लगातार गूँजता रहा है कि काव्य का रूप ग्रहण करने वाली भाषा, भाषा के भीतर भाषा है।[217] इसी कथन को और आगे बढ़ाकर विनिफेड नोवोट्नी ने कहा है कि कविता अपने चरम रूप तक खींचकर लाई गई भाषा है।[218] जो कलात्मक संगठन से अन्तःशक्तियों का विस्फोटन करती है। भारतीय काव्यशास्त्र के शब्दों में इसे ही भाषा की 'व्यंजना-शक्ति' कहा जाता है। यह शक्ति केवल काव्य में ही रहती है—भाषा के किसी अन्य प्रयोग में नहीं। इस प्रकार काव्य-भाषा की एक कला है।[219]

हिन्दी-समीक्षा में अज्ञेय जी ने कहा है कि "काव्य के जो भी गुण बताये जाते हैं या बताये जा सकते हैं, अततोगत्वा भाषा के ही गुण हैं।"[220] क्योंकि जैसे-जैसे कविता का कलात्मक वैविध्य विकसित-परिष्कृत होता जाता है, वैसे-वैसे इस प्रकार के मतों का महत्व भी बढ़ जाता है। शब्दों का यह महत्व इतना बढ़ गया है कि "आधुनिक कवियों को 'शब्दों का कीमियागर' भी कहा जाता है।"[221] किन्तु 'सामान्य-भाषा' और काव्य-भाषा की समानता-असमानता पर भी इधर के कवियों का ध्यान कम नहीं है। शब्द की आत्मा की परख-पहचान ही कृतिकार को कृती बनाती है—इस विचार के प्रस्तोता अज्ञेय जी को ही काव्य-भाषा या भाषा की सबसे ज्यादा पहचान जानने वाला कवि भी माना जाता है।[222] प्राचीन काव्य-भाषा की अपर्याप्तता का बोध नये कवियों में अज्ञेय जी को ही सबसे ज्यादा मथता रहा है। क्योंकि अधिक प्रयोग से चमत्कार मरता रहता है और चमत्कारिक अर्थ अभिधेय बनता रहता है।...इस प्रकार कवि के

सामने हमेशा चमत्कार की सृष्टि की समस्या बनी रहती है—वह शब्दों को निरन्तर नया संस्कार देता चलता है।[223] ऐसी स्थिति में काव्य-समझ के लिए भाषा का विश्लेषण-विवेचन अपेक्षित है। अज्ञेय की भाँति ही ओवेनबारफील्ड का विचार रहा है कि—"शब्दों को इस प्रकार चुना और विनियोजित किया जाए कि उनका अर्थ सौन्दर्य-तात्विक कल्पना को जागृत करे, उस चयन के परिणाम को काव्यात्मक पद शय्या कहा जाता है।"[224] यह कथन काव्य-भाषा और सामान्य-भाषा के पार्थक्य को भी स्पष्ट करता है कि काव्य-भाषा का लक्ष्य तथ्यात्मक सूचना, दार्शनिक वैज्ञानिक प्रक्रियाओं की विचारणा या दैनिक कार्य-कलाप को चलाना न होकर कवि की सौन्दर्य-तात्विक अनुभूतियों को ऐसी व्यंजनात्मक भाषा में अभिव्यक्त करना है जो पाठक में भी वह अनुभूति जगा सके। इसी दृष्टि से आई. ए. रिचर्ड्स ने काव्य-भाषा को 'संवेगात्मक भाषा' (इमोटिव यूज आफ लैंग्वेज) कहा है। उनके ये विचार 'आग्डेन' के साथ लिखी पुस्तक 'दि मीनिंग आफ मीनिंग' में विस्तार से व्यक्त हुए हैं। रिचर्ड्स मानते थे कि व्यवहारतः शब्द दो प्रकार से प्रयुक्त होते हैं : प्रतीकात्मक और संवेगात्मक। शब्द के प्रतीकात्मक प्रयोग में कोई कथन होता है या किसी तथ्यांकन को प्रश्रय या किसी सूचना का सम्प्रेषण। इसके विपरीत शब्द के 'संवेगात्मक प्रयोग' में या तो किसी संवेग, अनुभूति, वृत्ति, अभिप्राय आदि की अभिव्यक्ति करता है, या फिर वह किसी श्रोता में इस प्रकार के किसी संवेग, अनुभूति, वृत्ति या अभिप्राय को उद्बुद्ध करना चाहता है। प्रतीकात्मक प्रयोग विज्ञान या शास्त्र में होता है। जबकि संवेगात्मक प्रयोग प्रमुख रूप से काव्य में होता है। "इसलिए संवेगात्मक भाषा का प्रयोग वह 'अर्ध-प्रकथन' (सूडो-स्टेटमेंट) होता है जिसका सत्यापन (वेरिफिकेशन) हो नहीं सकता है या असम्भव होता है।"

रिचर्ड्स मानते हैं कि काव्य-भाषागत प्रयोगों पर चार दृष्टियों से विचार किया जा सकता है।—(1) वाच्यार्थ (सेन्स), (2) अनुभूति (फीलिंग), (3) स्वर-भंगिमा (टोन), (4) अभिप्राय (इंटेंशन)।[225] इनमें से वे अभिप्रायगत प्रयोग पर सर्वाधिक जोर देते हैं। वास्तव में रिचर्ड्स की 'संवेगात्मक भाषा' दृष्टि की भारतीय काव्य-सिद्धान्तों की शब्द-शक्तियों में लक्षणा-व्यंजना से तुलना की जा सकती है। आचार्य शुक्ल ने यही संकेत दिया था—"आजकल के प्रसिद्ध अंग्रेजी समालोचक—रिचर्ड्स—हमारे यहाँ के शब्द-शक्ति निरूपण के ढर्रे पर अर्थ-मीमांसा को लेकर चले हैं।"[226] पश्चिमी नयी समीक्षा में एम्पसन का 'अनेकार्थकता-सिद्धान्त' भी 'व्यंजना' के रस-ध्वनि आधार को लेकर ही चला है। स्वयं एम्पसन काव्य-भाषा को नयी समीक्षा में प्रतिमान मानकर चले हैं।

पश्चिम की भाँति ही काव्य-भाषा को काव्य-प्रतिमान के रूप में

महत्व-प्रतिष्ठा देने का प्रयास प्रयोगवाद तथा नयी कविता के कवि-आलोचकों और आलोचकों ने किया है। इस सन्दर्भ में डॉ. रामस्वरूप चतुर्वेदी के कुछ कथन उल्लेखनीय हैं—

(1) ''अज्ञेय और डेरल ही नहीं, प्रत्येक संवेदनशील रचनाकार भाषा से संघर्ष और असंतोष का अनुभव गहरे स्तरों पर बराबर करता है।''[227]

(2) ''आधुनिक युग में कलाओं की प्रवृत्ति विशेषीकरण और अमूर्तन की ओर है। जिससे उसके मौलिक रूप अधिकाधिक विशुद्ध होने की प्रक्रिया में हैं भाषा अमूर्तन के उस क्रम में प्रथम और अनिवार्य चरण है। फलतः कृतिकार के नवीनतम विकास की दिशाएँ प्रमुख रूप से उसकी भाषा प्रयोग-विधि में प्रतिफलित होती हैं। साथ ही भाषा के माध्यम से किसी रचनाकार की प्रामाणिकता की भी परीक्षा अपेक्षया तटस्थ और विश्वसनीय ढंग से की जा सकती हैं।''[228]

(3) ''भाषा जितनी सर्जनात्मक होगी, कलाकृति उतनी ही विशुद्ध और प्रामाणिक होगी। और यदि कला सचमुच कला है तो उसके सामाजिक-असामाजिक होने का प्रश्न ही नहीं उठता।''[229]

(4) ''नयी कविता के युग में आज जब कविता के सभी परम्परागत भेदक लक्षण, तुक, छन्द, अलंकरण, लय (शायद सबसे महत्वपूर्ण तत्व रस भी) धीरे-धीरे विलुप्त हो चले हैं, तो काव्य-भाषा ही वह अन्तिम और सर्वाधिक महत्वपूर्ण आधार शेष रह जाता है, जिसके सहारे कविता के आन्तरिक संघटन को समझने की चेष्टा हो सकती है।''[230]

(5) ''यों तो प्रत्येक युग के काव्य-बोध को समझने के लिए कवि की भाषा प्रयोग-विधि हमारे लिए शायद सबसे महत्वपूर्ण कुंजी सिद्ध हो सकती है...आधुनिक कविता का मर्म ग्रहण करने के लिए काव्य-भाषा का उपादान ही एकमात्र विश्वसनीय माध्यम रह गया है, जिससे हम इस युग-विशेष के काव्य-सर्जन की क्षमता को समझ सकते हैं।''[231]

(6) ''भाव-चित्रों की भाषा ही वस्तुतः काव्य-भाषा है।''[232]

(7) ''काव्य-भाषा का विश्लेषण कविता की रचना-प्रक्रिया को समझने और उसकी व्याख्या करने के लिए तो मुख्य सूत्र सिद्ध होता ही है...।''[233]

डॉ. चतुर्वेदी एजरा पाउण्ड से सार्त्र तक काव्य भाषा के प्रतिमान को छानते खोजते हैं। पश्चिमी—'नयी समीक्षा' से वे कितने आक्रान्त हैं—यह बात उनके इस कथन से स्पष्ट है—''भारतीय काव्यशास्त्र में इन विभावनों का विश्लेषण नहीं हुआ। हमारे लक्षण-ग्रन्थों में शब्द-शक्ति के मूलाधार रूप में लक्षणा-व्यंजना को स्वीकार किया गया है। पर प्राचीन साहित्यशास्त्र के इन विभावनों—लक्षणा

तथा व्यंजना का सादृश्य नव्यसमीक्षा के विभावनों—प्रतीक तथा भाव-चित्र के साथ एकदम नहीं स्थापित किया जा सकता।"[234] इस प्रकार भारतीय काव्यशास्त्र की रस और ध्वनि-सिद्धान्त दृष्टि डॉ. चतुर्वेदी को अपर्याप्त प्रतीत हुई है और वे बिम्बवाद, प्रतीकवाद, अस्तित्ववाद और नयी समीक्षा की ओर पूरी ताकत से भागे हैं। इसी क्रम में वे "अमूर्तन (ऐब्स्ट्रेक्शन) का सिद्धान्त भी आधुनिक कलाविदों से उठा लाये हैं और चित्रकला तथा संगीत के लालित्य बोधीय संसार में प्रवेश करते हैं।"[235] साथ ही सार्त्र की शब्दावली में स्वरों और रंगों को 'वस्तुएँ' कह देते हैं।[236] इस प्रकार डॉ. चतुर्वेदी छन्द, अलंकार, रस आदि को हटाकर 'काव्य-भाषा' की सैद्धान्तिक स्थापना करते हैं किन्तु डॉ. नामवर सिंह इस काव्य-भाषा प्रतिमान की विडम्बना यही मानते हैं कि 'मूल्यांकन के प्रतिमान रूप में जिस 'काव्यभाषा' को तटस्थ और 'वस्तुनिष्ठ' मानते हैं, उसी को कवि-पक्ष में वैयक्तिक तथा अद्वितीय मानते हैं।"[237] इस प्रकार उनके कथन में असंगतियाँ रह गई हैं। डॉ. देवराज ने इसी कारण 'काव्य भाषा एक प्रतिक्रिया : सन्दर्भवाद' नामक निबन्ध में डॉ. चुतर्वेदी के 'हिचक भाव' को स्पष्ट करते हुए कहा—"लेखक को पूरा-पूरा विश्वास नहीं है कि उसके द्वारा प्रस्तुत की जाने वाली कसौटी सार्वकालिक व सार्वभौम है।" यह हिचक भाव कथन की 'वस्तुपरक वैज्ञानिकता' को खण्डित करता है। श्री चतुर्वेदी जी अमूर्तन तथा प्रतीकण को काव्य-भाषा की निजी विशेषताएँ मानते हैं जो उसे गद्य से अलग करती हैं। इसका अर्थ है कि गद्य-साहित्य तथा काव्य में गुणात्मक भेद है। ऐसी स्थिति में यह निष्कर्ष संस्कृत के साहित्यशास्त्रियों की काव्य-परम्परा का विरोधी है।[238] यह विश्लेषण काव्य-भाषा में नये अर्थ-सन्दर्भ के महत्व पर उचित गौरव नहीं देता। अज्ञेय ने कहा है कि अच्छी भाषा लिखना बड़ी उपलब्धि है, उस कथन का समर्थन करते हुए डॉ. चतुर्वेदी भूल गए "बड़े अर्थ-सन्दर्भों का निर्माण करना अपेक्षाकृत बड़ी उपलब्धि है।" इसलिए काव्य-भाषा के प्रतिमान में डॉ. देवराज काव्य-भाषा के सन्दर्भवाद को ज्यादा महत्व देते हैं : "सन्दर्भवाद के अनुसार काव्य-साहित्य की महत्ता का प्रमुख उपादान और आश्रय कृतिकार द्वारा निर्मित अर्थ-संहति या अर्थ-संदर्भ होता है, यानी वह सम्पूर्ण प्रतीति या अनुभव, जो उसके द्वारा शब्द-बद्ध किया जाता है।"[239] इस अर्थ-सन्दर्भ में बोध-तत्व तथा राग-तत्व दोनों समाविष्ट हैं। डॉ. चतुर्वेदी तथा अज्ञेय जी कहते हैं कि विगत युग की काव्य-भाषा की पदावली या शब्द चुक जाते हैं और आगे आने वाले कवियों के काम के नहीं रहते हैं। यह बात टी. एस. इलियट ने क्लासिक काव्य के लेखक को लेकर कही थी कि "क्लासिक रचना करने वाला महाकवि भाषा को इतना दुह लेता है कि वह आगे आने वाले कवियों के काम की नहीं रहती है।"[240] इस प्रकार

अज्ञेय तथा डॉ. चतुर्वेदी जी की स्थापनाओं पर इलियट का दूर तक प्रभाव है।

सप्तकयुग के कवि-आलोचकों ने भाषा और काव्य-भाषा, अन्तर, स्वरूप, प्रक्रिया, प्रविधि, भाषा-प्रतिमान आदि प्रश्नों को अनेक कोणों से उठाया है। स्वयं डॉ. विद्यानिवास मिश्र 'काव्य-भाषा और काव्येतर-भाषा' के पार्थक्य से जूझते रहे हैं।[241] कवि-आलोचक मलयज इस प्रश्न को साधारणीकरण से जोड़कर वैयक्तिक-निर्वैयक्तिक भाषा की ओर मोड़ उठे हैं। वे रचनात्मक स्तर पर वैयक्तिक भाषा को महत्वपूर्ण मानते हैं क्योंकि निर्वैयक्तिक होकर भाषा रचनाकार से अलग हो जाती है।[242] इसीलिए अज्ञेय जी के लिए भाषा माध्यम न होकर अनुभव है, जिसके स्त्रोत सांस्कृतिक सन्दर्भों में निहित हैं। 'भाषा और अस्मिता' नामक निबन्ध में अज्ञेय जी ने कहा है—"भाषा का व्यवहार समृद्धि देने वाला तभी होता है जब उसके साथ लगाव (कमिटमेंट) हो, इसी भाषा के माध्यम से अनुभव के प्रति लगाव होता है। ऐसी ही भाषा—ऐसे ही प्रयुक्त भाषा—अनुभव की भाषा—संस्कृति का और अस्मिता का उपकरण होती है।"[243] इस अर्थ में भाषा एक कल्पवृक्ष है। "लेकिन उस सत्य से कोई निस्तार नहीं है कि आज के संसार में मानव मन का घर्षण भाषा के घर्षण से आरम्भ होता है।"[244] इसीलिए निराला, अज्ञेय या मुक्तिबोध लगातार अपनी भाषा से संघर्ष करते रहे हैं। फिर भी इस संघर्ष में भाषा की सर्जनात्मकता का विस्तार भी छिपा हुआ है। डॉ. रघुवंश ने कहा है—"अज्ञेय तथा उनके साथ के कवियों ने सर्वप्रथम भाषा को साधारण स्तर से उठाकर काव्य-भाषा के रूप में प्रयुक्त किया है। अज्ञेय की विशिष्टता है कि उन्होंने भाषा को साधारण, अनगढ़ और लोक-प्रयोग के स्तर से युग-बोध के जटिल और सूक्ष्म-संवदेना की अभिव्यक्ति का माध्यम बनाया है।"[245] इस कथन से साफ है कि काव्य-भाषा से युग-बोध के जटिल और सूक्ष्म-संवेदना की अभिव्यक्ति को पहचाना जा सकता है। इस चिन्तन से डॉ. चतुर्वेदी के बहुत पास डॉ. रघुवंश का चिन्तन पड़ता है।

प्रपद्यवादी प्रयोग को साधन मानते थे—प्रयोगवादी साध्य। यह मान्यता उन्हें फ्रांस के प्रतीकवादी-बिम्बवादी आदि से लेकर एजरा पाउण्ड तथा इलियट के भाषा-प्रयोग-सिद्धान्त को मानने से प्राप्त हुई है। इन्होंने भी अपने सभी सूत्रों में रूपवाद को प्रश्रय दिया। इसलिए वे भाव से ज्यादा शब्द पर टिके रहे।

डॉ. विद्यानिवास मिश्र का कथन बहुत सही है कि "काव्य-भाषा को प्रतिमान के रूप में ग्रहण करने वालों ने 'भारतीय वाक्केन्द्रित चिन्तन' को पर्याप्त आदर नहीं दिया है। भारतीय काव्य-दृष्टि अन्तर्गठन पर बल देती है, इसीलिए वह सतही यथार्थ को महत्व न देकर शुद्ध और बाह्य प्रभावों से परिशोधित गणितीय यथार्थ पर बल देती है।"[246] इसलिए नयी समीक्षा से प्रेरित इस चिन्तन को अपने भाषा-

चिन्तन को ठुकरा कर नहीं ग्रहण करना चाहिए। शैली वैज्ञानिक समीक्षा हो या नयी समीक्षा का भाषा-चिन्तन भारतीय चिन्तन की उपेक्षा करके वह अपने ही आधारों से कट जायेगा। पश्चिम ने भी अपना सब कुछ खो कर यह भाषा-चिन्तन नहीं पाया है।

पश्चिम के नये समीक्षकों ने भाषा-वैशिष्ट्य से काव्य-वैशिष्ट्य की चर्चा की है। यह चिन्तन जानक्रो रैन्सम, ब्लैकमूर, रिचर्ड्स, एम्पसन, टेट, क्लीयन्थ ब्रुक्स आदि से छनकर हिन्दी के नयी समीक्षकों में आया है। इसमें इलियट का निर्वैयक्तिकता सिद्धान्त रिचर्ड्स का 'संवेगात्मक भाषा सिद्धान्त', एम्पसन का 'अनेकार्थकता-सिद्धान्त', क्लीयन्थ ब्रुक्स का 'विडम्बना-सिद्धान्त', रैन्सम का 'व्यंजकता-सिद्धान्त' आदि सभी कुछ समाया हुआ है। अतः हिन्दी में काव्य-भाषा का यह समस्त सैद्धान्तिक चिन्तन पश्चिम के प्रभाव से पनपा है। एम्पसन के अनेकार्थकता-सिद्धान्त को अपनाने के साथ ही भारतीय रस-ध्वनि, वस्तु-ध्वनि, और अलंकार-ध्वनि का भी नया परीक्षण होना चाहिए। हमें नये ढंग से 'व्यंजना-सिद्धान्त' को समझना-समझाना चाहिए। हम पायेंगे कि हमारे संस्कृत काव्यशास्त्र का यह पक्ष भी एकदम अपर्याप्त नहीं है।

काव्य-बिम्ब

काव्य-बिम्ब चिन्तन की परम्परा आचार्य शुक्ल और डॉ. नगेन्द्र में पहले से ही विद्यमान थी। प्रगतिकारी चिन्तन में काव्य-बिम्ब की चर्चा का क्रम थोड़ा ठण्डा रहा है। प्रयोगवाद तथा नयी कविता के चिन्तन में नवीन संवेदना के साथ ही बिम्ब-सृजन महत्वपूर्ण हो उठा। नयी कविता के कवि-आलोचक डॉ. केदारनाथ सिंह ने घोषित किया—"एक आधुनिक कवि की श्रेष्ठता की परीक्षा उसके द्वारा आविष्कृत बिम्बों के आधार पर ही की जा सकती है। उसकी विशिष्टता और उसकी आधुनिकता सबसे अधिक उसके बिम्बों में ही निहित होती है।...मैं बिम्ब-निर्माण की प्रक्रिया पर जोर इसलिए दे रहा हूँ कि आज काव्य के मूल्यांकन का प्रतिमान लगभग वही मान लिया गया है। एक अंग्रेज आलोचक का तो यहाँ तक कहना है कि आधुनिक कवि नये-नये बिम्बों की योजना के द्वारा ही अपनी नागरिकता का शुल्क अदा करता है। तात्पर्य यह है कि प्राचीन काव्य में जो 'स्थान' 'चरित्र' का था, आज की कविता में वही स्थान बिम्ब अथवा 'इमेज' का है।" इस प्रकार वे बिम्ब को काव्य-प्रतिमान के रूप में स्थापित करना चाहते हैं और उसमें कविता की समस्त 'विषयवस्तु' और 'रूप' को समेटने का आग्रह भी करते हैं। नयी कविता के कवि डॉ. जगदीश गुप्त भी 'काव्य-बिम्ब' समस्या और स्वरूप नामक निबन्ध में वे 'काव्य-बिम्ब' के लिए 'अर्थ-वृत्त' नामक प्रयोग

भारतीय काव्यशास्त्र में खोजते हैं तथा पाश्चात्य बिम्ब-चिन्तन के बल पर काव्य-बिम्ब की महत्ता का प्रतिपादन करते हैं।[247] रोमाण्टिक बिम्ब दृष्टि के साथ इस के बिम्बवाद की सैद्धान्तिक अवधारणाओं का विवेचन करते हैं।[248] डॉ. जगदीश गुप्त से पूर्व श्री ब्रजनन्दन अखौरी भी ल्यूइस की 'काव्य-बिम्ब' नामक प्रस्तुत में स्टेलटन आदि के साथ प्रस्तुत कर चुके हैं। इसीलिए डॉ. केदारनाथ सिंह के बिम्ब-प्रतिमान को लेकर डॉ. नामवर सिंह ने कहा—"रचना के स्तर पर बिम्ब का जो महत्व स्वीकृत था, उसे आलोचना के स्तर पर निश्चित पदों में विकसित करके केदारनाथ सिंह ने ऐतिहासिक महत्व का कार्य किया है।"[249] बिम्ब-विषयक चिन्तन से डॉ. सिंह ही नहीं, डॉ. रामस्वरूप चतुर्वेदी भी सहमत हैं। वे कहते हैं कि—"भाव-चित्रों की भाषा ही वस्तुतः काव्य-भाषा है।"[250] वे भाव-चित्र का अर्थ बिम्ब या इमेज तथा इमेजरी को बिम्ब माला कहते हैं। छायावादी बिम्ब को 'चित्र-भाषा' कहते थे नये आलोचक-भाव-चित्र। स्वयं डॉ. रघुवंश अज्ञेय और शमशेर के काव्य-विश्लेषण में 'बिम्ब' को बार-बार विशेष दृष्टि से समझाते हैं, जैसे शमशेर की कविता 'शिला का खून पीती थी' का बिम्ब-परक विश्लेषण।[251] काव्य-बिम्ब को प्रतिमान बनाकर साही जी ने भी 'शमशेर की काव्यानुभूति की बनावट' का परीक्षण किया है। वे मानते हैं—"अन्तिम रूप में शमशेर की काव्यानुभूति बिम्ब की नहीं, बिम्ब लोक की अनुभूति है।"[252]

वस्तुतः यह समस्त बिम्ब-परक चिन्तन पश्चिम के अनेक स्त्रोतों से हिन्दी समीक्षा में आया है। पश्चिमी मनोविश्लेषणशास्त्र के प्रभाव से और मनोविश्लेषणवादी आलोचना के प्रभाव से बिम्ब-सन्दर्भ को बढ़ावा मिला है। फ्रायडीय स्थापनाओं को ध्यान में रखकर श्रीमती कैरोलाइन स्पर्जियन ने शेक्सपियर के नाट्य-बिम्बों का सूक्ष्म-गहन अध्ययन किया।[253] बाद में प्रो. लिविंगस्टन लावेल, एडवर्ड एण्डार्मस्ट्रांग और राबिन स्केल्टन ने काव्यात्मक बिम्ब को मनोविश्लेषणात्मक दृष्टि से देखने का कार्य किया है। नयी समीक्षा में अज्ञेय तथा प्रभाकर माचवे पर यही मनोविश्लेषणात्मक प्रभाव है। बिम्ब को सी. जी. युंग की 'सामूहिक अवचेतना-सिद्धान्त' दृष्टि ने भी नया मोड़ दिया। 'आर्केटाइपल पैटर्न इन पोयट्री' नामक कृति में माड वाडकिन ने युंगीय सिद्धान्तों के आधार पर काव्यात्मक बिम्ब-विधान को एक नया हाशिया प्रदान किया। उन्होंने इसी प्रतिमान से शेक्सपियर तथा कालरिज की कविताओं का विवेचन करते हुए कहा है कि इन कविताओं की प्रभाव शक्ति का कारण उनमें निहित आदिम बिम्बों का हमारे भावात्मक बिम्बों से मेल खाना है।

पाश्चात्य जगत में एडीसन काल से ही 'बिम्ब' चर्चा शुरू हो जाती है किन्तु सैद्धान्तिक रूप में बिम्बवाद बीसवीं शताब्दी के आरम्भिक दशक में उभरता है।

इसे साहित्यिक रूप देने का यत्न सन् 1908 ई. में टी. ई. हुल्मे और एफ. एस. फ्लिंट ने किया। इसी वर्ष के घोषणा पत्र में बिम्ब को सर्वप्रथम कवि-कर्म की चरम उपलब्धि घोषित किया गया। यही बिम्ब-संबंधी आग्रह 'इमेजिज्म' नाम से प्रख्यात है। बिम्बवाद का प्रथम विरोध रोमाण्टिक कविता की अमूर्तता से था। बिम्बवादी कविता में सूक्ष्म और अमूर्त के स्थान पर ठोस और मूर्त लाना चाहते हैं। इसी समय एडवर्ड स्टोरर ने एक बिम्बवादी काव्य-संकलन निकाला। सन् 1913 में एफ. एस. फ्लिंट ने 'बिम्बवा' नामक आलोचनात्मक टिप्पणी को प्रकशित किया।[254] इसी के आस-पास दल के प्रमुख कवि-आलोचक एजरा पाउण्ड ने बिम्बवादी सिद्धान्तों का एक घोषणा पत्र प्रकाशित किया जिसमें काव्य के 'रूप' को सर्वोपरि माना गया है। बाद में क्लीयन्थ ब्रुक्स ने 'बिम्ब' को अरस्तू के 'रूपक' से जोड़कर नया दृष्टिकोण ही चला दिया।[255] लेकिन 'नयी समीक्षा' में यह शब्द आई. ए. रिचर्ड्स, हरबर्ट रीड और सी. डी. लीविस की नवीन व्याख्याओं के साथ व्यापक अर्थ का बोधक माना है।[256] संक्षेप में, हिन्दी-समीक्षा ने बिम्ब की प्रक्रिया, स्वरूप, निर्धारण तथा वर्गीकरण आलोचना की दृष्टि को पश्चिम से ही ग्रहण किया है। डॉ. नगेन्द्र ने कहा है कि "भारतीय काव्यशास्त्र के लिए बिम्ब कोई अज्ञात वस्तु नहीं है—अनेक रूपों में अनेक प्रकार से बिम्ब को विवेचन यहाँ मिलता है।[257] यह बात काफी हद तक ठीक होने पर भी कहना पड़ता है कि बिम्ब को काव्य-प्रतिमान के रूप में स्वीकार करके उसे काव्यशास्त्रीय विवेचना में लाना आधुनिक काल की ही चीज़ है।[258] बिम्ब को काव्य-भाषा की भाँति काव्य-प्रतिमान बनाने का कार्य हिन्दी की नयी समीक्षा में लगातार व्यापकता प्राप्त करता जा रहा है। धीरे-धीरे यह सब पाश्चात्य न रहकर हिन्दी की नवीन सैद्धान्तिक समीक्षा का दुर्निवार अंग बनता जा रहा है।

प्रतीक-विधान

सप्तक युगीन कवियों का प्रतीक-विधान भी मूलतः पश्चिमी चिन्तन से ही हिन्दी-समीक्षा में गति पाता रहा है। अमरीका में एमर्सन, थोरो, दर्मन मैनविले, एडगर एलन पो आदि तथा फ्रांस में बोदलेयर, मलार्मे, वैलेरी, रिम्बो, बर्लेन आदि तथा इंग्लैंड में टी. ई. हुल्मे, एजरा पाउण्ड, टी. एस. इलियट, डब्ल्यू. पी. येट्स आदि के चिन्तन-सृजन ने 'प्रतीकवाद' को दृढ़ आधार दिया है। फ्रांस के युवा कवि जां मोरे आस ने फ्रांस के युवा कवियों की कविता के लिए 'प्रतीकवाद' शब्द को चुना, जिसे शीघ्र ही साहित्यिक विभावन मान लिया गया।[259] फ्रांस में प्रतीकवाद, यथार्थवादी-प्रकृतवादी उपन्यासों, भौतिकवाद एवं पाजिटिविस्ट दर्शन के विरुद्ध काव्य का आन्दोलन था। किन्तु यहाँ यह शब्द अपनी अस्पष्टता में ही डूबता गया। यहाँ के कवि संगीत की समता पर कविता में वस्तु (कन्टैंट)

और रूप (फार्म) को अभिन्न बनाने के प्रयास में थे।[260] इसलिए प्रतीकवाद से अलग प्रतीक-विधान ने पश्चिम तथा पूर्व में भिन्न-भिन्न अर्थों को ग्रहण किया है। हिन्दी समीक्षाशास्त्र में आ. शुक्ल का विचार रहा है कि "प्रतीक का आध ाार सादृश्य या साधर्म्य नहीं, बल्कि भावना, जागृत करने की निहित शक्ति है। अलंकार में उपमान का आधार सादृश्य या साधर्म्य ही माना जाता है। अतः सब उपमान प्रतीक नहीं होते, पर जो प्रतीक होते हैं, वे काव्य की बहुत अच्छी सिद्धि करते हैं।"[261] प्रतीक तथा उपमान में बड़ा अन्तर यही है कि बिम्ब अनिवार्यतः मूर्त तथा ऐन्द्रिय होता है, प्रतीक के लिए यह आवश्यक नहीं है। बिम्ब अभिधात्मक भी हो सकता है, किन्तु प्रतीक नहीं। साहित्यकार जटिल से जटिल जीवन के व्यापारों के भीतरी-बाहरी रहस्यों को व्यक्त करने के लिए प्रतीक का सहारा लेता है। इस प्रकार प्रतीक—अपनी शक्ति-सौन्दर्य से अभिव्यंजना की एक नूतन पद्धति रहे हैं जिनके बिना सूक्ष्म विचारों, अनुभूतियों, अवधारणात्मक प्रत्ययों, संवेगों, पदार्थों तथा मनःस्थितियों के अभिप्रायों को व्यक्त नहीं किया जा सकता है।

अज्ञेय जी ने प्रतीक-विधान की चर्चा का सूत्रपात इस नयी कविता के काल में नये ढंग से किया है। नये मानव को यौन वर्जनाओं का पुंज मानते हुए उन्होंने कहा, "कल्पनाएँ सब दमित और कुंठित हैं। उसकी सौन्दर्य-चेतना भी उससे आक्रान्त है। उसके उपमान सब यौन प्रतीकार्थ रखते हैं।"[262] ऐसी स्थिति में दमित वासनाएँ कविता के कलात्मक प्रतीकों में अभिव्यक्ति का मार्ग खोजती हैं। प्रतीक के मनोविश्लेषणवादी आधार की यह प्रथम ऐतिहासिक स्वीकृति है। अज्ञेय जी ने 'आत्मनेपद' में आधुनिक कविता में प्रतीकों के महत्व की व्याख्या की है। साथ ही प्रतीक-विधान पर विदेशी-प्रभाव का प्रत्याख्यान यह कहकर किया है कि हिन्दी काव्य में प्रतीकों का उपयोग पश्चिमी चेतना की अनुकृति नहीं है। मानव स्वयं प्रतीक सृष्टा है और इस देश में अनादि काल से मानव उनकी सृष्टि करता रहा है। इसीलिए वे प्रतीकों को 'काल का डमरू नाद' मानते हैं।[263] लोक- साहित्य तो "सबसे अधिक प्रतीकों तथा अन्योक्तियों के सहारे ही अपना प्रभाव उत्पन्न करता है।"[264] इस प्रकार वे प्राचीन भारतीय साहित्य के प्रतीकों की परम्परा से प्रतीकों का उपयोग भारतीय मानते हैं, विदेशी नहीं। लेकिन प्रश्न उठता है कि अज्ञेय द्वारा प्रयुक्त यौन परिकल्पना पुंज के प्रतीक क्या भारतीय संदर्भ रखते हैं ? उत्तर होगा—नहीं। इन पर फ्रायड, एडलर-युंग की सीधी धमक है। प्राचीन उपमानों तथा प्रतीकों के लिए अज्ञेय जी ने स्वयं कहा है—

> बल्कि केवल यही :
> ये उपमान मैले हो गए हैं।

देवता इन प्रतीकों के कर गए हैं कूच
कभी वासन पिसने से मुलम्मा छूट जाता है।[1]

इसीलिए अज्ञेय जी को श्री शिवदान सिंह चौहान ने फ्रेंच प्रतीकवादियों से जोड़ते हुए कहा है—"प्रयोगशीलता की ओट में 'अज्ञेय' प्रतीकवादी विचारधारा को साहित्य में प्रतिष्ठापित करने की चेष्टा करते रहे हैं।... उनकी कविता प्रतीकवादी है।[265] अज्ञेय जी मलार्मे, बोदलेयर आदि प्रतीकवादियों से सभी प्रतीक की काव्यगत विशेषताओं से तो सहमत नहीं हैं, पर वे मानते हैं—"कि कोई भी स्वस्थ साहित्य प्रतीकों की नये प्रतीकों की सृष्टि करता है और यदि नहीं करता तो जड़ हो जाता है।"[266] फ्रेंच प्रतीकवादियों की भाँति अज्ञेय जी प्रतीक को साध्य नहीं मानते, साधन मानते हैं। "प्रतीक वास्तव में ज्ञान का एक उपकरण है जो सीधे-सादे अभिधा में नहीं बंधाता, उसे आत्मसात करने या प्रेषित करने के लिए प्रतीक काम देते हैं।"[267] इस प्रकार अज्ञेय जी पर भारतीय सांस्कृतिक बोध की धमक ही पश्चिम की तुलना में ज्यादा है।

नयी कविता के नये समीक्षक डॉ. रामस्वरूप चतुर्वेदी की मान्यता है कि "वस्तुतः प्रतीक जो काव्य-भाषा के सबसे तेजस्वी तत्व जान पड़ते हैं, एक सीमा के बाद उत्पात करने लगते हैं। प्रतीकों की बड़ी संख्या यदि भाव-चित्रों के रूप में संक्रान्त नहीं हो पाती तो उनमें से अधिकांश प्रतीक मात्र कथानक रूढ़ि या अभिप्राय (मोटिफ) बनकर रह जाते हैं, जैसे उस समय हिन्दी की नयी कविता की स्थिति है, जहाँ ढ़ेर के ढ़ेर बौने, मुखौटे, हिमालय, खाली बोतलें और नारंगी के खाली छिलके डूब उतरा रहे हैं।"[268] इस तरह के लावारिस प्रतीक काव्य-भाषा की बड़ी हानि करते रहे हैं। अत्यधिक प्रतीकों का प्रयोग काव्य-भाषा की ठोस स्थिति को चाट जाता है। इसीलिए डॉ. चतुर्वेदी प्रतीकों की साहित्यिक उपयोगिता को स्वीकार करने पर भी प्रतीक को काव्य में आत्यन्तिक नहीं मानते हैं, जो काफी हद तक एक सन्तुलित दृष्टि कही जा सकती है। क्योंकि वे प्रतीक तथा बिम्बों को भारतीय काव्यशास्त्र में उस ढंग से नहीं पाते हैं, जिस ढंग से पाश्चात्य काव्यशास्त्र ने प्रतिष्ठित करना चाहा है। यह बात भी ठीक है कि प्रतीक न तो मेटाफर है, न लक्षणा। वह इन दोनों से भिन्न शक्ति की सूचना है।

विजयदेव नारायण साही ने काव्य-समीक्षा में बिम्ब की भाँति प्रतीक की चर्चा को पूरे मनोयोग से ग्रहण किया है। शमशेर की काव्यानुभूति की बनावट को स्पष्ट करने के लिए वे लिखते हैं—"उन्होंने ऐसे नये प्रतीकों और बिम्बों का सृजन किया है जो कविता के अभ्यस्त पाठकों और श्रोताओं को अक्सर चुनौती की तरह लग सकते हैं।"[269] क्योंकि ये प्रतीक और बिम्ब जटिल और दुरूह संवेदना को वैचारिक स्तर पर संकेतित प्रतीकित करते हैं। दूसरी ओर श्री

नेमिचन्द्र जैन नयी कविता के शिल्प-मोह तथा रूपवाद से क्षुब्ध हैं। नवीन प्रतीकों-बिम्बों को लाने पर भी यह कविता आडम्बर कर रही है। उनके शब्दों में—''बिम्ब और प्रतीक-योजना में इतनी अराजकता और संस्कारहीनता दिखाई पड़ती है कि यदि यह काव्य विषयवस्तु की दृष्टि से इतना महत्वपूर्ण न होता तो बहुत कुछ कूड़ा-कचरा ही माना जाता।''[270] इस काव्य ने अर्थ-भूमि का विस्तार किया है, इसीलिए वे अज्ञेय जी के इस कथन का प्रतिवाद करते हैं कि यह कवि यौन वर्जनाओं के प्रतीक चित्रों तक सीमित है।[271] वास्तव में नयी कविता श्री जैन की दृष्टि में क्रान्ति तथा सामाजिक परिवर्तन की ठोस सामाजिक वास्तविकता की अभिव्यक्ति है। इस दृष्टि से वे बिम्ब या प्रतीक को काव्य-प्रतिमान मानने का सीधा विरोध करते हैं। इनमें उन्हें बिम्बवाद, प्रतीकवाद, अतियथार्थवाद तथा मनोविश्लेषणवादी व्यक्तिवाद की ह्रासशील संस्कृति के संकेत मिलते हैं।

इधर नयी कविता की युवा पीढ़ी के कवियों ने सन् 1960 के बाद 'सपाटबयानी' वाली शैली को अपनाकर प्रतीकों का, प्रयोग कम कर दिया है। पौराणिक, ऐतिहासिक, राजनैतिक, साहित्यिक आदि क्षेत्रों के व्यक्तियों का प्रतीकवत प्रयोग करने के स्थान पर साधारण व्यक्तियों के नामों को प्रतीक के रूप में प्रयोग में लाया है। रघुवीर सहाय ने इस प्रकार के नाम प्रतीकों का विशेष उपयोग किया है।[272] प्रयोगवादी तथा नयी कविता के कवियों ने पुराण, इतिहास, धर्म, प्रकृति, राजनीति, विज्ञान आदि क्षेत्रों से जो प्रतीक चुने हैं, उनका महत्व नवीनता की दृष्टि से उतना नहीं है जितना उपयोगिता की दृष्टि से है। रामायण-महाभारत तथा इतिहास के तमाम प्रतीक यहाँ नया अर्थ-सन्दर्भ पाते हैं। इन कवियों में मनोविश्लेषणशास्त्र तथा समाजशास्त्र के प्रभाव से स्वप्न प्रतीकों, फन्तासीय प्रतीकों का प्रयोग भी बहुत बड़ा है, स्वयं मुक्तिबोध इस क्षेत्र में अग्रणीय रहे हैं। सारतः इन कवियों में प्रतीकों का विधान काव्यानुभूति की बनावट से नियन्त्रित है। प्रतीकों की सामाजिकता या वैयक्तिकता उसकी कवि-दृष्टि का ही परिचायक है। ऐसी स्थिति में प्रतीक को काव्य-प्रतिमान मानना उचित नहीं है। यह सही है कि पश्चिम के बिम्बवादी-प्रतीकवादी तथा अतियथार्थवादी दृष्टि का प्रभाव इस प्रतीक-विधान पर व्यापकता से है। फिर भी कविता में पश्चिमी कवियों की प्रतीकगत अनुकृति न होकर हमारे ही प्रतीकों को नया सन्दर्भ मिला है।

छन्द-विधान

छन्द का संबंध काव्य-भाषा, लय और काव्य रूपों से होता है। छन्द के सभी लक्षण भाषामूलक ही सिद्ध होते रहे हैं। रेवरेण्ड जान एडवर्ड्स ने तो यहाँ

तक कहा है कि छन्द वे शब्द हैं जो मनमाने आसन पर बैठे हुए हैं।[273] इस कथन से तात्पर्य है कि छन्द में शब्द व्याकरण के अनुशासन से मुक्त होकर जीते हैं। साथ ही ये कविता में एक विशिष्ट ढंग की श्रव्यता या वाचिकता पैदा कर लेते हैं। किन्तु आधुनिक कविता में छन्द की वाचिकता खण्डित हुई है और छन्द क्रमशः टूटा है। मुक्त छन्द की कविता छन्दहीन नहीं है। किन्तु नवीन छन्द शक्ति का विकास है। इसका प्रधान कारण यही है कि लय मात्र कलाओं की ही नहीं, अपितु जीवन के प्रत्येक क्षेत्र को प्रभावित करने वाली मूल शक्ति है। लय से अभिप्राय विविध कालावधियों के मध्य आविर्भूत होने वाली वस्तुओं के गति एवं यति-विषयक ऐसे समानुपात का है जो इन्द्रिय-बोध्य अवश्य हो।[274] वास्तव में "स्वराघात द्वारा ध्वनि अथवा गति की व्यवस्था ही छन्दमात्र का आधार है।"[275] लय मात्र गति या प्रवाह ही नहीं है, वह 'काल का बोध कराने वाली नैसर्गिक शक्ति' है।[276] काव्य तथा संगीत में जहाँ लय की व्याप्ति काल में है, वहाँ चित्र, मूर्ति तथा वास्तुकला में उसकी स्थिति दिशा-सापेक्ष्य है। अनुकरण की प्रवृत्ति की भाँति ही अरस्तू संगीतात्मक लय को भी जन्मजात मानते हैं। इस दृष्टि से छन्द, लय का रूप-विधायक अंग है एवं काव्य-सम्प्रेषण का एक अनिवार्य माध्यम है।[277] मूलतः छन्द परम्परागत एवं अतिरिक्त अलंकार मात्र न होकर काव्य-वस्तु से जुड़ी शक्ति और प्रेरणा है। ऐसी स्थिति में छन्द काव्य का मूलभूत तत्व है जो गद्य से काव्य का व्यावर्त्तन करता है।

आधुनिक हिन्दी कविता में छायावाद ने छन्दशास्त्र के रूढ़ि बन्धनों का परित्याग करते हुए भी काव्य तथा छन्द की अन्तरंगता को खण्डित नहीं किया। यहाँ भाव छन्दानुवर्ती न होकर छन्द ही भाव का अनुवर्ती बन जाता है। शास्त्र-विहित छन्दों का प्रयोग छोड़कर छायावाद ने नूतन छान्दस् योजनाओं को कार्यान्वित किया। छायावादी मुक्त-छन्द का सच्चा विस्तार अज्ञेय, माथुर, शमशेर आदि कवियों में हुआ। एक प्रकार से इन्होंने मुक्त-छन्द का सम्पूर्ण विधान ही निर्मित किया। वर्णिक मुक्त-छन्द में भी ये कवि कवित्त के विरामों को उनके रूपान्तर सहित लेकर चले हैं। मुक्त-छन्द के इन प्रयोगों पर अंग्रेजी कविता के परिचय की अन्तरंगता का प्रभाव भी पड़ा है। यहाँ पर भी वाल्टह्विटमैन, ई. ई. कमिंग्ज, लाफेगो आदि की गूँज सुनाई पड़ने लगती है। यहाँ भी कविता तथा चित्रकला का संगम 'कीक्रीट-पोयट्री', 'कोलाज-पोयट्री' की भाँति मुद्रण के साथ 'कविता' में छन्द की लयहीनता के साथ आया। नयी कविता का एक बड़ा भाग ऐसा भी लिखा गया जो वर्णों, मात्राओं आदि के साथ लय से भी मुक्त है। श्री लक्ष्मीकान्त वर्मा तथा रामस्वरूप चतुर्वेदी ने कहा—"उनकी अधिकांश रचनाओं को सुविधा पूर्वक गद्य कविता कहा जा सकता है।"[278]

डॉ. जगदीश गुप्त ने लयहीनता का समाधान जैसे 'अर्थ की लय' में खोजा है। ''अर्थ की लय का प्रश्न नयी कविता के रूप विधान से संबंध रखता है। लय के अभाव का उद्घोषण करके नयी कविता पर वज्र प्रहार करने की वृत्ति अभी कम नहीं हुई है। विराधी पक्ष...उसी 'सींक के बाण' को मन्त्र पढ़-पढ़कर ब्रह्मास्त्र बनाने के लिए कटिबद्ध हो रहा है।''[279] कविता में लय तत्व की महत्ता को मानकर वे 'वागर्थाविव सम्पृक्तौ' की ओर आ जाते हैं और शब्दार्थमयी नयी कविता में 'अर्थ की लय' की बात करते हैं। यहाँ उन्हें आई. ए. रिचर्ड्स की काव्य और छन्द धारणा, टी. एस. इलियट की 'संगीतात्मक कविता' की अवधारणा, हर्बर्ट रीड की लय दृष्टि, स्टीफेन स्पेण्डर की रचना प्रक्रिया दृष्टि का बार-बार ध्यान आता है। वे हाथकिंस की 'रनिंग रिद्म' तथा 'स्प्रिंग रिद्म' से लेकर जी. एच. लीविस की 'द ईनर लाइफ आफ आर्ट' तक चिन्तन को फैलाते हैं। वे कहते हैं—''उस क्रम में और भी अनेक काव्य चिन्तकों के मत उद्धृत किए जा सकते हैं पर मैं समझता हूँ कि 'अर्थ की लय' संबंधी मूल स्थापना की आधारभूमि का आभास देने के लिए इतने पर्याप्त हैं।...शब्द की लय की जितनी विधाएँ कविता में व्यवहृत होती हैं, उनसे कई गुनी अधिक विधाएँ अर्थ की लय की रही हैं।''[280] वे मानते हैं—''जिस प्रकार ध्वनि अथवा शब्द-खण्डों का फिर-फिर कर आना क्रमिक रूप से लय के विभिन्न प्रकारों को जन्म देता है, उसी प्रकार अर्थ-खण्डों का क्रमिक, ग्रथित आवर्तन-प्रत्यावर्तन अर्थ की लय के विविध रूपों की सृष्टि करता है।''[281] बहुत प्रयास करने पर भी डॉ. गुप्त 'अर्थ की लय' की सम्पूर्ण-प्रक्रिया और स्वरूप को स्पष्ट नहीं कर सके, नवीनता के चक्कर में शब्द-लय तथा अर्थ-लय के भेद में पड़े रहे। डॉ. विश्वम्भरनाथ उपाध्याय ने 'अर्थ की लय' को समझने के बाद कहा है—''प्रयोगवादी गद्य में भी लय का आरोप ही अधिक रहता है। अतः जगदीश का अर्थ-लय-दर्शन भ्रान्ति पर आधारित है। जगदीश गुप्त का 'अर्थलयवाद' अज्ञेय के 'विराम चिह्न', आड़ी तिरछी लकीरें-वाद का ही दूसरा संस्करण है।''[282] काव्यमर्मज्ञ मानते हैं कि काव्य में अर्थ की लय से ज्यादा संगीतात्मक लय प्रभाव एवं प्रेषण का माध्यम होती है।

कुंवरनारायण का विचार है कि नये भाव को पुराने छन्द में व्यक्त करने से उसकी हत्या हो जाती है। नये विषय, नये छन्द की माँग करते हैं जिन्हें 'रेडीमेड' कपड़ों की तरह नहीं पहनाया जा सकता, बल्कि ''भाषा और छन्दों को दूसरी तरह काटना-छाँटना पड़ता है। ताकि उनका अपना दायित्व उभर सके। छन्द जिन्हें कविता का कारण कहना शायद गलत न होगा, कविता के विकास में उसी प्रकार टूटते और बनते चलते हैं—जैसे भाषा के विकास में व्याकरण।''[283]

इस प्रकार प्रयोगों तथा परिवर्तनों के मूल में नये छन्दों की आवश्यकता स्वयंसिद्ध है।

प्रयागनारायण त्रिपाठी ने परम्परागत छन्दों, तुकों को छोड़कर छन्द की नवीन राह के अन्वेषण पर बल दिया है। उन्होंने 'मुक्त-छन्द' के माध्यम से ही नये भाव-बोध को व्यक्त करने का प्रयास किया है। वे डी. एस. लारेन्स के इस विचार के कायल हैं कि जिसमें माना गया है कि मुक्तछन्दमयी प्रत्येक कविता अपने आप में एक पूर्ण इकाई है। गहन अनुभूति के क्षणों में लय के समावेश को नहीं भूलना चाहिए। वे अज्ञेय जी की इस स्थापना के भी समर्थक हैं कि आजकल की कविता बोलचाल की अन्विति माँगती है, पर गद्य की लय नहीं मांगती हैं। तुक-ताल का बंधन उसने आयान्तिक मान लिया है। पर लय को वह व्यक्ति का अभिन्न अंग मानती है। इस प्रकार लय कविता का आन्तरिक अनुशासन है।[284] इसलिए कीर्ति चौधरी का यह कथन भ्रान्तिपूर्ण है कि नयी कविता लय हीन मुक्त-छन्द में होती है।[285] मदन वात्स्यायन ने ठीक कहा है कि नयी कविता 'लययुक्त होकर ही वह याद रखी जा सकती है।''[286] वे यह भी मानते हैं कि ''छन्द और लय के बंधनों से छुट्टी पाकर शब्द सस्ते आने लगते हैं और बात सघनता खोकर फीकी पड़ने लगती है।[287] नयी कविता के कवि-आलोचक गिरिजाकुमार ने माथुर मुक्त-छन्द प्रयोग का समर्थन किया है किन्तु वे छन्द में ध्वनि-सामंजस्य पर बहुत जोर देते हैं।[288] यह सच है कि कविता में शब्द-ध्वनियों का विशिष्ट सामंजस्य ही सम-वितरित अन्विति को जन्म देता है। यह काव्यगत अन्तःसंगीत ही काव्य-नाद है। पश्चिम में रिचर्ड्स ने लय को न तो ध्वनियों की व्यवस्था मात्र माना है और न छन्द को कोई बाहरी ढाँचा। इनका संबंध मन की विभिन्न प्रक्रियाओं से स्थापित किया है। लय और छन्द के सभी प्रभाव प्रत्याशा (एंटीसिपेशन) से उत्पन्न होते हैं। इस 'प्रत्याशा' को रिचर्ड्स अचेतन प्रक्रिया मानते हैं। शब्द न अच्छा होता है न बुरा, काव्य में इसका सम्मानित प्रभाव ही महत्वपूर्ण होता है। इसलिए वे लय की परिभाषा इस प्रकार करते हैं—''अक्षरों के अनुक्रम से उत्पन्न होने वाला, आकांक्षाओं, सन्तुष्टियों, निराशाओं तथा विस्मयों का यह संग्रन्थन लय है।'' साथ ही समय-संबंधी लयात्मक अनुक्रम का जटिल रूप विशिष्ट रूप छन्द है। यह छन्द उद्दीपन (स्टीमुलेशन) में होकर अनुक्रिया (रेस्पांस) में स्थित होता है। छन्द तथा लय के सौन्दर्य को रिचर्ड्स ने वस्तुगत न मानकर विषयीगत (सब्जेक्टिव) माना है। यह उनकी सौन्दर्य धारणा के अनुकूल ही निर्णय है।[289] वे कालरिज तथा येट्स की भाँति छन्दों के सम्मोहक प्रभाव (हिप्नाटिक एफेक्ट) को स्वीकार करते हैं। इस प्रकार काव्य से छन्द के बहिष्कार के पक्ष में वे नहीं हैं। हिन्दी के लगभग सभी विचारक

छंद और लय को लेकर रिचर्ड्स की भाँति ही सोचते हैं। साथ ही हिन्दी कविता और छन्द के विकासक्रम को उस व्यक्तिवादी मध्यवर्गीय पश्चिमी चेतना ने भी प्रभावित किया है जो पाश्चात्य सम्पर्क से विकसित हुई है एवं बीसवीं शताब्दी में जिसका उत्तरोत्तर विकास हुआ है। मुद्रण कला के आने पर कविता श्रव्य न रहकर पाठ्य होती चली गई। कान का स्थान आँख ने ले लिया। इस इन्द्रिय परिवर्तन का भी कविता पर गहरा प्रभाव पड़ा है।

(ग) समाहार तथा निष्कर्ष

नयी समीक्षा के प्रमुख प्रवक्ताओं के काव्य-विषयक अभिमतों के विवेचन के उपरान्त समाहार रूप में कुछ समान निष्कर्ष उभर कर सामने आते हैं कि यह समस्त चिन्तन संस्कृत काव्य-समीक्षा के सैद्धान्तिक चिन्तन से हट कर पश्चिमी सैद्धान्तिक समीक्षा—विशेषकर नयी समीक्षा (न्यू क्रिटिसिज्म) के परिप्रेक्ष्य को बुनियादी तौर पर ग्रहण करते हुए विकसित हुआ है। नये कवि-आलोचकों तथा आलोचकों ने नये काव्य-सृजन के अनुकूल वस्तु तथा शिल्प के काव्य--प्रतिमानों की स्थापना करनी चाही है। इन सभी नये समीक्षकों ने एक स्वर से सौन्दर्य-मूल्य के रूप में भारतीय रस-सिद्धान्त का तीव्र विरोध किया है। नये साहित्य की काव्य-संवेदना या विशिष्ट सौन्दर्य-बोध की व्याख्या के लिए सभी ने प्राचीन परम्परागत काव्य-मूल्यों को अपर्याप्त तथा अप्रासंगिक माना है। नयी समीक्षा ने काव्यास्वाद को बौद्धिक आस्वाद तथा काव्यास्वादन की प्रक्रिया को बौद्धिक क्रिया माना है। इन सभी बहसों में यह मान्यता अन्तर्भूत रही है कि काव्यानुभूति में गहरे स्तर पर बदलाव आ गया है, इसलिए कविता के नये प्रतिमान बनाने चाहिएँ। 'साधारणीकरण' की स्वीकृति इन सभी ने नये रागात्मक संबंधों की बदली प्रणालियों के अनुसार दी है। समस्त सम्प्रेषणीयता का अर्थ नये पाठक में नये राग-संबंध का संचार मान लिया है। इस प्रकार ये सभी काव्य-सम्प्रेषणा-प्रक्रिया को ही साधारणीकरण मानते हैं। नवीन सौन्दर्य एवं युग-बोध को ध्यान में रखते हुए कविता में स्थान दिया है। 'आधुनिकता' को मूल्य एवं प्रक्रिया दोनों रूपों में ग्रहण करते हुए काव्य-प्रतिमान बनाया है।

ये सभी एकमत से शाश्वत और सार्वभौम-सिद्धान्त के निर्धारण का विरोध करते हैं। ये मानते हैं कि सौन्दर्य-बोध, युग-सापेक्ष परिवर्तनशील अनुभूति है। जीवन, जगत एवं समाज के सन्दर्भ से युगानुकूल काव्यानुभूति में गहरे स्तर पर परिवर्तन आ जाता है। इस परिवर्तन का प्रभाव काव्य-पाठक पर भी पड़ता है। और उसकी अनुभूतियों-रुचियों, दृष्टियों आदि में परिवर्तन आता रहता है। इसी दृष्टि से ये सभी कविता को युग-सन्दर्भ के अनुसार नये सिरे से व्याख्यायित-विश्लेषित तथा पारिभाषित करने पर जोर देते हैं। काव्य-तत्वों की व्याख्या में

मनोविश्लेषणशास्त्र, अतियथार्थवाद, बिम्बवाद, प्रतीकवाद, अस्तित्ववाद,मानववाद, मानवतावाद आदि की व्याख्याओं को स्थापित करते चलते हैं। काव्य-सर्जना में एक स्वर से विषय की सीमा स्वीकार नहीं करते हैं, साथ ही वे विषय निर्धारण को भी असम्भव मानते हैं।

काव्य-प्रेरणा-हेतुओं तथा प्रयोजनों में पश्चिमी मनोवैज्ञानिकों तथा समाज-चिन्तकों की विचारधाराओं से प्रभाव ग्रहण करते रहे हैं। कुछ समीक्षक आन्तरिक प्रेरणा की ओर झुकते हैं तो कुछ आलोचक बाह्य यथार्थ की अनेक स्थितियों को प्रेरणा के रूप में स्वीकृति देते हैं। इस प्रकार दोनों ही चिन्तन-सरणियों को यहाँ एक साथ पाया जा सकता है। काव्य-आत्मा संबंधी प्राचीन चिन्तन से हटकर ये गहन संवेदन क्षमता और सार्थक काव्यानुभूति को ही कविता का प्राण मान उठे हैं। काव्य-प्रयोजन में ये कविता को अपना प्रयोजन आप नहीं मानते, बल्कि भावात्मक विस्तार से लेकर मानवीय चिन्तन-शक्ति के विस्तार तक उसका प्रयोजन स्वीकार करते हैं। साहित्य में सांस्कृतिक मूल्यों के विघटन को स्वीकार करते हुए एक वर्ग 'लघुमानव-सिद्धान्त' की वकालत करते हैं और प्रगतिशील वर्ग के समीक्षक उसे मानव-विरोधी चिन्तन कहकर अस्वीकृत कर देते हैं। फिर भी इन सभी पर वैयक्तिकतावादी पश्चिमी चिन्तन की गहरी छाप मिलती है। अस्तित्ववादी किर्केगार्द, सार्त्र तथा कार्ल यास्पर्स के साथ ही बर्गसां का चिन्तन बोलता रहा है। साहित्यिक दृष्टि से टी. एस. इलियट, हुल्मे, ह्यूम, आई. ए. रिचर्ड्स, एफ. आर. लीविस, एम्पसन, ऐलेन टेट, ब्रुक्स तथा विमसाट आदि नये समीक्षक एक साथ बोलते सुनाई देते हैं।

नये समीक्षकों ने आधुनिकता को एक तीव्र ऐतिहासिक चेतना के रूप में स्वीकार किया एवं उसे परम्परा-बोध और समसामयिकता से जोड़ कर स्वचेतनता और आत्मसजगता का पर्याय माना है। नयी कविता की अनुभूति को 'सह-अनुभूति' मानते हुए 'अनुभूति की प्रामाणिकता' और प्रामाणिकता की अनुभूति को काव्य-प्रतिमान के रूप में महत्व-प्रतिष्ठा की है। यह 'सह-अनुभूति' विवेक से मुक्ति नहीं है, व्यक्तित्व का सह-अस्तित्व है। पश्चिमी आचार्यों की भाँति रचना की 'एथाण्टीसिटी', 'आनेस्टी' तथा 'जेनुइननैस' आदि पर विचार किया है। युग-बोध को समझने-समझाने की दृष्टि से 'विसंगति-विडम्बना' के सिद्धान्त को स्वीकृति दी है और जाने-अनजाने अस्तित्ववादी चिन्तन का प्रभाव ग्रहण किया है। स्वयं रिचर्ड्स, क्लीफन्स, ब्रुक्स, राबर्टपेन जैसे आलोचक भी विडम्बना-सिद्धान्त को मानते हैं, जिनका प्रभाव हिन्दी की नयी समीक्षा पर भी पड़ा है। रचनाकार के स्वातन्त्र्य और दायित्व को इस समीक्षा ने बार-बार चिन्तन के केन्द्र में खड़ा किया है और रचनाकार की सामाजिक प्रतिबद्धता को खुले रूप में मान्यता

प्रदान की है।

नयी समीक्षा ने तटस्थता, गैर रोमाण्टिक कला-सृजन के साथ ही निर्वैयक्तिकता सिद्धान्त की हिन्दी समीक्षा में स्थापना करनी चाही है। काव्य-शिल्प के अनेक पक्षों पर गम्भीरता से विचार किया है। काव्य-भाषा, बिम्ब, प्रतीक, लय और छन्द को नये ढंग से काव्य-प्रतिमान बनाया है। काव्य-भाषा-सिद्धान्त के चिन्तन पर पश्चिमी-प्रभाव बहुत ही गहरा है। काव्य-भाषा में भाषा है, यह मानकर पाल वैलेरी, इलियट, रिचर्ड्स, एम्पसन, टेट, एफ. आर. लीविस, रेनेवेलेक, नार्थ्रपफ्राई आदि को नये ढंग से प्रस्तुतीकरण दिया है।

समग्रतः हिन्दी की नयी समीक्षा का 'काव्य-प्रतिमान चिन्तन' पश्चिम से प्रभावित होकर भी उस चिन्तन की कोरी नकल नहीं है। इस चिन्तन में हमारी सांस्कृतिक चेतना का स्वच्छ और गतिशील चिन्तन विद्यमान है। यह चिन्तन हिन्दी के एक नवीन साहित्यशास्त्र का निश्चयात्मक संकेत है। इन चिन्तन में काफी कुछ अतिवाद है, लेकिन एक चिन्तनात्मक संकल्प का स्वर भी झाँक रहा है जो भविष्य के सैद्धान्तिक मन्थन से और भी प्रखर होकर निखरेगा।

सन्दर्भ

1. रेनेवेलेक–आलोचना की धारणाएँ–पृ. 185 (अनु. डॉ. इन्द्रनाथ मदान)
2. जोएल स्पिनगार्न,–द न्यू क्रिटिसिज्म, 1911 ई.
3. जानक्रो रैन्सम–दि न्यू क्रिटिसिज्म
4. John Crowe Ransom—The New Criticism- P.11
5. लायनल ट्रिलिंग–द माडर्न एलिमेंट इन माडर्न लिटरेचर, पृ. 21
6. रिचर्ड पी. ब्लैकमूर–भाषा : एक हरकत, न्यूयार्क, 1952, पृ. 16
7. रेनेवेलेक–आलोचना की धारणाएँ, पृ. 208 (अनु. डॉ. मदान)
8. H.J. Herzberg —The Reader's Encyclopaedia of American Literature— P. 783.
9. John Crowe Ransom : The World Body— P. 22
10. ऐलेन टेट का निबन्ध–टेंशन इन पोयट्री
11. ऐलेन टेट के तीन निबन्ध संग्रह हैं–'रीजन इन मैडनेस' (1941) 'आन दि लिमिट्स आफ पोयट्री' (1949) तथा 'द फार्लोन डेमन' (1953)
12. सेविन टाइप्स आफ एम्बिगुइट–पृ. 1 (1957)
13. विमसाट–ब्रुक्स–लिटररी क्रिटिसिज्म–ए शार्ट हिस्ट्री, पृ. 368
14. डॉ. नगेन्द्र–नयी समीक्षा : नये सन्दर्भ, पृ. 25
15. द वेल राट अर्न : डेनिस डावसन लि. लन्दन, 1960, पृ. 239
16. 'आयरनी एज ए प्रिंसिपल आफ स्ट्रक्चर'–क्लीयन्थ ब्रुक्स–अमेरिका में 'लिटरेरी ओपीनियन' में संशोधित तथा मुद्रित खण्ड-2, सं. मार्टन डावेन जबेन, हार्वर एण्ड रो, न्यूयार्क
17. वही, पृ. 737
18. वही, पृ. 732

19. क्लीयन्थ बुक्स ने 'एन एप्रोच टू लिटरेच' (1916), 'अंडर स्टैंडिंग फिक्शन'–(1943) और 'अंडर स्टैंडिंग पोयट्री' (1938) में नयी समीक्षा को राबर्ट पेन के सहयोग से दृढ़ आधार प्रदान किया है।
20. माडर्न पोयट्री एण्ड दि ट्रेडिशन–पृ. 15–सन् 1967, यूनिवर्सिटी आफ नार्थ कैरीसिना प्रेस
21. मरे क्रीगर–सं. नार्थप फ्राई इन माडर्न क्रिटिसिज्म (न्यूयार्क 1966)
22. डॉ. नगेन्द्र–नयी समीक्षा : नये सन्दर्भ, पृ. 27
23. ब्लैकमूर–लैंग्वेज एण्ड जेस्चर (न्यूयार्क–1952)
24. New Criticism—P. 73
25. वही, पृ. 79
26. रेनेवेलेक तथा आस्टेनकारेन–साहित्य-सिद्धान्त, 141 (अनु. पालीवाल)
27. I.A. Richards Coleridge on Imagination—P. 202
28. मरे क्रीगर–द प्ले एण्ड प्लेस आफ क्रिटिसिज्म, पृ. 5-7 (1967)
29. डॉ. नगेन्द्र–नयी समीक्षा : नये सन्दर्भ, पृ. 27
30. डॉ. निर्मला जैन–नयी समीक्षा के प्रतिमान, पृ. 15
31. प्र. सं. डॉ. नगेन्द्र–पाश्चात्य काव्यशास्त्र : सिद्धान्त और वाद, पृ. 390
32. डॉ. रघुवंश–साहित्य का नया परिप्रेक्ष्य, पृ. 14
33. वही, पृ. 9
34. तारसप्तक–कवि–वक्तव्य–अज्ञेय
35. सं. धीरेन्द्र वर्मा–हिन्दी साहित्य कोश, भाग 1–लक्ष्मीकान्त वर्मा, पृ. 366
36. मुक्तिबोध–नयी कविता का आत्मसंघर्ष तथा अन्य निबन्ध, पृ. 184
37. मुक्तिबोध–नये साहित्य का सौन्दर्यशास्त्र, पृ. 26
38. आधुनिक साहित्य–प्रयोगवादी कविता, पृ. 60
39. सं. अज्ञेय–दूसरा सप्तक, भूमिका, पृ. 7
40. वही–तारसप्तक, भूमिका, पृ. 6-7
41. मुक्तिबोध–नयी कविता का आत्मसंघर्ष तथा अन्य निबन्ध, पृ. 1
42. सं. देवीशंकर अवस्थी–विवेक के रंग–शमशेर के काव्यानुभूति की बनावट
43. कविता के नये प्रतिमान, पृ. 69
44. श्री नेमिचन्द्र जैन–बदलते परिप्रेक्ष्य, पृ. 105
45. डॉ. जगदीश गुप्त–नयी कविता : स्वरूप और समस्याएँ, पृ. 89
46. नयी कविता : स्वरूप और समस्याएँ– कविता और अकविता, पृ. 90
47. 'By Poetry' I mean the activity of making images of a certain kind and moving about among them in a manner appropriate to their character. The Voice of poetry in conversation of Mankind. P-31.
48. 'Poetry is expressed in words and words suggest images and ideas and in poetry we may be explicity conscious of both the words and ideas of images with they are associated'.

- The poetry of Ezra Pound, Hugh Kenner, P. 57

49. 'Poetry is a sort of inspired mathematics, which gives us equation'.

- Ezra pound-Spirit of Romance. P. 5

50. 'The only way of expressing emotion in the form of act in by finding an "Objective Correlative" in other words a set of objects, a situation, a chain of events which

should be the formula of that particular emotion in sensary experience.'

- Selected Essays, P. 23.

51. सं. जगदीश गुप्त–नयी कविता, 5, 6–1960-61
52. लक्ष्मीकान्त वर्मा–नयी कविता के प्रतिमान, पृ. 2
53. वही, पृ. 4
54. लक्ष्मीकान्त वर्मा–नये प्रतिमान–पुराने निकष, पृ. 92-93
55. अज्ञेय–चिन्ता, भूमिका, पृ. 6
56. अज्ञेय–त्रिशंकु, पृ. 39
57. For my meaning is, that the poet has, not a 'Personality' to express, but a particular medium, which is only a medium, and not a personality.

- T.A. Eliot - Selected Prose, P.28.

58. तारसप्तक–नेमिचन्द्र जैन–कवि-वक्तव्य, पृ. 6
59. वही, पृ. 31
60. तारसप्तक–कवि–वक्तव्य, पृ. 124
61. श्री गिरिजाकुमार माथुर–नयी कविता : सीमाएँ और संभावनाएँ, भूमिका–संदर्भ
62. नयी कविता के प्रतिमान, पृ. 194
63. 'The emotion in his poetry will be a very complex thing'

- Selected Prose, P. 29

64. नकेन–पसपशा, पृ. 135
65. तीसरा सप्तक–कवि वक्तव्य, पृ. 6
66. वही, पृ. 149
67. वही, पृ. 117
68. नयी कविता–अंक 1, पृ. 8
69. शमशेर–सम्पादक–सर्वेश्वरदयाल सक्सेना, पृ. 21
70. दूसरा सप्तक, पृ. 9 (भूमिका)
71. नयी कविता के प्रतिमान, पृ. 25
72. डॉ. रामविलास शर्मा–नयी कविता और अस्तित्ववाद, पृ. 51
73. शमशेर, पृ. 22
74. कविता के नये प्रतिमान, पृ. 28
75. भाषा एक हरकत–न्यूयार्क (1952), पृ. 16
76. रेनेवेलेक, आलोचना की धारणाएँ–पृ. 208
77. डॉ. रामस्वरूप चतुर्वेदी–हिन्दी नवलेखन
78. नेमिचन्द्र जैन–बदलते परिप्रेक्ष्य, पृ. 13
79. वही, पृ. 15
80. नेमिचन्द्र जैन–बदलते परिप्रेक्ष्य, पृ. 32
81. वही–अनुभूति की प्रामाणिकता, पृ. 37
82. नये प्रतिमान पुराने निकष, पृ. 21
83. नयी कविता के प्रतिमान, पृ. 69
84. नयी कविता के प्रतिमान, पृ. 32
85. वही, पृ. 69

86. नये प्रतिमान–पुराने निकष–सौन्दर्य तत्व : अनुभूति और व्यवस्था, पृ. 209
87. वही, पृ. 232
88. दूसरा सप्तक, पृ. 9
89. नयी कविता : स्वरूप और सम्भावनाएँ, पृ. 82
90. वही, पृ. 76
91. वही, पृ. 79
92. डॉ. जगदीश गुप्त–नयी कविता : स्वरूप और समस्याएँ, पृ. 83
93. गिरिजाकुमार माथुर–नयी कविता : सीमाएँ और सम्भावनाएँ, पृ. 2
94. वही, पृ. 7
95. लक्ष्मीकान्त वर्मा–नये प्रतिमान–पुराने निकष, पृ. 79
96. आत्मनेपद, पृ. 165
97. डॉ. विश्वम्भरनाथ उपाध्याय–आधुनिक हिन्दी कविता सिद्धान्त और समीक्षा, पृ. ???
98. नयी कविता, अंक-2
99. आधुनिक हिन्दी कविता : सिद्धान्त और समीक्षा, पृ. 504
100. डॉ. रघुवंश–साहित्य का नया परिप्रेक्ष्य, पृ. 204
101. धर्मवीर भारती–दूसरा सप्तक, पृ. 180
102. रघुवीर सहाय–वही, पृ. 150
103. वही, पृ. 149
104. शमशेर बहादुर सिंह, पृ. 88
105. केदारनाथ सिंह–तीसरा सप्तक, पृ. 117
106. सर्वेश्वरदयाल सक्सेना-तीसरा सप्तक, पृ. 208
107. वही, पृ. 208
108. Paul Velery : Selected Writings, p. 147.
109. गिरिजाकुमार माथुर–नयी कविता : सीमाएँ और सम्भावनाएँ, (भूमिका)
110. धर्मवीर भारती–दूसरा सप्तक, पृ. 179
111. अज्ञेय–तीसरा सप्तक, पृ. 11
112. नयी कविता : स्वरूप और समस्याएँ, पृ. 97
113. वही, पृ. 112
114. डॉ. रघुवंश–हिन्दी काव्य की प्रवृत्तियाँ (भूमिका)
115. नयी कविता विलायती सन्दर्भ (सन्दर्भ–भूमिका)
116. नयी कविता : सीमाएँ और सम्भावनाएँ–नाद-सिद्धान्त–ध्वनियों के मौलिक अर्थ, पृ. 23
117. ए शार्ट हिस्ट्री–इंग्लिश लिटरेरी क्रिटिसिज्म, पृ. 97
118. अज्ञेय–दूसरा सप्तक, भूमिका, पृ. 12
119. आलोचना (जुलाई-सितम्बर अंक, 1967)
120. दूसरा सप्तक–भूमिका, पृ. 13
121. वही, पृ. 12
122. तीसरा सप्तक, पृ. 9
123. आधार–मार्च 1956, पृ. 69
124. दूसरा सप्तक, पृ. 180
125. दूसरा सप्तक, पृ. 151

126. बदलते परिप्रेक्ष्य, पृ. 57-58
127. वही, पृ. 57
128. बदलते परिप्रेक्ष्य, पृ. 62
129. गिरिजाकुमार माथुर–नयी कविता : सीमाएँ और सम्भावनाएँ (भूमिका)
130. आलोचना (पत्रिका, अंक 7–अप्रैल 1953), पृ. 57
131. डॉ. जगदीश गुप्त–नयी कविता–अंक 4 (1959 ई.) 'रसानुभूति और सह-अनुभूति' निबन्ध, पृ. 20
132. Sympathy, as I use it has a technical meaning. It does not mean love or approval; it is a way of knowing what the psychologist call empathy.

- Robert Longbaun : The poetry of Experience, P-1.

133. डॉ. जगदीश गुप्त–नयी कविता, अंक 4, पृ. 20
134. डॉ. जगदीश गुप्त–नयी कविता : स्वरूप और समस्याएँ–नयी कविता में रस और बौद्धिकता, पृ. 83
135. श्री लक्ष्मीकान्त वर्मा–नये प्रतिमान : पुराने निकष, पृ. 5
136. श्री लक्ष्मीकान्त वर्मा–साहित्य किसके लिए ? पृ. 61
137. श्री लक्ष्मीकान्त वर्मा–साहित्य किसके लिए ? पृ. 65
138. अज्ञेय–त्रिशंकु, पृ. 29
139. दूसरा सप्तक, पृ. 178
140. बदलते परिप्रेक्ष्य, पृ. 43
141. डॉ. रघुवंश–साहित्य का नया परिप्रेक्ष्य, पृ. 15
142. तीसरा सप्तक, पृ. 209
143. अज्ञेय–आधुनिक रचना की समस्या, पृ. 4
144. Eliot - Literary Essays of Ezra Pound, p. 59
145. Eliot - On Poetry and Poets, p.22
146. Philip Thody : Sartre - A Philosophical and Literary Study, P. 148
147. रेनेवेलेक आस्टेन वारेन–साहित्य-सिद्धान्त–साहित्य का प्रयोजन, पृ. 40 (अनु. पालीवाल)
148. दूसरा सप्तक, भूमिका, पृ. 10
149. गिरिजाकुमार माथुर–नयी कविता : सीमाएँ और सम्भावनाएँ, पृ. 5
150. डॉ. जगदीश गुप्त–नयी कविता : स्वरूप और समस्याएँ पृ. 94
151. सं. सर्वेश्वरदयाल सक्सेना–शमशेर, पृ. 37
152. दी कामन परसूट–पृ. 212-13
153. 'The actual Reader of a poem is something of like a Reader over another Reader's shoulder; he reads through the dramatic Reader. The person to whom the full tone of the poem is addressed in the fictional situation.'

- The Verbal Icon - Introduction, p. 15

154. Eliot : The use of poetry and the use of criticism, pp. 18-19.
155. नयी कविता का आत्मसंघर्ष और अन्य निबन्ध, पृ. 184
156. वही ???
157. नये प्रतिमान–पुराने निकष, पृ. 105
158. वही, पृ. 94
159. वही, पृ. 108

160. नयी कविता—अंक 5-6, पृ. 115
161. सं. धीरेन्द्र वर्मा—हिन्दी साहित्य—तृतीय खण्ड, पृ. 243
162. डॉ. जगदीश गुप्त—नयी कविता : स्वरूप और समस्याएँ, पृ. 36
163. डॉ. रघुवंश—साहित्य का नया परिप्रेक्ष्य, पृ. 184
164. डॉ. धर्मवीर भारती—मानव मूल्य और साहित्य, पृ. 128
165. वही, पृ. 25
166. मुक्तिबोध—नये साहित्य का सौन्दर्यशास्त्र, पृ. 25
167. डॉ. नगेन्द्र—नयी समीक्षा : नये सन्दर्भ, पृ. 61
168. वही, पृ. 67
169. लक्ष्मीकान्त वर्मा—नयी कविता के प्रतिमान, पृ. 248
170. लक्ष्मीकान्त वर्मा—नयी कविता के प्रतिमान, पृ. 250
171. लक्ष्मीकान्त वर्मा—नये प्रतिमान—पुराने निकष—आधुनिकता : कुछ विचार-सूत्र, पृ. 37
172. वही, पृ. 37
173. गिरिजाकुमार माथुर—नयी कविता : सीमाएँ और सम्भावनाएँ, पृ. 103
174. वही, पृ. 105
175. वही, पृ. 105
176. विपिन कुमार अग्रवाल—आधुनिकता के पहलू, पृ. 18
177. डॉ. धर्मवीर भारतीय—मानव-मूल्य और साहित्य, पृ. 20-21
178. डॉ. इन्द्रनाथ मदान—आधुनिकता और हिन्दी साहित्य, पृ. 20-21
179. डॉ. धर्मवीर भारतीय—मानव मूल्य और साहित्य, पृ. 27
180. डॉ. रामस्वरूप चतुर्वेदी—नवलेखन, पृ. 34
181. डॉ. रामस्वरूप चतुर्वेदी—भाषा और संवेदना, पृ. 20
182. अशोक वाजपेयी—फिलहाल, पृ. 179-180
183. रामधारी सिंह दिनकर—आधुनिक बोध, पृ. 10
184. डॉ. रघुवंश—समसामयिकता और आधुनिक हिन्दी कविता, पृ. 73
185. डॉ. रमेश कुन्तल मेघ—आधुनिकता बोध और आधुनिकीकरण, पृ. 11
186. 'It is sheer Juggling to look upon a denial of the past as the same thing as consciousness of the present.'
     C.Y. Jung - Modern Man in Search of Soul, P. 59
187. Stephen Spender : Struggle of the modern, P. 23.
188. अज्ञेय—त्रिशंकु, पृ. 30
189. नरेश मेहता—कृति—मई 1959, पृ. 3
190. नयी कविता के प्रतिमान, पृ. 193
191. नेमिचन्द्र जैन—बदलते परिप्रेक्ष्य, पृ. 17
192. नेमिचन्द्र जैन—बदलते परिप्रेक्ष्य, पृ. 17-18
193. डॉ. जगदीश गुप्त—नयी कविता, अंक 7, पृ. 63
194. डॉ. रामस्वरूप चतुर्वेदी—अज्ञेय और आधुनिक रचना की समस्या, पृ. 170
195. डॉ. नामवर सिंह—कविता के नये प्रतिमान, पृ. 176
196. मुक्तिबोध—नयी कविता का आत्म-संघर्ष तथा अन्य निबन्ध, पृ0 8
197. डॉ. जगदीश गुप्त—नयी कविताःस्वरूप और समस्याएँ—रसानुभूति और सह-अनुभूति, पृ.76

198. नेमिचन्द्र जैन–अनुभूति की प्रामाणिकता, पृ. 37
199. वही, पृ. 38
200. डॉ. देवीशंकर अवस्थी–विवेक के रंग (प्रामाणिक अनुभूति)–प्रभाकर माचवे, पृ. 3
201. डॉ. रामस्वरूप चतुर्वेदी–भाषा और संवेदना, पृ. 1
202. नये प्रतिमान–पुराने निकष, पृ. 35
203. रेनेवेलेक–आलोचना की धारणाएँ–(दर्शन और युद्धोत्तर अमरीकी आलोचना–नामक निबन्ध)
204. Practical Criticism, p. 53-56
205. वही, पृ. 77
206. Feeling and Form, P. 34
207. Notes Towards the defence of Culture, P. 36
208. Creative Induition in art and Poetry, P. 173
209. सं. सर्वेश्वर–शमशेर, पृ. 6
210. नये प्रतिमान–पुराने निकष, पृ. 154
211. वही ???
212. वही, पृ. 155
213. नयी कविता के प्रतिमान, पृ. 132-223
214. मानव मूल्य और साहित्य, पृ. 126
215. प्रगतिशील साहित्य की समस्याएँ, पृ. 27
216. डॉ. रामस्वरूप चतुर्वेदी–अज्ञेय और आधुनिक रचना की समस्या, पृ. 160
217. अज्ञेय–त्रिशंकु, पृ. 23
218. डॉ. रघुवंश–साहित्य का नया परिप्रेक्ष्य, पृ. 19
219. डॉ. रामविलास शर्मा–नयी कविता और अस्तित्ववाद (भूमिका)
220. डॉ. रामविलास शर्मा–नयी कविता और अस्तित्ववाद, पृ. 95
212. वही, पृ. 104
222. अज्ञेय–त्रिशंकु–रूढ़ि और मौलिकता, पृ. 40
223. डॉ. रामस्वरूप चतुर्वेदी–अज्ञेय और आधुनिक रचना की समस्या–अज्ञेय गैर रोमांटिक कविता की समभावना, पृ. 1
224. वही, पृ. 8
225. वही, पृ. 151
226. डॉ. रामस्वरूप चतुर्वेदी–अज्ञेय और आधुनिक रचना की समस्या–गैर रोमांटिक कविता की सम्भावना, पृ. 1
227. वही, पृ. 2
228. अज्ञेय–दूसरा सप्तक, भूमिका, पृ. 12
229. Immanuel Kant - Critique of Judgement, Tra., by J.C. Meredith, P. 64, P. 1911.
230. The Secred Wood, P. 53
231. 'The Progress of an artist is a continual Self Sacrifice, a continual extinction of personality.', P. 26 - Selected Prose.
232. Principles of Literary Criticism, P. 78
233. The Common Persuit, P. 130
234. C.G. Jung - Modern Man in the Search of Soul, P. 198-99

235. Edward Bullough - Psychical Distance as a factor in Art and As an Aesthetic Principle - British journal of Psychology, Vol. + (+* 1912).

236. शमशेर, पृ. 22

237. वही, पृ. 23

238. रस-मीमांसा–काव्य, पृ. 5

239. वर्ड्सवर्थ और कालरिज के काव्य-सिद्धान्त, पृ. ???

240. (i) रमणीयार्थ प्रतिपादक शब्दः काव्यम्।–रसगंगाधर, पृ. ???
(ii) कविता की परिभाषा, पृ. 101–रिचर्ड्स के आलोचना सिद्धान्त–शम्भुदत्त झा

241. पाल वैलेरी–दि आर्ट आफ पोयट्री : अनु. डेनिस फोलियट, पृ. 63 (लन्दन 1958)

242. विनिफेड नोवोटनी–दि लेंग्वेज पोयट्स यूज–पृ. 123 (लन्दन 1962)

243. दि आर्ट आफ पोयट्री, पृ. 64

244. सं. उमाराव–विवेचना-संकलन, 3, पृ. 2

245. डॉ. विद्यानिवास मिश्र–रीतिविज्ञान–काव्यभाषा और काव्येतर भाषा, पृ. 49

246. अज्ञेय की काव्य-तितीर्षा, पृ. 27

247. दूसरा सप्तक, पृ. 11

248. ओवेन बारफील्ड–पोयटिक डिक्शन, पृ. 41

249. But here a two fold division is more convenient, the division between sysofolic use of words and the emotive use. The symbolic use of words is statement, the recording, the support, the organisation and the communication of references, the emotive use of words is a more simple matter, it is the use of words to express or excite feelings and attitudes ....under the emotive function are included both the expression of emotions, attitudes, moods, intentions etc., in the speaker and their communications, i.e. their evocation in the listener.

The Meaning of the Meaning, P. 149-50

250. Practical Criticism, P. 181

251. चिन्तामणि, भाग 2, पृ. 164

252. भाषा और संवेदना, पृ. 1

253. वही, पृ. 1

254. वही, पृ. 9

255. भाषा और संवेदना, पृ. 11

256. डॉ. रामस्वरूप चतुर्वेदी–भाषा और संवेदना, कल्पना जुलाई–1960

257. भाषा और संवेदना, पृ. 23

258. वही, पृ. 41

259. वही, पृ. 27

260. भाषा और संवेदना, पृ. 29

261. वही, पृ. 33

262. डॉ. देवराज–प्रतिक्रियाएँ, पृ. 171

263. वही, पृ. 173

264. वही, पृ. 176

265. T.S. Eliot - Selected Prose - What is Classic.

266. डॉ. विद्यानिवास मिश्र–रीति विज्ञान

267. क, ख, ग जनवरी 1965 (भाषा अंक), पृ. 58

268. अज्ञेय–अद्यतन, पृ. 17
269. वही, पृ. 18
270. डा. रघुवंश–समसामयिकता और आधुनिक हिन्दी कविता, पृ. 22-23
271. डा. विद्यानिवास मिश्र, रीति विज्ञान, पृ. 51
272. सं. अज्ञेय–तीसरा सप्तक, पृ. 197 (डा. केदारनाथ सिंह)
273. डा. जगदीश गुप्त–नयी कविता : स्वरूप और समस्याएँ, पृ. 43
274. सी. डी. ल्यूइस–पोयटिक इमेज
275. डा. नामवर सिंह–कविता के नये प्रतिमान, पृ. 125
276. भाषा और संवेदना, पृ. 28
277. साहित्य का नया परिप्रेक्ष्य, पृ. 268
278. सं. देवीशंकर अवस्थी–विवेक के रंग, पृ. 90
279. Caroline F.S. Spergeon - Shakespeare's Imagery.
280. Imagism (poetry), Vol. I, no. 6, March - 1913
281. Clinth Brooks. Literary Criticism : A short history (Cht. 32), P. 749.
282. डा. केदारनाथ सिंह–आधुनिक हिन्दी कविता में बिम्ब-विधान, पृ. 21
283. डा. नगेन्द्र–काव्य-बिम्ब, पृ. 44
284. डा. नामवर सिंह, कविता के नये प्रतिमान, पृ. 123
285. भूपेन्द्र सान्याल–फ्रेंच साहित्य का इतिहास, पृ. 249
286. विमसाट तथा ब्रुक्स–लिटरेरी क्रिटिसिज्म : ए शार्ट हिस्ट्री, पृ. 595
287. चिन्तामणि, भाग 1, पृ. 110
288. तार सप्तक (अज्ञेय), पृ. 278
289. अज्ञेय–आल वाल, पृ. 107
290. अज्ञेय–आत्मनेपद, पृ. 41
291. अज्ञेय–पूर्वा, पृ. 244
292. सं. शिवदान सिंह चौहान–आलोचना, अंक 2 (संपादकीय)
293. आत्मनेपद, पृ. 41
294. वही, पृ. 45
295. डा. रामस्वरूप चतुर्वेदी–भाषा और संवेदना, पृ. 25
296. सं. सर्वेश्वरदयाल सक्सेना, शमशेर, पृ. 21
297. श्री नेमिचन्द्र जैन–बदलते परिप्रेक्ष्य : नयी कविता, उपलब्धि और भ्राँतियाँ, पृ. 111
298. वही, पृ. 109
299. डा. हरदयाल–आधुनिक हिन्दी कविता का अभिव्यंजना-शिल्प, पृ. 231
300. रेवरेंड जान एडवर्ड्स, उद्धृत, जान लिविंग्स्टन लोवेस–कन्वेंशन एण्ड रिवोल्ट इन पोयट्री, पृ. 161
301. 'Rhythm May, thereford, be defined as a numerical proportion, perceptiable to sense and of things occuring in different intervals of time.' Encyclopaedia Britanica, P. 96, Vol, 23
302. 'Thus the basis of all metre is organisation of sound or movement by accent, which may be of stress, duration (Ugogic) or pitch.
Chambers encyclopaedia, p. 679, Vol. 11
303. Ibid, p. 679

304. विद्यानिवास मिश्र—रीति-विधान, पृ. 45
305. डा. रामस्वरूप चतुर्वेदी—हिन्दी नवलेखन, पृ. 53
306. डा. जगदीश गुप्त—नयी कविता : स्वरूप और समस्याएँ, अर्थ की लय, पृ. 69
307. वही, पृ. 72
308. वही, पृ. 72
309. डा. विश्वम्भरनाथ उपाध्याय—आधुनिक हिन्दी कविता : सिद्धान्त और समीक्षा, पृ. 508
310. कुँवर नारायण—तीसरा सप्तक, पृ. 150-151
311. अज्ञेय
312. तीसरा सप्तक, पृ. 33
313. वही, पृ. 73
314. वही, पृ. 73
315. तार सप्तक, पृ. 125 (गिरिजाकुमार माथुर)
316. शम्भुदत्त झा—रिचर्ड्स के अलोचना-सिद्धान्त—छन्द और लय, पृ. 81-82

4

हिन्दी-समीक्षा और पाश्चात्यवाद

(1) अभिव्यंजनावाद

अभिव्यंजनावाद—बीसवीं शताब्दी के प्रमुख साहित्यिक वादों में अभिव्यंजनावाद का नाम अग्रगण्य है। वास्तव में, अभिव्यंजनावाद सभी कलाओं की एक विशेषता है। यह 'अभिव्यंजना' से सम्बन्धित कला-विशेष का संकुचित अर्थों में 'वाद' नहीं है। यूरोपीय आलोचना का विकास साक्षी है कि स्वच्छन्दतावादी सिद्धान्त के भीतर से अभिव्यंजनावाद का सिद्धान्त पनपता है। एक प्रकार से आदर्शवादी सौन्दर्य-दर्शन का चरम ही इस सिद्धान्त में एकत्र हो गया है। काण्ट, हीगेल आदि दार्शनिक आन्तरिक जगत के साथ बाह्य जगत की प्रवहमयता तथा घात-प्रतिघात को लेकर चले थे। स्वयं काण्ट, शेलिंस से प्रभावित कल्पनावाद का सिद्धान्त बाह्य आरोपण से मुक्त है। क्रोचे ने प्रथम बार दार्शनिक दृष्टि से कला का एक ऐसा सौन्दर्य-दर्शन प्रस्तुत करना चाहा है, जिसमें बाह्य उपकरणों को एक गौण साधन के रूप में तथा अन्तर्दर्शन की मानसिक क्रियाओं को ही एकमात्र मान्यता दी गई है।

अभिव्यंजनावाद के सूत्र पूर्ववर्ती सिद्धान्तों में चमकते रहे हैं किन्तु इन्हें विशिष्ट शास्त्रीय विधान में लाने का श्रेय इटली के दार्शनिक और सौन्दर्यशास्त्री क्रोचे को ही है।[1] क्रोचे से पूर्व ही कुछ सौन्दर्यशास्त्री कला में सौन्दर्य-भावना के आत्मवादी सिद्धान्त का संकेत दे उठे थे। इसका कारण था कि ग्रीक-लैटिन की शास्त्रीय-दृष्टि में कला के नीतिमूलक, वस्तुमूलक आकलन पर पूरा बल था

और नये युग की सौन्दर्य-मूल्य-दृष्टि एक नवीन मानसिकता में इन प्राचीन सिद्धान्तों से ऊब गई थी। सर्वप्रथम सत्रहवीं शताब्दी में जर्मनी के विचारकों ने एक ऐसा आन्दोलन खड़ा कर दिया जो कला की वस्तुवादी तथा अनुकरणवादी सत्ता से विद्रोह कर उठा। जर्मनी में लेसिंग, विकेलमैन, कांट और गेटे की प्रतिभाओं से इस आन्दोलन को नया आधार भी मिला और ये विचारक ही नये कला-दर्शन के अग्रणी नेता भी बुने हैं। स्वयं इंग्लैण्ड के स्वच्छन्दतावादी कवि-आलोचक वर्ड्सवर्थ और कालरिज का कला-सौन्दर्य-दर्शन कला तथा साहित्य की प्राचीन परिपाटियों को तोड़ने के साथ नये प्रतिमानों की खोज में सक्रिय रहा है। धीरे-धीरे स्वच्छन्दतावादी आन्दोलन समस्त यूरोप में फैलता गया और कला की भाववादी-आदर्शवादी व्यक्तिवादी तथा अध्यात्मवादी दृष्टियाँ प्रखर होती चली गयीं। इस व्यापक आन्दोलन ने पूरी शक्ति से कला को प्राचीन पद्धतियों—परिपाटियों से मुक्ति दिलाते हुए सौन्दर्यपरक कला-प्रतिमानों को दृढ़ता से प्रतिष्ठित किया। सौन्दर्य-मूलक कला के इन्हीं विचारों ने अभिव्यंजनावादी कला-सिद्धान्त को जन्म दिया।

अभिव्यंजनावाद की भूमिका के लिए स्वच्छन्दतावाद ही पर्याप्त न था। स्वच्छन्दतावाद के उफान में कमी आते ही यूरोप में विज्ञानवाद का प्रभाव बढ़ने लगा और उसके आधार पर विचार-विवेक की कला में दुहाई दी जाने लगी। फ्रांस में सेण्ट-व्यूव ने प्राचीनों को आदर देते हुए शास्त्रीय मूल्यों की स्थापना का पुनः प्रयास किया। टेन ने जाति-देश, काल आदि के नियामक प्रभाव को महत्व देते हुए ऐतिहासिक आलोचना में नवीन तार्किकता और वैज्ञानिकता का समावेश किया। इन विचारक आलोचकों के सिद्धान्तों में कला-दृष्टि को स्थान नहीं था। स्वयं मैथ्यू आर्नल्ड ने काव्य में विषय-वस्तु की महत्ता का प्रतिपादन शास्त्रीय ढंग से किया। उनकी धारणा थी कि किसी प्रकार की भी अभिव्यंजना पद्धति अथवा शैली काव्य-विषयक निकृष्टता को छिपाने में असमर्थ होती है। इसीलिए विक्टोरियन तरंगी कवियों की यह कहकर निन्दा करते रहे हैं कि उनके लिए अभिव्यंजना-पद्धति मुख्य थी, कार्य-व्यापार नहीं। कार्य-व्यापार की यह अवहेलना मैथ्यू आर्नल्ड को अराद्य रही है। स्विनबर्न तथा टेनीसन जैसे कला-चिन्तक भी इसी युग में जीवित थे, किन्तु जादू आर्नल्ड का ही था। समस्त युगधारा का साथ आर्नल्ड तथा रस्किन को ही मिला, टेनीसन, स्विनबर्न को नहीं। रूसी कला-चिन्तक टाल्स्टाय ने अपने लोकादर्शवाद में सौन्दर्य और आनन्द को कला का मूल तत्व मानने में आपत्ति की तथा लोक-मंगल के कला-मूल्यों का समर्थन किया। वे पूरी शक्ति से 'व्हाट इज आर्ट' में कहते रहे हैं कि 'कला आनन्द नहीं, वरन् मानव एकता का साधन है' किन्तु टाल्स्टाय की इस घोर

उपयोगिता दृष्टि के खिलाफ विद्रोह हुआ और आनन्द तथा सौन्दर्य को कला मूल्यों के केन्द्र में लाया गया। इस उपयोगितावाद के विद्रोह से नवीन मनोविश्लेषणशास्त्र सम्बन्धी आलोचना-सिद्धान्त और सौन्दर्यशास्त्र की प्रतिष्ठा हुई। 'कला कला के लिए' सिद्धान्त भी उभर कर आया। यह सब नये ढंग से मिल-बदलकर क्रोचे के अभिव्यंजनावाद के शास्त्रीय विधान में व्यवस्थापन पा गया। इस प्रकार कलावादी आलोचना का परिष्कृत रूप क्रोचे के अभिव्यंजनावाद में उपलब्ध होता है। क्रोचे ने अभिव्यंजनावाद (एक्सप्रेशनिज्म) की स्थापना अपने ग्रंथ 'फिलासफी आफ दी स्पिरिट' के प्रथम खण्ड 'सौन्दर्यशास्त्र' (एस्थेटिक्स) में की है। यह सिद्धान्त साहित्य के साथ-साथ चित्रकला और संगीत में भी जीवित रहा है, किन्तु क्रोचे में आकर इसने विशिष्ट अवधारणाओं को धारण किया।

आत्मवादी दार्शनिक क्रोचे ने मानसिक व्यापारों की दो-दो कोटियाँ मानी हैं[2] मूलतः यह आत्मा की ही दो क्रियाएँ हैं–(1) सैद्धान्तिक या विचारात्मक (थियाराटिकल एक्टीविटी), (2) व्यावहारिक (प्रैक्टिकल एक्टीविटी)। मन की वैचारिक क्रिया इच्छा-शक्ति से स्वतंत्र रहकर अपना कार्य करती है किन्तु व्यावहारिक क्रिया इच्छा-शक्ति पर निर्भर है। विचारात्मक मानसिक क्रियाओं को क्रोचे दो कोटियों में विभक्त करते हैं–(1) सहज ज्ञान या स्वयंप्रकाश्य ज्ञान पर आधृत (इन्ट्यूटिव), (2) सम्बन्ध-प्रत्ययों पर आधृत ज्ञान (कन्सैप्शुअल)। इनमें सौन्दर्य-दर्शन का सम्बन्ध सहज ज्ञान से है और सम्बन्ध सूचक प्रत्ययों पर आधारित ज्ञान का तर्कशास्त्र से। इस दृष्टि से यथार्थवाद और द्वन्द्वात्मक भौतिकवाद के विपरीत सिद्धान्तों पर क्रोचे ने अभिव्यंजनावाद को खड़ा किया। क्रोचे और भौतिक जगत की नगण्यता को मानकर मानसिक जगत को ही कला का सर्वस्व घोषित करते हैं। भौतिक जगत की घनघोर उपेक्षा करने के कारण यथार्थवादी आलोचक क्रोचे के इस सिद्धान्त को 'कला कला के लिए' मानकर इस पर प्रबल प्रहार करते रहे हैं।

गहराई से सोचने वाले समीक्षक अभिव्यंजनावादी सिद्धान्त को सभी कलाओं के लिए समान रूप से समान महत्व का सिद्धान्त मानते हैं, इसके विस्तार में सभी कलाएँ आ भी जाती हैं।[3] ऐसी स्थिति में क्रोचे मात्र काव्य-समीक्षक न रहकर व्यापक कला-समीक्षक की कोटि में आते हैं। रोमांटिक-साहित्य शास्त्र के सम्यक् ज्ञान के लिए कालरिज ही नहीं, क्रोचे भी महत्वपूर्ण हो जाते हैं। क्रोचे की अनेक स्थापनाएँ 'रोमांटिक साहित्यशास्त्र' का प्रतिपादन रूप ही है। क्रोचे के इस अभिव्यंजनावाद का परवर्ती समीक्षा पर इतना प्रभाव पड़ा है कि अमरीकी विचारक स्पिनगार्न ने जिस 'नवीन समीक्षा' के बारे में लिखा है, वह क्रोचे की ही देन है।[4] यह सत्य है कि अनेक परवर्ती आलोचकों के चिन्तन पर क्रोचे का

प्रभाव है।

क्रोचे के कला-दर्शन का प्रधान तत्व है—सहज ज्ञान। यह सहज ज्ञान अपना स्वतंत्र अस्तित्व रखता है और बुद्धि के अधिकार-क्षेत्र से बाहर है। बौद्धिक-तत्व भी एक सीमा के बाद इसी सहज ज्ञान या स्वयंप्रकाश्य ज्ञान में घुल मिल जाते हैं। क्रोचे चिन्तन की बारीकी से सहज ज्ञान तथा प्रत्यक्ष ज्ञान का भी भेद करते हैं—जो यथार्थ वस्तुएँ सामने हैं, उनका सहज ज्ञान होता है किन्तु मन में ऐसे दृश्यों-पदार्थों का बिम्ब या भाव-चित्र उभरता है जो प्रत्यक्ष नहीं है। यहीं पर वे मनोविश्लेषणशास्त्री युंग की अवधारणाओं के निकट आ जाते हैं। क्योंकि सहज ज्ञान, प्रत्यक्ष ज्ञान की सीमा से आगे भी जाता है, वह प्रत्यक्ष ज्ञान तक सीमित नहीं है। यह सहज ज्ञान अपने विस्तार में देश और काल के बन्धन को तोड़ कर स्वतंत्र हो जाता है। स्वयंप्रकाश्य ज्ञान की ऊपरी सीमा पर बुद्धि है और निचली सीमा पर संवेदनाएँ स्थित हैं। संवेदनाएँ स्वयंप्रकाश्य ज्ञान की सामग्री मात्र हैं। अभिव्यंजना एवं स्वयंप्रकाश्य में 'रूप' प्रधानता से रहता है। किन्तु स्वयंप्रकाश्य ज्ञान और अभिव्यंजना और संवेदना के जटिल रूप में एक निश्चित अन्तर आ जाता है। संवेदनाओं को स्वयंप्रकाश्य तभी माना जा सकेगा, जब वे बिम्ब-सृजन करेंगी—अन्यथा नहीं।

क्रोचे स्वयंप्रकाश्य तथा अभिव्यंजना की एकरूपता का निरूपण करते रहे हैं।[5] मूलतः अपनी तात्त्विकता में दोनों अभिन्न हैं एवं सम्यक् अभिव्यंजना ही कृतित्व का मूल धर्म है। अभिव्यंजना-सिद्धान्त मानता है कि बाह्य प्रकाशन के बिना ही अभिव्यंजना की सम्पूर्ण प्रक्रिया घटित हो जाती है।[6] इस सहज ज्ञान की शक्ति ही कलाकार की शक्ति है। स्वयंप्रकाश ही अभिव्यंजित होकर कला के रूप में व्यक्त होता है। यही कला का कारण है। बड़ी बात यह है कि क्रोचे स्वयंप्रकाश का भेद नहीं करते हैं और मानव आत्मा की अखण्डता को मानते हुए कला की अखण्डता का प्रतिपादन करते हैं। वे दृढ़ता से कलाओं के वर्गीकरण की प्रवृत्ति का खण्डन करते हैं, कला तो एक अखण्ड प्रक्रिया है, जिसका वर्गीकरण न सम्भव है, न उचित ही। ऐसी स्थिति में कला एक अखण्ड 'रूप' है। यह रूपवत्ता ही कलात्मकता में बदल जाती है। कलाकार में संवेदनाएँ 'वस्तु' का कार्य करती हैं। यह रूप भाव की अनुकृति न होकर अभिव्यंजना द्वारा प्राप्त रूप है जिसमें 'रूप' की 'वस्तु' से अभिन्नता होकर भी भिन्नता है।

सहज ज्ञान अथवा अभिव्यंजना की स्वायत्तता को क्रोचे ने तर्कों से स्थापित किया है। अभिव्यंजना अपने में स्वतंत्र होती है। वे इसमें इतनी आत्म-निष्ठता की चर्चा करते हैं कि इस अभिव्यंजना में 'पाठक' को कोई स्थान नहीं है। कृति के प्रभाव की चिन्ता न करके क्रोचे ने एक प्रकार की एकांगिता को ही प्रश्रय

दिया। अभिव्यंजनावाद में बाह्य सत्ता की यह अस्वीकृति अत्यन्त विवादास्पद रही है क्योंकि रस-सिद्धान्त में कृति तथा पाठक पर बल न होकर केवल कलाकार पर जोर दिया गया है। ऐसा करने में क्रोचे का तर्क यही रहा है कि अभिव्यंजना ज्ञान रूप है—कर्म रूप नहीं। इस प्रकार शिल्पगत आलोचना-पद्धति प्रणाली का क्रोचे इस सिद्धान्त का सीधा निषेध है। अभिव्यंजना को अखण्ड मानते हुए उन्होंने कला के क्लासिकल तथा रोमांटिक आदि भेदों की व्यर्थता को स्वीकार किया है।

क्रोचे के मत में यह मान्यता भी निहित है कि प्रत्येक व्यक्ति स्वभावतः कलाकार होता है क्योंकि सहजानुभूति की क्षमता व्यक्ति का सहज गुण है। सहजानुभूति की अभिव्यंजना है अर्थात् सहानुभूतिमय ज्ञान अनिवार्यतः अभिव्यंजनात्मक नाम होता है। सामान्य व्यक्ति और कलाकार में भेद प्रकार का नहीं, सहजानुभूति की व्यापकता का है। इसका सीधा अर्थ हुआ—कवि-प्रतिभा जन्मजात न होकर कहना चाहिए—मानव जन्मजात कवि है।

काव्यशास्त्र की प्रचलित परम्परा से भिन्न क्रोचे 'वस्तु' तथा 'रूप' पर सोचते हैं। सौन्दर्य न वस्तु में है, न रूप में, न दोनों के योग में है। मूलतः सौन्दर्य ही अभिव्यंजना है।

कला सामान्य क्रिया न होकर आध्यात्मिक क्रिया है। वे कला-सृजन—प्रक्रिया के पाँच चरण मानते हैं—(1) अरूप संवेदन, (2) सहजानुभूति, (3) अभिव्यंजना के आनन्द की अनुभूति, (4) आन्तरिक अभिव्यंजना अर्थात् सहजानुभूति का शब्द, रंग, रूप, रेखा आदि, (5) कलाकृति का भौतिक मूर्तरूप।[7] इन पाँचों में प्रधान क्रिया—दूसरी या सहजानुभूति है। सहजानुभूति को बाह्य रूप प्रदान करना या न करना कलाकार पर निर्भर है। क्योंकि सहजानुभूति के बाह्य प्रकाशन में भौतिक उपकरणों की आवश्यकता पड़ती है। यहाँ क्रोचे इस भ्रांति के लिए कोई स्थान नहीं छोड़ते हैं कि आन्तरिक अभिव्यंजना के भी शिल्प-विधान आदि उपरकण होते हैं। क्योंकि इस आन्तरिक अभिव्यंजना के उपकरण नहीं होते, वह तो मूलतः आन्तरिक क्रिया है। यह क्रिया निर्देशन करने वाले ज्ञान से पूर्व की क्रिया है, इसी अर्थ में वह इनसे स्वतंत्र क्रिया है। ज्ञान रूप होने के कारण अभिव्यंजना या सहजानुभूति को—सौन्दर्यानुभूति मानना भी गलत है, क्योंकि वह तो विलक्षणता तथा विशिष्टता से दूर होती है।[8] संवेदनों की क्रिया को एकान्वित करने के कारण कला या अभिव्यंजना अखण्ड होती है। इसीलिए क्रोचे अलंकार्य तथा अलंकार के भेद को व्यर्थ मानते हैं। अभिव्यंजना न आत्मपरक है, न वस्तुपरक, वह तो ईकाई मात्र है, इसीलिए कविता का अनुवाद असम्भव होता है। अभिव्यंजना की सुन्दर या कुरूप श्रेणियाँ भी नहीं होतीं, न हो सकती

हैं, क्योंकि सम्पूर्ण अभिव्यंजना जैसी कोई वस्तु क्रोचे नहीं मानते हैं। सफल अभिव्यंजना ही अभिव्यंजना है।

कला की उपयोगिता तथा काव्य-प्रभाव के सम्बन्ध में क्रोचे का स्पष्ट मत है कि उपयोगिता तथा नैतिकता का सम्बन्ध बाह्य जगत से है, कलात्मक जगत से उसका कोई सम्बन्ध नहीं है। अभिव्यंजना, सौन्दर्य तथा कला का एक ही प्रयोजन—मन में सहज ज्ञान को अभिव्यंजित करना। इस सहज ज्ञान के आनन्द या परितोष को क्रोचे उपयोगिता या नैतिकता की मूल्य-दृष्टि पर कसने का प्रतिवाद करते हैं। क्योंकि अभिव्यंजना आत्मस्वरूप है, अन्तरात्मा की क्रिया है, सौन्दर्य उसी का कारण है।[9] संवेदना का सफल रूपायन ही अभिव्यंजना है। इसीलिए नैतिकतावादी, भावनावादी उद्देश्य क्रोचे को एकदम मान्य नहीं है। इनका सम्बन्ध ज्ञान से न होकर सांसारिक व्यावहारिकता से है। कला का तात्कालिक प्रभाव और उससे उत्पन्न आनन्द कलात्मक आनन्द का पर्याय न होकर भिन्न है। क्रोचे 'सामान्य भावना' पर टिके सभी सिद्धान्तों का खण्डन करते हैं और स्वयं भी उसका अत्यन्त महत्व मानते हैं। वे कला की 'लिरिकल स्पिरिट' को ही कला का केन्द्र मानते हैं। उनका विचार है कि सभी कविता लिरिकल होती हैं, प्रबन्ध काव्य भी उसी का एक विस्तार रूप है।

क्रोचे ने भावुकता, बौद्धिकता, नैतिकता तथा व्यावहारिकता को स्थान न देकर एक ऐसे आदर्शवाद पर कला को केन्द्रित कर दिया जो कलाकार के अतिरिक्त किसी के काम की नहीं रही है। क्रोचे बड़ी सजगता से कला को भौतिकवाद तथा मनोविश्लेषणशास्त्र से बचाते तो रहे, लेकिन उससे उस जगत को पूरी तरह छुट्टी मिल गई है। जीवन के ठोस तथ्यों-तर्कों से भागने के कारण क्रोचे ने इस सिद्धान्त-दृष्टि में जीवन से पलायन किया है। कला की यह सीख मानव-विरोधी व्यक्तिवाद की शिक्षा है।

क्रोचे का अभिव्यंजनावाद पश्चिमी समीक्षा में पर्याप्त विवाद का केन्द्र रहा है। हिन्दी की सैद्धान्तिक समीक्षा में भी क्रोचे का प्रवेश एक विवादास्पद सिद्धान्तकार के रूप में ही हुआ। किन्तु यह सच बात है कि आधुनिक हिन्दी समीक्षाशास्त्र के सैद्धान्तिक-पक्ष के विश्लेषण का एक प्रधान अंश क्रोचे का अभिव्यंजनावाद ही रहा है। यही कारण है कि अभिव्यंजना की सैद्धान्तिकता पर आ. शुक्ल के साथ उनके युग के सभी आलोचक इस सिद्धान्त की छान-बीन करते रहे और शुक्लोत्तर तथा शुक्लेत्तर हिन्दी-आलोचना-धारा में भी समीक्षात्मक विकास के साथ क्रोचे का सिद्धान्त जुड़ा रहा है। हिन्दी के नये शोध-प्रबन्धों में भी अभिव्यंजनावाद तथा वक्रोक्तिवाद की तुलनात्मक गूँज बराबर सुनी जाती रही है। सैद्धान्तिक दृष्टि से 'अभिव्यंजनावाद' पर विचार करने का श्रेय आ.

शुक्ल को है। आचार्य ने क्रोचे के सौन्दर्य-दर्शन और अलोचना-सिद्धान्त की, भारतीय आचार्य कुन्तक के वक्रोक्तिवाद से तुलना की है। इन दोनों सिद्धान्तों का साम्य-वैषम्य आचार्य ने बड़े विस्तार से प्रस्तुत किया तथा अभिव्यंजनावाद और वक्रोक्तिवाद की समानता पर बल देते हुए कहा, "और कलाओं को छोड़कर यदि हम काव्य को ही लें, तो उस 'अभिव्यंजनावाद' को 'वाग्वैचित्र्यवाद' ही कह सकते हैं। और इसे अपने यहाँ के पुराने 'वक्रोक्तिवाद' का विलायती उत्थान मान सकते हैं। इन्हीं दोनों वादों की दृष्टि से यह कहा जाने लगा कि समालोचना क्षेत्र से अब लक्षण, नियम, रीति, काव्य-भेद, गुण-दोष, छन्दोव्यवस्था आदि का विचार उठ गया।"[10] अभिव्यंजनावाद और वक्रोक्तिवाद में साम्य से अधिक वैषम्य है। दोनों ही भिन्न देशों, कालों, परिस्थितियों तथा प्रवृत्तियों पर टिके सिद्धान्त हैं। आ. शुक्ल ने अपने निबन्ध 'साधारणीकरण और व्यक्ति वैचित्र्यवाद' में अभिव्यंजनावाद की आलोचना की है। रस-सिद्धान्त में विभावन-व्यापार द्वारा आलम्बन साधारणीकृत हो जाता है, यहाँ एक-अनेक का भेद हटकर अभेद स्थापित होता है। किन्तु क्रोचे ने भावना पर अत्यल्प बल देकर अभिव्यंजना की क्रिया को वस्तु-निरपेक्ष मानकर आध्यात्मिकता पर बल दिया है। रस-सृष्टि मन में होने पर भी भौतिक-साधनों का सहारा लेती है, किन्तु क्रोचे अभिव्यंजना को स्वतंत्र मानसिक क्रिया मानते हैं जिसमें वस्तु-जगत की आवश्यकता ही नहीं। क्रोचे की दृष्टि में कलाकार ही सब कुछ है—पाठक को वे 'प्रवेश-निषेध' का नारा देते हैं। आ. शुक्ल के नैतिकतावादी प्रतिमानों से क्रोचे का सिद्धान्त एकदम विपरीत पड़ा और वे क्रोचे पर बहुत बिगड़ गए। पश्चिम के वैचित्र्यवादियों से आ. शुक्ल का लगातार विरोध रहा है। इसलिए आ. शुक्ल के विरोध के कारणों को समझते हुए डा. नगेन्द्र ने ठीक कहा है, "शुक्ल जी के प्रहार का तथ्य वास्तव में ये ही अतिवाद थे। वे इन वैचित्र्यवादियों से इतने रुष्ट हो गए थे कि बेचारे क्रोचे और कुन्तक पर बरस पड़े। परन्तु क्रोचे इस प्रसंग में निर्दोष थे और कुन्तक ने भी कहीं किसी अतिवाद का समर्थन नहीं किया। क्रोचे के सिद्धान्त में तो वैचित्र्य की ही स्वीकृति नहीं है—कुन्तक का वक्रता-वैचित्र्य भी औचित्य पर पूर्णतया अवलम्बित है।"[11]

आ. शुक्ल का अभिव्यंजनावाद को वक्रोक्तिवाद का विलायती उत्थान मानना भी असंगत है। इस असंगति को समझते हुए डा. नगेन्द्र ने लिखा, "आचार्य शुक्ल ने तो अभिव्यंजनावाद को वक्रोक्तिवाद का विलायती उत्थान ही कह दिया है। शुक्ल जी की इस उक्ति को भी हम साधारण अर्थवाद के रूप में ही ग्रहण कर सकते हैं, इससे आगे नहीं, क्योंकि इन दोनों में कोई प्रत्यक्ष संबंध मानना अर्थात् क्रोचे का किसी प्रकार भी कुन्तक का ऋणी मानना

हास्यास्पद होगा।''[12] आचार्य शुक्ल की धारणाओं पर विचार करते हुए डा. नगेन्द्र ने 'अभिव्यंजनावाद' तथा वक्रोक्ति के साम्य-वैषम्य पर विस्तार के साथ अपनी पुस्तक 'रीतिकाव्य की भूमिका' तथा 'भारतीय काव्यशास्त्र की भूमिका' में दोनों काव्य-सिद्धान्तों का तटस्थ मूल्यांकन बड़े ही मनोयोग से प्रस्तुत किया। वास्तव में 'अभिव्यंजनावाद तथा वक्रोक्तिवाद' के साम्य-वैषम्य को डा. नगेन्द्र के स्वच्छ विवेचन द्वारा ही समझा जा सकता है। इससे पूर्व तो क्रोचे और कुन्तक के सिद्धान्त मनमाने ढंग से समझे-समझाये जाते थे। इस प्रकार डॉ. नगेन्द्र ने इन दोनों सिद्धान्त-दृष्टियों को विश्लेषित-विवेचित करने की एक गम्भीर परम्परा का सूत्रपात किया है। आ. शुक्ल के साथ आ. रामदहिन मिश्र, बाबू गुलाबराय आदि ने भी इस चर्चा को उठाया है, किन्तु वे उसे विचार की दृष्टि से आगे न बढ़ा सके हैं। शुक्ल स्कूल के आलोचक डा. लक्ष्मीनारायण सुधांशु ने 'काव्य में अभिव्यंजनावाद' तथा 'जीवन के तत्व और काव्य के सिद्धान्त' नामक दोनों सैद्धान्तिक-समीक्षा की कृतियों में प्रथम बार क्रोचे का अत्यन्त सहृदयतापूर्वक मूल्यांकन प्रस्तुत किया है। अपने आरम्भिक वक्तव्य में ही डा. सुधांशु ने कहा है कि ''अभिव्यंजनावाद पश्चिमीय साहित्य जगत की उपज है, किसी भारतीय साहित्यशास्त्र के सिद्धान्त से इसका पूरा-पूरा मेल नहीं है। ध्वनि और वक्रोक्ति से इसकी थोड़ी-सी समता है किन्तु यह समता स्वतंत्र रूप से आई है।''[13] इस विवेचन में उनका ध्यान क्रोचे की भाषा तथा सांस्कृतिक परम्परा की ओर से हटा नहीं है। क्रोचे के सिद्धान्त में जो बातें भारतीयता के अधिक निकट प्रतीत हुई हैं, उन्हीं पर डा. सुधांशु ने विचार किया है। दूर की कौड़ी लाने के चक्कर में वे आकाश-पाताल के कुलाबे मिलाने वाली दृष्टि से भरसक बचते रहे हैं। वास्तविकता यह है कि एक संतुलित दृष्टि से अभिव्यंजनावाद को ग्रहण करते हुए उन्होंने हिन्दी के प्राचीन कवियों के साथ आधुनिक हिन्दी काव्य को 'अभिव्यंजनावाद' के प्रतिमानों से परखने का कार्य किया है। वे रस और ध्वनि के साथ अभिव्यंजना को लेकर आगे बढ़े हैं। वे लिखते हैं, ''काव्य के लिए सहजानुभूति ही सर्वस्व है, उसमें बुद्धि के व्यापक हो जाने पर वह कलाकार और पाठक दोनों के लिए समस्या उपस्थित कर देता है।''[14] डा. सुधांशु जैसे मेधावी आलोचक की सिद्धान्त-दृष्टि पर हम अध्याय आठ में चर्चा कर चुके हैं, अतः यहाँ उसकी पुनरावृत्ति अपेक्षित नहीं है।

क्रोचे तथा कुन्तक के काव्य-सिद्धान्त की दृष्टि को प्रस्तुत करने के लिए श्री रामनरेश वर्मा द्वारा लिखा हुआ ग्रन्थ 'वक्रोक्ति और अभिव्यंजना' (सन् 1957) उस क्षेत्र की आलोचनात्मक कृति है। वक्रोक्ति पर विचार करते समय लेखक ने कुन्तक के मूल ग्रन्थ 'वक्रोक्ति जीवितम्' को आधार न बनाकर आ.

बलदेव उपाध्याय के 'भारतीय काव्यशास्त्र' को आधार बनाया है। ऐसा करने से कुन्तक के मूल प्रतिपाद्य को वह बहुत ढंग से प्रस्तुत ही नहीं कर सका है। यही भूल लेखक ने 'अभिव्यंजनावाद' के लिए डा. सुधांशु के ग्रन्थ 'काव्य में अभिव्यंजनावाद' को आधार बनाकर की है। इस आलोचनात्मक कृति की विडम्बना यही है कि लेखक मूल ध्वनि में कुन्तक के वक्रोक्तिवाद को अभिव्यंजनावाद से एकदम मिला हुआ पाता है।[15]

आ. नन्ददुलारे वाजपेयी ने 'अभिव्यंजनावाद' पर सूक्ष्मता से विचार किया और अभिव्यंजनावादियों ने 'विस्फोट और अव्यवस्थित शैली' के रूप को (वर्णन-प्रधानता से अलग किया था) उसका भारतीय दृष्टि से खण्डन किया। एक सीमा पर अभिव्यंजनावादी कला 'न्यूरोटिक' रूप धारण करती है और घोर आत्मलिप्तता में सिमट जाती है। कहने को इस कला का केन्द्र मानववाद था, लेकिन यह प्रभाववाद से समझौता करने वाली अमानवीय कला है। "क्रोचे काव्य को कवि की जिस आध्यात्मिक प्रक्रिया का परिणाम मानते हैं, उसका सम्बन्ध काव्य के श्रोताओं तथा पाठकों आदि से बिल्कुल नहीं रखा गया। क्रोचे के मत में तो काव्य का शब्द-रूप में व्यक्त होना भी आवश्यक नहीं, ऐसी स्थिति में काव्य के सार्वजनीन होने का प्रश्न ही नहीं उठता।"[16] क्रोचे ने जीवन-जगत से काव्य का सम्बन्ध स्थापित न करके आ. वाजपेयी के मत से बड़ी भारी भूल की है क्योंकि 'जीवन की अनुभूतियाँ ही काव्य-अनुभूति का स्वरूप धारण करती हैं'[17] उनकी उपेक्षा से क्रोचे ने कला को जीवन-व्यापार से ही काट दिया। अनेक तर्कों से आ. वाजपेयी ने इस सिद्धान्त का विरोध किया है। डा. लक्ष्मीसागर वार्ष्णेय ने इस सिद्धान्त की शक्ति एवं सीमा का निरूपण करने के बाद कहा है कि 'साधारणीकरण और सम्प्रेषणीयता का अभाव' क्रोचे का सबसे बड़ा दोष माना जा सकता है।[18] युग-युग से कला की सृष्टि मानव-जगत को अधिक मानुषीय बनाने के लिए की जाती रही है, उससे एकदम पलायन करना व्यक्तिवादी मूल्यों की चरम पतनावस्था का संकेत है।

अभिव्यंजनावाद की सौन्दर्य-दृष्टि पर डा. विमल कुमार ने सौन्दर्यशास्त्र के परिप्रेक्ष्य में एक वैदुष्यपूर्ण कार्य किया है। रूप विधानवादियों तथा अभिव्यंजनावादियों की दृष्टिगत भिन्नता का विश्लेषण करने के बाद उन्होंने कहा है कि "क्रोचे ने सौन्दर्य का सम्बन्ध मुख्यतः मनुष्य की वीक्षामूलक वृत्ति से जोड़ा है। इस स्थापना के विश्लेषण से हमें रोमांटिक कविताओं में प्राप्त सौन्दर्य के चाक्षुष्य-विधान की प्रधानता पर एक आलोक मिलता है।"[19] डा. विमल की इसी दृष्टि का प्रामाणिक विस्तार डा. निर्मला जैन ने 'रस-सिद्धान्त और सौन्दर्य-शास्त्र' के तुलनात्मक अध्ययन में अनेक कोणों-सिद्धान्तों से प्रस्तुत किया

है। अन्त में वे इस निष्कर्ष पर पहुँची हैं–"... जीवनानुभूति से कलानुभूति को विलक्षण मानने वाली विचारधारा का अतिरेक और चरम प्रतिफलन कलावादी-सिद्धान्त में हुआ।"[20] यह एक प्रकार से अभिव्यंजनावाद का भी वस्तुनिष्ठ मूल्यांकन है।

डा. विजेन्द्र नारायण सिंह ने 'छायावाद तथा वक्रोक्तिवाद, का व्यापक प्ररिप्रेक्ष्य में अध्ययन करते हुए अभिव्यंजनावाद को विवेच्य-विषय बनाया है। उन्होंने आ. शुक्ल की इस दृष्टि का ही साथ दिया है जो उन्होंने छायावाद को समझने में ग्रहण की है। आ. शुक्ल "योरोपीय कल्पनावाद, प्रभाववाद एवं अभिव्यंजनावाद के सहारे ही छायावाद को ग्रहण करते हैं। ...छायावाद की स्वानुभूतिमूलक कविता के मूल्यांकन का यह स्तुत्य प्रयास था।"[21] प्रतीकवाद, बिम्बवाद, प्रभाववाद के साथ छायावाद पर अभिव्यंजनावाद का प्रभाव भी देखा जा सकता है।

हिन्दी के मार्क्सवादी समीक्षकों ने अभिव्यंजनावादी कला-दृष्टि से सावधान करने की चेतावनी लगातार दी है। पश्चिम के बढ़ते हुए सम्पर्क से नये सिद्धान्तों के आयात को लेकर श्री शिवदान सिंह चौहान ने लिखा–"आई .ए. रिचर्ड्स के साहित्यालोचन के सिद्धान्त (जिनका वस्तुतः साहित्यालोचन के मानो से कोई सम्बन्ध नहीं था) और क्रोचे का अभिव्यंजनावाद आधुनिकता का आग्रह लेकर आ धमके।"[22] अलंकारवादी, वक्रोक्तिवादी, अभिव्यंजनावादी या प्रतीकवाद आदि सभी ने रूपगत सौन्दर्य के एक पहलू पर ही बल दिया। इस दृष्टि ने आलोचकों को नवीनता के नाम पर भटकने के लिए एक राजमार्ग ही खोल दिया।[23] मार्क्सवादी हिन्दी समीक्षकों ने बार-बार ध्यान दिलाया है कि अभिव्यंजनावाद भी प्रभाववाद, प्रतीकवाद, चेतनाप्रवाहवाद की भाँति एक आत्मनिष्ठ, अन्तर्मुखी तथा रूपवादी प्रवृत्ति है। विचारों की, वस्तु की स्पष्टता अभिव्यंजनावादी को अभीष्ट नहीं होती है।[24] ये आलोचक यह भी मानते हैं कि इसी सिद्धान्त दृष्टि ने पूर्व-पश्चिम की नयी-समीक्षा में रूपवादी तत्वों से घोर अराजकता उत्पन्न की है। इस आधार पर वस्तु के सौन्दर्य की उपेक्षा करती हुई मात्र अभिव्यक्तिगत सौन्दर्य पर न्यौछावर आलोचना ही अभिव्यंजनावादी आलोचना है। आ. शुक्ल की इस दृष्टि को प्रगतिवादी धारा ने आदर दिया है कि अभिव्यंजनावादी जीवन और साहित्य के बीच एक खाई खोद देता है। इस दृष्टि से बाबू गुलाबराय, डा. नगेन्द्र आदि बड़े आलोचकों की यह धारणा कि इस सिद्धान्त-दृष्टि को आ. शुक्ल ने ठीक से समझने में भूल की है, प्रगतिवादियों द्वारा अमान्य करार दी गई है। ये सभी प्रगतिवादी आलोचक आ. शुक्ल के इस मत के साथ हैं कि "छायावाद की कविता पर कल्पनावाद, कलावाद,

अभिव्यंजनावाद आदि का भी प्रभाव ज्ञात या अज्ञात रूप में पड़ा है।''[25] आ. शुक्ल ने आगे यह भी कहा, ''कलावाद और अभिव्यंजनावाद का पहला प्रभाव यह दिखाई दिया कि काव्य में भावानुभूति के समान पर कल्पना का विधान ही प्रायः समझा जाने लगा।...दूसरा प्रभाव यह देखने में आया कि अभिव्यंजना-प्रणाली या शैली की विचित्रता ही सब कुछ समझी गयी।''[26] इसीलिए वे छायावाद को 'विलायती चीजों का मुरब्बा' कहते हैं।[27] उन्होंने रहस्यवादी कविता पर भी अभिव्यंजनावाद के दुष्परिणामों की चर्चा करते हुए कहा है—''जगत रूपी अभिव्यक्ति से तटस्थ, जीवन से तटस्थ, भावभूमि से तटस्थ, कल्पना की झूठी कलाबाजी, भावों की नकली उछलकूद और वैचित्र्य-विधायक शब्द-भंगी जो आधुनिक रहस्यवादियों में एक्सप्रेशनिज्म के प्रभाव से आई है।[28] अभिव्यंजनावाद के परिणामों का विस्तृत उल्लेख 'काव्य में अभिव्यंजनावाद'[29] नामक निबन्ध (हिन्दी साहित्य सम्मेलन इन्दौर का भाषण) में दिया है। अतः यह कहना कि वे अभिव्यंजनावाद की सही व्याख्या करने में 'सर्वथा असमर्थ' रहे हैं, सही नहीं है।[30]

संक्षेप में, अभिव्यंजनावाद की शक्ति एवं सीमा का निरूपण हिन्दी-आलोचना में लगातार किया गया है, और यह हिन्दी-समीक्षकों के लिए बहुत आकर्षण का (आलोचना सिद्धान्तों में) केन्द्र रहा है। इसके अनेक प्रकार के व्याख्यान-विश्लेषण किए गए हैं।[31] अभिव्यंजनावाद पर कई आलोचनात्मक निबन्ध आज हिन्दी-समीक्षा में उपलब्ध हैं, इनमें विवेचन तथा तुलना का स्तर भी काफी अच्छा है। इस सिद्धान्त के विवेचन में रचनात्मक तथा ध्वन्सात्मक दोनों ही दृष्टियाँ यह साक्ष्य प्रस्तुत करती हैं कि इस सिद्धान्त दृष्टि का हिन्दी की सैद्धान्तिक आलोचना-दृष्टि पर दूर तक प्रभाव पड़ा है। आ. शुक्ल, बाबू श्यामसुन्दरदास, डा. गुलाबराय, डा. लक्ष्मीनारायण सुधांशु, डा. नगेन्द्र, आ. नन्ददुलारे वाजपेयी, डा. लक्ष्मीसागर वार्ष्णेय, डा. विमल कुमार आदि ने अभिव्यंजनावाद की उपपत्तियों के विवेचन से हिन्दी के सैद्धान्तिक-चिन्तन को निश्चय ही विकसित-परिकृत तथा समृद्ध किया है।

(2) प्रतीकवाद

भारतवर्ष के प्राचीन और नवीन साहित्य में प्रतीकों का अनेक रूपों में प्रयोग हुआ है। उपनिषद् के आध्यात्मिक प्रतीकों ने प्राच्य एवं पाश्चात्य विद्वानों का ध्यान लगातार आकृष्ट किया है। हिन्दी-साहित्य का मध्यकाल प्रतीकों के सार्थक उपयोग का अद्‌भुत उदाहरण है। आध्यात्मिक तथा धार्मिक क्षेत्रों में संस्कार, कर्मकाण्ड, देव पूजा और मन्दिरों को लेकर प्रतीकों का अनवरत सृजन किया गया है। हिरण्यगर्भ, ओंकार, प्रतिमा, शिवलिंग आदि इसी ब्रह्म के आदि प्रतीक

हैं। वेदों में सूर्य, ऊषा, रात-दिन का प्रतीकत्व प्राकृतिक प्रतीकों की तत्कालीन महिमा का आज भी निदर्शन कराता है। शंख, चक्र, गदा, पद्म, गरुण, शालिग्राम आदि विष्णु के प्रतीक हैं, नन्दी, त्रिशूल, चन्द्रमा आदि शिव के प्रतीक। हंस ब्रह्मा का और सरस्वती का एक साथ प्रतीक है। तांत्रिक रहस्यवाद में मद्य, माँस, मत्स्य, मैथुन और मुद्रा क्रमशः शक्ति, शिव, वायु, शिव-शक्तिमिलन तथा सहस्त्रार ज्ञान का संकेत परम प्रतीक है। तांत्रिक साधना के कूट प्रतीकों से मध्यकालीन निर्गुण काव्य-धारा भरी पड़ी है। भारत के ही प्राचीन तथा मध्यकालीन साहित्य में नहीं, अपितु विश्व भर के प्राचीन साहित्य में प्रतीक गाथा का इतिहास बोल रहा है। इस बात में तथ्य है कि मानव प्रतीक-सृष्टा है।[32] नये से नये प्रतीकों को निर्मित करना उसका स्वभाव ही है।

आज यह देखकर बड़ा आश्चर्य होता है कि भारतीय काव्यशास्त्र में प्रतीकों के रूप, स्वभाव तथा साहित्य में उनकी सार्थकता-प्रासंगिकता को लेकर कुछ भी प्रत्यक्ष नहीं कहा गया। शायद भारतीय आचार्य इस विषय को अध्यात्म तथा दर्शन को सौंपकर इसके काव्यशास्त्रीय-विवेचन से छुट्टी पा गया था। भारतीय आचार्यों ने अलंकारों का इतना सूक्ष्म और विशद विवेचन किया है कि यह सोचना ही गलत होगा कि वे प्रतीक-विधान पर विवेचन करने में असमर्थ रहे होंगे।[33] वस्तुतः वे शब्द-शक्तियों की व्याख्या में प्रतीक के पास पहुँच गए थे और लक्षणा-व्यंजना के सूक्ष्म-वर्गीकरण में यह तथ्य स्पष्टता से झाँकता है। व्यंजना-शक्ति की असीमता को समझने-समझाने वाले आचार्यों ने प्रतीक पर ध्यान ही नहीं दिया और यह भारतीय काव्यशास्त्र का अभाव ही बना रहा। आधुनिक काल में भारतीय साहित्य एवं साहित्यशास्त्र ने बिम्ब की भाँति प्रतीक के सम्पूर्ण विभावन को पाश्चात्य जगत से ही ग्रहण किया है। वैसे देखा जाए तो प्रतीक-शब्द की व्यंजना-शक्ति के प्रसार में उसकी विशिष्टता का प्रौढ़ रूप है। इस अर्थ में प्रतीक काव्य-भाषा का धर्म है।

प्रतीक का लक्षण-निरूपण करते हुए 'हिन्दी साहित्य कोश' में कहा गया है—''प्रतीक शब्द का प्रयोग उस दृश्य (अथवा गोचर) वस्तु के लिए किया जाता है जो किसी अदृश्य (अगोचर या अप्रस्तुत) विषय का प्रतिविधान उसके साथ अपने साहचर्य के कारण करती है। अथवा कहा जा सकता है कि किसी अन्य वस्तु की साजुरूप वस्तु द्वारा किसी अन्य स्तर के विषय का प्रतिनिधित्व करने वाली वस्तु प्रतीक है। अमूर्त, अदृश्य, अश्रव्य, अप्रस्तुत विषय का प्रतीक प्रतिविधान मूर्त, दृश्य, श्रव्य, प्रस्तुत विषय द्वारा करता है।''[34] इन्साइक्लोपीडिया ब्रिटेनिका की प्रतीक-परिभाषा में भी यही बात है।[35] इस प्रकार प्रतीक-काव्य-भाषा का ऐसा कार्य-व्यापार है जो भाषा की शब्द-शक्तियों पर आधृत है। कार्लायल

ने कहा है, "प्रतीक में भाव-गोपन की प्रवृत्ति के साथ भाव-प्रकाशन भी रहता है, फलतः ईषित् कथन और मौन के सह-प्रयोग द्वारा उसका महत्व दोहरा हो जाता है।"[36] इस प्रकार प्रतीक कथन की व्यंजनाश्रित, अनेकार्थी, संकेतात्मक पद्धति है। इस दृष्टि से प्रतीक भाषा के सम्प्रेष्य का संकेतन करने वाले भाषा के समर्थ रूप हैं।

व्यंजनाश्रित साहित्यिक प्रतीकों में नूतन अर्थच्छायाओं के उद्‌घाटन की जितनी शक्ति होती है, उसकी तुलना में गणित, तर्कशास्त्र, धर्मशास्त्र, ज्ञान मीमांसा आदि के प्रतीकों में नहीं होती है। यह पार्थक्य भाव के साहित्य और ज्ञान के साहित्य की प्रकृतिगत अन्तर के कारण बहुत बढ़ जाता है। ज्ञान-साहित्य में रूढ़ि-प्रतीक होते हैं किन्तु साहित्य में रूढ़ या पारम्परित प्रतीकों के साथ वैयक्तिक सामूहिक प्रतीक भी अर्थ की अनेकामुखी सम्भावनाओं के साथ कौंधते रहते हैं। इसीलिए रूढ़ि-प्रतीक भी अर्थ की अनेक छवियाँ अपने में उभारता रहता है। इस दृष्टि से 'प्रतीक-सन्दर्भ' का महत्व साहित्यिक प्रयोग में सर्वाधिक है।[37] इसी तथ्य को ध्यान में रखते हुए व्हाइट हैड ने 'प्रतीक-सन्दर्भ' की तीन स्थितियों का संकेत दिया। प्रथम स्थिति में आश्रय-आलम्बन के बीच की स्थिति (स्थिति भेद से बदलाव) दूसरी स्थिति में प्रयोक्ता की मनःस्थिति का अभिज्ञान, तीसरी स्थिति में प्रयोक्ता की अनुभूति-दशा के कोणात्मक-अंश का सही ग्रहण। ऐसी स्थिति में इन तीन स्थितियों के ध्यान से ही 'प्रतीक-सन्दर्भ' को सही दिशा में ग्रहण किया जा सकता है।[38] प्रतीकों की दार्शनिक व्याख्या में कैसिरर ने नयी दृष्टि से काम लिया है और समस्त वाङ्मय चेतना को अध्यात्म के ढंग से प्रतीकवाद में विश्लेषित किया है।[39]

प्रतीक की दार्शनिक तथा समाजशास्त्रीय व्याख्याओं के साथ मनोविश्लेषणात्मक व्याख्याओं का बड़ा महत्व है। मनोविश्लेषणशास्त्रियों ने चिह्न, प्रतीक, रूपक के अर्थ-भेद को ध्यान में रखा है। सादृश्य-व्यंजक कथन में 'चिह्न' तथा अप्रस्तुत में प्रस्तुत के रूपांतरण में 'रूपक' रहता है। मनोविश्लेषण के प्रतीकों का सम्बन्ध फ्रायड अवचेतन मन की दमित इच्छाओं से जोड़ते रहे हैं। स्वप्न-विश्लेषण के सन्दर्भ में फ्रायड ने काम-प्रतीकों की गहन चर्चा की है।[40] युंग ने चित्त के तीन भाग ही माने हैं—चेतन मन, व्यक्तिगत अचेतन मन, सामूहिक अचेतन मन। प्रतीकों का सम्बन्ध व्यक्तिगत तथा सामूहिक अवचेतन मन की दोनों अवस्थाओं के साथ गहन रूप से सम्बद्ध है। सामूहिक अवचेतन में अतीत से आने वाली जातिगत, समूहगत, वंशानुगत, स्मृतियों के प्रभाव रहते हैं एवं विशिष्ट स्थिति में यही चेतना के स्तर पर अभिव्यक्त हो जाते हैं।[41] युंग ने काव्य के दो भेद माने हैं—(1) आलोक-काव्य, (2) मनोवैज्ञानिक काव्य। कल्पना से सम्बन्धित

चेतन मन की क्रियाओं के काव्य को मनोवैज्ञानिक काव्य के अन्तर्गत तथा सामूहिक अवचेतन से सम्बन्धित काव्य को वे आलोक-काव्य के अन्तर्गत रखते हैं। अवचेतन से जुड़े इस काव्य में अस्पष्टता, दुरूहता तथा रहस्यमय, कुहरिलता रहती है। युंग तो यहाँ तक कहते हैं कि प्रतीक एक सांस्कृतिक यंत्र है एवं विशेष प्रकार के प्रतीक 'लिबिडो' से जुड़े होते हैं। 'लिबिडो' के अतिरेक को इन प्रतीकों में पाया जा सकता है। ऐसी स्थिति में प्रतीक-लिबिडो का सांस्कृतिक रूपान्तरण है। कलाकार लिबिडो के प्राकृतिक-प्रवाह को रोककर सांस्कृतिक-प्रवाह की ओर मोड़ देता है, तब प्रतीकीकरण की सृजन-प्रक्रिया सक्रिय हो जाती है। सामूहिक अवचेतन के भाव आद्य-बिम्बों की फंतासी, कहानी, निजन्धरी कथा, मिथकों तथा कलाओं में व्यक्त होते हैं। एक सीमा पर इन सभी का निर्वैयक्तिकरण हो जाता है। डा. पद्मा अग्रवाल ने युगीय विचारों से प्रतीक की अपूर्व प्रासंगिकता सिद्ध की है क्योंकि प्रतीक का एक गत्वर अर्थ (डायनेमिक मीनिंग) होता है।[42] धर्म, दर्शन, गणित, विज्ञान आदि के प्रतीक एक स्थिर अर्थ रखते हैं किन्तु कलागत प्रतीक स्थिर अर्थों का लगातार अतिक्रमण करते रहते हैं। डा. देवराज ने ठीक कहा है कि "कलाकार को एक अनुभूति होती है और उसके प्रकाशन के लिए वह ऐसे प्रतीकों की खोज करता है जो कुल मिलाकर दुबारा वही या उस जैसी अनुभूति उत्थिन कर सके। जब दूसरी अनुभूति पूर्वानुभूति के समान होती है तो वह पुनः अन्य प्रतीकों की खोज करता है, इस प्रकार उसका प्रतीकों का अन्वेषण चलता रहता है...।"[43]

पाश्चात्य आलोचनशास्त्र और दर्शनशास्त्र में 'प्रतीक' शब्द का उपयोग सम्पूर्ण अभिव्यंजना के अर्थ का पर्याय भी रहा है, किन्तु विशिष्ट रूप में यह अभिव्यंजना का ही एक अंग है एवं इसी की एक विकसित पद्धति विशेष है। हिन्दी-आलोचनाशास्त्र में प्रतीक को अभिव्यंजना की एक प्रणाली के अर्थ में ही ग्रहण किया है। हमारे यहाँ प्रतीक अप्रस्तुत-विधान का एक अंग है, लेकिन ये दोनों पर्याय नहीं हैं। अलंकारों में भी उपमा, रूपक, रूपकातिश्योक्ति, अन्योक्ति आदि के प्रतीक का पार्थक्य भी हिन्दी-समीक्षाशास्त्र में लगातार निरूपति किया है।[44] भारतीय काव्यशास्त्र में निरूपित 'उपचार वक्रता' को डॉ. संसार चन्द्र ने प्रतीक-विधान का पर्याय माना है—"हमारे यहाँ प्रतीकवाद अथवा संकेतवाद अन्योक्ति-पद्धति के अन्तर्गत होता है। ...काव्य-परिभाषा में इसे उपचार-वक्रता कहते हैं।"[45] इस कथन का डॉ. विमल कुमार ने खण्डन करते हुए कहा है कि "काव्य के प्रतीकों में निश्चित रूपेण अन्योक्ति-तत्व रहता है, किन्तु वस्तु-प्रतीक या वर्ण-प्रतीक जो दृश्य कलाओं के सार्वभौम साधन और अंगीभूत तत्व हैं, अन्योक्ति के साथ कोई सीधा सम्बन्ध नहीं रखते हैं। इस

तरह प्रतीक का क्षेत्र जहाँ काव्येतर कलाओं तक फैला है, वहाँ अन्योक्ति प्रधानतः काव्य-कला तक सीमित है।"[46]

पाश्चात्य विचारकों ने प्रतीक विवेचन में 'मिथक' पर प्रकाश डाला है। किन्तु प्रतीक न तो मिथ की सृष्टि करता है और न मिथक की भाँति प्रतीकों का गुच्छ ही बन पाता है क्योंकि मिथक-कर्म-काण्ड तथा देव-कथा से दुर्निवार रूप से जुड़े होते हैं। युंग ने 'मिथ' को मानव की सम्पूर्ण सामूहिक अवचेतन की कला का पर्याय माना है। मिथ सामूहिक चेतना है और बिम्ब-वैयक्तिक चेतन या अचेतन का धर्म है। फिर भी प्रतीक का अर्थ और रूप निश्चित करना बड़ा कठिन कार्य रहा है एवं उसका संतुलित वर्गीकरण भी अत्यन्त कठिन कार्य रहा है। थीट्स ने प्रतीक के दो भेद किए हैं—(1) ध्वनि-निर्भर प्रतीक, (2) वर्णनात्मक प्रतीक (डैसक्रिप्टिव आर इन्सट्रिंसिक सिम्बल्स), (3) अन्तदर्शी प्रतीक (इन्साईट सिम्बल्स)।[47] हिन्दी-आलोचनाशास्त्र में अलंकार की दृष्टि से उपमामूलक प्रतीक, रूपक प्रधान प्रतीक, समासोक्तिमूलक प्रतीक, लक्षणा मूलक प्रतीक आदि भेद मिलते हैं। कहीं-कहीं तो रूढ़ प्रतीक, रहस्यात्मक प्रतीक, लक्षणापन्न प्रतीक, परम्परित प्रतीक, प्रयोग विशिष्ट प्रयोग, छायावृत्त प्रतीक, लोकावचेतन प्रतीक, सगुण प्रतीक आदि भेदों की भी चर्चा है।[48] डा. नगेन्द्र ने मूल भावना के आधार पर (1) सृजन के प्रतीक, (2) ध्वंस के प्रतीक, (3) काम या शृंगार के प्रतीक—इन तीन भेदों को स्वीकृति दी है।[49] किन्तु इस समस्त वर्गीकरण में एक वैज्ञानिक आधार का अभाव स्पष्ट दिखाई देता है। प्रतीकों के मूल चेतना के अनुसार तीन भेद होने चाहिएँ—(1) परम्परित प्रतीक, (2) वैयक्तिक प्रतीक, (3) नवीन प्रतीक या नये विचारात्मक प्रतीक। उन्हीं के अन्तर्गत धार्मिक प्रतीक, ऐतिहासिक-पौराणिक प्रतीक, प्रकृति-प्रतीक आदि को समेटना चाहिएँ, क्योंकि प्रतीक का सम्बन्ध किसी भी 'संदर्भ-विशेष' से हो, वह अनुभूति की स्थिति वैशिष्ट्य का शाब्दिक प्रतिरूप होता है।

बिम्ब तथा प्रतीक के अन्तर पर भी ध्यान रखना चाहिए। बिम्ब का स्वरूप और प्रभाव मूलतः ज्ञानेन्द्रियों द्वारा ग्राह्य है, इस दृष्टि से उसमें ऐन्द्रिय-चेतना का आधार प्रमुख रहता है। दृश्य-श्रव्य-बिम्ब मन में चित्र जगाते हैं या सम्मूर्तन-विधान कराते हैं किन्तु प्रतीक किसी भी प्रकार के भाव-चित्र (इमेज) को प्रस्तुत नहीं करता, केवल संकेत द्वारा वस्तु या व्यक्ति की विशिष्टता का संकेत तथा प्रभावांकन करता है। डा. राम अवध द्विवेदी ने बिम्ब तथा प्रतीक के पार्थक्य को स्पष्ट करते हुए कहा है—"बिम्ब और प्रतीक का भेद स्पष्ट करने के लिए हम कह सकते हैं कि पहले का सम्बन्ध शिल्प तथा वास्तुकला से अधिक है और दूसरे का संगीत से।"[50] इसका प्रमुख कारण यह है कि बिम्बवाद के प्रवर्तकों

ने बिम्ब व्याख्या में शिल्प तथा वास्तुकला की चर्चा बार-बार की है और मलार्मे जैसे प्रतीकवादी प्रतीक-प्रभाव की तुलना संगीत-प्रभाव से करते रहे हैं। आध्यात्मिक अनुभव की उच्चता, रहस्यभावना, पार्थिव-अपार्थिव सम्बन्धों का निरूपण दिव्य सत्ता से साक्षात्कार आदि में अभिव्यक्ति को प्रतीकों का अनिवार्य सहारा देना पड़ता है चाहे कबीर हों या मीरा या महादेवी। इनकी असाधारण अनुभूति प्रतीक के असाधारण माध्यम को ही चुनती है। पाश्चात्य जगत के आध्यात्मिक कवि दान्ते तथा ब्लेक, यीट्स तथा वेलेरी जैसे प्रतीकवादी कवियों से भी यही सिद्ध है।

पाश्चात्य जगत में प्रतीकों की काव्यगत उपयोगिता का महत्व सर्वमान्य था तथापि एक सशक्त काव्यान्दोलन के रूप में प्रतीकवाद का आविर्भाव 1886 के आसपास फ्रांस में हुआ। इसका जन्म यथार्थवाद, प्रकृतवाद, प्रभाववाद तथा वैज्ञानिक बुद्धिवाद की प्रतिक्रिया स्वरूप हुआ था। यह भी माना जाता है कि प्रतीकवाद का जन्म पारनेशियन समुदाय के कलाकारों की यथातथ्य-निरूपण-पद्धति की प्रतिक्रिया से हुआ था। प्रतीक सदैव ही मानव की मौन भाषा रहे हैं जो भौतिक यथार्थ से ज्यादा आध्यात्मिक यथार्थ को लाते हैं। इस दृष्टि से प्रतीकवाद को स्वच्छन्दतावादी पुनरुत्थानवाद की संज्ञा भी दी जाती रही है। किन्तु दोनों के प्रेरणा-स्रोतों में गहरा अन्तर है—स्वच्छन्दतावाद का प्रेरणा-स्रोत रूसो था और प्रतीकवाद का प्रेरणा-स्रोत एडगर ऐलन पो। प्रतीकवादी कविता का जरेफ रेन्शियल काण्टेन्ट रहा है—''पोयट्री शुड नाट मीन बट बी।'' सन् 1886 में प्रतीकवादी घोषणा-पत्र 'फिगारो' नामक पत्रिका में प्रकाशित हुआ। इस समय कला के क्षेत्र में प्रभाववाद की तूती बोल रही थी। दार्शनिक वर्गसां की मान्यताएँ फैल रही थीं पर प्रतीकवादियों में वस्तुगत अथवा बौद्धिक सत्य के प्रति आग्रह न था।

कवि कथाकार पो फ्रांसीसी प्रतीकवाद के पूर्ववर्ती आचार्य हैं एवं उनके ऋण को मलार्मे ने स्वीकार भी किया है। अमरीका के कवि वाल्टह्विटमैन ने परवर्ती प्रतीकवादियों को प्रभावित किया। किन्तु बोदलेयर की कृतियों से प्रतीकवाद का परिवेश बनता है और 'डी नरबल, रेम्बू तथा मलार्मे, में इसकी शक्ति संचित है। सन् 1886 में वर्लेन और मलार्मे को केन्द्र बनाकर अनेक नवयुवक कवि एकत्र हुए और यहीं पर दो प्रतीकवादी वर्गों की स्थापना हुई जिनके सैद्धान्तिक चिन्तन में काफी दूरी थी। रिम्बो के कथन इस समय गूँज रहे ही थे—''सभी प्रकार के इन्द्रजाल में मेरा विश्वास है—मैंने विभिन्न स्वरों के रंगों का आविष्कार किया...'ए' का रंग काला है 'ई' का रंग श्वेत, 'आई' का रंग लाल, 'ओ' का रंग नीला, और 'यू' का रंग हरा। मैंने प्रत्येक व्यंजन के जाति एवं रूप को नियंत्रित

किया और लय के स्वाभाविक ज्ञान द्वारा मैंने काव्योचित भाषा की सृष्टि की है, ऐसा मेरा दावा है।"[51] रेम्बो के इन कथनों से वर्लेन बहुत प्रभावित हुए हैं और 1882 के बाद इसीलिए वर्लेन की कविता में भारी बदलाव के संकेत मिलते हैं। बीसवीं शताब्दी के आरम्भ में प्रतीकवाद ऐसा पनपा है कि फ्रांस में मेटेरेलिंक, क्लाडेल, बेलेरी, जर्मनी में जार्ज और रिल्के, रूस में ब्लाक और चेखव, आयरलैंड में सिंज, यीट्स, स्काटलैंड में बैरी, इंग्लैण्ड में टी. एस. इलियट तथा अमरीका में कजीन ओ 'नील' इसकी लपेट में थे।

प्रतीकवाद का उद्गम प्लेटो और निओ प्लेटानिस्ट दार्शनिकों से जुड़ता है। अठारहवीं शती में स्वेडेन वर्ग ने 'करेस्पोडेस सिद्धान्त' का निरूपण किया एवं उससे प्रतीकवादियों को वैयक्तिक अनुभवों के प्रकाशन की शक्ति मिली। आगे चलकर इसी सिद्धान्त से बोदलेयर प्रभावित हुआ और उसने एक नवीन सिद्धान्त 'सिनेस्पेसिस सिद्धान्त' का प्रतिपादन किया जिससे यह मत स्थापित हुआ कि दृष्टि, श्रवण, प्राण और स्पर्श द्वारा प्राप्त अनुभवों का साम्य है और वे आपस में परिवर्तनीय हैं।[52]

उन्नीसवीं शताब्दी के अन्तिम वर्षों में प्रतीकवाद एक प्रबल साहित्यिक आंदोलन रहा है। इस आन्दोलन का उद्देश्य था बौद्धिक विज्ञानवाद, भौतिकवाद, यथार्थवाद, प्रकृतवाद से मुक्त कविता में (भौतिकता-बौद्धिकता से मुक्त) आध्यात्मिक प्रभाव का समन्वयन। इस प्रकार प्रतीकवाद ने काव्य के रहस्य-पथ को प्रतिष्ठित करना चाहा है। आध्यात्मिक यथार्थ के लिए सामान्य भाषा अपर्याप्त है, ऐसी स्थिति में कवि के अलंकार भी अपर्याप्त हैं, तब कवि प्रतीकों की सार्थक सृष्टि में प्रवृत्त हो जाता है। इस दृष्टि से कविता की मन्त्र-शक्ति की वकालत करने पर भी प्रतीकवादी कविता वैयक्तिक अनुभूतियों का ही प्रकाशन है। यही कारण है कि सामाजिक तथा राजनीतिक विषय इस प्रकार की कविता के लिए अनुपयुक्त रहे हैं। मलार्मे जैसा दुरूह कवि भी काव्य-भाषा में आदिम भाषा से आगे न बढ़ सके और एक प्रकार का रूपवाद इनका पीछा करता रहा है। टी. एस. इलियट, एजरा पाउण्ड, टी. ई. ह्यूम फ्रांस के इन प्रतीकवादियों से दूर तक प्रभावित हैं। असल में नये समय के मूल्यों ने परम्परागत तथा आध्यात्मिक प्रतीकों को निष्प्रभ कर दिया था। इसलिए भी नयी सृजन-चेतना, नवीन प्रतीक-सृजन चेतना में फूटी है। नये प्रतीक-संगीत, स्वप्न, दिवास्वप्न और मिथक से आने लगे और नवीन काव्यात्मक प्रतीकों ने व्यंजना-शक्ति का विस्तार किया।

प्रतीकवादी कवियों ने 'विशुद्ध कविता के सिद्धान्त' पर बड़ा ही आग्रह रखा है। विशुद्ध कविता की कोई सर्वमान्य परिभाषा तो न की जा सकी, किन्तु सभी

ने विशुद्ध कविता (प्योर पोयट्री) में—'लयात्मक अभिव्यंजना में कविता की अवस्थिति' को रेखांकित किया है। इसी विलक्षण तत्व का अनुवाद नहीं हो सकता है। वास्तव में विशुद्ध कविता सिद्धान्त का प्रयोग फ्रांसीसी प्रतीकवादी कवियों द्वारा प्रतिपादित सिद्धान्तों के लिए किया जाता है (La-Poesie-Pure) विशुद्ध कविता सिद्धान्त की प्रेरणा भी प्रतीकवाद को पो से मिली है। पो को लेकर ही 1857 ई. में बोदलेयर ने 'प्योर पोयट्री' शब्द का प्रथम प्रयोग किया और तदनन्तर वाद-विवाद से यह सिद्धान्त ही चल पड़ा है। इस सम्पूर्ण सिद्धान्त दृष्टि की हिन्दी में श्री दिनकर जी ने 'शुद्ध कविता की खोज' नामक अपनी काव्यशास्त्रीय पुस्तक में विस्तार से चर्चा की है क्योंकि शुद्ध कविता का यह सिद्धान्त (पश्चिम में) बीसवीं शताब्दी में चर्चा का केन्द्र रहा है एवं इसे भी संगीत की भाँति स्वतंत्र, निरपेक्ष मानने की बात कही गई है। पो जैसे कविता को गीत कहते हैं—वही गीतधर्मिता प्रतीकवादियों की प्रेरणा रही है। विशुद्ध कविता-सिद्धान्त ने भाषा की प्रतीकात्मकता पर विशेष ध्यान दिया और अर्थ-तत्व से ज्यादा शब्दों के स्वर-वैशिष्ट्य पर ध्यान दिया।

'परम्परा' भी प्रतीकवादियों के लिए एक निश्चित अर्थ खो बैठी है। ये सभी विषयवस्तु से ज्यादा रचना-प्रक्रिया को कविता में महत्व देने लगते हैं। वेलेरी के मत से काव्य का सारतत्व ही शुद्ध कविता में रह जाता है, शेष सभी तत्व तिरोहित हो जाते हैं। किन्तु हर्बर्ड रीड इस विशुद्ध कविता-सिद्धान्त से असहमत रहे हैं। विशुद्ध कविता के सिद्धान्तकार छोटे आकारवाली कविता की वकालत करते हैं। लम्बी कविताओं की यह कहकर निन्दा करते हैं कि कवि अपनी अनुप्रेरणा को लम्बे काल तक नहीं बनाये रख सकता है। रीड मानते थे कि कविता का यह सिद्धान्त अनुभव सिद्ध नहीं है। विशुद्ध कविता के सिद्धान्त वाले कविता मात्र को ध्यान में न रखकर उसके एक रूप विशेष का ही ध्यान रखते हैं। क्योंकि छोटी कविताओं में रूप भाव पर हावी हो जाता है किन्तु भावपरक या विचारपरक धारा में विस्तार से कविता सहज ही लम्बी हो जाती है। रीड ने छोटी कविता की तुलना एक झील से की है और लम्बी कविता की तुलना एक ऐसी धारा के सौन्दर्य से की है जिसका पीछा हम समुद्र में मिलने तक करते हैं। इसकी सम्पूर्ण धारा को चाहे न देख पाते हों, पर उसकी निरन्तरता का अनुभव लगातार करते हैं। धारा का रूप बदलने पर भी वह वही है, हम उसे पहचानते हैं। हिन्दी में अज्ञेय जी ने छोटी कविताओं के इस सिद्धान्त को अपनाया है और मुक्तिबोध ने लम्बी कविताओं के सिद्धान्त को। मुक्तिबोध की तो यह मजबूरी रही है कि वे छोटी कविताएँ लिख ही नहीं पाते हैं।

आधुनिक हिन्दी कविता और कथा-साहित्य के एक बड़े भाग पर प्रतीकवाद

का प्रभाव छायावाद के साथ ही शुरू हो जाता है। ऐसा नहीं है कि हिन्दी के प्राचीन साहित्य में प्रतीकों का उपयोग नहीं था। उपयोग था और कवि उनका प्रयोग भी आध्यात्मिक तथा रहस्यवादी काव्य में करते रहे हैं किन्तु पश्चिमी ढंग की सैद्धान्तिकता का प्रयोग छायावाद के साथ ही हिन्दी-साहित्य और समीक्षा में दृष्टिगत होता है। छायावाद की कविता पर रवीन्द्रनाथ का प्रभाव निश्चय ही है। रवीन्द्र पर उपनिषदों, भक्ति काव्य, कबीर तथा उन्नीसवीं शताब्दी के प्रतीकवादियों का प्रभाव सम्मिलित रूप में पड़ा है। छायावाद के कवि रवीन्द्रनाथ के माध्यम से तथा सीधे भी प्रतीकवाद के प्रभाव में आये हैं। आ. शुक्ल ने अपने इतिहास में योरोपीय काव्य-क्षेत्र में प्रवर्तित आध्यात्मिक प्रतीकवाद (सिम्बालिज्म) के अनुकरण पर रची जाने वाली रचनाओं का बंगला तथा हिन्दी में प्रवेश माना है।[53] 'छायावाद' में आ. शुक्ल ने प्रतीकवाद के 'विशुद्ध कविता-सिद्धान्त' को उपस्थित पाकर लिखा—''कला-कला की पुकार के कारण योरोप में प्रगीत मुक्तकों (लिरिक्स) का ही अधिक चलन देखकर यहाँ भी उसी का जमाना यह बताकर कहा जाने लगा कि अब ऐसी लम्बी कविताएँ पढ़ने की किसी को फुरसत कहाँ जिनमें कुछ इतिवृत्त भी मिला रहता हो। अब तो विशुद्ध काव्य की सामग्री जुटाकर सामने रख देनी चाहिए जो छोटे-छोटे प्रगीत मुक्तकों में ही सम्भव है।''[54] इस कथन से स्पष्ट है कि छायावाद पर आते हुए प्रतीकवाद के विशुद्ध काव्य-सिद्धान्त की छोटी कविता-दृष्टि का आ. शुक्ल ने सीधा प्रतिवाद किया था। साथ ही वे प्रतीकवाद के उस 'कलाकार' से भी चौकन्ने थे जो अभिव्यंजना की नूतन-पद्धति के नाम पर रूपवाद की श्रीशोभा थी। आ. शुक्ल के बाद प्रगतिवादी समीक्षकों ने भी 'शुद्ध कविता-सिद्धान्त' का विरोध किया है। श्री शिवदान सिंह चौहान ने बोदलेयर, बर्लेन, रेम्बो, मलार्मे, मेटेरेलिंक के प्रतीकवादी आन्दोलन को 'रूपवाद' का हिन्दी साहित्य और समीक्षा पर हमला कहा है।[55] इस प्रतीकवाद ने हिन्दी काव्य की व्यक्तिवादी धारा को बढ़ाने में भी बड़ी भूमिका अदा की है।

नये साहित्यकारों में अज्ञेय जी ने प्रतीकवाद को स्वीकृति दी है। उन्होंने मनोविज्ञान से सम्बन्धित प्रतीकों को सर्वाधिक अपनाया है और यौन प्रतीकों से उनका आरम्भिक काव्य भरा पड़ा है। अज्ञेय जी ने छोटी कविताओं के साथ ही विशुद्ध कविता-सिद्धान्त भी अपनाया है।[56] नये कवि-कलाकारों पर स्वप्न-प्रतीकों के साथ बौद्धिकता के प्रतीकों का भी काफी दबाव-प्रभाव है। यह सच है कि नयी कविता में स्वप्न-प्रतीकों, फंतासियों, मिथकों तथा बिम्बात्मक प्रतीकों की प्रचुरता बड़ी है। एक ओर इस दृष्टि पर मनोविश्लेषणशास्त्र का प्रभाव आया है और दूसरी ओर प्रतीकवाद का प्रभाव। अज्ञेय जी का नव्य रहस्यवाद

भी इसी प्रतीकवाद का एक अंग है। संक्षेप में, नये साहित्य के सिद्धान्त-चिन्तन और सृजन पर पश्चिम के प्रतीकवाद का प्रत्यक्ष-अप्रत्यक्ष प्रभाव खुलकर पड़ा है।

(३) बिम्बवाद (Imagism)

हिन्दी-सैद्धान्तिक समीक्षा में प्रतीक की भाँति बिम्ब भी पाश्चात्य कला-चिन्तन का प्रदेय है। भारतीय काव्यशास्त्र में प्रत्यक्ष रूप से बिम्ब-चिन्तन नहीं हुआ। अलंकार, ध्वनि, वक्रोक्ति के साथ बिम्ब का सम्बन्ध जुड़ता है। प्रायः सादृश्यमूलक अलंकार बिम्बात्मक होते हैं। क्योंकि इन सभी में सादृश्य प्रतीयमान रहता है। अलंकार विधान को भारतीय आचार्यों ने 'अप्रस्तुत विधान' के अन्तर्गत रखा है। इस प्रकार बिम्ब-विधान अप्रस्तुत विधान का एक अंग ठहरता है। लेकिन बिम्बवाद के अनुसार अप्रस्तुत विधान बिम्बवाद का एक अंग है। यों तो बिम्ब का सम्बन्ध लक्षणा-व्यंजना और ध्वनि के अत्यन्त निकट ठहरता है, किन्तु यह सच है कि भारतीय आचार्यों ने बिम्ब के स्वरूप, प्रक्रिया, प्रकार आदि का सचेष्ट निरूपण नहीं किया। वस्तुतः बिम्ब चर्चा हिन्दी-समीक्षा शास्त्र में पश्चिमी विभावन ही है। डा. नगेन्द्र ने ठीक कहा है—"भारतीय काव्यशास्त्र के लिए बिम्ब कोई अज्ञात वस्तु नहीं है—अनेक रूपों में और अनेक प्रकार से बिम्ब का विवेचन यहाँ मिलता है। परन्तु यह विवेचन प्रकारान्तर अथवा अप्रत्यक्ष रूप रीति से ही हुआ—जिस रूप में बिम्ब का विवेचन-विश्लेषण यूरोप के साहित्य के अन्तर्गत वर्तमान शती में हुआ है, उस रूप में भारतीय काव्यशास्त्र में नहीं मिलता।[57]

पश्चिम के आधुनिक काव्यशास्त्र में बिम्ब (इमेज) काव्य का मान्य प्रतिमान है और काव्य-कला के सन्दर्भ में इसकी उपयोगिता वहाँ असंदिग्ध है। पश्चिमी आलोचना-शास्त्र में बिम्ब पर अत्यन्त सूक्ष्म-गहन चिन्तन हुआ है तथा इसके अन्तरंग-बहिरंग का निरूपण अत्यन्त विस्तृत एवं वैविध्यपूर्ण ढंग से किया गया है। पश्चिमी आलोचनाशास्त्र ही नहीं, मनोविज्ञान, नृतत्वशास्त्र, समाज विज्ञान एवं सौन्दर्यशास्त्र में भी बिम्ब का विवेचन-विश्लेषण गहराई से किया गया है। बिम्ब पर इतने अधिक 'अनुशासनों' का आक्रमण हुआ है और उसका स्वरूप इतनी अस्थिर-जटिल व्यापक एवं अमूर्त बन गया है कि बिम्ब का स्पष्ट बिम्ब-इमेज की सही इमेज जिज्ञासु के मन में स्पष्ट नहीं हो पाती।"[58] इस अस्पष्टता का प्रधान कारण बिम्ब की जटिल प्रकृति एवं प्रक्रिया के मूल में ही निहित है जिसे पश्चिमी आलोचकों ने लगातार स्पष्ट करने का संकल्पबद्ध प्रयास किया है।

काव्य-बिम्ब का लक्षण देते हुए कहा गया है कि—"काव्य-बिम्ब एक प्रकार का भाव-गर्भित शब्द-चित्र है।"[59] 'इमेज' का कोषगत अर्थ है—मूर्त रूप प्रदान

करना, चित्रबद्ध करना, प्रतिच्छायित करना, प्रतिबिम्बित करना आदि।[60] पाश्चात्य जगत में 'इमेज' का प्रयोग प्रायः तीन विशेष सन्दर्भों में प्राप्त है—कलात्मक सौन्दर्यशास्त्रीय तथा मनोवैज्ञानिक। सौन्दर्य-तत्व की मूलभूत अवधारणा से जुड़ने के कारण बिम्ब विषयक अवधारणा कलात्मक तथा सौन्दर्यशास्त्रीय सन्दर्भ में लगभग एक सी है। मनोविज्ञान के क्षेत्र में बिम्ब-विषयक धारणा इन धारणाओं से पर्याप्त भिन्न है किन्तु तत्वतः वह भी भिन्न नहीं है। मनोविज्ञान बिम्ब-सृष्टि के पीछे निहित कार्य-कारण प्रेरणा का विवेचन करता है एवं बिम्ब-सृजन की जटिल प्रक्रिया को विश्लेषित करता है। सौन्दर्यशास्त्रीय तथा कलात्मक दृष्टि बिम्ब की उपयोगिता एवं प्रकारों की सौन्दर्य-दृष्टि को ही उभारते हैं—वे मूल स्रोतों का अनुसंधान नहीं करते हैं।

मनोविज्ञान में बिम्ब अनिवार्यतः इन्द्रिय-बोध (सेन्स परसेप्शन) से सम्बद्ध है। इसकी सृजन-प्रक्रिया में 'कल्पना' और 'स्मृति' के सहयोग को भी बार-बार रेखांकित किया जाता रहा है। स्मृति अन्ततः कल्पना से जुड़ी क्रिया है, स्मृति ही कल्पना को उठान-उड़ान देती है—ऐसी स्थिति में बिम्ब मूलतः कल्पना की सृष्टि है।[61] अंग्रेजी में 'इमेजिनेशन' शब्द की व्युत्पत्ति 'इमेज' से सम्बद्ध है। वह 'दि इमेज' का धातुगत अर्थ है—मनःचक्षुओं के समक्ष वस्तु विशेष का सम्मूर्तन। शायद इसीलिए 'इमेजिनेशन' का एक कोषगत अर्थ—बिम्ब-विधान की सामर्थ्य भी है।[62] इसी संकेत से आर्थर लावेल ने भी कहा है कि कल्पना मन में भाव-चित्र को रूपायित करने की शक्ति है।[63] काण्ट ने बिम्ब-सृष्टि का सम्बन्ध पुनरुत्पादक कल्पना से माना है। वे कल्पना के तीन प्रकारों में से 'प्लास्टिक इमेजिनेशन' से बिम्ब-सृष्टि मानते हैं।[64] पुनरुत्पादक कल्पना का आधार ऐन्द्रिय-बोध है—फलतः बिम्ब ऐन्द्रिय-बोधों का रूपायन करते हैं। डा. विमल कुमार ने ललित-कलाओं के सम्बन्ध में बिम्ब का अध्ययन करते हुए कहा है—"बिम्ब-विधान कला का क्रिया-पक्ष है जो कल्पना से उत्थित होता है। कला-जगत में कल्पना के विकास की एक सरणि है। अतः कला विवेचन की तात्विक दृष्टि से बिम्ब कल्पना और प्रतीक का मध्यस्थ है।"[65]

जार्ज व्हेले का विचार है कि स्मृति के गहन स्तरों और उसके कल्पनाश्रित पुनःसृजन की प्रक्रिया में कोई तात्विक भेद नहीं है। चूँकि कवि के स्मृति-कूप में सामान्य व्यक्ति से अनुभूति-भावना और बिम्ब-धारणा अधिक जीवन्त, विशिष्ट तथा परिणाम में अधिक होती है, इसलिए उसकी बिम्ब-उत्पादन शक्ति में सुबलता और विस्तार भी सामान्य से अधिक होता है।[66] इस प्रकार वे स्मृति तथा कल्पना के पार्थक्य को मिटाकर बिम्ब-सृजन में अभेद स्थापित करा देते हैं।[67] इस प्रकार मनोविश्लेषणशास्त्र की दृष्टि से बिम्ब स्मृति तथा कल्पना की

संश्लेष-क्रिया है, क्योंकि बिम्ब स्मृति-निर्भर मानसिक पुनर्निर्माण का मूर्त रूप है जिसमें अतीत स्मृति रूप में छाया रहता है। यही कारण है कि इतिहास-पुराण पर आधृत कलाकृतियों के बिम्ब प्रायः स्मृति-कूप भाव-चित्र होते हैं। आई. ए. रिचर्ड्स मानते रहे हैं कि बिम्ब स्मृति-निर्भर क्रिया है। इसीलिए सजीव बिम्बों, सामान्यतः चाक्षुष-बिम्बों की उत्पादिका के रूप में कल्पना का प्रायः प्रयोग होता है।

मनोवैज्ञानिकों की बिम्ब-निर्माण के सम्बन्ध में यह धारणा भी रही है कि बिम्बों के सृजन-भावन पर व्यक्ति-भेद से रुचि-भेद का प्रभाव भी रहता है। भिन्न-भिन्न व्यक्ति अपनी-अपनी अन्तर्मानसिकता के अनुसार श्रवण, स्पर्श, घ्राण, रूप और रस के बिम्बों का सृजन-ग्रहण करते हैं। इस दृष्टि से अनेक ललित कलाओं से सम्बन्धित व्यक्तियों की बिम्ब शक्ति अलग-अलग होती है। रुचि-भेद से अज्ञेय के मधुर भावपरक तथा मुक्तिबोध के विराट विचारपरक बिम्ब-विधान को समझा जा सकता है। निराला में मधुर-विराट बिम्बों का संश्लेषण हुआ है। ये बिम्ब कलाकार की मूल प्रकृति को समझने के अनिवार्य अंग होते हैं। बिम्बों से कवि के वर्ग, देश, काल, गति चिन्तन का निर्णय हो सकता है।[68] प्रत्येक युग की संवेदना के बदलाव को इनसे रेखांकित भी किया जा सकता है। आलोचकों का यह दावा सही है कि बिम्बों की मनोविश्लेषणात्मक व्याख्या से कलाकार की रचना-प्रक्रिया को विश्लेषित-विवेचित किया जा सकता है। जटिल संवेदना से उत्पन्न जटिल-बिम्बों को भी इस प्रक्रिया से स्पष्ट किया जा सकता है। मनोविश्लेषणशास्त्र के क्षेत्र में फ्रायड ने विशेष रूप से स्वप्नगत बिम्बों की व्याख्याओं को समझने का एक नया दृष्टिकोण दिया। फ्रायड के मत से अवचेतन स्तर ही कल्पना का स्रोत है और यहीं से प्रतीक और बिम्ब आदि की सृष्टि होती है। कविता चेतन-क्रिया न होकर अवचेतन की क्रिया है। इस क्रिया में कलाकार भीतर की वासनाओं-इच्छाओं आदि का अभिव्यक्ति से कलात्मक रूपान्तरण करता है। वह यह सब इस कला-कौशल से करता है कि वैयक्तिकता नष्ट होकर निर्वैयक्तिकता में ढल जाती है। इस प्रकार बिम्ब-राशि में कलाकार का सम्पूर्ण व्यक्तित्व सुरक्षित रहता है। शेक्सपियर का अध्ययन करते हुए श्रीमती स्पर्जियन ने यह निष्कर्ष निकाला है कि—"वह अचेतन रूप से प्रधानतः अपने बिम्ब-सृष्टि के माध्यम से ही अपने को अभिव्यक्त करता है।"[69] इसी दृष्टि को ध्यान में रखते हुए डा. केदारनाथ सिंह ने हिन्दी-समीक्षा में निष्कर्ष निकाला है कि—"हिन्दी-समीक्षा में केवल डा. नगेन्द्र, अज्ञेय और प्रभाकर माचवे के कुछ निबन्धों में इस प्रकार के विवेचन मिलते हैं। ये आलोचक फ्रायड की इस स्थापना का प्रकारान्तर से समर्थन करते हैं कि स्वप्नगत बिम्ब

ही स्थानान्तरित होकर काव्यात्मक बिम्ब का रूप ले लेते हैं और यह कि वे अन्ततः अपने रचयिता की किसी अदमित इच्छा को उद्घाटित करते हैं।"[70] फ्रायड की स्थापनाओं से ही अतियथार्थवादियों ने कविता की संवेगात्मकता पर बल दिया और कथा-साहित्य में 'चेतना-प्रवाह-शैली' तथा कविता क्षेत्र में स्वतःचालित बिम्ब-विधान (आटोमैटिक इमेजरी) का बोलबाला हुआ है।

कार्लयुंग ने बिम्ब-सम्बन्धी मान्यताओं को नया मोड़ दिया है। उन्होंने बिम्ब-धारणा को आदि-बिम्ब-सिद्धान्त (थियरी आफ आर्केटाइप इमेजेज) पर आधृत माना है। युंग का तो यहाँ तक कथन है कि आद्य-बिम्बों में बोलने वाला मनुष्य हजारों जीभों से एक साथ बोलता है (द मैन हू स्पीक्स विद प्राइमार्डियल इमेजेज स्पीक्स विद ए थाउजेन्ट्स टंग्स)।[71] वे इसीलिए 'आर्केटाइप इमेज' को 'प्राइमार्डियल इमेज' भी कहते हैं क्योंकि जाति, व्यक्ति तथा राष्ट्र का समस्त सांस्कृतिक बोध इन्हीं में सामूहिकता से निवास करता है। ये आद्य-बिम्ब (प्राइमार्डियल आर आर्केटाइप इमेज) मानव के परम्परागत इतिहास और सांस्कृतिक-बोधों के जातीय रूप हैं। इसीलिए इनका निर्माण जातीय-स्मृति से होता है। युंग ने 'बोटन' नामक निबन्ध में यहाँ तक कहा है कि ये आद्य-बिम्ब उस सूखी हुई नदी की अन्तरंग सतह के समान हैं, जिस पर जल का बहना अभी तो बन्द है किन्तु एक अनिश्चित दीर्घकाल के बाद जिसमें जलधारा पुनः लौट आती है।[72] इस प्रकार हमारे अवचेतन (सामूहिक अवचेतन) में समस्त ज्ञान-विज्ञान जीवित रहता है जो काव्य (जिसे सांस्कृतिक-प्रक्रिया माना जाता है) में अभिव्यक्त हो जाता है।[73] काव्य ही क्यों, समस्त कलाओं में यही क्रिया घटित होती है। यही कारण है कि कला के प्रतीक प्रायः आद्य-बिम्ब होते हैं। सामूहिक अवचेतन की शक्ति के कारण इनमें तादात्म्यीकरण की गुणवत्ता रहती है। इसीलिए कलाकार को युंग ने व्यक्ति मानव के साथ सामूहिक मानव (क्लेक्टिव मैन) की संज्ञा उचित ही दी है।[74] सृजन क्षणों में व्यक्ति न बोलकर जाति बोलती है और कला की निर्वैयक्तिकता की वस्तुनिष्ठता का विस्तार होता है। युंग के आद्य-बिम्ब को थोड़े हेरफेर से माड बॉहुकिन ने 'टाइप इमेज' कहा है।[75] डा. प्रोगोफ ने कहा है—"सामूहिक अवचेतन की सत्ता तब से है जब मानव व्यक्तित्व की स्वतंत्र इकाई का निर्माण भी नहीं हुआ था।"[76] इसी आधार पर लेविस ने यह निष्कर्ष निकाला है कि प्रेम-घृणा आदि शाक्त विषयों में आद्य-बिम्बों की अभिव्यक्ति प्रधान रूप में रहती है।[77] धूमिल और अस्पष्ट होने के कारण इन बिम्बों की बौद्धिक व्याख्या कर पाना शिव की जटाओं को सुलझाने का प्रयास भर होता है। फिर भी माड बॉहुकिन ने शेक्सपियर तथा कालरिज के आधार पर उनके काव्यात्मक बिम्बों को समझाने का भगीरथ प्रयत्न किया है।[78]

एक आन्दोलन के रूप में बिम्बवाद का आरम्भ टी. ई. ह्यूम एवं एफ. एस. फ्लिंट ने किया। वास्तव में यह सशक्त आन्दोलन अंग्रेजी कविता में रोमांटिक युग के बाद की प्रदीर्घ 'काव्यात्मक यथास्थिति' (पोयटिक स्टेट्स-को) के विरुद्ध विद्रोह था। इस आन्दोलन का आग्रह था कि काव्य में 'सामान्य' की नहीं, 'विशेष' की अभिव्यक्ति होनी चाहिए। अपने काव्यात्मक आग्रहों के कारण यह आन्दोलन बिम्बवादी आन्दोलन (इमेजिस्ट मूवमेन्ट) के रूप में प्रख्यात हुआ। यह आन्दोलन अंग्रेजी के साथ रूसी भाषा में भी चला और इस पर फ्रांसीसी चित्रकला के आन्दोलन—प्रभाववाद की छाप थी। मूलतः बिम्बवाद स्वच्छन्दतावाद की कल्पनातिरेकता और उन्मत्तता के खिलाफ खुला विद्रोह था। अपनी सम्पूर्ण शक्ति से यह कला में सूक्ष्म एवं अमूर्त के स्थान पर ठोस एवं मूर्त को स्थापित करना चाहता था। ह्यूम ने इसे 'क्लासिक साहित्य के युग की सूचना' इसी अर्थ में कहा भी था।[79] ये मानते थे कि कविता का सीधा रिश्ता ऐन्द्रिय-बोध से है और ऐन्द्रिय-बोध का विषय है—विशेष। बिम्ब-बोध जब होगा तब 'विशेष' का ही होगा, 'सामान्य' का नहीं। सामान्यतः कविता के परम्परागत उपमानों की अप्रासंगिकता की घोषणा करते हुए नये और विशिष्ट उपमानों के अन्वेषण की ओर संकेत दिया। इसीलिए परम्परागत प्रतिमानों के स्थान पर नवीन प्रतिमानों को नवीन युग की संवेदना को व्यक्त करने में सक्षम बौद्धिक उपमानों को चुना जाने लगा। हिन्दी-समीक्षा पर बिम्बवाद की घोषणा का यह प्रभाव आ. शुक्ल के साथ शुरू हुआ और नयी कविता के काल में अज्ञेयजी की घोषणाओं के साथ 'ये उपमान मैले हो गए हैं', इसका जादू चारों ओर साहित्य में छा गया।

सन् 1913 में फ्लिंट ने 'बिम्बवाद' शीर्षक टिप्पणी में बिम्बवाद की कुछ स्थापनाओं को प्रस्तुत किया।[80] ह्यूम और फ्लिंट के तत्कालीन विचारों से अनेक कवि प्रभावित हुए और सन् 1964 में 'डेस इमेजिस्ट्स' नामक कविताओं का संग्रह प्रकाशित हुआ। इस संग्रह में फ्लिंट, एलडिंग्टन, एनी लावेल, हिल्डा डुलिट, एच. एम. ह्यूफर, जेम्स ज्वाइस, एजरा पाउण्ड, एलेन अपवर्ड, विलियम कार्ल्स विलियम्स आदि की कविताएँ प्रकाशित हुई हैं। इसी वर्ष के बाद 1915 में 'सम इमेजिस्ट पोयट्स' नामक बिम्बवादी कवियों का एक और संग्रह प्रकाशित हुआ। ये सभी कवि कविता के सम्पूर्ण रूप-विधान (फारम) को बदल देने के लिए संकल्पबद्ध थे। परम्परागत काव्य-भाषा और छन्द के प्रति इनका विद्रोह सर्वाधिक मुखर था।[81] इसलिए दल के प्रमुख कवि एजरा पाउण्ड ने वह घोषणा-पत्र भी प्रकाशित किया जिसमें इनकी समस्त बिम्बवादी धारणाएँ संक्षेप में निहित हैं। घोषणा-पत्र का सार डा. केदारनाथ सिंह ने इस प्रकार दिया है—(1) काव्य के रूप अथवा रचना-तन्त्र को सर्वोपरि महत्व देना, (2) नयी संवेदना के

अनुकूल नयी लय-पद्धतियों की खोज, (3) मुक्त छन्द को मानव की मौलिक स्वतंत्र चेतना के रूप में स्वीकार करने का आग्रह, (4) विषय के निर्वाचन में पूर्ण-स्वतंत्रता, (5) ताजे और मूर्त बिम्बों का अन्वेषण तथा अमूर्त शब्दों का कठोर बहिष्कार, (6) ऐसी कविताओं का निर्माण करना जो 'संक्षिप्त', 'कठोर' और 'स्पष्ट' हों, (7) काव्यगत केन्द्रणशीलता का सिद्धान्त।[82]

उपरोक्त सिद्धान्त-दृष्टि के स्पष्ट होते ही बिम्ब को एक महत्वपूर्ण काव्य-प्रतिमान के रूप में प्रतिष्ठित किया गया। एजरा पाउण्ड ने तो यहाँ तक कहा–"इट इज बैटर टु प्रेजेण्ट वन इमेज इन ए लाइफ टाइम दैन टु प्रोड्यूस वाल्यूमिनस वर्क्स"[83] काव्य-प्रतिमान के रूप में बिम्ब की महत्व-प्रतिष्ठा करने वालों में एजरा पाउण्ड के साथ ह्यूम, एलडिंग्टन और सी. डे. लीविस के नाम अग्रणी हैं। फिर भी यह बहुत थोड़े समय का काव्य-आन्दोलन था।

हिन्दी-समीक्षा पर बिम्बवाद का प्रत्यक्ष-अप्रत्यक्ष प्रभाव आ. शुक्ल के साथ ही दृष्टिगत हुआ है। एक प्रकार से वे ही 'बिम्ब' के प्रथम प्रयोक्ता एवं व्याख्याता हैं। "वस्तुतः बिम्ब-सिद्धान्त हिन्दी-आलोचना को शुक्ल जी की अपनी देन है।"[84] उनसे पूर्व बिम्ब को उपमा, रूपक, उत्प्रेक्षा, समासोक्ति आदि अलंकारों के भीतर ही समझ लिया जाता था। बिम्ब, रूपक, विचार-चित्र, प्रतीक, उपमान और अप्रस्तुत विधान आदि के साम्य-वैषम्य पर भी ध्यान कम ही जाता था। आ. शुक्ल ने प्रथम बार "अर्थ-ग्रहण से काम नहीं चलता, बिम्ब-ग्रहण अपेक्षित होता है" का नारा दिया। छायावाद के कवि पन्त ने काफी समय बाद पल्लव की भूमिका में 'कविता के लिए चित्रभाषा की आवश्यकता पड़ती है' की उद्घोषणा की है। उसके "शब्द सस्वर ही न हों...वे झंकार में चित्र और चित्र में झंकार हों।"[85] 'चित्र भाषा' की यह आवश्यकता वास्तव में बिम्ब की मूर्त कला को लाने का ही प्रयास था। छायावाद के आलोचक डा. नगेन्द्र ने बहुत बाद में–नयी कविता के काल में–बिम्ब और बिम्ब-प्रणाली, बिम्ब-सृजन प्रक्रिया, बिम्बों के प्रकार आदि पर 'काव्य-बिम्ब' नामक पुस्तक लिख कर विचार किया। प्रगतिवादी बिम्बवाद को रूपवाद और कलावाद का अंग मानकर चलता करते हैं। किन्तु प्रयोगवाद तथा नयी कविता ने बिम्बवाद का पर्याप्त साथ दिया है। अज्ञेय द्वारा सम्पादित 1943 ई. में 'तारसप्तक' की तमाम घोषणाएँ बिम्बवादी घोषणा-पत्र की सीधी अनुगूँज छोड़ती हैं। इस घोषणा ने 'सहस्मृत और परम्परागत' बिम्बों पर आक्रमण करते हुए उनके स्थान पर 'ऐन्द्रिय और आवेगाश्रित' बिम्बों का काव्यात्मक महत्व स्थापित किया है।[86] नयी कविता के साथ ही बिम्ब की व्यापक चर्चा होने लगी। तीसरा सप्तक के कवि डा. केदारनाथ सिंह ने बिम्ब को काव्य-प्रतिमान तथा काव्य-सर्वस्व मानते हुए लिखा–"कविता

में मैं सबसे अधिक ध्यान देता हूँ बिम्ब-विधान पर। बिम्ब-विधान का सम्बन्ध जितना काव्य की विषयवस्तु से होता है, उतना ही उसके रूप से भी।''[87] ''प्राचीन काव्य में जो स्थान 'चरित्र' का था आज की कविता में वही स्थान बिम्ब या 'इमेज' का है।''[88] इस प्रकार बिम्ब का महत्व काव्य और समीक्षा में यह स्थापना लेकर आया है—''मैं बिम्ब निर्माण की प्रक्रिया पर जोर इसलिए दे रहा हूँ कि आज काव्य के मूल्यांकन का प्रतिमान लगभग वही मान लिया गया है।''[89] यह प्रस्ताव कवि की श्रेष्ठता, आधुनिकता की शक्ति को काव्य-बिम्ब में लेकर प्रथम बार आया था। इसके साथ ही डा. जगदीश गुप्त ने बिम्ब को लेखक के सम्पूर्ण विवेचन का सार और अभिव्यक्ति का अनिवार्य माध्यम घोषित कर दिया।[90] 'कविता के नये प्रतिमान' नामक पुस्तक में डा. नामवर सिंह 'काव्य-बिम्ब तथा सपाटबयानी' नामक निबन्ध में डा. केदारनाथ सिंह की घोषणा पर कहा—''रचना के स्तर पर बिम्ब का जो महत्व स्वीकृत था, उसे आलोचना के स्तर पर निश्चित पदों में विवक्षित करके केदारनाथ सिंह ने ऐतिहासिक महत्व का कार्य किया।''[91] इधर व्यावहारिक समीक्षा में डा. रघुवंश ने 'आधुनिक काव्य की ऐन्द्रजालिक परिणति' तथा 'नयी कविता की समसामयिक भावभूमि' नामक निबन्धों में बिम्ब-प्रतिमान का शमशेर आदि कवियों पर प्रयोग किया। विजयदेव नारायण साही ने 'शमशेर की काव्यानुभूति की बनावट' नामक निबन्ध में काव्य-बिम्ब पर निगाह साधते हुए शमशेर का विश्लेषण किया।[92] उन्होंने लिखा—''अन्तिम रूप में शमशेर की काव्यानुभूति बिम्ब की नहीं, बिम्ब-लोक की अनुभूति है। इसी का निर्माण वे बार-बार करते हैं और विविध बिम्बों के बावजूद एक ही कविता लिखते हैं।''[93] डा. रामस्वरूप चतुर्वेदी ने भी काव्य-भाषा में भाव-चित्र या बिम्ब पर बड़ा जोर दिया है। वे लिखते हैं—''सूक्ष्म बिम्बों और प्रतीक विध ानों के लिए शमशेर की कविताएँ बेजोड़ हैं।''[94] इस प्रकार हिन्दी की नयी समीक्षा में बिम्ब को काव्य-प्रतिमान के रूप में स्वीकृति मिल रही है।

'काव्य-बिम्ब' को सैद्धान्तिक रूप में स्पष्ट करने का कार्य डा. विमल कुमार ने 'सौन्दर्य-शास्त्र के तत्व' नामक पुस्तक के 'बिम्ब' नामक निबन्ध में पूरे मनोयोग से किया है। उस क्षेत्र में डा. नगेन्द्र की पुस्तक 'काव्य-बिम्ब' का भी महत्व अनेक दृष्टियों से है। बिम्ब की मूल क्रिया दृष्टि को डा. नामवर सिंह ने 'कविता के नये प्रतिमान' में विस्तार से प्रस्तुत किया है। बिम्ब की व्याख्या और प्रकारों पर श्री ब्रजनन्दन अखौरी 'काव्यात्मक बिम्ब', डा. शिवकरण सिंह ने 'कला-सृजन-प्रक्रिया', डा. केदारनाथ सिंह ने 'आधुनिक हिन्दी कविता में बिम्ब- विधान', डा. हरदयाल ने 'आधुनिक हिन्दी कविता का अभिव्यंजना-शिल्प' आदि पुस्तकों में गम्भीरता से कार्य किया है। काव्य-प्रतिमान के रूप में 'बिम्ब' की स्वीकृति

इतनी अधिक बड़ी है कि नये अनुसन्धाता सूर, तुलसी, जायसी आदि प्राचीन कवियों की बिम्ब-योजना पर कार्य कर रहे हैं। हिन्दी में प्रस्तुत पाश्चात्य आलोचनाशास्त्र की पुस्तकों के माध्यम से भी बिम्बवाद का प्रचार-प्रसार बढ़ा है।

काव्य-बिम्ब के प्रतिमान रूप में प्रयोग का दुरुपयोग भी कम नहीं हुआ है। इसलिए समीक्षकों का एक वर्ग काव्य-बिम्ब से ऊबकर सपाटबयानी की माँग कर उठा है।

(4) मानववाद

आधुनिक हिन्दी-साहित्य की समीक्षा-धारा को मानववाद ने अनेक कोणों से आन्दोलित किया है। मानववाद पश्चिम की ऐसी आधुनिक विचारधारा है जिसके पीछे विशाल अतीत की ताकत है और सांस्कृतिक-प्रक्रिया से परिष्कृत जीवन के मूल्य और मानों की भूमिका है। भौतिक जीवन की मानवीय उपलब्धियों ने संघर्षों से जूझ कर जो राह पाई है, उसमें महत्वपूर्ण दिशा का नाम है—मानववाद। मानववाद का विकास विज्ञान की प्रगति के साथ हुआ और सम्पूर्ण तार्किकता से वह एक ऐसी विचारधारा है जिसने कला और साहित्य को भीतर से बदलने का कार्य किया है। यहाँ मानववाद के मूल स्रोतों पर न जाकर आधुनिक मानववाद की संक्षिप्त चर्चा ही करूँगा।

मानव-केन्द्रित विचार-दर्शन मानववाद यूरोपीय पुनर्जागरण के साथ ही पनपता और पुष्ट होता है। यह विचार-दर्शन धरती के मानव का जयघोष है जिसमें अलौकिक आध्यात्मिक जीवन का गान न होकर धरती के मानव की महत्व-प्रतिष्ठा है। क्योंकि मानववादी दर्शन मानव को ही सृष्टि का केन्द्र घोषित करता है। मानव को पारलौकिकता से मुक्ति दिलाने का कार्य मानववाद, यथार्थवाद और मार्क्सवाद की भाँति ही करता है।[95] पुनर्जागरण के साथ ही मानव में यह विचार-शक्ति भी जन्म लेती है कि इसे ईश्वर तथा धर्म से मुक्ति पाकर अपने आस-पास को बदलने की ताकत को पहचानना चाहिए। मानववाद मानव को उसकी उसी ताकत का बोध उत्पन्न करने वाला भौतिक-दर्शन है। ज्ञान-विज्ञान की निरन्तर उन्नति ने पश्चिमी संसार से जिस अन्ध-विश्वासवाद को दूर किया, उसके पीछे रूसो और मार्क्स ही नहीं, आइंस्टीन और टालस्टाय भी थे। यह कहना उचित ही है कि आधुनिक युग की आत्मा का प्रकाश पश्चिम ने ही संसार में बिखेर दिया है।[96] नये ज्ञान ने आध्यात्मिकतावाद, साम्राज्यवाद तथा उपनिवेशवाद आदि के खिलाफ विद्रोह उत्पन्न किया।

मानववाद का इतिहास इतना विशाल और जटिल है कि उसके सम्बन्ध में कोई सर्वमान्य परिभाषा प्रस्तुत कर देना कठिन रहा है। प्रो. चेने ने माना

है कि मानववाद "के विभिन्न अर्थ हो सकते हैं, यह जीवन का विवेक-संगत संतुलन हो सकता है, जिसे शुरू के मानववादियों ने यवनों में पाया...या, यह एक दर्शन हो सकता है, जिसका केन्द्र मनुष्य है।"[97] मानववाद की मानव-समस्याओं, चिन्ताओं को लेकर बड़ी स्पष्ट अवधारणाएँ हैं। इसीलिए आज 'रिनेसां-ह्यूमैनिज्म' (जिसका समय सोलहवीं शताब्दी है) से नये मानववाद का अर्थ काफी विस्तृत और गहन हो गया है।

बीसवीं शताब्दी के मानववाद की सारगर्भित परिभाषा कारलिस लेमाण्ड के शब्दों में इस प्रकार है—"वह इसी संसार में समस्त मानवता के बृहत कल्याण का सर्वोदयी-दर्शन है जो विवेक-सम्मत और प्रजातांत्रिक पद्धतियों के सर्वथा अनुकूल है। मानववाद जड़-शास्त्रवादी दार्शनिकों की सम्पत्ति नहीं है अपितु वह आनन्दपूर्ण और साभिप्राय जीवनयापन के लिए लोक-मानव के चिन्तन के एक कर्म का रास्ता है।"[98] इस प्रकार लेमाण्ड ने मानववादी-दर्शन की तेरह प्रधान स्थापनाओं पर बल दिया है। यथा :—

1. मानववाद जगत के प्रति एक ऐसी धारणा में विश्वास करता है कि सभी दैविक और लोकोत्तर तथ्य मिथ्यावाद हैं या पुरातन कल्पनाएँ हैं। प्रकृति ही पदार्थ और शक्ति की अनवरत परिवर्तनशील गति है।

2. मूलतः मानववाद विज्ञान के नियमों-तर्कों पर आधारित आधुनिक चिन्तन प्रणाली है, यह विश्वास रखता है कि मानव प्रकृति के संघर्ष और विकास की कहानी की उपज है। चेतना का रूप भौतिक है, वह मरणोपरान्त समाप्त हो जाती है।

3. मानववाद वैज्ञानिकता के साथ तार्किकता, विवेक-सम्पन्नता और मानवीय ज्ञान-क्षमता में विश्वास रखता है।

4. यह कर्मवादी दर्शन सभी पलायनवादी दर्शनों का विरोध करता है। नियतिवाद, भाग्यवाद, निराशावाद, भविष्यवाद, प्रभाववाद आदि में इसकी बिल्कुल आस्था नहीं है। यह मानव की रचनात्मक शक्ति में आस्था का दर्शन है।

5. यह मानव-मूल्यों की इहलौकिकता को केन्द्र में रखने वाली विचार-पद्धति है जो देश, राष्ट्र, जाति, धर्म आदि की दीवारों के घेरे को तोड़ती है। अपने विश्व-बोध से मानववाद, सांप्रदायिकतावाद, क्षेत्रीयतावाद, प्रांतवाद तथा जातिवाद और एक सीमा पर राष्ट्रवाद का विरोधी है। यह अन्तर्राष्ट्रीयतावाद की व्यापकता में सोचने की पद्धति है।

6. इस दर्शन का चरम लक्ष्य पार्थिव सुखों की प्राप्ति के साथ मानव-उन्नयन है। यह मानव की सामाजिक-नैतिक, आर्थिक-सांस्कृतिक प्रगति का नारा बुलन्द

करते हुए उसकी सर्वतोन्मुखी प्रगति का हामी है।

7. व्यक्ति और समाज के मध्य पारस्परिकता और संतुलन की शक्ति का सतत अन्वेषण ही इस प्रणाली की वैज्ञानिकता है।

8. कला तथा सौन्दर्य-बोध के अधिकतम विकास में विश्वास करते हुए मानववाद सांस्कृतिक-बोध के परिष्करण को दृष्टिपथ से ओझल नहीं होने देता।

9. साहित्य और सौन्दर्यानुभूति को लोक-जीवन में वास्तविकता के रूप में स्वीकृति देता है।

10. यह एक ऐसे सामाजिक कार्यक्रम की स्थापना करना चाहता है, जो जनतंत्र, लोकसेवा, लोक-शांति एवं विश्व-मानव को समृद्ध अर्थव्यवस्था दे सके।

11. जीवन के उच्च से उच्च मान और मूल्यों को विश्व भर में स्थापित करने की आवश्यकता का अनुभव करता है।

12. प्रजातांत्रिक प्रणाली ही सर्वोच्च प्रणाली है तथा विज्ञान और विवेक का उपयोग सामाजिक विकास के लिए पूरी निष्ठा से करने के लिए मानववाद दायित्व-बोध का दर्शन है।

13. यह एक ऐसी विकास-प्रक्रिया पर आधृत विचारधारा है जो नवीन से नवीन प्रयोगों, अन्वेषणों, राहों, पद्धतियों, प्रविधियों को खोजने की आवश्यकता को रेखांकित करता है।

समग्रतः में मानववाद आस्थावादी मानव-मूल्यों पर आधृत विकास-प्रक्रिया का सांस्कृतिक-दर्शन है। मानववाद की इन स्थापनाओं पर कट्टर धार्मिक व्यक्ति तथा संकुचित दृष्टि के मार्क्सवादी लगातार प्रहार करते हैं और वे इसे धार्मिक मानववाद के घेरे में घेरकर उस पर अपना कब्जा करना चाहते हैं। मानववाद सही अर्थों में मानवीयता के विकास की चिन्ता-धारा है तथा प्रकृति और इतिहास के सन्दर्भ में मानव के उत्तमांश को केन्द्र में लाना चाहता है। अतः अपनी सम्पूर्ण नैतिकता से मानववाद धर्म-निरपेक्ष-समाज की स्थापना के लिए प्रयत्नशील रहता है। प्रो. शिलर मानववाद को लेकर विश्वास करते थे कि यह वह चिन्तन प्रणाली है जो मानव में सृष्टि को केन्द्रित करते हुए मानव को सृष्टि में प्रसारित करते हुए—उसकी मानवीयता एवं महानता को स्थापित करना चाहता है। मानव अपनी सृजन-क्षमताओं, संभावनाओं को उजागर करे और मध्ययुगीनता के समस्त प्रपंचों से हटकर आधुनिकीकरण में प्रवृत्त हो।[99] मानव को किसी विराट सत्ता के समक्ष समर्पित होने की जरूरत नहीं है, उसे अपनी ही अनन्त शक्तियों को पहचान कर उनके परिष्करण-उन्नयन, सम्पादन-संशोधन में प्रवृत्त हो जाना चाहिए। इस प्रकार संसार में अनेक प्रकार के मानववाद हैं—धार्मिक मानववाद, प्रकृतिवादी मानववाद, भौतिकवादी मानववाद, वैज्ञानिक मानववाद, नैतिक मानववाद तथा

अस्तित्ववादी मानववाद आदि। मानववाद के मोटे दो भेद हैं—अनास्थावादी मानववाद, (2) आस्थावादी मानववाद।

अनास्थावादी मानववाद पर अस्तित्ववाद का अंधेरा, अकेलापन, पस्ती, विवशता, विसंगति-बोधन, अवमानवीकरण आदि का भूत सवार है। आस्थावादी मानववाद अंधकार के बाद भी प्रकाश की कल्पना करता है—संघर्ष और तनाव को स्वीकार करने पर भी यह डार्विन के विकासवाद की प्रतिक्रियावादी दृष्टि का गुलाम नहीं है। यह नहीं मानता है कि संसार में शक्तिशाली को ही जीने का अधिकार है—दुर्बल को नहीं। मानववाद सभी मनुष्यों के आँख का आँसू पोंछकर उनके नयन का अंजन बनना चाहता है, वह जीवन के यथार्थवाद का समर्थक है किन्तु हिंसा का नहीं। यही मानववाद तथा मार्क्सवाद का मूल विरोध है। मार्क्सवादी-वर्ग-सिद्धान्त को भी मानववाद अपर्याप्त तथा बेतुका मानता है। यह कोरे आदर्शवादी मानववादी अध्यात्मवादी दर्शनों को पछाड़ना चाहता है। अपनी इन श्रेष्ठ सैद्धान्तिक मान्यताओं को रखने के बावजूद भी मानववाद का बड़ा दुरुपयोग हुआ है। इतालवी विचारक जैन्टाइल ने राज्य के समर्थन में 'श्रम-मानववाद' का नारा दिया।[100] किन्तु लुई अलथजेर नामक मार्क्सवादी चिन्तक ने मार्क्सवाद के लिए मानववाद की संज्ञा को अस्वीकार कर दिया। उनकी मान्यता है कि मानववाद एक ऐसी ढुलमिल प्रतिक्रियावादी विचारधारा है जिसका प्रयोग—युद्ध और संहार दोनों के लिए खुलकर होता है। लेकिन श्रीमान अलथजेर ने यह नहीं कहा कि मार्क्सवाद का भी दुरुपयोग संशोधनवादी अवसरवादी तथा प्रतिगामी ताकतों से लगातार किया है। स्वयं मार्क्सवाद का नाम लेकर लुटेरों का एक दल कार्य करता रहा है और इस वैज्ञानिक चिन्तन के पतन का कारण यही लोग बना रहे हैं। यह दोगलावाद तो सभी अच्छी चिन्तन-पद्धतियों को डकार जाता है, फिर अकेले मानववाद के लिए ही यह सब कहना संगत नहीं है।

वस्तुतः मानववाद दैवी-विधान से स्वतंत्र मानवीय मान-मर्यादा तथा आचरण की नैतिकता पर टिकी चिन्तन-पद्धति है। यह 'वाद' कम, विचारधारा अधिक है—जीवन के प्रति एक नया दृष्टिकोण या दृष्टि की आधुनिकता ही मानववाद है। इसलिए वह वैयक्तिक सुख-दुःख, सेक्स (काम) आदि से ऊपर उठकर व्यक्तिवाद को पास नहीं भटकने देता है। इस दृष्टि से मानववाद को मानवतावाद का पर्याय मानना चाहिए। इस अर्थ में मानववाद मानव-मूल्यों का सार्थक प्रतिमान है। वह समानता, न्याय और स्वतंत्रता के आधार पर शोषणमुक्त समाज और विश्व की स्थापना करना चाहता है। यह एक ऐसे विश्व-निर्माण के सपने देखता है जिसमें सभी नागरिक वास्तविक समानता, स्वतंत्रता (सामाजिक, आर्थिक,

धार्मिक, राजनीतिक आदि) को सच्चे अर्थों में जी सकें। जिस विश्व में कोई भूखा और नंगा न हो और एक भी चीख सभी का दिल हिलाने के लिए पर्याप्त हो। इस दृष्टि से यह समग्रता में लोकमंगल का दर्शन है। बर्डेव और सोरोकिन जैसे समाजशास्त्रियों, स्पैंग्लर तथा टांयन्वी जैसे इतिहासवेत्ताओं ने वर्तमान सभ्यता के प्रति जैसी निराशावादी, नकारात्मक दृष्टियाँ प्रस्तुत की हैं—मानववाद उनमें विश्वास नहीं करता है। आचरणवादी मानववाद मतों-दार्शनिकों में विश्वास नहीं करता, वह मानव-कल्याण को सर्वोच्च लक्ष्य घोषित करता है। टी. एस. इलियट मानते थे कि मानववाद का कार्य संस्कृति और सभ्यता के गतिशील सिद्धान्तों को अपनाते हुए उस ओर नये मानव को प्रेरित करना है। इसीलिए इलियट आचरणवाद (बिहेवियरिज्म) जैसे हेत्वाभासी सिद्धान्तों को व्यर्थ घोषित नहीं करते हैं।[101] इलियट द्वारा मानववाद के इस समर्थन से विश्व भर के साहित्यकार जो इलियट के काव्य-सिद्धान्तों में आस्था रखते हैं, उधर झुके हैं। स्वयं नयी कविता के विचारक अज्ञेय के मानववाद पर मानवेन्द्र राय के रेडिकल ह्यूमेनिज्म—क्रांतिकारी मानववाद से ज्यादा प्रभाव इलियट के मानववादी विचारों का है। इसी विचारधारा में ही धर्मवीर भारती, साही, डॉ. जगदीश गुप्त, डॉ. रामस्वरूप चतुर्वेदी, डॉ. रघुवंश आदि का भी स्थान है। वास्तव में इन सभी पर अस्तित्ववादी मानववाद, गांधीवादी मानववाद तथा वैयक्तिकतावादी मानववाद का मिला-जुला प्रभाव है, जिसे अलग से रेखांकित करना कठिन पड़ता है।

वैयक्तिकतावादी मानववाद का आधार शिलर, बर्डेव, ज्यांक मारितां और अस्तित्ववादी कीर्केगार्द्र, यास्पर्स, ग्रैबील मार्सल आदि की विचार-सरणियों पर केन्द्रित है। किन्तु व्यवस्थित रूप से इस विचारधारा का प्रस्तुतीकरण फ्रेंच विचारक मूनियर ने किया है। सन् 1932 में उन्होंने वैयक्तिकतावाद का घोषणा-पत्र प्रस्तुत किया और 'एसपिरिट' नामक पत्र से उसका प्रचार भी किया। द्वितीय विश्वयुद्ध के बाद यह विचारधारा कला तथा साहित्य में अत्यधिक चर्चा का विषय रही है। किन्तु यह वैयक्तिकतावाद (पर्सोनेलिज्म), व्यक्तिवाद (इन्डविजुअलिज्म) से अलग चिन्ता-धारा है और दोनों को एक मानने की भूल नहीं करनी चाहिए। सबसे बड़ा दृष्टिगत अन्तर इन दोनों विचार पद्धतियों में यही है कि वैयक्तिकतावाद दायित्वयुक्त स्वाधीनता पर बल देता है—जब व्यक्तिवाद दायित्वमुक्त अराजकता से घिरा दर्शन है। डॉ. धर्मवीर भारती ने 'वैयक्तिकतावाद को स्पष्ट करते हुए कहा है—"वैयक्तिक स्वातंत्र्य पर यह आग्रह उन्नीसवीं शताब्दी की बुर्जुआ व्यक्तिवादी चिन्तनधाराओं के आग्रह से बेल्कुल अलग है। ...बिना आर्थिक सुविधा के व्यक्ति की राजनीतिक या आर्थिक स्वतंत्रता की बात करना एक बुर्जुआ भ्रम था।"[102] इस प्रकार व्यक्तिवाद एक

असामाजिक-अराजक विचार-पद्धति है किन्तु इसके ठीक विपरीत वैयक्तिकतावाद आस्थावादी मूल्य-दृष्टि समूहवाद की प्रेरणा से डॉ. भारती ने इन विचारों का प्रतिपादन, समाजशास्त्री बर्डेव के आधार पर किया है। अपने समीक्षा-ग्रन्थ में मानववाद की प्राण-प्रतिष्ठा तथा प्रचार के लिए तीन बातें अनिवार्य मानी हैं—(1) मनुष्य की महिमा, (2) आत्मान्वेषण, (3) दर्द का माध्यम। किन्तु डॉ. विश्वम्भर मानव ने 'नयी समीक्षा : सीमा और सम्भावना'[103] नामक लेख में लिखा है—भारती जिन मानववादी मूल्यों की चर्चा करते हैं, ''इन मूल्यों की चर्चा श्री अज्ञेय बहुत पहले कर चुके हैं। अतः यह भी नहीं कहा जा सकता कि वे उनकी कोई मौलिक स्थापनाएँ हैं।''[104] भारती जी ने मानववाद के साथ ही नीत्से और मिकियावेली, सार्त्र और कामू आदि की जिन धारणाओं का 'मानव मूल्य और साहित्य' नामक ग्रन्थ में विस्तार से विवेचन किया है, उससे स्पष्ट है कि वे पश्चिम के मानव-मूल्यों को बटोरने में कितनी ताकत से लगे रहे हैं। स्वयं मुनियर ने वैयक्तिकतावाद से मार्क्सवाद की तुलना करते हुए जो कहा था—वही भारती कहते हैं। मार्क्सवाद को अस्वीकार करते हुए मुनियर ने वैयक्तिकतावाद को आध्यात्मिक साम्राज्यवाद के विरुद्ध प्रतिस्थापना (आंटी-थीसिस) कहा है। मुनियर मानव के भाग्य की वेदना को एक त्रासद भावना से युक्त मानते रहे हैं किन्तु प्रेम और आशा में उन्हें वेदना के साथ विश्वास है। डॉ. भारती का 'अन्धायुग' शायद मुनियर के वैयक्तिकतावादी मानववाद की सीधी सर्जनात्मक अभिव्यक्ति है।

अज्ञेय जी ने मानवेन्द्र राय द्वारा प्रतिपादित मानववाद में अपनी आस्था व्यक्त की है। यह नव्य मानववाद या बुनियादी मानववाद (रेडिकल ह्यूमेनिज्म) व्यक्ति के स्वतंत्र-विवेक के प्रयोग के अधिकार को स्वीकृति प्रदान करता है तथा मार्क्सवादी समूहवाद के विपरीत व्यक्ति की स्वतंत्र सत्ता के विकास को अनिवार्य मानता है।[105] स्वयं मानवेन्द्र राय की धारणा थी—''मनुष्य नैतिक है क्योंकि वह विवेकी है और सृष्टि एक नैतिक व्यवस्था है जो अपने अन्तर्निहित नियमों से अनुशासित है।''[106] इस मानववाद में एक प्रकार का धर्म-निरपेक्ष तर्कवाद (सेकुलर रेशनलिज्म) और नैतिक (एथिक्स) छाप बहुत है।

हिन्दी में प्रगतिवादोत्तर लेखकों तथा समीक्षकों पर मानववाद का व्यापक प्रभाव पड़ा है। श्री नवल किशोर ने मानववादी तथा गैर मानववादियों की दो श्रेणियाँ ही इस काल में मान ली हैं।[107] उन्होंने 'मानववादी सौन्दर्यशास्त्र की परिकल्पना' नामक निबन्ध में अस्तित्ववादी मानववाद तथा वैयक्तिकतावादी मानववाद के वर्गीकरण में मुक्तिबोध-अज्ञेय की समस्त पीढ़ी को समेट लिया है। वे कहते हैं—''मानववाद कला और साहित्य में प्रयोगशीलता को रचनात्मकता का अनिवार्य गुण मानता है, पर रूपवाद (फारमेलिज्म) को स्वयं में कलात्मक

प्रयोजन मानने से इन्कार करता है।''[108]

पश्चिमी मानववाद की मूल्य-दृष्टि ने हिन्दी के नये रचनाकारों और समीक्षकों को भीतर से इतना प्रभावित किया है कि 'प्रयोगवादी कविता और मानववाद, पर जगदीश गुप्त ने विचार करते हुए लिखा—''मानववादी विचारधारा मेरे निकट आधुनिकता का सर्वप्रमुख आधार है। इसके अतिरिक्त आधुनिक होने के लिए जो गुण अपेक्षित माने जाते हैं वे या तो उसी के प्रतिफलन हैं, नहीं तो उन्हें सतही और फैशन के हलकेपन से युक्त मानना होगा।''[109] अर्थात् मानववाद ने आधुनिकता में एक गम्भीर मूल्य-बोध दिया है एवं नया साहित्य मानववाद के इसी रंग में रंगा हुआ है। इसीलिए उनकी दृष्टि में 'नयी कविता मूलतः मानववादी है।'[1]

इसी 'आलोचना अंक' की परिचर्चा में डॉ. प्रभाकर माचवे की 'प्रयोगवादी कविता और मानववाद' नामक टिप्पणी छपी है। इस पत्र-टिप्पणी में श्री माचवे ने कहा है—''हिन्दी में जिसे प्रयोगवादी कविता कहते हैं, उसमें मानववादी भावनाओं—विचारों की अभिव्यक्ति बहुत विरल है। इस तरह की धारणा अधिकतर पाठकों में पाई जाती है।''[110] यहाँ पाठक माने सामान्य और विशिष्ट पाठक (आलोचक) दोनों ही हैं। डॉ. माचवे यहाँ यह भी कहते हैं कि श्री अज्ञेय और उनके साथियों को छोड़कर अन्य कवि अपने को प्रयोगवादी (मानववादी) कहना पसन्द नहीं करते हैं। इन कवियों में डॉ. रामविलास शर्मा, मुक्तिबोध, शमशेर बहादुर सिंह, नरेश मेहता आदि को वे अज्ञेयीय प्रयोगवाद से बाहर रखते हैं।[111] आगे चलकर उन्होंने लिखा—''प्रयोगवाद में मानववाद की विरलता कट्टर मार्क्सवाद को मानने के कारण ही अब नजर आती है। 'मानववाद' शब्द भ्रामक है। कभी धर्म ने इस शब्द की शरण ली, नये राजनीतिक धर्म-पंथ इसी शब्द की दुहाई देते हैं—मसलन चीन के अनुसार तिब्बत में जो कुछ उसने किया, वह इसी मानववाद से प्रेरित होकर। ...प्रगतिवादियों ने समष्टिमानव की स्थापना करनी चाही, प्रयोगवादी पता नहीं कहाँ से पश्चिम से 'लघु मानव' ले आये—पुंसत्वहीन, धुरीहीन, तन्तुवादी।''[112]

श्री शमशेर बहादुर सिंह ने 'कविता, विशेषकर प्रयोगवादी कविता और मानववाद : एक प्रोटेस्ट' नामक लेख में लिखा है—''यह मानववाद भी उतना ही अधूरा या पूरा अर्थ व्यक्त करता है जितना कि शब्द 'ईश्वर'। दो-तीन तरह के 'मानववाद' आजकल एक-दूसरे से संघर्षशील हैं। अपना-अपना मानववाद है सबका। यह शब्द एक आड़ है, जिसके पीछे कुछ छिपाया जाता है और जिसके पीछे बैठकर मजे से हमला भी किया जा सकता है।''[113] वे मानववाद को एक ऐसा 'वाद' मानते हैं—जो दर्शन, धर्म तथा राजनीति के नाम पर आदमी को

गुमराह करता है। कवि और कविता की समझ को गुमराह करता है। यह मानना कि हर गहरी कलाकृति मानववादी ही होती है तो कोई बड़ी बात नहीं कही जा रही है—बस बात को ढँका जा रहा होता है।[114] "इसीलिए मैं प्रोटेस्ट करता हूँ—ब-हैसियत कवि, उस मानववाद के विरुद्ध, जो कवि का नहीं—किसी दाई या बाई कमान का, या 'बीच' के 'मोर्चे' का है। कवि हो ही वह शख्स कह सकता है, जो सबसे पहले मानववादी हो, यानी इन्सान को प्यार करने वाला...।"[115] इस प्रकार वे 'कलागत मानववाद' का स्वागत करते हैं—लेकिन 'मानववादी प्रयोगवादी कविता' को खबरदार करते हैं। वे मानते हैं कि अधकचरे आलोचक मानववाद को कन्धे पर उठाये घूमते हैं।

समग्रतः कह सकते हैं कि 'मानववाद' को लेकर नये साहित्य का प्रत्येक आलोचक मण्डन या खण्डन के स्वर में बोला है। यह सब इस बात का प्रमाण है कि मानववाद की विचारधारा ने हमारे नये चिन्तकों को कितने जोरों से झकझोर दिया है। आलोचना में यह झटका डॉ. नगेन्द्र से लेकर मलयज तक महसूस किया जा रहा है।[116]

(5) अतियथार्थवाद (Surrealism or Super-Realism)

आधुनिक हिन्दी-समीक्षा में—विशेषकर नयी समीक्षा में अतियथार्थवाद के सिद्धान्त-चिन्तन का प्रच्छन्न एवं प्रत्यक्ष प्रभाव पड़ा है। फ्रांस में जन्म लेने वाले (चित्र-कला और बाद में साहित्यशास्त्र तथा साहित्य-सर्जना में अनुप्रवेश करने वाले) इस विचार-आंदोलन पर संक्षिप्त चर्चा अपेक्षित है। यहाँ इस बात की ओर भी ध्यान रखना आवश्यक है कि अतियथार्थवाद की दार्शनिक पृष्ठभूमि में मनोवैज्ञानिकों का बड़ा हाथ रहा है। फ्रायड के साथ ही इस चिन्तन पर बर्गसां, हीगेल तथा मार्क्स के चिन्तन का प्रभाव रहा है।[117] फ्रायडीय क्रांति मन के अवचेतन स्तरों के अन्वेषण का परिणाम थी और फ्रांसीसी दार्शनिक बर्गसां की बौद्धिक क्रांति रचनात्मक विकास (क्रिएटिव इवेल्यूशन) के सिद्धान्त द्वारा बाहरी जगत को छोड़कर आंतरिक रूप जगत के भाव-चित्रों—गतियों प्रेरणाओं, अर्द्धचेतनावस्था की इच्छाओं की ओर उन्मुखता थी। दोनों चिन्तकों की प्रक्रियागत स्थिति ने कला और साहित्य को अपने-अपने ढंग से आन्दोलित किया। बर्गसां इस जगत के 'निरन्तर प्रवाह' के साथ, सृष्टि के मूल तत्व 'इलेनवाइटल' नामक जीवन-शक्ति में विश्वास रखते थे। इस चिन्तन ने कला को बाह्य प्रेरणा से हटाकर आन्तरिक प्रेरणा से जोड़ दिया। अनुभूति के इस अन्तःप्रेरणा-सिद्धान्त ने मनोविश्लेषणशास्त्र के प्रकाश में स्वतःचालित लेखन (आटोमेटिक रायटिंग) को अतियथार्थवाद में सिद्धान्त-व्यवहार रूप में स्थापित किया। अतियथार्थवादी आन्दोलन का घोषणापत्र प्रस्तुत करने वाले फ्रांस के

प्रख्यात लेखक आन्द्रे ब्रेतां ने अतियथार्थवादी कृतित्व में 'स्वतःचालित लेखन' को सर्वाधिक प्रधानता दी है। स्वयं हर्बर्ड रीड ने 'मिथ, ड्रीम एण्ड पोइम' नामक निबन्ध में इस नवीन सिद्धान्त का व्यापक समर्थन किया है। सैद्धान्तिक दृष्टि से इस लेखन का सम्बन्ध स्वप्नों-फंतासियों तथा अर्द्धजाग्रतावस्थाओं से है। कविता के उद्‌गार के सम्बन्ध में 'स्वतःचालित लेखन-सिद्धान्त' आधुनिक आलोचना में पर्याप्त रूप से प्रयुक्त होता है क्योंकि यह सिद्धान्त कविता तथा स्वप्न के सम्बन्ध को नये ढंग से पारिभाषित करता है।

अतियथार्थवाद पर हीगेल के चिन्तन का प्रभाव भी दूरगामी है। बर्गसां की भाँति हीगेल भी परिवर्तन-प्रक्रिया के सृष्टि-सिद्धान्त को मानते हैं। वे विकास के इस सिद्धान्त को द्वन्द्वात्मक सिद्धान्त (डायलेक्टिक्स) कहते हैं। यह विकास, विरोध से होता है। इसमें स्थापना (थेसिस), प्रतिस्थापना (आंटी थेसिस) तथा इन दोनों का समन्वय (सिन्थेसिस) है। यह विकास-क्रम लगातार बढ़ता रहता है। इसी द्वन्द्वात्मक पद्धति ने कला में अतियथार्थवाद को नवीन अन्तर्दृष्टि प्रदान की है। कठोर संसार से पलायन की भावना को प्रश्रय अतियथार्थवाद में हीगेल के चिन्तन ने ही दिया। मार्क्स ने हीगेल के सिद्धान्त को आध्यात्मिक जगत से उतार कर भौतिक जगत में ला दिया और इसे द्वन्द्वात्मक भौतिकवाद (डायलेक्टिकल मेटीरियलिज्म) नाम दिया। केवल इस सिद्धान्त ने अनीश्वरवादी तत्व—अतियथार्थवाद को दिया, शेष तत्वों को लेकर मार्क्सवाद तथा अतियथार्थवाद में गहरा विरोध है। यथार्थवाद के चरम रूप का भ्रम पैदा करने वाला यह सिद्धान्त उससे पूर्णतः भिन्न है।

अतियथार्थवाद प्रथम विश्वयुद्ध (1914-1919) की विभीषिका का सीधा और स्पष्ट प्रतिफलन है। विश्व-युद्ध के भीषण नर-संहार ने यूरोपीय समाज में अव्यवस्था, विद्रूपता, मूल्यान्धता, विडम्बना-विसंगति, विवेकशून्यता, अराजकता तथा जीवन के प्रति नकारात्मक प्रवृत्तियों को जन्म दिया। इन प्रवृत्तियों का प्रभाव कला और साहित्य पर भी पड़ना स्वाभाविक था। मानव घायल मनःस्थिति के कारण कठोर यथार्थ के प्रहारों-आघातों से जर्जरित अवचेतन मन के रहस्यमय लोकों में विचरण करने के लिए विवश था। साथ ही वह समाज, धर्म, दर्शन, कला, राजनीति, संस्कृति, नैतिकता, धर्म, काम आदि की पूर्वमान्य सभी मान्यताओं और परम्पराओं को चुनौती देने के लिए भीतर-बाहर से बेचैन था। इस भीषण परिवेश के आघात से शायद ही कोई मानव इस समय ऐसा रहा होगा जिसका मन बाहरी घटनाओं के प्रति असीम घृणा से भर न गया हो। परिस्थिति की इसी विलक्षणता ने मानवीय संतुलित को हिला दिया। इसका सीधा परिणाम यह हुआ कि दादावाद (डाडाइज्म) के जन्म के कुछ छः वर्ष बाद

ही सन् 1922 के आसपास अतियथार्थवाद का जन्म हुआ। मानव वास्तविकता से ऊब गया था और उसकी आस्थाओं का क्रूर अन्त हो चुका था। घोर अनास्था की मनःस्थितियों ने कलाकारों और चित्रकारों को मानसिक रुग्णता की अभिव्यक्ति का मार्ग अतियथार्थवाद में दिया है। वास्तविकता से पलायन करते हुए कलाकार मन के गह्वरों में प्रवेश कर कला-सृष्टि कर उठे। इस प्रकार अतियथार्थवाद वास्तविकता से पूर्णतः विच्छेद का दर्शन है। इसलिए भी अतियथार्थवाद, दादावाद से अत्यधिक प्रभावित हुआ है। 'दादावाद' सन् 1916 में ट्रिस्टन जारा द्वारा प्रवर्तित वह आन्दोलन था, जिसके समर्थक स्विटजरलैण्ड में रहने वाले अनेक देशों के निर्वासित नवयुवक थे। इस आंदोलन का प्रधान लक्ष्य सभी प्रकार के नैतिक एवं कलात्मक मूल्यों—प्रतिमानों का समूल विध्वंसीकरण था। ये सच्चे अर्थों में अराजकतावादी थे। अतियथार्थवाद ने कला एवं साहित्य में प्रचलित सिद्धान्तों को घृणा की दृष्टि से देखना दादावाद के समर्थकों से ही सीखा था।

साहित्य में इस आन्दोलन को यथार्थवाद से भिन्न स्वच्छन्दतावाद की अन्तिम विकृति पूर्ण परिणति माना जाता है। अतियथार्थवाद के प्रमुख व्याख्याता हर्बर्ड रीड ने इसे कला के स्वच्छन्दतावादी सिद्धान्त से जोड़ा भी है।[118] स्वच्छन्दतावाद से लेकर अतियथार्थवाद तक जो कलात्मक आन्दोलन हुए हैं, वे इस धारणा की पुष्टि करते हैं कि कला आवेग, सहजानुभूति, व्यक्ति-विशिष्ट की भावना की अभिव्यक्ति है। कला के ये सिद्धान्त अनुभववादी सिद्धान्त पर ठोकर मारते हुए आगे बढ़ते हैं। अनुभववादी जगत से कला की 'मुक्ति' का प्रथम चरण स्वच्छन्दतावाद से आरम्भ होता है। स्वच्छन्दतावादियों ने व्यक्ति को साहित्य के केन्द्र में लाकर उसकी सचेतनता को सार्थक मान लिया एवं परम्परागत सौन्दर्यशास्त्र की मान्यताओं में संपूर्णता से परिवर्तन कर दिया। कला प्रतिकृति न रहकर, अभिव्यक्ति, दर्पण न रहकर दीपक, विचार न रहकर आंतरिक भाव, इच्छा-कल्पना हो गई। इस कला का आग्रह था कि कला 'विशुद्ध', 'सहज' एवं 'स्वयंप्रकाश्य' होनी चाहिए। स्वच्छन्दतावाद की थोड़ी बहुत सामाजिकता ने बाह्य-जगत तथा आंतरिक जगत का 'कल्पनावादी सिद्धान्त' निर्मित किया।

'कला-मुक्ति' का दूसरा चरण अपनी प्रतिगामिता में बोदलेयर, रैम्बो, मलार्मे की कविता में, गोगुये, बानगौग, सेजान और सेरुजिए की चित्रकला में नवीन दृष्टिकोण से उपस्थित हुआ है। प्रतीकवादियों के लिए कला मात्र कामना की पूर्ति का पर्याय है, इस आंतरिक जीवन का परिष्करण है जिसमें यह प्रत्यक्ष जगत भी सम्मिलित है।[119] प्रतीकवादियों ने कला में 'प्रतिविधान' की जगह 'सांकेतिकता' को माध्यम बनाया। ऐसी स्थिति में कला की भाषा ने संगीत की

भाषा को पाने का प्रयास किया। इस प्रतीकवादी का समाज से कोई सम्बन्ध न था और कला के परम्परागत धर्मों को खूँटी पर टाँग कर अपने आंतरिक जगत में डूब गया था। प्रथम विश्वयुद्ध के बाद अव्यवस्था, अराजकता, विवेक शून्यता तथा नकारात्मक प्रवृत्ति को आधार रूप में अपनाया गया तो कला के क्षेत्र में एक नया रीतिवाद प्रकट होने लगा। यही क्रांतिकारी नास्तिकतावाद 'दादावाद' बन गया। इसी ने फ्रांस के आन्दोलन अतियथार्थवाद को प्रेरणा, गति तथा सिद्धान्त-दृष्टि दी है।

अतियथार्थवाद शब्द का सर्वप्रथम प्रयोग कदाचित् गुयलेयूम अपोलिनयर (Apollinaire) ने अपने प्रहसन (Les Memelles de Tiresias) में सन् 1917 में परिहास में 'Drame Surrealiste' रखकर किया। किन्तु इसे परिभाषित करते हुए वर्तमान अर्थ में इसका प्रयोग साहित्यकार आन्द्रे ब्रेतां तथा फिलिप रूच्चाल्त ने सन् 1919 में अतियथार्थवादी लेखन से किया। इस प्रकार अतियथार्थवाद का मूल पाठ 'लेस चेम्पस् नेगनेटिक्स' शीर्षक से 1919 में छपा है। किन्तु अतियथार्थवाद का सैद्धान्तिक विवेचन सन् 1924 के घोषणा-पत्र में आन्द्रे ब्रेतां ने किया है। आन्द्रे ब्रेतां इससे पूर्व काफी अतियथार्थवादी मान्यताओं को अपने लेख 'एंटर दि मीडियम' ई. 1922 में भी कह चुके थे। यह लेख फ्रायड से प्रभावित एक स्वप्न-ट्रेजेडी है। अतः 1924 ई. में अतियथार्थवाद की परिभाषा बनीः "एक विशुद्ध आत्मिक स्वतः क्रिया जिसके द्वारा विचारों के वास्तविक, क्रम को मौलिक, लिखित या अन्य किसी रूप में प्रस्तुत किया जाता है। विचारों का ऐसा लेख जो बौद्धिक नियंत्रण से मुक्त हो तथा नैतिक और सौन्दर्यात्मक पूर्वाग्रहों से अपने को दूर रखता हो।"[120]

अतियथार्थवाद का आन्दोलन कलात्मक अभिव्यक्ति की सभी मान्य परम्पराओं को त्यागकर चला है। अन्य अनेक नये आन्दोलनों की भाँति यह भी चित्रकला से साहित्य में आया है। इसलिए अतियथार्थवादी चित्रकला से इसका गहरा रिश्ता है। चित्रकला में यह पाल वली का ऋणी है। वली ने मनोविश्लेषणशास्त्र की स्थितियों को कला में उठाकर अर्द्धचेतन मन के बिम्बों-प्रतीकों को स्मृतियों में अभिव्यक्ति दी है। यह संसार फंतासियों, परियों की गल्पों, लोक कथाओं और देवकथाओं (मिथ्स) का है जो अपनी सामग्री को अर्द्धचेतन के स्मृति-चिह्नों, बिम्बों से प्राप्त करता है। स्वयं अतियथार्थवादी अपनी समस्त कला-सामग्री को अर्द्धचेतन मन से प्राप्त करता है, उसकी अभिव्यक्ति में असंगत विद्रूप कल्पना-बिम्ब, दिवास्वप्न तथा फंतासियों का कुहरिल संसार रहता है। यह कला अवचेतन मन के उद्‌गारों की जटिल-प्रक्रिया से दुरूह अभिव्यक्ति है। चेतनता के नीचे का मानसिक जगत यथार्थ रूप में कम व्यक्त

होता है, कला प्रतीकीकरण में स्वतःचालित होती है। इन अनेक आदिम प्रतीकों-बिम्बों, पुराकथाओं तथा फंतासियों को मनोविश्लेषण से ही ठीक समझा जा सकता है। यहाँ फ्रायड हमारी बहुत सहायता कर सकते हैं। क्योंकि अतियथार्थवादी अन्तर्मन की असम्बद्ध-असंगत कल्पना को व्यक्त करना चाहता है। वह चेतन-अवचेतन के पार्थक्य की सीमा तोड़कर एक अतियथार्थ जगत को पाना-रचना चाहता है, जहाँ वास्तविकता तथा अवास्तविकता के क्रियाभ्रम मिल जाते हैं एवं जो समग्र जीवन-चेतना को प्रेरित करते हैं। अतियथार्थवादी ऐसी स्थितियों का विशेष रूप से—मानसिक जगत का चित्रण करता है कि चेतन-अवचेतन, स्वप्न, सत्य की सीमाएँ सिमट कर धूमिलता धारण कर लेती हैं। इस कला का आदर्श उदाहरण डाली के चित्र 'पर्सिसटेंस ऑफ मेमरी' को माना जा सकता है जो असम्बद्ध बिम्बों का एक ढ़ेर है। इसीलिए प्रायः अतियथार्थवादी रचनाएँ फंतासियों का संसार निर्मित करती हैं। इनमें बौद्धिक तर्कों से दूर होकर अन्तःप्रेरणा अवचेतन के बोल, प्रतीक आदि होते हैं। जारा की 'स्वतः चालित' रचनाएँ इसी सिद्धान्त को पुष्ट करती हैं।

अतियथार्थवादी कला का उद्देश्य है—अचेतन के धूमिल गह्वर में डूबे हुए जीवन का चित्रण। हर्बर्ड रीड के शब्दों में ''मानव हिमशैल की तरह काल-प्रवाह में बह रहा है, उस का थोड़ा सा अंश ही चेतन के स्तर के ऊपर है। अतियथार्थवादी कवि या चित्रकार का लक्ष्य होता है—अचेतन में डूबे हुए अंश के कुछेक आयामों और लक्षणों को प्रकट करना, इस कारण वह स्वप्नों के और स्वप्न-सदृश्य मानसिक अवस्थाओं के, विशिष्ट बिम्ब-विधान का प्रयोग करता है।''[121] स्वयं आन्द्रे ब्रेतां नये अन्वेषणात्मक जगत का श्रेय फ्रायड को देते रहे हैं। अन्तर्जीवन की शक्तियों को समझ कर उचित दिशा में मोड़ने के प्रयोगों को लेकर भी अतियथार्थवादी अधीर रहे हैं। इस प्रकार ये चिन्तक 'अद्भुत' तथा 'विलक्षण' को कला में महत्व दे उठे हैं।[122] इस बाह्य जगत की उपेक्षा और आंतरिक जगत को महत्व देना अतियथार्थवादी की प्रथम शर्त रही है। यह भीतरी जगत 'अचेतन' का संसार है। इसमें आंतरिक यथार्थ और बाह्य यथार्थ संश्लिष्ट होने की प्रक्रिया में है और अन्ततः एकीकरण में प्रवृत्त है। वस्तुपरक तथ्यों के संसार तथा कल्पना के आत्मपरक संसार के बीच अनवरत विरोध तथा क्रिया-प्रतिक्रिया चलती रहती है। इस विरोध से उद्वेग और असंतुलन का जन्म होता है। कलाकार इस विरोध का संश्लेषण द्वारा परिहार करना चाहता है। इस कार्य में वह एक ऐसी कला-प्रक्रिया का निर्माण करता है जो इन दोनों संसारों को मिलाती है तथा अन्य तत्वों को रोकती है। इसी कला-प्रक्रिया में संयोग, भ्रांति, विलक्षणता और स्वप्न आते हैं। इन्हीं समस्त सम्बन्धों का सामंजस्य अतियथार्थवाद में होता है।

अतियथार्थवाद कल्पना को निर्बन्ध छोड़कर मन की पूर्ण शक्ति को पुकारता है। चिन्तक दाली का तो यहाँ तक विश्वास था कि पीडनोन्माद द्वारा अव्यवस्था को नियमित करने वाला दिन दूर नहीं है। रैम्बो के कथन 'आत्मा को दानव बनाया जाए' से अतियथार्थवादी आगे बढ़ता है। वह पूर्ण अबौद्धिकता को प्रश्रय देकर तार्किकता को निरस्त करता चलता है। मानसिक रोग कोई सनक आदि को आन्द्रे ब्रेतां ने 1930 ई. के अतियथार्थवादी घोषणा-पत्र में पुनः स्थापित किया।

अतियथार्थवादी उस पूर्ण स्वतंत्रता की लेखन और जीवन में दुहाई देता है जिस पर बहिर्गत कोई प्रतिबन्ध न हो। यही कारण है कि अतियथार्थवादी प्रचलित नैतिकता के सभी मानदण्डों का बहिष्कार करता है। वह मानता है कि नैतिकतावादी प्रचलित नैतिकता के सभी मानदण्डों का बहिष्कार करता है। वह मानता है कि नैतिकतावादी दृष्टि जड़ से गल गई है। वह उस नैतिकता का सम्मान नहीं कर पाता, जो गरीब-अमीर की असमानता पर टिकी रही है। जो भूखे-नंगे इन्सानों को बर्बाद करती है तथा शांति का उपदेश देकर दुर्बलों पर प्रहार करती है, उन्हें दास बनाती है या नष्ट कर देती है। यह नैतिकता मानव की दुष्ट प्रतिभा का प्रपंच है। यह नैतिकता काम-वासना की अतृप्ति को पालकर नर-नारी के मुक्त-मिलन में विकृतियों को पालती है। धीरे-धीरे सभी को विष से मारकर हँसती है। इसलिए नैतिकता से अतियथार्थवादी हृदय से घृणा करता है।[123] वह मुक्त स्वतंत्रता, सेक्स, प्रेम आदि का समर्थक है। वह मानता है कि अपूर्ण मानव को परिस्थितियाँ और अधिक अपूर्ण बनाती हैं। इस प्रकार वर्जनाओं की सामाजिक प्रणाली ही बुनियाद से गलत है। मानव को नियंत्रण और दमन से नहीं—प्रेम और बान्धव-भाव से पाया जा सकता है।[124] जी. एस. फ्रेजर मानते हैं कि सौन्दर्यात्मक प्रतिमानों से अलग "इसके विपरीत वह विघटन को अपना लक्ष्य मानता है...यथार्थ को चीरता हुआ वह एक ऐसा जल प्रवाह का छेद खोजता है जिससे विश्व को नया रूपान्तरण मिल सके।"[125]

अतियथार्थवादी आन्दोलन फ्रांस को केन्द्र बनाकर अमरीका, स्पेनिश, जर्मनी तथा इंग्लैण्ड आदि देशों में फैल गया। किन्तु इस आन्दोलन को इंग्लैण्ड ने बहुत सहयोग दिया। सन् 1936 में लन्दन में अतियथार्थवादी कला की प्रदर्शनी हुई जिसमें अठारह देशों की कलाकृतियों का प्रदर्शन किया गया। इसी वर्ष अतियथार्थवादी पत्रिका 'कन्टम्परेरी पोयट्री एण्ड वर्स' का प्रकाशन हुआ। अतियथार्थवादी कला-प्रदर्शनी से क्रोधित दर्शकों ने उसे मन तथा शरीर के ह्रास, पाशविकता तथा विकृतियों की चरम सीमा माना है। विवेक तथा बुद्धि के बिनाश में इसका योगदान अणु-बम-विस्फोट से भी ज्यादा कहा गया।[126] अतियथार्थवादी कला ने व्यवस्था से ऊबकर सैद्धान्तिक स्तर पर अव्यवस्था को ग्रहण किया।

इसलिए यह कला अराजक तत्वों की भरमार हो गई। ब्रेतन, आरागों, क्रेकल आदि लेखकों ने जानबूझ कर लेखन में अव्यवस्था को प्रश्रय दिया और यह माना भी कि अव्यवस्था का भाव यथार्थ अन्वेषण की सबसे बड़ी बाधा है। इसीलिए इस अव्यवस्थित, जटिल-दुरूह लेखन से पाठक का साधारणीकरण कठिन पड़ता है या नहीं हो पाता है।[127] इस प्रकार यह व्यवस्था के प्रति अव्यवस्था के विद्रोह का आन्दोलन है।

अतियथार्थवादी कला को अत्यधिक बौद्धिक बनाने के पक्ष में न होकर, सहज बनाने के उपाय सोचता है। जीवन-जगत के अन्तर्विरोधों को कला में ढालना उसे प्रिय है और सभी परम्परागत सिद्धान्तों-विचारों को खण्डित करने की प्रतिष्ठा भी। इसीलिए ये कलाकार की पूर्व स्वतंत्रता के समर्थक हैं। इस प्रकार अतियथार्थवादी आन्दोलन के तीन चरण रहे हैं–(1) प्रथम चरण (1924-1929) आन्द्रे ब्रेतां के घोषणा-पत्र से आरम्भ होकर दूसरे घोषणा-पत्र तक फैला है। इस चरण में ये परम्परावादी मूल्यों से कला की मुक्ति में सक्रिय रहे हैं। (2) द्वितीय चरण (1929-1936) में अतियथार्थवादी साम्यवाद की ओर हैं। इस काल के अतियथार्थवाद पर साम्यवाद का प्रभाव है। यह काल ब्रेतां के 1929 ई. के (सेकण्ड मेनिफेस्टो डु-सुरेलिज्म) के प्रकाशन से आरम्भ होकर सन् 1933 में कम्यूनिस्ट पार्टी से सम्बन्ध-विच्छेद तथा 'रिव्यू' पत्रिका के बन्द हो जाने तक फैला है। (3) तीसरा चरण–1936-1942 तक अतियथार्थवादी लेखन की सक्रियता का है जिसमें अतियथार्थवादी कवि इलु अर्द शिल्पवादी अतियथार्थवाद को लाते हैं। शिल्प-पक्ष में अभिव्यक्ति की स्वतंत्रता इसी चरण का नारा है। इस काल ने भाषा एवं व्याकरण के बन्धनों को तोड़कर बिम्ब विधान के अग्नि-बाण छोड़े हैं। कभी-कभी कविता गद्य के स्तर पर आ जाती है। काव्य विषय प्रायः स्वतंत्रता, सेक्स, प्रेम, विद्रोह, अद्भुत आदि रहते हैं किन्तु स्त्री की रति-तड़प इनमें अपार अतृप्ति के साथ मौजूद है। खुला-यौन चित्रण ही इनकी प्रेम-स्वच्छन्दता है।

हिन्दी की प्रयोगवादी कविता तथा समीक्षा पर इस दृष्टि की सीधी धमक मिलती है। 'तारसप्तक' में इसका प्रथम विस्फोट अज्ञेय की काव्य-वक्तव्य-भूमिका में होता है। अतः यह मानना सही नहीं है कि अतियथार्थवाद का प्रत्यक्ष प्रभाव हिन्दी-साहित्य एवं समीक्षा पर नहीं पड़ा है। प्रयोगकालीन कविता का शिल्प-मोह प्रयोग-मोह, असम्बद्ध-चित्रण, मुक्त-साहचर्य-प्रयोग, अवचेतन के प्रतीकों, बिम्बों आदि का प्रयोग अतियथार्थवादी ढंग का ही मिलता है। नयी कविता के प्रतिमानों में 'लघु मानव सिद्धान्त' भी इसी मूल से उपजा है। यदि ऐसा न होता तो श्री लक्ष्मीकान्त वर्मा यह न कहते, "मानव-अस्तित्व ही एक 'पाप' या 'सिन' से

विकसित हुआ है और मानव मात्र एक अभिशप्त कीट है।''[128] मुक्तिबोध ने इसीलिए इस दर्शन को मानव-मुक्ति विरोधी, अमरीकी शीतयुद्ध से प्रभावित कहा है।[129] इसी सिद्धान्त दृष्टि से प्रभावित होकर कलाकार की स्वतंत्रता के प्रश्न को—समाज-निरपेक्ष स्वतंत्रता तक पहुँचाया गया है और नंगे से नंगे चित्रण को श्लील-अश्लील के प्रश्न से हटाकर या नैतिकतावादी प्रतिमानों से हटाकर प्रस्तुत किया है।

अतियथार्थवाद का सीधा प्रभाव 'अकविता' आन्दोलन पर भी पड़ा है। 'अकविता' आन्दोलन के प्रवर्तक श्री जगदीश चतुर्वेदी तो स्त्रियों में अतृप्ति के कारण 'नीली पड़ी देह और सूजे हुए वक्षों' को लिए गर्भाधान से डरने वाली नारियों को कोसते रहे हैं।[130] अकविता तथा नयी कहानी और नाटक में 'बोल्ड लेखन' के नाम पर अतियथार्थवाद ही आया है। इस कविता के अन्य कवि श्याम परमार, सौमित्र मोहन आदि पर यही जादू बोलता देखा जा सकता है।[131] इस प्रकार 'अकविता' का सृजन और काव्यशास्त्र अतियथार्थवाद का ही कच्चा बच्चा है। इस समस्त फ्रायडवाद में अतियथार्थवाद की तेज गति सुनी जा सकती है।

प्रपद्यवाद पर भी अतियथार्थवाद का प्रत्यक्ष प्रभाव देखा जा सकता है। बिहार के तीन कवि—नलिन विलोचन शर्मा, केसरीकुमार, नरेश—जिन्हें 'नकेनवाद' के नाम से भी जाना जाता है, इसी विचारधारा की पक्षधरता करते हैं। प्रपद्यवाद के इस काव्य और सैद्धान्तिक चिन्तन पर भीतर-बाहर से अतियथार्थवाद की छाप है। प्रपद्यवादी कवियों के घोषणा-पत्र 'नकेन' की 'पस्पशा' में मुक्त-आसंग (फ्री एसोसिएशन) पर अत्यधिक जोर दिया और उसे आधुनिक मनोविज्ञान में दीक्षित मन द्वारा उनकी गहनता को समझाने का उपाय बताया गया है। ''उपचेतन की समस्या कविता की सनातन समस्या है। पहले का कवि अपने व्यक्तित्व का आरोप कर उपचेतन की जटिलता पर खड़ा होता था। ...नया कवि मुक्ति-आसंग-सहारे, यानी उपचेतन की ही शक्ति से, उसकी जटिलता को परास्त करके मार्ग निकालना चाहता है।''[132] यह साफ तौर पर 'सुररियलिस्ट मनोवृत्ति' का रूप है।[133] वास्तव में नकेनवादियों की रचनावृत्ति 'अव्यवस्था' को केन्द्र मानकर ही बढ़ी है। इन्होंने प्रयोग को 'साधन' न मानकर 'साध्य' रूप में स्वीकार किया है। लेकिन यह नकेन धारा नये साहित्य में बहुत जल्दी बुझ गयी है और इस धारा का कोई स्थायी प्रभाव भी शेष नहीं रहा।

मुक्त-आसंग के उदाहरण नयी कविता के लगभग सभी कवियों में विद्यमान हैं। किन्तु इनका विशेष प्रयोग अज्ञेय, शमशेर, श्रीकान्त वर्मा, प्रभाकर माचवे तथा विजयदेव नारायण आदि में मिलता है। फंतासी में मुक्तिबोध—साही दोनों की कविताएँ, स्वप्न-चित्रण में अज्ञेय की कविता—'चार का गजर' आदि तथा

विरूपीकरण-पद्धति में धूमिल तथा साठोत्तरी कविता के तमाम कवि आते हैं।

हिन्दी की नयी कविता की समीक्षा में एब्सर्ड बोध का नारा भी अतियथार्थवाद से आया है। साहित्यिक व्याख्या भी यह मनोवैज्ञानिक पद्धति अनजाने ही नये समीक्षकों को अनास्थावादी शब्दावली के अम्बार से झकझोरे हैं। किन्तु आस्थावादी समीक्षकों ने इस अनास्थावादी धारा का जोरदार विरोध लगातार किया है।

(6) अस्तित्ववाद (Existentialism)

परम्परागत तर्कसंगत दार्शनिक मतवादों के विरुद्ध अस्तित्ववाद एक विद्रोहात्मक दृष्टिकोण है। मोनियर ने इसी कारण से अस्तित्ववाद की परिभाषा देते हुए कहा है कि यह "विचार तथा पदार्थ के दर्शनों के अतिचार के विरुद्ध मानव-दर्शन की प्रतिक्रिया है।"[134] परम्परागत मूल्यों की अवधारणाओं से एकदम विच्छिन्न होने के कारण अस्तित्ववाद पर दार्शनिक तथा साहित्यिक क्षेत्रों में अत्यधिक वाद-विवाद हुआ तथा विचारकों का एक बहुत बड़ा समुदाय इस ओर लगातार झुकता ही गया है। अस्तित्ववाद के उदय, और प्रसार का महत्वपूर्ण कारण दो विश्व-युद्धों की विभीषिका से उत्पन्न आर्थिक-राजनीतिक, सामाजिक-सांस्कृतिक विघटन, विद्रूपता, विसंगति, व्यर्थता-बोध, अकेलापन तथा मृत्यु-बोध की भावना में निहित है। बीसवीं शताब्दी के आरम्भ में ही यूरोप की धरती पर अपार रक्तपात हुआ। पूँजीवाद तथा विज्ञान की संगठित ताकत संस्कृति तथा मानवता की शक्ति को चकनाचूर करने पर संकल्पबद्ध हो गयी। इस युद्ध ने नरमेघ की ज्वाला में सब कुछ को स्वाहा कर देने के लिए कदम बढ़ा दिया। मानव अनेकों यंत्रणाओं के बीच से गुजर कर अंधेरी रातों और अकेलेपन की त्रासदी का शिकार हो गया। प्रथम विश्वयुद्ध ने भयंकर विनाश तो किए ही, नये झगड़ों के बीज भी रोप दिए। नये सैनिकवाद के उदय ने विश्व भर में बेरोजगारी, आर्थिक मन्दी को जन्म देकर मानव को तबाह कर दिया। प्रथम विश्व-युद्ध की पीड़ा के घाव सूखे भी न थे कि जापान ने सन् 1931 में मंचूरिया पर हमला कर दिया और धीरे-धीरे द्वितीय विश्व युद्ध के काले बादल गड़गड़ाते दिखाई दिए। महायुद्ध के इन दिनों में मानव ने त्रास और पूँजीवादी महत्वाकांक्षाओं का जो पतनशील रूप देखा है—अस्तित्ववाद इसी चीख एवं कराह से जन्मा दर्शन है। युद्ध जन्य विभीषिका ने मानव जीवन की क्रूरता, पाशविकता, असामाजिकता, असांस्कृतिक धृष्टता का ऐसा रूप प्रस्तुत किया कि मानवता के मंगल रूप से आस्था ही डगमगा गई। जीवन की इसी अनिश्चितता ने कला और साहित्य में सभी परम्परागत मूल्यों से विश्वास उठाकर अनास्थावादी मूल्यों का आश्रय ग्रहण किया। अतीत और वर्तमान को लेकर

मानव जो कल्पनाएँ करता आ रहा था, उसका रूप ध्वस्त हो गया। अपने इतिहास से कटकर मानव अपने अस्तित्व की रक्षा में ही जूझने लगा। अस्तित्व का यह संकट ही अस्तित्ववाद की धुरी है। वैचारिक स्थितियों से कटकर मानव पलायनवादी व्यक्तिवादी आश्रय खोजने लगा। इसीलिए अस्तित्ववाद ने काण्ट और हीगेल के दर्शन से विपरीत दिशा ली तथा यथार्थवाद, आदर्शवाद और प्रकृतवाद को झटके से दूर फेंक दिया।

विज्ञान के तीव्र विकास ने प्राचीन नैतिकता—जिसका आधार ईश्वर, पैगम्बर तथा धर्म ग्रन्थ थे—उखड़ने लगी। विज्ञान के संहारात्मक अस्त्रों ने ऐसी जटिलताओं को उत्पन्न कर दिया कि जिसने यांत्रिक सभ्यता के पैरों को बहुत बड़ा कर दिया। यन्त्र ने मानव पर पूरी तरह कब्जा कर लिया और वह भीतर से मरने लगा। इस जटिल यांत्रिक सभ्यता के बोझ ने मानवता को कुचल डाला एवं तमाम मानवीय मर्यादाओं का हनन कर दिया। अस्तित्ववादी दर्शन के उदय से पूर्व 'वस्तुगत चिन्तन पद्धति' को स्वस्थ दार्शनिक पद्धति के रूप में मान्यता प्राप्त थी। हीगेल की दार्शनिक 'वस्तुगत पद्धति' का आदर था। चिन्तक वस्तुनिष्ठता की रक्षा के लिए व्यक्तिगत भावनाओं को अधिकाधिक दूर रखने का प्रयास करते थे। अस्तित्ववादियों ने 'वस्तुगत चिन्तन-पद्धति' की व्यवस्थित धारा को तोड़ते हुए 'आत्मगत चिन्तन-पद्धति' को दृढ़ता से स्थापित करना चाहा है। इनका तर्क था कि मानवीय स्वानुभव से सिद्ध है कि मानव का अस्तित्व असंदिग्ध है, लेकिन वह व्यक्ति बद्ध है—समूहबद्ध नहीं। इसीलिए यथार्थवादी-प्रगतिवादी आस्था के मार्ग को छोड़कर स्वानुभव के आधार पर अस्तित्ववादी अनास्था और पीड़ा-बोध की ओर चल पड़ा। अनास्था ने ही अन्तर्मुखी तथा पलायन धर्मी भावनाओं को कला-साहित्य के माध्यम से प्रचार करने का प्रयत्न किंया। इस प्रकार तत्कालीन पतनोन्मुखी व्यवस्था का संकट तत्कालीन साहित्य में भी प्रतिफलित है। इस अर्थ में यह साहित्य 'दर्पण' है, 'दीपक' नहीं है। विश्व भर के समाजवादी विचारकों ने अस्तित्ववाद को 'दर्पण' मानकर भी पूँजीवादी पतनोन्मुखी व्यवस्था की सुरक्षा का समाज-विरोधी-दर्शन कहा है। कारण, इस अस्वस्थ दर्शन ने असामाजिक तथा अस्वस्थ साहित्य को जन्म दिया।

कला तथा साहित्य के क्षेत्र में अस्तित्ववाद की विशिष्टता यह है कि इसने पूर्ववर्ती दर्शनों की भाँति कलाकार तथा चिन्तक के विषय में ढोंग—दोनों के बीच के विरोध को मान्यता नहीं दी। इन्होंने अन्य विचारकों की भाँति चिन्तन और सृजन को न अलगाकर चिन्तन एवं सृजन का एकान्वय स्थापित किया। इसका प्रधान कारण यही है कि अस्तित्ववाद दर्शन से साहित्य में नहीं आया—
"अस्तित्ववाद की यह विलक्षणता है कि अस्तित्ववादी धारणा पहले सर्जनात्मक

साहित्य में उभरी और बाद में दर्शन-शास्त्र की एक विशिष्ट विचारधारा बन गई।''[135] इस प्रकार डा. विमल कुमार ने इसे मात्र दृष्टिकोण न मान कर एक विचारधारा माना है। दृष्टि फैलाकर विचार करने पर डा. विमल कुमार का यह निष्कर्ष काफी हद तक सही लगता है, क्योंकि अस्तित्ववाद के अव्यवस्थित सूत्रों ने एक व्यवस्थित अस्तित्ववादी सौन्दर्यशास्त्र को रचने का संकेत दिया है। इन्होंने एक नवीन शब्दावली में सोचने-समझने का आरम्भ किया तथा काल और साहित्य के प्रश्नों को गहनता से सोचने का मार्ग भी सुझाया है। जैसे मानव की चेतना को 'सामाजिक' न मानकर 'वैयक्तिक' घोषित कर दिया तथा नैतिक मानदण्डों को नकार कर नयी दिशा को खोजने का कार्य किया। कीर्केगार्द और नीत्से की कृतियों के अतिरिक्त कामू ने 'एब्सर्ड', हाइडेगर ने 'वेफिंड लिस्काइड' (Bijindhicdkeity) ओस्पर्स ने 'ट्रेन्सेन्डेन्स', मार्सेल ने 'होप' और सार्त्र ने 'नासिया' के विभावन को अत्यन्त महत्वपूर्ण बना दिया। इस चिन्तन में घोषित किया गया है कि व्यक्ति के विकास को समाज विभिन्न वर्जनाओं और निषेधों से अवरुद्ध करता है। इन्होंने निषेधों से दूर मानव को प्रकृत रूप में विकसित करने का नारा बुलन्द किया। सभी पूर्व मान्य सामाजिक धार्मिक एवं नैतिक परम्पराओं के विरोध में प्रथम आवाज उठाने वाले डेनिश चिन्तक कीर्केगार्द (1813-1855) थे। ये ही सच्चे अर्थों में 'अस्तित्ववाद' के जनक हैं। यूरोप में सर्वप्रथम इन्होंने 'अस्तित्व' शब्द का सर्वथा नवीन अर्थ—अनुषंग में प्रयोग किया है।[136]

कीर्केगार्द का दर्शन उनके जीवन-काल में ख्याति प्राप्त नहीं कर सका, किन्तु उनकी मृत्यु के बाद उनका दर्शन समस्त यूरोप में ख्याति प्राप्त कर गया। कीर्केगार्द ने डेनिश भाषा में बीस से अधिक कृतियों को लिखा जो उनके देश से बाहर उस समय प्रायः नहीं जानी जाती थीं। अंग्रेजी में अनुवाद होते ही कीर्केगार्द ने कला और साहित्य में व्यापक कब्जा जमाया है। कीर्केगार्द ने व्यंग्यात्मक शैली में अपनी कृति 'फिलासफिकल फैममैट्स' में हीगेल के दर्शन (दि रिअल इज रैशनल एण्ड दि रैशनल इज दि रीआल) का प्रबल विरोध किया। उन्होंने यह कहा—''मेरा कार्य सुकरात का कार्य है'' और वह है 'स्वयं को पहचानो।' वे मानते हैं कि आत्मनिष्ठता ही वास्तविकता है। इसलिए किर्केगार्द ने डेकार्ते के चिन्तन को भी भ्रमपूर्ण माना है। संसार सीमित और नश्वर है तथा मानव अमर होना चाहता है। यह स्थिति अन्तर्विरोध (इनर कन्ट्राडिक्शन) वेदना (डेस्पेयर) और संत्रास को जन्म देती है—उसकी आत्मा कड़ुवाहट से भर जाती है और ईश्वर से सहायता की इच्छा करता है।

अस्तित्ववादी दर्शन की भूमि तैयार करने में दास्तोवस्की का नाम भी

उल्लेखनीय है। उनकी कृतियाँ 'आत्मा के संकट' का उद्घाटन करती हैं। अस्तित्ववादी दृष्टि को ताको वे 'नोट्स फ्राम अण्डरग्राउण्ड', 'दि पोजेस्ड', 'दि इलियड' और 'ब्रदर्स कर्मजोन' आदि में प्रस्तुत करते हैं। वे इन सभी में 'आत्मगत चिन्तन पद्धति' का समर्थन करते हैं। ईश्वर की सत्ता में अविश्वास और अकेलापन इनके चिन्तन की धुरी है।[137]

उन्नीसवीं शताब्दी के उत्तरार्द्ध में अस्तित्ववादी विचारक एवं जर्मन दार्शनिक फ्रेडरिख नीत्से ने परम्परागत सभी धारणाओं का विरोध किया। वे मानते थे कि सामाजिक नैतिक धारणाएँ मानव को बौना बनाती हैं, अतः वे निरर्थक हैं। नीत्से की महत्वपूर्ण कृतियों में 'दि बर्थ आफ ट्रेजेडी फ्राम दि स्प्रिट आफ म्यूजिक', 'ओडिपस : थाट्स आउट आफ सीजन', 'ह्यूमन आल टु ह्यूमन', 'दि ज्वायफुल बिजडम', 'दस स्पेक जरथुस्त्र', 'एण्टी क्राइस्ट', 'बियाण्ड गुड एण्ड इविल', 'दि विल टु पावर', 'टुवर्ड्स दि जीनियालाजी आफ मारल्स' आदि प्रमुख हैं। इनके दर्शन पर गेटे, पास्कल और शापेनहावर का प्रभाव पड़ा है। 'जरथुस्त्र' युद्ध-प्रेरणा का काव्य है और वे बाद में 'अतिमानव' की कल्पना करते हैं। नीत्से ने घोषणा की है कि ईश्वर की मृत्यु हो चुकी है, हमने ईश्वर को मार दिया है। नये विचारकों को ईश्वर की प्रकल्पना के लिए स्थान नहीं रखना चाहिए। वे 'ईसाई नैतिक संहिता' का पूरी शक्ति से विरोध करते हैं। वे यह भी मानते थे कि यूरोप का समस्त आधुनिक चिन्तन पराजित जाति का गुलाम है। करुणा, प्रेम और आदर्श के ढाँचे हारी हुई जाति ने खोखलेपन को ढँकने के लिए गढ़े हैं। इस प्रकार वे 'नास्तिकवाद', 'अतिमानव' तथा 'शाश्वत प्रत्यावर्तन' के सिद्धान्त का प्रतिपादन करते रहे हैं। आत्मगत संसार के अतिरिक्त कोई संसार सत्य नहीं है।

आधुनिक अस्तित्ववादी दर्शन पर एडमण्ड हसरेल का प्रभाव अनेक रूपों में पड़ा है। उनके बिना अस्तित्ववाद को यह आधुनिक रूप मिलना कठिन था। हसरेल के प्रमुख अस्तित्ववादी विचार उनकी कृतियों में—'आइडियाज परटेनिंग टु ए प्योर फिनामेनालाजी', 'लाजिकल इन्वेस्टीगेशंस', 'एक्सपीरियन्स एण्ड जजमेण्ट' आदि उल्लेखनीय हैं। उन्होंने 'इन्द्रिय-विषयात्मक लेखन-पद्धति' का समर्थन करके प्रमुख अस्तित्ववादी विचारकों में अपना स्थान बनाया है। इस सिद्धान्त-दृष्टि ने अस्तित्ववाद को प्रधान दर्शन की श्रेणी में खड़ा किया है। उनका विचार था कि हम मानव अस्तित्व के अर्थों को समझें, तभी हम अधिकृत रूप से अपना अस्तित्व सिद्ध कर सकते हैं।

प्रख्यात जर्मन कवि रिल्के इसी संसार का कलाकार है जिसका दार्शनिक नीत्से है। उन्होंने 'काव्यात्मक अस्तित्ववाद' को अपना लिया और अनीश्वरवादी मतवाद का काव्य में प्रचार किया। रिल्के की मानव-स्वातंत्र्य दृष्टि, ईश्वर की

परम्परागत धारणा से विरोध, वेदना और निराशा का दर्शन एक प्रकार से उन्हें निराशावादी अस्तित्ववाद की ओर ले जाता है। आस्थावादी अस्तित्ववादी दार्शनिक मार्टिन बूबर पर नीत्से, किर्केगार्द और दास्तोवस्की का सम्मिलित प्रभाव पड़ा है। वे आत्मगत चिन्तन पद्धति से प्राप्त सत्य को ही वास्तविकता मानते हैं। उनके अध्ययन का मूल विषय व्यक्ति के सम्बन्ध की स्थापन-क्रिया है। वे इस सम्बन्ध-स्थापन के लिए 'ईश्वरीय अनुकम्पा' पर बल देते हैं।

कार्ल जैस्पर्स अस्तित्ववादी विचारधारा के 'तर्क का दार्शनिक' कहलाना पसन्द करते हैं। इनका चिन्तन काफी क्रमबद्ध एवं व्यवस्थित है। इनके चिन्तन पर काण्ट, कीर्केगार्द, नीत्से, प्लाटिनस, सेलिंग और विलहेम डिलथी का प्रभाव गहरा है। इन पर भारतीय बौद्ध-दर्शन का प्रभाव भी काफी दूर तक व्याप्त है। यह समझ कर ही डॉ. राधाकृष्णन ने 'हिस्ट्री आफ फिलासफी : ईस्टर्न एण्ड वेस्टर्न' नामक पुस्तक (दो-भाग) में अस्तित्ववाद को उपनिषद और बौद्ध-धर्म की आत्मज्ञान सम्बन्धी प्रतिपत्तियों का नवीन संस्करण माना है। ऐसा मानने के लिए शापेनहावर, नीत्से, सार्त्र और जैस्पर्स आदि अस्तित्ववादी दार्शनिक पर्याप्त आधार भी देते हैं। स्पेंग्लर की भाँति जैस्पर्स पश्चिम की अधःपतन कहानी से परिचित थे और झूठे बुद्धिवाद, विज्ञानवाद तथा यांत्रिक सभ्यता के विरोध में डटे थे। वे मानते थे कि स्वतंत्रता अस्तित्व की अति है। मानव का जीवन कष्ट, चिन्ता, मृत्यु आदि से घिरा रहता है—स्वयं मानव निर्मित संसार ही उसे चुनौती देता है। इन विचारों का प्रतिपादन 'फिलाससी', 'मैन इन दि मार्डन एज', 'दि ग्रेट फिलासफर्स', 'यूनिवर्सन हिस्ट्री आफ फिलासफी' आदि कृतियों में किया है।

जर्मनी के प्रख्यात साहित्यकार फ्रांज काफ्का के चिन्तन पर कीर्केगार्द का प्रभाव है। इनकी कृतियों में 'मेटामारफ्रोसिस', 'इन दि पेनल सेट्लमेण्ट', 'दि ट्रायल', 'दि कैसल' आदि उल्लेखनीय हैं। काफ्का ने अपने कथा-साहित्य में कायरों, हताशों तथा नपुंसक पात्रों को महिमामण्डित किया है 'दि ट्रायल' तथा 'दि कैसल' ने तो सम्पूर्ण यूरोपीय जनमानस को आन्दोलित किया है। 'निराशा और पीड़ा' को साहित्य में मूर्त करने की ताकत काफ्का में अद्भुत है। उन्हें पीड़ा का अभिज्ञान लगातार अवसादग्रस्त रखता है। उनका लेखन अस्तित्ववादी झकझोर का आदर्श नमूना है।

मार्टिन हेडेगर 'जीवन विद्या के दार्शनिक' माने जाते हैं। इनका प्रभाव यूरोप के अधिकांश दार्शनिकों पर विशेष रूप से लैटिन अमरीका, अमरीका तथा इंग्लैण्ड के दार्शनिकों पर अधिक है। इनकी कृतियों में 'बीइंग एण्ड टाइम', 'काण्ट एण्ड दि प्राब्लम आफ मेटाफिजिक्स', 'आन दि ऐसेस आफ काज', 'व्हाट इज

मेटाफिजिक्स', 'लेटर आन ह्यूमैनिटी' आदि प्रमुख हैं। मानव की 'अस्तित्व' (बीइंग) से सम्बन्धित समस्याओं पर वे विस्तार से सोचते हैं। 'अस्ति' से ज्यादा वे 'मानव-अस्तित्व' के गहन चिन्तक हैं। पेड़, पत्थर, पशु में अस्तित्व तो है लेकिन अस्तित्व प्रकाशन की क्षमता नहीं है। यह क्षमता केवल मानव में है। मृत्यु, भय को हेडेगर सर्वाधिक महत्वपूर्ण मानते हैं, यह भय ही मानव को सचेत बनाता रहता है। मानव में जो प्रामाणिक अस्तित्व प्राप्त करने की शक्ति है, वह भविष्य है। ग्लानि, अपराध भावना, आदि मानवीय प्रकाशन के ही परिणाम हैं। इसलिए 'अस्ति' की समस्या को सुलझाने के लिए वे 'अथ-अस्ति' की समस्या भी उठाते हैं।

फ्रांसीसी अस्तित्ववादी दार्शनिकों में गैबरियल मार्सल का नाम महत्वपूर्ण है। इन पर फ्रांसीसी दर्शन के साथ कीर्केगार्द और नीत्से का प्रभाव है। इनकी कृतियाँ दार्शनिक पृष्ठभूमि की साहित्यिक कृतियाँ हैं। इनकी कृतियों में 'दि मेटाफिजिकल आइडियाज़ आफ कालरिज एण्ड देयर रिलेशनशिप टु दि फिलासफी आफ शीलिंग', 'दि फिलासफी आफ एक्जिस्टेंस', 'दि मिस्ट्री आफ बीइंग', 'बीइंग एण्ड हैविंग', 'ऐन इण्ट्रोडक्शन टु ए मेटाफिजिक आफ होप' आदि महत्वपूर्ण हैं। वे मूलतः नाटककार और संगीतकार की सृजनात्मक प्रतिभा के कलाकार हैं। वे 'मरणोन्मुख संस्कृति' के रूप से हताश हैं—क्योंकि इसमें पक्की इमारतों की छतें गिर रही हैं, कोई जल प्रलय आ रहा है एवं संस्कृति का आन्तरिक मूल्य कुछ नहीं रहा है। मानव के भीतर रुग्णता घर कर गई है। अतः मानव की वैयक्तिक आन्तरिकता रुग्ण एवं कुंठित हो गई है। इसीलिए आज के चिन्तन का केन्द्र मानव का अस्तित्व है। यह अस्तित्व 'समस्या' न होकर एक 'रहस्य' है। 'रहस्य' के कारण मानव को सिद्धान्त रूप में निरूपित करना कठिन है। ईश्वर के प्रति आस्थावादी मार्सल मानते हैं कि ईश्वर का अस्तित्व बौद्धिक प्रमाणों से सिद्ध नहीं किया जा सकता। उसका अस्तित्व तो हमारे अस्तित्व के साथ घनता से सम्बद्ध है। वे अन्य अस्तित्ववादी विचारकों की भाँति परम्परागत चिन्तन-पद्धतियों की असमर्थता का संकेत देते हैं।

अस्तित्ववाद में ज्यां पाल सार्त्र का नाम अनेक कारणों से महत्वपूर्ण है। नये लोग तो सार्त्र को अस्तित्ववाद का पर्याय समझते हैं। सार्त्र गम्भीर दार्शनिक होने के साथ ही सशक्त कलाकार हैं। इनके चिन्तन में हीगेल और हेडेगर एकत्र हो गए हैं। इनके अस्तित्ववादी आधार को समझने में 'बीइंग एण्ड नथिंगनेस', 'एक्जिस्टेंशलिज्म एण्ड ह्यूमैनिज्म', 'दि प्राब्लम आफ मैथड', 'सिचुएशन्स', 'व्हाट इज लिट्रेचर', 'नौसिया', 'दि रिप्रीव', 'दि एज आफ रीजन', 'फ्लाईज' आदि का ज्ञान अपेक्षित है। द्वितीय विश्व-युद्ध के दौरान सार्त्र विश्व साम्यवादी आन्दोलन से सम्बद्ध हुए किन्तु साम्यवादी दल के रूढ़िवादियों से थककर उससे

जल्दी ही अलग हो गए। बाद के लेखन में वे जीवन की कटुता, विद्रूपता एवं निराशा का प्रतिपादन करते रहे हैं। विषमताओं के चक्कर में व्यक्ति को इच्छाओं की पूर्ति का साधन नहीं मिलता है एवं यही निराश व्यक्ति ईश्वर की शरण में जाता है। व्यक्ति को जब जीवन में ही सार नहीं दृष्टिगत होता तो ईश्वर की आस्था में सार कैसे मिल सकता है। तब ईश्वर की मान्यता को अस्वीकृत कर देने में कोई अन्तर नहीं पड़ता है। सार्त्र ने मानवीय स्वतंत्रता के प्रश्न को सर्वाधिक महत्वपूर्ण माना है। उनका दर्शन चेतना और वस्तु के द्वैत पर टिका है। जिसे क्रमशः 'बीइंग फार इटसेल्फ' तथा 'बीइंग इन इटसेल्फ' कहते हैं। स्वतंत्रता का मूल धर्म नकार है, इसलिए न वह सीमित होती है न प्रतिबद्ध। वे ईश्वर का निषेध करके मानव को मूल्यों का निर्माता घोषित करते हैं। वे प्रकृति को भी अलौकिक, अज्ञात, रहस्यवादी आदि भावनाओं से मुक्त कर देते हैं। स्वतंत्रता तो मानव का जन्मसिद्ध अधिकार है। किन्तु इस स्वतंत्रता का सम्बन्ध दायित्व-बोध से है, वह जो कुछ है और करता है, उसके लिए वही उत्तरदायी है। यह दायित्व वैयक्तिक एवं सामाजिक दोनों हैं। संसार के नियम स्वतंत्रता का अपहरण करते हैं किन्तु उसे अतिक्रांत करके अपनी संभावनाओं की पूर्ति मानव करता है। अस्तित्व के सम्पर्क का इतिहास घृणा और प्रेम के दो छोरों से बँधा है। प्रेम में दूसरे की स्वतंत्रता को अपने आधीन बनाना चाहता है। दूसरे को वशीभूत न कर पाना ही विनाश की इच्छा है, घृणा है। यह एक मलिन भाव है जो दूसरों की स्वतंत्रता पर आघात करता है। समूह मानव सही अस्तित्व की प्रबल प्रवंचना है क्योंकि भीड़ में शामिल होकर मानव अनुत्तरदायित्वपूर्ण अकेलेपन का सुख पाता है।[138] इस प्रकार सार्त्र विसंगति-विडम्बना के सही व्याख्याकार हैं।

अस्तित्ववादी दर्शन की परम्परा में अन्तिम उल्लेखनीय नाम आल्बेयर थामू का है। वे अस्तित्ववादी दार्शनिक से अधिक अस्तित्ववादी कलाकार हैं। अपने समाज की विसंगतियों-विद्रूपताओं आदि से घबराकर वे जो व्याख्या करते हैं, वह शेक्सपियर के नाटकों की भाँति युग-युग में जीवित रहेगी। कामू को समझने के लिए 'दि मिथ आफ सिरिफरा', 'रिजिस्टेंस', 'रिबैलियन एण्ड डैथ', 'दि आउट साइडर', 'दि प्लेग', 'द फाल' आदि कृतियों का गहन अध्ययन अनिवार्य है। विसंगतियों के संसार में अभिशप्त 'अकेले' मानव की करुणा-व्यथा ही कामू के चिन्तन और साहित्य का विषय है। महायुद्धों ने मानव को भीतर से कितना तोड़ दिया है और कैसी मूल्यान्धता उत्पन्न की है, मानव अकेला रहने को अभिशप्त है। पुरुषार्थ, लक्ष्य, न्याय, आदर्श, ईश्वर, लोक और राष्ट्र में से कोई भी आधार उसके पास नहीं है। विसंगतियों के जगत ने मानव को त्रिशंकु बना

दिया है। प्रजातांत्रिक व्यवस्था के समस्त सिद्धान्त और स्वतंत्रता विषयक सारी चर्चाएँ निरर्थक हैं। भीतर की विवेकपूर्ण माँग और बाहर की अविवेकपूर्ण झड़प के बीच कोई सामंजस्य नहीं रहा है—इसीलिए स्थिति-परिस्थिति में सब कुछ विसंगत है। सिसिफस इसी विसंगत-दर्शन का प्रतिनिधि नायक है। विसंगतियों से बचने के लिए आत्महत्या से अच्छा और कोई मार्ग नहीं है। ईश्वर की शरण में जाना भी मेटाफिजिकल दार्शनिक ढंग की आत्महत्या ही है। विसंगतियों से बचने का एक ही उपाय है—विद्रोह। सापेक्ष्य-मूल्यों पर आधारित क्रांति को कामू विद्रोह कहते हैं। इस दृष्टि से कामू का दर्शन निराशा से ज्यादा विश्वास का दर्शन है।

यूरोप के इन सभी अस्तित्ववादियों में परिवेश की समानता से विश्व युद्धों की भीषणता-विद्रूपता का चेहरा स्पष्ट झलकता है। भौतिक जीवन की विषमताओं ने ही इन सभी को व्यक्तिनिष्ठ, विद्रोही और अन्तर्मुखी बना दिया। सभी चिन्तकों का जीवन अभाव, यातना, पीड़ा और पराजय में व्यतीत हुआ। इसलिए इनके कटु-तिक्त अनुभव ही दर्शन तथा साहित्य में अभिव्यक्त हुए। परम्परा से मुक्ति की छटपटाहट तथा नैतिक मूल्यों की उपेक्षा ने उन्हें एक नवीन बोध दिया। 'अस्तित्व' का सम्बन्ध इन चिन्तकों ने 'मानव' से ही जोड़ा, वस्तुओं से नहीं क्योंकि मानव ही अपना होना प्रामाणित कर सकता है। 'अस्तित्व' शब्द का एक धार्मिक अर्थ भी होता रहा, किन्तु अधिकांश अस्तित्वकारी चिन्तकों ने इस 'अस्तित्व' का अर्थ एक दार्शनिक तथा धर्म-निरपेक्ष अर्थ-संदर्भ में किया है।

शास्त्रीय चिन्तन में यह मान लिया गया कि मानव के अस्तित्व में आने से पूर्व ही उसकी मानवता की आदर्श कल्पना पहले से ही परिकल्पित होती है। परन्तु अस्तित्ववादी दार्शनिक इस धारणा को बदल देते हैं। अस्तित्ववाद के अनुसार—"अस्तित्व सार का पूर्ववर्ती है (एक्जिस्टेंस प्रसीड्स एसेन्स)। यहाँ 'अस्तित्व' का अर्थ चेतनाशील कर्मशील अंश से है और 'सार' का प्रकृति निश्चित आकारयुक्त निष्क्रिय तत्व है। मानव अस्तित्व सप्रयोजन, योजनाबद्ध एवं सार्थक है—इस विचार के विरुद्ध अस्तित्ववादी तर्क करता है कि मानव को अपने अनन्त दायित्वों के बीच इस धरती पर असहाय और अकेला छोड़ दिया गया है—उसकी नियति और कुछ नहीं, वही है जो वह बना ले। अर्थात् मानव अस्तित्व पूर्णतः शून्य है। सार्त्र कहते हैं कि 'अस्तित्व सार का पूर्ववर्ती है' कहने से हमारा तात्पर्य यह होता है कि सर्वप्रथम मानव का अस्तित्व होता है, स्वयं से वह भिड़ता है, संसार में उभार लेता है और तत्पश्चात् ही वह स्वयं को व्याख्यायित करता है। अर्थात् आरम्भ में मानव कुछ नहीं होता, बाद में ही वह कुछ होता है और वह स्वयं ही बनाया हुआ होता है। अस्तित्ववादी इसीलिए 'होने' और 'अस्तित्ववान

होने में' अन्तर करते हैं। जड़ वस्तु 'हो' तो सकती है, पर अस्तित्ववान नहीं हो सकती है। मानव अपनी स्वतंत्रता की शक्ति के बलबूते पर ही जो बनना चाहता है, बन सकता है। बहुत से मानव भेड़-चाल में फँस कर अपना अस्तित्व खो देते हैं। इसलिए प्रामाणिक जीवन-दर्शन का उद्भव मानव के वैयक्तिक अस्तित्व से होता है। दर्शन में मानव स्वयं ही अपना अध्ययन करता है। वह विषयगत चिन्तन करता है जिसमें मनोविज्ञान और शरीर-विज्ञान आते हैं—दूसरे वह आत्मनिष्ठ होकर अपना अध्ययन करता है। यह आन्तरिक प्रामाणिक अस्तित्व ही उसका अस्तित्वात्मक पक्ष है। ये सभी 'वस्तुगत चिन्तन-पद्धति' या बौद्धिक पद्धति से हटकर 'आत्मगत चिन्तन-पद्धति' को अपनाते हैं। आत्मनिष्ठ पद्धति व्यक्तिनिष्ठ और आत्मगत सत्य को पाने की पद्धति है। स्वयं किर्केगार्द 'वस्तुनिष्ठ चिन्तन-पद्धति' को 'विचारहीनता' की पद्धति मानते रहे हैं। हसरेल और हेडेगर शायद इसी कारण 'इन्द्रिय विषयक लेखन-पद्धति' को ग्रहण करते हैं। इस पद्धति में उन्हीं विषयों का अध्ययन किया जाता है जिनका सम्बन्ध मन-इन्द्रियों के बोध से होता है।

मानव को संसार में फेंका गया है, क्योंकि फेंका गया, इसके सम्बन्ध में कोई भी कारण नहीं दिया जा सकता। क्योंकि सार्त्र के मत से 'अस्तित्व स्मृतिहीन' है। इसलिए ईश्वर के प्रश्न को लेकर अस्तित्ववादी दो भागों में बँट जाते हैं—आस्थावादी-अनास्थावादी। आस्थावादी वर्ग में किर्केगार्द, पास्कल, बूबर, जैस्पर्स और मार्सल आते हैं। तथा अनास्थावादी वर्ग में नीत्से, दास्तोवस्की, हसरेल, रिल्के, काफ्का, हेडेगर, सार्त्र तथा कामू का प्रमुख स्थान है।

आस्थावादी अस्तित्ववादियों के अनुसार मानव पूर्ण स्वतंत्र है लेकिन उसे ईश्वर के समक्ष जाकर निर्णय लेना है जिसका दायित्व मानव पर ही है। अनास्थावादी ईश्वर की सत्ता में विश्वास नहीं करते हैं, क्योंकि "अगर ईश्वर होता तो मैं ईश्वर न होने से कैसे वंचित रह जाता ? तो ईश्वर नहीं है।" ईश्वर मर गया है और मानव ही इसके स्थान पर प्रतिष्ठित हो गया है। मानव पूर्ण स्वतंत्र है और चयन के प्रति स्वयं उत्तरदायी है। मानव इस निर्णय में भी अकेला है। अतः ईश्वर का होना न होना अस्तित्व की समस्या नहीं है, इनकी समस्या मानव है। इस मानव से सम्बन्धित धर्म और भाग्य को अस्तित्ववादी अमान्य घोषित करते हैं। कामू के पात्र भाग्यवाद में एकदम विश्वास नहीं करते हैं। ईश्वर, धर्म, भाग्य, अध्यात्म के साथ अस्तित्ववादी ज्ञान-विज्ञान का भी खुला विरोध करते हैं। उनकी धारणा है कि बौद्धिक ज्ञान की अपेक्षा आन्तरिक ज्ञान का महत्व अधिक है। इसलिए समस्त झगड़ों के मूल में धर्म, वाद, अध्यात्म, सम्प्रदाय आदि हैं—जिनका अस्तित्ववादी विरोध करते हैं। इसलिए पूँजीवाद,

साम्यवाद आदि के वैज्ञानिक सैद्धान्तिकीकरण से बचने में ही मानव-मुक्ति है। अस्तित्ववाद के मत से इतिहास, भूगोल, समाज शास्त्र तथा मनोविज्ञान आदि की ज्ञानवत्ता का कोई महत्व नहीं है, क्योंकि ये मानव के अस्तित्व-बोध में कोई सहायता नहीं कर पाते हैं। अस्तित्ववादी व्यक्ति की स्वतंत्र-सत्ता को मानता है, उस पर समूह-निर्णय लादना अन्याय है।[139] वे इसीलिए महान पुरुषों की देन को अस्वीकार करते हैं। इन सभी ने मानव को किसी-न-किसी विचार या वाद में बाँध कर उसकी मूल स्वतंत्रता का हनन किया है। मानव का एक ही दायित्व है—अस्तित्व को अर्थ प्रदान करना। ऐसी स्थिति में मानव को उसके प्रति सजग करना ही अस्तित्ववाद का अर्थ है। भौतिक वस्तुएँ समान होने पर भी यह जगत लगातार बदलता रहता है और व्यक्तिगत रुचियों, स्थितियों के कारण यह जगत भिन्न-भिन्न रूप धारण करता है। ऐसी स्थिति में जगत की सत्ता मानव से है, मानव की सत्ता जगत से नहीं है।

सार्त्र की धारणा रही है कि मानव स्वतंत्रता की भावना के द्वारा अपनी भौतिक, विशिष्ट एवं अद्वितीय सृष्टि को निर्मित करता है। परन्तु स्वतंत्रता की रक्षा के लिए 'असंतोष' आवश्यक है—मानव एक प्रवाह है—जो ढह तो सकता है, रुक नहीं सकता। उद्देश्यों, रुचियों की भिन्नता से व्यक्ति-व्यक्ति में प्रेम या घृणा पनपती है। इसीलिए व्यक्ति के लिए समाज के पारस्परिक सम्बन्ध का कोई अर्थ नहीं है। परिस्थितियों का दबाव महसूस करने पर भी मानव उसके निकलने में स्वतंत्र निर्णय का अधिकारी है। सच बात यह है कि 'मानव स्वयं अपनी स्वतंत्रता होता है।' परन्तु व्यक्ति के लिए स्वतंत्रता का अर्थ अस्तित्ववादी अराजकता, उच्छृंखलता या दायित्वहीनता नहीं मानते हैं क्योंकि मानव आत्मदायित्व तथा मानवतावादी मूल्य में बँधा हुआ है।

जीवन-मूल्यों के प्रश्न पर अस्तित्ववादी सहमत नहीं हैं। वे मानते हैं कि आन्तरिक सत्य की रक्षा से ही जीवन-मूल्यों की रक्षा होती है। मूल्य ही मानव की चयन-स्वतंत्रता की रक्षा करते हैं, ऐसी स्थिति में अनुभूत मूल्य ही सच्चे मूल्य हैं—परम्परागत मूल्य निरर्थक हैं। मूल्यों का चयन मानवीय स्वतंत्रता के आधार पर होता है और स्वतंत्रता ही मूल्यों का केन्द्रीय बिन्दु है। मानव उस स्वतंत्रता के कारण ही मूल्यों को बदलने-परिवर्तित करने में भी स्वतंत्र है, इसीलिए कलाकार को क्रांतिदर्शी होना चाहिए, परम्परा का पिछलग्गू नहीं। एक काल में जो मूल्य सार्थक होते हैं—दूसरे काल में वे ही निरर्थक हो जाते हैं—नये मूल्यों को लगातार खोजना ही कलाकार का कर्तव्य है। यदि वह ऐसा नहीं करता या नहीं कर पाता तो वह अपने दायित्व में असफल हो जाता है। कलाकार को क्रांतिदर्शी होने के कारण वर्तमान में सीमित न रहकर उससे आगे बढ़कर सोचना

चाहिए। नीत्से के मत से कलाकार पीड़ित समाज में रहकर भी आगे बढ़ेगा और उससे बदलने के उपाय करेगा, उसे ऐसा करना ही चाहिए।

अस्तित्ववादियों के नैतिकता सम्बन्धी विचार भी बड़े क्रांतिकारी रहे हैं। आत्मगत चिन्तक-पद्धति को अपनाकर ही नैतिकता को प्राप्त किया जा सकता है। नैतिकता में आत्मोन्नयन से बढ़कर कुछ नहीं है। इस दृष्टि से स्वातंत्र्य-भावना का नैतिकता से सीधा रिश्ता अस्तित्ववादी जोड़ते हैं। चयन में दायित्व भी जुड़ा है। मानव अपने लिए ही नहीं, समाज के लिए भी चयन में प्रवृत्त होता है किन्तु अपनी स्वतंत्रता को खोकर समाज में प्रवृत्त होने का कोई अर्थ नहीं है। व्यक्ति इकाई से बढ़कर समाज नहीं है। समाज मानव की स्वतंत्रता को छीनता है जो निन्दनीय कार्य है। व्यक्ति का प्रथम कर्तव्य अपना उत्थान करना है बाद में समाज आता है। इस प्रकार व्यक्ति के 'वैयक्तिकतावाद' को यहाँ पर्याप्त आदर है किन्तु सार्त्र की समाज-विरोधी तमाम धारणाएँ उनके मार्क्सवादी प्रभाव में आने पर बदलने लगती हैं और यह बात वे 'क्रिटीक आफ डायलेक्टिकल रीजन' में कहते हैं कि समाज ही मानव का नियंत्रक है, मानव अपना नियंत्रक आप नहीं हो सकता है।

अस्तित्ववादी स्वीकार करते हैं कि मानव अस्तित्व का काल और इतिहास से अन्योन्याश्रित सम्बन्ध है। हेडेगर तो मानव के होने से पूर्व भी काल को मानते रहे हैं एवं मानव के होने पर ही काल का ऐतिहासिक अस्तित्व है। काल, मानव के बिना अस्तित्व नहीं रखता है। काल की अखण्ड धारा में मानव उत्पन्न हो जाता है—फिर भी मानव अपने अतीत और भविष्य की उपेक्षा नहीं कर सकता। मानव जो कुछ भी है, वह अपने अतीत से जुड़कर ही है। इस अर्थ में काल और इतिहास मानवीय अस्तित्व का एक ठोस और व्यापक आयाम है। इन दोनों के बिना कोई भी मानवीय अस्तित्व की सार्थकता न तो पैदा होती है, न हो सकती है। अस्तित्ववाद ने क्षणवाद को महत्व भी इसलिए दिया है कि मानव-क्षण-क्षण में जीवित रहता है। वह प्रत्येक क्षण की स्वतंत्रता के चयन से अस्तित्व को एक व्यापक अर्थ दे पाता है। काल इन क्षणों की ही धारा है जिनमें मानव अपने को पुनः सृजित करता है। क्षणों का यह व्यापक काल-प्रवाह ही जीवन की समग्रता है। यह क्षण निरन्तरता, क्रमबद्धता भी है और समसामयिकता और आधुनिकता भी। क्षणात्मक ईकाई का महत्व होने से अस्तित्ववाद में प्रत्येक सार्थक क्षण का महत्वांकन किया गया है।

अस्तित्ववादी मानते हैं कि चयन की स्वतंत्रता तथा दायित्व में जीवन के कर्म और संघर्ष का महत्व सर्वोपरि है। कर्म ही मानवीय अस्तित्व का उत्तमांश होता है। जीवन की समस्त 'प्रयोजनमूलक प्रयोजन हीनता' इसी कर्म से महिमा

पाती है। सार्थक जीवन जीने के लिए कर्म करना तथा संघर्षों से पंजा लड़ाना अस्तित्ववादी अनिवार्य मानते हैं, नहीं तो जीवन निष्क्रियता में खो जायेगा। सार्त्र का विश्वास है कि चीजें वैसी ही होंगी, मानव उन्हें बनाने का जैसा प्रयास करेगा। भीरू अपने आपको भीरू बनायेगा और वीर अपने को वीर। किन्तु यह उसका अपना चुनाव होगा। जीवन के प्रति 'कमिटेड' होने का अर्थ है—संघर्ष के प्रति प्रतिबद्धता। मानव तो जीवन समस्याओं के विरुद्ध संघर्ष की शक्ति से ही जीवित है। निराशा में संघर्ष ही यह बोध देता है कि उसके अस्तित्व का संकट है।

अस्तित्ववादी मान्यताओं में यह तथ्य गहराई तक निहित है कि निराशा, पीड़ा, अकेलापन, आत्मनिर्वासन, शून्यता, सन्त्रास, मोहभंग, विद्रूपता, विसंगति, अपराध-बोध, विडम्बना, बेचैनी, मृत्यु-बोध आदि उसके अस्तित्व के साथ अनिवार्यतः जुड़े हैं। कीर्केगार्द ने 'निराशा' को ही चरम माना है। निराशा का प्रधान-हेतु ईश्वर से 'आत्म-अलगाव' की भावना में है। इसी अर्थ में 'निराशा', 'ऊब', 'थकान', 'बेचैनी', 'विषाद', 'विस्मरण', 'अकेलेपन' को प्रतीकित करती है। विसंगतियों से घिरी मानव की सौन्दर्यात्मक चेतना परिवेश और वातावरण के प्रति अपने को 'अजनबी' पाती है एवं आत्म-निर्वासन का अनुभव भोगती है। आत्म-विस्मरण के इस बोध को ही दस्तोवस्की तथा काफ्का ने साहित्यिक कलात्मकता प्रदान की है। आत्म-निर्वासन की प्रचण्डता ने ही उनकी कृतियों में हत्यारे और चरित्रहीन पात्रों की सृष्टि की है। काफ्का में फंतासियों का भयावह-रहस्यमय वातावरण और प्रेत-स्वप्नों की काली छाया है। मानव का अस्तित्व ही दुःखमय है। इसका मार्ग दुःख के खण्डन का मार्ग न होकर दुःख के रूपान्तरण का मार्ग है। नीत्से और रिल्के इसी दृष्टि के निःसंगता और अकेलेपन के कलाकार हैं। नीत्से अधिक से अधिक दुःखों की कामना करते हैं ताकि वेदना-विजय में मानव गहरा और सार्थक आनन्द प्राप्त कर सके। इसीलिए रिल्के शहीदों को सच्चे आनन्द का भोगी घोषित करते हैं। मानव अपूर्णता के कारण आत्म-सजग है और इसी कारण के ज्ञान से वह आर्थिक-राजनीतिक संघर्षों में कूदता है। सामाजिक स्तर पर यह चुनाव 'अपराध-भावना' उत्पन्न करता है क्योंकि चुनाव करते ही वह अन्यों से अलग हो जाता है। कर्म-अकर्म के तनाव से ही 'अपराध-भावना' उत्पन्न होती है।

'संत्रास' जीवन की बीजभूत भावावस्था है और जो संसार में होने को सिद्ध करती है। हेडेगर ने 'संत्रास-भावना' को व्यापक ढंग से व्याख्यायित किया है। वे इसे ही जीवन की आधारभूत अनुभूति मानते हैं जो संसार से सम्बन्धित नहीं है—मानव की ही अकुलाहट का रूप है। इस अनुभूति से छूटने का मानव जितना ज्यादा यत्न करता है, उतना ही 'संत्रास' उसका पीछा करता है। मृत्यु-भय का

संत्रास मारव में स्वचेतनता के साथ दायित्व-बोध भी पैदा करता है। मानव संसार में 'फेंका हुआ' पाकर 'शून्यता' से भर जाता है। मरकर भी वह कहाँ जायेगा, मानव को ज्ञान नहीं है—यही भविष्य-शून्यता है। हेडेगर मानते रहे हैं कि शून्यता की अनुभूति मानव की मृत्यु-सम्भावना में निहित है। इसी अर्थ में मार्सल ने मानव की असहायावस्था की ओर संकेत दिया है। व्यथा-वेदना का अन्धकार मानव को धर पकड़ता है और वह इस दुर्निवार स्थिति से छूट नहीं सकता। कामू ने व्यथा-वेदना, निराशा को 'विसंगति' से व्यक्त किया है। उनकी कृति 'दि मिथ आफ सिसिफस' में सिसिफस इसी विसंगति-बोध का सम्पूर्ण प्रतीक है। पास्कल में यही अनुभूति व्यथा-दर्शन के रूप में व्यक्त है। सार्त्र में इन सभी भावों को व्याख्यायित-परिभाषित किया गया है। सार्त्र का 'अकेलेपन' से अर्थ इतना ही है कि ईश्वर नहीं है—मानव को ही सभी दायित्वों का अकेले सामना करना है। सार्त्र ने 'शून्यता' की व्याख्या हेडेगर से भिन्न दी है। वे शून्यता की व्याख्या मानवीय स्वतंत्रता के सन्दर्भ से जोड़कर करते हैं। वर्तमान में अतीत को नकारना ही शून्यता है। परम्परागत सिद्धान्तों से टूटकर मानव निःसंगता को प्राप्त हुआ है। उसे अहसास हुआ है कि जीवन की कठिनाईयाँ कम नहीं हुई हैं, बढ़ कर अनगिनत हो गई हैं। इसीलिए सार्त्र ऐसे पात्रों को सृजित करते हैं जो बेचैनी, उदासी, असहायता और अप्रसन्नता को व्यक्त करते रहते हैं।

अस्तित्ववादी चिन्तक मृत्यु को मानवीय स्थिति की चरमावस्था मानते हैं। वे मृत्यु पर अनेक दृष्टियों से सोचते हैं। ईसाई धर्म के मत से मृत्यु परम अमानवीय है अर्थात् अन्य जीवन का आरम्भ है। हिन्दू-धर्म के मत से मृत्यु मानवीय है—असार शरीर मरता है—आत्मा नहीं। जैस्पर्स मानव-जीवन की स्वाभाविक परिणति को मृत्यु मानते हैं। कीर्केगार्द मृत्यु को चुनौती मानते हैं जो जीवन का अन्त नहीं, बल्कि आत्मातिक्रमण का रास्ता है। मार्सल जीवन और मानव-अस्तित्व में भेद करते हैं—पहले अस्तित्व है—बाद में जीवन। इस भेद को समझते ही मृत्यु की भयानकता कम हो जाती है। मृत्यु शरीर को नष्ट करती है, मानव अस्तित्व को नहीं। कामू के 'आउटसाइडर' का नायक मानता है कि मृत्यु से छुटकारा नहीं है। मृत्यु का रूप कोई हो, परिणाम एक है। अतः मृत्यु बन्धन मानवीय स्वतंत्रता का बन्धन नहीं है।

अस्तित्ववादी चिन्तकों ने उपरोक्त दार्शनिक चिन्तक के द्वारा सभी को प्रभावित करने का प्रयास किया। किन्तु दार्शनिक ग्रन्थों से भी ज्यादा यह चिन्तन उनके साहित्यिक ग्रन्थों से विश्व भर में व्याप्त होता गया है। इसीलिए अस्तित्ववाद ने कला-दर्शन के रूप में भी पर्याप्त ख्याति अर्जित की है। सार्त्र द्वारा की गई सौन्दर्य-सिद्धान्त की अस्तित्ववादी व्याख्या अत्यन्त महत्वपूर्ण रही

है। उनके मत से "सौन्दर्य इकाई गत नहीं होता है, उसके लिए दुहरी एकता की आवश्यकता पड़ती है। एक प्रकट और दूसरी रहस्यमय।" कलाकार इस दुहरे सौन्दर्य को कला से सम्प्रेषित करता है और पाठक को उसे ग्रहण करने में सम्पूर्ण पुनर्रचना करनी पड़ती है। अतः सौन्दर्य-मूल्यों में सौन्दर्य-बोध के साथ बोधक या पाठक की भोगवृत्ति भी आवश्यक है। ज्यां पाल सार्त्र सौन्दर्यानुभूति की आनन्दमयता को स्वीकार करते हैं। वे सौन्दर्यात्मक सुख (एस्थेटिक प्लेजर) के स्थान पर 'सौन्दर्यात्मक आनन्द' (एस्थेटिक ज्वाय) शब्द को अधिक सार्थक मानते हैं। सार्त्र के शब्दों में—"अन्य सभी कलाकारों के समान कलाकार का लक्ष्य भी अपने पाठक को एक निश्चित अनुभूति प्रदान कराना होता है, जिसका परम्परागत नाम 'सौन्दर्यात्मक सुख' है, किन्तु जिसे मैं 'सौन्दर्यात्मक आनन्द' कहना पसन्द करूँगा। इस अनुभूति का प्रकट होना कलाकृति की सिद्धि का लक्षण है।"[140] सार्त्र के मत से सौन्दर्य एक जटिल अनुभूति है जिसके 'सन्दर्भ और संघटन परस्पर अविच्छिन्न होते हैं।' यह आनन्द साधन-साध्य के उपयोगिता- वादी वृत्त को एक क्षण के लिए स्थगित कर देता है।[141] वे मानते हैं कि कलास्वाद लेखक तथा पाठक दोनों की स्वतंत्रता पर निर्भर होता है, यह स्वतंत्रता ही अपने आप में सिद्धि है, आनन्द है। इस आनन्द का हेतु यही है कि उसमें वस्तुनिष्ठता और आत्मनिष्ठता के बीच सुदृढ़ सामंजस्य की प्रामाणिकता विद्यमान रहती है। कलाकृति में निहित एक स्वतंत्र संसार को पाने के लिए पाठक स्वयं भी एक स्वतंत्र संसार की पुनः रचना करता है। पुनर्सृजन करता है। अतः कलात्मक आनन्द स्वतंत्रता का पर्याय है और यही कला का चरम साध्य मूल्य है।[142] 'कलात्मक आनन्द' में महत्वपूर्ण 'आनन्द' न होकर 'कलात्मक' है क्योंकि यही विशिष्टता का निर्धारक हेतु या उपादानकारण है। ऐसी स्थिति में कलात्मक आनन्द केवल वही है जिसके विषय में कहा जा सके कि यह आनन्द केवल कला ही प्रदान कर सकती है और कोई अन्य वस्तु नहीं। नीत्से भी त्रासदीय आनन्द को 'विषमताओं का परिहार' और 'विरोधों का अतिक्रमण' कहते हैं। काव्य या कृति के आदर्श-पाठक पर विचार करते हुए सार्त्र ने कहा है—"मस्तिष्क के सम्पूर्ण कृतित्व में उस पाठक की प्रतिभा विद्यमान रहती है जिसके लिए उसकी रचना की जाती है।"[143] अतः रचना कलाकार तथा पाठक के सहयोगी प्रयास का प्रतिफलन होती है। स्वयं काण्ट यह कहते थे कि कृति की सार्थकता इसी में है कि वह पढ़ी या देखी जाए। सार्त्र ने ग्रहणशीलता को सृजनात्मकता का द्वन्द्वात्मक सह-सम्बन्धी (डायलेक्टिकल कोरिलेटिव) कहा है।[144] इस दृष्टि से सार्त्र लेखकीय स्वतंत्रता के साथ पाठकीय स्वतंत्रता का भी प्रतिपादन करते हैं। उनकी मान्यता में यह तथ्य अन्तर्भूत है कि स्वतंत्र-पाठक ही कलाकृति को सही सन्दर्भों

में भोग सकता है। सार्त्र कहते हैं कि लेखक 'सार्वभौम पाठक' के लिए लिखता है।[145] सार्त्र का यह 'सार्वभौम पाठक' सौन्दर्यशास्त्र के 'आदर्श पाठक' से अलग नहीं है।

सार्त्र की दृष्टि में कला एक लक्ष्यबद्ध क्रिया (इंटेंशनल ऐक्ट) है जो कल्पना से संचालित है। कल्पना कलाकार की स्वतंत्रता का रूप है क्योंकि वह वस्तु एवं सार को निर्मित करती है। किन्तु यह कल्पना स्वच्छन्दतावादी कल्पना के अलग ठोस आधारों की कल्पना है जो लेखक के साथ पाठक की सहयात्रा को मानकर बढ़ती है। किसी भी कलाकृति का सृजन कलाकार के व्यक्तित्व की सम्बद्धता के बिना सम्भव नहीं है। रचनाकार अपनी स्वतंत्रता के माध्यम से विश्व के साथ संबंध स्थापित करता है। इस दृष्टि से कला में कलाकार का जीवन-दर्शन ही अंकित रहता है। कलाकार के अनुभव ही अनुभूति तथा संवेदना हैं। कलाकार का वैयक्तिक अहं ही कृति को बनाता है और यह अहं उसमें होता है। कला का उद्देश्य स्वतंत्रता की प्रतीति में निहित है। कला का लक्ष्य व्यक्तित्व के अस्तित्व की खोज और उसके अन्तर्जगत का सच्चा चित्रण है। कृति के मूल्यांकन का आधार भी यहाँ यही है कि उसमें अस्तित्वगत सार्थकता की खोज कितनी ईमानदारी के साथ की गई है। सार्त्र ने 'एसेज इन इस्थेटिक्स' में जो सौन्दर्यशास्त्रीय स्थापनाएँ की हैं—उनका आधार चित्रकला-मूर्तिकला है किन्तु सार्त्र ने यहाँ व्यक्तिवादी कला-दर्शन का सम्बन्ध सामाजिक कला-दर्शन से स्थापित किया है।

अस्तित्ववादियों ने व्यक्ति को ही कला का केन्द्र माना है, वैयक्तिक भावनाओं से ही कला का सर्जन सम्भव है। वे निर्वैयक्तिकता या सामूहिकता का कला में विरोध करते हैं। यह वैयक्तिकता जीवन की चुभन और निराशा का यथातथ्य चित्रण करती है, क्योंकि आत्मनिष्ठ अनुभूति है। ये लोग परम्परागत आलम्बन, आश्रय (राम-सीता आदि) का निषेध करते हुए नये आलम्बन को चुनते हैं। यह आलम्बन जीवन की शून्यता, निराशा, अकेलेपन और संत्रास आदि का प्रतीक होता है। कला-सृजन में अस्तित्ववाद-सौन्दर्य-बोध की ईमानदारी पर बहुत बल देते हैं। जो कलाकार बिना किसी छल के बिना छिपाव के कटु-तिक्त-मधुर सभी अनुभूतियों को मुक्त रूप से व्यक्त कर देता है, वही कला सच्ची कला है। कला का यह सौन्दर्य वर्तमान से सम्बद्ध है पर भविष्य से शून्य नहीं है। कला-प्रयोजन के प्रश्न को लेकर अस्तित्ववादी उसकी प्रयोजनहीन प्रयोजनशीलता पर झुकते हैं। रचनाकार रचना को बनाता नहीं, वह स्वयं बन जाती है। कला न तो उपदेश है न धर्म-विश्वास है, वह मानव के अन्तर्जगत को समझने का माध्यम भर है। इसलिए कला में आरोपित प्रयोजनशीलता का

अस्तित्ववादी खण्डन करते हैं। ये कला में न कुछ शलील है, न अश्लील, न पाप, न पुण्य, सब कुछ को उसका अंग मानते हैं। कला के नैतिक मानदण्डों को तोड़ना अस्तित्ववाद की प्रथम शर्त है। व्यक्ति की विशिष्टता, अनन्यता और अद्वितीयता को आदर देने वाली यह कला व्यक्ति-सत्य एवं व्यक्ति-सौन्दर्य की कला है। जीवन-सत्य को निर्भीकता से लाने के कारण इस कला के बिम्ब और प्रतीक विद्रूपताओं-विसंगतियों को ही ज्यादातर व्यक्त करते हैं। एक प्रकार से अस्तित्ववाद पीड़ा का दर्शन है—व्यथा का सौन्दर्यशास्त्र है।

अस्तित्ववादी कला और स्वप्न के सम्बन्ध को मानकर भी फ्रायड की राह के अनुकर्ता नहीं हैं। इनका स्वप्न-विश्लेषण प्रायः फिनामिनालाजिकल है। अस्तित्ववादियों ने परम्परागत अर्थों से हटकर एक नवीन शब्दावली को ईजाद किया, जैसे अब्सर्ड एक्टिविटी, शून्यता (नाउहिलटी), निराशा (डिस्पेअर), त्रास (टेरर), खोखलापन (नथिंगनेस), अस्ति (बीइंग) आदि अनेक शब्द। हेडेगर ने सभी ललितकलाओं में, काव्य की श्रेष्ठता का प्रतिपादन किया (दि असेन्स आफ आर्ट इज़ पोयट्री) इसी तथ्य की घोषणा है।

अस्तित्ववादी चिन्तन की सबसे बड़ी कमी समाजवादी आलोचकों को इसकी अन्तर्मुखी व्यक्तिवादिता दृष्टिगत होती है। वे इसे मानव-विरोधी, जीवन-विरोधी तथा पूँजीवाद का समर्थक एक रुग्ण दर्शन मानते हैं।[146] वस्तु-निष्ठ-चिन्तन की राह को त्याग कर अस्तित्ववाद ने तार्किकता तथा वैज्ञानिकता से हाथ जोड़ लिए हैं—जो इसकी सबसे बड़ी सीमा है—यह असामाजिक, असांस्कृतिक और अवमानवीकरण का दर्शन है।[147]

अस्तित्ववादी चिन्तन की इस धारा ने अस्तित्ववादी आलोचना-पद्धति को अमरीका में जन्म दिया है। आलोचना की इस नूतन पद्धति को रेनेवेलेक के शब्दों में—"अस्तित्ववादी आलोचना एक शब्दावली, एक मूड, एक रुख या उसे परिदृश्यवाद कहा जा सकता है। जिसमें लेखक की चेतना, देश और काल, प्रकृति और समाज से उसके सम्बन्ध की संरचना करने की इस तरह कोशिश की है जिसे हाल के फ्रांसीसी आलोचकों ने सफलता से प्रदर्शित किया है।"[148] जार्ज पोयलेट (George Poelet), जीन पेरेरिचार्ड (Jean-Peirre Richard), जैफरे हार्डमैन (Geoffery Hartman) ने अपनी पुस्तक 'अनमीडिएट विजन' (1954) में वर्ड्सवर्थ, हापकिन्स, वेलेरी तथा रिल्के का अध्ययन इस प्रक्रिया से किया है कि इन कवियों की द्वन्द्वात्मक चेतना तथा बोध को समझाया जा सके। हिलिश मिलर की पुस्तक 'चार्ल्स डिकिन्स : इनके उपन्यासों का संसार' (1959) में लेखक की 'पूर्व-अस्तित्ववादी मनोदशा' को आधार बनाया गया है। इसके विश्लेषण में मुख्य वस्तु भीतरी विषय-वस्तु और अस्मिता की खोज है।

जर्मन साहित्यिक आलोचना में अस्तित्ववाद का अर्थ साहित्य के उद्देश्य की ओर मुड़ना है। सार्त्र ने (1948) में कला की पराभौतिक धारणा के साथ इसमें शुद्ध कविता की वकालत को मिला दिया है। सार्त्र से हटकर भी अस्तित्ववादी आलोचना का विकास हुआ है, किन्तु उसमें प्रतीकवाद, अतियथार्थवाद, प्रभाववाद और धनवाद आदि जुड़े रहे हैं। नयी आलोचना के आलोचक रेनेवेलेक अस्तित्ववादी साहित्य-सिद्धान्त की अपर्याप्तताओं को ध्यान में रखते हुए साफ कहते हैं—"मैं नहीं समझता...अस्तित्ववाद साहित्यिक सिद्धान्त की समस्याओं का समाधान नहीं दे सकता है।"[149] अस्तित्ववाद में कला और दर्शन मानव विरोधी रुख अपनाकर कलाकृति की लालित्यगत स्वायत्तता को तोड़ते हैं। यही कारण है कि अस्तित्ववादी आलोचना के विचार अमरीकी आलोचना में भी छनने लगे हैं।

प्रयोगवाद तथा नयी कविता के काल में अस्तित्ववादी चिन्तन और कला-दर्शन का हिन्दी की नवीन सैद्धान्तिक समीक्षा पर विशेष प्रभाव पड़ा है। कलाकार की स्वतंत्रता, अनुभूति की अद्वितीयता, विशिष्टता, व्यक्तिवादिता आदि का अज्ञेय जी ने सर्वप्रथम समर्थन किया है। डॉ. धर्मवीर भारती ने 'मानव मूल्य और साहित्य' नामक पुस्तक में अस्तित्ववाद को या मानववादी अस्तित्ववाद को बड़ी तैयारी से जमाया है। डॉ. रामविलास शर्मा ने 'नयी कविता और अस्तित्ववाद' नामक पुस्तक में विस्तार से सिद्ध किया है कि गिरिजाकुमार माथुर, दुश्यन्त कुमार, भारतभूषण अग्रवाल, कुँवर नारायण, सर्वेश्वर, कैलाश वाजपेयी, विजयदेव नारायण साही, लक्ष्मीकान्त वर्मा, जगदीश गुप्त, राजकमल चौधरी, धूमिल तथा अकविता के कवियों में अस्तित्ववाद की सीधी स्वीकृति है।[150] उनके शब्दों में, "हिन्दी के अधिकांश नई कविता लिखने वालों का हाल रोकांते जैसा है। ऊब, उबकाई, अकेलापन, बुरे-बुरे सपने, त्रास, आत्महत्या की चाह, सड़ांध का बोध, भीड़ में अजनबीपन का अहसास होने की समस्या से परेशानी आदि-आदि लक्षण इनमें भी मिलते हैं। बीमार आदमी को कभी-कभी हर चीज बीमार नजर आती है, इन कवियों को चीजें बीमार ही नहीं, मुर्दा भी नजर आती हैं।"[151] डॉ. रामविलास शर्मा ने अस्तित्ववादी चिन्तन का हिन्दी के सृजनात्मक और आलोचनात्मक साहित्य में जीवन-विरोधी दृष्टि अपनाने के कारण घोर विरोध किया है। डॉ. नामवर सिंह ने 'कविता के नये प्रतिमान' के निबन्ध 'विसंगति और विडम्बना' में अस्तित्ववाद के इन प्रतिमानों की शक्ति-सीमा का निर्धारण किया है।[152] हिन्दी के अधिकांश प्रगतिशील समीक्षकों को (मुक्ति-बोध को विशेष) लक्ष्मीकान्त वर्मा का 'लघुमानव सिद्धान्त' अस्तित्ववाद का ही बच्चा प्रतीत हुआ है और बड़ी चिन्ता से इस चिन्तनधारा का खण्डन किया

गया है।[153] स्वयं गिरिजाकुमार माथुर की नयी कविता के समीक्षात्मक आधारों की खोज अस्तित्ववादी आधारों की खोज है—जो अस्वीकृति का काव्यशास्त्र रचती है।[154] डॉ. रमेशकुन्तल मेघ ने अस्तित्ववादी दृष्टि और समीक्षा-सिद्धान्तों को मानव-विरोधी मानते हुए जोरदार खण्डन किया है।[155] स्वतंत्रता के बाद की भारतीय परिस्थितियों को अस्तित्ववाद के अनुकूल पाते हुए डॉ. नगेन्द्र ने लिखा—"उसके परिणामस्वरूप एक गहन निराशावादी जीवन-दर्शन उभरकर सामने आया है जिसे अन्तर्मुख चिन्तकों ने 'अस्तित्ववाद' और बर्हिमुख विचारकों ने 'निराशावादी वैज्ञानिक मानववाद' कहा है। इस विचारधारा का आयात भारत में भी गत दस-पन्द्रह वर्षों से हो रहा है और अपने देश की बिगड़ती हुई राजनीतिक, सामाजिक तथा आर्थिक परिस्थितियों ने उसके प्रचार में योगदान किया है।"[156]

हिन्दी विद्वानों ने अस्तित्ववाद और अस्तित्ववादी सौन्दर्यशास्त्र पर साठोत्तरी पत्रिकाओं में बहुत कुछ लिखा है। इधर पाश्चात्य-समीक्षा से सम्बन्धित पुस्तकों में भी 'अस्तित्ववाद' का स्थान निश्चित होता है। आलोचना के आधुनिक वाद और समीक्षा में अस्तित्ववाद आज एक दुर्निवार नाम बनता जा रहा है। हिन्दी में अस्तित्ववाद पर कई कृतियाँ इसी दौर में आई हैं, जैसे प्रकाश दीक्षित की पुस्तक—'अस्तित्ववाद और नयी कविता', महावीर दधीच की पुस्तक 'अस्तित्ववाद', योगेन्द्र साही की पुस्तक 'अस्तित्ववाद : किर्केगार्द से कामू तक', लालचन्द्र गुप्त 'मंगल' की पुस्तक 'अस्तित्ववाद और नयी कहानी' तथा दूसरी पुस्तक 'अस्तित्ववाद : दार्शनिक तथा साहित्यिक भूमिका', श्री श्याम सुन्दर मिश्र की पुस्तक 'अस्तित्ववाद और द्वितीय समरोत्तर हिन्दी-साहित्य', हृदयनारायण मिश्र की पुस्तक 'अस्तित्ववाद', श्री शिवप्रसाद सिंह की पुस्तक 'आधुनिक परिवेश और अस्तित्ववाद', डॉ. रामविलास शर्मा की पुस्तक 'नयी कविता और अस्तित्ववाद' आदि विशेष उल्लेखनीय हैं। अस्तित्ववाद को ठीक से प्रकाश में लाने के लिए नयी कविता के कवि-समीक्षक डॉ. प्रभाकर माचवे ने पाल रुबिचेक की पुस्तक का 'अस्तित्ववाद : पक्ष और विपक्ष' (मध्य प्रदेश ग्रन्थ अकादमी) नाम से हिन्दी अनुवाद प्रस्तुत किया है। श्री राम नागर ने 'हिन्दी की प्रयोगशील कविता और उसके प्रेरणा-स्रोत, डॉ. शिवकरण सिंह ने 'आलोचना के बदलते मानदण्ड और हिन्दी-साहित्य' नामक पुस्तकों में अस्तित्ववाद की सूक्ष्म-गहन चर्चा की है।

समग्रतः कह सकते हैं कि अस्तित्वादी चिन्तन-दृष्टि हिन्दी-साहित्य और समीक्षा में लगातार अपनी जड़ें जमाती जा रही है।

समाहार और निष्कर्ष

पाश्चात्य जगत के 'वाद' हिन्दी-समीक्षा के सैद्धान्तिक चिन्तन को भीतर-

बाहर से झकझोरते रहे हैं। जिन आन्दोलनों ने व्यापक स्तर पर विश्व-समीक्षा में तहलका मचा दिया है, उनकी चर्चा ऊपर के विवेचन-विश्लेषण का प्रमुख ध्येय रही है। किन्तु ऐसे भी अनेक 'वाद' हैं जिनकी चर्चा यहाँ नहीं की गई है और जिन्होंने विश्व-चिन्तना को भीतर से आन्दोलित किया है—जैसे यथार्थवाद, प्रकृतवाद, चेतना-प्रवाहवाद, प्रभाववाद, आदर्शवाद, कलावाद, आधुनिकतावाद, ऐतिहासिकतावाद, उपयोगितावाद, निराशावाद, पूँजीवाद, व्यक्तिवाद, भविष्यवाद, विकासवाद, सुखवाद, समूहवाद, संशयवाद, व्यक्तित्ववाद आदि। आधुनिक हिन्दी के समन्वयमूलक साहित्यशास्त्र पर विश्व के ये 'विभिन्न वाद' समय-समय पर परोक्ष और प्रत्यक्ष प्रभाव डालते रहे हैं। किसी भी जीवन्त साहित्य और साहित्यशास्त्र की यह मूल विशेषता होती ही है कि वह विश्व से कटकर अपना निरपेक्ष व्यक्तित्व नहीं बना पाता है। विश्व-समीक्षा के गतिशील मूल्य देश और काल की सीमा का अतिक्रमण कर फैलते-पनपते रहते हैं। आज विश्व भर का साहित्य-शास्त्र इस तथ्य का प्रमाण निर्भ्रान्त रूप से प्रस्तुत करता है। साथ ही इस समन्वय-सामंजस्य में मानव-मन की अनेकता में एकता स्थापित करने वाले जीवन-तत्व भी सन्निविष्ट दृष्टिगत होते हैं।

हिन्दी की सैद्धान्तिक आलोचना में 'बिम्ब' सिद्धान्त आ. रामचन्द्र शुक्ल की अपनी देन है। काव्यशास्त्र के पुराने ग्रन्थों में हमारे यहाँ इस शब्द का इस अर्थ में प्रयोग नहीं मिलता है। आ. शुक्ल के बिम्ब-सिद्धान्त तथा छायावादी चित्रभाषा में एक ऐतिहासिक सम्बन्ध का संकेत भी है। इसका कारण है कि कोई भी नया आलोचना-सिद्धान्त तत्कालीन सृजनात्मक साहित्य से निरपेक्ष नहीं हो सकता। 'रस-मीमांसा' में संगृहीत उनकी पाश्चात्य काव्य-प्रवृत्तियों पर लिखी हुई टिप्पणियों से साफ जाहिर है कि उन्होंने बिम्बवादी घोषणा-पत्र का सूक्ष्म-अध्ययन किया था और उसकी सीमाओं पर भी विचार किया था। शुक्लोत्तर समीक्षा में अलंकार, गुण, रीति, वक्रोक्ति आदि का स्थान बिम्ब, प्रतीक आदि ने ले लिया। साहित्य का तमाम शिल्पवादी चिन्तन इनसे प्रभावित है। द्वितीय विश्व युद्धोत्तर हिन्दी-साहित्य और समीक्षा में मानववाद, अतियथार्थवाद, अस्तित्ववाद, मनोविश्लेषणवाद आदि अनेक विचारधाराओं ने बेखटके कब्जा जमाया है। किन्तु हिन्दी-समीक्षा के सिद्धान्त-पक्ष ने उनका 'बोझ' न उठाकर 'प्रभाव' ही ग्रहण किया है। यही कारण है कि हिन्दी के नवीन समीक्षा-शास्त्र में इनका विकास पाश्चात्य नकल के रूप में न होकर हमारी अपनी साहित्यिक-सांस्कृतिक गतिविधि के रूप में हुआ है। इन 'वादों' और विचार धाराओं के निकट सम्पर्क से हमारी परम्परागत समीक्षा-दृष्टि में नवीनता और आधुनिकता का निष्पादन हुआ है। नवीन-ज्ञान-विज्ञान से सम्पन्न और सृजित

होकर इस चिन्तन ने 'हिन्दी के नवीन रचनाकार की अन्तर्मानसिकता को भी भीतर से कुरेद कर बदला है। हिन्दी- समीक्षाशास्त्र में वादों एवं विचारधाराओं से टूटती हुई पूर्व और पश्चिम की दीवारें नये साहित्य और नये प्रतिमानों की भूमि को व्यापक बनाती हैं।

सन्दर्भ

1. ''Sentiments or impressions pass by means of words from the obscure Region of the soul into clasity of the contemplative spirit. In this cognative process it is impossible to distinguish intuition from expression. The one is produced with the other at the same instance, because, they are not two, but one.''

   Bedletto Croce—Aesthetic—P. 14
2. सं. डॉ. सावित्री सिन्हा–पाश्चात्य काव्यशास्त्र की परम्परा, पृ. 202

   (अनु. महेन्द्र चतुर्वेदी)
3. 'The Aesthetic fact is form, and nothing but form'.

   Croce—Aesthetic P. 9.
4. सं. डॉ. नगेन्द्र–पाश्चात्य काव्यशास्त्र : सिद्धान्त और वाद–अभिव्यंजनावाद, पृ. 197
5. डॉ. राम अवध द्विवेदी–साहित्य-सिद्धान्त–अध्याय 13, पृ. 157
6. Every true intuition or representation is also expression. That which does not objectify itself in expression is not intuition or representation, but sensation and mere natural fact. The spirit only intuites in making, farming, expression. He who separates intuition from expression never succeeds in reuniting them.

   Croce—Aesthetics
7. To intuite is to express, and nothing else (nothing more, but nothing less) than to express.

   Ibid., P. ???
8. डॉ. नगेन्द्र–भारतीय काव्यशास्त्र की भूमिका, पृ. 319
9. Croce—Aesthetics P. 19
10. 'We may define beauty as successful expression or better expression and nothing more because expression, when it is not successful, is not expression'. Croce—Aesthetics, P. 9.
11. आ. शुक्ल–चिन्तामणि, भाग 2, पृ. 98
12. डॉ. नगेन्द्र–भारतीय काव्यशास्त्र की भूमिका, पृ. 324
13. डॉ. नगेन्द्र–रीतिकाव्य की भूमिका, पृ. 108
14. काव्य में अभिव्यंजनावाद, पृ. 1
15. वही, पृ. 22
16. वक्रोक्ति और अभिव्यंजना, पृ. 84
17. आधुनिक साहित्य, पृ. 383
18. वही, पृ. 385
19. डॉ. लक्ष्मीसागर वार्ष्णेय–पश्चिमी आलोचनाशास्त्र, पृ. 163
20. डॉ. विमल कुमार–सौन्दर्यशास्त्र के तत्व, भाग 1, पृ. 83

21. डॉ. निर्मला जैन–रस सिद्धान्त और सौन्दर्यशास्त्र, पृ. 95
22. डॉ. राम अवध द्विवेदी–साहित्य-सिद्धान्त, पृ. 163
23. डॉ. शिवदान सिंह चौहान–आलोचना के मान, पृ. 23
24. वही, पृ. 49
25. डॉ. शिवदान सिंह चौहान–आलोचना के सिद्धान्त, पृ. 149
26. आ. शुक्ल–हिन्दी साहित्य का इतिहास, पृ. 674
27. वही, पृ. 654
28. चिन्तामणि, काव्य में रहस्यवाद–भाग 2, पृ. 148
29. वही, पृ. 131
30. चिन्तामणि, काव्य में अभिव्यंजनावाद, पृ. 177
31. डॉ. रवीन्द्र सहाय वर्मा–पाश्चात्य साहित्यालोचन और हिन्दी पर उसका प्रभाव, पृ. 68
32. लीलाधर गुप्त–पाश्चात्य साहित्यालोचन, पृ. 195 आदि
33. अज्ञेय–आलवाल, पृ. 92 (मानव प्रतीक–सृष्टा)
34. डॉ. रामअवध द्विवेदी-आलोचना, अंक 23, काव्य में प्रतीक-विधान, पृ. 24, जुलाई 1957
35. हिन्दी-साहित्य-कोश, भाग 1, पृ. 515
36. Encyclopaedia Britanicca Part 21—P. 701 (1969)
"Symbol, the term given to a visual object representative to the mind sambalance of something which is not shown but realised by associated with it."
37. Arthur Symons : The Symbolist movement in Literature P. 2 (New York 1958)
38. I.A. Richards, C.K. Ogden : The meaning of meaning, P. 209 (London 1956)
39. A.N. White heed : Symbolism, P. 15 (Cambridge, 1928)
40. Ernst Cassirer : The Philosophy of Symbolic forms, P. 51-52
41. Joseph Jastrow—Freud, his dreams and sex theories, P. 47
42. C.G. Jung—Contribution to analytical Psychology, P. 23
43. Dr. Dadma Aggrawal—Symbolism : A Psychological Studies, P. 17
44. डॉ. देवराज–संस्कृति का दार्शनिक विवेचन, पृ. 222 (उत्तर प्रदेश प्रकाशन ब्यूरो, 1957)
45. (अ) डॉ. हरदयाल–आधुनिक हिन्दी कविता का अभिव्यंजना-शिल्प, पृ. 203
(आ) डॉ. नरेन्द्र मोहन–आधुनिक हिन्दी कविता में अप्रस्तुत-विधान, पृ. 10
(इ) डॉ. नित्यानन्द शर्मा–आधुनिक हिन्दी कविता में प्रतीक-विधान, पृ. 13
(ई) डॉ. विमल कुमार–छायावाद का सौन्दर्यशास्त्रीय अध्ययन, पृ. 258
(उ) डॉ. प्रतिमा कृष्णबल–छायावाद का काव्य-शिल्प, पृ. 194-197
46. डॉ. संसार चन्द्र–हिन्दी काव्य में अन्योक्ति, पृ. 69
47. डॉ. विमल कुमार–सौन्दर्य शास्त्र के तत्व, पृ. 258, राजकमल प्रकाशन, 1967
48. W.M. Uifan—Language and Reality, Part II P. 343
49. डॉ. विमल कुमार–सौन्दर्यशास्त्र के तत्व, पृ. 268
50. डॉ. नगेन्द्र–देव और उनकी कविता, पृ. 203
51. सं. नन्ददुलारे वाजपेयी–आलोचना, अंक 23, जुलाई 1957, प्रतीक-विधान, पृ. 26
52. सं. नन्ददुलारे वाजपेयी–आलोचना, अंक 23, जुलाई 1957, प्रतीक-विधान, पृ. 32
53. वही ???
54. हिन्दी साहित्य का इतिहास, पृ. 621
55. वही, पृ. 625

56. आलोचना के सिद्धान्त, पृ. 147
57. अज्ञेय–आत्मनेपद, पृ. 31
58. (i) डॉ. नगेन्द्र–काव्य विम्ब, पृ. 44
(ii) डॉ. विश्वम्भरनाथ उपाध्याय–भारतीय काव्यशास्त्र का अध्ययन, पृ. 602
59. डॉ. नगेन्द्र–काव्य बिम्ब, पृ. 3
60. C. Day Lewis—The poetic Image, P. 19
61. Shoiter Oxford English Dictionary, Vol. I, P. 958
62. The faculty which creates or transmits poetic images is the Imagination.
C. Day Lewis—The poetic Image, Chap. 3, P. 65
63. 'Imagination has been variously defined, as a power responsible for visual Images...'
Joseph T. Shipley, Dictionary of World Literary Terms, P. 219
64. 'The faculty of forming an image in the mind...'.
Arther Lovell—Imagination and its wonder, P. 16
65. H.J. Paton—Kant's Menlaphysia of experience, Vol. I, P. 366
66. सौन्दर्यशास्त्र के तत्व, पृ. 201
67. George Whalleg—Poetic Process (Imagination, Image making), P. 78
68. वही, पृ. 76
69. Principles of Literary Criticism, P. 166
70. सं. नन्ददुलारे वाजपेयी–आलोचना, अंक 21, जनवरी 1957, प्रतिबिम्बवाद, श्री मनोहर शर्मा
71. Caroline F.E. Spurgeon : Shakespeare's Imagery, P. 4
72. डॉ. केदारनाथ सिंह–आधुनिक हिन्दी कविता में बिम्ब-विधान, पृ. 7
73. रूटलेज एण्ड कोगन पाल, सी. जी. युंग–कन्ट्रीब्यूशन्स टु एनालिटिकल साइकोलाजी, पृ. 248
74. वाट्न शीर्षक निबन्ध–डॉ. कुमार विमल–सौन्दर्यशास्त्र के तत्व, पृ. 209 से उद्धृत
75. C.G. Jung—Modern Man in search of Soul, P. 185
76. वही, पृ. 90
77. मोड बॉडकिन–स्टडीज आफ टाइप इमेजेज, पृ. 174 (आ. यु. प्रे. 1951)
78. Ira Progoff—Jung's Psychology and its social meaning, P. 59
79. The Poetic Image, P. 144
80. Arche type Pattern in Poetry
81. Speculations, P. 113
82. (i) "काव्य का काम है कल्पना में बिम्ब अथवा मूर्त भावना उपस्थित करना, बुद्धि के सामने कोई विचार लाना नहीं।"–चिन्तामणि, भाग 2, काव्य में प्राकृतिक दृश्य।
(ii) रस-मीमांसा, काव्य की साधना, पृ. 8
83. (i) Direct treatment of the 'thing' whether subjective or objective.
(ii) To use absolutely noword that did not contribute to the presentation.
(iii) As regarding rhythm to compose in reguence of the musical pharse, not in sequence of a metronome.

'Imanism' Poetry, Vol. I. 6 (March 1913)
quoted from Imagism, S.K. Coffman, P. 9

84. (i) 'Imagism refers to the theory and practice of a group of poets who between 1912 and 1917, joined in reaction against the careless - Tecknigue and extra poetic values of much nineteenth century Verse, S.K. Coffman :

Imagism, P. 1.

(ii) 'It is possible to see imagism as an experiment toward the rejuvenation of the language of poetry.

Encyclopaedia of Poetry and Poetics, P. 577

85. आधुनिक हिन्दी कविता में विम्ब-विधान, पृ. 11
86. C. Day Lewis—Poetic Image, P. 25
87. 'Imagism refer to a concept of Poetry associated with a school or movement that florished between 1912 and 1917.'

    Alex Preminger, Encyclopaedia of Poetry and Poetrics, P. 377
88. डॉ. केदारनाथ सिंह–आधुनिक हिन्दी कविता में विम्ब-विधान, पृ. 13
89. पल्लव, भूमिका, पृ. 17-18
90. अज्ञेय, तारसप्तक, पृ. 52
91. तीसरा सप्तक (कवि-वक्तव्य), पृ. 114
92. वही, पृ. 116
93. वही, पृ. 116
94. डॉ. जगदीश गुप्त–नयी कविता : स्वरूप और समस्याएँ, पृ. 80
95. डॉ. नामवर सिंह–कविता के नये प्रतिमान, पृ. 125
96. डॉ. रघुवंश–साहित्य का नया परिप्रेक्ष्य, पृ. 166 तथा 268
97. सं. सर्वेश्वर दयाल सक्सेना–शमशेर, पृ. 21-22
98. डॉ. रामस्वरूप चतुर्वेदी, हिन्दी साहित्य की अधुनातन प्रवृत्तियाँ, पृ. 14
99. Henry Life bore—the Sociology of Marx, P. 75
100. Tagore—Towards Universal man, P. 343
101. Encyclopaedia of social sciences. Vols. VII, VIII, P. 541
102. Humanism as a Philosophy (The meaning of Humanism), P. 18
103. True Humanism—P. 12 (Introduction)
104. James Gregor : The ideology of Facism
105. Interview with Louis Althusser : New Left Review (Nov. Dec. 1970)—

    The Politics of Philosophy
106. T.S. Eliot—Selected Essays, Second thoughts about humanism.
107. डॉ. धर्मवीर भारती–मानव मूल्य और साहित्य
108. वही ???
109. सं. शिवदान सिंह चौहान–आलोचना अंक 33 पृ. (133 विश्वम्भर मानव),
110. वही ???
111. श्री नन्दकिशोर आचार्य–अज्ञेय की काव्य-तितीर्षा
112. (A) M.N. Roy : Reason, Romanticism and Revolution, Vol. II. P. 183

     (B) New Humanism : A Manifesto, P. 35-36
113. श्री नवलकिशोर–मानववाद और साहित्य, पृ. 101
114. वही, पृ. 117
115. वही, पृ. 89
116. सं. शिवदान सिंह चौहान–अंक 27, जुलाई 1963, प्रयोगवादी कविता और मानववाद, पृ. 88 (डॉ. जगदीश गुप्त)
117. सं. शिवदान सिंह चौहान–अंक 27, जुलाई 1973–प्रयोगवादी कविता और मानववाद, पृ. 121 (डॉ. जगदीश गुप्त)

118. वही, पृ. 90
119. वही, पृ. 90
120. वही, पृ. 90
121. वही-शमशेर बहादुर सिंह, पृ. 91
122. आलोचना : अंक 27, जुलाई 1973—डॉ. प्रभाकर माचवे—प्रयोगवादी कविता और मानववाद, पृ. 93
123. वही, पृ. 93
124. मलयज—कविता से साक्षात्कार, पृ. 64-65
125. 'Indeed it is freud that, together with Hegal and Marx, is chiefly responsible for Surrealist theory'

Dictionary of world Literature, P. 562

126. 'Super Realism in general is the Romantic Principle in art'.

Edited by Herbert Read, Surrealism, P. 21

127. Herbert Read, Art now, 1948, P. 38
128. Translated by David Gainkaiyn—What is Surrealism ? P. 12
129. 'It is rather their aim to break down the behavieours, both physical and psychical, between the consicious and the unconscious, between the inner and the outerward, and to create super-Reality in which Real and unreal meditation and action meet and mingle and dominate the whole of life.

Herbert Read : The meaning of art, P. 171 (1949)

130. Herbert Read : Art. Now P. 37
131. What is surrealism ? P. 103
132. प्र. सं. डॉ. नगेन्द्र—पाश्चात्य काव्यशास्त्र : सिद्धान्त और वाद, पृ. 164
133. Herbert Read : The Philosophy of Modern Art, P. 140
134. G.S. Frazer : The Modern Wrighter and his art, P. 51
135. F.S. Lucas—Phychology and Literature, P. 140 (1951)
136. सं. डॉ. धीरेन्द्र वर्मा—हिन्दी साहित्य-कोश, भाग 1, पृ. 12 (अतियथार्थवाद)
137. "Very often the poem is indistinguishable from prose."

—Alex Preminger : Encyclopaedia of Poetry and Poetics, P. 82

138. नये प्रतिमान—पुराने निकष, पृ. 94
139. मुक्तिबोध—नयी कविता का आत्म-संघर्ष तथा अन्य निबन्ध, पृ. 184
140. (i) जगदीश चतुर्वेदी—निषेध
    (ii) जगदीश चतुर्वेदी—इतिहास हन्ता
141. डॉ. श्याम परमार—अकविता और कला-सन्दर्भ, पृ. 94-98
142. नकेन, पृ. 118
143. सं. डॉ. नगेन्द्र—पाश्चात्य काव्यशास्त्र : सिद्धान्त और वाद—अस्तित्ववाद, पृ. 362 से उद्धृत।
144. आलोचना—अप्रैल-जून 69, पृ. 24, डॉ. विमल कुमार—अस्तित्ववादी सौन्दर्यशास्त्र।
145. Existentialism and Humanism, P. 4
146. Existentialism and Humanism, P. 12
147. The Age of Reason, P. 21
148. Existentialism and Humanism, P. 37
149. व्हाट इज लिटरेचर, पृ. 41
150. वही, पृ. 41-42

151. वही, पृ. 43
152. वही, पृ. 52
153. वही, पृ. 29
154. वही, पृ. 49
155. A.B. Fallico—Art and Existentialism, P. 33
(Prentic Hall 1963)
156. आलोचना–अंक 28, जनवरी 1964, अस्तित्ववाद एक विश्लेषण–संकलदीप सिंह का निबंध
157. डॉ. रमेश कुन्तल मेघ–आधुनिकता-बांध और आधुनिकीकरण, पृ. 396-398
158. रेनेवेलेक–आलोचना की धारणाएँ, पृ. 196 (अनु. डॉ. इंद्रनाथ मदान)
159. रेनेवेलेक–आलोचना की धारणाएँ, पृ. 213 (बीसवीं सदी की आलोचना की मुख्य प्रवृत्तियाँ)।
160. डॉ. रामविलास शर्मा–नयी कविता और अस्तित्ववाद, पृ. 92-119
161. वही, पृ. 104
162. कविता के नये प्रतिमान, पृ. 161-175
163. नयी कविता का आत्म-संघर्ष तथा अन्य निबंध, पृ. 184
164. नयी कविता–सीमाएँ और संभावनाएँ, पृ. 53
165. आधुनिकता-बोध और आधुनिकीकरण–अस्वीकृति का आधुनिक अकाव्यात्मक काव्यशास्त्र
166. नयी समीक्षा : नये संदर्भ, पृ. 81

5

हिंदी का स्वतंत्र समीक्षाशास्त्र

हिन्दी की आधुनिक सैद्धान्तिक समीक्षा पर पाश्चात्य सैद्धान्तिक समीक्षा के प्रभाव के इस अध्ययन का मूल निष्कर्ष यह है कि हिन्दी की आधुनिक सैद्धान्तिक समीक्षा में संस्कृत काव्यशास्त्र या भारतीय साहित्यशास्त्र और पाश्चात्य समीक्षाशास्त्र के सिद्धान्त और वाद—दोनों ही चिन्तन परम्पराओं ने अपने-अपने ढंग से काव्य और कला सम्बन्धी आधारभूत प्रश्नों पर सोचने-समझने की नवीन दृष्टि को विकसित किया है। इस विवेचन से यह भी स्पष्ट हुआ है कि आधुनिक हिन्दी की सैद्धान्तिक समीक्षा ने पाश्चात्य प्रभाव-प्रेरणा से अपने चिन्तन की जड़ सैद्धान्तिकता तथा परम्परागत शास्त्रीयता से मुक्त होकर अपने परम्परागत सैद्धान्तिक चिन्तन को नये सृजन की माँगों के अनुकूल बदलते हुए नवीन समीक्षा मानों एवं मूल्यों को ग्रहण किया है। पाश्चात्य चिन्तन के 'बोझ' से मुक्त रखते हुए इस नवीन सैद्धान्तिकता ने अपने नवीन एवं मौलिक काव्यशास्त्रीय व्यक्तित्व का नवीन व्याख्याओं से निर्माण किया है। इस प्रभाव से उसकी अपनी आधारभूत सांस्कृतिक अस्मिता क्षतिग्रस्त न होकर नवीन क्षमताओं और संभावनाओं को प्राप्त हुई है। सम्पर्कगत सहज प्रभाव को ज्ञान-विज्ञान की नवीन चिन्तन-पद्धतियों, साहित्यिक प्रवृत्तियों से आत्मसात करने के कारण आधुनिक हिन्दी-समीक्षाशास्त्र ने दोनों परम्पराओं की मूल्यवान चिन्तन-पद्धतियों से सामंजस्य स्थापन के द्वारा हिन्दी के नवीन समीक्षाशास्त्र के निर्माण का गम्भीर दायित्व वहन किया है। यह भ्रम दूर हो जाना चाहिए कि अब हिन्दी का कोई अपना मौलिक, सुविचारित, गम्भीर और स्वतंत्र

समीक्षाशास्त्र नहीं है। यह आक्षेप आज निराधार सिद्ध हो गया है कि हिन्दी का समीक्षाशास्त्र संस्कृत काव्यशास्त्र का पिष्ट-पेषण है या पश्चिमी सिद्धान्त-चिन्तन की मात्र प्रतिकृति या अनुकृति है। आधुनिक युग की नवचेतना और वैज्ञानिक दृष्टि ने उसके सैद्धान्तिक दृष्टिकोण को परिवर्तित करते हुए नवीन सृजनात्मकता के भीतर से ही प्रायः प्रतिमान दोहन का कार्य किया है। हिन्दी के प्रबुद्ध आचार्यों का यह विश्वास भी लगातार पुष्ट हुआ है कि रस और ध्वनि-सिद्धान्त, औचित्य-सिद्धान्त शब्द-शक्तियों के सिद्धान्त, अलंकार और वक्रोक्ति-सिद्धान्त की अवधारणाओं में विश्व-काव्य के सतत विकासशील और सार्वकालिक रहस्य को उद्‌घाटित करने की सहज क्षमता है। भारतीय एवं पाश्चात्य चिन्तन-पद्धति की ऐतिहासिक-सांस्कृतिक आधारशिला में देशकाल जन्य पर्याप्त अन्तर होने पर भी दोनों चिन्तन पद्धतियों के साधारणीभूत प्रत्ययों का अनवरत समन्वय भी हुआ है। पाश्चात्य जगत के काव्य-दर्शन का कला और सौन्दर्य विषयक अभिमत भारतीय रसशास्त्र में अन्तर्भुक्त हो गया है। दोनों पक्षों के गन्तव्य-स्थल में ऐसा कोई उल्लेखनीय अन्तर्भेद भी नहीं है। रस-सिद्धान्त पश्चिम के सौन्दर्यशास्त्र, मनोविज्ञान आदि को अंकस्थ करता चला है तो वहाँ की सर्जनात्मक कल्पना, सहजानुभूति का सिद्धान्त हमारे काव्य-हेतु सिद्धान्त में विकसित हुआ है। पाश्चात्य जगत का रेचन-सिद्धान्त, निर्वैयक्तिकता-सिद्धान्त, तटस्थता-सिद्धान्त, सामूहिक-मानव-सिद्धान्त आदि भारतीय काव्य के साधारणीकरण-सिद्धान्त और विभावन-व्यापार की भूमिका मात्र हैं। समानता के इन अनेक बिन्दुओं ने ही भारतीय एवं पाश्चात्य सिद्धान्तों के समन्वय-सामंजस्य से हिन्दी-समीक्षाशास्त्र की चिन्तन-भूमि को दृढ़ आधार प्रदान किया है।

हिन्दी के गण्यमान्य आलोचकों, आचार्यों, कवि-आलोचकों आदि ने पाश्चात्य जगत की नवीन ज्ञान-विज्ञान से मण्डित विपुल ज्ञान-राशि की न तो उपेक्षा की है और न ही उस चिन्तन से आक्रान्त होकर भारतीय चिन्तन-परम्परा को अवहेलना या हेय दृष्टि से देखा है। पाश्चात्य संस्कृति की टकराहट से भारतीय संस्कृति में एक महान नवजागरण का उदय और उत्थान हुआ, जिसके परिणामस्वरूप भारतीय चिन्तकों, बुद्धिजीवियों एवं रचनाकारों ने साहित्य एवं समीक्षा को जड़ शास्त्रीयता के गलित प्रतिमानों से बाहर निकालकर जीवनोन्मुख कर दिया। पश्चिमी ज्ञान-विज्ञान के प्रकाश में हिन्दी के चिन्तकों ने संस्कृत काव्यशास्त्र की विपुल रत्न-राशि को सरसरी तौर पर देखा-परखा ही नहीं, अपितु रस, ध्वनि, रीति, वक्रोक्ति, अलंकार, औचित्य आदि सम्प्रदायों के सिद्धान्त-चिन्तन की स्थापनाओं पर पुनर्विचार तथा पुनर्व्याख्या प्रस्तुत करने का श्रम-साध्य कार्य

भी किया है। इस प्रयत्न से सर्वाधिक उपयोगी कार्य तो यह हुआ है कि हिन्दी के सिद्धान्तकारों को अपनी समृद्ध, सांस्कृतिक धरोहर को परिष्कृत-सम्पादित-संशोधित तथा विकसित करने का सुयोग प्राप्त हुआ है। हिन्दी के जागरूक चिन्तकों ने रूढ़ शास्त्रीयता के जड़ीभूत काव्य-मूल्यों को पीछे धकेल कर गत्यात्मक सैद्धान्तिकता से नवीन रचनाकार की अन्तर्मानसिकता को जोड़ते हुए नये चिन्तन की शक्ति एवं सम्भावनाओं की दिशा-दृष्टि को निर्दिष्ट किया है।

भारतीय एवं पाश्चात्य सैद्धान्तिक चिन्तन में काव्य-कला के ऐसे अनेकानेक तत्व हैं जो ऊपर से भिन्न दृष्टिगत होने पर भी तत्वतः समान हैं। इन दोनों में समानता के साथ जो आधारभूत अन्तर दृष्टिगत होता है—वह दोनों संस्कृतियों के भिन्न सन्दर्भों की देन है। इसीलिए इस चिन्तन-क्रम में निर्मित होने वाली काव्य-कला सम्बन्धी अवधारणाओं में भिन्नता सहज-स्वाभाविक है। सांस्कृतिक सन्दर्भों से इस आवरण को हटाकर यदि पूर्व और पश्चिम की सैद्धान्तिक दृष्टियों पर विचार करते हैं तो दोनों ही संस्कृतियों के मूलभूत प्रश्नों को लगभग एक-सा पाते हैं। चिन्तनगत अनेकता के भीतर से उभरने वाला एकता का तत्व चकित कर देता है। वैसे पूर्व और पश्चिम के काव्य-चिन्तन में दृष्टिकोण का गम्भीर अन्तर तो यही है कि भारतीय काव्यशास्त्र 'कृति' और 'कर्ता' से ज्यादा 'सहृदयनिष्ठ' है। यहाँ 'सहृदय' को केन्द्र में रखकर रस-ध्वनि, रीति, वक्रोक्ति आदि काव्य से सम्बन्धित प्रतिमानों का विवेचन-विश्लेषण एवं समाधान देने का प्रयास किया गया है। उधर पाश्चात्य काव्यशास्त्र में 'कवि' को केन्द्र में रखकर उसकी मानसिक-प्रक्रिया का परीक्षण किया गया है और कला के प्रायः सभी आधारभूत मौलिक प्रश्नों को उसी के सम्बन्ध से हल करने का प्रयास भी। पूर्व और पश्चिम का यह अन्तर दोनों ही देशों की काव्य-परिभाषाओं में स्पष्ट देखा जा सकता है। भारतीय आचार्य ने शब्दार्थ सहित, रसात्मक वाक्य, रमणीयार्थ प्रतिपादक शब्द आदि को काव्य कहा है। मूल ध्यान 'सहृदय' केन्द्रित ही रहा है। पश्चिम के आचार्य ने काव्य को अनुकरण, प्रतिकृति, आलोचना, उत्तमोत्तम शब्दों का उत्तमोत्तम क्रम-विधान, कल्पना का आवेग, भाव-स्मरण, व्यक्तित्व से पलायन आदि कहा है, कहने वाले का मूल ध्यान कवि-केन्द्रित ही रहा है। पश्चिम की नयी समीक्षा (न्यू क्रिटिसिज्म) ने इधर अपवाद रूप में कवि को केन्द्र में न रखकर 'कृति' को केन्द्र में रखा है, किन्तु पुनः वहाँ नयी समीक्षा के खण्डन के साथ नव्य-अरस्तूवाद आलोचना-क्षेत्र में उभर पड़ा है—जो 'कृति' से हटकर 'कवि' केन्द्रित चिन्तन को आगे बढ़ा रहा है। इस प्रकार काव्य के प्रति भारतीय दृष्टिकोण सहृदयनिष्ठ या अव्यक्तिगत रहा है एवं पश्चिमी दृष्टिकोण में काव्य या साहित्य का वैयक्तिक दृष्टिकोण ही प्रधानता पाता रहा है। यही कारण है

कि वहाँ 'कृति' की आलोचना में 'कर्ता' अन्तर्भुक्त है। हमारे यहाँ भारतीय काव्यशास्त्र में रस, ध्वनि, वक्रोक्ति आदि का विवेचन इस प्रकार से किया गया है—जैसे इन तत्वों की निर्मिति में कवि-व्यक्तित्व का कोई हाथ ही न हो, ये केवल यांत्रिक दृष्टियाँ मात्र हों। इसी कारण से भारतीय काव्यशास्त्र काव्य के काव्यांग के भेदों-प्रभेदों में उलझा रहा, उधर पश्चिमी काव्यशास्त्र अपनी व्यापक परिधि के सहारे सौन्दर्यशास्त्र, समाजशास्त्र, नृतत्वशास्त्र, इतिहास, जीव-विज्ञान, भौतिक-विज्ञान, मनोविज्ञान एवं मनोविश्लेषणशास्त्र आदि से सम्बन्धित विचारधाराओं के सहारे लगातार विस्तृत होता गया है। हिन्दी की सैद्धान्तिक समीक्षा ने आधुनिक काल में अपने इसी अभाव को पाश्चात्य सम्पर्क से पूरा करने का विगत साठ-सत्तर वर्षों में भरसक प्रयास किया है।

हिन्दी की आधुनिक सैद्धान्तिक समीक्षा ने इस व्यापक प्रयास के कारण हिन्दी में एक नए समीक्षाशास्त्र को निर्मित किया है। हिन्दी समीक्षाशास्त्र के इस क्षेत्र में बाबू श्यामसुन्दरदास, आ. रामचन्द्र शुक्ल, डा. लक्ष्मीनारायण मिश्र सुधांशु, बाबू गुलाबराय, आ. नगेन्द्र, आ. नन्ददुलारे वाजपेयी, आ. हजारीप्रसाद द्विवेदी, छायावाद के कवि-आलोचक, डा. रामविलास शर्मा, ग.मा. मुक्तिबोध, अज्ञेय जी, डॉ. देवराज, डॉ. रघुवंश, डॉ. विमल कुमार, डॉ. जगदीश गुप्त, डॉ. नामवर सिंह, डॉ. रमेश कुन्तल मेघ, डॉ. विश्वम्भरनाथ उपाध्याय आदि का नाम उल्लेखनीय है। हिन्दी के इन चिन्तकों ने प्राच्य एवं पाश्चात्य काव्यशास्त्र का सूक्ष्म-गहन अध्ययन करने के साथ सामंजस्य स्थापन का कार्य बड़ी वैज्ञानिकता से पूरा किया है। क्योंकि दोनों ही चिन्तन-पद्धतियाँ अपनी-अपनी दिशा में अत्यन्त समर्थ एवं विकसित हैं। भारतीय काव्यशास्त्र में रस, अलंकार, रीति, वक्रोक्ति, ध्वनि, औचित्य एवं शब्द-शक्तियों का सूक्ष्म विवेचन चकित कर देने वाला है। भारतीय मनीषा का यह वाद-विवाद से पुष्ट ज्ञान-मन्थन का नवनीत है। पश्चिम के आचार्य साधारणीकरण और सम्प्रेषण सिद्धान्तों की चर्चा जिस ढंग से आधुनिक काल में कर रहे हैं, उस ढंग का विवेचन भारतीय आचार्यों ने सातवीं-आठवीं शताब्दी में अत्यन्त सूक्ष्मता से किया है। इस दृष्टि से पश्चिम का यह चिन्तन हमारे लिए कोई बहुत नयी चीज नहीं है। किन्तु इधर पश्चिम में कवि-मानस, परम्परा, इतिहास-बोध और उसके निर्माण में सहायक अनेक प्रभावों का (मनोविज्ञान-मनोविश्लेषशास्त्र, समाजशास्त्र, अर्थशास्त्र, जीव-विज्ञान आदि से) जो विवेचन हुआ है, वह अत्यन्त समृद्ध एवं सूक्ष्म ज्ञान-चेतना का रूप है। ऐसी स्थिति में प्राच्य एवं पाश्चात्य चिन्तन-पद्धतियों को संतुलित ढंग से मिलाकर ही नवीन और वैज्ञानिक दृष्टि का समग्रता में विकास किया जा सकता है जिसमें कर्ता, कृति और सहृदय तीनों की त्रिवेणी विद्यमान हो। कहना

न होगा कि हिन्दी की आधुनिक समीक्षा में अपने सम्पूर्ण बोध से इसी ओर अनुधावित है।

हिन्दी की आधुनिक सैद्धान्तिक समीक्षा में साहित्यिक मूल्यवत्ता के प्रतिमानी -करण से सम्बन्धित सभी मूल प्रश्न समाहित रहे हैं। सैद्धान्तिक समीक्षा के प्रतिमान ही व्यावहारिक समीक्षा का नियमन, प्रयोग एवं विकास करते हैं। काव्यशास्त्र के दोनों भाग काव्य-दर्शन (काव्य का स्वरूप, काव्य-तत्व, काव्य की आत्मा, काव्य-हेतु, काव्य-प्रेरणा, काव्य-प्रयोजन, काव्य-सृष्टा की मनःस्थिति, सृजन-प्रक्रिया, काव्य के अधिकारी की मनःस्थिति एवं आस्वाद-प्रक्रिया के आधारभूत प्रश्न) तथा काव्य अभिव्यंजना (शैली, अभिव्यंजना का माध्यम—काव्य-भाषा, बिम्ब, प्रतीक, मिथक, रूप्क, अलंकार, लय एवं छन्द आदि के मूल प्रश्न) सैद्धान्तिक समीक्षा के ही पर्याय हैं। इसी दृष्टि से देश-विदेश में अन्य शास्त्रों के साथ समीक्षाशास्त्र का अत्यन्त गम्भीर विवेचन किया जाता रहा है। यह भी देखा गया है कि सैद्धान्तिक समीक्षा के मूल्य यदि व्यावहारिक समीक्षा से पिछड़ या कट जाते हैं तो शास्त्र या रूढ़ि बनकर रह जाते हैं और शनैः-शनैः प्रायोगिकता में जीवन्तता मृतप्राय हो जाती है। इसीलिए सैद्धान्तिक और व्यावहारिक समीक्षा में निरन्तर विकासमान संघर्ष का चलते रहना अनिवार्य होता है। नयी सृजनात्मकता से विकसित-प्रस्फुटित होने के कारण सैद्धान्तिक समीक्षा धीरे-धीरे व्यावहारिक समीक्षा से एक ओर पराजित होती रहती है और दूसरी ओर नवीन दृष्टियाँ और मूल्य भी सम्पादित-विकसित करती चलती है। नये प्रतिमान व्यावहारिक और सैद्धान्तिक समीक्षा के सतत संघर्ष से ही पनपते और पुष्ट होते हैं। सृजनशील मन की नवीनता-मौलिकता—सांस्कृतिक मन के साथ प्रायोगिक मन के टकराव को लेकर युगीन बोध के द्वन्द्व एवं तनाव को विस्तृत करती जाती है। उसके कथ्यगत एवं शिल्पगत सन्दर्भ सांस्कृतिक बोध के सौन्दर्यशास्त्रीय प्रत्ययों, अवधारणाओं आदि से नवीन प्रतिमानों की प्रासंगिकता-अप्रासंगिकता आदि निर्धारित करते रहते हैं। हिन्दी का रीतिकाल नव्य साहित्यिक मूल्यवत्ता से मण्डित इसलिए नहीं हो सका; क्योंकि वह घोर शास्त्रीय सैद्धान्तिकता के परम्परागत मूल्यों के पोषण तथा आरोपण में व्यस्त हो गया। इस काल के आचार्यों ने प्रायः ह्रासमान बौद्धिकता के संस्कार-च्युत मूल्यों को (कलावादी मूल्यों को) व्यावहारिकता के साथ स्थापित करने का प्रयास किया। कृत्रिम अलंकरण प्रधान रीतिकालीन कलावादी दृष्टि के विरुद्ध प्रबल प्रतिक्रिया का सीधा परिणाम यह हुआ कि आधुनिक सैद्धान्तिक समीक्षा की समग्र पृष्ठभूमि इस परम्परा-पोषक आरोपित मूल्यवादिता से पूरी तरह भिन्न रही। आधुनिक काल ने पूरी शक्ति से परम्परावाद से विद्रोह कर दिया।

हिन्दी के आधुनिक काल का प्रथम उन्मेष भारतेन्दु युग—नवजागरण के प्रभाव से सचेतनावादी मूल्यों के उदय और ग्रहण के परिवेश की पृष्ठभूमि निर्मित कर देता है। इस युग की सम्पूर्ण सर्जनात्मकता में राष्ट्रीय-सांस्कृतिक चेतना की अभिव्यक्ति के नवीन द्वार खुलते हैं। नवीन रचनाकारों ने रीतिकालीन शृंगार-भावना, नायक-नायिका भेद आदि का विरोध करते हुए रीतिपरक अभिव्यक्तियों पर धावा बोल दिया। फलतः नये दृष्टिकोण के रचनाकारों में नवीन सामाजिक-सांस्कृतिक भावों एवं विचारों का प्रस्फुटन होने लगा। सामाजिक-सांस्कृतिक नवजागरण के इस परिवेश में परम्परागत पुराणपंथी, खोखली नैतिकता से युक्त अनेक रूढ़ मूल्य ध्वस्त हो गए। नयी बौद्धिकता से युक्त हिन्दी का लेखक समय और समाज की समस्याओं को सृजन में वाणी देने के लिए आतुर हो उठा। किन्तु नवीन अर्थ-व्यवस्था और शासनतंत्र ने विवश करते हुए सामूहिक नैतिक आदर्शों के स्थान पर व्यक्ति-निष्ठ जीवन पद्धति का श्रीगणेश किया। राष्ट्रीय-सांस्कृतिक-सुधार आन्दोलनों के बोध ने स्वतंत्रता के प्रति नवीन दृष्टिकोण की स्थापना की। सामन्तवादी शास्त्रीयता और रूढ़िग्रस्त सैद्धान्तिकता से उत्पन्न वैयक्तिक सुख-दुःख की इस स्थिति ने नवीन समीक्षा-दृष्टि के निर्माण की अनिवार्यता को उपस्थित कर दिया। यद्यपि परम्परागत शास्त्रीयता का आधार इस युग में रीतिकाल ही रहा, तथापित इनकी सामग्री का मूलाधार संस्कृत काव्यशास्त्र ही था। हिन्दी काव्यशास्त्र के आरम्भिक आचार्यों ने मुख्यतः संस्कृत के ग्रंथों से ही सामग्री का संकलन किया। मम्मट, विश्वनाथ आदि के ग्रंथों को आधार रूप में ग्रहण करने से रस और अलंकार विवेचन दृष्टि भी प्रायः वही रही है। हिन्दी साहित्यशास्त्र के आरम्भ में कविराजा मुरारिदान, महाराजा प्रताप-नारायण सिंह, जगन्नाथ प्रसाद 'भानु कवि', बिहारीलाल भट्ट, कन्हैयालाल पोद्दार, अर्जुनदास केडिया आदि आचार्य रीतिकालीन परम्परा का अनुसरण करते हुए संस्कृत ग्रंथों से ही सामग्री-संकलन करते रहे। किन्तु आधुनिक समीक्षा दृष्टि के प्रवर्तक भारतेन्दु हरिश्चन्द्र ने अपने सैद्धान्तिक निबन्ध 'नाटक' में संस्कृत ग्रंथों के साथ-साथ पाश्चात्य नाट्य-समीक्षा के सिद्धान्तों को समन्व-यात्मक दृष्टि में ढालने का प्रथम प्रयास किया। लाला भगवान दीन ने 'अलंकार मंजूषा' नामक ग्रंथ में अंग्रेजी काव्यशास्त्र से सहायता ली। उन्होंने भारतीय अलंकारों के साथ पाश्चात्य अलंकारों का भी मुक्त उल्लेख किया है। इस प्रकार काव्य-मीमांसा के क्षेत्र में इस काल के चिन्तक उदासीन नहीं हैं और अपनी दृष्टि-विस्तार के लिए पाश्चात्य सैद्धान्तिक-चिन्तन को खुले मन से अपनी शर्तों पर ग्रहण करते हैं। काव्य-स्वरूप, काव्यात्मा, काव्य-हेतु, काव्य-प्रयोजन, काव्य-शिल्प आदि सभी विषयों पर इनकी निगाह रही है। काव्य-स्वरूप पर

अपेक्षाकृत कम ध्यान देकर भी इनका ध्यान काव्य-हेतु, प्रयोजन, आत्मा, अभिव्यंजना आदि पर गहराई से रहा है। विषयवस्तु की नवीनता को अपनाकर इन्होंने काव्य के रूपवाद का समर्थन नहीं किया। नवीन अन्तर्मानसिकता के इस युग ने गद्य-विधाओं के क्षेत्र में ही पाश्चात्य सम्पर्क का लाभ नहीं उठाया, सैद्धान्तिक तथा व्यावहारिक समीक्षा के मूल्य मान और विश्लेषण शैली को भी ग्रहण किया। फलतः भारतेन्दु-युग ही पाश्चात्य प्रभाव की व्यापक पृष्ठभूमि को निर्मित करता है। पर इस युग में हिन्दी समीक्षा के लिए पाश्चात्य प्रभाव का सीमित अर्थ ही रहा है—अंग्रेजी प्रभाव। किन्तु बाद के युगों में पाश्चात्य प्रभाव का अर्थ व्यापक होता गया—यूनानी-रोमी, फ्रांसीसी, अमरीकी, अंग्रेजी आदि प्रभाव।

भारतेन्दु के समसामयिकों में सैद्धान्तिक समीक्षा की दृष्टि से पं. बालकृष्ण भट्ट, बदरीनारायण चौधरी प्रेमधन, लाला श्रीनिवास दास, बालमुकुन्द गुप्त आदि के नाम उल्लेखनीय हैं। इसी परम्परा में बाबू जगन्नाथदास रत्नाकर, सीताराम बी. ए. और हरिऔध को रखा जा सकता है। पं. बालकृष्ण भट्ट ने लाला श्रीनिवास दास कृत 'संयोगिता स्वयम्वर' की आलोचना को 'सच्ची आलोचना' के नाम से प्रस्तुत किया तथा अपने निबन्धों के द्वारा सैद्धान्तिक समीक्षा के सन्दर्भ को नयापन दिया। इन्होंने सर्वप्रथम भारतीय काव्यशास्त्र के शिल्पवादी-रूपवादी ढाँचे पर प्रहार किया और रचनात्मकता से प्राप्त गतिशील मूल्यों को साहित्यिक प्रतिमानों के रूप में ग्रहण करने का प्रयास किया। प्रेमधन जी ने भट्टजी की 'सच्ची आलोचना' की निन्दा करते हुए 'आनन्द कादम्बिनी' में 'संयोगिता स्वयम्वर' की कटु आलोचना की। प्रेमधन जी ने 'रूपक और नाटक' नामक एक सैद्धान्तिक लेख प्रस्तुत किया और वे तो 'नया नाट्यशास्त्र' भी बनाना चाहते थे। जो इच्छा पूरी न हो सकी। प्रतापनारायण मिश्र ने सैद्धान्तिक चिन्तन के सूत्रों को संजोने का कार्यभर किया। हरिऔध जी ने 'रसकलश' में परम्परागत शास्त्रीयता से रस-चिन्तन से सम्बन्धित सभी पक्षों को उठाया है। वात्सल्य रस की पुष्टि के लिए उस सिद्धान्तकार ने पश्चिमी कविताओं के उदाहरण दिए तथा नायिका-भेद को जन्मभूमि प्रेमिका, देश-प्रेमिका आदि में नये ढंग से प्रस्तुत करना चाहा है। 'प्रियप्रवास' में (भूमिका) महाकाव्य का लक्षण संस्कृत काव्यशास्त्र से अवश्य ग्रहण किया, किन्तु वर्ण्य-विषय में समसामयिकता-आधुनिकता को प्रश्रय दिया। रत्नाकर जी ने पोप के निबन्ध 'ऐसे आन क्रिटिसिज्म' का 'समालोचनादर्श' नाम से रोला-दोहा छन्द में अनुवाद किया। सैद्धान्तिक स्तर पर यह निबन्ध रत्नाकर जी की नव्यशास्त्रवादी पाश्चात्य चिन्तन की निष्ठा का ही प्रतीक कहा जा सकता है।

हिन्दी की आधुनिक सैद्धान्तिक समीक्षा के क्षेत्र का नव्यशास्त्रीयतावाद जिसका उदय भारतेन्दु युग में हुआ था, उसका प्रस्फुटन, पोषण और संवर्द्धन द्विवेदी-युग में हुआ। इस युग के सैद्धान्तिक चिन्तकों में परम्परागत रूढ़ि से पृथक नवीन मूल्यों के प्रति ललक का भाव अधिक है। साथ ही इस युग के चिन्तन पर पाश्चात्य सैद्धान्तिक चिन्तन की छाप भी गहराने लगती है। आ. महावीर प्रसाद द्विवेदी के 'रसज्ञ रंजन' के निबन्धों पर अंग्रेजी साहित्यशास्त्र की छाया स्पष्टतः दृष्टिगत होती है। द्विवेदी जी द्वारा निरूपित काव्य की रूपरेखा भी सामान्यतः पोप और मिल्टन से—विशेषतः वर्ड्सवर्थ से प्रभावित है। हिन्दी की विचार-केन्द्रित सैद्धान्तिक समीक्षा का युग इन्हीं से आरम्भ होता है। भारतेन्दु-युग की समन्वयात्मक प्रवृत्ति को आ. महावीर प्रसाद द्विवेदी ने विशिष्ट सैद्धान्तिकता से ठोस एवं मूर्त आधार प्रदान किया। उनके आचार्यत्व का तेज सैद्धान्तिकता को शास्त्रीयता में बदलने से नहीं, रचनाकार की अन्तर्मानसिकता से नवीन सैद्धान्तिकता के प्रतिमानों की तालमेल बैठाने में प्रगट हुआ है। उन्होंने कविता क्या है ? कवि और कविता, कविता का उद्देश्य, स्वरूप, प्रक्रिया, हेतु-प्रेरणा, सामाजिक औचित्य आदि के प्रश्नों में तार्किकता और वैज्ञानिकता को प्रश्रय दिया। साथ ही परम्परागत भारतीय प्रतिमानों में परिष्कार के लिए जोरदार कदम उठाया और उठवाने का आग्रह भी। उनकी दृष्टि में अलंकार आदि का महत्व घट गया था। और वे 'रस' को नये ढंग से सोचने की दिशा खोज उठे थे। उनकी सैद्धान्तिक समीक्षा का सबसे बड़ा प्रदेय यही है कि परम्परागत शास्त्रीयता को समसामयिकता में बदलने और उसे नये ढंग से ऐतिहासिक अवधारणाओं में ढालते हुए नये मूल्यों का विकास करना। आचार्य ने इसी दृष्टि से अपने निबन्धों में समसामयिक आधुनिक भाव-बोध को आदर देते हुए परम्परागत सैद्धान्तिकता तथा जड़ शास्त्रीयता की रूढ़ि का निषेध बार-बार किया है। खड़ीबोली के साहित्य की पक्षधरता में 'औचित्य-विवेचन' ही उनकी शक्ति नहीं है, वरन् सचेतनतावादी काव्य-मूल्यों का ग्रहण और आग्रह भी उनमें प्रबल है।

आ. महावीरप्रसाद द्विवेदी के आसपास पाश्चात्य-सैद्धान्तिक चिन्तन की उपज के कारणों में वे अंग्रेजी समीक्षक भी थे, जिनकी दृष्टि हिन्दी साहित्य के प्रति जागरूक थी। इन विदेशी लेखकों ने अंग्रेजी समीक्षा की सैद्धान्तिकता-व्यावहारिकता को एक साथ प्रस्तुत किया। इन विदेशी आलोचकों में डा. सर जार्ज ग्रियर्सन, गार्सा द तासी, एस. ए. ग्राउज, एफ. ई. के. आई. एम., मैक्फी, डब्ल्यु डी. डी. हिल, कारपेन्टर आदि ने अपने ढंग से पाश्चात्य समीक्षा का रूप प्रस्तुत किया। इधर अंग्रेजी साहित्य के अध्ययन और महत्वपूर्ण ग्रंथों के अनुवादों ने भी नये सिद्धान्तों-वादों, प्रवृत्तियों और आन्दोलनों आदि के रूप को उजागर

किया। बाबू श्यामसुन्दरदास ने विद्यार्थियों तथा पाठकों के लिए सं. 1979 में 'साहित्यालोचन' नामक ग्रन्थ प्रस्तुत किया। यद्यपि इस ग्रंथ का आधार हडसन का ग्रंथ 'इन्ट्रोडक्शन टू दि स्टडी आफ लिटरेचर' था और पर्याप्त सामग्री वर्सफोल्ड के 'प्रिंसिपल्स आफ दि क्रिटिसिज्म' तथा 'जजमेण्ट इन लिटरेचर' शीर्षक ग्रंथों से ग्रहण की गई थी—तथापि यह अपने समय की एक महत्वपूर्ण कृति थी। डॉ. नगेन्द्र के शब्दों में "वस्तुतः उस युग के हिन्दी-समालोचना-साहित्य का जो स्वरूप-धरातल था, उसके दृष्टिकोण से सहित्यालोचन सैद्धान्तिक रूप की चरम परिणति कहा जा सकता है।" मौलिक न होते हुए भी इस ग्रंथ ने पाश्चात्य समीक्षा-चिन्तन का एक स्वस्थ प्रभाव दूर तक हिन्दी के सैद्धान्तिक चिन्तन पर छोड़ा है।

आ. रामचन्द्र शुक्ल के आगमन से हिन्दी में सैद्धान्तिक समीक्षा की अत्यन्त समर्थ सिद्धान्त परम्परा का आरम्भ होता है। आ. शुक्ल ने आ. महावीरप्रसाद द्विवेदी तथा उनके समसामयिक सिद्धान्तकारों की सैद्धान्तिकता के अभावों को संशोधित-परिष्कृत करते हुए नवीन साहित्यिक निष्पत्तियों की महत्व-प्रतिष्ठा की। सच्चे अर्थों में आ. शुक्ल ने ही प्रथम बार आधुनिक दृष्टि से हिन्दी की सैद्धान्तिक समीक्षा में चिनतन-मनन का अत्यन्त प्राणवान पृष्ठाधार निर्मित किया है। उन्होंने नवीन मूल्यवत्ता की सार्थकता के प्रति बौद्धिक सचेतनता और उसकी व्यावहारिक समीक्षा में अर्थवत्ता पर गम्भीर विचार किया। रस के परम्परागत आधार को मनोवैज्ञानिक, सौन्दर्यशास्त्रीय एवं समाजशास्त्रीय आधारों से (मानदण्ड के रूप में) नवीन व्याख्यान-विश्लेषण से पुनः स्थापित किया। रस को काव्य का सर्वोच्च प्रतिमान मानने में उन्हें तनिक संकोच का अनुभव नहीं हुआ। 'रस-मीमांसा' से स्पष्ट है कि उनके संस्कारों में शास्त्रीयता का आग्रह था, किन्तु सिद्धान्तार्जन एकदम आधुनिक था, इसी शक्ति से उसमें प्रौढ़ता एवं गत्यात्मकता का अटूट साथ रहता है। उनकी समीक्षा में अरस्तू के साथ शैले, कीट्स आदि का प्रवेश हुआ। आ. शुक्ल के माध्यम से हिन्दी-समीक्षा में पाश्चात्य पद्धतियों, विचार-धाराओं, वादों, प्रवृत्तियों और नये-पुराने काव्यान्दोलनों का नाम सुनाई पड़ने लगा। मैथ्यू आर्नाल्ड, डॉ. आई. ए. रिचार्ड्स, स्पिन्गार्न, आग्डेन, टी. ई. ह्यूम, क्रोचे, वाल्ट ह्विटमैन, ब्रैडले के साथ प्रतीकवाद (सिम्बोलिज्म), बिम्बवाद (इमेजिज्म), स्वच्छन्दतावाद (रोमैन्टिसिज्म) आदि सिद्धान्तों और सिद्धान्तकारों पर गम्भीर बहस का आरम्भ भी आ. शुक्ल से ही होता है।

साहित्यशास्त्र की भारतीय परम्परा, विशेषतः रस-सिद्धान्त के प्रबल समर्थक होने पर भी आ. शुक्ल जी ने पाश्चात्य समालोचकों—विशेष रूप से आई. ए. रिचार्ड्स तथा क्रोचे के काव्य-सिद्धान्तों का गहरा अध्ययन किया। वे

काव्य-स्वरूप, काव्यानुभूति, काव्य-सृजन-प्रक्रिया, काव्य के उपकरण, काव्य के घटक तत्व, प्रयोजन-प्रेरणा, सम्प्रेषणीयता आदि के विवेचन में बहुत कुछ आई. ए. रिचार्ड्स प्रभावित हैं। पश्चिम का बिम्ब-सिद्धान्त भी हिन्दी-समीक्षा को आ. शुक्ल का अपना प्रदेय है। उनके बिम्ब-सिद्धांत का स्रोत निश्चय ही पश्चिम का बिम्बवादी आन्दोलन है। इतना ही नहीं, आ. शुक्ल ने भारतीय सिद्धान्तों का पाश्चात्य काव्यशास्त्र के अनुसार विश्लेषण-विवेचन किया तथा इस दृष्टि की स्थापना भी की है कि हिन्दी के नवीन समीक्षाशास्त्र का निर्माण भारतीय तथा पाश्चात्य काव्यशास्त्र के समन्वय-सामंजस्य और पुनराख्यान के द्वारा ही किया जा सकता है। आ. शुक्ल के बाद परवर्ती आलोचकों में पूर्व-पश्चिम संवाद का यह महत्वकार्य अत्यन्त निष्ठा से करने वाले समीक्षकों में आ. नगेन्द्र और अज्ञेय जी का स्थान मूर्धन्य है।

आ. शुक्ल एवं उनके समकालीन आचार्यों ने सैद्धान्तिक समीक्षा के भारतीय और पाश्चात्य दोनों स्रोतों से संतुलित एवं अत्यन्त सजग प्रभाव ग्रहण किया है। पाश्चात्य सौन्दर्यशास्त्री क्रोचे से प्रभावित होकर डॉ. लक्ष्मीनारायण 'सुधांशु' ने 'काव्य में अभिव्यंजनावाद' नामक पुस्तक में क्रोचे के अभिव्यंजनावाद की प्रामाणिक व्याख्या को प्रस्तुत किया है। डॉ. सुधांशु जी ने 'जीवन के तत्व और काव्य के सिद्धान्त' नामक पुस्तक में पाश्चात्य पद्धति से भारतीय सिद्धान्तों को विवेचित करते हुए 'काव्य में ओज सिद्धान्त' का प्रतिपादन किया। पं. रामदहिन मिश्र ने 'काव्यालोक' और 'काव्य-दर्पण' में भारतीय काव्य-सिद्धान्तों के व्याख्यान -विश्लेषण के साथ-साथ पाश्चात्य आचार्यों के मतों का मनोयोगपूर्वक विवेचन किया है। पं. बलदेव उपाध्याय ने 'भारतीय साहित्यशास्त्र' नामक ग्रंथ में भारतीय काव्य-सिद्धान्तों के साथ पाश्चात्य काव्य-सिद्धान्तों की तुलना एवं समन्वय का कार्य बड़े व्यवस्थित ढंग से पूरा किया। इसी प्रकार इस युग के प्रतिनिधि आलोचक पं. विश्वनाथ प्रसाद मिश्र, पं. कृष्णशंकर शुक्ल, बाबू गुलाबराय, डॉ. सत्येन्द्र, प्रो. शिलीमुख आदि में प्राच्य एवं पाश्चात्य सगीक्षा-सिद्धान्तों के समन्वयात्मक रूप के गम्भीर प्रयास दृष्टिगत होते हैं। ये सभी आ. शुक्ल जी की रस-पद्धति पर काव्य के स्वरूप, उपादान—रस-भाव, विभाव, अनुभाव, आदि का विवेचन मनोवैज्ञानिक दृष्टि से पाश्चात्य शैली में करते हैं। बाबू गुलाबराय ने भारतीय काव्य-सैद्धान्तिकता को पाश्चात्य परिप्रेक्ष्य से व्याख्यायित करते हुए इस काल खण्ड में 'सिद्धान्त और अध्ययन' से अत्यन्त महत्वपूर्ण कार्य किया है। बाबूजी ने पाश्चात्य मनोविज्ञान, मनोविश्लेषणशास्त्र, दर्शन, सौन्दर्य-शास्त्र तथा साहित्यशास्त्र से बेधड़क बहुत कुछ ग्रहण किया है।

पाश्चात्य जगत के स्वच्छन्दतावादी काव्य-चिन्तन का छायावाद के कवि-

आलोचकों पर गहरा प्रभाव परिलक्षित होता है। इन सभी ने रोमाण्टिक साहित्य-शास्त्र के पश्चिमी चिन्तकों की भाँति काव्य को नैतिकता के कठोर आग्रहों से मुक्त करते हुए कलागत मूल्यों का सौन्दर्यवादी विवेचन प्रस्तुत किया है। सभी ने काव्य में अनुभूति-तत्व की प्रधानता को घोषित करते हुए रूढ़िमुक्त सांस्कृतिक सौन्दर्य-बोध को अत्यन्त परिष्कृत कला-साधना से अभिव्यक्ति दी है। 'प्रसाद' जी ने शैवागम के आनन्द-सिद्धान्त को आधारभूत रूप में ग्रहण करते हुए पाश्चात्य सिद्धांतों का भारतीय चिन्तन-पद्धति के अनुकूल व्याख्यान-विश्लेषण किया है। 'काव्य' एवं 'कला' की भिन्न प्राच्य एवं पाश्चात्य धारणाओं का इतना सूक्ष्म अवगाहन उपस्थित किया है कि दोनों की तत्वगत और दृष्टिगत भिन्नता को समझने का कोई घपला हिन्दी की सैद्धान्तिक समीक्षा में नहीं रहा। भारतीय परम्परा का जितना उदात्त एवं विकसित सौन्दर्य-बोध—सांस्कृतिक सन्दर्भ में 'प्रसाद' जी में उपलब्ध होता है—उतना छायावाद के अन्य कवि-आलोचकों में ही क्या, हिन्दी काव्य के किसी भी आधुनिक कवि में उस अनुपात एवं मात्रा के साथ नसीब नहीं होता है। ध्यान देने योग्य तथ्य यह है कि इन छायावादी कवि-आलोचकों के प्रयत्न सूक्ष्म-गहन भाव-बोध तक ही सीमित नहीं थे—काव्य के रूप-विन्यास एवं कलात्मक सौष्ठव पर भी इन सभी से गहन चिन्तन किया है। इन सभी ने भाषा, अलंकार, छन्द-लय आदि को लेकर नवीन स्थापनाएँ की हैं और उनके अन्तर्गत लाक्षणिकता, चित्रात्मकता, प्रतीकात्मकता, ध्वन्यात्मकता और उपचार की वक्रता आदि को भी एक खास ढंग से संकेतित-प्रतीकित किया है। पाश्चात्य स्वच्छन्दतावादियों की भाँति ही ये सभी महाकाव्य की तुलना में प्रगीत विवेचन में प्रवृत्त रहे हैं। छायावाद से पूर्व के हिन्दी कवियों की तुलना में इनका समस्त सैद्धांतिक चिन्तन काफी मौलिक, क्रमबद्ध एवं व्यवस्थित है। संस्कृत काव्यशास्त्र वैदिक संस्कृति, भारतीय दर्शन आदि को अपनाकर भी इन सभी ने रवीन्द्र-प्रभाव एवं पाश्चात्य साहित्यशास्त्र का बहुत दूर तक उपयोग किया है। इनकी काव्य-चिन्तनपरक सैद्धान्तिकता पर पश्चिमी जगत के रोमानी काव्य-मूल्यों की गहरी चमक है। इन सभी ने छायावाद, रहस्यवाद, यथार्थवाद, आदर्शवाद या भाववाद, उपयोगितावाद आदि वादों के विवेचन में भी पश्चिमी विचारों का काफी सहारा लिया है। फिर भी हिन्दी का छायावाद पश्चिम के स्वच्छन्दतावाद का पर्याय नहीं कहा जा सकता है, क्योंकि दोनों ही काव्य-आन्दोलन दो भिन्न देशों, कालों और सांस्कृतिक सन्दर्भों की उपज हैं। छायावाद में केवल 'प्रसाद' जी पाश्चात्य साहित्यालोचन से विशेष प्रभावित नहीं हैं। आत्माभिव्यक्ति-सिद्धान्त या रस के स्वच्छन्दतावादी चिन्तन पर पाश्चात्य प्रभाव को स्वीकार करना असंगत लगता है। पन्त जी ने 'पल्लव' के (प्रवेश)

में नये चिन्तन के साथ वर्ड्सवर्थ की 'लिरिकल बैलेड' की भूमिका तथा 'चित्रभाषा' आदि के कथन में बिम्बवाद-प्रतीकवाद आदि से काफी कुछ आत्मसात किया है। पन्त जी का अतुकान्त और मुक्त छन्द विवेचन भी पाश्चात्य प्रभाव का प्रत्यक्ष प्रमाण है। निराला जी ने कालरिज के कल्पना- सिद्धान्त, स्वच्छन्दतावादी आवयविक सिद्धान्त, अतुकान्त और मुक्तछन्द विवेचन में वाल्ट ह्विटमैन तथा गुस्तावगाहन आदि पश्चिमी चिन्तकों को परखकर, छानकर ग्रहण किया है। महादेवी वर्मा में समस्त ललित कलाओं के चिन्तन पर हीगेल-काण्ट आदि की गहरी छाप है। उनका प्रगीत विवेचन भी स्वच्छन्दतावादी प्रगीत रूप का ही सीधा विस्तार है। काव्य को स्रष्टा की वैयक्तिक अनुभूतियों का चित्रण मानने आदि पर यूरोपीय स्वच्छन्दतावाद, कलावाद, सौन्दर्यवाद आदि का रंग झाँक रहा है। वैसे छायावाद पर प्रतीकवाद, प्रभाववाद, अभिव्यंजनावाद, भाववाद आदि की दृष्टि का प्रभाव भी भीतर-बाहर से कम नहीं है।

हिन्दी-समीक्षा के स्वच्छन्दतावादी आलोचकों में आ. नन्ददुलारे वाजपेयी, आ. नगेन्द्र, आ. हजारीप्रसाद द्विवेदी आदि समीक्षकों की सैद्धान्तिक मान्यताएँ बहुत सीमा तक पाश्चात्य जगत के स्वच्छन्दतावादी काव्य-चिन्तन से प्रभावित हैं। पश्चिम के नवीन ज्ञान-विज्ञान ने भी इन सभी के चिन्तन के ढंग को भीतर से बदलने-परिष्कृत करने का कार्य किया है। आ. वाजपेयी ने बड़ी जागरूकता से भारतीय एवं पाश्चात्य सिद्धान्तशास्त्र की संश्लिष्ट भूमि पर अपने नवीन साहित्य-सिद्धान्तों का प्रतिपादन किया है। रस-सिद्धान्त के प्रतिष्ठापक आचार्य डॉ. नगेन्द्र पर अभिनवगुप्त तथा आ. शुक्ल के साथ अरस्तू, लान्जाइनस, कालरिज, क्रोचे, डॉ. रिचार्ड्स के साथ पाश्चात्य मनोविज्ञान-मनोविश्लेषणशास्त्र आदि का गहरा प्रभाव है। उन्होंने भारतीय एवं पाश्चात्य काव्यशास्त्र के समन्वय-संश्लेषण के द्वारा हिन्दी के स्वतंत्र काव्यशास्त्र के निर्माण की दिशा में बहुत व्यापक कार्य किया है। सैद्धान्तिक समीक्षा के प्रतिमानीकरण के अतिरिक्त डॉ. नगेन्द्र ने देश-विदेश की मान्य सैद्धान्तिक कृतियों को अनूदित, व्याख्यायित तथा प्रकाशित कराने का दायित्व उठाकर हिन्दी की सैद्धान्तिक-समीक्षा की क्षमताओं का विकास किया है एवं उसे पर्याप्त पुष्ट भी। उनके ही प्रयत्नों से कदाचित आलोचना और आलोचनाशास्त्र हमारे साहित्य का सर्वाधिक पुष्ट अंग बन सका है। हिन्दी के स्वच्छन्दतावादी काव्य-चिन्तन का एक बड़ा वैशिष्ट्य यह भी रहा है कि वह राष्ट्रीय-सांस्कृतिक आधारों के भीतर से हमारी परिस्थितियों की चुनौती से विकसित परिष्कृत हुआ है। उसमें आ. हजारीप्रसाद द्विवेदी ने अपने ढंग से मानवतावाद और मानववाद का अनुप्रवेश किया है। मध्यकालीन सन्तों के मानवतावाद और पाश्चात्य जगत के मानवतावाद को रिला-मिलाकर

आ. द्विवेदी ने सर्वथा मौलिक चिन्तन प्रस्तुत किया है। पाश्चात्य जगत के मानवतावादी आचार्यों की भाँति मानव की महानता की व्याख्या आ. द्विवेदी ने अपने व्यापक सांस्कृतिक-सामाजिक-बोध से की है। डॉ. नगेन्द्र ने काव्य-रूपों के विवेचन में—विशेषतः महाकाव्य के विवेचन में लान्जाइनस की कतिपय मान्यताओं का उपयोग किया है, लेकिन ऐसा करने पर भी कोई सांस्कृतिक ह्रास नहीं हुआ। यह सच है कि परम्परा को सांस्कृतिक आधारों से जोड़कर इन सभी स्वच्छन्दतावादी काव्य चिन्तकों ने अपने आत्म-चैतन्य की रक्षा की है। आ. नगेन्द्र की तो सम्पूर्ण सैद्धान्तिक साधना ही भारतीय एवं पाश्चात्य साहित्यशास्त्र के काव्य-मूल्यों की पुनर्व्याख्या एवं काव्य के सार्वकालिक सार्वभौमिक प्रतिमानों की महत्व-प्रतिष्ठा पर अटल रही है। हिन्दी के स्वच्छन्दतावादी आलोचकों में अकेले पं. शान्तिप्रिय द्विवेदी ही ऐसे हैं, जिन्होंने सजग दृष्टि से सैद्धान्तिकता का निर्माण नहीं किया। लेकिन उन पर भी बंगला तथा अंग्रेजी के माध्यक से स्वच्छन्दतावादी काव्य-चिन्तन का प्रभाव स्पष्ट झलकता है।

भारतीय रस-सिद्धान्त को मनोवैज्ञानिक तथा सौन्दर्यशास्त्रीय पृष्ठभूमि पर दृढ़ता से प्रस्थापित करने का विराट प्रयत्न इन हिन्दी के स्वच्छन्दतावादी चिन्तकों ने ही डटकर किया है। आ. वाजपेयी ने उसे सौन्दर्यशास्त्रीय आधार देने का कार्य किया है तो डॉ. नगेन्द्र ने मनोविज्ञान-मनोविश्लेषशास्त्र के आधार से पुष्ट एवं सम्पन्न बनाया है। यह आधार इतना ठोस तथा समर्थ सिद्ध हुआ है कि प्रयोगवाद तथा नयी कविता के समीक्षक रस-सिद्धान्त के विरोध में डटकर भी इनके प्रयत्न से मुक्त न हो सके हैं। प्रसाद जी का शैवामन पर आधृत आनन्दवाद, स्वच्छन्दतावादियों-अभिव्यंजनावादियों की नवीन निष्पत्तियों के साथ आनन्दवादी-कल्याणवादी मूल्यों में अन्तर्भूत हो गया। कला के रूप विवेचन में भी इन सभी ने भारतीय एवं पाश्चात्य दृष्टियों के विनियोग से काव्य-भाषा, बिम्ब, प्रतीक, लाक्षणिकता, अलंकार, छन्द एवं लय आदि को नवीन व्याख्याओं से मण्डित किया। स्वच्छन्दतावादियों का आवयविक-सिद्धान्त, कल्पना-सिद्धान्त, आत्माभिव्यक्ति-सिद्धान्त आदि भी नये आलोक से ग्रहण किए गए। इस प्रकार इन सभी ने पाश्चात्य स्वच्छन्दतावादी मान्यताओं के प्रकाश में सांस्कृत काव्यशास्त्र की सैद्धान्तिकता का युगानुकूल नवीनीकरण प्रस्तुत किया है। संक्षेप में, भारतीय सांस्कृतिक आधार को दृढ़ता से आत्मसात किए रहने के कारण हिन्दी की स्वच्छन्दतावादी-सैद्धान्तिकता अपनी ही धरोहर की नवीन व्याख्या रही है। यह उधार का चिन्तन न होकर अपने ही परिवेश का दुर्निवार प्रदेय है। यही कारण है कि पाश्चात्य जगत के तथा हिन्दी के स्वच्छन्दतावादी सिद्धान्तों में ऊपर से दृष्टिगत समानताएँ होने पर भी दो भिन्न देशों की सांस्कृतिक दृष्टियों

एवं स्थितियों का अन्तर विद्यमान है। यह भी ध्यान देने की बात है कि दोनों ही भिन्न कालों-स्थितियों की आंतरिक-बाहरी माँग के दबाव से उपजी सिद्धान्त दृष्टियाँ हैं।

आधुनिक हिन्दी-समीक्षा के इस विशिष्ट काल खण्ड में फ्रायड, एडलर और युंग के मनोविश्लेषणशास्त्र ने जिस नवीन समीक्षा-पद्धति को जन्म दिया है, उसे ही मनोविश्लेषणवादी समीक्षा-पद्धति कहा जाता है। यह सत्य है कि हिन्दी-काव्यशास्त्र के सिद्धान्तों को मनोविश्लेषणवादी समीक्षा-पद्धति ने नये रूपों से संगठित किया है। हिन्दी में आ. शुक्ल जी के साथ ही मनोविश्लेषणवादी प्रभाव पनपता है। बाबू गुलाबराय, डा. भगवानदास, बाबू श्यामसुन्दरदास, पं. कृष्णशंकर शुक्ल, आ. विश्वनाथ प्रसाद मिश्र तथा छायावादी कवि-आलोचकों पर इसका प्रभाव दृष्टिगत होने लगता है। छायावादी कवि-आलोचकों ने सृजन-प्रक्रिया, सृजन-शक्ति आदि के विश्लेषण में मनोविश्लेषणवादी मान्यताओं को ग्रहण किया, किन्तु छायावाद के सम्पूर्ण सृजन को समझाने का श्रेय उन आलोचकों को ही जाता है जिन्होंने इन रचनाकारों की आन्तरिक प्रवृत्तियों एवं प्रेरणाओं की गवेषणा बड़े मनोयोग से की है। छायावाद के इन विशिष्ट आलोचकों में डॉ. नगेन्द्र का नाम अग्रगण्य है। डॉ. नगेन्द्र ने मनोविश्लेषवादी सिद्धान्तों के उत्तमांश का बृहत्तर परिप्रेक्ष्य में प्रयोग किया है। बाद में स्वयं मार्क्सवादी मुक्तिबोध जी ने मनोविश्लेषणात्मक आधार को नये सौन्दर्यशास्त्र के निर्माण में ग्रहण किया है। आज हिन्दी की मनोविश्लेषणवादी समीक्षा के दो प्रमुख स्तम्भ हैं—श्री इलाचन्द्र जोशी और कवि-आलोचक अज्ञेय। पं. इलाचन्द्र जोशी ने भारतीय-मनोविज्ञान एवं मनोविश्लेषणशास्त्री एडलर के सिद्धान्तों से मनोविश्लेषण-वादी समीक्षा का मार्ग प्रशस्त किया है। हिन्दी-समीक्षा में एडलरीय मनोविश्लेषण-शास्त्र का प्रयोग करने वाले अभी तक वह अकेले ही आलोचक हैं। हिन्दी के कवि-आलोचक अज्ञेय जी ने काव्य-कला सम्बन्धी सभी प्रश्नों को प्रायः फ्रायडीय एवं युंगीय मनोविश्लेषणशास्त्र की दृष्टियों से देखा-परखा है। अज्ञेय जी धीरे-धीरे आलोचनात्मक लेखों में मनोविश्लेषणात्मक सिद्धान्त-प्रक्रिया में इतने गहरे उतरते गए हैं कि उनकी आलोचना विषय के वस्तुगत विवेचन से हटकर मन की जटिल क्रिया-प्रतिक्रियाओं के घात-प्रतिघात का लेखा हो गयी है। इस प्रयोगवादी कवि-आलोचक ने व्यक्तित्व को प्रधानता देते हुए मनोविश्लेषशास्त्र का दृढ़ आधार ग्रहण किया है। किन्तु इस समीक्षा का हिन्दी में दुर्भाग्य यह रहा है कि यह व्यक्ति के मन का विश्लेषण एक खास पहलू तक ही कर सकी है। इसमें मूल्य-दृष्टि का सही विकास न हो पाने के कारण इसकी एकांगिता मार्क्सवादी आलोचकों द्वारा बार-बार संकेतित की जाती रही है। हिन्दी में

मनोविश्लेषण के सिद्धान्त-पक्षों की तो ठोस चर्चा हुई है, पर उसकी प्रयोगिकता उथली और सपाट है। साथ ही घोर व्यक्तिवादिता पर टिके रहने के साथ यह समीक्षा-पद्धति काव्य-मूल्यों पर ध्यान न देकर विश्लेषणात्मक प्रक्रिया में ही अपनी शक्ति समाप्त कर लेती है।

हिन्दी के प्रगतिवादी समीक्षा ने आरम्भ से ही यथार्थवादी-उपयोगितावादी कला-चिन्तन का विकास किया है। पूँजीवाद-सामन्तवाद, साम्राज्यवाद,व्यक्तिवाद आदि का विरोध करते हुए इस समीक्षा-पद्धति ने मार्क्स के द्वन्द्वात्मक भौतिकवाद को अपने केन्द्र में रखा है। इन आलोचकों ने कला-विवेचन के नवीन आधारों को ग्रहण करते हुए उसके वस्तुगत स्वरूप पर विशेष जोर दिया है। कविता के स्वरूप, हेतु-प्रेरणा, प्रयोजन, मूल्यों आदि का विवेचन परम्परागत ढंग से न करके पश्चिमी आलोचक काडवेल, फास्ट, फिशर, लुकाच जैसे मेधावी आलोचकों से प्रेरणा लेकर भारतीय सन्दर्भ में उसका विकास करना चाहा है। कला के प्राचीन भारतीय आदर्शों की नवीन वस्तुवादी व्याख्या करते हुए कला में सामाजिकता का विशेष आग्रह रखा है। सैद्धान्तिक भूमिका पर अनेक ऐसे महत्वपूर्ण प्रश्न उठाये हैं—जिनका प्राचीन एवं नवीन साहित्य-चिन्तन से सीधा सम्बन्ध है—जैसे साहित्यिक मूल्यों के साथ-साथ नवीन जीवन-मूल्यों पर विचार। काव्य-सृजन में युग और कलाकार के व्यक्तित्व पर पारस्परिकता में विचार करने के ढंग को इस समीक्षा ने बढ़ावा दिया है। कला एवं साहित्य का सामाजिक आधार, कलाकार की प्रतिबद्धता, कला एवं व्यक्ति-स्वातंत्र्य, साधारणीकरण एवं सम्प्रेषणीयता, काव्य-माध्यम का सामाजिक-सांस्कृतिक आधार, साहित्य के आर्थिक या वर्गीय आधार का निर्धारण, सामूहिकता का सिद्धान्त आदि नये सैद्धान्तिक प्रश्नों पर समीक्षकों ने दृष्टि की वैज्ञानिकता से विचार किया है। हिन्दी में मार्क्सवादी सौन्दर्यशास्त्र को गढ़ने में डॉ. रामविलास शर्मा, श्री शिवदान सिंह चौहान, रांगेय राघव, डॉ. नामवर सिंह, डॉ. रमेश कुन्तल मेघ, डॉ. विश्वम्भरनाथ उपाध्याय तथा कवि-आलोचक मुक्तिबोध, नेमिचन्द्र जैन आदि ने व्यापक स्तर पर कार्य किया है। इन सभी के प्रयत्नों से आज यह पुराना आरोप गलत सिद्ध हो गया है कि प्रगतिवादी समीक्षा कला की समग्र व्याख्या करने में असमर्थ है। सौन्दर्य के प्रति इनकी दृष्टि यांत्रिक है या यह सब पश्चिमी मार्क्सवादी चिन्तन की कोरी नकल है। कवि-आलोचक मुक्तिबोध ने रचना-प्रक्रिया का मनोवैज्ञानिक विवेचन करते हुए कला के तीन क्षणों या स्थितियों की स्थापना से इस समीक्षा को नवीन भूमि दी है। इस चिन्तन का महत्वपूर्ण प्रदेय यह है—सामाजिक विकास तथा सामाजिक-आर्थिक सम्बन्धों के परिवर्तित स्वरूप के साथ मानव की सौन्दर्य-चेतना में भी परिवर्तन होता रहता है और सौन्दर्य-संवेदना सामाजिक

परिवर्तनों से विकसित-परिष्कृत होती रहती है। काव्य को सांस्कृतिक प्रक्रिया घोषित करते हुए मुक्तिबोध ने कलाकार की प्रगतिशीलता के नये सन्दर्भों को व्याख्यायित-विश्लेषित किया है। इस प्रकार मार्क्स-एंगेल्स आदि की उपलब्धियों-उपपत्तियों का प्रयोग करने पर भी यह चिन्तन भारतीय सन्दर्भ की ही उपज है। पाश्चात्य मार्क्सवादी चिन्तकों-आलोचकों से प्रभावित होकर भी इनकी चिन्तन-पद्धति में भारतीय सिद्धान्तों एवं कृतियों को मौलिक ढंग से विश्लेषित करने की क्षमता है। संक्षेप में, हिन्दी के सभी मार्क्सवादी आलोचक मार्क्सवादी विचारधारा की मान्यताओं को समाविष्ट करने पर भी सिद्धान्त-निरूपण में भारतीय परम्परा का आधार ग्रहण करते हैं।

नयी समीक्षा के सैद्धान्तिक समीक्षकों ने प्रयोगवाद तथा नयी कविता के काल में परम्परागत भारतीय मतों के साथ रस-सिद्धान्त का तीव्रतम विरोध किया है। लेकिन साधरणीकरण-सिद्धान्त को सम्प्रेषण-सिद्धान्त, तटस्थता-सिद्धान्त, समानुभूति-सिद्धान्त, संवेग-सन्तुलन सिद्धान्त तथा निर्वैयक्तिकता-सिद्धान्त से सम्बद्ध करते हुए उसे व्यापक आधार दिया है। इस काल में विश्व के साथ भारतीय सम्पर्क में अत्यधिक निकटता स्थापित होने के कारण नये विचारों, वादों, आन्दोलनों, प्रवृत्तियों, पद्धतियों, काव्य रूपों आदि की सीधी छाप भारतीय चिन्तन एवं सृजन पर पड़ी है। नये चिन्तन से उत्पन्न सृजनात्मकता के नये आयामों के कारण यहाँ बहस 'नयी कविता के प्रतिमानों' से व्यापकतर होकर कविता के नये प्रतिमानों पर केन्द्रित हो जाती है। काव्यानुभूति के भीतरी-बाहरी बदलाव का असर कवि-कर्म के सभी क्षेत्रों को प्रभावित करता है। नये सृजन के अनुकूल सैद्धान्तिकता के आधुनिकीकरण एवं मानवीकरण के लिए इस दौर में हिन्दी-समीक्षकों ने पश्चिम की नयी समीक्षा (न्यू क्रिटिसिज्म) के साथ नवीन विचारधाराओं को भी खुले मन से आत्मसात किया है। कविता के स्वरूप, हेतु-प्रेरणा, प्रयोजन, आत्मा, उपादान, माध्यम एवं सृजन-प्रक्रिया आदि को लेकर इस काल में अज्ञेय जी, डॉ. रघुवंश, डॉ. नामवर सिंह, लक्ष्मीकान्त वर्मा, विजयदेव नारायण साही, डॉ. रामस्वरूप चतुर्वेदी, डॉ. जगदीश गुप्त, गिरिजाकुमार माथुर, मुक्तिबोध, नेमिचन्द्र जैन, रघुवीर सहाय, शमशेर जी, प्रभाकर माचवे, नलिन जी, डॉ. केदारनाथ सिंह आदि ने नये सिरे से विचार किया है। इन चिन्तकों ने स्वच्छन्दतावादी काव्य-चिन्तन की एकांगिता तथा मार्क्सवादी चिन्तन की सीमाओं का विरोध करते हुए मनोविश्लेषणवादी चिन्तन की व्यक्तिबद्धता को ग्रहण किया है। मनोविश्लेषणशास्त्र की नवीन उपपत्तियों का सभी पर काफी प्रभाव-दबाव है—विशेषतः युंग के 'सामूहिक-वैयक्तिक अवचेतन सिद्धान्त' तथा 'आद्य-बिम्ब सिद्धान्त' का प्रायः सभी ने समर्थन किया है। पाश्चात्य समीक्षा

के नव्य समीक्षकों (न्यू क्रिटिक्स) की भाँति साहित्यिक अध्ययन का मुख्य दायित्व स्वयं कृति अर्थात् केन्द्र को आलोकित करना माना है। परम्परा प्रयोग को लेकर पश्चिमी समीक्षकों की भाँति सभी हिन्दी के नये समीक्षकों को ऐतिहासिक-सांस्कृतिक-बोध के निरन्तरता की चिन्ता है। इन सभी ने आधुनिक भाव-बोध, इतिहास-बोध, सांस्कृतिक-बोध पर बल देते हुए रचना को केवल विधा के रूप में ही नहीं, ऐतिहासिक सांस्कृतिक सन्दर्भों में विवेचित-विश्लेषित करने पर पूरा ध्यान दिया है। विज्ञान के युग में यह नयी समीक्षा हृदय के साथ बौद्धिकता का सीधा गठबन्धन करती है। कभी-कभार तो हृदय को दबाकर बौद्धिकता का धावा इस सृजन एवं समीक्षा को जटिलता, दुरूहता, ग्रथिलता तथा ज्ञानात्मक संवेदना के विस्तार से ढँक लेता है। इस पर टी. एस. इलियट के चिन्तन का इतना दबाव रहा है कि प्रायः नये समीक्षकों ने सृष्टा-मन तथा भोक्ता-मन के पार्थक्य को सिद्धान्त रूप में उछाल दिया है। अज्ञेय जी ने 'तारसप्तक' में काव्य-प्रतिमानों को लेकर जोरदार बहसों को जन्म दिया—काव्य-शिल्प, काव्य के वर्ण्य-विषय आदि की बहसों से काव्य-प्रतिमानों की अनिश्चितता, अन्तर्विरोधों का सभी जागरूक व्यक्तियों को अहसास हुआ है। इस चिन्तन ने प्रथम बार 'काव्यभाषा' को प्रामाणिक प्रतिमान मान कर काव्य-स्वरूप की व्याख्या का नये ढंग से प्रयत्न किया है। ऐसा ही प्रयत्न पश्चिम में आई. ए. रिचार्ड्स, आग्डेन, एम्पसन, विमसाट, क्लीयन्थ ब्रुक्स, ऐलन टेट, एफ. आर लीविस, पाल वेलेरी आदि ने 'काव्य-भाषा' के आधार पर 'न्यू क्रिटिसिज्म' में किया है।

प्रयोगवाद तथा नयी कविता के काल में काव्य-मूल्यों की खोज में काव्यानुभूति की बनावट, प्रक्रिया, बदलाव आदि को लेकर बड़ा भारी विचारधारात्मक संघर्ष एवं चिन्तन उभरा है। यह तथ्य 'कविता क्या है', 'रसानुभूति बनाम सह-अनुभूति', 'अनुभूति की प्रामाणिकता', 'कलाकार की ईमानदारी', 'तटस्थता तथा गैर रोमांटिक सृजन', 'काव्य-बिम्ब तथा काव्य-प्रतीक', 'रचना-प्रक्रिया', 'छन्द तथा अर्थलय', 'आधुनिकता तथा समसामयिकता', 'प्रतिबद्धता और प्रासंगिकता', 'प्रगति-प्रयोग-परम्परा', 'आखिर रचना क्यों ?', 'व्यक्ति-स्वातंत्र्य और कलाकार', 'विसंगति तथा विडम्बना', 'आधुनिक भाव-बोध', 'युगीन यथार्थ की चेतना', 'वास्तविकता और नवीनता', 'साहित्य के बदलते हुए मूल्य' तथा 'मूल्यांकन के प्रश्न' में स्पष्टता से दृष्टिगोचर होता है। इन सभी पर पाश्चात्य प्रभाव-प्रेरणा आदि का विस्तार से विवेचन हिन्दी की नयी समीक्षा पर पाश्चात्य प्रभाव के अन्तर्गत किया गया है। लघुमानव-सिद्धान्त, नया सौन्दर्य-बोध एवं सौन्दर्य-मूल्यों पर अस्तित्ववादी-मानववादी आदि विचारधाराओं का प्रभाव भी पाया गया है। समग्रतः यह नवीन चिन्तन हमारी परम्परागत सैद्धान्तिकता के

'चरित्र' को बदलते हुए नये काव्य-चिन्तन में बहुत से महत्वपूर्ण तथ्यों को जोड़ता है।

काव्य-सृजन का स्वरूप, काव्य-सृजन-प्रक्रिया, काव्य-उपादान, काव्य-कृति की स्थिति, काव्य के घटक तत्व, काव्य का माध्यम, सृजन-अवधारणा, सृजन-शक्ति एवं सृजन-सम्बन्धी मुख्य सिद्धान्त, सृजन-प्रक्रिया और कवि-कर्तृत्व आदि तथा दूसरे स्तर पर काव्य-अधिकारी के नवीन भाव-बोध, ज्ञान-बोध, कवि-संवेद्य को ग्रहण करने की क्षमता का विश्लेषण-संश्लेषण सिद्ध करता है कि पश्चिम की नयी समीक्षा ने हिन्दी-समीक्षा की सैद्धान्तिकता पर व्यापक प्रभाव डाला है। पश्चिम के 'न्यू सिग्नेचर्स', 'एंग्री यंगमैन', 'डिक्लेरेशन' आदि की सैद्धान्तिक घोषणाओं से हिन्दी नवलेखन ने बहुत कुछ सीखा-समझा है। प्रयोगवादी समीक्षा-दृष्टि और सृजन पर टी. एस. इलियट, एजरा पाउण्ड, कमिंग्ज, रिल्के, बोदलेयर, डी. एच. लारेन्स, काफ्का, डायलेन, टामस, स्टिफेन, स्पेंडर, रिम्बाड आदि का बहुत कुछ अपने ढंग से प्रभाव है। सन् 1915 के आसपास इंग्लैण्ड में जार्जियन पोयट्री का प्रकाशन तथा अमरीका में 'सम इमेजिस्ट पोयट्स' शीर्षक तीन काव्य-संग्रहों के प्रकाशन से सम्बद्ध कवि 'सशक्त और स्पष्ट कविता उत्पन्न करने के लिए नयी लय-गति का निर्माण करना चाहते' थे। इन्होंने परुष, भदेस तथा अनगढ़ को काव्य-विषय बनाने की प्रवृत्ति को अपनाया, जिसका प्रभाव नयी कविता के सृजन और सिद्धान्त पर व्यापकता से पड़ा है। स्वयं नकेनवाद या प्रपद्यवाद पर फ्रांस के प्रतीकवाद, बिम्बवाद तथा अतियथार्थवाद का सीधा प्रभाव मिलता है। नयी कविता के वैयक्तिकतावाद, क्षणवाद, दादावाद, प्रभाववाद, रूपवाद, अतियथार्थवाद, मानववाद और अस्तित्ववाद आदि पर सारा का सारा प्रभाव पाश्चात्य चिन्तकों से आया है। इस प्रकार नये साहित्य की पृष्ठभूमि में पाश्चात्य प्रभाव की छाया काफी गहरी, व्यापक एवं स्पष्ट है। यह चिन्तन मात्र सैद्धान्तिकता के स्तर तक न रहकर व्यावहारिकता के रूप में विकसित दृष्टिगोचर होता है। यह नया चिन्तन विश्व की समसामयिक समस्याओं, प्रश्नानुलताओं, परिस्थितियों, वादों, सिद्धान्तों एवं विचारधारात्मक संघातों से जुड़ कर नये विश्व-बोध के रूप में हमारे साहित्य एवं समीक्षा का अपना अंग बनता जा रहा है। हिन्दी का नया समीक्षाशास्त्र प्रभाव-अप्रभाव के चक्कर से मुक्त होकर व्यापक स्तर पर विश्व-काव्यशास्त्र का एक नया चेहरा निर्मित कर रहा है। इस चेहरे में अस्तित्ववादी आलोचना, नयी आलोचना, मिथक-आलोचना, नव्य अरस्तूवादी आलोचना, समाजशास्त्रीय आलोचना आदि से एक मिला-जुला ठोस रूप फूट-फट रहा है। द्वितीय विश्वयुद्धोत्तर संसार ने परम्परागत चिन्तन में दरार डाल कर विश्व भर में जिस ढंग का नया चिन्तन

विकसित किया है—हिन्दी की सैद्धान्तिक समीक्षा भी उस चिन्तन का दुर्निवार अंग रही है।

समग्रतः कह सकते हैं कि रचनात्मक प्रभाव की अपनी प्रक्रिया होती हैः वह नकल या अनुवाद नहीं होता। प्रभाव सीधे नहीं होते, न सीधे समीकरणों द्वारा निरूपित किए जा सकते हैं, वे अकल्पनीय और आश्चर्यजनक भी हो सकते हैं। यूरोपीय रोमांटिक आन्दोलन के बहुत से अभिप्रायों के प्रारूप यहाँ प्राचीन काव्य-परम्परा, लोक-गाथा आदि में मिल जायेंगे—और उनके यात्रा-पथ की ऐतिहासिक लीकें भी पहचानी जा सकती हैं। किन्तु इस ऐतिहासिक तथ्य को मात्र अंग्रेजी जानने वाला अध्यापक ठीक-ठीक नहीं समझ पाता है। क्योंकि पश्चिमी साहित्य की सन्दर्भवत्ता सीधी और तात्कालिक है, जबकि पूर्वी साहित्यों के सन्दर्भ जोड़ने के लिए इतिहास की मध्यस्थता अपेक्षित है। आज हम जहाँ हैं, वहाँ दृष्टिगत होता है कि भरत की शास्त्रीय परम्परा और पश्चिमी साहित्यालोचना अलग-अलग दोनों ही नाकाफी हैं। दोनों के समन्वय का मार्ग पा लेने पर भी दोनों को साथ-साथ पढ़ना और समझना आवश्यक है। एक की कसौटी से पाये हुए मूल्यों को दूसरी की कसौटी से परखते चलना ही सबसे अच्छी पद्धति हो सकती है। जब-जब हम ऐसा करते हैं—हमें नया मिलता है जो हमारी समझ को गहरा और पैना बनाता है। यह मानना अनुचित है कि साहित्यालोचन के क्षेत्र में हिन्दी-समीक्षाशास्त्र पर पश्चिमी पद्धतियाँ 'हावी' हो रही हैं। हम केवल पश्चिमी विचारकों से ही प्रभावित नहीं हैं—अनेक देशी-विदेशी वैचारिक परम्पराओं से प्रभावित हैं। ऐसी स्थिति में हिन्दी की आधुनिक सैद्धान्तिक-समीक्षा अपनी सांस्कृतिक अस्मिता को रक्षित रखते हुए पाश्चात्य-चिन्तन के सहयोग-सम्पर्क से व्यापकता, विकास और सम्पन्नता की दिशा में अग्रसर है। प्राच्य एवं पाश्चात्य सिद्धान्तों, विचारधाराओं, प्रवृत्तियों, वादों आदि की पारस्परिकता से हिन्दी का अपना स्वतंत्र समीक्षाशास्त्र निर्मित एवं सम्वर्द्धित हो रहा है।

सन्दर्भ ग्रन्थ

संस्कृत

1. अभिनव गुप्त — ध्वन्यालोक लोचन, अनु. जगन्नाथ पाठक, चौखम्बा विद्याभवन, वाराणसी, 1965

2. अभिनव गुप्त — हिन्दी अभिनव भारती, अनु. आ. विश्वेश्वर, दिल्ली विश्वविद्यालय, दिल्ली, 1960

3. आनन्दवर्धन — ध्वन्यालोक, वालप्रिया साहित्य, काशी संस्कृत सीरीज 1940

4. उद्‌भट — काव्यालंकार सार संग्रह, भंडारकर रिसर्च इन्स्टीट्यूट, 1952

5. कुन्तक — हिन्दी वक्रोक्ति जीवित, अनु. आ. विश्वेश्वर, आत्मा राम एंड सन्स, दिल्ली, 1955

6. क्षेमेन्द्र — औचित्य विचार चर्चा, चौखम्बा संस्कृत सीरीज, 1933

7. गोबिन्द ठक्कुर — काव्य प्रदीप, निर्णय सागर प्रेस, बम्बई, 1933

8. जगन्नाथ, पंडितराज— रसगंगाधर, अन्‌. बदरीनाथ झा और मनमोहन झा, चौखम्बा, वाराणसी, 1955

9. दण्डी — काव्यादर्श, भंडारकर ओरियंटल रिसर्च इन्स्टीट्यूट, पूना, 1938

10. धनंजय — दशरूपक, गुजराती प्रिंटिंग प्रेस, मुंबई, 1937

11. भरत — भरत का नाट्यशास्त्र, भाग 1, अनु. डा. रघुवंश, मोतीलाल बनारसी दास, दिल्ली, 1964

12. भामह — काव्यालंकार, अनु. देवेन्द्र नाथ शर्मा,

बिहार राष्ट्रभाषा परिषद्, पटना, 1963

13. भोज — सरस्वती कंठाभरण, काव्यमाला, 1915

14. मम्मट — काव्यप्रकाश, अनु. आ. विश्वेश्वर, ज्ञानमंडल लि, वाराणसी, 1960

15. महिम भट्ट — व्यक्ति विवेक, अनु. रेवाप्रसाद द्विवेदी, चौखम्बा, वाराणसी, 1964

16. राजशेखर — काव्य मीमांसा, हिन्दी अनु. केदारनाथ शर्मा सारस्वत, बिहार राष्ट्रभाषा परिषद्, पटना, 1954

17. रुद्रट — काव्यालंकार, काव्यमाला, 1909

18. वामन — काव्यालंकार सूत्रवृत्ति, हिन्दी अनु. आ. विश्वेश्वर, आत्माराम एंड संस, दिल्ली, 1954

19. विश्वनाथ — साहित्य दर्पण, बिमला टीका, मोतीलाल बनारसीदास, चं. सं. 1961

20. हेमचन्द्र — काव्यानुशासन, काव्यमाला, 1901

हिन्दी

अमरनाथ — विचारधारा, किताबमहल, इलाहाबाद, प्रथम संस्करण, 1948

अमृतराय — नयी समीक्षा, हिन्दुस्तानी पब्लिशिंग हाउस, बनारस, 1950

अशोक वाजपेयी — फिलहाल, राजकमल प्रकाशन, दिल्ली, 1970

अयोध्यासिंह उपाध्याय — रस कलश, पुस्तक भंडार, पटना, प्र. ति. र.

— रस सिद्धान्त तथा मीमांसा, हिन्दी प्रचारक पुस्तकालय, काशी, 1956

आनंदप्रकाश दीक्षित — रस सिद्धान्त : स्वरूप विश्लेषण, राजकमल प्रकाशन, 1960 ई.

— — आलोचना और सिद्धान्त, नीलाभ प्रकाशन, इलाहाबाद, 1964

इन्द्रनाथ मदान — आलोचना और आलोचना, लोक भारती प्रकाशन, इलाहाबाद, 1971

— अनु. आलोचना की धारणाएँ, ले. रेनेवेलेक, हरियाणा हिन्दी ग्रंथ अकादमी, चंडीगढ़, 1978

इलाचन्द्र जोशी — विवेचना, हिन्दी साहित्य सम्मेलन, प्रयाग, द्वितीय संस्करण, सं. 2000
— विश्लेषण, शारदा प्रकाशन, भागलपुर, 1954
— देखा-परखा, राजपाल एंड संस, दिल्ली, 1957
— व्यक्ति और कलाकार, अशोक प्रेस, पटना, सं. 2004
— साहित्य चिंतन, अजंता प्रेस, पटना, 1955
— साहित्य सर्जना, पुस्तकमाला, प्रयाग, 1940

एस. पी. खत्री — आलोचना : इतिहास तथा सिद्धान्त, राजकमल प्रकाशन, दिल्ली, वि. सं. 1964
— काव्य की परख, साहित्य भवन, प्रयाग, 1949

ओम प्रकाश — अलंकारों का स्वरूप-विकास, नेशनल पब्लिशिंग हाउस, दिल्ली, 1973

ओमप्रकाश दीपक — अनु. अमरीकी साहित्य का संक्षिप्त इतिहास, ले. मार्क्स कम्लिफ, कटरा रोड, प्रयाग, 1964

क. अहमद — मनोविश्लेषण और साहित्यालोचन, अनु. आ. देवेन्द्र नाथ शर्मा, भारतीय भवन, पटना, 1969

कन्हैयालाल पोद्दार — काव्य कप्लद्रुम (भाग 1, 2) गंगा पुस्तक माला, लखनऊ, सं. 1993 वि.

कृष्ण बिहारी मिश्र — देव-बिहारी, गंगापुस्तक माला, लखनऊ, प्रथम सं, सं., 1977 वि.

कृष्ण शंकर शुक्ल — आधुनिक हिन्दी साहित्य का इतिहास, हिन्दी-साहित्य कुटीर, बनारस, सं. 1993
— केशव की काव्यकला, साहित्य ग्रन्थ माला काशी, सं. 1990
— कविवर रत्नाकर, विद्या भास्कर बुक डिपो, बनारस, सं. 1992

कृष्ण बल — काव्यास्वाद का विवेचन, राधाकृष्ण प्रकाशन, दिल्ली, 1970

केशरी नारायण शुक्ल — आधुनिक काव्यधारा, नंदकिशोर एंड ब्रदर्स, काशी, प्रथम संस्करण
— आधुनिक काव्यधारा का सांस्कृतिक स्रोत, नंदकिशोर एंड ब्रदर्स, काशी, प्रथम संस्करण

— भारतेन्दु के निबंध, सरस्वती मंदिर, काशी, सं. 2007
— रूसी साहित्य, सरस्वती मन्दिर, काशी, 1951

केदारनाथ सिंह — आधुनिक हिन्दी कविता में बिम्ब विधान, भारतीय ज्ञानपीठ, दिल्ली, 1971

कृष्णदत्त पालीवाल — नया सृजन नया बोध, राजेश प्रकाशन, दिल्ली, 1973
— महादेवी की रचना-प्रक्रिया, पूर्वोदय प्रकाशन, दिल्ली, 1971
— यूनानी-रोमी काव्यशास्त्र, संमार्ग प्रकाशन, 1977

कन्हैयालाल सहल — आलोचना के पथ पर, भारतीय साहित्य मन्दिर, दिल्ली, 1958

कुंवर नारायण — आत्मजयी, भारतीय ज्ञानपीठ प्रकाशन, 1965

विमल कुमार — सौन्दर्यशास्त्र के तत्व, राजकमल प्रकाशन, दिल्ली, प्रथम खण्ड, 1965
— पाश्चात्य सौन्दर्यशास्त्र, भारतीय भवन, पटना, प्रथम संस्करण, 1966
— छायावाद का सौन्दर्यशास्त्रीय अध्ययन, राजकमल प्रकाशन, 1970

कृष्ण वल्लभ जोशी — नव्य हिन्दी समीक्षा, ग्रंथम, कानपुर, 1966
— साहित्य का वैज्ञानिक विवेचन, नेशनल पब्लिशिंग हाउस, 1975

गणपतिचन्द्र गुप्त — आचार्य हजारी प्रसाद द्विवेदी : व्यक्तित्व एवं साहित्य, भारतीय भवन, चंडीगढ़, 1963
— हिन्दी साहित्य का वैज्ञानिक इतिहास, भारतेन्दु भवन, चंडीगढ़, 1965

गंगा प्रसाद अग्निहोत्री — समालोचना—नागरी प्रचारिणी सभा, काशी, सम्वत् 1896 वि.

गंगा प्रसाद पांडेय — महादेवी का विवेचनात्मक गद्य, इंडियन प्रेस, इलाहाबाद, 1944

गजानन माधव मुक्तिबोध— नई कविता का आत्मसंघर्ष तथा अन्य निबन्ध, विश्व भारती प्रकाशन, नागपुर, 1964
— नये साहित्य का सौन्दर्यशास्त्र, राधाकृष्ण प्रकाशन,

दिल्ली, 1971
— कामायनी एक पुनर्विचार, साहित्य भारतीय, दिल्ली, 1973
— एक साहित्यिक की डायरी, भारतीय ज्ञानपीठ प्रकाशन, तृतीय संस्करण, 1969

ग. त्र्यं. देशपांडे — भारतीय साहित्यशास्त्र, पापुलर बुक डिपो, बम्बई, 1960

गिरिजा कुमार माथुर — नयी कविता : सीमाएँ और सम्भावनाएँ, नेशनल पब्लिशिंग हाउस, दिल्ली, परिवर्तित संस्करण 1973

गुलाब राय — मन की बातें, आत्माराम एंड संस, दिल्ली, 1954
— साहित्य और अध्ययन, आत्माराम एंड संस, दिल्ली, छठा संस्करण, 1965
— अध्ययन और आस्वाद, आत्माराम एंड संस, दिल्ली सं. 2014
— काव्य के रूप, प्रतिभा प्रकाशन, दिल्ली, सं. 2014
— साहित्य समीक्षा, आत्माराम एंड संस, दिल्ली, 1955

जयशंकर प्रसाद — काव्य और कला तथा अन्य निबन्ध, भारती भंडार, इलाहाबाद, पंचम संस्करण, 1958

जगदीश गुप्त — नयी कविता : स्वरूप और समस्याएँ, भारतीय ज्ञानपीठ प्रकाशन, द्वितीय संस्करण, 1971

जगदीश बिहारी मिश्र — अनु.—अंग्रेजी साहित्य का इतिहास, ले. हडसन, हिन्दी समिति, सूचना विभाग, उ. प्र. 1963

जगदीश कुमार — नयी कविता की चेतना, संमार्ग प्रकाशन, 1972
नयी कविता विलायती संदर्भ, सन्मार्ग प्रकाशन, दिल्ली, 1976

जय चन्द्र राय — आचार्य रामचन्द्र शुक्ल : सिद्धान्त और साहित्य, भारतीय साहित्य मन्दिर, दिल्ली, 1963

जगन्नाथ प्रसाद भानु — छन्द प्रभाकर, जगन्नाथ प्रिंटिंग प्रेस, बिलासपुर, 1960

जयकान्त मिश्र — पाश्चात्य आलोचना की अर्वाचीन प्रवृत्तियाँ, राजकमल प्रकाशन 1962

जगदीश चन्द्र जैन — पाश्चात्य समीक्षा दर्शन, हिन्दी प्रचारक संस्थान, वाराणसी, 1969

झाबरमल शर्मा तथा — सं.–बालमुकुन्द ग्रंथावली, प्रथम भाग, गुप्त स्मारक

बनारसी दास प्रकाशन समिति, कलकत्ता, सं. 2007 वि.

तारकनाथ बाली — साधारणीकरण संप्रेषण और प्रतिबद्धता, विनोद पुस्तक भंडार, आगरा, 1973

— पाश्चात्य काव्यशास्त्र की रूपरेखा, दि मैकमिलन कम्पनी आफ इंडिया लि., 1978

देवराज — छायावाद का पतन, वाणी मन्दिर, छपरा, 1948

— साहित्य समीक्षा और संस्कृति बोध, दि मैकमिलन कम्पनी आफ इडिया लि., दिल्ली, 1961

— प्रतिक्रियाएँ, राजकमल प्रकाशन, दिल्ली, 1966

डॉ. देवराज उपाध्याय — रोमैंटिक साहित्यशास्त्र, आत्माराम एंड संस, दिल्ली

— आधुनिक कथा साहित्य और मनोविज्ञान, साहित्य भवन लि. प्रयाग, 1956

देवीशंकर अवस्थी — विवेक के रंग, भारतीय ज्ञानपीठ प्रकाशन, 1965

— आलोचना और आलोचना, प्रज्ञा प्रकाशन, कानपुर, 1961

आ. देवेन्द्रनाथ शर्मा — छायावाद और प्रगतिवाद, ग्रंथमाला कार्यालय, पटना, सं. 2000 वि.

— हिन्दी कवियों का मूल्यांकन, मोतीलाल बनारसीदास, पटना, सं. 1952 वि.

— प्र. सं. – रिचर्ड्स के आलोचना सिद्धान्त, ले.

— शंभुदत्त झा, भारतीय भवन, पटना, 1967

— अनु.–सौन्दर्यशास्त्र और भाषाशास्त्र, भारतीय भवन, पटना

— प्र. सं.–शैली, अनु. रामचन्द्र प्रसाद, भारतीय भवन, पटना

धर्मवीर भारती — मानव मूल्य और साहित्य, भारतीय ज्ञानपीठ, काशी, प्र. सं., 1960

धीरेन्द्र वर्मा — विचारधारा, साहित्य भवन लि. प्रयाग, सं. 1998

— सं. – हिन्दी साहित्य, तृतीय खण्ड, भारतीय हिन्दी

परिषद्, प्रयाग, 1969
— सं. हिन्दी साहित्य कोश, भाग पहला, ज्ञानमंडल लि. बनारस, सं. 2015

आ. नन्ददुलारे वाजपेयी— नया साहित्य नए प्रश्न, दि मैकमिलन कम्पनी आफ इंडिया लि., 1978
— कवि सुमित्रानंदन पंत, दि मैकमिलन कंपनी आफ इंडिया लि., 1976
— आधुनिक साहित्य, भारतीय भंडार, इलाहाबाद, सं. 2007
— प्रकीर्णिका, अनुसंधान प्रकाशन, कानपुर, 1965
— हिन्दी साहित्य बीसवीं सदी, इंडियन बुक डिपो, लखनऊ, 1945

डॉ. नगेन्द्र — सं.—मानविकी पारिभाषिक कोश (साहित्य खंड), राजकमल प्रकाशन, दिल्ली
— प्र. सं.—हिन्दी साहित्य का बृहद इतिहास, दशम भाग, उत्कर्ष काल काव्य, काशी नागरी प्रचारिणी सभा, सं. 2028

अनुसंधान और आलोचना, नेशनल पब्लिशिंग हाउस, दिल्ली, 1961

आधुनिक हिन्दी कविता की मुख्य प्रवृत्तियाँ, नेशनल पब्लिशिंग हाउस, दिल्ली, द्वि सं. 1962

आलोचक की आस्था, नेशनल पब्लिशिंग हाउस, दिल्ली, 1966

कामायनी के अध्ययन की समस्याएँ, नेशनल पब्लिशिंग हाउस, दिल्ली, द्वि. सं. 1965

भारतीय काव्यशास्त्र की परम्परा, नेशनल पब्लिशिंग हाउस, दिल्ली, सं. 2013

भारतीय काव्यशास्त्र की भूमिका, नेशनल पब्लिशिंग हाउस, दिल्ली, द्वि. सं. 1963

रस सिद्धान्त, नेशनल पब्लिशिंग हाउस, दिल्ली, 1964

रीति काव्य की भूमिका, नेशनल पब्लिशिंग हाउस, दिल्ली, पं. सं. 1964

आस्था के चरण, नेशनल पब्लिशिंग हाउस, दिल्ली, 1968

काव्य बिम्ब, नेशनल पब्लिशिंग हाउस, दिल्ली, 1967

नयी समीक्षा नए संदर्भ, नेशनल पब्लिशिंग हाउस, दिल्ली, 1970

अरस्तू का काव्यशास्त्र, भारती भंडार, इलाहाबाद, सं. 2014

काव्य के उदात्त तत्व, राजपाल एंड संस, द्वि. सं. 1961

प्र. सं.—पाश्चात्य काव्यशास्त्र, सिद्धान्त और वाद, हिन्दी विभाग, दिल्ली विश्वविद्यालय, दिल्ली

नवल किशोर — मानववाद और साहित्य, राधाकृष्ण प्रकाशन, 1972

नेमिचन्द्र जैन — बदलते परिप्रेक्ष्य, राजकमल प्रकाशन, 1968

नामवर सिंह — कविता के नए प्रतिमान, राजकमल प्रकाशन, दिल्ली, प्र. सं. 1968

छायावाद, राजकमल प्रकाशन, दिल्ली, द्वि सं., 1968

इतिहास और आलोचना, सत् साहित्य प्रकाशन, बनारस, प्र. सं. 1956

आधुनिक साहित्य की प्रवृत्तियाँ, किताब महल, प्रयाग, 1954

निर्मला जैन — हिन्दी आलोचना बीसवीं शताब्दी, नेशनल पब्लिशिंग हाउस, दिल्ली, 1975

रस सिद्धान्त और सौन्दर्यशास्त्र, नेशनल पब्लिशिंग हाउस, प्र. सं. 1970

नयी समीक्षा के प्रतिमान, नेशनल पब्लिशिंग हाउस, 1977

नंद किशोर आचार्य — अज्ञेय की काव्य तितीर्षा, सूर्य प्रकाशन मन्दिर, बीकानेर, 1970

नलिन विलोचन शर्मा — दृष्टिकोण, पुस्तक भंडार, पटना, 1967

मानदण्ड, मोतीलाल बनारसी दास, पटना, 1963

नकेन के प्रपद्य, मोतीलाल बनारसीदास, पटना, 1956

नित्यानन्द शर्मा — आधुनिक हिन्दी कविता में प्रतीक विधान, साहित्य सदन, देहरादून, सं. 2023

पदुमलाल पुन्नालाल बक्शी—विश्व साहित्य, गंगा पुस्तक माला, लखनऊ

परुषराम चतुर्वेदी — रहस्यवाद, बिहार राष्ट्रभाषा परिषद्, पटना, 1963

प्रकाशचन्द्र गुप्त — आधुनिक हिन्दी साहित्य एक दृष्टि, आलोक प्रकाशन, बीकानेर

नया हिन्दी साहित्य एक दृष्टि, सरस्वती प्रेस, बनारस, प्र. सं. 1940

हिन्दी साहित्य की जनवादी परम्परा, किताब महल, प्रयाग, 1953

प्रतापनारायण टंडन — समीक्षा के मान और हिन्दी समीक्षा की विशिष्ट प्रवृत्तियाँ (खण्ड 1, 2) विवेक प्रकाशन, लखनऊ, 1965, 1968

प्रभाकर माचवे — समीक्षा की समीक्षा, साहनी प्रकाशन, दिल्ली, 1963

प्रभाकरेश्वर उपाध्याय — प्रेमधन सर्वस्व, द्वितीय खण्ड, हिन्दी साहित्य सम्मेलन, प्रयाग

प्रेम नारायण शुक्ल — हिन्दी साहित्य के विविध वाद, पद्मजा प्रकाशन, कानपुर, 1960

प्रेम शंकर — प्रसाद का काव्य, भारती भंडार, प्रयाग, सं. 2012

प्रेम स्वरूप गुप्त — रसगंगाधर का काव्यशास्त्रीय अध्ययन, अलीगढ़, 1962

हिन्दी वैष्णव साहित्य में ररा परिकल्पना, नेशनल पब्लिशिंग हाउस, 1975

बलदेव उपाध्याय — भारतीय साहित्य शास्त्र (भाग 1, 2), प्रसाद परिषद्, काशी, सं. 2005, 2007

बालकृष्ण भट्ट — भट्ट निबंधावली, सं. देवीदत्त शुक्ल, हिन्दी साहित्य सम्मेलन, प्रयाग

बृजरत्न दास — खड़ी बोली हिन्दी साहित्य का इतिहास, हिन्दी साहित्य कुटीर, बनारस, सं. 1998

भगवत स्वरूप मिश्र — हिन्दी आलोचना, उद्भव और विकास, साहित्य

	सदन, देहरादून, 1954
भगवानदीन (लाला)	अलंकार मंजूषा, विद्या प्रचारक बुक, डिपो, गया, 1916
भगीरथ मिश्र	हिन्दी काव्यशास्त्र का इतिहास, लखनऊ, विश्वविद्यालय का इतिहास, लखनऊ, विश्वविद्यालय, सं. 2005
	काव्यशास्त्र, विश्वविद्यालय प्रकाशन, गोरखपुर, 1957
भगीरथ दीक्षित	समीक्षालोक, समुदाय प्रकाशन, मुंबई, 1964
मन्मथनाथ गुप्त	प्रगतिवाद की रूपरेखा, आत्माराम एंड संस, दिल्ली, 1955
मिश्र बन्धु	साहित्य पारिजात, गंगा पुस्तक माला, लखनऊ
	हिन्दी नवरत्न, गंगा पुस्तक माला, लखनऊ
	मिश्रबन्धु विनोद (भाग 1 से 4), गंगा पुस्तक माला, लखनऊ
महादेवी वर्मा	साहित्यकार की आस्था तथा अन्य निबन्ध, लोक भारती प्रकाशन, इलाहाबाद, 1966
	दीपशिखा, भारती भंडार, इलाहाबाद, 1942
मलयज	कविता से साक्षात्कार, सम्भावना प्रकाशन, 1979
महावीर प्रसाद द्विवेदी	रसज्ञ रंजन, साहित्य रत्न भंडार, आगरा, सं. 2007
	आलोचनांजलि, इंडियन प्रेस, 1928
	समालोचना समुच्चय, रामनारायण लाल, प्रयाग, 1930
	साहित्य सीकर, तरुण भारत ग्रंथावली, प्रयाग, 1948
	हिन्दी कालिदास की आलोचना, झांसी, 1901
मोहनचन्द्र जोशी	फ्रायडवाद, साथी प्रकाशन, सागर, 1963
या. मसीह	मनोविश्लेषण और फ्रायडवाद की रूपरेखा, मोतीलाल बनारसीदास, पटना, 1954
रघुवंश	साहित्य का नया परिप्रेक्ष्य, भारतीय ज्ञानपीठ प्रकाशन, 1968 (द्वि. सं.)
	नाट्य कला, नेशनल पब्लिशिंग हाउस, दिल्ली, 1961

	समसामयिकता और आधुनिक हिन्दी कविता, स्वतंत्रता प्राप्ति के बाद, केन्द्रीय हिन्दी संस्थान, आगरा, 1972
रमाशंकर शुक्ल रसाल	अलंकार पीयूष, रामनारायण लाल पब्लिशर्स, प्रयाग, 1929-30
	आलोचनादर्श, इंडियन प्रेस लि., प्रयाग, 1938
रांगेय राघव	प्रगतिशील साहित्य के मानदण्ड, सरस्वती पुस्तक सदन, आगरा, 1964
रामकुमार वर्मा	साहित्य शास्त्र, राजकिशोर प्रकाशन, इलाहाबाद, 1955
रवीन्द्र सहाय वर्मा	हिन्दी काव्य पर आंग्ल प्रभाव, पद्‌मजा प्रकाशन, कानपुर, सं. 2011
	पाश्चात्य साहित्यालोचन और हिन्दी पर उसका प्रभाव, विश्वविद्यालय प्रकाशन, गोरखपुर, 1960
रामचन्द्र शुक्ल	चिन्तामणि भाग 1, इंडियन प्रेस
	चिन्तामणि भाग 2, सरस्वती मंदिर काशी
	त्रिवेणी, नागरी प्रचारिणी सभा, काशी, सं. 1995
	रस मीमांसा, काशी प्रचारिणी सभा, सं. 2006
	हिन्दी साहित्य का इतिहास, काशी नागरी प्रचारिणी सभा, नवम् संस्करण सं. 2001
	विश्व प्रपंच, काशी नागरी प्रचारिणी सभा, तृ. सं. सं. 2019
रामदहिन मिश्र	काव्यदर्पण, ग्रंथमाला कार्यालय, पटना, 1940
	काव्यालोक, ग्रंथमाला कार्यालय, पटना, सं. 2001
	काव्य में अप्रस्तुत योजना, ग्रंथमाला कार्यालय, पटना, सन 1948
रामधारी सिंह दिनकर	संस्कृति के चार अध्याय, उदयाचल, पटना, च. सं. , 1966
	काव्य की भूमिका, उदयाचल, पटना, 1958 ई.
	शुद्ध कविता की खोज, उदयाचल, पटना, 1966
राममूर्ति त्रिपाठी	लक्षणा और उसका हिन्दी काव्य में प्रसार, काशी नागरी प्रचारिणी सभा, सं. 2023
	रस विमर्श, विद्या मन्दिर, वाराणसी, 1965

राम विलास शर्मा — आ. रामचन्द्र शुक्ल और हिन्दी आलोचना, विनोद पुस्तक भण्डार, आगरा, 1959

प्रगति और परम्परा, किताब महल, इलाहाबाद, 1949

प्रगतिशील साहित्य की समस्याएँ, विनोद पुस्तक मंदिर, आगरा, 1954

भारतेन्दु युग, विनोद पुस्तक मन्दिर, आगरा, च. सं. 1963

भारतेन्दु हरिश्चन्द्र, राजकमल प्रकाशन, दिल्ली, 1953

भाषा और समाज, पीपुल्स पब्लिशिंग हाउस, दिल्ली, 1961

स्वाधीनता और राष्ट्रीय साहित्य, हिन्दी प्रचारक पुस्तकालय, वाराणसी, 1956

लोक जीवन और साहित्य, विनोद पुस्तक मन्दिर, आगरा,

संस्कृति और साहित्य, किताब महल, इलाहाबाद, 1959

निराला की साहित्य साधना, द्वितीय खण्ड, राजकमल प्रकाशन, दिल्ली, 1972

नयी कविता और अस्तित्ववाद, राजकमल प्रकाशन, 1978

आस्था और सौन्दर्य, किताब महल, इलाहाबाद, प्रथम संस्करण

रामलाल सिंह — आचार्य शुक्ल के समीक्षा सिद्धान्त, नागरी प्रचारिणी सभा, वाराणसी, सं. 2026

राम अवध द्विवेदी — साहित्य सिद्धान्त, बिहार राष्ट्रभाषा परिषद्, पटना, सं. 2020

साहित्य रूप, भारती भंडार, इलाहाबाद, द्वि. सं., सं. 2023

रामदरश मिश्र — हिन्दी समीक्षा : स्वरूप और संदर्भ, दि मैकमिलन कम्पनी आफ इंडिया लि., दिल्ली, प्र. सं.–1974

रमेश कुंतल मेघ — अथातो सौंदर्य जिज्ञासा, दि मैकमिलन कम्पनी

आफ इंडिया, 1977
आधुनिकता-बोध और आधुनिकीकरण, अक्षर प्रकाशन, दिल्ली, 1969
साक्षी है सौंदर्य प्राश्निक, नेशनल पब्लिशिंग हाउस, 1980

रामसेवक सिंह — आलोचक मैथ्यू आर्नल्ड—आलेख प्रकाशन, दिल्ली, सन् 1977

रामचन्द्र प्रसाद — डॉ. सैमुअल जानसन, सिद्धान्त और समीक्षा, आलेख प्रकाशन, दिल्ली, 1978
आधुनिक हिन्दी आलोचना पर पाश्चात्य प्रभाव, लोक भारती प्रकाशन, इलाहाबाद, 1973

राम स्वरूप चतुर्वेदी — भाषा और संवेदना, भारतीय ज्ञानपीठ प्रकाशन, 1964
हिन्दी नवलेखन, भारतीय ज्ञानपीठ प्रकाशन, 1960
अज्ञेय और आधुनिक रचना की समस्या, भारतीय ज्ञानपीठ प्रकाशन, 1968
मध्ययुगीन काव्य भाषा, लोक भारती प्रकाशन, इलाहाबाद, 1974

रामपूजन तिवारी — पाश्चात्य काव्यशास्त्र, राधाकृष्ण प्रकाशन, दिल्ली, 1977

रामलाल वर्मा — अग्निपुराण का काव्यशास्त्रीय अध्ययन, भाग 1, नेशनल पब्लिशिंग हाउस, दिल्ली, 1959

रामाधार शर्मा — हिन्दी की सैद्धान्तिक समीक्षा, अनुसंधान प्रकाशन, कानपुर, 1962

रमेश चन्द्र शाह — छायावाद की प्रासंगिकता, राधाकृष्ण प्रकाशन, 1974

रवीन्द्र नाथ श्रीवास्तव — शैलीविज्ञान और आलोचना की नई भूमिका, केन्द्रीय हिन्दी संस्थान, आगरा, 1972

लक्ष्मीनारायण मिश्र सुधांशु — काव्य में अभिव्यंजनावाद, ज्ञानपीठ प्रा. लि., पटना, च. सं. सं. 2016
जीवन के तत्व और काव्य के सिद्धान्त, ज्ञानपीठ प्रा. लि., तृ. सं., 1963

	हिन्दी साहित्य का बृहत इतिहास, नागरी प्रचारिणी सभा, त्रयोदय भाग, 1965
	हिन्दी के दस प्रबन्ध काव्य, पराग प्रकाशन, पटना, 1966
लीलाधर गुप्त	पाश्चात्य साहित्यालोचन के सिद्धान्त, हिन्दुस्तानी एकेडेमी, उ. प्र. 1952
लक्ष्मीसागर वार्ष्णेय	आधुनिक हिन्दी साहित्य, हिन्दी मन्दिर, प्रयाग, 1941
	आधुनिक हिन्दी साहित्य की भूमिका, हिन्दी परिषद्, प्रयाग, प्रयाग विश्वविद्यालय, 1952
	पश्चिमी आलोचना शास्त्र, हिन्दी समिति, सूचना विभाग, 1965
लक्ष्मीकान्त वर्मा	नयी कविता के प्रतिमान, भारती प्रेस प्रकाशन, इलाहाबाद, सं. 2024
	नये प्रतिमान–पुराने निकष, भारतीय ज्ञानपीठ प्रकाशन, प्रथम संस्करण, 1968
विश्वम्भर नाथ उपाध्याय	आधुनिक हिन्दी कविता, सिद्धान्त और समीक्षा, प्रभात प्रकाशन, दिल्ली, प्र. सं. 1962
	भारतीय काव्यशास्त्र का अध्ययन, अनुपम प्रकाशन, जयपुर, प्र. सं. 1979
वेंकट शर्मा	आधुनिक हिन्दी साहित्य में समालोचना का विकास, आत्माराम एंड संस, दिल्ली, प्र. सं. 1962
	काव्य सर्जना और काव्यास्वाद, आत्माराम एंड संस, दिल्ली, प्र. सं. 1973
विश्वनाथ प्रसाद मिश्र	वाङ्मय विमर्श, हिन्दी साहित्य कुटीर, बनारस, सं. 1999 वि.
	हिन्दी का सामयिक साहित्य, सरस्वती मन्दिर, काशी, सं. 2008
विश्वेश्वर आचार्य	व्याख्याकार–काव्यालंकार सूत्रवृत्ति, आचार्य वामन, सं. डॉ. नगेन्द्र
	हिन्दी ध्वन्यालोक, सं. डॉ. नगेन्द्र
	हिन्दी वक्रोक्ति जीवितम्, सं. डॉ. नगेन्द्र
विद्यानिवास मिश्र	रीति विज्ञान, राधाकृष्ण प्रकाशन, दिल्ली, 1973

विष्णुकांत शास्त्री	चिंतन मुद्रा, नेशनल पब्लिशिंग हाउस, नई दिल्ली, प्र. सं. 1977
विक्रमादित्य राय	वर्ड्सवर्थ और कालरिज के समीक्षा सिद्धान्त, आलेख प्रकाशन, दिल्ली, 1976
विजेन्द्र स्नातक	प्र. संपा.—आचार्य विश्वनाथ प्रसाद मिश्र अभिनंदन ग्रंथ, प्रेम पुस्तक भंडार, दिल्ली, 1976
विनय मोहन शर्मा	दृष्टिकोण, नंद किशोर एंड ब्रदर्स, बनारस, 1951
शांतिप्रिय द्विवेदी	आधान, हि. प्र. पु. वाराणसी, 1957
	कवि और काव्य, इंडियन प्रेस लि., प्रयाग, 1936
	ज्योति विहग, हिन्दी साहित्य सम्मेलन, प्रयाग, सं. 2008
	युग और साहित्य, इंडियन प्रेस प्रयाग, 1941
	शांकल्य, विद्या मन्दिर प्रेस, वाराणसी, 1955
	साहित्यिकी, ग्रंथमाला, बांकीपूर, 1938
	सामियकी, ज्ञान मंडल लि., काशी, सं. 2001
	संचारिणी, इंडियन प्रेस. लि., प्रयाग, 1941
शिवदान सिंह चौहान	आलोचना के सिद्धान्त, राजकमल प्रकाशन, दिल्ली, 1960
	आलोचना के मान, रणजीत पब्लिशर्स एण्ड प्रिंटर्स, दिल्ली, 1959
	आलोचना इतिहास तथा सिद्धान्त, राजकमल प्रकाशन, द्वि सं., 1964
	प्रगतिवाद, प्रदीप कार्यालय, मुरादाबाद, 1946
	हिन्दी साहित्य के अस्सी वर्ष, राजकमल प्रकाशन, दिल्ली, 1961
शिवकरण सिंह	कला-सृजन-प्रक्रिया, प्रथम भाग, वसुमति, इलाहाबाद, प्र. सं. 1969
	आलोचना के आधुनिक वाद और नयी समीक्षा, संजय बुक सेंटर, वाराणसी, सं. 2023
	आलोचना के बदलते मानदंड और हिन्दी साहित्य, किताब महल, इलाहाबाद, 1967
शची रानी गुर्टू	हिन्दी के आलोचक, आत्माराम एंड संस, दिल्ली, 1955

शिवनाथ	आचार्य रामचन्द्र शुक्ल, सरस्वती मन्दिर, बनारस, सं. 2005
	हिन्दी आलोचना की अर्वाचीन प्रवृत्तियाँ, राजकमल प्रकाशन, 1943
श्याम बिहारी राय	शुक्लोत्तर काव्य चिंतन, पाश्चात्य प्ररिप्रेक्ष्य, युनाइटेड बुक हाउस, दिल्ली, 1973
शिव प्रसाद सिंह	आधुनिक परिवेश और नवलेखन, लोक भारती, इलाहाबाद, 1970
	आधुनिक परिवेश और अस्तित्ववाद, नेशनल पब्लिशिंग हाउस, दिल्ली, 1973
शंभुनाथ सिंह	प्रयोगवाद और नयी कविता, समकालीन प्रकाशन, वाराणसी, 1966
श्यामसुंदर दास	साहित्यालोचन, इंडियन प्रेस, प्रयाग, द्वि. सं. सं. 1994
श्रीकृष्ण लाल	आधुनिक हिन्दी साहित्य का विकास, हिन्दी परिषद् विश्वविद्यालय, प्रयाग, सं. 1999 वि.
श्याम परमार	अकविता और कला संदर्भ, कृष्णा ब्रदर्स, अजमेर, 1968
श्याम नंदन किशोर	आधुनिक हिन्दी महाकाव्यों का शिल्प विधान, सरस्वती पुस्तक सदन, आगरा, 1963
सर्वेश्वर दयाल सक्सेना	सम्पा.—शमशेर, राधाकृष्ण प्रकाशन, 1971
सावित्री सिन्हा	सं.—पाश्चात्य काव्यशास्त्र की परम्परा, हिन्दी विभाग, दिल्ली विश्वविद्यालय, दिल्ली
सीताराम चतुर्वेदी	समीक्षाशास्त्र, अखिल भारतीय विक्रम परिषद्, सं. 2010
स. ही. वात्स्यायन 'अज्ञेय'	त्रिशंकु, सरस्वती प्रेस, बनारस, 1945
	आत्मनेपद, भारतीय ज्ञानपीठ, काशी, 1960
	जोग लिखी, राजपाल एंड संस, दिल्ली, 1973
	अंतरा, राजपाल एंड संस, दिल्ली, 1975
	लिखि कागद कोरे, राजपाल एंड संस, दिल्ली, 1972
	अवन्ती, राजपाल एंड संस, दिल्ली, 1972
	आलवाल, नेशनल पब्लिशिंग हाउस, दिल्ली, द्वि.

	सं. 1973
	सब रंग और कुछ राग, राधाकृष्ण प्रकाशन, दिल्ली, 1956
	हिन्दी साहित्य एक आधुनिक परिदृश्य, राधाकृष्ण प्रकाशन, दिल्ली, 1967
	संवत्सर, नेशनल पब्लिशिंग हाउस, दिल्ली, 1978
	अद्यतन, सरस्वती विहार, दिल्ली, 1977
	तारसप्तक, भारतीय ज्ञानपीठ प्रकाशन, दिल्ली, 1951
	दूसरा सप्तक, प्रगति प्रकाशन, द्वि. सं. 1966
	तीसरा सप्तक, भारतीय ज्ञानपीठ प्रकाशन, तृ. सं, 1967
सूर्यकान्त त्रिपाठी 'निराला'	चयन, बिहार ग्रंथमाला कुटीर, पटना, सं. 2014
	चाबुक, कला मंदिर प्रयाग, सं. 2018
	पंत जी और पल्लव, गंगा ग्रंथागार, लखनऊ, 1949
	प्रबन्ध प्रतिमा, भारती भंडार, प्रयाग, 1940
	रवीन्द्र कविता कानन, हिन्दी पुस्तक प्रचारक, काशी, 1954
सुमित्रानंदन पंत	गद्य पथ, साहित्य भवन लि., प्रयाग, 1953
	पल्लव, राजकमल प्रकाशन, दिल्ली, आठवाँ सं. 1977
	छायावाद पुनर्मूल्यांकन, लोक भारती, इलाहाबाद, 1965
सत्येन्द्र	कला, कल्पना और साहित्य, साहित्य रत्न भंडार, आगरा, सं. 2008
सुरेश चन्द्र गुप्त	आधुनिक हिन्दी कवियों के काव्य-सिद्धान्त, हिन्दी साहित्य संसार, दिल्ली, 1960
हजारी प्रसाद द्विवेदी	अशोक के फूल, सस्ता साहित्य मंडल, दिल्ली, 1948
	कबीर, हिन्दी ग्रंथ रत्नाकर, मुंबई, 1942
	कल्पलता, ज्ञानमंडल, बनारस, सं. 2007
	विचार और वितर्क, सुषमा साहित्य मंडल,

जबलपुर, 1949
साहित्य का साथी, राष्ट्रभाषा प्रचार समिति, वर्धा, 1949
साहित्य का मर्म, लखनऊ विश्वविद्यालय, 1952
हिन्दी साहित्य, अत्तरचन्द कपूर एंड संस, दिल्ली, 1952
हिन्दी साहित्य की भूमिका, हिन्दी ग्रंथ रत्नाकर कार्यालय, मुंबई, 1940

अंग्रेजी

Atkins J.W.H -- English Literary Criticism: 17th and 18th Centuries, London, 1951
English Literary Criticism - The Renascence - Methuen Company, London, 1947.
Adler, Alfred -- Social Interest; Capricon Books, New York, Third Ed. 1964
The Practice and Theory of Psychology Routledge & Kegan Paul Ltd., London, 1950
Individual Psychology, New York basic books, Inc. First Ed. 1956.
Arnold Mathew -- Essays in Criticism, Macmillion & Co., London, 1951
Arnheim Rudolf -- Art and Visual Perception, University of California Press, Berkeley, 1954
Avercrombie, -- Romenticism, Second Impr. London, 1937
Lascellas -- Idea of great Poetry, Secker, London, 1925
Principles of Literary Criticism, Bombay, 1949
Angel, Flores -- Literature and Marxism, India Publisherss, Allahabad, 1945
Bethel, S.L. -- Essays on Literary Criticism, The renascence, Methuen Company, London, 1945
Bradley, A.C. -- Oxford Lectures on Poetry, Macmillion & Co., London, 1950
Butcher, S.H. -- Aristotle's Theory of Poetry and Fine Arts London, 1923
Buckley, Vincent -- Poetry and Morality, Chatto and Windus,

		London, 1959.
Brain Russell	--	The Nature of Experience, Oxford University Press, London, 1959
Bowra, C.M.	--	Creative Experiment, Macmillion & Co., London, 1967
		Romantic Imagination, Oxford University Press, 1950
Camus, Albert	--	Myth of Sisyphurs, Vintage Books, New York, 1955
Carr, H.W.	--	Philosophy of Croce - The Problems of Art and History, Macmillon & Co., London, 1917.
Caudwell,	--	Illusion and Reality, Peoples Publishing House,
Christopher	--	Bombay, 1947
		Studies in Dying Culture - Johnharce, The Bodley Head, London, 1951
Collins, J.C.	--	Studies in Poetry and Criticism, London, 1905
Crane, R.S.	--	Critics and Criticism - Chicago University Press, 1957
Coleridge, S.T.	--	Biographia Literarie - London, 1949
Croce, Benedetto	--	Aesthetic, Second English Edition, Macmillon & Co., London, 1922
Collinwood, R.G.	--	The Principles of Art, Clarendon Press, Oxford, 1938.
Crouch, J.	--	Puritanism and Art, 1910
Cohen, J.M.	--	A History of Western Literature, London, 1961
Daiches, David	--	Critical Approaches to Literature, Longmans, London, 1956
		A Study of Literature - For Readers and Critics, Ithaca, New York, 1948
		The Place of Meaning in Poetry, Edinburg, 1935
Day Lewis, C.	--	The poetic Immage, Jonathan Cape, London, 1947
		A Hope for Poetry, London, 1951
Dewey, John	--	Art as Experience, Minton Valch, New York, 1934
Das Gupta	--	History of Indian Philosophy, 1922

Dampier, Whetham, W.C.A. -- History of Science, 1930
Driesch, H -- The Crisis in Psychology, 1929
Downey, J -- Creative Imagination, London, 1924
Day, S.K. -- History of Sanskrit Poetics, Pt. I, II, K.L. Mukhopadhaya, Calcutta, 1960
Eliot, T.S. -- The Sacred Wood, Second Ed. Faber & Faber, London, 1928
The Use of Poetry and the Use of Criticism, London, 1933
Notes Towards the Definition of Culture, Faber & Faber, London, 1948
Selected Essays Third Ed., Faber & Faber, London, 1951
On Poetry and Poets, Faber & Faber, London, 1957
Empson, William -- Seven Types of Ambiguity, Second Revised Edition, Meridian Books, New York, 1947
The Structure of Complex Words, New York 1951
Eaton, R.M. -- Symbolism and Truth, London, 1925
Fischer, Ernst -- The Necessity of Art, Penguin Books, London, 1963
Frye, Roger -- Vission and Design, Chatto and Windus, London, 1920
Frye, Northrop -- Anatomy of Criticism, Princeton, 1957
Fordham, Freida -- An Introduction to Jung's Psychology, Penguin Books Ltd., London.
Freud, Sigmond -- A General Introduction to Psychoanalysis, New York, 1968
Beyond the Pleasure Principle, Hogarth Press, New York, 1922
Interpretation of Dreams, Jeorge, Allen and Unwin Ltd., London, 1932
Introductory Lectures on Psychoanalysis Allen & Unwin Ltd., London, 1934
Ego and Id, Hograth Press, London, 1927
Dream Psychology, M.C. Cam. Co., New York, 1921
Totem and Taboo, Routledge & Kegan Paul,

London, 1910
Collected Papers, London, 1925

George, Thomson, Lawrence & Wishart -- Marxim and Poetry, London, 1945

George, Noback -- Existentialism Vesus Marxism, Delta Book, New York, 1966

Gheselin, Brewster -- Ed. The Creative Process, Mantor Books, New York, 1955

Gombrich, E.H. -- Art and Illusion - Pantheon Books, New York, 1960

Greene, T.M. -- The Arts and the Art of Criticism, Princeton University Press, 1940

Gorky, Maxim -- Life and Literature, 1932

Golden, Weiser -- A History of Psychology and Culture, 1932

Gordon, R.G. -- The Neurotic Personality, London, 1920

Gosse, E.A. -- History of Eighteenth Century Literature, 1911.

Grison, H.J.C. -- Criticism and Creation, Chatto and Windus, London, 1949

Gurudatt, K. -- Existentialism and Indian Thought, The Indian Institute of World Culture, Bangalore, 1960

Hudson, W.H. -- An Introduction to the Study of Literature George G. Hassop & Co. Ltd., London, 1924.

Hegel, G.W.F. -- The Philosophy of Fine Art, Translated By F.P.B. Osmaston, Four Volumes, Bell, London, 1920

Howe, Irwing -- Modern Literary Criticism, Beacon Press, Boston, 1958

Haddon, A.C. -- Evolution in Art, 1914

Hart, B. -- The Psychology of Insanity, London, 1919

Harrison, J. -- Ancient Art and Ritual, 1914

Horf, B.L. -- Language, Thought and Reality, M.I.T. Press, 1966.

Jung, C.G. -- Modern Man in Search of A Soul, Harcourt, Brace & Co., New York, 1958.
Psychological Types, Routledge & Kegan Paul, London.
The Integration of Personality, Kegan Paul,

London, 1940

Jung, C.G. -- Contribution to Analytical Psychology, London & New York, 1928

James, Willium -- Psychology, Harper & Row, London, 1944

Jones, Earnest -- What is Psychoanalysis, Hograth Press, London.

Jesperson, O. -- Language Its Nature Development and Origin, 1922.

Jean, Wahl -- A Short History of Existentialism, The Philosophical Library, New York, 1949

Jhon, Wild -- The Challenge of Existentialism, Indian University Press, 1955

Kant, Immanuel -- Critique of Judgement, Translated by J.C. Meredith, Clarendon Press, 1911

Krutch, Josephwood -- Experience and Art, Smith and Hans, New York, 1932

Kriss, Ernest -- Psychoanalytic Exploration in Art, Jeorge Allen and Unwin, London, 1953

Kane, P.V. -- History of Poetics, Motilal Banarasi Dass, Delhi, 1961

Lucas, F.S. -- Literature and psychology, Kassel, London, 1951

Lckacs, George -- The Meaning of Contemporary Realism, Merlin Press, London

Studies in European Realism, Hillway, London, 1950

Lamborn, A.E.G. -- The Rudiments of Criticism, Oxford University Press, 1926

Poetic Values, Oxford University Press, 1932.

Lawrence, D.H. -- Selected Literary Criticism, London, 1949

Lenin, V.I. Materialism and Impirio Criticism. 1909

Levi, H. -- Aspects of Dialectical Materialism, 1934

Meritain, jacques -- Creative Intution in Art and Poetry, Meridian Books, New York, 1958

Malcolm, Bradbury -- Contemporary Criticism, Edward Arnold,
David Palmer London, Reprint, 1975

Macleish, Archibald -- Poetry and Experience, The Bodley Head, London, 1961

Macallunf, H.R. -- Immitation and Design, Torento Press, 1953

Maier, N.R.F. & -- Psychological Approach to Literary

Reninger, H.W. Criticism, John Hopkins, Press, 1956
Moulton -- The Modern Study of Literature, London, 1962
Macdougall, W. -- Social Psychology, 1908
Machenzi, D. -- The Migration of Symbols, 1934
Myths of Crete and Pre-hellenic Europe, Oxford Press, 1956
Marx, K. -- A Contribution to the Critique of Political Economy, 1859, Capital, Three Volumes, 1867 to 1894
The Communist Menifesto, 1948
Poverty of Philosophy, 1847
The Class Struggles in France, 1850
Middleton, Murry -- Problem of Style, Oxford Paper Backs, London, 1922.
Nietzsche -- The Birth of Tragedy, 1918
Nicholson, Norman -- Man and Literature, London, 1944
Ogden, C.K.& Richards, I.A. -- The Meaning of Meaning, Routledge & Kegan Paul, Tenth Edition, 1953
Osborne, Harold -- Aesthetics and Criticism, Routledge & Kegan Paul, London, 1955
Peyre, Henry -- Literature and Sincerity, Yale University Press, 1963
Pope, Alexander -- Essays on Criticism, Edited with notes by J. Sargaunt, O.U.P., 1909
Pepper, S.C. -- Basis of Criticism in the Art, London, 1953
Philipson, Morris -- Aesthetics Today, Meridian Books, New York, 1961
Paulvaillrie -- The Art of Poetry, Translated by Davis Folliat, London, 1958
Ransom, John Crowe -- The New Criticism, New Directions, New York, 1941
Read, Herbert -- The True Voice of Feeling, Faber & Faber, London, 1953
The Forms of Things Unknown, Faber & Faber, London, 1960
Collected Essays in Literary Criticism, Faber & Faber, London, 1964
Richards, I.A. -- The Principles of Literary Criticism, Routledge & Kegan Paul, London, 1924

		Practical Criticism, Routledge & Kegan Paul, London, 1930
		Philosophy of Rhetoric, Oxford University Press, 1936
Ralph, Harper	--	Existentialism: A Theory of Man, Harvard University Press, Cambridge, 1949
Raghavan, Dr.	--	Some Aspects of Alankar Shastra, Madras Press, 1934
Ramaswami, Shastri	--	Indian Aesthetics, 1931
Riviere, Jacques	--	The Ideal Reader, Translated by Blanch, A. Price, Harvel Press, London, 1960
Richard, Ellmann & Charles Fieldson J.R.	--	The Modern Tradition, Oxford University Press, New York, 1965
Rene Wellek	--	A History of Modern Criticism, Vol. 2, The Romantic Age (1750-1950)
		Thirty Bedford Square, London, Reprint, 1970
		A History of Modern Criticism—The Later Eighteenth Century, 1970
Rene Wellek & Austen Warren	--	Theory of Literature, Penguin Books, 1949
Rene Wellek	--	Concepts of Criticism, Yale University Press, London, Fourth Print, 1967.
Rouviczek, Paul	--	Existentialism: For and Against, Cambridge University Press, London, 1966
Sartre, Jean Paul	--	What is Literature-Methuen, London, 1950
		The Psychology of Imagination, Rider & Co, London, First Edítion.
Santayana, Jeorge	--	The Sense of Beauty, Dover Publications, New York, 1955
Sengupta, S.C.	--	Towards the Theory of Imagination, Oxford University Press, 1959
Symons, Arthur	--	The Symbolist Movement in Literature, E.P Dalton & Co., New York, 1959
Skelton, Robin	--	The Poetic Pattern, Kegan Paul, London, 1956
Tolstoy, Leo	--	What is Art, Edited & Translated A. Mande, Oxford University Press, London, 1924
Thomas, Langan	--	The Meaning of Heidegger, Columbia University Press, 1959
Thody, Philip	--	Jean Paul Sartre: A Literary and Political

		Study, Hamish Hamilton, London, 1960
		Albert Cainus: Ibid, 1961
Vivas, Eliseo	--	Creation and Discovery, Noonday Press, New York, 1955
Wietz, Morris	--	The Philosophy of the Arts, Cambridge & Mas: Harvard University Press, 1955
Whalley, Jeorge	--	Poetic Process, Routledge & Kegan Paid London, 1953
Williams, Raymond	--	Culture and Society (1780-1950) Chatto & Windus, London, 1958
Wimsatt, W.K., J.R.	--	The Verbal Icon, Noonday Press, New York, 1958
Wimsatt, W.K. & Brocks, C.	--	Literary Criticism : A Short History, Alfred, A., Knopp, New York, 1957
Winters, Yvor	--	Modern Poets, Meridian Books, New York, 1957
		In Defence of Reason, Routledge & Kegan Paul, London, 1962
Worriger, Wilhem	--	Abstraction and Empathy, Routledge & Kegan Paul, London, 1953
Wright, Jeorge, T.	--	The Poet in the Poem, University of Callifornia Press, Berkley, 1962
Wilenski, R.H.	--	The Modern Movement in Art, London, 1956
Wright, W.H.	--	The Philosophy of Nitzsche, The Modern Library, New York, 1954
W.Lowrie	--	Kierkegarrd, Oxford University Press, New York, 1938
William, Varritt	--	Irrational Man: A Study in Existential Philosophy, William Heinmann Ltd., London, 1960
William, J. Haday & Max Westbrock	--	Twentieth Century Criticism, Light and Life Publishers, New Delhi, 1976.

कोश

हिन्दी

मानविकी पारिभाषिक कोश (साहित्य खण्ड) — सं. डॉ. नगेन्द्र

हिन्दी साहित्य कोश — सं. डॉ. धीरेन्द्र वर्मा

अंग्रेजी

1. A consolidated glossary of technical terms, Central Hindi Directorate, Ministry of Education
2. Chamber's Encyclopaedia
3. Cassel's Encyclopaedia of Literature
4. Encyclopaedia Britanica
5. Oxford Companion to English Literature : Harrey
6. The Dictionary of World Literary Terms : J.T. Shipley
7. The Oxford English Dictionary
8. The Universal English Dictionary

पत्रिकाएँ

अकविता

अर्थात्

आनन्द कादम्बिनी

आलोचना

उत्तरार्ध

कल्पना

कादम्बिनी

कृति

चित्रेतना

तटस्थ

नये पत्ते

नागरी प्रचारिणी पत्रिका

निकष

नई कविता (सं. जगदीश गुप्त और रामस्वरूप चतुर्वेदी, अंक 1 से 6 तक)

पोयट्री

प्रतीक

भाषा

मतवाला
माधुरी
माध्यम
रूपाभ
विशाल भारत
विश्व भारती पत्रिका
वीणा
श्रीशारदा
समीक्षा
समन्विति
सम्मेलन पत्रिका
सरस्वती हंस
हरिश्चन्द्र चंद्रिका

■■